戴建兵　著

兵瓦泉斋序跋

中国社会科学出版社

图书在版编目（CIP）数据

兵瓦泉斋序跋／戴建兵著 . —北京：中国社会科学出版社，
2017. 12

ISBN 978 - 7 - 5203 - 0922 - 6

Ⅰ. ①兵… Ⅱ. ①戴… Ⅲ. ①序跋—作品集—中国—当代
Ⅳ. ①I267

中国版本图书馆 CIP 数据核字 (2017) 第 221593 号

出 版 人　赵剑英
责任编辑　宋燕鹏
责任校对　周　昊
责任印制　李寡寡

出　　　版　中国社会科学出版社
社　　　址　北京鼓楼西大街甲 158 号
邮　　　编　100720
网　　　址　http://www.csspw.cn
发 行 部　010 - 84083685
门 市 部　010 - 84029450
经　　　销　新华书店及其他书店

印　　　刷　北京明恒达印务有限公司
装　　　订　廊坊市广阳区广增装订厂
版　　　次　2017 年 12 月第 1 版
印　　　次　2017 年 12 月第 1 次印刷

开　　　本　710 × 1000　1/16
印　　　张　38
插　　　页　2
字　　　数　622 千字
定　　　价　156.00 元

目　录

序　跋　类

书 评 类

书 话 类

研究综述类

对话与致辞类

序　跋　类

《梁溪集》序言

时间是非常奇妙之物。其短如白驹过隙，如电光石火；其慢则如年之日，瞬间人生。

每当我看到一本本的《舟山钱币》，一册册的《亚洲钱币》和过一段时间就会按时寄来的《舟山钱币通讯》，我就会想到：一个人的时间如何安排才会有如此的精力去干这一个人的钱币事业，尽管有许多人的帮助，但是事业之线不可中断，而编辑者则如万人之帅，不可一日或缺，但是这可都是业余时间的事业呀。

学术亦有运乎，没有为往圣继绝学，就没有中国今天钱币学的今天，想起20世纪80年代的中国钱币学，真是绝学境界，而今天，钱币学作为人文科学里的显学已如日中天，没有以身献其事业者，此学将绝乎？

那个时期真是出了一批学者，今天的书香和事业的发展是他们生命的结晶，积薪火传，而盛老师也是其中之一。回头来看，不知道那门学科在当今这个已非书院环境的国土上，以一隅之地，以一人之力，出一连续之刊，而海内外闻名，而海内外响应，而海内外至今乐道。

有的时候看一看中国的学术史，读一读中国历代的学案，生生不息者，学派也，师徒也，其精魂则思想也，而盛先生则以一人之力成之，中国钱币学日后如有学案之书，舍先生其名为谁。

人生而有限，而学术传承则无涯。早年与先生书信来往，先生每信必回，今厚如巨著藏于我室，奖励后进，关心社会，道德人生……先生又喜书法，真是满纸皆花，今日读来仍让人神清。

实际上我只和先生见过几面，一在北京、一在上海、一在新加坡，每一念及则想起东坡的《承天寺夜游》。

先生勤于著述，于古钱鉴定、货币史、地方经济史均有心得，曾在海内外泉刊发表过 200 余篇文章，今天取其精华，结集出版，嘱晚学为序，心喜不胜，斗胆为之，而为先生之集贺！

（盛观熙：《梁溪集》，新加坡亚洲钱币学会 2005 年版）

《钱币的专题收藏》序言

21世纪收藏的趋势

国泰民安乐，盛世兴收藏。近年来，我国收藏形势蓬勃发展，新一轮的收藏热席卷中华大地。全国各地群众性收藏协会和藏品市场、拍卖市场不断涌现。据不完全统计，目前全国各类收藏协会、收藏品市场均已超过万家。我国收藏大军已增至8000多万人，人们收藏的目的是为了怡情、益智、交友、储财、增值。收藏成为一门学问、一种时尚，成为人们的重要文化活动和投资行为。

在迅猛发展的藏界，专题收藏渐成主流，成为近年来收藏发展的一个方向。目前人们的收藏种类可谓五花八门，包罗万象，几乎"没有什么不可以收藏的"。比如像邮品、钱币、彩票、磁卡、字画、织绣、瓷器、玉器、铜器、宝石、奇石、名人印章、明清家具、文房四宝、烟标、创刊号报刊、门券、火花、图书、名酒、像章、藏书票、根雕、牙雕、请柬、唱片、菜谱等，琳琅满目。然而个人的精力和财力毕竟有限，如果漫无目的、无所不包地收藏，不仅不会产生好的收益，反而浪费钱财和精力，倒不如在自己的收藏范围内选择一个适宜自己的专题。

专题收藏是收藏者根据需要，确定某一藏品的专题，围绕一个特色、一个思想、一个系统集中收藏，形成专题系列。据不完全统计，目前专题系列收藏有500多项，每一项专题的收藏者，少则几百人，多则上千万人。

专题收藏要注意以下几点：一是要注意收藏那些具有丰富的文化内涵和历史意义，并凝聚着重大历史事件或重要历史时刻的藏品；二是要注意收藏那些具有丰厚历史文化和审美意识浓烈、艺术价值很高的藏品；三是要注意收藏那些采用传统的工艺手法与先进的科学技术紧密结合，反映出经典与现代，继承与发展的时代特征的藏品；四是要看藏品是否精品，即是否具有独特性、创新性、权威性和惟一性。最后只有专题收藏才能形成一个完美的系列，其本身就内含投资的意味。总之，要从藏品的历史价值、艺术价值、科学价值、纪念价值和文物价值等方面综合评价收藏的投资价值。

钱币收藏便是极具投资价值的专题之一，目前我国已有近百万的钱币收藏大军。我国历代钱币有十余万种之多，全世界各式钱币总数有近 60 万种，这么大的数量仅凭个人力量是绝对不可能收集齐全的，包罗万象的收藏是不现实的。"与其花许多时间与精力打许多口浅井，还不如用相同的时间、相同的精力打一口深井"，专题贵于专，专而能精，藏品方能有价值，收藏才能承载文化。所以在钱币收藏中，我们的目标应尽量专一些。

目前比较流行的钱币专题除具体钱币种类外有：体育、动物、植物、建筑、古迹、交通工具、历史人物等。专题可大可小，可宽可窄。大体说来，以"专"为先，"专"而求"全"，"专"而求"精"。有人以纸币为专题，按纸币本身所附载的信息分类收藏。近现代中国纸币富有民族与时代特色的纸币图案、中华文化所独有的文字、纸币冠字特点与类别、面值种类与演变等，无不形成乐趣无穷的收藏专题。以纸币图案为例，中国近代纸币上所反映的内容丰富无比，有历史人物、名胜古迹、民俗风情、典故传说、交通工具、建筑、动物，等等。如以"毛泽东像"纸币为专题，可以从革命根据地时期开始，一直到现在的第五套人民币。如以钱币上的"龙"为专题，从古到今、从中国到外国、从硬币到纸币，到处可以找到龙的踪影。

从某种程度上说，钱币的专题收藏必将是钱币收藏者的必由之路，无所不包的收藏越来越不现实。

（辽宁画报出版社 2002 年版）

《泉学漫步》代序

视　角

十几年来，历史学研究的方法和领域，随着社会的变迁发生了一些变化，特别是随着市场经济和科学技术日新月异的发展，传统的史学视角和观念开始发生变化，本文试图在这方面进行一番探讨。

一　历史学的领域

历史研究正在发生着变革，这种变革表现在下面几个方面。即过去传统的那种历史研究从整体上来看越来越少了；那种动不动就会在一个问题上形成争论的局面基本上不再出现了。同时历史研究的领域越来越宽，历史研究的领域正在发生着深刻的变革。

过去历史的研究偏重于政治和军事，但更为重要的是，人类社会的发展变迁应从一个社会的经济变迁中去寻找其终极原因，这一句历史唯物主义的箴言，并没有使我们对中国几千年历史甚至近代百余年的历史研究产生真正的效力。虽然我们已经度过了将生产力和生产关系的公式放在前面，然后找一些材料当题解的"苏联模式"的时代，但真正从经济角度探索社会的变革、探索政治变革的力作还极为罕见。究其原因，经济史自身研究的缺乏是其重要原因，而经济通史或宏观经济史研究的基础——部门经济或微观经济史的短缺，又是经济史深入下去的障碍。

之所以会出现这种状况，和我们对于历史的研究方法有着极大的关系，传统模式从政治到政治，或者是从政治到军事，从军事到政治，再从政治到文化。而社会经济的变动只不过成了论文或者专著中所必要的点缀，历史是如何从经济到政治，从经济到文化，从经济到军事的研究思想和方法，并没有得以确立。

对于经济史而言，许多从事历史研究的学者，只是对宏观的经济史有一定的了解，而中国的宏观经济史的研究又是建立在没有或者只有少数的部门经济史的情况下写出来的。

没有部门经济史而写出来的宏观经济史不能说其没有意义，但是在没有对部门经济这一构成经济细胞的基本要素进行研究而搞出来的经济史，到底能对我们的历史提供一些什么样的东西呢？

因而我们认为，现在最重要的事情莫过于对中国经济史的研究，而对于经济史的研究又莫过于对中国部门经济史的研究，历史研究需要的是一些在专史的基础上构成的通史。

二 条块问题

传统的历史研究和教学还有一个现象，那就是人们往往搞一个时代的历史，而学习也是一个时代一个时代进行的，这很像我们现在部门管理中看到的"块块"。而从古至今的部门史则构成了"条条"。

在这种大环境下，我们的历史研究需要在这些"块块"的基础上建立我们历史的"条条"，也就是一种行业、或者一个部门经济从头到尾的专史，这种历史研究更有时代特色，也更有生命力。

从社会发展来看，人类社会的分工越来越细，社会分工给人们带来了巨大的发展，社会分工决定着很多社会的变化。就从我们现在的社会对于历史图书的需要来看，一个部门史的专著的需要量，要大大超过对于一个断代史专著的需要量，而且，只有进行这种"条条"的历史研究，才能使社会历史的研究深入，同时，对历史"条条"的研究，也更能通过其在不同时代的演变而发现其规律，这更符合历史研究的主旨，历史研究的目的应该是人类的未来，历史怎么才能为现实服务，对于断代史而言，这个问题很难回答。但是对从事"条条"历史研究的人来说，因为是从古到今所有这个方面的问题都要涉及，因而历史上的经验和现实问题可以结合起来，从而使人们所言的"历史无用论"破产。

对历史"条条"进行研究,可以获得现实社会的经济支持,因为"条条"的一端就是现实的社会,这一点我们可从中国钱币学的兴盛获得一定的认识。20 世纪 80 年代初,中国的钱币学还是一门"绝学",但是由于其依托银行部门的经济支持和社会收藏界的市场支撑,现在不论其研究水平还是学科的各个方面都已经达到了一定的水平,其刊物之多,发行量之大,是历史学专业刊物无法相比的。

当然我们并没有否认"块块"的意思,而且对于历史本身而言,他们就是一体,从"条条"看"块块","块块"是平面,而有"条条"的支撑,"块块"才会更丰满、更有深度、才更有利于我们历史的研究。只不过从我们历史学界现在总的情况来看,应当重视引导对于"条条"的研究。

三 部门经济史

历史的社会功能是使人们总结经验、汲取教训、减少失误、指导未来。由于人类历史是综合、完整的社会变迁历程,因而反映人类社会分工的部门经济史不仅是反映社会发展通史的基础,更是当今时代对历史研究的需要,特别在改革开放的今天,社会主义市场经济呼唤着对中国近现代部门经济史的研究,因为部门经济史的缺乏,多少造成了一些部门经济的盲目,对于过去经济历史的忽视,使我们正在浪费前人的经验。

前一个时期,谈起股票、证券、信托、合资企业……,许多报刊文章,甚至书籍,竟大言其为"新生事物",要从西方国家经济理论库里"译"取武器,然后在中华大地上加以实践,这不能不说是历史学家和经济学家的悲哀。

自从 1840 年中国开始迈进半封建半殖民地社会,中国的社会经济就在主权沦丧的前提下步入了国际经济的大循环中,资本主义的种种生产方式及现代部门经济开始楔入中国经济并在对传统的自然经济的破坏下得以发生、发展,特别是在一些殖民化程度较深的通都大埠,这种情况则更为明显。

当然,中国近代经济是在没有民族独立的状态下发展的,因而有其种种颓势且自身发展也多有畸态,但我们不能否认现代部门经济在中国传统的文化基础上的建立确有其一定的自我发展规律，特别是一些新的部门经济在一种特定的文化中发生及成长的历程更是如此。

具体而言，中国近代部门经济的发生和发展有很多经验教训值得我们借鉴和吸取。比如中国近代信托业失败的原因主要是：银行和信托业务不分，无信托立法、人们缺乏信托意识，国家资本对民族资本信托业的冲击……有些和我国改革开放以来信托业几起几落的教训如出一辙，如果早一点进行中国近代信托史的研究，行政管理部门重视一下经济史的研究成果，就能有效地避免这种情况的发生。

经济史是历史和经济科学的基础学科，对其研究的不力，将影响我国经济和历史科学自身的发展。

对于历史学而言，中国近代经济史是一个薄弱学科，而部门经济史的成果则更为少见，以部门经济规律为指导研究其发展的部门经济史则更为罕见，这对于历史学界是一种缺憾，因为我们现在不能像司马迁一样，在没有部门史的情况下就可以写出传世的通史，当今时代复杂的社会和社会分工，已经对历史学家提出了更高的要求。

对于经济学家而言，没有对中国近现代部门经济史进行研究则构成了中国经济学的贫乏，真正的中国经济学只有在自己的经济历史活生生的社会经济实践中产生出来，单单从西方经济学中去译取，而轻视中国自身经济发展的脉络，特别是对西方经济文化如何在中华文化的氛围中发生、成长的命题弃而不论，有只知希腊不知中国之嫌。单纯为了解决问题而开药方，从而使大量文章成为"新闻"类作品，时效性强，存活率差。伟大的经济学家必须站在历史的高度才能展望未来，在这个基础上指导实践才能更具有现实意义，这也是马克思主义经济学创始人学问实践的历程。近年来诺贝尔经济学奖的得主竟然是两位美国研究经济史的学者，我们从中可以得到一定的启示。

一种部门经济，特别是一种新的在传统社会中还未成长起来的部门经济，在不同的国家由于其不同的历史文化因素的影响，在整个社会经济运行及部门经济自身的发生和发展均有其独特的作用和规律，中国的文化土壤里绝不会长出和美国底特律一模一样的汽车城，哪怕是"硬件"相像，其"软件"也会受中国文化的制约而发生变异。如何减少部门经济发展中的失误，使西方真正有益于经济发展的部门经济在中华文化基础上催生和成长，对中国近代部门经济史的研究，对受汉文化影响的国家的部门经济发展历程的研究，将有助于我国部门经济的发展速度，将使引进先进经验更为适度及与本国文化迅速交融方面大有益处，其远期效果将使部门经济的发展合理化并最终促进社会经济的进步。

对于史学家而言，部门经济是史学为现实服务，并根本消除史学无用谬论的一种新的思路。对于经济学家而言，更重要的是不要把中国经济史仅仅当成一种点缀，而是真正能让新的经济观念和实践在中国文化中成长和融会。

加强中国近代经济史的研究，要特别注重对部门经济史的探索；注重对中国和其他国家同一部门经济发展的比较研究；注重对不同文化中部门经济运行的规律；注重对政府经济政策对部门经济的利弊分析。它将有助于我国经济决策部门的施政，有助于经济立法的发展，有助于有中国特色、在中华文化土壤中建立社会主义市场经济的伟大实践。毛泽东早就说过："从孔夫子到孙中山，我们应当给以总结，承继这一份珍贵的遗产。这对于指导当前伟大的运动，是有重要帮助的。"

四 "杂交"优势和新思维

生物学中有"杂交优势"之说。

而我们所说的"条条"都必然与其他学科交叉，现在，历史学应该进行交叉学科的研究，最起码来说，对于交叉学科的研究，可以扩大研究成果的出处，例如关于抗战时期根据地陶瓷工业方面的论文，发表在陶瓷专业或史学刊物上都不足为怪。从而扩大了历史研究的"市场"，易于将"私人劳动"转化为"社会劳动"。

我们从现在西方史学界当中比较占优势并取得了一定成绩的史学流派来看，大多也是交叉的史学研究，例如家庭史学派，也就是剑桥人口与社会结构史小组从事的研究。这个在 20 世纪 70 年代崛起的西方史学流派，在欧洲有一定势力，该学派以 13—18 世纪西欧的家庭结构和家庭在社会经济变革中的地位与作用作为其研究的重心，探讨家庭结构的模式、家庭土地的继承权、家庭内部劳动力分工及家庭式生产对欧洲近代化起到的作用等，最后导出欧洲社会在前工业化时期有一种家庭生产方式，这种方式与封建和资本主义生产方式同时存在但更有持久性。

20世纪30年代的美国出现了以华莱士·多纳姆和N.格拉等人创始的企业史学派，二战后开始发展，从60年代起，以哈佛企业家中心为代表的企业史学派开始越来越受到人们的重视，他们在研究中，重视对企业宏观的研究，充分利用政治学、经济学、心理学和社会学各个领域的成果和方法，深入研究企业和社会的关系，以及企业发展对社会的广泛影响，因而成效卓著。

60年代美国出现的新城市史学也是交叉史学，并对美国城市的建设起到了一定的影响，1964年美国学者普恩斯特鲁姆发表了《贫困与进步》，拉开了美国城市史学发展的第一步，他们以城市为研究重心，深入城市的方方面面，结合人口学、社会学和史学的方法，对于城市建设、城市人口、城市阶层、工业化、社会流动等做出了合理的史学解释。

日本二战后形成的津田史学，在强调史料作用的同时，也力图以"生活"这一概念把握复杂而矛盾的历史结构，并取得了一定的成果。

对于"条块"问题和"杂交"优势的思考给史学的研究带来新的思维，例如，在经济类院校讲革命史时，一些学生提出的问题，可能给历史研究者以更深层次的思考，学生们想知道，中国近代外交政策的经济思想是什么？影响中国近代城市发展的一些因素，比如一些中国城市是在哪些因素下成长起来的，经济成分占有多大的比例，他们在形成过程中有支柱产业吗？政府领导人的心理因素和经济学学识对于中国近代社会经济的影响有多少？

从思想史的层面来看，我们现在研究中国思想史的时候，一般都是以研究一个时代有影响的哲学家、学派为基本脉络的，学者关注的是这些伟大哲人对于那个时代学术的发展给以重视。但是这些学者、学派、甚至宗教对于一个时代的普通百姓有什么样的影响；对于日后的民族文化产生了什么样的作用，它在布衣心中留下了什么，社会中的普通百姓接受了这种思想的什么则不太重视，由此哲学成了哲学家的哲学，宗教成了和尚、道士、传教士的宗教，实际上社会所呈现给我们的并非如此。

五 一个新时代和史学新方法新模式的建立

对于我们现在从事历史研究的人来说，最要注重的一个问题莫过于要想一想当今社会科学技术的飞跃，将要给我们这一领域带来什么样的变化了。

电子计算机和通讯技术的飞速发展，已经使地球变得越来越小，而信息时代的到来，终于使我们这些从事于过去信息研究的人，要看一看当今这个信息时代了。

1980 年才刚刚诞生的 Internet（交互网络）大型国际分组计算机通信网络已是当今时代全球性计算机通信网络中最成功和覆盖面最大的，尽管这还不是人们所言的信息高速公路，但是它已经将 137 个国家和地区、220 多万个计算机用户、1 万多个区域性网络连接在一起，形成了世界上最大的计算机信息网络。

Internet 的出现将改变我们社会的许多东西，将给我们的历史研究带来巨大的影响。

信息高速公路建成后，我们可以极为方便地得到信息，包括历史信息，这将使我们免于跑图书馆、档案馆之苦。传统的做卡片、目录学、一生一书的研究模式和方法必然发生变革。由于电子信箱和其他一些个人或团体网络的建立，可以随时了解你研究领域的情况。多媒体技术的发展，将使历史著作发生巨大的变化，一种只将文字信息作为多种历史信息的一种，而将声音、图像等多种信息方式结合在一起的多媒体光盘著作将成为历史著作的主体，尽管五年以前国人对于多媒体这个词还没有统一的说法，但是现在它已经开始进入家庭，那些给人以象牙塔尖印象的专著，将被多种信息模式改变形象。

20 世纪 50 年代，美国科技发展的结果，使美国出现了一种借助于电子计算机对历史进行分析研究来揭示其发展规律的史学流派，这就是计量史学，也叫数值史学。这种史学方法利用计算机准确系统地收集、整理和存储史料，运用数理统计原理对史料进行分析，再通过各种模型对历史现象和演变进行研究，从而给史学研究开辟了一条新途径。

计量史学已经在政治史、经济史和社会史的研究中取得了显著的成果。从定量分析到定性分析已在经济学界形成潮流，而历史研究也将在这条道路上达到真正科学的更高层次。

由于计算机技术的发展，将使历史学出现许多新的研究方法，其中最有生命力的，可能就是和数学结合在一起的计量史学，而这一方法将首先在中国近现代经济史研究中取得重要成果并被人们认可。

六　通俗化和面向未来

在用新的方式方法进行历史研究，从而使历史研究进一步专业化的同时，历史学将呈现其另一个层面——通俗化。

在过去意义上的历史研究出现了专著出版难的同时，大量的关于中国历史的普及读物、演义、电视剧、揭秘性读物出现在我们的社会里。余秋雨先生的历史散文《文化苦旅》十分畅销，电视剧《唐明皇》、《宰相刘罗锅》走红全国，就连金庸的武侠小说，也总是让人觉着有一些历史的影子在里面晃动。

历史学术界对于这些和历史有着十分密切的关系的各种普及性的东西基本上是不承认的，但是这种普及性的读物和其他各种传播媒介制造出来的普及性历史快餐，无疑具有强大的生命力和市场。

一本真正好的历史通俗读物，其在社会大众中的影响远比高精尖的学术专著要大，《三国演义》人们津津乐道，可《三国志》很多人却毫无所知。历史通俗读物在历史学界的地位应给予确立。因为一般人都知道，科普著作是要由专家来写的，没有对于学问高深的了解，是写不出来好的科普著作的，而且写过科普的人都知道这么一个道理，那就是写好科普比写一本专著还要难。

伟大历史著作的生命力往往不在于他的高深而在于他的通俗，《史记》就是一例，但是这种通俗是建立在高深的史学基础之上的。

当然，在强调这一倾向时，我们也反对市场上的一些有关历史的普及读物，单纯地从市场角度出发，在没有任何历史依据的情况下，写出大量的"揭秘"、"内幕"、"实录"性的东西，对于那些随意编造史料，对于历史最起码的标准都不要的东西，应该鸣鼓而攻之。

历史学本身是研究过去，但却是指向未来的学问。因为历史研究的目的在于总结过去的规律，而这种规律的探索的终极是为了未来。

现在我们可以看到人们对于我们的社会和地球未来越来越关心，比尔·盖茨的《未来之路》，约翰·奈斯比特的《亚洲大趋势》，甚至一些关于未来战争的《末日之门》都是书市中的抢手货。

但是之所以知道未来——也就是"所以"，是因为他们知道——"因为"，而历史学就是一直在为整个社会的历史找"因为"，也就是说知道了"因为"的历史学家最有权力说"所以——未来"。

这也是人们为什么说研究历史要"厚今薄古"的原因。

未来学最好的研究人员应该是历史学者，特别是人们所说的从事"条条"历史研究的学者。早在第二次世界大战中的日美太平洋海战爆发前，一个英国的海战史专家就写出了一本《日美太平洋大海战》，翻一翻书中的内容你会以为写的是二战史，而实际上，这本书早在 30 年代就出版发行了，并被《大公报》译成了中文。

真正的历史学是创造未来。马克思——伟大的历史唯物主义的创始人，正是由于他对于资本主义历史的研究，从而得出了人类社会社会主义、共产主义未来的预言，没有历史的研究，很难想象会对未来有什么真正的预言。

历史学应当从厚今薄古到面向未来。

（河北教育出版社 2002 年版）

《股票投资分析》前言

近代，中国就已经有了自己的股份制和股票、证券交易所。

山西票号是中国传统的金融机构，形成于清代道光、同治年间，没落于民国初年，在近半个世纪里，票号构造了自己的金融网络，曾在俄罗斯、日本、新加坡、朝鲜等地及国内 90 多个城镇有 400 多个行庄，不仅汇通天下，而且大清帝国"九府清泉资利赖"，聚财甚多，一时间山西成为天下首富，其独特的"股份制"是其经营的灵魂所在。

山西票号的股份制是"顶身人力股"，顶身人力股是相对资本所有者所出的银股而言的，但也有分红的权力，票号的伙计在被雇用时都要言明身股若干，一般而言，聘任的经理一人顶一股或一股二、三厘，伙计最初顶二厘，以后再根据其业绩、能力的大小而增加。票号如营业状况不佳则无红可分。这一制度解决了当时出资人（庄家）与管理的所有权与经营权的分离，也创制了一个资本贫乏国家积聚资本的方式与经营中的激励机制。因而这一制度使得山西票号的伙计人人努力，其苦学业务的精神让当时"官本位"下追求功名拼命想走"学而优则仕"之路的村塾生徒自叹弗如，这也让人联想到现在的知识（技术）入股。

从 1613 年世界上出现了第一家证券交易所——阿姆斯特丹交易所后，一直到了 1918 年的夏天，中国才出现了北京证券交易所。早在光绪十七年（1891）洋人就在上海创立了上海股份公所。光绪三十一年（1905）又按照香港政府的股份有限公司条例正式设立了上海众业公所（Shanghai Stock Exchange）。民国初年日本人也在上海建立过两次上海取引所。既然洋务运动学习西方工业，其积聚资本的金融市场自然也在国人的视线之中。因而光绪三十三年（1907）梁启超首次提出了"股份懋迁公司"的思想。其后上海闻人虞洽卿和革命的先行者孙中山均建议成立上海交易所，1917年，这一建议由北京政府农商部批准，但是直到1920年才成立。日后蒋介石与其把兄虞洽卿在上海股票交易所里"抢帽子"而大赚其钱之事早已是国人的谈资。

清末轮船招商局、开滦煤矿均以股票形式招股创业，加上日后人们熟知的四大家族利用"消息"人为造市大富其家以及散户小民如《子夜》里的主人公以"抬轿子"始，以破产终的民国股市。除去抗战期间国内交易基本停业（仅沦陷区上海又开过两年）外，中国股市已经有将近30年的历史。1986年9月中国工商银行上海信托投资分公司开办股票、债券的代理买卖业务。新中国从此有了第一家股票交易柜台，飞乐音响和延中实业是最早上市交易的两只股票。中国的直接融资市场从此揭开了新的历史篇章。

资本市场的建立是社会主义市场经济的必然，中国证券市场已经在十几年的运行中日益显现其活力，并成为现代企业制度确立的制度保障之一。但是如何构想和建立更为中国化的股份制，如何建立有中国特色的适应中国独特文化和经济环境的资本市场，却是一个常新的话题。中国经济不能只在借鉴、学习中发展，经济实践的独特之路，期待着学人真正总结出中国自己的经济学。

马克思在《资本论》中表述过两个意思，一个是"死人紧紧抓住活人"，从而强调历史、传统、以往的经济制度对现实经济强有力的影响。另外就是"自然的历史进程"强调了在此基础上的一种经济制度的生命力。

如何建立中国自己的经济学体系是每一个从事经济学教学人员努力的方向，也是各个部门经济学学术讨论应当关注的问题，具体到本书，怎样才能在一个非常独特的证券市场中总结出一套适用的投资分析理论与方法也是本书的目的所在，路漫漫其修远兮，愿与读者共同求索。

（中国金融出版社2000年版）

《罪恶的战争之债——抗战时期
日伪公债研究》前言

一 抗日战争时期日本帝国主义对中国经济的破坏

中国是第二次世界大战中受日本法西斯残害最为酷烈的国家，3500万人伤亡，直接经济损失 1000 亿美元，间接经济损失 5000 亿美元，中国经济受到了极为严重的破坏，学者们认为，这种破坏使"中国工业化进程至少推迟半个世纪"。

日本帝国主义进行经济掠夺的宗旨是以战养战，通过对中国经济的破坏达到用战争征服中国，变中国为其市场的目的。

在工业上，战争初期中国失去了经济的精华区域，被迫动用大量人力、物力进行了沿海工业的大内迁。1937 年底，中国有 3935 家工厂内迁，其中上海 1235 家，占总数的 30%，其他沿海省份 2063 家，占 51%。战争中，南京损失 91 家，北平 97 家，青岛 137 家，江苏 372 家，山东 243 家……总计损失工厂 3739 家，价值 105406 万元。

沦陷区工厂被日军以各种形式抢夺、控制，仅 1943 年一年，日本以各种所谓"管理"方式抢夺中国棉纺厂 54 个，占中国民族纺织厂的机器设备的 70%，抢夺中国面粉厂 48 家，年产面粉 6750 包，占中国面粉产量的 90%。

战争使中国纺织行业损失工厂 500 多家，价值 1.68 亿元。中国纺织行业基本被摧毁。发电厂损失 300 余家，价值 6000 万元以上。损失电报线路 4.6 万公里，占全国总数的 49%。损失长途电话线路 2.3 万余公里，占全国总数的 42%。

在矿产上，日本对中国进行了疯狂的掠夺，据不完全统计，1931——

1944 年，东北产煤的 30%，计 22800 万吨被运到日本，开滦煤矿 75% 的煤产量供给日本制铁所。1931 年至 1944 年，东北生铁的 40%，达 1200 万吨被运到了日本，到 1943 年时，日本铁矿石的 2/3 来自中国。1941 年后日本国内将近 100% 的盐是从中国抢夺的，1943 年一年，从沦陷区输入日本的盐就达到了 1627930 吨。

在农业上，日本一方面向中国东北进行移民，抢占了大量土地，同时对农产品进行大规模地掠夺。仅 1943 年日军在河北 10 个县一次征发军粮 4000 万吨，这一年，中国北半部日占区粮食种植面积比 1937 年减少 16%，荒废土地 5200 余万亩。

在林业上，日本砍伐东北森林 372000 万立方米，占当时东北森林储量的 2%。此外全国还有 26 个省的森林受害，总计损失达全国森林储量的 10% 以上。

日本对中国人力资源的掠夺既破坏了中国经济，也给中国无数家庭带来了巨大的灾难。在华北日军共强制输运了 920 万人（包括家属）到东北和日本当劳工。太平洋战争爆发后，日本国内劳动力匮乏，开始将大批的中国人运到日本从事苦役，从 1942 年日本强掳中国劳工到日本开始，1943 年到 1945 年，先后迫害至死的中国劳工有 7000 多人，重伤致残的有 7000 多人，这还是日本外务省 1946 年缩小了的统计数字。

此外，战时日军还带来了一些农作物害虫和畜牧病毒，比如马传染性贫血是日军侵华时期由日本在中国东北进行移民的"开拓团"带来的，直到抗日战争结束后，这种马病还在中国爆发了好几次，许多病马不得不杀掉，造成了巨大的损失。

日本还将一些植物病菌带到了中国。甘薯黑斑病就是其中一例，这种病在中国至今也没有根除。新中国成立后还多次在国内爆发，仅 20 世纪 50 年代就有数十亿公斤的甘薯因此病烂掉。毒麦是世界性的恶性杂草，这是从日军喂马用的饲料中带入我中华大地的，传入中国后，不仅严重破坏农作物的生长，造成粮食大量减产，而且人误食后还会导致死亡，60 年代湖北、黑龙江都发生过中毒事件。我国现在有 3 亿多亩耕地仍受到这种恶草的侵害，年减产约 75 亿斤。为了除草，还要投入巨大的人力和物力。蚕豆象是一种危害蚕豆的害虫，它也是日本铁蹄带给中国的"礼物"，这种小虫至今还对苏北地区的蚕豆进行蚕食，无法根除，损失惨重。

日本对中国发动的生物战，目前学术界还知之甚少，但是有资料证明日本曾有目的、有组织地进行过，731 部队有一个实验农场，又叫植物病毒研究班，占地 10 垧①。有数百平方米的大型玻璃温室，专门研究如何大面积毁灭庄稼和植物的病菌、病毒，如锈穗菌病毒等，负责人为八木罩。②

在财政上，日军对于日本国内需要的从中国输出的物资不收关税，据不完全统计，仅沦陷区盐税一项，战时中国就损失了 1 亿多元。再以东北为例，战前，东北只有 13 种国内税，而伪满"国内"税竟达到了 34 种。1933 年时，东北田赋收入 182.8 万元，而到了 1936 年竟达到了 1144.2 万元，增长 6 倍多，创造了古今税收史上的"奇迹"。

日本在战败前利用经济杠杆有计划地对中国经济进行最后的疯狂掠夺和破坏。

战败前，日本在中国大发日本国债和伪政权公债，最大限度地榨取中国的资财。日本在国内是如何运用公债政策的呢？首先由政府用公债向日本银行抵押借款，然后向国民购买物资，国民购买力增强后，政府即实行强制储蓄，使资金流回日本银行，日本银行再慢慢出售公债，收回借给政府的资金。靠这种独特的理财之法，日本每年战争军费的 60%—80% 来源于公债发行收入。

战败前在伪满洲国，公债发行从 1942 年到 1945 年 8 月仅 3 年 8 个月的时间里，就达到了 195380 万元，几乎等于前十年发行额的总和。伪满洲国垮台前几个月又突击发行了 3.8 亿万元。③ 汪伪政权的公债发行也主要集中于 1943 年以后。

日本在中国一共发行了多少种公债？这还是一个谜，不过战后国民党政府仅从接收的敌伪机关里就接收了 40 余种，折合日元纸币 26 亿。④ 这些公债除极少数几种与伪满洲国有一点联系外，其余均为纯粹的日本公债，有的是国债、有的是金融债，有的是公团债。

---

① 旧时计算土地面积的单位，各地不同，东北地区一垧一般合一公顷（十五市亩）。
② 佟振宇：《日本侵华与细菌战罪行》，哈尔滨出版社 1998 年版，第 67 页。
③ 张庆文等：《伪满洲中央银行简介》，《经济掠夺》，吉林人民出版社 1993 年版，第 587 页。
④ 中国第二历史档案馆：财政部档案。

这些公债期限长、利息高，是抽签付息有欺骗性的公债，仅在中国东北就发行了 40 多亿元，而大批的公债要到 20 世纪 60 年代才到期兑付，据我们不完全统计，如果加上伪政权的公债，到 1945 年时日本遗留在中国的公债仅按票面计算就已经达到了 471 亿日元，当然这还不包括民间的残留。①

日本在中国推行日本和伪政权公债，最主要的手法就是让伪银行先购买日本公债，然后再用这些公债作为发行准备发行纸币。如伪满洲中央银行到 1945 年国民党军队接收时，该行的发行准备金只有发行总额 29.3% 的日本公债和贷金及 2.8% 的伪满政府公债。② 再就是让中国储蓄银行收买日本国债，日本在台湾规定，储蓄银行储蓄的 1/3 必须用来购买日本国债，而 1/5 用于购买企业债券。此外日本在华还以卖出日本公债收回日本银行纸币以防止沦陷区经济对其国内经济造成负面影响。强迫大额交易发生时需用部分交易款购买公债等手法出售公债。

抗战时期日本在中国除了发行公债用中国人的钱打中国人外，还采用一切经济手段对中国进行经济战。

日本对中国进行经济战的核心就是以战养战，因而战时日本使用了所有的经济杠杆来达成其奸。在金融方面，日本在中国设立了一系列的伪银行，发行伪币，对中国进行货币战，一方面将法币压迫到非沦陷区从而引发通货膨胀，另一方面用伪币兑换中国的法币，再到上海套取法币的外汇保障——英镑和美元。并最终将中国的外汇准备全部套空，再以这些英镑和美元，利用英美在第二次世界大战初期对日本的绥靖政策，购买军事资源用于对华战争。日本让其在中国的伪中国联合准备银行、伪中央储备银行、蒙疆银行、伪满洲中央银行和台湾银行大发纸币，按当时日本规定的比价达 2807 亿日元。③ 这些货币大多为 1945 年以后发行的，伪满洲中央

---

① 戴建兵：《一笔尚未清算的战债——抗战时期日本及其傀儡政权在中国发行公债的残留》，《民国档案》1998 年第 1 期。

② 周舜辛：《战后东北币制的整理》，《东北经济》第 1 卷第 1 期，1947 年 4 月。

③ 由《伪满中央银行简史》（《中央银行月报》新 3 卷第 7 期，1948 年 7 月）记载的伪满中央银行发行额；《日本侵占区之经济》，第 124 页中国第二历史档案馆"三九六 14510"所记的蒙疆银行发行额；《第六七年之倭寇经济侵略》第 75 页及中国第二历史档案馆"三九六 14510"记录的中央储备发行额；李固荣《华北敌伪银行之调查及伪钞发行统计》（《北方经济》，第 1 卷第 1 期）记录的伪中国联合准备银行的发行统计；善后救济总署台湾分署经济技正室 1947 年编印的《台湾省经济调查报告》记录台湾银行发行额。上述总计后按时价折合日元为 2807 亿日元。

银行在 1944 年年底时发行额为 58 亿余元，而到了 1945 年 8 月则达到了 80 多亿，再加上战败前大发遣散费之类，到国民政府派人接收的 11 月 13 日时已超过了 130 亿元。① 1943 年底时，伪中国联合准备银行发行总额为 162 亿元，而 1945 年 1—4 月就发行了 187 亿元，而 8 月一个月竟然发行了 301 亿余元。② 而汪伪政权的中央储备银行在日本失败前的发行更是天文数字。此外日军还在中国南方发行了大量的军用票，仅在海南岛就发行了 1 亿多元。所有这一切使日军在中国搜刮了大量的物资，同时也使中国人民在抗日战争中忍受了惊人的通货膨胀之苦，这种苦难由于日后国民政府没有得到日本的赔偿而一直延续。战争期间对敌方进行经济战最直接的方法就是伪造其货币。日本在战争期间大量伪造中国货币，仅一个日本军部专门研究与制造中国纸币的登户研究所就伪造了 40 亿元，③ 日军在战争期间一共伪造了多少中国货币还是一个谜。

日本政府有目的进行逃避战争责任的事件早在其投降的 1945 年 8 月时就开始进行了。有两个极好的例子。

一是日本战时设立外资金局，让横滨正金银行和朝鲜银行向华北的伪中国联合准备银行借款，充作战费，抗战期间共借了相当于 1792 亿的日元。日本在中国领土上的一切财产，战后本应是中国的战利品。当时日本正金银行有黄金 15433 条，重量合计约为 154330 两（最后记录为 21534433.92 公分）④。这是日本正金银行用来在华北操纵金融、控制物价的镇宅之宝，日本投降后，国民政府接收之前，在 1945 年 8 月 14 日、9 月 7 日、10 月 4 日，分三次送到了伪中联行，用当时市场的最高价格作价，共值联银券 490 亿元，其中偿还伪中联在正金朝鲜存款共计 466 亿。而且第一批黄金 96000 两，在 8 月 14 日成交，竟然是按 8 月 10 日因时局变动而引发的华北空前绝后的黄金价格计算的。就是这样，到了 1945 年 10 月 17 日伪中联行被接收时，伪中联行存在朝鲜银行的日元还有 216

---

① 周舜辛：《战后东北币制的整理》，《东北经济》第 1 卷第 1 期，1947 年 4 月。

② 《接收伪中国联合准备银行报告》，转引自《北京金融史料》（十），北京金融志编写组编。

③ 张振龙：《中国军事经济史》，蓝天出版社 1990 年版，第 582 页。

④ 《接收伪中国联合准备银行报告》，转引自《北京金融史料》（十），北京金融志编写组编。

亿元。

这个阴谋的执行人是平津地区日本官兵善后联络部部长根本博（此人后来制造了日军在山西的残留部队，参加中国内战）完成的，他曾写信给日本驻北平的大使办事处的楠平实隆，说这是奉日本政府的指令，为适应国际形势的急变而采取的措施。[①]

再就是日本在台湾大发日本公债，到 1945 年 8 月 10 日已达 6.54 亿元，但是到了国民党军队进入台湾接收时，在台湾银行只有 1675 万元的公债了，相差了 38 倍之多。而这 645990983.3 元，[②] 也就是在日本宣布投降前两天，于 8 月 13 日有计划地将之运回了日本。

日军投降前大烧文字材料，使中国档案馆留存了一批世界罕见的"灰烬档案"。这种消灭罪证、让后人难以深究其责之事更是世人共知。

战后日本以各种形式对外赔偿一共支付了约 6638 亿日元，受日害最苦的中国一分钱也没有得到。

战后，日本反而对其二战中的"战没者"支付了 40 兆亿日元的国家战争赔款，1995 年，在世界反法西斯战争胜利及中国抗日战争胜利五十周年之际，日本政府重新对日本在二战中的"战没者"遗属 151 万人给予 6040 亿日元的特别抚恤金。而现在日本的一些右翼学者又以所谓的"经营史学"来研究历史，否认战争期间对中国进行的经济掠夺，更引起人们的深思。

第二次世界大战中，发动侵略战争的日本被中、美、苏、英等盟国击败。但在战后日本战争赔偿问题上，美国违反了《开罗宣言》和《波茨坦公告》的宗旨，使日本得以在复杂的国际环境中将战争赔偿当成其开发、占领国外市场的工具，在日本经济发展的同时，没有对侵略战争做出反省的日本国内的右翼势力日益强大，这和日本国内的对战没者的"抚恤"制度有着十分密切的关系。第二次世界大战后，亚洲的战争受害国对日进行的战争索赔是失败的，它既没有起到在经济上遏制日本的作用，也没有对受害国家进行战争赔偿，反而使日本国内的右倾势力得到了发展。

---

① 张果为：《华北沦陷区财政金融概述》，《财政评论》第 15 卷第 6 期，1946 年月 12 月。

② 吴永福：《台湾之币制与银行》，财政部财政研究委员会 1947 年编印，第 58 页。

二　4000 万美元和 6000 亿美元

让我们把历史翻到人们欢呼战胜法西斯的 1945 年。

1945 年 7 月 26 日，中美英三国联合发表了《波茨坦公告》，制定了战后对待日本的基本原则，8 月 10 日，日本表示接受，该公告的第十一条，对日本战后的赔偿问题做出了初步的规定。

战后，美国占领了日本，在此期间，美国依波茨坦公告，制定了《盟国战后对日基本政策》，关于战争赔偿问题，该政策规定："由于日本所犯侵略罪行，为使日本加于各盟国的损失得到公平赔偿起见，并为消除日本若干工业中的作战潜力起见，凡日本现存或将来生产之机器设备或货物，由远东委员会决策或远东委员会组织规程为必须提供赔偿者，必须勒令日本移交充作赔偿。此项赔偿应不危及解除日本武装计划的执行，不妨害占领费的支付，并不碍及一最低的平时生活水准的维持。某一盟国分得日本赔偿品的比额应依据广泛的政治理由加以决定，对于该国因日本准备及进行侵略战争而遭受生命财产上的丧失与损害，以及该国在击败日本时所致的贡献——包括抗战之程度与时间——均需加以适应的考虑。"对于日本在战争时期抢掠的财产，该文规定"凡被日本劫掠、胁迫交付、或用无价值的货币购买的资产，其业已认证者，应全部剋速归还"①。

对日进行战争索赔，盟国从第一次世界大战后对德国进行的战争赔偿出现的问题中吸取了教训。第一次世界大战后，战败国德国对于战争赔款采取了大借外债、借东还西的政策，并在国内进行军国主义的宣传和教育，结果后来德国出现了纳粹和希特勒。因此第二次世界大战后，在日本赔偿问题上，没有规定日本战争赔偿的金钱数额，不对日本要求战争赔款，而是在维持日本一定的经济水平下，对可用于军事目的的工厂进行拆迁，以此作为对日本造成的战争损失的赔偿。

在美军占领日本期间，对于日本赔偿问题的行政机构是 1946 年 3 月 11 日成立的远东委员会，其第一小组专门负责对日索赔，这一机构是

---

① 驻日代表团日本赔偿及归还物资接收委员会编：《在日办理赔偿归还工作综述》，台湾文海出版社 1980 年版，第 3 页。

1945 年 12 月，由苏、美、英三国外长会议后商得、中国同意后组建的。

中国早在抗日战争结束前，就开始了日本侵华而造成损失的调查，准备在战后对日进行索赔。抗日战争胜利后，中国在外交部和行政院成立了对日索赔委员会进行这一方面的工作。盟军占领日本后，中国又组成了驻日代表团第三组与中国赔偿代表团和盟军进行接触，讨论日本战争赔偿问题。1947 年 9 月 25 日，在盟国对日赔偿问题上取得了一定的进展后，中国政府组成了以吴半农为首的驻日代表团日本赔偿及归还物资接收委员会，成员包括李待琛、周茂柏、王树芳、唐崇礼等人。

战后，由于世界政治格局的变化，美国在亚洲的政策从遏制日本转而扶植日本，在对日本进行索赔的问题上对亚洲各国横加干涉，从而使对日军工企业的拆迁大打折扣，1946 年下半年时，盟国公布了应拆迁的日本 1090 家工厂的名单，[①] 而到 1949 年 5 月 13 日，美国以第 104 号的指令，告知盟总取消前期颁发的对日工厂进行拆迁的指令，并下令立即执行，这一命令在中国引起轰动，举国沸腾。

5 月 19 日，中国政府对此表示抗议；5 月 26 日，菲律宾政府也表示抗议，但美国政府对此置之不理。

至美国宣布停止日本的赔偿时，日本有 845 家应拆工厂被完整地保存下来了。[②]

1951 年 9 月 8 日，美国和日本在旧金山签订了《旧金山和约》，日本的赔偿问题被搁置下来，日后的日本战争赔偿问题，由受害国和日本自行谈判解决。

美国在战后一开始出于"确保日本今后不再成为美国的威胁"这一基点，制定了对日本十分严厉的索赔政策，并准备将中国当成其在亚洲的盟友和反对苏联的前哨。为了防止在对日索赔时发生对日本有利的失误，1945 年时，美国负责对日进行索赔的鲍莱曾制定了一些劳动力、工业产品、现存货品、证券不能作为日本对战胜国的赔偿，因为这些资产可以增长日本工业的发展。但中国在抗日战争后不久就发生了内战，而第二次世界大战结束后，世界的格局也发生了巨大的变化，两种不同的意识形态形

---

① 洪扬：《战后德国赔偿问题》，《世界知识》1990 年第 9 期。

② ［日］山本刚士、安原和雄：《战后日本外交史》第四卷，东京三省堂 1984 年版，第 50 页。

成了两大阵营，从 1947 年开始，美国和苏联的关系开始恶化，冷战已经开始，美国开始考虑其在亚洲新的战略布局，准备以日本作为其在亚洲对抗苏联的阵地。

1947 年 1 月，美国派人到日本进行了调查，并提出了日本经济恶化，美国对日本的占领军费过高等理由，开始转变对日索赔的态度。3 月，杜鲁门主义出笼，并制定了扶植德国的计划，美国和苏联的关系进一步恶化，而中国革命的形势已使美国对中国的政策发生了根本性的变革，日本成为美国在亚洲进行对苏包围的前沿阵地，美国开始对日本的经济给以扶植，1949 年中国人民解放军解放南京后不久，美国宣布停止对日本的赔偿要求，年底，日本对荷兰的最后一船赔偿物资运抵荷兰，日本的战争赔偿实质上已经停止。

1949 年 10 月，国民党在中国大陆的政权崩溃，1951 年朝鲜战争爆发，美国开始了武装日本的政策，并准备和日本单独讲和，还宣布了不再向日本要求战争赔偿的声明。1951 年 9 月 8 日，美国和日本在美国的旧金山宣布媾和，在美国的影响下，一些追随美国的国家也宣布放弃了对日本的赔偿要求。

第二次世界大战中，日本没有攻入苏联的国土，苏联是在最后时刻对日本的关东军发动了进攻，但苏联军队的军费是由国民政府负担的，由于双方在签订关于苏联红军在中国东北发行"苏联红军军用票"时，国民政府没有要求苏联红军在发行总额以及在钞票上印制号码，因而苏军在东北发行了大约 100 亿元的红军票。① 同时苏联红军还拆迁了大量日本在中国东北的机器设备，在战争中，苏联又占领了日本北方的四个岛屿，尽管苏联没有参与《旧金山和约》，但后来也和日本订立条约，宣布双方放弃各自国家和民间的战争赔偿。

中国是第二次世界大战中受日本残害最为酷烈的国家，有 3500 万人伤亡，直接经济损失 1000 亿美元，间接经济损失约 5000 亿美元。对日本拥有无可争辩的索赔权，在对日索赔的问题上，国民政府一开始持积极态度，在战争中就对国内的战争损失进行过初步统计，战争结束后又对一些战争损失进行过调查，如登记伪币和日本军用票的发行额，准备对日进行

---

① 中国第二历史档案馆：三九七 1127。

索赔。战后，在对日进行索赔的国家中，中国占有 40% 的份额[①]。但自远东委员会成立后，中国政府在日本所派出的代表在对日索赔问题上一直受到来自美国的刁难和压制，致使中国代表哀叹：在"美国扶持日本的愚妄政策"下，"吾人来日的使命实已趋于失败之途"。在此期间，中国仅仅得到了 2200 万美元的折迁费和归还的劫掠物资 1800 万美元。

1948 年 1 月 11 日，中国驻日代表团向招商局洽商的海康号来到了日本的横须贺港，这是中国派出的来日本运回折迁物资的第一艘船，也是各国对日进行索赔而来到日本的第一条船，中国分得的折迁物资是日本 17 个兵工厂的物资，16 日海康号装上了 453 箱物资，在中午举行完仪式后，返回中国上海。

此后，一直到 1949 年 9 月，中国共派出轮船 22 次，运回赔偿物资 12524 箱，35912.72 吨。价值 2200 万美元。[②]

在此期间，中国还从日本运回了在抗日战争时期和以前被日本抢劫的中国财产。这些财产见表 1。[③]

表 1　　　　　　中国从日本运回的被抢劫财产一览

书籍 158873 册	价值 180964 美元
古物 2000 件	价值 110891 美元
货币 110830 吨	价值 524635 美元
整厂机械设备二厂	价值 4420000 美元
计件机器 2545 件又一套	价值 2238202 美元
汽车 18 辆	价值 18830 美元
船舶 12 艘（20676 吨）	价值 2162657 美元
工业原料	价值 2335809.28 美元
贵金属（银）17594 克	价值 404502.36 美元
杂项	价值 101370900 美元
盟总代为出售的物资	价值 436.92 美元
合计	价值 18132357.57 美元

① 中国第二历史档案馆：《中国政府对日和约审议记录》，《民国档案》1990 年第 4 期。

② 驻日代表团日本赔偿及归还物资接收委员会编：《在日办理赔偿归还工作综述》，台湾文海出版社 1980 年版，第 3 页。

③ 同上。

这些东西全部是日本从中国抢劫去的，杂项包括在甲午海战时被日本打沉的中国军舰定远和镇远舰上的铁锚和炮弹，过去在日本的公园里当作其战利品而展览。其中盟总代为出售了一些不宜运回中国的物资。

但是由于美国的干涉，大量战争期间日本抢夺的中国物资没有收回，如日本抢夺的中国的黄金、白金、钻石，伪满洲国在日本的不动产，等等。

就连中国人的老祖宗——北京猿人的头盖骨化石，在战争时被日本抢走，而战后在日本却查不出它的下落。

中国在战时损失了 6000 多亿美元，而只运回了不到 4000 多万美元的东西。

三　6638 亿日元的对外战争赔偿

在 1951 年 9 月 4 日至 8 日由美国一手召集的旧金山对日媾和会议上，中国大陆和台湾都被排斥在外，分裂的朝鲜也没有让参加。

美国决定，日后由日本这个在第二次世界大战中的战败国"自由选择"与中国的哪一方政权缔结和约，这是人类历史战败国所享有的最高"权力"，为人类历史所仅见。日后美国又指定台湾为日本订约的唯一方，否则美国将不予承认。1952 年，在美国的压力下，吉田茂宣布愿意和台湾订立和约。而此时孤悬海岛的台湾国民党政权为了保住和美国的关系，并在亚洲拉住日本，以换得美国的保护，在《旧金山条约》生效之日时宣布，放弃对日索赔。

美国搞的《旧金山和约》和《开罗宣言》《波茨坦公告》的基本原则相左，中国政府对此不予承认，中国对日本仍有索赔的权力，这使日本政府极为不安。战后，日本对中国极为敌视，追随美国对中国进行经济封锁。一直到 1971 年美国在没有通知日本的情况下进行了和中国改善关系的"越顶外交"，震动了日本朝野，田中内阁决定改善对华关系。而此时的中国正与苏联关系紧张，苏联在中国边境集结兵力，对中国的安全形成了威胁，中国也急于打开世界的大门。在这种情况，中国出于不愿将战争赔偿加于日本无罪的下一代，同时也由于台湾先于大陆放弃了对日进行索赔的权力，1972 年 7 月，周恩来在和日本公明党竹入义胜的谈话中，表明中国政府愿与日本发展友好关系的意愿，并决定放弃对日本的战争赔偿要求。9 月 29 日，中日发表了《联合声明》，以法律形式确定了中国政府放弃了国家间的对日本的战争赔偿要求。

在对日要求战争索赔的国家中，东南亚的一些国家表示了十分坚决的态度，美国所搞的《旧金山和约》，由于东南亚一些国家的坚决反对，和约不得不承认日本仍有对战争进行赔偿的责任。而日本在战后一开始利用朝鲜战争的美国"特需"，从而使自己的经济有了一定的基础。但为了建立自己更为广阔的市场。日本决定利用对东南亚国家进行"赔偿"，而完成了占领东南亚市场的第一步。

在日本建立其"大东亚共荣圈"的过程中，给东南亚的人民带来了无尽的灾难。战争中，东南亚的大米被日本所掠夺作为日本侵略军的军粮，日本强制改变各国的农业生产结构，生产日本所需的产品，他们控制了缅甸的国内外贸易，掠夺印度尼西亚的石油等资源，强迫菲律宾削减大米的种植，砍掉甘蔗，种植日本短缺的棉花，在日本占领军的任意榨取下，有粮仓之称的东南亚饥荒迭起，广大人民不得不以糠菜充饥，甚至以"毒螺果腹，麻袋蔽体"。

战后，菲律宾、印度尼西亚、缅甸和南越四国一直没有放弃对日的战争索赔，四国对日索赔的总额为 300 亿美元。① 但由于日本在战争赔偿问题上和这些国家大打谈判仗，使这一问题很长一段时间也没有解决，而东南亚国家在第二次世界大战中又遭受了巨大的经济破坏，急需资金和物资以恢复自己国家的经济，故开始对日本在赔偿问题上进行让步。

在这种情况下日本开始和这国家订立赔偿协定，支付这些国家的战争赔款，但赔偿大多是用日本制造的物资来进行的，这些生产资料的出口对于日本国内的经济无疑起到了刺激作用，而其中的技术成分又使日本产品占领了东南亚市场，从而使日本对这些国家的战争赔偿成为日本战后经济复兴计划的一部分。对此日本首相吉田茂说："对于失去中国市场的日本来说，找到东南亚市场是十分重要的。"②

---

① 〔日〕内野达郎：《战后日本经济史》，孙汉起、马君雷译，新华出版社 1982 年版，第 96 页。

② 〔日〕有泽广巳：《日本的堀起》，鲍显铭译，黑龙江人民出版社 1987 年版，第 632—633 页。

这一时期，日本还对放弃战争赔偿要求的老挝、柬埔寨、韩国、泰国、马来西亚和新加坡等国提供 4.6334 亿美元资金开展经济合作作为补偿。①

日本战后以各种名义对外支付的战争赔偿见表 2。②

表 2　　　　　　　日本战后以各种名义对外支付的战争赔款一览

单位：亿日元

国名及条约签订年	赔偿	准赔偿	各种请求权	合计
缅甸，1954、1963	720	684		1404
瑞士，1955			12	12
《对日和平条约》，16 条 1955			45	45
泰国，1955、1962		96	54	150
丹麦，1955、1959			7.23	7.23
荷兰，1955			36	36
菲律宾，1956	1980			1980
西班牙，1957			19.8	19.8
法国，1957			16.728	16.728
瑞典，1957			5.05	5.05
印度尼西亚，1958	803.088	636.876		1439.964
老挝，1958		10		10
柬埔寨，1959		15		15
南越，1959	140.4			140.4
意大利，1959、1972			8.3305	8.3305
英国，1960			5	5
加拿大，1961			0.0601	0.0601
印度，1963			0.09	0.09
韩国，1965		1080		1080
希腊，1966			0.5823	0.5823
澳大利亚，1966			0.0601	0.0601

① ［日］信夫清三郎：《日本外交史》，天津社会科学院日本问题研究所译，商务印书馆 1982 年版，第 876 页。

② 朝日新闻战后赔偿问题取材班：《战后赔偿了什么》，朝日新闻社 1994 年版，附表。

国名及条约签订年	赔偿	准赔偿	各种请求权	合计
马来西亚，1967		29.4		29.4
新加坡，1967		29.4		29.4
密克罗尼西亚，1969		18		18
北越，1975		85		85
越南，1976		50		50
阿根廷，1977			0.6316	0.6316
蒙古，1977		50		50
合计	3643.488	2783.676	210.5626	6637.7266

战后日本以各种形式对外赔偿一共支付了约 6638 亿日元，按当时汇价合 18 多亿美元。受日害最酷烈的中国一分钱也没有得到。

四 40 兆亿日元的对内"抚恤"

在第二次世界大战中，日本也受到了自己发动的战争的损害。

在这一次世界大战中，日本国家损失了 992 亿元，1944 年的军费高达 861 亿日元，为当年国民收入的 151.4%。在战争中有 186 万人死于战场，1943 年时 15—60 岁的男人和 17—40 岁的女人被组成了国民义勇战斗队，配备了竹枪等"武器"。从 1943 年开始，全国对一切金属进行征收，连其国宝奈良大铜佛也差一点被熔作军火。1945 年时，全国学校的学生一律停课，加班加点生产军需产品。

在日本对外进行赔偿的同时，日本对自己国家在第二次世界大战中参战和战死者的家属进行了巨额的赔偿。本来在第二次世界大战结束后，驻日美军在日本推行了一系列的改革，其中对"军人抚恤制度"的废除就是其中的一项，规定日本对于在战争中的战死者、负伤者的救济应由一般性的社会保障系统进行。但日本恢复主权后，从 1953 年 8 月开始就实质性地恢复了"军人抚恤制度"，并按旧日本军队中的等级支付养老金和一次性的战争抚恤金，这和当时规定的日本抚恤制度要向着"非军国主义方向发展"大相径庭。而在其中起着重要作用的是日本的遗属会，这是一个一开始时打着"应该记住失去儿子的美国母亲、失去丈夫的中国妻子"的招牌而成立的组织,但是这个组织后来成了"表彰英灵"、"靖国神社的国家维护"的主力。桥本龙太郎曾任其会长。

由于战后对日本战争赔偿的过轻处理;由于美国在朝鲜和越南发动的侵略战争中日本出现了两次"特需繁荣";再加上日本以赔偿为由而对东南亚市场的占领,日本经济在 20 世纪 60 年代飞速发展。也就是在这一时期,日本规定了其对国内战争抚恤 15 条法律中的 7 条。从 1963 年起,日本开始年年由政府主持"全国战没者追悼仪式",1964 年开始对"战没者"授勋,1963—1965 年,林房雄在日本《中央公论》上连载《大东亚战争肯定论》。

在这种情况下,日本置《旧金山和约》中对于"受到法庭的审判",判处死刑、无期徒刑、三年以上的刑罚或是处以监禁的人其抚恤权利被取消的条款于不顾,不仅对这些人给予"抚恤",而且对国际法庭审判了的各级战犯也进行了补偿。

从此,日本基于自己制定的国内战争赔偿的法律,1953 年至 1993 年间,对日本国内战争的"受害者"即参加了第二次世界大战的老兵和其遗属支付了各种名义的、共计 35 兆亿日元的国家战争赔偿。①

在这种赔偿制度下,原日本军队中的大将每年可得到 761 万日元,合 8 万美元的"抚恤",而一个士兵每年可得到 104 万日元,合 1 万美元的"抚恤"。

在原是日本殖民地被占领 50 年的中国台湾,由于当时许多人作为"日军"而参加了第二次世界大战,日本政府为台湾的原"日本兵"的遗属以及重伤者共 3 万人,每人支付了 200 万日元。②

1995 年,在第二次世界大战暨中国抗日战争胜利五十周年之际,日本政府重新对日本在二战中的战没者遗属 151 万人给予 6040 亿日元的特别抚恤金。此外又设立了亚洲和平友好交流计划第一年度的基金,这些基金为 250 万日元,准备用于对台湾在战争时的军人军属未支付工资、以及

---

① 由日本总理府所编历年《社会保障统计年报》综合而得。按时价约为 3500 亿美元。

② [日]田中宏:《厚内的战争受害者抚恤与歪曲的历史认识》,日军侵华暴行国际研讨会论文,未刊稿。

未退还军事邮局的存款；对库页岛遗留的韩国人的回国；以及对慰安妇的赔偿。区区的 250 万日元和日本用于国内 6040 万日元的特别抚恤，以及对 27 万的原子弹受害者的 270 万日元的赔偿，形成了鲜明的对比。[①] 总计战后日本用于"抚恤"战时军人及其遗属的金额已超过 40 兆亿日元。

与日本战争赔偿形成鲜明对比的是德国的战争赔偿。第二次世界大战结束后，前东、西德对所有受害国家进行的战争和受害赔偿 3000 多亿马克。按 20 世纪 50 年代的汇率约合 770 多亿美元，比雅尔塔会议上要求德国赔偿总额 200 亿美元的规定高出了很多。[②] 到 1993 年 1 月，德国已经支付了对外战争赔偿 904.93 亿马克，约合 7 兆多亿日元或 651 多亿美元。据最新消息，德国的法律规定，从战后到 2030 年为止，德国支付的战争赔款总额将达到 1222.65 亿马克。

由此可以看出，第二次世界大战结束后，对于日本的战争赔偿问题，在美国的干涉下，并没有按《开罗宣言》和《波茨坦公告》的原则去认真执行。由于国际风云的变幻，日本在对战争赔偿问题上取得了实利，并使其经济得到高速的发展。财大气粗的日本越来越不想承担自己在第二次世界大战中给亚洲各国和人民造成的损失，不公开承认自己的罪行。与此同时，国际上也不断提出对日的战争索赔的要求，如韩国和菲律宾的慰安妇问题，英国提出的战俘问题等，中国也宣布支持民间对日追索赔偿，日本政府如果对于这个问题没有一个正确的态度，其想依经济实力成为政治大国的企图、重返亚洲的愿望，以及亚洲国家真正的永久和平都不可能实现。

作为一个史学工作者，回顾日本对华经济掠夺史，并以此警醒市场经济下的国民，既是应尽的义务，也是一个平凡人的良心。

（社会科学文献出版社 2005 年版）

---

① 〔日〕田中宏：《厚内的战争受害者抚恤与歪曲的历史认识》，日军侵华暴行国际研讨会论文，未刊稿。

② 童增：《二战遗留下来的赔偿问题》，《江汉大学学报》1992 年第 1 期。

《中国钱票》前言

中国钱票是指各种经营性或行政部门发行的小区域流通的货币，多在县或县以下的乡村流通。

这种小区域流通的货币名称是千奇百怪的，诸如钱票、银票、私票、花票、流通券、私帖、街帖、商帖、银帖、屯帖、代价券、土票、土钞、凭票、抵借券、工资条等，代表的硬币有银两、铜钱、铜元、银元、银角等。由于他们的初始形式在清代前、中期时被人称为钱票，我们也就将其泛称为钱票。

这些钱票具有一般货币的职能，如价值尺度、流通手段等。

过去人们对于中国社会经济中的这种货币形式了解不多，在对中国经济或货币问题研究时一般采取忽略的态度，但是我们发现，钱票在近代经济生活中的数量十分巨大，种类极多。从宏观上我们忽视的这种货币，在近代经济中却起着十分重要的作用。单一的一种钱票我们可以忽略，但从整体而论，在当时整个社会经济生活中，钱票的发行及其流通量占有极大的比例。

从民国元年到民国九年（1912—1920）间，农商部通过对各地钱业，即官钱局、银号、钱庄和其他发行钱票的部门所进行的调查显示，在此期间的一些年份，中国钱票的发行量曾达到过 1 亿元以上。

而在同一时期，中国其他金融机构纸币发行情况并不乐观。一个国家银行或几个商业银行的纸币发行远远比不上各地钱票发行的总和。

我们在对中国钱票的研究中，发现近代中国除西藏以外的省区基本上都有钱票的发行，而且在东北、华北、华中、华南基本上每个县都曾经发行过不同种类的钱票。西北、西南省份的很多县也都发行钱票。而且每一个县都不是仅仅在某一年、某几个部门发行，基本上都是在很长的时间，极多的部门发行数不胜数的钱票。

中国钱票的始祖可以说是宋代交子，它是纯粹意义上的钱票，北宋大中祥符（1008—1016）年间，由于铁钱钱重价轻，成都的十六家富商联合组成了交子铺，发行了中国历史上最早且具有十分重要影响的钱票——交子。

中国钱票的普及发生在清道光年间。道光十六年（1836），清政府由吉林钱票而引发了一场在全国高级官吏中讨论钱票存废问题的大争论。讨论中，各地的官员将各地的钱票流通情况作了报告。从中我们可以看出当时钱票在直隶、北京、河南、山东、江苏、安徽、江西、浙江、湖南、四川、广西均有大量发行和流通。从这些人的上奏中还可以得知西北地区的钱票也十分发达，陕西汉中、兴安两府钱票流通很多，甘肃也有发行钱票的钱铺。其原因是现钱多用银钱，而运输不便。

中国钱票从清代中期开始兴盛，一直到1949年中华人民共和国成立，其间有几个比较明显的发展阶段。

道光年间到咸丰初年，是中国钱票发展的第一阶段。这一时期正是金融史学者认为的银铜复本位时期。在银铜复本位制中，钱票作为对这种货币制度的补充有了极大的发展，钱票的发行量和流通量也有了很大的提高。有人认为，这一时期，中国钱票的流通量已经占到了货币流通总量的三分之一。

咸丰初年到光绪年间，是中国钱票发展的第二阶段。这一时期，发生了太平天国革命和第二次鸦片战争，清政府的财政陷入了危急之中。在这种情况下，清政府开始以通货膨胀为手段，来维持自己的财政，大量发行大钱和纸币，最终使清代的银铜复本位制从根本上受到了破坏。社会安定后，因战争而日益困苦的货币问题就成了清政府面临的第一个难题。清政府想重新恢复传统的制钱与银两的平行本位，在洋务运动的大气候下，从国外购买了大量造币机械，想用先进的机械生产大量的铜钱，来恢复传统的币制。

但是，对传统旧制恢复的梦想却给清政府带来了一个意想不到的结局，新的造币机械在利益的驱动下，没有对铸造制钱发生多少兴致，这些造币机械铸造了大量中国从没有过的新货币——银元和铜元。

从此，中国的货币史上出现了一个新的时代，在货币领域中，金、银、铜、纸各类货币满天飞，没有哪一种货币形式能够使其他种类的货币成为自己的辅币，都在流通领域中近于"平行"地流通，人称这一时期的中国货币是多元本位。

在这种多元本位的状态下，中国的钱票——本来就是经济上的无序行为，在这一时期得到了发展，表现的形式就是其在流通货币总量上得到了加强。

钱票发行的第三个阶段是从民国初年到 1942 年国民政府将货币的发行权统一于中央银行，这一时期可以说是钱票在多元本位下的继续发展。

但在这一时期，中国钱票的发行量开始下降，并逐渐在货币的流通量中日益减少，主要原因是货币运行的规律正在驱动着中国货币向着更近代化的货币——由国家银行发行的统一的纸币的方向发展。与此同时，中国的地方性银行，特别是省一级银行得到了很大的发展。这些银行经过清末的官银钱号及民国初年的大量发行纸币而倒闭的政治及经济风浪，从 20 世纪 20 年代开始，从行政、从经济认识上都有了很大的提高。而此时的中国政局，在省的区域内也有了一定的稳定，军阀们对各自的地域控制也得到了巩固，因而，这一时期，中国省地方银行的纸币开始在货币流通占有突出的份额。

1942 年国民政府宣布由中央银行统一货币发行权后，各地均对地方钱票进行了整理，钱票基本绝迹。

钱票的最后一次回光返照是在国民党政权失败之际，金圆券和银圆券的改革引起货币紊乱，一些地方又曾发行过钱票。

对中国钱票进行研究有助于我们解决很多历史问题，对于中国近代社会史、经济史的研究都将产生一定的影响。

也许有人认为，对中国近代钱票的研究只有历史意义而没有什么现实意义，恰恰相反，对这种小区域货币的研究有着十分重要的现实意义，关于这一点可以让我们看一下 1996 年的《中国纪检监察报》报道了一个浙江农村私发代币券的例子：

浙江省东阳市三联镇林甘村使用自制代币券，造成了村级财务混乱。

据查，1991 年 2 月 8 日，林甘村二委会共印代币券 1020 张，计 5010 元。面值分别为伍元、叁元、贰元、壹元、伍角等五种，票面上印有"林甘村代币券"等字样，每一张代币券背面盖有 5 个村干部的印章。

当初规定，代币券由村会计造册发放，主要用于结算干部误工费，并可在村出纳处兑换现金。然而，代币券的实际使用范围远远超出原来的规定，不仅用于结算误工工资，而且还可以支付电费，也可以在村代销店里买东西，甚至可以在村内支付一切费用，成了林甘村发行的"钞票"，在群众中造成了极坏的影响。同时代币券的使用不仅没有方便误工费的结算，相反却给财会人员增加了麻烦，给重报、多报提供了机会。该市纪委、监察局对该村使用代币券事件进行了查处。

中国钱票最为发达的时代，正是中国社会和经济极度混乱的时期，经济的无序表现在政治上则是国家的无能，因而，在社会主义市场经济的今天，我们更应对社会经济有一个清醒的认识，管理有序是市场得以发展的重要环节，市场经济是法制经济，这是切切不能忘记的。

（中华书局 2001 年版）

《中国农村金融研究》前言

自商业银行改制以来，中国农村金融的困境日益凸显，据统计，1997年以来，全国已削减1万多个银行分理处和营业网点，裁员11万人，大部分是各商业银行县及县以下的工农业网点。商业银行已裁撤县级分行多家，裁汰职工万余人，而且近年来农村资金又出现了城市化的倾向，有人称之为农村资金"胜利大逃亡"，2002年6月14—16日的《国际金融报》报道，尽管9亿多农民按人口比例计算，人均贷款仅相当于城市人均贷款的1/6，但是农村资金通过邮政储蓄、商业银行等"抽水机"，使60%—70%的资金从农村流向城市和工业区，每年上千亿的资金流失，使许多农村出现金融空洞。

相对而言，农村金融的研究近年来相对薄弱，连我们一个原本是农村金融专业的系也早改成了金融系，然而现实问题吸引着我们的目光，为此，我们在组织大量人力进行河北省农村信用体系进行调查的基础上，完成了这本小书，以抛砖引玉，更希望唤起人们对农村金融问题研究的重视。

农业是国民经济的基础，要实现国民经济的持续快速发展就必须不断夯实这一基础。但20世纪90年代以来由于前期农村改革对生产力的促进作用释放殆尽，我国农业生产出现徘徊局面，农民收入增长缓慢，有的地区甚至绝对下降。同时，我国加入世界贸易组织后，农业生产面临极大的挑战，因此关于农村、农业、农民的"三农"问题成为社会关注的焦点，亦成为政府工作的头等大事。学术界为我国农村经济的发展开出了诸多药方，诸如"非农化"、"城镇化"、"产业化"等，以优化农村产业结构，提高农业的劳动生产率。但所有设计都需要有资金的支持，没有资金，农业结构调整不可能实现，产业化没有保证，乡镇企业不可能实现第二次创业，小城镇也不可能发展。所以我们认为在制约农村经济发展的诸多因素中，农村金融业不发达，不能给农业以充足的资金支持是关键，我国农村经济发展中最缺乏的就是资金，农村金融落后是制约我国农村经济发展的瓶颈。研究中国的农村金融问题，找出一条有效的农村金融发展道路，使之更好地服务于农村经济的发展，具有极强的现实意义。

本书从农村金融与农村经济发展的关系入手，通过对我国农村金融机构历史和现实的考察，着重分析了包括农业发展银行、中国农业银行、农村信用社以及其他民间金融组织等在内的我国各农村金融机构目前的生存状况、存在的问题、形成的原因和改革措施，尤其对目前农村金融的主力军——农村信用社进行了深入细致的考察，并涉及国外农村金融发展的比较研究，以资借鉴。

（河北人民出版社 2003 年版）

《中外货币文化交流研究》前言

在人类历史货币文化中，有两枝流芳百世的奇葩，一是东方文明古国中国的货币文化，它曾影响了亚洲许多国家的货币文化千余年；一个是古希腊的货币文化，它是西方货币文化的发源地，而后又派生出阿拉伯和印度钱币两大体系。

从货币形制上来说，中国古代钱币注意于文字，以书法美蕴藏于钱币的方圆之中；而希腊货币则以图案见长，神像、英雄、动物和植物构成了货币的主图案。

中国钱币自秦半两钱以来，其形制一般为圆形方孔，人们戏称之为孔方兄。一开始，钱币是计重的，如秦的半两钱、汉的五铢钱。但自唐代以后，年号钱开始占优势，并一直延续到民国初年。

中国古代的货币文化对亚洲国家货币的影响，主要表现在以下几个方面。

第一，亚洲许多国家的铸币从形制、重量甚至名称也与中国钱币基本一致，它们一般为圆形方孔，使用汉字，名称也叫"通宝""元宝"。日本早在奈良时代和铜元年（708）就铸造了汉文的"和同开珍"钱；朝鲜在成宗十五年（996）开始仿铸中国的"乾元重宝"钱；琉球秦久王于1453年铸造了汉文的"大世通宝"钱。越南在970年铸汉文"太平通宝"。一直到近代，这些国家仍铸造类似于中国钱币的汉字币流通。圆形方孔成为汉文化货币圈的符号，古代中亚、东南亚许多国家都采用这种形制。钱币的衡制基本上依照中国唐代"开元通宝"钱为标准，直径大都在2.5厘米左右，小平钱重量4克左右。

第二，一些国家完全仿铸中国货币在其国内流通。在古代中国与亚洲其他国家的交往中，中国钱币作为友好使者曾广布亚洲，许多国家纷纷仿铸，如日本曾仿铸中国的"开元通宝""乾元重宝"等 36 种年号钱；越南仿铸了 14 种中国年号钱；朝鲜也曾仿铸唐代钱币。印度尼西亚仿铸中国古代唐、宋的年号钱。

第三，亚洲许多国家的钱币使用汉文，而且与中国古代的钱币一样，刻意追求钱币上文字的书法艺术美，以此来追求钱币的美感。如琉球国的"龙"字铜币，如果没有深厚的中国书法功底，那活灵活现的"龙"字是写不出来的。泰国也发现了标有汉字的金银币。华侨更是在东南亚国家发行汉字钱币。

第四，亚洲钱币继承了中国古代钱币的一些传统。中国古代钱币常在钱背铸有文字，以此说明铸地、铸时。而日本、朝鲜、越南等国的钱币也在钱币上加铸文字，如朝鲜 1678 年铸造的"常平通宝"、日本 1625 年铸造的"宽永通宝"等。

第五，中国古代纸币曾极大地影响了亚洲国家，朝鲜、日本、越南古代都曾发行纸币，而元代波斯伊利汗国也发行纸币，直到现在，伊朗人还称纸币为"钞"。

第六，中国以及东南亚各国的钱币均采用模型浇铸生产钱币，将熔化了的金属液体，灌入型腔之内，待冷却后取出再加工便成。

货币是贸易之血，贸易是货币文化交流的肌体，而中国古代的丝绸之路则是横贯中西的大动脉，在中外经济文化交流中起到了十分重要的枢纽作用。古代丝绸之路总体粗论有四条：一是传统的丝绸之路，发端于洛阳、长安，过河西走廊，西出阳关、沿天山南麓，越葱岭入中亚至地中海南岸。第二条源于唐代的海上丝绸之路，从中国的东南沿海至欧洲。新大陆出现后，由于欧洲人将美洲白银运至中国交换中国的丝绸，因而又称为"丝银之路"。第三条是西南丝绸之路，从成都经云南、缅甸至印度过中亚至欧洲。第四条是北方经蒙古草原的草原丝绸之路。

中国钱币曾是国际贸易中的世界通货，是丝绸之路特别是亚洲贸易中的媒介。古代中国与亚洲诸国的经济贸易来往十分密切，许多国家与中国贸易时需要的竟然是中国的铜钱。早在宋代"海舶之泄，海船高大，多以货物覆其上，其内尽载铜钱，转之外国。朝廷虽设官禁，那曾检点得出！"日本在明代时多次派人至中国贸易，要求中国给以铜币。随同郑和下西洋的马欢在其《瀛涯胜览》一书中称："爪哇、旧港、锡兰均用中国钱。"西沙群岛出土了大批的明代钱币，就可能是郑和当时下西洋时的遗留之物。

中国古钱还远在非洲出土，现在所知共计约 330 枚，其中唐代五代 1 枚，北宋 142 枚，南宋 64 枚，明代 10 枚，清代 4 枚，年代不明、钱文不清 105 枚。

9 世纪中叶，波斯湾的锡拉夫就通行中国的方孔圆钱，据《东非发现的我国文物》一文报道："东非海岸发现数量多得惊人的华瓷和钱币，对中世纪东非海岸史年月日的确定是很有帮助的。"发现中国钱币最多的是东非海岸马里的摩加迪沙、布腊瓦、梅尔卡；坦桑尼亚的桑给巴尔、马菲亚岛、基尔瓦群岛。

早在 1888 年，桑给巴尔已有宋钱出土。1944 年，桑给巴尔岛东南的卡杰瓦（Kajengwa）发现一处中国钱币窖藏，出土大约 167 枚钱币，其中唐"开元通宝"钱 4 枚，北宋钱 108 枚，南宋钱 55 枚，发现钱币窖藏的地点离中国帆船常到的翁古贾很近。在索马里 1898 年摩加迪沙三个地方发现宋代钱币，多为 11—12 世纪所铸。后又发现过永乐通宝。而在布腊瓦 1959 年出土了宋钱和"顺治通宝"。梅卡尔也了出土过中国古钱。坦桑尼亚于 1916 年在马菲亚岛出土宋神宗时代钱币（也在省城设立了官钱）1 枚，另 2 枚是在 1954 年发现的。分别为南宋的庆元通宝和绍定通宝。在坦桑尼亚基尔瓦也发现"淳化元宝"1 枚、"熙宁元宝"4 枚、"政和通宝"1 枚。在肯尼亚马林迪附近的格迪古城也发现 2 枚南宋币。另在安哥瓦纳也发现了 5 枚宋钱，1 枚明钱。

非洲出土的中国钱币中，有 90% 以上是两宋钱，这些数量不少的中国铜钱，大部分由当时的中国商船队，从海上带到非洲各国，经过商业贸易而遗留下来的，中国钱币在非洲的出土，进一步证实中非古代海上通道在宋代就已经延伸到遥远的非洲大陆。

货币文化的交流是双向的。波斯银币、东罗马金币、阿拉伯钱币及日本、朝鲜、越南的古代钱币在中国也多有发现，有的存量极大。明中叶后，西方国家的银币也大量流入中国。鸦片战争以后，外国铜钱也乘机大量流入中国市场。当时在中国货币市场上通用的外国铜钱，有日本的宽永通宝，朝鲜的常平通宝，安南的光中通宝、景盛通宝、景兴通宝、景兴巨宝、景兴泉宝、景兴大宝和嘉隆通宝等，在这些外国铜钱中，安南的光中、景盛、景兴、嘉隆身轻薄，当时称为"夷钱"、"外国轻钱"、"皮钱"或"水上漂"。当时广东省行使的钱文中，光中通宝、景盛通宝两种最多。这些夷钱与内地钱掺杂行使，占百分之六七十，潮州尤甚，并有数处专使夷钱。民间因其钱质轻薄，依样仿铸日渐增多。道光九年，两广总督李鸿宾就请严禁外国轻钱流入中国，并下令："如有积存前项夷钱，每斤照部议给制钱六十文，统限半年期内呈缴净尽。……至此等夷钱铜色铅砂夹杂，不堪煎炼，且恐收缴零星，徒费工火，转于鼓铸阻滞，应毋庸运局搭铸，即令各州县将收缴夷钱，俟限满解省销毁。……"我们应当注意的是钱币在一个特定的区域内流通，而且起到过本位币的作用；同时在中国境内沿海地区盗铸外国钱币在国内流通。

中国货币文化与西方货币文化存在着巨大的差异，从其产生到发展，特别是在不同的经济形态以及从一种经济形态向另一种经济形态过渡中所起的作用，货币理论，政府对货币控制，货币本位等都有着巨大的差异，而这些差异导致了不同的社会经济、金融的发展，以至于构造出不同的社会经济结构。货币文化的交流是经济史的重要问题，也与中国近代化的道路密切相关，近代货币制度的建立，金融体系的变革，总是与货币文化交流形影相随。

外国钱币除在广东进口外，还从福建、山东等处流入。道光九年，闽浙总督孙尔准、福建巡抚韩克钧也有奏折云："泉州、漳州间有夷钱限期收缴，按次换给制钱。……"同年年底山东巡抚纳尔经额奏："兖州间或有光中、景盛字样钱，拟倍价收买，每一文换制钱二文。……"二十年鸿鹏寺卿黄爵滋奏称："夷钱之来路，不特来自外洋，亦有私铸出自内地，自漳、泉二府行使夷钱，每千掺入几及十分之六、七，以光中最多，景盛次之，亦有潮州嘉应州所铸，托名夷钱。……"同年给事中巫宜稷也有奏折称："汀州府属夷钱，俗称皮钱，每千几及十分之八九，掺铸沙土，两指一捏可以破碎。……"

早在美元成为世界货币之前，在人类的文明史上有下面几种货币可以称得上是世界货币，一是古代希腊和罗马的货币，特别是后期拜占庭钱币；二是阿拉伯货币；三是中国古代货币，特别是唐后的铜钱；四是波斯银币；五是西班牙银元。这些货币都在世界贸易和人们的经济生活中起到过重要的作用。

由于贸易的关系，中国古代史籍早就记载了外国钱币。如《史记》、《汉书》记载安息国货币：以银为钱，钱上铸国王像；国王死后，钱币上的肖像则随之更改。南宋的《泉志》一书更是集当时外国钱币之大成。清代中期，考据发展起来，乾隆年间翁树培的《古泉汇考》等著作对外国传来的钱币给予了关注。民国时期，特别是 20 世纪 30 年代，著名学者丁福保致力于古钱学研究。创办泉币学社。编纂巨著《古钱大辞典》，收录外国钱币数百种。当代著名的学者张星烺编成《中西交通史料汇编》，保存了许多外国钱币资料。历史学家向达翻译了斯坦因在中亚的考古成果，出版了《斯坦因中亚考古记》，介绍了斯坦因在中亚发掘的古钱币概况。彭信威教授《中国货币史》一书，堪称中国货币史、钱币学的开山之作。对通过丝绸之路传来的外国钱币给予了特别重视，并重点介绍了东罗马金币和波斯萨珊银币在中国的发现和流通情况。

20 世纪 50—70 年代，中国考古学界对中国境内出土发现的外国钱币非常重视，以著名考古学家夏鼐、黄文弼为主要代表。30 年代，黄文弼在新疆考古调查时就发现了许多丝绸之路时期的外国钱币，40 年代，夏鼐先生沿丝绸之路从陕西、甘肃到新疆调查。对安息钱币、东罗马金币、波斯萨珊银币、阿拉伯金银币及其他中亚钱币，发表了数十篇系列研究论文。

80 年代以来，在中国钱币学会的推动下，成立了由甘肃、内蒙古、新疆、西藏、青海、宁夏、陕西、河南、山西、四川、云南等 11 省区钱币学会组成的中国钱币学会丝绸之路货币研究组。推动了中国丝绸之路货币研究的发展，涌现一批高水平的研究成果，沟通了中国钱币学会的对外学术交流。现在已经由兰州大学出版社出版了《丝路货币》等十部专著。

近年来，国内关于中外货币交流的研究十分兴盛，涌现出了一系列的论文和专著，新疆是我国研究丝绸之路货币和相关国家货币最为权威的地方，蒋其祥先生做出了突出的贡献。西北其他一些省份的钱币研究者也对这一问题进行了深入研讨，如甘肃的康柳硕、刘大有等，林梅村先生对古代丝路货币的研究在国内一直处于领先地位。加拿大的杜维善先生收藏了大量的丝路货币，并捐献给了上海钱币博物馆，且出有专著。广东的王贵枕先生对广东出土的波斯银币也进行了深入的研究。台湾的戴学文对西班牙银币的研究均为佳作。

钱币学在西方学术界有着十分显赫的地位，其中英国、法国、美国、日本、德国、瑞典、荷兰、俄罗斯、印度等国家都有一批造诣深厚的钱币学者和专家。在丝路货币方面，19 世纪末 20 世纪初，英国斯坦因、法国伯希和、德国勒科克、俄罗斯科兹洛夫、日本橘瑞超、瑞典斯文赫定等人在中亚和中国西部进行考古调查时，从中国新疆、内蒙古、甘肃等地挖掘走许多珍贵文物和钱币，保存于大英博物馆、法国国家博物馆、俄罗斯彼得堡博物馆、德国国家博物馆、日本大谷龙藏寺等地。这些钱币资料数量十分庞大。

西方国家对于古代希腊、罗马、印度的钱币研究著作早已是汗牛充栋，此不多言。

对于与中国钱币有关的一些国家的钱币，西方的一些钱币学家也多有涉及。西方国家发表一批研究波斯萨珊钱币的专著，如 20 世纪 50 年代摩根《东方古币手册》、倭尔克《阿拉伯—萨珊式古币目录》、普波《波斯艺术综述》等。西方早期研究波斯钱币的著作有瓦伦丁的《萨珊钱币》，这是第一部有关这一王朝钱币的专著，瓦伦丁写出了《印度钱币》和关于阿拉伯钱币的《穆罕默德国家的现代铜币》。1976 年，巴鲁克出版了《萨珊钱币》，1968 年弋贝尔发表了《萨珊钱币学》，1985 年，塞尔伍德发表了《萨珊钱币导论》一书。在此之前他还出版了《安息钱币》一书。苏联发表一批中亚古币研究成果，如斯米尔诺娃的《粟特青铜钱币》等。70 年代以来，外国发表的丝路货币论文和著作比较多，研究范围也更广泛，如印度对贵霜帝国钱币的研究、英国大英博物馆克利布对汉佉二体文钱币的研究、荷兰易仲廷对哈喇汗王朝钱币的研究、俄罗斯彼得堡博物馆捷马儿对中亚钱币的研究、法国蒂埃里对拜占庭金币的研究、波兰波佩拉维支对大夏钱币的研究、日本平山郁夫在中亚各地收集的钱币藏品等。值得一提的是外国钱币学者在研究丝绸之路钱币时，对中亚、印度、日本、东南亚出土发现的中国钱币非常感兴趣，给予了关注，也发表了许多研究论文。如苏联斯米尔诺娃教授对中亚塔吉克斯坦出土的中国"开元通宝"钱的研究，印度学者对印度泰米尔杜邦出土的中国宋代钱币的研究，俄罗斯学者对乌兹别克斯坦费尔干纳地区出土的中国五铢钱的研究，日本学者对日本出土发现的中国历代钱币的研究等。

对伊斯兰钱币的研究，有法国的汉尼魁（Hennequin）编著的《伊斯兰钱币目录——塞尔柱王朝及其后各朝至蒙古人入侵亚细亚前》，巴黎国家图书馆 1985 年出版，共 932 页，其中 50 页插图。共收录了 2000 多枚钱币。在 50 页插图之中收集了 62 幅原大的钱币照片。这部目录所收集的钱币是由塞尔柱（Seljuks）王朝及其后直至蒙古人入侵这段历史年代所发行的，没有土耳其钱币。在地理位置上包括现在的叙利亚、伊拉克、伊朗和土耳其的亚洲部分。从年代上讲，约在伊斯兰纪元 433 至 869 年（1041—1464 之间）。大英博物馆早就为其收藏的伊斯兰钱币编过一部比较完整的目录，目录的最后一卷是在近一个世纪前出版的，这部有 10 卷的目录有很大的参考价值。约翰·华克尔（John walker）在 1941 年就开治重新修订，至今还未完成第 2 卷。现在大英博物馆仍是世界研究东方钱币的重要基地，克力布、汪海岚等人在研究中国钱币及中外钱币交流方面均多有建树，而且其东方钱币学会（ONS）在世界上也极有影响。

早在 1881 年，英国就出版了一本《蒙古钱币》，是根据大英博物馆的藏品编辑的，这本书后来由洪文卿在光绪十六年出使英国时译出。改名为《蒙古西域诸国钱谱》于 1891 年出版，原书有图 687 幅，但译书仅选录了其中一部分。

日本学者对于中国古代钱币的研究的深度和广度都是中国钱币学者应当认真学习和研究的。近年来，韩国的一些学者也开始关注中朝两国的货币文化交流问题，并发表了一些论文。日本的《方泉处》钱币杂志是其发表文章的阵地。

而新加坡的钱币学者，如黄汉森等人更是组织了亚洲钱币学会，中国与东南亚货币文化交流是他们研究的一个重要课题，创办的刊物为《亚洲钱币》，已取得了一系列的成果。

法国的蒂埃里、荷兰的易仲廷更是对中国与外国的货币文化交流情有独钟，他们在各种媒体上发表了一系列的相关文章。

（中国农业出版社 2003 年版）

《信托与租赁》前言

　　信是"信任"，托是"委托"，信托就是在信任基础上的委托。在社会生活中，信托涉及范围十分广泛，既有经济事务委托，也有一般事务委托，甚至还有政治上的权利委托。因此，信托概念的外延十分广泛。从社会道德范畴来理解，信托是基于信任的委托，是人们之间的一种思想道德行为；从法律范畴来理解，信托是以信任为基础，涉及当事人之间权利与义务的法律行为；从经济范畴来看，信托是建立在信任基础上的代人理财、为人谋利的经济行为。本书信托仅指经济事务委托。

　　信托最早起源于西方，信托从其原始形态发展到现代含义上的信托，经历了从民事信托到现代金融信托漫长的历史过程。一般来说，信托是某人为了自己或他人的利益，将自己的钱或财产交给第三者，请第三者按照自己的目的进行管理和处理财产的管理制度。随着人类历史的发展，金融信托已有"金融百货商店"之称，在社会经济中发挥了重要作用。

　　1979年中国国际信托投资公司成立后，我国恢复信托与租赁业务的发展。但由于诸多问题的存在，信托与租赁业的发展几经整顿，业务发展受到很大影响。

　　2001年《信托法》与《信托投资公司管理办法》出台后，20多年来我国信托业无法可依的混乱局面已成过去。新形势下，如何发展我国信托与租赁业成为理论和实务工作者极为关注的一个重要课题。在此背景下，我们编写了《信托与租赁》一书。

　　本书共12章，1—6章主要介绍了信托的起源和发展、我国信托业的定位、新型信托业务介绍、我国及美日信托法规等内容。7—12 章主要介绍了融资租赁业务的种类、租金及租赁决策分析、租赁合同等内容。全书作者及编写章节如下：第 1 章倪馨；第 2 章第 1 节戴建兵，第 2 节倪馨，第 3 节戴建兵、倪馨，第 4 节倪馨；第 3、4、5、7 章倪馨；第 6 章张风云；第 8 章许冀艺；第 9 章成福蕊；第 10 章李建英；第 11 章郭翠荣；第 12 章李建英。

全书由戴建兵、倪馨统稿。

在我国信托与租赁业的飞速发展的今天，本书抛砖引玉，欢迎批评指正。

（中国铁道出版社 2004 年版）

《金融创新与新金融产品开发》前言

金融是现代经济的核心，金融是市场配置资源的法宝，在中国经济转型的今天，金融创新日益凸显其重要性。

在人们强调 GDP 的今天，全面的科学发展观已日渐深入人心，绿色 GDP 是人们追求的目标之一，但是在积极的财政政策显示其巨大能量的同时，很少有人认真探讨金融与经济增长及与 GDP 之间的关系，实际上，储蓄与 GDP 在市场经济体系下恰如源泉与大河，没有金融支持的经济增长是十分可怕的，而在泉头与长河之间，有着多少的过程需要人们认真研讨啊。

金融与经济日益融合为一体，而在这个过程中，金融业的方方面面均由于其创新而生命常新并日益壮大，没有经济的发展，就没有金融创新的土壤，而没有金融的创新，经济增长将失去活力，两者的辩证关系是现代经济领域的哲学命题。

金融创新在现代的中国一般还呈现其明显的对发达国家的路径追随，但是我们在这一过程中一定要牢记对"后发者的诅咒"，这一经济发展命题，没有经济制度的日益发展，没有精神层面的对现实经济的折射与反思，单纯的学习和拿来主义总有南桔北枳之感。

与经济发展的理念及发展现状的有机结合，特别是金融工具的本土化过程本身也是金融创新的一个非常重要的层面，也是我们与国外金融业竞争的利器，没有银行家的理念和金融从业人员伦理的修养，没有一个真正金融从业人员的职业理念，没有一个保护知识产权的大环境是现在我们金融创新的瓶颈，因而强化银行家而非银行官员的观念在现实的中国十分必要。

中国金融有着十分明显的财政性，这是与中国经济发展道路明显地和西方国家路径不同有关，而在解决通货紧缩过程中积极财政政策的适用性，又一次使中国金融业面临着压力，本来，压力下的物质本身必然出现反作用力，国家为中国金融业能量的释放提供了一系列的制度安排，现在的问题是需要上下互动，金融部门真正的适应性的金融创新将是使中国金融走向辉煌的核动力。

由此想到民国年间的一批银行家，在那个十分复杂而经济发展满是荆棘的年代，他们或使中国银行股份私有化，或抗拒北洋政府的纸币停兑令，或一元起存而成为中国最大的储蓄银行，或做女子银行……事态百变，人才辈出，令人喜读。无他，所作所为符合经济发展规律，故时人及后人均称其为银行家，今日想来，每一步不都是金融创新吗？

金融创新是金融学的重要领域，是理论与实践的有机统一，单纯停留在书本上的文字只不过是观念性的东西，而金融实践的每一步均依此决断，当今天下，行者困于现实制度与人际关系，行真理念者少，而真行者长久必得市场。

从金融创新对从业人员要求的角度审视我国的金融业，从业人员素质不高，无法适应当前金融业发展的形势；用人激励机制；内部岗位人才配置不尽合理；人才培训制度亟待完善，因而加快金融产权制度改革，在国有商业银行内部建立起现代企业制度；完善人才激励机制，全面建立新型的人事管理制度；高度重视员工培训工作已成为首要的工作。

（中国农业出版社 2004 年版）

《大学生危机管理》序言

对于个人遇到危机而获得社会的管理或支援的感受，第一次来自在加拿大的一个大学，校园角落里有一些红色的电话机，在你最困难的时候可以拨打这个电话。再就是在多伦多最有名的自杀桥，桥的两边均有电话亭，最明显的效果是，自从安装了电话，从这座桥跳下去的人大大减少了。

可见，对于管理者而言，个体的危机也是可以管理的。

人的一生都会遇到可能变坏或变好的转折点或关键时刻，也就是危机，而处在青春期中的大学生个体或群体更是如此。

个人的危机除了不可预防的外部突入（如灾难），很多是情感与理智的关系处理不当而造成的，对于学生群体危机，管理者处置不当的根本原因很多也源于情感与理智的关系。

20 世纪 60 年代出生的我们受到的教育是：危机是克服自己弱点的考验。"热了想想邱少云，渴了想想上甘岭，苦不苦，想想长征二万五。"用现代的话来说，这个世上没有神奇的 911 求助电话可以拨打，以便将你从困境内解救出来；你必须找到解困的办法，自己解救自己。这就像只能把猪肉制成香肠，但绝不能将香肠还原成猪一样。

但这不是当代社会对于管理者的要求。

《哈佛商业评论》精粹《危机管理》一书中说：每一次危机本身既包含失败的根源，又孕育着成功的种子。

学生管理者，在危机面前必须成为一个领导者。领导者不能将其他人的观点加权后平均，然后将其变成自己的观点。一位必须做出重要决定的人必须独自做出这些决定，他需要一个内在的指南针指路。

社会和个人一样，也有成长的烦扰。我国改革发展已进入关键时期，社会利益关系更加复杂，新情况、新问题层出不穷。"黄金发展期"也是"矛盾凸显期"。经济转轨、社会转型，不可避免地会带来大量情况较为复杂的社会矛盾。校园是社会的有机组成，社会的方方面面均会对校园产生影响，因而对学生管理者提出了新的要求。

河北师范大学是一所有着"怀天下、求真知"精神的百年老校，我们尊重每一个学生，关爱每一个学生，认真贯彻和执行国家与教育部省厅法律和规章，在人生道路上给学生以指引、训练和帮助。

我们高度重视学生的就业问题，深刻认识到这是当代学生心理及其他各种压力的最集中最深厚的根源，认真反思我们的教学或给予学生的知识是否能够达成"知识改变命运"这一古老的话题，力争通过四年的学习让我们的学生有一个积极面对激烈竞争的社会，心态平和，为家庭、社会做贡献的良好理念。行为师表，学有教养。以学生素质养成为中心，知识培养和能力培养并重。力求创建有特色的河北师范大学实践教学能力培养模式。

加强教学管理，强化课程建设，推进院系教学评估，充分发挥学分制的功效以满足学生自我知识的建构。充分发挥体育和艺术在大学教育体系中不可替代的作用，以培养学生的竞争力、领导力和创造力！按照教育及学生发展的规律，建立合理的教学制度。强化制度管理，制度面前师生平等，不因人情人际关系而挑战制度。在课程建设上，结合教育部的相关规定，花大力气，力争从"满堂灌"向讨论式等多种课堂教学模式转变，以适应时代和学生的要求。建立课程开放、课堂活跃、学生为主、师生教学相长、崇尚师德、为师者师的良好教学环境。

在学生管理上，建立适合当代学生情趣的短信服务管理平台，创立动态危机处理系统。以学生为主，强化管理，确立各部门为学生服务的基本管理服务理念。管理者和教职员工要经常自问："我为我们的学生做了什么？"依法制校，确立适应当代学生发展的管理和激励机制，强化校园正义，确立学生正确的校园价值观，严惩作弊等无信用不良行为，确立学生以学为主、知识与实践并重的学风。

　　这本小书就是我们这些从事学生管理的老师们编写的，内容涉及相关危机管理的一些理论，更为重要的是涉及大量的相关大学生危机的案例，有些是我们亲自处理的，有的是一些在社会上引起广泛关注的事例，我们将其分为群体性危机、心理危机、学校安全及事故类危机、管理类危机、其他危机五大类。通过相关分析，力求给同行们提供一些理性思考的素材，以便更好地为广大同学服务。

（河北人民出版社 2009 年版）

《河北县城城墙调查》序言

　　人有传，而城无传。人活百岁，城存千年。在自然和人为的影响下，城墙，作为中国文化有机组成的一部分，其内涵和自然景观已近消亡，特别是在最近百年的人类活动中，城墙已随人流的运动而湮灭。

　　十几年前，我曾在《人民日报》（海外版）上发表过一篇小文章。

　　在北方，只有两座城墙保存的十分完好，一座在山西，晋中的平遥；一座在辽宁，滨海的兴城。

　　两座城都是明代修建的，兴城，明王朝重要的边关重镇，想当年，努尔哈赤在此城下被明军用红夷大炮击毙，城中高耸着明王朝为自己的悍将祖大寿、祖大弼兄弟修建的牌坊，明金恶战之时，祖大弼和数百健儿，着满装讲满语，骏马飞腾，枪戈林立，屡击敌后，战术就像日后人们常言的游击战，打的后金防不胜防。而这些大将却不能为明王朝所用，最后均成为满清的开国功臣。

　　而晋中的平遥，却是以有名的山西票号扬名于天下，想当年，山西票号汇通天下，人言票号伙计在满者通满语，在蒙古者通蒙语，刻苦学习的劲头为当时争名取官的士子所不如。就这样，票号将分号一一开设到了沙俄、日本、新加坡，真有现在跨国公司的味道，难怪到了民国年间财政部长兼中央银行行长孔祥熙衣锦还乡后，到已经破落的山西票号的东家去斗富，也斗了个大败而归。

　　两座明城也各有特色，特别是平遥的城，人称龟城，言其布局像龟。但是更为奇特的却是两地不同的人文景观。

　　兴城近海，到了城墙之上，上面长满了像运动场上的草一样青青的嫩草，不时在城墙的砖缝里长出一两颗枸杞子，红红的果实背靠着坚实的城墙，再加上满城的绿色，真让人思古之幽情顿发。兴城近海，到此处不可不去海边一游，一路上，云成横断，黑土地上，满坡满坡的野菊花，最绝妙的是一坡红色、一坡白色，绝少夹杂，伴着野菊的药香，躺在花丛之中，看那蓝蓝的大海，看那一点飞驶而来的白帆，什么烦恼、什么欲望，一切的一切都融入这碧海蓝天之中，就是进了有人家的渔村，村里的小路也是在沙子上用雪白的蚌壳铺就的，不管到哪里，接触些什么，所有的一切都足可为大丈夫洗涤胸襟。清清楚楚，明明白白，让人想，还是出世的好。

晋中的一切都是生气勃勃的，这里深孕着中华民族远古的史歌，夏日来此，看一看这城里的建筑是最为有意思的了，深宅大院，极厚的墙，小小的门，黄昏时，不时可以从人家院子里传出两声山西梆子那悠长的低唱，听当地的人们给你讲城里一座牌坊下传说埋着数不清的金子，真是让人心动不止的地方。熙熙攘攘，人声喧喧，还是入世的好。

中华民族的文化博大精深，而妙就妙在大同而小异，城是一样的，城里的人长得也差不多，也过一样的年，也讲着互相听着别扭但还能懂的话，但在一天二十四小时的任何事情中，却有着略不相同的民风民俗，在这个总体上说万里同风万里同俗的国度里，各地的每一个民俗行事又都有着一定差异的传承，却又保持着一定的稳定性，其深深的文化内涵，不是哪一个国家、哪一个民族可以比的。

就拿我碰到的两种最爱吃的小吃而言吧。在兴城，一个老者卖油炸铁雀，就像内地的糖葫芦一样，一根铁钎子上串了一串红果般的山雀，那滋味确实没比。

而在平遥，最有名的土产是平遥牛肉，这种用传统工艺制作的传统食品，据说只用当地所产的土盐一种调味品，就能将牛肉煮得色泽红润、肉质鲜嫩、不柴不腻、醇香可口，真是天下一绝。

一方水土，一方风物，一方人。

人们又都住在高大城墙围起来的城里。

其实，在中国所有一样的城，都有着不一样的文化内涵，这是一点也不假的。

河北城墙及县城在国内远存最众，而今基本消亡，不管是出于历史的视角，还是更进一步从环境、人文的角度去审视，均有极高的研究价值。

在中华民族求生存的百余年的时间里，中西文化对碰，我们的视界多关注于现代化，发展、科技，而对于文化，文化遗存、环境等关怀不够，不光是学者，百姓更是如此。当立足今天，重新回头去看我们前行的足迹，得到了太多，失去的太多。

那时，很少有人想到中国人每一块土地上都附着从头至尾的产权和无数相关地权的内部制度创新，革命之火燃烧之刻，信用体系的制度失去了整体社会的关注而冲撞我们民族的价值观。没有革命就没有中国人的今天，而制度的周密设计是我们应当牢记的遗产。

战争改变了中国，改变了中国的环境，河北城墙大多也因战争而毁坏，特别是抗日战争，河北由此付出了多少人文的牺牲，没人计算。

1938年4月中旬，日寇为了打通平大公路，纠集三千余日、伪军以坦克、飞机相配合，向河间发起进攻。河北游击军在滏阳河之藏家桥和古洋河的八里铺大桥的大堤上阻击敌人，杀伤敌人近三百。四月十七日，我军主动撤出河间城。四月二十日午夜，我河北游击军一万五千抗日健儿与其他部队配合，又发起对河间城的总攻，战至拂晓，敌人仓惶突围而逃，我杀伤敌伪五百余名，重新收复河间城，这一仗大大显示了冀中军民团结抗日的威力。1938年初，父亲孟庆山觉察到县城的城墙对开展游击战极为不利。在我们占领县城，敌人向我们进攻时，我们不能进行阵地防守，城墙对我们作用不大；一旦敌人占领以后，我们向敌人进攻时，城墙却变成敌人的坚固工事，成为我进攻敌人的障碍，还有狗吠，对我夜间开展游击战极为不利，等于是给敌人报信。因此，在冀中省委，河北游击军统一领导下开始拆城，破路和打狗，改造冀中地形的活动。首先从河北游击军驻地肃宁开始，接着在蠡县、河间，不到两个月时间，冀中腹地的二十四座县城，全部拆完。到1938年秋季这一巨大工程基本完成，后来成为平原游击战争的重要斗争形式的破路拆城斗争便是这样开始的。成为坚持冀中根据地重要条件之一，冀中军民后来创造的地道战，地雷战，敌后武工队，水上游击战，雁翎队等，都是在这个基础上发展起来的。[①]

为了战争。仅 1937 年 12 月，冀中党政军民就发动群众拆了肃宁、河间的城墙。1938 年春末，更发动群众拆了有金汤之称的蠡县城，两个月内 24 座县城被拆除，靠近铁路的 8 座被部分拆除，约 30 万名群众参加了这一拆城运动。这一有预见性的决策，使冀中敌人以点控面的策略难以完全实现。

相对于时间，除去战争，大水是城墙的第二大敌，河北的许多城墙也亡于水灾。总之，百年前百城林立的河北大地，基本上看不见一座完整的城墙了。

因而我们想从这个角度，依环境、人文的理念思考这一问题。因而我们组织学生调查，让他们去理解、感悟。

文化是濡化的，历史在于传承。

（河北人民出版社 2008 年版）

---

① 黄山：《永久的怀念——纪念父亲孟庆山诞辰一百周年》，《天津日报》2006 年 4 月 27 日。

《河北农村垃圾问题调查研究》前言

环境与发展，是当今世界的两大主题。早在 1992 年 6 月，联合国环境与发展大会就通过了著名的 21 世纪议程《里约热内卢宣言：环境与发展》，无论是发达国家还是发展中国家，都把可持续发展战略作为国家宏观经济发展战略的一种必然选择。各国政府也清醒地认识到，必须使环境与经济协调发展，才能真正实现可持续发展。环境保护已成为可持续发展进程的一个重要组成部分。

改革开放以来，随着我国农村工业化、城市化进程的加快，我国农村经济取得了长足发展。但随着农村经济的快速发展，传统粗放的农村经济发展模式并没有得到根本转变，环境问题日益凸显，农村生态环境令人担忧，特别是村镇环境"脏、乱、差"、垃圾围村现象越来越严重，不仅导致各种疾病传播，还污染了水和土壤，使农产品质量下降，食品安全得不到保障。这既影响新农村建设的进程，也影响农民的身心健康。随着我国农村温饱问题的基本解决和全面建设小康社会的逐步推进，广大农民群众迫切要求改变这种环境状况。党和国家领导人高度重视农村环境问题，胡锦涛总书记在 2005 年中央人口资源环境工作座谈会上，明确指示"要启动农村小康环保行动计划"，曾培炎副总理也在 2005 年 4 月提出"要统筹城乡环保工作，实施农村环境综合整治，尽快启动农村小康环保行动计划"。党的十六届五中全会提出"要按照生产发展、生活宽裕、乡风文明、村容整洁、管理民主的要求，扎实稳步推进新农村建设"。党的十七大又提出了："坚持生产发展、生活富裕、生态良好的文明发展道路，建设资源节约型、环境友好型社会……使人民在良好生态环境中生产生活，实现经济社会永续发展。"按照党的十七大的要求，发展循环经济，建设生态文明，研究农村生活垃圾处理利用模式，对落实科学发展观，建设社会主义新农村具有十分重要的意义。

正是在这样的背景下，我们产生了对农村垃圾处理问题进行深入研究的强烈冲动。课题组成员广泛查阅、搜集了国内外有关城市、农村垃圾处理的先进经验、技术和模式，并对河北省的农村垃圾处理现状进行了大规模调查，致力于探索适合河北省农村垃圾处理的合理模式，为新农村建设尽自己的一份力量。

（河北人民出版社 2008 年版）

《近代磁州窑史料集》前言

看官！

不知道您读了"风雨夜来时"这句时会有什么样的感受？

要是真在那场景中呢，刚才还是月明星稀或是"清风明月日"，而此时却已雨点打芭蕉，您又独身一人，哪怕是好友四五，此时，想到酒了吗？

要是看到"杨柳岸买鱼"呢？

这是一番什么样的景致呀？

"天下太平"、"渔村落照"、"江天暮雪"、"远浦归帆"、"风花雪月"、"沉醉东风"、"清酒肥羊"、"潇湘夜雨"。

有好酒馆，叫什么"太平馆"、"仁和馆"、"同乐馆"、"临波馆"、"永成馆"、"熙春馆"、"八仙馆"、"武阳馆"、"元贞馆"、"玉波馆"。

有好酒，叫作"一枝花"、"梨花白"、"白家酒"、"竹叶青"、"大都春"。喝深了都是好曲。

这是一个什么样的世界，又是一种什么样的人生呢？

这是一个元朝北方河边的世界，是元朝磁州人的生活实景。

天下没有不散的宴席，元朝的酒已经喝完了，人也走远了，只留下了四系瓶。

四系瓶是那个时代的酒瓶，为了方便，瓶口处有四个系绳吊口，那瓶漂亮，有人说像闭门美人，许多人的生命被迷醉此间，不得拔步。我也是由此深爱磁州器物和她们背后的世界。恰如一个四系瓶上的几句：

云里烟村雨里滩,

看之容易作之难。

早知不入时人眼,

多买胭脂画牡丹。

磁州窑是我国宋代北方民间瓷的杰出代表,窑址分布范围极广。1918年当地农民在宋代钜鹿古城下偶然挖出宋代瓷器,使人们发现了磁州窑。古董商蜂拥而来,大批精美的文物流到了国外。1951年,陈万里先生在观台旧渡口发现了宋代磁州窑中区窑区——观台窑址。1958年对窑址进行了首次发掘,1960年至1987年,河北省文物工作队对观台窑址进行了大规模发掘。近年来随着经济发展,彭城镇建设工地出土大量古瓷和瓷片。2002年9月磁州窑遗址考古又取得新发现,在邯郸市临水镇出土瓷器瓷片30多万件。

磁州窑瓷器的装饰以白釉黑花装饰最为突出,并创造性地将绘画的技法,以图案的装饰运用于瓷器,从而开创了瓷器装饰新纪元。而依粗劣陶土,使用绘画技艺,用黑白装饰,突出生活表相,强调小民精神,充满生活情趣这些依附于瓷器上的燕赵文化,也与其他区域文化相互交流,并远播海外。

一 以磁州为中心的窑系

磁州,隋开皇十年(599)置州,因西九十里有磁山,多出磁石故取此名,1913年废州改县。早在新石器时代,磁州地区就生产陶器。北朝以后已能烧制青瓷,唐代磁州观台、临水生产化妆白瓷、酱釉下黑彩、青胎黑彩瓷。北宋出现了钧窑、汝窑、官窑、哥窑、定窑等五大官窑。作为民窑,磁州窑场以产量大、品类多、范围广,成为北方最大的窑场。至明代时已有"南有景德、北有彭城"之说。

中国称得上窑系的只有磁州窑,在以磁州窑为中心的北方各个窑场,以相同风格、文化内涵自宋至民国年间生产了大量陶瓷产品。

磁州窑系的代表性窑址有:河北曲阳的燕川村窑、临城的南程村窑,河南焦作市的当阳峪窑、禹州市的扒村窑、鹤壁市的鹤壁集窑、登封的曲河村窑、安阳西善应窑、天僖镇窑、辉县窑（沿村、庙院岗、杨圮挡宰坡等窑）、密县窑（西关、窑沟窑）、郏县窑（黑虎洞、黄道窑）、宝丰青龙寺窑，山东的枣庄窑、德州窑，山西的介休洪山镇窑、临汾窑、榆次窑（太原孟家井窑）、平定窑、高山八叉镇窑，内蒙古的赤峰窑，安徽的宿县窑、萧县白土镇窑，江西的吉州窑，广西的合浦窑，辽宁辽阳的江宫屯窑，内蒙古赤峰的缸瓦窑等窑址出土的器物中，有些类似磁州窑风格而不易区分。此外耀州窑也有少部分烧制白釉铁锈花及刻花陶器。至于明清后的窑场，如山东博山窑、河北井径窑、河南板山窑李封窑以及后期发掘的西夏的灵武窑等也与磁州窑有关，这些早已为人所知。

秦大树博士在其学位论文《磁州窑研究》中对磁州窑的产品进行了全面的总结。他认为磁州窑产品有下列种类：素面白化妆瓷器、白釉划花瓷器、白釉刻花瓷器、白釉珍珠地划花瓷器、白釉剔花瓷器、白釉黑剔花瓷器、白釉印花瓷器、白釉凸线纹瓷器、白地黑花瓷器、白地绘划花瓷器、白地黑花加综彩瓷器、白釉模制器物和模印花瓷器、白釉绿彩瓷器、白釉酱彩瓷器、白釉釉上红绿彩瓷器、素面黑釉瓷器、黑釉剔划花瓷器、黑釉酱彩瓷器、黑釉铁锈花瓷器、黑釉凸线纹瓷器、黑釉模制瓷器、棕黄釉瓷器、绿釉瓷器、黄釉瓷器、黄绿釉瓷器、翠蓝釉瓷器、绞胎瓷器等。[①]

磁州窑与很多窑口有着十分密切的技艺流传关系。

长沙窑在今湖南长沙市铜官镇一带，又叫铜官窑，始烧于唐而终于五代。铜官窑瓷是青釉釉下彩（个别有白釉釉下彩），釉下加褐彩、绿彩和蓝彩，偶尔有红彩和黄彩。长沙窑瓷器因为有了釉下彩而生机勃勃，特别是其对书画艺术因素的引申。釉下彩绘有斑块、条纹、散点、涂抹、蘸泼、图案、绘画等，其中绘画最为重要。铜官窑瓷器铭文品类繁多，主要有纪年、题诗、题句和商业铭文，对日后的磁州窑瓷器风格有极强的影响。

磁州窑还有很多在工艺及产品风格血缘关系更近的窑址，比如近邻河南的当阳峪窑，位于河南省北部的修武县。当阳峪窑（焦作窑或修武窑）

---

① 秦大树：《磁州窑研究》，博士学位论文，北京大学，1997 年，第 3 页。

生产近似磁州窑的白赭地剔、划黑花或赭、白花的瓶、枕、壶、罐。与磁州窑相比，两窑烧造的器物最易混淆的白地剔、划黑花产品而言，区别的方式一是当阳峪窑的胎质较粗，多呈灰白、灰黑或黄褐色，烧结不充分，吸水性较强，储水器内多有釉。二是釉层薄而光泽强，釉多有细小开片。三是纹饰比较华缛，富于变化。

鹤壁集窑位于河南省西北部的鹤壁市以北约 10 公里处，窑址总面积达 84 万平方米。始于唐，入宋以后，陶瓷品种增多，其中黑、褐彩陶瓷也开始出现，并连续生产至元代。窑址于 1954 年被发现，1963 年正式发掘。器型有盆、瓶、碗等，大多数器壁一面施黑、酱色釉，黑、褐釉下无化妆土层，而另一面为白地黑花，元代产品还有白地铁红花、褐红花和褐花。花纹装饰多采用绘花技艺，少数绘花和划花相结合，北宋和金代的白釉面一般无裂纹，但元代的光亮白釉面有细裂纹，乳白釉面个别也有裂纹。胎质较差，内施褐黄釉、常刻划有动植物纹。

扒村窑位于河南禹县城外西北方，烧造年代由唐代而达元代。此地有相当多的窑场烧钧窑系产品，扒村窑也烧磁州窑系产品。产品有盆、碗、盘、执壶等。以白地绘黑花为主，制品特征是：胎质粗松，吸水性强，色釉下均施有化妆土，釉面多不坚实，常有小疵、失亮或剥落现象。

登封窑在河南省登封县曲河村，又称曲河窑。产品品种有：白釉、黑釉、黄釉、青釉、白釉绿彩、白釉褐彩、白地划花、刻花、白地绘黑花、珍珠地划花及宋三彩等。最能代表该窑特征的是珍珠地划花瓷器，生产的器物造型有瓶、罐、洗、碗、枕等。

河南新安县的城关窑最近又发现白地黑花、珍珠地划花、刻花、剔花、加彩、宋三彩以及绞釉等多种残片。河南辉县的沿村、宰坡等窑址内也出土过白地黑花瓷片。

介休窑在山西省介休县洪山镇，它的上限早到晚唐。有白地划花和白地绘划黑花或紫花的大盘、大盆。榆次窑在太原市东郊的孟家井村，因原属于榆次县故通称"榆次窑"，也是宋代山西著名的民间窑之一，也生产磁州窑风格的产品。

井陉窑位于河北井陉，1989 年发现了东关、河东坡、东窑岭村三处窑址，在此后 8 年内，井陉约 160 平方公里范围内发现了 8 处窑区。早年井陉窑的产品也被认为是磁州窑产品，以珍珠地鹿枕为特色。

淄博窑在今淄博市磁村、坡地、寨里及华岩寺一带。产品有黑釉、白釉、白地划篦纹、白地绘黑花、白地剔、划黑花、白釉红、绿彩、黑釉凸白线、加彩及绞胎等多样品种，技法纯熟，釉色光润。

吉州窑位于江西省吉安市。北宋沦亡后部分磁州窑工匠迁至此地继续烧造。其中比较突出的成就为彩瓷的烧造，有些产品源自磁州窑而又有自身的独特面目。

安徽肖县的白土镇窑遗址，曾发现过划花、印花、白地绘黑花、褐红地剔划花等陶瓷残片。

海康窑位于广东省的雷州半岛，宋时一时兴盛，其产品也多有磁州窑的风采。

辽阳的江官屯窑、赤峰的缸瓦屯等窑也有类似的黑釉剔花或白地剔划花陶瓷残片。

明清时期的山东博山窑、河北井陉窑、唐山窑、河南板山窑及李封窑等也受到磁州窑的影响。

二　相互交融的瓷神信仰

从社会史的角度研究瓷器技艺的传承这一问题的空间很大，涉及了技术人员的迁移、技术传承、当地特色形成等诸多方面，以祀神为例：

磁州旧时有火神庙、窑神庙等，可惜现在碑文失传。秦大树博士曾记载了彭城当地收藏家收藏的一件瓷枕，枕面写有"自从轩辕之后，百灵立下磁窑……"谈瓷神百灵。而当阳峪窑神庙碑文内记载"蠲日发徒，远迈耀地。观其位貌，绘其神仪，迺立庙象于兹焉"。可知当阳峪窑派工人去耀州窑观摩"百灵"（柏林）神像回来建庙的故事。陕西耀州窑的《德应侯碑》建立在北宋元丰七年（1084），河南当阳峪窑《德应侯碑》建立于崇宁四年（1105），庙的建成时间是元符三年（1100）。耀州碑文上说："柏翁者，晋永和中有寿人耳，名林，而其字不传也。游览至此，酷爱风土变态之异，乃与时口传口窑甄陶之术，由是匠士传法愈精于前矣。"当阳峪碑文上则说："大哉！百灵之智也，造范瓷器乃其始，耀郡立祠则口口也。性天内观，神心反照。因土山之所宜，假陶甄之作器。大朴既革于红炉，造化巧成于天地。"在当阳峪窑工去耀州"观其位貌，绘其神仪"的同时，自然会向该地窑工学习到所谓"愈精于前"的制陶术。鹤壁集、扒村也有相似的碑记。

山西榆次残余的"伯灵庙"遗址，明代弘治三年《重修伯灵庙记》碑文有"归有神祠一所，世祭伯灵仙公"。由此判断，"百灵""伯灵""柏灵"均为一神，传承失真而致。

此外从社会史的角度还可发现一些十分有意思的现象，近代磁州和唐山瓷工多有交流。一些磁州的食品与唐山有着一定的关系，这也许是两个瓷窑近代交流的结果。比如磁州的麻糖、牛舌头烧饼、捞饭，均不如唐山的北方与广东饮食相结合后所显现的精致，但是又均有其形，这是一个十分有意思的瓷为媒的民俗流传现象，当然除了瓷的关系，唐山和磁县近代还有煤层面上的密切交往。

三 磁州窑瓷器及制作技艺的海外传播

磁州窑的瓷器和制瓷技术，特别是相关风格的制瓷技术早就走出了国门，走向了世界。

1993 年在渤海湾通往韩国的一条古老水道上打捞出一条元代沉船，出水 110 件完好无损的磁州窑古瓷。

2002 年底河北沧州市东光县码头镇打捞出一艘长约 13—15 米的沉船，船中有磁州窑器物及残片 160 件（片），完整器物 30 多件，从而揭开神秘"陶瓷之路"。这批磁州窑器物为北宋末年或者金初观台窑产品。沧州沉船上发现了一些外销的磁州风格的瓷器，过去学术界一直认为磁州窑瓷器大规模外销始于元朝，沧州沉船显示磁州窑瓷器水运和外销时间应在北宋时期，而沧州很可能是当时北方一个重要的瓷器集散地和出海港，磁州窑和北方各窑口已经有了与朝鲜、日本及东南亚等地的瓷器贸易往来，并形成了海上"陶瓷之路"。

至于磁州窑的影响早在元大德年间，暹罗国王到元大都觐见元朝皇帝时，曾提出招聘磁州窑陶工同往传授技艺。

在日本的桃山时代（约中国元代）曾在志野和唐律出现过白釉黑花制品，九州福冈修地铁时出土约十万片中国陶瓷片，其中有不少磁州窑瓷片。日本的广岛福山市草户千轩遗址、大津南滋贺町、福井市一乘谷朝仓氏遗址均出土过磁州窑化妆白瓷及瓷片。2002 年 5 月日本大阪市博物馆馆长蓑风来邯郸考察。在考察期间，蓑风认为日本茶道用具中的茶碗起源地就是在彭城磁州窑。

朝鲜的"绘高丽"陶瓷制品也是直接模仿了磁州窑的白釉黑花。在日本还有所谓"绘唐津"以及"雕三岛"的名称，也是指绘、划黑色或褐色花纹的瓷器，都是直接或间接受到磁州窑影响的陶瓷作品。

此外，印度尼西亚雅加达、马来西亚、印度、伊朗、伊拉克、埃及等地均出土过磁州窑的瓷片。

由于学术界对于河北磁州窑的研究多集中于明代以前，且有明清后是磁州窑的"黑暗时代"的说法，故搜集近代以来，特别是新中国成立前民国年间相关磁州窑档案、文章，并进行了一些口述历史的调查，从而为人们了解和研究近代磁州窑提供一些便利。

在资料的搜集过程中，感谢日本学者富泽芳亚提供部分日文相关资料。感谢河北经贸大学的连永平老师对一些日文资料的翻译，聂书法老师对一些老照片的处理。感谢我在河北师范大学的研究生许可、周杨、崔晓培、罗志斌、谢飞、司春玲，他们对一些档案资料进行了整理和录入。

（科学出版社 2009 年版）

《中国纸币史话》前言

历史的韵味

历史，特别是人们研究的历史大多还是文字记载的，是以文字为载体流传。

可是真正的历史一定不是这个样子的。

就从一个小小的角度说起。

我总是认为，历史遗物留给人们的历史信息更多、更有韵味，只是少有人读，少有人读得懂。

一枚秦代箭镞，上面有着高科技，而且是现在人们失去记忆的高科技——镀铬技术，你可以把它拿在手里，让那刀片一样尖薄的刃慢慢地从你的手里滑过，感受一下秦王朝的铁血。如果再有一枚燕或赵的镞，比较一下，为什么会有这样的差别呢？今天的你对千余年的历史又会有什么样的感受呢？书本里写着吗？

认真地把玩一个元代磁州窑的瓷器，看看上面的文字，"又得浮生半日闲"，元人又为什么有如此的生活意味呢？看一看春天盛开的西府海棠是不是理解得就多了呢?!

读宋人的书，知道那时杭州一日鲜花的消费要达到一万贯，那么当一枚宋代的陶围棋子在你手里又会有什么样的感受呢？要是此时你站在有着巨柏的嵩阳书院里，知道宋代学人在这里编过《资治通鉴》，那又会是一种什么样的感受呢？

认真地看着一尊北朝的佛像，那面容和清王朝的佛像是一个心境吗？即便是在清朝，为什么西藏、汉地和蒙古的佛像会是那么不同呢？看一看一个信者为天下的驴写的发愿文,那又是一种什么样的胸怀,又是一种什么样的社会生活史呢?

我多次问过我教过的学金融的学生,为什么教科书里没有中国的货币制度的论述呢,中国几千年的经济生活为什么在现在教材里只有西方的金本位和格雷欣法则了呢?而博物馆里的刀币和布币却什么也不说。

你惊奇吗?西安不久前出土了婆罗门后裔的坟墓,他们在那个时代是如何生活的,当你看到河北出土的东罗马金币和波斯银币,你对那个时代不惊奇吗?他们是如何流通来的呢?书里为什么没有记载呢?而我第一次在新加坡看到当地人仿铸的清代宝直局标志的钱币时,我理解了古人直称钱为"泉"的深意了。

历史是树,欲静,而人是风,评说不止。真正的历史就是后人的评说,而史家也是从前人记载评述的文字中来的,人们不认识那个时代的物质,所谓物质生活史也就没有了。

不是风动,也不是幡动,是心动。知道禅宗不立文字的深意了吧?

还有一个角度,你听你祖辈所讲的历史和书上的一样吗?

还有一个角度……

什么是思想?是伟大的思想家留在我们大脑中仍在起作用的文化基因。而历史的遗留物呢?书呢?

说了半天,只是想让人们更多地认识一下这些不能花的钱,手触它们的时候,想一想它们背后的故事、历史、古今中外、金融货币制度,还有其他……

(百花文艺出版社 2006 年版)

《中国铜元谱》序言

　　网络是一个十分神奇的世界，个人通过网络极大地开拓了自己生存的空间，网络给了我们全新的世界，活在这样的一个时代真是三生有幸，佛说让人对你回眸一笑要有五百年的修行，那我们又修行了什么，多长时间呢？

　　一个收藏家或是泉学的研究者，或是说将古泉融入自己生活的那些人不更是庆幸生活在这样一个时代吗？前所未有的经济发展，使我们生活在一个脚手架林立的国度，普遍的基本建设在更新传统的同时，却使无数的古泉珍品涌出，地不爱宝。市场经济使原来分散于山野乡间的旧钱币向城市市场集聚，网络让所有人尽量平等而不需买门票就可直观地亲近这些先贤大家都没有见过的东西，世界小了，有时只是一个屏幕，人们的能力强了，瞬间纵横万里，上下千年。

　　泉学自宋代以来，代有传人，而代有新泉递为古泉。铜元，一种晚清民国因财政问题而进入中国金融领域的货币早已成为泉学一脉。国人好古，言必称三代，铜元之学遂为西人所研判而成学案，尽管有一些先贤也努力过，如民国年间的浙江兴业银行办的杂志就刊出过一篇专论铜元版式的文章，这是我早年所见到的第一篇国人对于铜元以钱币学的视角分析研究的好文，但均未成体系。

　　改革开放以来，泉学由于中国钱币学会的建立而勃兴，铜元研究开始进入研究者的视野，一些相关铜元的新材料也日益出现，被同好整理。市场经济的魔力又使得铜元爱好者的队伍日益扩大，新品屡出，新书迭现。但是一本能与1936年美国人Woodward的 *The Minted Ten-Cash Coins of China* 角力的著作都没有出现。

6 月的一天，窗外鲜红的石榴和金黄的向日葵正在怒放，当我正把从各个钱币网站一些年轻人写的收藏心路历程方面的文章整合起来准备打印时，《中国钱币》杂志社的高聪明博士向我推荐了这本书。我的第一感觉就是似曾相识。

这本书的主要内容为：第一章，苏维埃革命政权时期铸币；第二章，晚清政府时期至民国政府时期铸币；第三章，民国政府时期新开铸的厂、局铸币；第四章，日伪政权与东土分裂政权铸造币；第五章，代用币；第六章，私铸币；第七章，外国早期在华流通铜元；第八章，机制方孔钱；第九章，赝品铜元。从这个章目可以看出，这本书的内容涵盖面相当广，涉及铜元铸造、发行与流通的各个领域，并在若干领域做出了新的探索与研究。

作者段洪刚从 2000 年开始进行中国铜元的科学分类工作。继承了Woodward 的分类方法，在学术思想上，以历史学—钱币学—铜元分类学的学术序列为中心建立框架，重视所有种类、面值的铜元在历史上的地位。收录了各个品种、版式的图片 3960 张，其中 2800 余件为作者藏品，是目前国内所有铜元目录书中收录最全、选择最精的。钱币图片都按实物原大尺寸排列，并尽可能给出每一枚的直径、厚度、重量，以便更真实地反映铜元本身在铸造过程中的变化，给收藏者与研究者更详尽的参考。

与作者段洪刚通过话后才知道，原来他就是钱币网站上的杨公博，我早就读过他的一些文章，心仪久矣。

想起 1987 年的冬天，我写了一篇《泉书漫议》的小文章，这篇文章发表后，上海的马定祥先生和广东的王贵忱先生都来信鼓励，我也是这样理解泉学中人的：因为热爱，所以坚持。这样一路下来，只能算是略有所得。而今天看着《中国铜元谱》，如此厚的书稿，后生可畏，世行良言。我要说的是，对于洪刚和喜爱铜元的朋友们而言，这只是开始！

（段洪刚：《中国铜元谱》，中华书局 2007 年版）

《世界各国硬币概述》序言

　　很早就通过文字认识了长庆先生，对他的认真、执着是通过他在业余时编辑钱币文章而深深感知的。因为热爱，所以坚持。他已经在钱币收藏领域徜徉了 40 余年，也钻研了泉学几十年，发表了百余篇文章。我就在《中国机制铜币》（辽沈书社）、《中国铜元资料选编》（江苏省人民银行）、《东至关于钞版暨两宋纸币》（安徽黄山书社）等书籍；以及《安徽金融研究》、《安徽钱币》、《合肥钱币论文集》、《徐州钱币》、《安徽考古简讯》诸杂志；《安徽法制报》、《青天游》、《合肥晚报》、《逍遥津周报》、《新安晚报》、《江淮晨报》各报刊上见到过他的大作。文章均出于他对钱币的深刻认识，各有所得，深获泉友的好评。

　　长庆先生对外币的兴趣，我是因为早年发表一篇关于亚历山大系列希腊化钱币的文章时得知的。2004—2008 年他在帮忙编《安徽钱币》，对泉学孜孜以求，对后学鼓励，为前贤继学，一份刊物办得有声有色。

　　没有想到长庆先生多年来还在编著着一本 25 万余字《世界各国硬币概述》，书中对世界五大洲历史上的 244 个国家（地区）的钱币进行了介绍和研究，相关这些钱币铸造者国家的建立和演变，以及其硬币的发行、变更、特征等状况，一一说起。本着厚古薄今的原则，重点介绍近代、现代硬币。这本书一定会对硬币集藏爱好者辨识硬币所属国家（地区）、版别，具有积极的作用。

　　长庆先生斯人编刊贡献于泉学，著书施惠于泉友。愿《硬币》一书出，导倡泉事盛。

　　是为序。

（叶长庆：《世界各国硬币概述》，黄山书社 2012 年版）

《经济与战争——抗日战争时期
的统制经济》序言

　　抗日战争研究近年来已成为国内史学研究的热点之一，改革开放以来，国内相关抗日战争研究的领域已经大为拓展，但是仍然还有一些领域值得关注，经济领域就是其中之一。

　　抗日战争相对于中国而言，弱的重要体现就是经济领域，而现代战争打的就是经济，经济在一定层面上决定着战争的进程。一个积弱多年且又为日本等列强提供了原始资本积累的中国，在八年的时间里，不仅依靠自己的力量支撑下来艰苦的抗战，而且在国统区和根据地均建立起一套行之有效的战时经济体制，这种体制一方面成为政权的基础，支撑着战争；另一方面则又面对面与日本进行着经济战，其运行的规律，总体的经济战略思想，对中国战后经济的宏观走向的影响是值得史学家深究的地方。

　　将国民政府战时统制经济的历史背景、实施过程及与其相关的各主要方面，作为一个研究课题，进行较为系统、全面的整合性研究是十分必要的。国民政府战时统制经济是抗日战争环境下战时经济的集中体现，它适应和支持了抗日战争。战时统制经济体制的形成有一个过程，它随着抗战形势发展和变化而逐步确立和形成。战时统制经济在部门经济的实施是多方面的，包括财政金融、工矿业、农业、商业、对外贸易、物资统制等各方面，并非一蹴而就，而是随着战争的进行与持久，因时因地而采取的，缺乏主动、系统和计划，具有临时、被迫及不完整等特征。国民政府统制经济基本上适应了抗日战争的需要，在维持战时生产、支持抗日战争方面确实发挥了积极作用，从战争的角度讲，它基本上是成功的；统制经济促进了国家垄断资本主义的发展，而国家垄断资本主义的发展为战时统制经济政策实施提供条件与保障，对维持战时经济，支持持久抗战发挥了重要作用；另一方面也严重打击了民营企业，并为国家垄断资本在战后的急剧膨胀奠定了基础，也成为后来国民政府经济崩溃的原因之一。

陈雷的《抗日战争时期统制经济研究》一书是在其博士学位论文的基础上，经过认真修改而成书的专著。本书以抗战时期国民政府统制经济为研究对象和内容，在借鉴学术界对战时国统区经济统制政策已有研究成果的基础上，运用历史学和经济学的方法，重点对国民政府战时统制经济本身的性质、特点、目的和决策过程进行了一系列的探讨和考察，厘清史实，明确利弊，进而对抗战中国民政府在经济方面的活动有一个客观、公正的评价和历史定位。

综观全书有以下几个特点。

一是尽可能建构有关国民政府战时统制经济的研究体系，将统制经济的发展历史与抗战时期的经济运行现实有机结合起来，既有纵向的历史过程的视界，又有横向的综合比较。立足于抗战时期的国民政府，放眼统制经济于世界范围。对战时统制经济思想产生、国内对其的认识与实践、统制经济体制的确立、统制经济的实施与成效作了较为具体和详细的阐述。深究制度层面，挖掘思想层面，力图规复国民政府战时统制经济的立体画卷。正如一些老师所评价的"恰当地将统制经济的思想史与决策、实施的历史有机地结合起来，使两个层面的研究互补，既克服了思想史空泛的弊端，又使政策史向前追溯至思想渊源、向后延伸至操作、效果上，以流畅的语言将统制经济的原貌深刻、清晰地展现在读者面前"。

二是全书公正评价抗日战争时期国民政府的战时统制经济，认为国民政府抗战时期统制经济对抗日战争的最后胜利发挥了重要作用。肯定了国民政府统制经济的合理性和正面作用。统制经济缓解了战时财政紧张状况、促进了战时后方工业基地的建设、确保了大后方人民生活的稳定，对促进国家垄断资本主义的发展也起到了助推作用。同时也指出了统制经济消极的一面。这一结论以大量实证分析为基础，广泛利用了目前可以看到的公开出版的历史文献及部分档案材料，令人信服。

三是本书在当时国际统制经济的大背景下，将国民政府的统制经济与日本、汪伪政府统制经济进行了比较，分析了不同政权体制下统制经济的不同特点。

陈雷三年读博期间，敏而好学。题目确定后，北上南下，搜集资料，其间又发表了多篇有见解的相关论文，如今博士论文得获出版，发自内心地为他高兴。古人云：海是龙世界，天是鹤家乡。史海无涯，愿其高飞。

（陈雷：《经济与战争——抗日战争时期的统制经济》，
合肥工业大学出版社 2008 年版）

《外来生物入侵中国》序言

对于外来生物入侵危害的初次认识还是在十几年前写《罪恶的战争之债——抗战时期日伪公债研究》一书的时候，那时我在序言里写道：

战时日军还带来了一些农作物害虫和畜牧病毒，比如马传染性贫血是日军侵华时期由日本在中国东北进行移民的"开拓团"带来的。直到抗日战争结束后，这种马病还在中国爆发了好几次，许多病马不得不杀掉，造成了巨大的损失。

日本还将一些植物病菌带到了中国。甘薯黑斑病就是其中一例，这种病在中国至今也没有根除。新中国成立后还多次在国内爆发，仅50年代就有数十亿公斤的甘薯因此病烂掉。毒麦是世界性的恶性杂草，这是从日军喂马用的饲料中带入我中华大地的，传入中国后，不仅严重破坏农作物的生长，造成粮食大量减产，而且人误食后还会导致死亡，60年代湖北、黑龙江都发生过中毒事件。我国现在有3亿多亩耕地受到这种恶草的侵害，年减产约75亿斤。为了除草，还要投入巨大的人力和物力。蚕豆象是一种危害蚕豆的害虫，它也是日本铁蹄带给中国的"礼物"，这种小虫至今还对苏北地区的蚕豆进行蚕食，无法根除，损失惨重。

日本对中国发动的生物战，目前学术界对之还知之甚少，但是有资料证明日本曾有目的、有组织地进行过。731部队有一个实验农场，又叫植物病毒研究班，占地10坰。有数百平方米的大型玻璃温室，专门研究如何大面积毁灭庄稼和植物的病菌、病毒，如锈穗菌病毒等，负责人为八木罩。①

现在人们认为外来物种有三种入侵途径：有意识引进、无意识引进和自然入侵。靠自身的扩散传播力或借助于自然力而传入属于自然入侵。无意识的引进是针对随贸易、运输、旅游等活动而传入。有意识引进最初往往是出于农林牧渔生产、景观美化、生态环境改造与恢复、观赏等目的，但是有的物种在引进以后就可能演变为入侵物种，"引狼入室"。实际上，早在第二次世界大战时，生物就经历了战争工具的第四种入侵方式。

我们生活的地球村，动植物是我们生态环境里不可缺少的资源，这种认识来源于我们那个时代所受的"素质"教育。20世纪70年代的时光，我们很多人都曾在课堂中偷看过50年代精装本的《动物学》和《植物学》教材，一是因为除了"红宝书"没有什么其他书可看，二是书上的图案实在是太精美了，三是知识贫乏的大环境所以然。

那时在市里上小学的我们早晚得下乡，素质教育的重点之一是学农，省得让孩子们四体不勤、五谷不分。除了常到附近郊区学农，我们班还分了两张桌子大小的地，老师让我们去找西红柿秧，于是就种上了。没两天班里养的兔子下了小兔子，全死了，女生含着泪将小兔子们埋在秧下，而一个同学的父亲是化肥厂的厂长，支援了一袋尿素，全班人又在那块地上撒了厚达1厘米的尿素。此后，多少年那块地上也不长东西。

上初中时，水葫芦在农村还是猪饲料，人们在村边水塘里放养，珍稀着呢！学《工农业生产知识》，第一节大白菜，第二节阿夫麦，什么约克夏猪、巴克夏猪……有个植物小组，我们天天想着如何将桃枝嫁接在杨树或柳树上，那树上不就到处是粉红欲滴的鲜果了嘛。米丘林算老几？！

从环境史的角度看，不知道我们的环境已经多少次被人类更改过，以河北为例，这么多以鹿为名的县名，可见过去鹿之多也，而现在却只能在动物园里看鹿了。也不知为此消亡了多少文化，就像蒙古语，一只马蹄就有上百个词汇来描绘，要是没马了，蒙古语又会是什么样子呢？

---

① 佟振宇：《日本侵华与细菌战罪行》，哈尔滨出版社1998年版，第67页。

　　记得一次在澳大利亚被澳大利亚人上了一堂外来生物防控课，机场严查一切动物和植物及制成品，一位同学给在澳留学的同学带了一块小木头砧板，结果引来大批澳大利亚安检人员，如临大敌。

　　实际上，中国每年因外来生物造成的损失据报道高达 170 亿美元，而目前我们还没有严格的防控体系和相关法律。美国和加拿大在这方面做得要好得多，他们都有相关外来生物防控战略。

　　自从我校组织学生到农村中学顶岗实习以来，许多同学在第二课堂撰写了相关动植物的论文或调研报告，我们也组织了一些同学搜集相关外来生物入侵的资料，汇编成册。希望同学们在实习期间大力宣讲外来生物的入侵的危害，一方面为防控外来生的入侵做出我们应有的贡献，扩展实习同学的知识；同时也为同学们更深入的研究搭建一个平台。

（中国农业出版社 2010 年版）

《筑起抗战的货币长城》序言

今年是中国人民抗日战争胜利 70 周年，抗日战争时期的货币揭示了那个时代比人们所了解的战场厮杀更为惨烈的货币金融战。因而北京市古代钱币展览馆和北京钱币学会共同举办的"筑起抗战的货币长城"展览极具历史和现实意义。

一　抗日战争时期敌我双方的货币战理念

《孙子兵法》云："夫战，庙算多者胜。"军事战如此，经济战也是如此，货币战也不例外。首先我们看一看抗日战争中，日军货币战的如意算盘及国民政府的对策和根据地对敌货币斗争的谋略。

（一）日本的如意算盘

日本在抗日战争全面爆发前对华经济战、货币战早就有想法。

日本对华货币侵略的策略，总体而言，有以下几点：一是配合政治上对中国分而治之，在不同的地区设立各自独立的伪银行，人为地制造经济独立圈；二是为了加强对整个沦陷区货币和经济的控制，以达到把中国变成"大东亚兵站"及"帝国资源圈"的目的，抗战初期曾力争把所有的伪币变成日元集团的一员。

具体到货币战的策略，"以战养战"是其基点，抗战初期以套取中国外汇，从英美获取战略物资为主。后期则利用手中的法币和沦陷区伪币，以法币抢购非沦陷区物资，以伪币直接榨取沦陷区物资，大搞通货膨胀，主要目的是掠夺中国的物资。

具体实施方案就是分而治之，日本在侵入中国时，就在东北、蒙疆、华北、华中分别建立了区域性的伪银行、发行各自独立的伪币或直接发行军用票，造成沦陷区货币和经济的人为分裂，而且贯彻始终。

具体到与法币的货币战中，日本初期采取了发行伪币，收兑法币，用法币套取中国的外汇，再从英美等国获取战略物资的策略。

由于法币和英美货币的直接挂钩，中央银行、中国银行、交通银行三行无限制买卖外汇的政策在抗战初期没有改变，因而，日军可以利用以发行伪币而强行收兑的大量法币套取中国的外汇，并利用抗战初期英美对日本的妥协，从英美等国获得大量的战略物资。

抗战爆发时，当时英国在中国的投资最多，有着巨大的利益。但面对德国在欧洲露骨的扩张政策，使英国无暇顾及远东的局势。美国一方面要应付自己国内的经济危机，另一方面也受到国内孤立主义集团的影响，不仅不支援中国，反而十分珍视依靠中日之间的战争所获得的对日贸易。

总之，在抗战初期，英美垄断资本得自日本的利益反比从蒋介石处得到的共同利益多些，故而英美对日本采取妥协政策是十分自然的。

日本也从这种妥协中获得了巨大的利益，美国石油托拉斯仅在 1937 年就供应日本石油 3500 万桶，同年美国和英国还向日本输出 200 吨废铁，美国又将价值 1.5 亿日元以上的工作母机和机器卖给日本。1938 年美国卖给日本的石油、废铁、机器、工作母机、汽车、飞机、铅铜等物资比上一年还要多，到了 1939 年，美国对日输出的战略物资和战略设备更为增加，其数额超过 2.32 亿美元。

（二）国民政府的对策

国民政府抗战时期货币政策是在日本对华压迫下不断调整的，初期是不惜代价稳定法币币值。目的有二：一是通过法币维护民心；二是通过法币维护与英镑、美元的联系，进而保持与两国关系。战争后期才采用物资战等形式与日本争夺。

一是不惜一切稳定币值。面对日军疯狂的军事进攻和经济掠夺，国民政府在货币战中主要采取了以下策略。一是采取各种措施，不惜代价维持法币币值；二是禁用伪币，并维持法币在沦陷区的流通；三是在英美封存中日海外资金后，外汇战改为物资战时，国民政府通过在非沦陷区推广关金券，并改变限制法币外流的政策，也抛出法币向沦陷区和敌后根据地抢购物资。同时在抗战中，特别是在货币政策上拉住英美，获取外援。

在日益加剧的日伪货币的进攻面前，特别是在日伪以法币套取外汇的狂浪下，国民政府采取的主要措施是巩固和维持法币的信用，方法是维持外汇汇率，控制法币的流向，加强地方金融机构，实行金融管制，等等。1938 年 3 月，国民党在武汉召开了临时代表大会，提出并通过了《抗战建国纲领》和《非常时期经济方案》。提出要"巩固法币，统制外汇，整理进出口贸易，以安定金融"。方法是继续收兑民间白银，限制外汇流出，以增加储备，并节省国家费用，控制法币发行，以防止物价高涨。同时统制外汇，管理进出口贸易。为此国民政府花费了巨大的财力来维持法币的汇率，付出了极大的代价。

为了防止敌伪套取法币外汇，国民政府还十分注意法币的流向，制定了一系列的政策和法规，限制法币从国统区内流向沦陷区，以防被敌伪获取。为此国民政府想在法币上加盖一些抗日的文字，如"抗日""抗日救国""打倒日本帝国主义"，后因不切实际而作罢，但仍发行了中央等银行重庆地名券，以控制其流向。

与此同时严禁伪钞。抗日战争时期的伪钞，其概念与现在不一样，特指日本操纵伪政权发行的货币。

对于咄咄逼人的日伪货币，1939 年 1 月，国民政府制定了《取缔敌伪钞票办法》，规定：敌伪钞票，无论在任何地方，一律禁止收受行使，各战区之军队或其他机关对敌伪钞票，除钞票全部没收外，并应将犯人送回当地或就近军法机关，依《惩治汉奸条例》第二条帮助敌国扰乱金融论罪，意在图利，以法币及金银或汇兑方式换取敌伪钞票者，与此相同。

在英美真正和日本决裂、太平洋战争爆发之前，国民政府把对付日军货币侵略的重点放在严禁敌伪货币流通及保证法币价值、维持其在沦陷区流通这两点上。但由于没有对沦陷区敌伪货币直接进攻的办法和策略出笼，特别是以维持沦陷区法币，作为侵消敌伪货币的唯一途径，无法达到从根本上打击敌伪货币的目的。

英美封存中日海外资金和太平洋战争爆发后，国民政府的对日货币策略发生了重大的变化。

1942 年 1 月，国民政府财政部建议："内地增发的法币，可收购物资，向沦陷区疏散，沦陷区法币，应严防其向内地灌流，以免内地通货膨胀。"

为了配合使法币流向非国统区的战略，国民政府在国统区内开始推行关金券。1942 年 4 月 1 日，国民政府开始将库存关金券全部提出发行，1元值法币 20 元。其目的之一是因法币由于战争和敌伪破坏而发生了大小钞折价行使，利用新发行的关金券来消除这一现状。此外利用关金券后面有金银保障，价值尚稳的现状来阻止物价的涨势。二是在国统区以变相形式发行新纸币，将法币挤回非国统区，在国统区建立关金流通区，并增大关金券的发行额。三是积极争取外援。太平洋战争爆发后，国际形势发生了变化，蒋介石、宋子文更加积极地活动，以争取美国对中国经济特别是对法币的支持，并取得了成绩。

1942 年 2 月 2 日，美国宣布向中国提供 5 亿美元的贷款，英国也宣布提供 5000 万英镑的贷款。美国宣布向中国提供贷款后，罗斯福致电正在印度访问的蒋介石，表示对中国坚持抗战的敬意。

（三）根据地的谋略

根据地货币要解决三个问题，一是发展壮大自己；二是处理与法币的关系；三是与敌伪货币作坚决的斗争。

中国共产党人挺进敌后，开辟了一系列抗日根据地，如何开展货币斗争成为其面临的一个重要问题。根据地大都孤悬敌后，四面受敌，又无法得到国民政府强有力的经济支持。加上沦陷区敌伪币极为猖獗，因此建立根据地自己的银行，发行独立自主的货币成为当务之急。

以晋察冀为代表的根据地，很快建立了一系列的根据地银行。

晋冀鲁豫边区负责人之一的邓小平在 1943 年 7 月《太行区的经济建设》一文中谈到货币政策时说："我们的货币政策，也就是发展生产与对敌斗争的重要武器。货币政策的原则是'打击伪钞，保护法币'。鉴于敌人大发伪钞，掌握法币，大量掠夺人民物资的危险，所以发行了冀南钞票，作为本战略区的地方本位币。实行的结果，打击了敌人利用法币的阴谋，缩小了伪钞的市场，强化了对敌经济斗争的阵营、给了根据地经济建设以有力的保障。为了保障本币的信用，我们限制了发行额，大批地贷给人民和投入生产事业，取得了人民的热烈拥护，它的信用是很巩固的。我们不断地对敌占区的政治攻势，以及适时地利用物资，给了伪钞以相当的打击，特别是由于敌人通货膨胀政策，它在人民中的信用是很低的，其波动性也很大的，只要我们善于发挥本币的优势，善于利用伪币的弱点、就可以收到很大的效果。"

在对法币的态度上，中国共产党以民族利益为重，以抗战大局为先，在 1941 年皖南事变前，采取了支持和保护法币的政策。没有敌后根据地的货币发行，法币不可能在敌后如此长久地坚持，国民政府在对日货币战中也将承受更大的损失。

太平洋战争爆发后，敌伪和国民党都抛出手中的法币抢购物资，国统区因为财政困难，不得不增大法币的发行量，和法币联系较为密切的根据地货币特别是华中、山东根据地的货币面临着法币涌入和根据地货币跟随法币剧烈贬值的危险，这都极大地威胁根据地的经济以至根据地的生存。

在法币价值日低，又无政权支持，且各根据地均发行了自己的货币后，根据地银行开始用边币取代法币。这实际上也是国民政府当年想用地方银行拱卫法币的根本，只是国民政府的地方银行并没有完成这一使命。

到 1943 年下半年，如山东等根据地法币已经基本停用，各地物价普遍下跌，根据地的边币在与法币这一回合的斗争中，取得了决定性的胜利。

二　抗日战争中的货币战

抗日战争时期的货币战，是日本企图从根本上破坏中国的币制、摧毁中国经济而引发的。在货币战中，日军试图通过从货币市场上驱逐中国货币，争取有利于敌伪货币的比价，套取中国的外汇，抢夺中国的金银，伪造中国的货币等手段以达到彻底破坏中国货币的目的。太平洋战争爆发后，由于套取中国外汇已不可能，日本又以物资战的形式大打货币战，将法币推向国统区和根据地，以抢购物资并加剧非沦陷区的通货膨胀，日本的这种一石三鸟的货币战略，尽管在货币战中取得了一定的实效，但最终随着其侵略战争的失败而彻底终结。

1931—1945 年的中日货币战，可分为两个大的阶段。1931—1937 年是第一阶段，这一时期的货币战基本上是区域性的，特别是由于 1935 年以前的中国货币尚未统一，日本也没有发动全面的侵华战争，因而这一时期的货币战基本上是区域性的，日本以争夺中国的地方货币权为主。

1937—1945 年，中日双方进行全方位的货币战，这一阶段以 1942 年为分界线又可以分为两个时期，前期双方斗争的焦点是货币阵地和外汇问题；后期则以物资为表象进行隐形的货币战。尽管表现手法不一，但日本妄图从根本上破坏中国币制的企图在抗日战争中一天也没有停止过。

货币战可分为货币的阵地战、法币外汇战、金银争夺战、真假钞票战、物资争夺战五个层面。

（一）货币的阵地战

将敌方货币驱逐出占领区目的有二：一是用自己的货币占领阵地，从而巩固自己的统治；二是将敌方货币压缩至敌人区域，从而造成其通货膨胀，破坏其经济。

日军货币阵地战的进攻战术，基本上有以下几种。

一是以伪币收兑原有流通领域中的货币，禁止原有货币的流通，从而强占货币阵地，这在东北和华北及蒙疆表现得极为明显。

二是在具体做法上采取各个击破的手法，先从币值不高、地方性或不具有外汇能力的币种上入手，先行禁用，进而牵动整个区域的货币体系发生动摇。如在华南，1939 年底，在香港、澳门、中山、四邑等地方，日军将美国钞票公司印制的广东省银行纸币强行区分新旧，使之发生差价。

三是以货币价值战的形式，配合军事、政治力量，强行贬低中国货币的价值，人为地提高伪币的价值，以达到占领货币阵地的目的。如在华北，日军一次次地贬低法币的价值。在华中，则先以伪中储券与法币等价流通，继则强令法币半价行使，最终禁止流通，均为此手段的运用。

四是以物资战为手段，在日军攻占的未稳定区域用伪币强行购买物资，放出伪币占领市场，再以卖出物资为手段，加强伪币的价值。先楔入钉子，再加以巩固，从而达到占领货币阵地的目的。

五是以汇票的形式，在非沦陷区制造货币"飞地"。在华北，伪中国联合准备银行就以汇票的方式，大量向根据地汇入伪币。冀中就曾被伪汇票打入，从而侵扰了根据地金融。

六是利用法币，如在华中，伪中储券通过和法币挂钩，利用法币的价值、信用和流通领域扩大伪币和流通。

对于日伪的货币阵地进攻，国民政府一方面在国统区严禁行使敌伪货币，在战区推行地方银行纸币护卫法币，另一方面极力维持法币在沦陷区的流通，以侵蚀敌伪货币的发行地盘，并以此作为在政治上联络沦陷区人民的手段，这种做法在一些地区如华北曾取得了一定的成绩。

由于国民政府军事上的失败，沦陷区日益扩大，国民政府在货币阵地战中一直是退却防守的一方。

抗日战争中，根据地货币在货币阵地战中表现极佳。根据地本身就是从敌伪占领区中开辟出来的，根据地货币发行是对敌伪货币的冲击，而且根据地采取了一系列高超的货币进攻战略，从而使日军从法币原有地盘中侵消下来的地盘，被大大小小的抗日根据地所发行的货币所重新杀入、夺回，使敌伪的货币支离破碎。

一是根据地发行自己的货币，消灭土杂钞，严禁伪币在根据地内流通，从而巩固根据地货币阵地。各根据地一般经历了这个过程。

二是在敌人经济军事上占有优势的情况下，采取灵活的策略，以伪币打击伪币。

三是以法币为基础发行根据地货币，以保护和维持法币的原有货币阵地。华北及其他根据地货币一开始大多是以法币辅币的面目出现的，为保护法币，各根据地都制定了一系列的措施，从而使法币沉淀于民间，而不被敌伪所套取。

四是配合物资、贸易斗争，占领货币市场。根据地切实控制对外贸易，限制伪币输入和物资输出，在贸易中注意货币阵地问题，历史证明是极为成功的。

（二）法币外汇战

法币是由其可无限制地兑换英美货币来体现其价值的。日本利用这一点，将收兑来的法币换取外汇后，购买战争物资，再用于对华战争。而中国方面为了保持法币在沦陷区人民心中的信誉，抗战初期则不得不维持法币的汇价。

1935年底中国进行了法币改革，使法币与英镑、美元紧密联系在一起，并宣布中央、中国、交通三行无限制地买卖外汇，以维系法币的币值。这一政策日后给日本造成了可乘之机，它通过高压政策在沦陷区搜刮法币，并运至上海套取法币的外汇，从而起到通过套汇使中国法币的基础动摇，从根本上破坏中国的币制，扰乱中国经济，离间中国政府和人民之间的政治和经济关系的作用。日本通过套汇增强了自己的实力，以中国的外汇购买战略物资，并达到破坏法币的国际形象、巩固日元地位的恶毒目的。

法币的外汇战可分为两个时期。第一时期是 1938 年 3 月—1939 年 5 月，即伪中国联合准备银行成立至伪华兴银行成立；第二个时期是 1939 年 5 月—1941 年 12 月，即由伪华兴银行成立至太平洋战争爆发。从地域而言，前一时期日军对中国外汇的争夺集中于华北，后一时期则集中于华中和华南。

法币改革后，中央、中国、交通三行无限制买卖外汇，售出价 14 便士 625，买进价 14 便士 375。1936 年 9 月改为售出价 14 便士 75，买进价 14 便士 25，美汇进价为法币百元合美元 30.5 元，出价 29.5 元。

七七事变爆发后，中国仅一个月就售出外汇 750 万英镑，特别是抗战初期，中国外汇买卖有三种价格，一是中央银行牌价，二是中国、交通两行牌价，三是上海外汇黑市价格。第三种价格又分为汇丰银行牌价、商业银行结汇价及银行同业作价三种。这为日后日本套取中国外汇打开了方便之门。

1937 年 8 月 14 日，国民政府实行《安定金融办法》，限制提存，为解决金融周转不灵的问题，又公布了《内地贴放办法》，但对外汇基本上还是放任自由的。

1938 年 3 月 10 日，华北成立了伪中国联合准备银行，伪银行的主要任务就是以伪币换取法币，再以外法币套取外汇。

为阻止日军在华北搜刮法币，套取外汇，国民政府在华北采取了三种措施，一是授意中央、中国、交通三行尽力吸收各该行法币，以避免被伪银行所控制。二是停止中央、中国、交通三行华北分行的外汇供给机能；三是施行外汇审核制度。这样上海和香港成了外汇中心，天津则有了外汇黑市，而且天津地名法币成了上海外汇市场上兴风作浪的生力军。到 1938 年底止，华北敌伪吸收法币计有南方券 540 万元，北方券 260 万元，总计吸收 800 万元（含杂币）。如此巨额的法币，极大的冲击了上海外汇市场。

日本为大量争取中国的外汇，还利用伪中国联合准备银行统制贸易，除对 12 种重要商品进行统制外，后又对羊毛、皮革、棉花等一般商品进行统制。出口商如欲将被统制的货物出口，必须将收取的外汇按官价卖给汇兑银行，再由汇兑银行卖给伪中国联合准备银行。从 1939 年 3 月至

1939 年底，伪中国联合准备银行已吸收 195 余万英镑，美金 380 余万元，连同集中全部出口货时所增设外侨乡里汇款，可用外币，有相当数额。

一直到 1939 年 8 月，上海才开始拒收天津地名法币，这样天津地名法币在上海套汇已不可能，只能在天津本地套汇，且中央、中国、交通三行退出天津外汇市场后，对之操纵的是外国银行，这些外国银行不承认联银券，只承认法币，而伪中国联合准备银行却可以伪币掠夺法币，然后从租界中的外国银行取得外汇。

1939 年 4 月，由于中国外汇损失太多，已经无法继续维持外汇市场的均衡，国民政府经过艰苦的交涉，得到了英国的支持，设立了 1000 万英镑的中英外汇平准基金，但由于上海沦陷后货物出口已被敌伪统制，出口所得外汇尽失，而进口外汇全须由此资金提供，再加上海关已被日军占领。因而不及两个月，法币由于大量被套取，汇价由 8 便士跌至 6 便士，平准基金已告罄，中国各银行增加之 50 万英镑，亦已于 48 小时内售尽。

伪华兴商业银行和日后取代其的伪中央储备银行，两行均不与日元挂钩而靠上法币，以法币吸收外汇。

欧战爆发后，国际局势发生了变化，英美宣布将给予中国贷款，支撑中国的法币。但日本仍千方百计地套取中国的外汇，1940 年底时，第三战区浙江的温州、宁波成了法币走私的集聚地。

1941 年 1 月，伪中央储备银行成立，日伪将以伪中储券与法币挂钩大举套汇。4 月，为支持法币，中美、中英外汇平准基金协定签字，由三国换文，将中英、中美平准基金合而为一，成立中英美外汇平准基金委员会，美国出 5000 万美元，英国出 500 万英镑，中国出 2000 万美元，于 5 月 25 日正式成立，8 月 18 日开始活动，并放弃以前自由外汇办法，代之以审核制。

1941 年日军进攻越南后，英美为加强对日本的经济封锁，美国于 1941 年 7 月 25 日下午宣布封存日本资金，范围极广。英国外交部也宣布自 26 日起将所有英帝国各地的日本全部资产予以封存。但如仅封存日本资产，日本仍可在沦陷区换取中国外汇在国际市场上购买物资，因而中国政府要求英美两国同时封存中国海外资金，对中国被封存的外汇款项等，仍归中国政府支配。

英美封存中日资金至太平洋战争爆发期间，中国逐渐停止了过去的外汇政策，法币成为对内货币，法币的外汇黑市逐渐消失，以争夺外汇为主的货币，逐渐转入了以争夺物资为目的的新范畴。

在争夺外汇的货币战中，根据地货币做出的贡献是不可抹杀的。根据地货币阵地的扩大，阻遏了敌伪对法币的吸收，从而保护了法币，保护了法币的外汇。特别是独立自主的根据地货币并没有可供敌伪套取的外汇，其发行原则足以给国民政府以极大的警示。

（三）金银争夺战

金银天然不是货币，而货币天然是金银。作为那个时代的硬通货，日本自然是相当关注，拼命索取，而国民政府后期的黄金政策更是引发了黄金风潮。

金银在货币制度中的作用是非常巨大的。1929 年以前尽管世界各国先后放弃了金本位，金银在世界大多数国家已失去了其流通手段的作用，但金银因其本身的固有价值仍被作为货币发行的准备，又因其国际货币的地位，而在国际支付中具有无可取代的地位。金银可以平衡国际收支，它可换取任何一种国家的法偿货币，有它就等于有外汇；同时拥有金银就等于间接拥有物资。在战争期间，外汇和黄金是投机者追逐的难兄难弟，因而两者在战时货币问题上，具有几乎同等的地位。

抗日战争中日军掠夺中国金银方法如下。

在沦陷区强征搜刮。在东北，伪满洲中央银行依据所谓《产金买上法》，垄断东北黄金买卖，初在沈阳、长春、哈尔滨、延吉四处设立收买店，后来因沈阳有造币厂，可以对黄金进行分析、精炼，而只在沈阳办理。伪满还设有"满洲采金公司"开采黄金。

在日军的疯狂掠夺下，仅晋察冀边区在八年抗战中就损失金银和铜元折合法币达 122 亿元。

查封沦陷区银行劫夺金银。伪满洲中央银行成立后，利用伪满洲银行纸币吸收现银，再运往英国出售，14 年间总计输出 477 吨之多！

太平洋战争爆发后，上海租界被日军占领，租界内各银行的保险箱内的金银、宝物全部被日军抢夺。香港被日军攻占后日军如法炮制。日军还以赤金每两合军票 128 元低价进行收购，1942 年又掠夺了中国、交通两银行天津分行在天津租界的库存白银，后又将察哈尔商业钱局寄存于天津各银行的货币发行基金百余万元银元也强行夺去。

抗战胜利后，中国政府向盟军提出申请，要求归还抗战期间日军劫夺的金银珠宝，计为黄金71748916.0535克，白银510422243.0325克，银元14195865.09元，白金117067.4356克，钻石3726枚。

1938年3月，国民政府实行了外汇管制后，由于外汇大量被敌伪所套取。因而吸收民间金银充作法币的发行准备日显重要。

中国的黄金政策在抗战前本来是可以自由买卖的，上海有中国最大的黄金投机市场——标金交易所。七七事变后一年多的时间里这种情况并没有发生变化。

1938年10月21日，财政部才公布了《限制私运黄金出口及运往沦陷区办法》，禁止黄金出口或运往沦陷区资敌。1939年8月29日，国民政府公布了《取缔收售金类办法》，取缔黄金交易，实施黄金国有，征购银楼业黄金。

9月15日又公布了《加紧中央收金办法》，只许中央政府收购黄金，任何地方、个人不得插手。16日又发布了《国民政府关于转发取缔收售金类办法稿》，以强调此事。国民政府还把全国分为十个大区，指定四行设立机构，同时组建采金公司，生产黄金。

由于采金成本过高，而国民政府又无力高价收买黄金，市面上出现了黄金黑市，到了1943年6月，国民政府被迫停止了黄金收购政策，转而代之为黄金自由买卖。

1942年2月，美国给中国贷款5亿美元，国民政府买入美国黄金，当时国民政府手中有不少于600万两的黄金，国民政府决定以出售黄金为手段，回笼法币，抑制通货膨胀。1943年11月3日，是国民政府黄金政策发生巨大变化的一天。从这一天开始，国民政府改收买黄金为出售黄金。

抗日战争中，中国共产党领导的各个敌后根据地，为防止敌伪掠夺中国的金银硬币，并防止金银货币在根据地内流通妨碍根据地货币的发行和流通，根据地对金银和硬币采取了保护措施，准许人民收藏，并由银行吸收，但禁止在市场上流通。

（四）真假钞票战

仿造敌伪货币，自古就是战争手段。

战时破坏对手货币的最直接的手段就是伪造敌国的货币，通过这一手段可以达到破坏对方货币信誉、制造对方通货膨胀、榨取对方物资等效果。日本在侵华战争中大量伪造中国货币，不仅在日本本土设立科研机构专造伪币，而且还在中国设立许多专造假币的工厂，扰乱非沦陷区的金融，破坏中国的战时经济。

1936 年日本参谋部中国课从事中国经济研究的佐藤末次，对伪造和使用敌国纸币作为扰乱敌国的办法很有兴趣，曾研究过实行的步骤。抗战爆发后第二年，接替佐藤研究工作的山本宪三草拟了一个伪造法币并准备在中国实施的方案。可见伪造法币是日本预谋已久的行动。

1942 年后，日军在攻占的香港和缅甸发现了几家印制中国法币的秘密印制厂，从中抄获了大量钞票半成品、印钞机、法币编码暗账底册。后来又在南洋截获了 20 亿元的中国银行小额纸币半成品，日军终于获得了法币印制的全部秘密，并利用这些半成品加工成成品，抛出使用。

敌伪在抗日战争中究竟伪造了多少法币，难以估计。冈田酉交次在《日中战争内幕记》中说，日本伪造法币最低时每月不下 200 万元，至 1941 年伪造总额为 25 亿元。登户研究所在侵华战争中伪造了 40 多亿元，另以行使假钞的大户"松机关"而言，该机关在战败前一年的支出就高达 25 亿元，战败后该机关在上海被查封的物资就值 70 多亿元，由此可见日军伪造法币之一斑。

抗战中，日军为破坏根据地货币，还大批伪造根据地货币。

在华北，晋察冀边区、晋冀鲁豫边区和山东根据地内多次发现大量假钞。在晋冀鲁豫边区，1943 年以后，日军在根据地周围遍设造假处，每年改造新版。1943 年春，山西派遣军军部直辖的特务机关东兴公司，指令太原撷华石印馆印制假冀钞 6000 多万元。5 月又指令另一印刷厂印了 600 多万元。日军投降时，假冀钞种类不下二三十种，印刷机关不下十几处，如天津、石家庄、太原、安阳、徐州、集宁、新乡、开封、济南、邢台、邯郸、武安均有敌伪设的制造伪钞的机关。

1942 年 5 月下旬，宋子文从美国送交一份呈文给蒋介石，再次提到伪造敌伪政权货币的构想。他说：敌伪纸币价值日高，拟于此间仿制运回中国，授予游击队至各沦陷区散发，亦足扰乱其金融。而将所负责印制的钞票，称为特券。

蒋介石甚以为然，1943 年 4 月，成立财政部战时货运管理局，下令戴笠规划印制沦陷区货币。

国民政府批准印制华中与华北地区的特券后，宋子文在美国以中国银行名义委托美国制版，印刷伪中央储备银行和伪中国联合准备银行券。

截至 1944 年 11 月 29 日，华中地区的中储券特券发行额为 1.05 亿元，华北地区的联银券特券发行额也增至 1500 万元。不论在华中或是华北地区，每一千元的中储券或联银券中，即一元左右的"特券"混杂在其中流通，抢购物资。

（五）物资争夺战

货币、物资、物价是人类社会的永久经济主题，不论和平还是战争。

抗战中，敌伪大发伪币的一个重要目的，就是抢购中国的战略物资，以削弱中国的抗战实力。物资战实为货币战的一个表现形式，以伪币抢购物资也是敌伪扩大伪币货币阵地的手法之一，同时以非战略物资的输出以维持伪币的价值，也是敌伪利用物资开打货币战的策略。特别是太平洋战争爆发后，日伪套取外汇已不可能，日军遂在华中、华南禁用法币，并以法币为前驱，到非沦陷区抢购物资，其货币战的意义则在于以物资为手段，驱逐法币，扩大伪币流通区域。同时法币在沦陷区货币阵地的丧失，则意味着法币将不能抢购沦陷区内的物资，而且法币的回流将引起非沦陷区的通货膨胀，同时牵动根据地物价上涨，币值下跌，最终达到破坏中国战时币制的目的。

在华北，1942 年 3 月 21 日，敌兴亚院华北联络部就宣称要将手中的法币抛回联银券区域以外的地区去，并将用之购买粮食和棉花及土产品、军需品。

日伪以伪币抢购物资，方法极多。如在华北敌伪在秋收时大发伪币，同时发放巨额贷款，使中心城市的物价高涨，商人争囤物资。由于外围地区对银根松动的反应不如城市灵敏，币值仍高且物价低，这样一来粮食就大量流向城市，并使伪币外流。待搜购物资的目的达到后，伪银行又紧缩银根，收回贷款，商人不得不廉价出售手中的囤货，从而使日伪两头取利。

日军在华中一开始通过发行军用票来掠夺物资，并配合军用票的发行成立了以军配组合为中心的物资统制机构，直接控制沦陷区物资流通。为便于日货在华南的倾销，日军还采取对军用票高定价而实际价值低的手法，从而使大量的日本奢侈品得以销出。日军还强压法币与军用票的比价，使物价按法币计算则高出一倍，人们因其价高而抛售，使得日军得以吸收物资，同时又把大量的法币赶出了沦陷区。

抗战中，根据地军民以货币为武器与敌伪进行的物资战是很有特色的。抗战初期"我们囿于'对敌经济绝交'，禁止仇货的朴素的观念，无视战争形势和根据地经济情况的变化，凡是从敌占区来的货物，不管我们需要不需要，一律视为仇货，禁止入境；凡是根据地的物资，不管多余还是不足，怕去资敌，一律禁止出境，对伪币不管其价值如何，行使范围怎样，一律禁止行使。后来由于敌人封锁日益严重，根据地的经济日益困难，才发觉这种断绝往来的做法是不现实的，不是长久之计。因为在敌我犬牙交错的情况下，物资不但不能绝对封锁住，反而助长了走私活动，运进一部分非必需品来。这使我们认识到对敌经济斗争不应是消极简单地断绝经济往来，而应积极地迎上去与之斗争，认识明确了，做法也就出来了"。

1942 年后，各根据地首先加强了根据地的货币阵地，禁止法币在根据地流通，使敌伪以法币为先锋杀入根据地抢购物资的阴谋破产。根据地利用货币配合物资战的方法是，当敌伪大量发行钞票、提高物价时，根据地则压低伪币比价，同时吸收重要物资，提高物价，粉碎敌伪向根据地抢购物资的阴谋；当敌人压低物资时，根据地则利用手中控制的伪币到敌占区抢购物资。兵来将挡，水来土掩，最终取得了利用物资而进行的货币战的胜利。

在抗日战争胜利 70 周年之际，让我们通过一枚枚的钱币，牢记历史，展望未来！

（北京钱币学会编，北京联合出版公司 2015 年版）

《中国银行河北省分行史 1976—2004》
序言

难得一见的国有商业银行改革"线路图"

自 1979 年开始，我国金融体制改革经历了 30 年的风雨历程。30 年改革的核心，就是整个金融体系的市场化演进。30 年来，我国金融业逐步建立和完善了金融调控与监管体制，构建起多元化的金融机构体系，建立和完善了多层次多功能的金融市场体系。其中，在构建多元化的金融机构体系进程中，中国银行、建设银行、工商银行率先实现股份制改造并成功上市，开创了我国建立现代银行制度的新纪元。

中国银行，无疑是中国金融体制改革中最具代表性的典型。从国家外汇外贸专业银行到国有商业银行，从第一家国有独资股份制银行，再到引入战略投资者实现成功上市，中国银行一直走在国有商业银行改革发展的前沿。

中国银行与其他国有商业银行相比，有两点最大的不同：一是历史最悠久的银行，从 1912 年正式成立，历经北洋政府、国民政府和新中国三大历史时期；二是拥有数量众多的海外机构和外派人员。百年历史，使其早已形成自己独有的企业特质与文化内涵；海外机构，使其浸染多年的西方文明与价值观念。新旧历史的交织碰撞，东西文明的抵触融合，使中国银行与生俱来地拥有复杂的身世与多元化的矛盾。这使它在改革开放后进行的历次变革中，和其他三家国有银行相比，经历了更多的困难与挑战。

因此，总结回顾中国银行 30 年改革发展史，便具有了不同寻常的意义。特别是金融是现代经济的核心。

中国银行 30 年改革发展史，是中国国有商业银行改革的代表；中国银行河北省分行 30 年改革发展史，是中国银行 30 年改革发展的缩影。总结回顾中国银行河北省分行的这段历史，就能够大致勾画出一张国有商业银行改革的"线路图"。

探究国有商业银行的改革路径，如果不考虑理论层面，仅从纯粹的技术角度出发，我个人也倾向于解剖一家省级分行——它既具有政策指导的地位，又兼有具体的可操作职能。虽然在某些改革关键环节上是总行层面的事——比如注资或引入战略投资者，但从时间与空间上看，省级分行这张"线路图"更详细、更清晰、更典型，具有普遍的代表意义。无论哪家银行，其省级分行并非是完全的管理机关，往往还有很多经营职能。银行历次重大改革，省级分行既是国家和总行政策的忠实执行者，又同时具有某些方面的话语权，即部分政策制定权，但正是这种双重身份却使它非常难受——不但要给下级行"动手术"，而且还不能对自己"太客气"。这样的多样性与复杂性，恰恰能够真实反映改革过程的全貌。

中国银行是一家极具文化特质的银行，在长年从事金融史的研究者中，一个共识是：不论是中国银行民国年间所编辑的中国重要商业银行的各种营业资料，以及影响几代行员的《中行月刊》；还是改革开放后第一家重要银行史料——档案出版社出版的洋洋三巨册《中国银行行史资料汇编》。其史绩、其制度、其文物、其文献均在中国金融发展的历程中占据极其重要的地位。实际上，经济的竞争最终是文化的竞争。《中国银行河北省分行行史》使中国银行的传统重现。

与我所见过的一些金融史著作不同，以改革的视角写一部 30 年银行省级分行史，这还是头一次，这部《中国银行河北省分行史》有可能填补河北省社会科学和经济学界的一项空白。中国银行河北省分行做了一件具有开创意义的好事。此书不但是中国银行河北省分行的真实写照，也为全面研究河北省的金融改革史提供了第一手资料。

从撰史的专业角度看，经济史因扭结着历史和经济两大逻辑，行走于两大学科核心价值——"义""利"矛盾之间，会使著史者的思绪异常艰苦。此书在整体框架的构建、事件的切入、事物的把握、素材的选择、人物的描绘以及对资料和前人观点的运用和引用等方面，着实下了一番功夫；在总结规律和提炼事物的本质上，往往能小处入手、大处着眼，令人耳目一新，一些观点不乏真知灼见，显然是经过深入研究后的原创成果。如"内控建设""经营机制的巨大变革"等章节，给人印象颇深。因此，此书还具有一定的研究和学术价值。

最为重要的是，与某些苍白的"歌功颂德"或满纸"春秋笔法"的所谓史学著作不同，此书并未回避中国银行改革发展中的问题或失误，而是实事求是地予以阐述和评价，并公开出版，给后人以警醒和借鉴，彰显省分行领导对中行的强烈历史责任感和可贵胆识。对此，我深表敬意。

书中对个别业务叙述过于具体，节奏稍显拖沓，影响了阅读快感，删去一些完全不影响整体效果。即使如此，也不能阻止我给出此书"难得一见"的最后评价。

是为序。

（河北人民出版社 2009 年版）

《滹沱河史料集》序言

  水，自然之流，生命之源。

  水，作为自然的元素，生命的依托，以它天然的联系，似乎从一开始便与人类生活乃至文化历史形成了一种不解之缘。水，以其原始宇宙学的精髓内涵已渗入人类文化思想的意识深层。在漫漫的历史长河中，伴随着人类的进化以及对自然的认知，由物质的层面升华到一种精神的境界。

  河流，生命之流，文明之源。

  河流是陆地表面上经常或间歇有水流动的线形天然水道。河流是地球生命的重要组成部分，是人类生存和发展的基础。河流是地球上多样生态系统中最基本的存在形式之一。历史上人类及其社会生态系统的发生发展与河流相互依存，密不可分。河流不仅产生生命，也孕育和产生人类文化。纵观世界文化源流，是水势滔滔的尼罗河孕育了灿烂的古埃及文明，幼发拉底河的消长荣枯明显影响了巴比伦王国的盛衰兴亡，地中海沿岸的自然环境显然造就了古希腊、罗马文化的摇篮，而流淌在东方的两条大河——黄河与长江，则滋润了蕴藉深厚的中原文化和绚烂多姿的楚文化。

  河流与人类社会的关系具有悠久的历史，是人类文明的源泉和发祥地。河流不仅关系到陆地、水生生物的繁衍、生息和生态稳定，也直接影响人类在长期历史传统中形成的对河流与人及其社会休戚相关的精神信仰、心灵形象和品位象征意义，即所谓的河流文化。所以，人类社会文明源起于河流文化，人类社会发展积淀河流文化，同时，河流文化也推动社会发展，扩展社会调控的范围，促进社会政治变革、经济变革和文化变革。

  滹沱河，子牙河系主要干支，源出山西省五台山下的泰戏山中，流经晋中黄土丘陵，横穿太行山，入河北平原，与滏阳河相会，东奔大海。历史上名称多异，如《周礼》和《汉志》将之称为滹池，《礼记》称为恶池，《山海经》和《史记》称为滹沱，曹魏称呼沱河，西晋称滹沱河，北魏一度改称清宁河。

滹沱河历史久远，支流众多，主要有阳武河、云中河、牧马河、同河、清水河、南坪河、冶河等，孕育了人类早期文明，成为祖先栖息繁衍的热土，在流经的山西、河北二省，沿河流域形成诸多历史重镇，其代表有山西的忻州和河北的石家庄。特别是河北石家庄，地处太行山山前平原的首端，是连接太行山和河北平原的要冲，这里地势平坦，土层深厚，水源丰富，水肥土沃，成为北方最早开发的地域之一，是人类文明开发较早、文化底蕴十分深厚的地区，可以说滹沱河就是石家庄的母亲河，她孕育了一方文明。

滹沱河南岸的南杨庄文化遗址表明，早在我国社会进入旧石器向新石器过渡时期，我们的祖先就从太行山中走出，在滹沱河流域的平原定居，掀开了创造早期人类文明的序幕。在这里，至晚在六七千年前就萌发了农业文明，从渔猎为生向着原始农耕迈进，发明了的饲养家蚕的技术、原始的纺织技术和烧制高温原始瓷器的技术，开创了和黄河流域农业文化同步的滹沱河流域农业文化，在人类文明历史上写下了辉煌的篇章。

石家庄发现的近百处商代遗址表明，滹沱河孕育了璀璨的商文化，滹沱河流域石家庄区域是商文化的发祥地。其典型代表藁城台西遗址，以其发掘面积大，出土文物丰富，集中展示了早商文化最北类型的文化面貌。它的发掘，撩开了河北中南部特别是石家庄的历史面纱，揭示了这一地区历史文明的起源。台西文化遗址发掘的文物，从文字的产生和使用，到房屋建造、水井开凿；从制陶、冶炼、酿造、纺织业的技术水平，到粮食、林果种植业标示的农业文明，都说明了河北中南部石家庄区域早在商代已进入了文明时代，是华夏较早进入文明的地域之一，奠定了石家庄历史文化在中国乃至世界文明史上的历史地位。

滹沱河是石家庄的母亲河还体现在这里是中心城市起源较早的区域，并且中心城市一直传承、延续不断。3000 年前，滹沱河畔就形成了中心城市——东垣（真定）、真定（正定），从秦汉时期起，作为县、郡、州、国、路、府治所，一直传承延续到近代，呈现出东垣—真定—正定—石家庄一脉相承的中心城市历史发展进程，为现代化中心城市石家庄的崛起奠定了基础。

历史上的石家庄，依水兴起，傍水迁徙。今日的石家庄，同样要依水而兴，着力打造的民心河工程、滹沱河综合治理工程、环城水系工程等，依托的就是滹沱河丰富的自然资源和历史文化资源。这些资源条件，构成了区别于任何城市和石家庄市区其他区域的独特个性特点，为打造城市品牌，提升城市形象，提高城市竞争力，提供了广阔空间和最佳路径。

本书集旨在尝试通过运用环境史研究的方法和理论，搜集和整理方志、期刊中有关滹沱河的史料记载，以期为当今滹沱河环境综合治理和人文研究提供历史借鉴和史料支撑。结合滹沱河有关资料的搜集情况，本书共划分了六个章节，内容涉及滹沱河水系基本构成，河道及变迁，水患及修治，水利灌溉及屯田，官职设立和祠庙修建等内容。

环境史作为新史学范畴，是一门方兴未艾的、正处于发展中的、开放的新学科。近年来，环境史研究成为学术研究的热点，并取得丰硕成果，表现出强劲发展势头，其研究理论和方法日趋深化完善。作为运用环境史研究理论和方法为指导搜集整理滹沱河相关史料的初步尝试，限于个人水平和时间原因，难免存在不尽如人意之处，切望各位专家和读者批评指正。

（天津古籍出版社 2012 年版）

《滏阳河史料集》前言

　　水是地球的动脉，水是生命的源泉。

　　在我们居住的这个地球上，奔腾不息的河流是人类及众多生物赖以生存的生态链条，也是哺育人类历史文明的伟大摇篮。她不仅关系到生物的繁衍生息和生态稳定，也直接影响人类在长期历史传统中形成的对河流与人及其社会休戚相关的精神信仰、心灵形象和品位象征意义。

　　河流先于人类存在于地球上，供养生命，使地球充满生机。尼罗河、幼发拉底河和底格里斯河、印度河、黄河都是人类文明的源泉和发祥地。同时人类社会发展积淀河流文化，河流因所处地势地形、地质地貌、流经地域、流速流量、河道河床等诸方面的差异，形成了不同的景观、河性、水情，造就了千姿百态的自然风光和丰富多彩的人文现象。河流文化又推动着社会发展，扩展了社会调控的范围，促进社会政治变革、经济变革和文化变革。

　　但是人类为了生存和发展，曾经向河流过度索取，盲目扩大灌溉面积，无节制地使用河水，破坏流域的植被，污染水源和河床，任意建造水利设施或开辟航道，随意改变流向或流量，用耕地或堤坝限制河道。在影响河流的生命力的同时，也给人类本身造成了不可弥补的损失，导致或加快了河流文明的衰落。这引起了人类的重视和思考，也使越来越多的人开始探索人类与河流和谐相处的理念和具体途径。

　　正如莱西姆（Gabriei Van Caetum）在联合国水会议的开幕式上所说："水是人类生命的要素，又是生活的象征，同时也是人与人之间的羁绊，更经济的利用水是世代交叠相连的标志。"

滏阳河历史悠久，源远流长。据考证，自第四纪早更新世形成，至今已有二三百万年的历史。历代经典著作如《后汉书》《隋书》《明史》《山海经》《水经注》等，均有关于滏阳河的记载。滏阳河发源于河北省邯郸市峰峰矿区的鼓山脚下，流域面积 26300 平方公里，涉及 4 个市，42 个县（市），全长 578 公里。她的支流繁多，先后有牤牛河、洺河、留垒河、南澧河、七里河等 17 条支流汇入，被冀南人民称为"母亲河"。很早以前，沿河的航运和灌溉事业就有所发展，历史上滏阳河曾是邯郸至天津的主要航运交通线，往来船只很多。清朝末年，宁晋县十字河还设有船捐局和货栈饭店等，商旅云集。直到 20 世纪 50 年代中期仍有货船往返，沿河还可浇地 51 万亩。

由于滏阳河的孕育和滋润，冀南形成了一块风水宝地，物阜财丰，地灵人杰。以煤铁为主的矿产资源相继被开发利用，以粮棉为主的农产品可供人们食用，丰硕的山货林果畅销国内外，精湛的手工艺品颇受外商青睐。产生过荀子、毛遂、柴武、张角、魏征、张文谦、郭守敬等叱咤风云的文臣武将。

滏阳河流域历史积淀丰厚，文物古迹繁多。峰峰矿区的南北响堂石窟，邯郸市的丛台、回车巷、吕仙祠，邢台的明长城、百泉，赵县的大石桥，衡水的宝云塔，献县的单桥等，都是有名的名胜古迹。

"拟放扁舟尘影外，便安一榻露光中。帷堂患气全消除，清兴鸥鱼得暂同。"这氤氲着袅袅烟霭的画卷，应该是一幅江南水乡图吧？但这描绘的却是位于邯郸永年县境内滏阳河昔日的美景。然而到了 20 世纪最后的十几年，这种风韵渐渐远去了。为了使这首诗所描绘的风景再现，政府制定了一系列改造滏阳河的规划，通过美化绿化、园林建设，打造文化生态长廊。在滏阳河沿岸打造一批文化与生态共融、休闲与水利结合的滨河景观，形成水清可游、岸绿可憩、文化可品、景美可赏、防洪可保的靓丽景观带、安全防洪堤。

本书旨在尝试通过环境史研究的方法和理论，搜集和整理方志、书籍和报刊中有关滏阳河的史料，以期为当今滏阳河综合治理和人文研究提供历史借鉴。本书分为五个章节，内容涉及滏阳河水系、滏阳河流域的生态环境、滏阳河流域的水利社会、滏阳河流域的自然灾害和滏阳河流域的环境整治等内容。

近年来，随着人们对生态环境问题的重视，环境史研究成了学术研究的热点，新作迭出，成果丰硕，其研究理论和方法日趋完善。运用环境史研究的理论和方法为指导，搜集整理有关滏阳河流域的史料，只是笔者的一次尝试，其不尽如人意之处，切望方家指正。

（天津古籍出版社 2012 年版）

《滦河史料集》序言

　　水是生命之源，河流是人类的母亲。

　　河流是陆地表面上经常或间歇有水流动的线形天然水道。河流是地球生命的重要组成部分，是人类生存和发展的基础。河流是地球上多样生态系统中最基本的存在形式之一。历史上人类及其社会生态系统的发生发展与河流相互依存，密不可分。河流不仅产生生命，也孕育和产生人类文化。一条大河的历史，往往就是一个国家、一个民族的历史。尼罗河哺育了埃及人，因其古老；幼发拉底河滋养了巴比伦人，因其高远；恒河灌涤了印度人，因其圣洁；长江、黄河成为中华民族的母亲河，乃是因其伟大。所以，人类社会文明源起于河流文化，人类社会发展积淀河流文化，同时，河流文化也推动社会发展，促进社会政治变革、经济变革和文化变革。

　　滦河，华北地区大河之一，古称濡水。发源于丰宁县巴颜图古尔山，北流至内蒙古自治区多伦县折而向南，至郭家屯始称滦河、穿燕山，至乐亭县南兜网铺注入渤海，全长 877 公里，流域面积 4.47 万平方公里。主要支流有小滦河、兴州河、伊逊河、武烈河、老牛河、柳河、瀑河、撒河和青龙河等 9 条，水系呈羽状分布。

　　滦河历史久远，支流众多，孕育了早期文明。1.3 亿年前，远古的滦河流域曾经是恐龙的乐园。滦河下游的河北省迁安市爪村的爪村遗址距今约 4.5 万年，属于旧石器时代。滦平县出土的 6000 年前的女性裸体石雕像，是迄今华夏境内发现的最古老的女性裸体石雕像是新石器时代考古的重要发现。

　　滦河文明史，一个突出特征，就是她的多元化。而这种多元化，又决定于滦河所独有的巨大的包容性。滦河的包容是多方面的，最突出的表现就是民族的包容。据统计：在滦河流域，从商朝至今，曾经生活着山戎、东胡、乌桓、鲜卑、羯、氐、契丹、蒙古、满、汉、回等近 20 个民族。滦河，本来很有可能成为民族之间的分界线，但事实上，她却一直是民族之间融合的桥梁和纽带。

滦河沿岸风景秀丽，郦道元在《水经注》中就曾经提到过濡水（滦河的古名）支流武烈水畔的"磬锤峰"。中上游原热河省的区域，在清朝时属于皇家禁区，两岸山上都是高大的松树，民国以后移民增多，植被破坏严重，再加上军阀和日本侵略军的盗伐，现在除了避暑山庄内已经很少能见到大树了，但次生灌木仍然能组成青山绿水的风景。下游两岸是优质稻米的主要产区。随着经济的发展，目前水质污染问题已经成为需要关注的问题。

本书集旨在尝试通过运用环境史研究的方法和理论，搜集和整理方志、期刊中有关滦河的史料记载，以期为当今滦河环境综合治理和人文研究提供历史借鉴和史料支撑。结合滦河有关资料的搜集情况，本书共划分了六个章节，内容涉及滦河水系基本构成，河道及变迁，水患及修治，水利灌溉，交通等内容。

环境史作为新史学范畴，是一门方兴未艾的、正处于发展中的、开放的新学科。近年来，环境史研究成为学术研究的热点，并取得丰硕成果，表现出强劲发展势头，其研究理论和方法日趋深化完善。作为运用环境史研究理论和方法为指导搜集整理滦河相关史料的初步尝试，限于个人水平和时间原因，难免存在不尽如人意之处，切望各位专家和读者批评指正。

（天津古籍出版社 2012 年版）

《环境史研究》（第一辑）发刊词

且不说宇宙，仅在银河系，科学家们统计就有 500 亿颗行星，其中有 5 亿颗行星 "宜居"。尽管开普勒望远镜候选了 1235 颗与地球类似的行星，其中 54 颗可能有生命。但是直到今天，地球依然是我们人类赖以生存的唯一家园。

在这个异常珍贵的家园里，常识是：目前人类是地球的主人。除了我们人类以外，还有许许多多有生命的物质，虫鱼鸟兽、花草树木……这些生物与我们生活在同一星球的环境中，共同组成了这个大家庭。水是生命之源，人和生物的生命离不开水。人体中所含的水分约占体重的 65%，如果人体损失 10% 以上的水分，就会导致死亡。空气是人赖以生存的必要条件，氧气来源于植物的光合作用，各类植物是氧气的加工厂。地球上如果没有了植物，人类和其他生命将不复存在。野生动物依赖于植物，也可以保护植物。在地球上，人类、植物和动物是一个互相依赖的 "生物圈"，人类能在地球上生存是因为生态平衡。地球给所有形式的生命提供了一个生命支持系统——空气、水、适当的光和热以及能源，等等。

一方水土养一方人，今天科学家已经证明，地理环境影响人类的基因，而人类疾病传播风险的一大新源正是由于气候变化引起的源于海洋、湖泊及沿海生态系统的水传播。而社会科学家对于文化形成的地域性早有心得。

气候、生态、人类社会构架了我们这个时代的主题，这是由于人类的经济活动已经能够极大地影响我们的环境，恰如近代以前我们常常将环境的影响归结于超自然的力量而认识不足。今天，在人类的力量日益增长的时代，我们也常常忽视人类对环境的影响，尽管这种影响是多么不可逆转。

很早，学者就对环境对人类方方面面的影响多有关注，并产生了许多伟大的思想。近些年来，环境史研究成为了学术研究的热点，新作迭出，成果丰硕，表现出了强劲的发展势头。具体来看，研究队伍不断成长，研究主题逐渐拓展，研究范围持续扩大，理论和方法论的构建日趋深化。

河北师范大学有着与环境史相关的诸多学科，如历史、生物、资源环境、经济学等，有一大批学者高度关注环境问题及环境史研究的发展，学校相关的学生环保组织也异常活跃，为此河北师范大学成立了中国环境史研究中心，我们研究的重心将是气候环境、生态、人类社会三者之间的关系及相互影响，力争在此领域有所贡献。

2010年7月8日至11日，河北师范大学历史文化学院主办了题为"经济全球化与历史文化认同"的国际学术研讨会，会上环境史研究作为大会的重要子议题，吸引了国内外众多著名的环境史研究者。美国加州大学的彭慕兰教授，北京师范大学环境史研究中心主任梅雪芹教授，中国社会科学院《世界历史》编辑部副主任高国荣研究员等都结合自身的研究经历，阐发了环境史研究的基本路径。

该中心成立后，迅速开展了富有实质性意义的研究工作。现为扩大其影响，提升我校的环境史研究水平，中心拟出版《环境史研究》，抛砖引玉，力争连续出刊，为国际国内环境史学者的学术研究交流搭建优越的平台。

《环境史研究》（第一辑）辑录的论文以"经济全球化与历史文化认同"国际学术研讨会的会议论文为主体，也吸纳了河北师范大学部分师生的学术成果。

《环境史研究》的问世，仅仅是河北师范大学中国环境史研究中心众多工作的一个组成部分。在以后的学术研究中，中心将一如既往地寻求与国际国内环境史研究同人合作，定期举办学术讲座，筹办大型学术会议，组织相关专家编纂《中国环境史》。总之，要以学术研究的具体实践彰显学术旨趣，以实实在在的学术成果回报社会。

我们坚信，经中心全体研究人员的共同努力，必将为这块崭新的学术版图的构建添砖加瓦。当然，作为水平有限的初步尝试，难免存在诸多舛误和疏漏，切望各位专家和读者批评指正！

（地质出版社2012年版）

《环境史研究》（第二辑）序言

自华北发生大面积雾霾以来，关于河北各地污染的消息日日入耳，生活在这里的人们也没有像日本人面对水俣病或痛痛病时引发社会事件，网络上倒是时常有一些地区对于 PX 或核项目建设的反对声音并引发了许多事件，而这里相对宁静。

也许这是环境面对人类公平的体现，人人都在污染环境中生存着，没有贵贱之分，难道是因为"公平"，所以"宁静"。

行动总是有的，2013 年 6 月 18 日"两高"发布了《最高人民法院、最高人民检察院关于办理环境污染刑事案件适用法律若干问题的解释》（下简称《解释》）。《解释》降低了环境污染定罪标准，使法律更适用、更严厉、更严密，可操作性大大增强，有利于解决取证难、鉴定难、认定难等现实问题。八种情形可认定为渎职犯罪，希望这些严惩措施给官员套上紧箍咒。《解释》要求从重处罚环境污染犯罪，特别强调了阻挠调查将成加重情节。

我们正经历着工业化对生活世界的改造，现代化正在引领着人们的生活，好像我们已经能够规划人类和自然的未来，实际上，经济发展正导致规划与发展的综合征，而环境史正是发展综合征的病理学！经济发展的动力之一就是科学技术，而科学技术的滥用也是当今环境污染的重要来源，而环境史就是科学技术的伦理学！环境问题也考量着每一个学者的良心！

本论文集汇集两个部分。第一部分是河北师范大学历史文化学院与环境史研究中心 2012 年 8 月 9—11 日召开的"环境、经济与社会发展"学术研讨会，也是我校召集的第二届环境史研究讨论会，会议在石家庄阳光大厦召开。开幕式上，河北省社会科学界联合会曹保刚副主席、河北省环境保护厅杨智明副厅长、河北师范大学党委书记李建强教授分别从哲学社会科学研究、政府环境治理、高校学术发展与学科建设等方面阐释了大会主题，从环境、经济与社会发展互动的角度肯定和评价了大会的理论价值与现实意义。复旦大学吴景平教授、中国社会科学院武力研究员，陕西师范大学侯甬坚教授，南开大学王利华教授，厦门大学钞晓鸿教授，河北师范大学沈长云教授做了主题发言，结合各自研究领域，探讨了环境史、经济史和社会史三者融合的可行路径，展示了其最新研究成果与学术创新的内在机制。主题发言后，与会专家学者分环境史与经济史两个子议题展开热烈讨论。在环境史讨论组，学者们分别探讨了北京能源供给，汉代野生动物分布，中国历史上的洪涝灾害，水利、战争与环境，中国近代工业与环境，西方发达工业化国家的经济与环境等问题。从时间维度看，这些论题贯穿古代、近世与现当代，从空间范围看，研究视野囊括了中国和欧美发达国家。

第二部分是河北师范大学环境史研究中心邀请的专家学者在我校演讲环境史的讲堂录。分别是王利华教授 2011 年 4 月在河北师范大学的讲座；梅雪芹教授于 2011 年 6 月 1 日在河北师范大学历史文化学院的讲座；2011 年 11 月 21 日北京市社会科学院孙冬虎研究员在河北师范大学历史文化学院的讲座；资源环境学院许清海教授 2011 年 12 月在历史文化学院的讲座。文字由录音整理并交由演讲者审读后而成。

（天津古籍出版社 2013 年版）

《方圆百里——府县小区域宗教历史
与信仰生活考查》前言

美国国务院经常发表"年度国际宗教自由报告"，涉华部分无端指责中国的宗教政策和宗教自由状况，违反国际关系基本准则，干涉中国内政，美国总是说中国对宗教如何如何，实际上根本不了解中国的宗教现状。

让人很难理解的是，美国有那么多的人类学家，有那么多的宗教学者，有那么多文化学者，对一个世界人口第一的民族宗教现状，却是如此无知。

中国公民宗教信仰自由，中国各民族、各地区人民依法享有充分的宗教信仰自由，这一事实有目共睹。

我们仅从一块方圆不足百里的区域里，随意选取了一些观察点，就看到了如此繁多的宗教和信仰行事。

这个区域主要是石家庄市西南方向不出 40 华里的范围，少量涉及北面 30 华里的正定。

考察的主要内容是记录历史遗迹中的方案史料，比如碑刻资料。收集宗教、信仰文献，以及相关的文物，如民间宝卷，记录宗教和信仰行事。

宗教生活已是社会发展的重要内容，政府已在此方面投入了大量的社会资源，仅以石家庄为例，石家庄市政府出台的《2009—2020 年石家庄市都市区宗教设施规划》，首次将宗教活动场所建设纳入城市总体建设规划。

石家庄市为深入推进城镇建设三年大变样，着力打造"一城三区三组团"城市发展格局，建设 500 万人口的大都市，对未来十年石家庄城市建设进行了详细规划。此次宗教设施规划坚持满足信教群众宗教生活需求、合理布局、彰显宗教文化特色和与城市总体规划相适应的原则。

规划范围包括石家庄市内五区、鹿泉市、藁城市、正定县和栾城县，总面积 2657 平方公里；规划期限为 2009—2020 年，其中近期规划期限为 2009—2015 年；在用地安排上，结合旧城改造、工业区搬迁、旧村改造等进行选址建设，用地规模除佛教外原则上不超过 1 公顷。

根据都市区信教群众和现有宗教活动场所分布状况，在保留原有 189 处活动场所的基础上，规划新建、扩建和搬迁宗教活动场所 26 处，其中佛教 6 处，道教 6 处，天主教 6 处，基督教 6 处，伊斯兰教 2 处。其中市区内将新建宗教活动场所 7 处，并将对谛音寺、福音堂、清真寺等场所进行重点扩建改造。

对宗教设施进行规划，将使宗教活动场所建设与城市发展格局相协调，宗教活动场所整体布局将更加合理，信教群众参加宗教生活将更加方便，宗教活动场所环境将大为改善，对于提升宗教活动场所档次，打造城市亮点，弘扬传统文化意义重大，深受宗教界和广大信教群众的赞同。

当然从社会发展的角度而言，需要做的工作和努力还有很多。

中国宗教自宋元以来传统的佛、道两教已成为民间宗教师创教的基本素材。经历了元朝动荡和草原民族对中原传统文化的冲击，人生的目的是什么引发了当今人们的深刻思想，这从元曲中人们对此的吟唱得到证明。拿几个元代文物上的文字当例子来说吧。

晨鸡初报，昏鸦争噪，那一个不红尘里闹？路遥遥，水迢迢，利名人都上长安道。今日少年明日老，山依旧，人不见了。

左难右难，枉把功名干。烟波名利不如闲，到头来无忧患。积金堆玉无边无岸，限来时后悔晚。病患边关，谁救得贪心汉。

终归了汉，始灭了秦，子房公到底高如韩信。初年问进身，中年时事君，到老来全身。为甚不争名，曾共高人论。

得闲且闲，已过终年限，宁交别人上高竿，却交别他人看。邯郸长安，尽属虚幻，论渔樵一话间，江山自安，那里也，唐和汉。

　　　　韩信功劳十（寮）大，朱客亮（诸葛亮）位治三台，二百年都
　　向土中埋。邵平瓜盈亩种，渊明菊夹篱开，闻安乐，得去宋。

　　到了明清，大量民间宗教打着佛、道两教的幌子，或再加三教合一的
口号，创立自己的宗教，由此引发了民间宗教的大发展。而伊斯兰教和基
督教虽然内部教派林立，但是与佛教、道教相比，还是有其宗教纯粹的
一面。

　　我们也十分关注民间宗教（包括人们较为熟悉的会道门）历史及现
实的发展，并进行了相关资料的整理和研究。

　　河北省是宗教大省，除在佛教、道教、基督教等宗教史上占有十分重
要的地位外，历史上还是民间宗教创教教首人数多，教派种类多，信众人
数多，发生事件多的特殊省份，明末、清末、民国年间，多种民间宗教教
派在河北产生、发展，并制造了大量影响重大的事件。

　　根据笔者极不深入地调查和研究（由于时间关系，仅重点在石家庄
附近的东良厢、封龙山、正定以及相关网络资源上进行了田野调查和资料
整理），发现目前民间宗教呈现以下几种发展态势。

　　第一，传统的民间宗教十分活跃。尽管经过历代政权特别是建国初
年的打击，改革开放后，民间宗教重新活跃，其活动以下面几种形式进
行，一是利用传统庙会，在庙会中进行相应的宗教活动，如宣唱宝卷，
并进行其它活动。二是利用当地旅游开发，建立外表是佛、道，而内容
是自己民间宗教的寺庙。三是利用当前人们反腐败及复杂的怀旧等社会
心理，将人们对毛泽东的敬仰、怀念引入民间宗教领域，以扩大自己的
势力和影响。有很多民间的毛泽东小庙，一些庙与民间神并列在一起，
极不严肃。

　　第二，在网络上出现了一些职业的民间宗教宣讲者。利用网络传播速
度快、受众面广的特点，在网络上宣传自己教门的经典，讨论相关的教
义，并进行联络。

　　第三，一些民间宗教印制大量自己所谓教门教主的观点，自称现世
佛，并与佛教寺庙发生冲突。

　　民间宗教是社会中的一股不稳定势力，其信众多为社会底层及相对文
化程度不高的人群，平时以行善为人生准绳，但由于民间宗教特别是河北

的许多教门多以如来已死、弥勒行令为信仰，一遇时机，力量积聚快，冲击力极大，此种事件在历史上屡见不鲜。

因此应进行相应的河北民间宗教史的研究，搞清河北自明末特别是民国以来民间宗教的组织及传播系统。组织专业人员调查研究民间宗教现状，掌握情况，以确保社会稳定，确保社会和谐发展。

而加强社会文化建设和社会管理的宗教细化，将是十分重要的社会发展内容。

本书就是汇集了一个小区域内宗教和信仰场所的一些历史信息和现存遗物的记录。因多在原正定府的范围内，故名为"府县小区域宗教历史与信仰生活考查"。

（自刊）

《日本的教师教育》序言

我多次到日本参观日本的小学、中学和大学。

印象深刻的一次是到日本鸣门教育大学的附小、附中参观，听了小学的音乐课，看了美术课。下午观摩了中学的体育课，还在学校的剑道馆看了学生们近一个小时的剑道训练。

别的不说，那一节音乐课让我听懂了李叔同。

这课上得充满爱心、知性，真是培养孩子们未来。

一进入课堂，学生们三三两两地与你打着招呼，课堂是以教师领着同学们一起合唱开始的，天真而又热烈的歌声让人心醉。你会想起我们的孩子，这才是真正的童年，快乐着、学习着。几首歌后，老师让同学们坐在一起讨论，刚才哪里唱得好，哪里有改进的地方，老师在黑板上总结同学的意见，而回答问题的同学是上一个回答问题的同学指定的。用教育学的话来说，教师是以学生为主体的，尊重学生，让学生思考，而不是单纯地"教"。总结后，老师将学生分成四个组，按刚刚说完的意见进行提高，四个组在组长的带领下有唱的、有讨论的，教师则走马灯似的在四组间转着，学生投入，教师更投入。从一开始的合唱，到现在的分组，教师不时对一两个声音小或不投入的同学进行鼓励，让学生完全打开自己，一切如此自然，没有丝毫表演给别人看的味道，利于培养他们的人格。

分组练习后，开始了分组表演，各组按自己刚才的练习向其他同学们展示，先由组长向同学们介绍自己组演唱的特色，兴高采烈地唱完后，组长请同学们提出自己的意见，每个人都有表现的机会，又充分表现了团队精神，没有过多的批评和指责，更多的是同学和教师间的探讨。分组演唱后，依同学们提出的意见大家思考后重新合唱，进行新的提高，从而体现学生的团队精神，更体现了教学的实践性，因为知识可以从课堂间接经验中取得，能力却只能从直接经验中取得。

课程的结尾是教师又重新指挥全体学生合唱。在老师的琴声陪伴下，学生们精神饱满，神采飞扬。音乐课不考试，只是要求学生对音乐有欣赏的欲望和领悟力。

课下我问这位老师所学的专业，回答是"数学"。

听着课，不时想起李叔同，耳边是和声，可是脑中却是"长城外、古道边"，想起了他的音乐教育，倏忽间更知道了为什么他出家！

教师是日本教育的基础。国家和社会对每个教师自然要有相应标准。就像社会一样，只靠人性道德的光辉而没有公正的法律和规则，社会将无比黑暗和混乱。

日本的基础教育教师有 30 多万，每年有 1 万人补充新职。日本社会日益复杂化，教育也有很多问题，如学生之间，师生之间，学校与社会之间等等。日本强调教师与社会合作的能力。文部大臣要求培养教师的时间延长、各地合作等。日本学者仍认为日本多数教师能力不足，如对学生的指导能力等。另外对教师教育的课题反映最多的是认为教师教育与学校现实不一样、不合拍。因而日本学者强调教师的能力培养目前还是不够的，这就是日本教育的问题所在。

二战后日本教师培养发生了较大的转变。二战前日本教师的培养已形成形式，明治五年规定了学制。二战后进行了改革，1949 年公布新法。目前教师标准中除了大学教师外，都要有相应的教师职业许可。教师职业要求除了专业课程外还要加修教育学。除师范专科大学进行培养教师，对教师这一职业采取开放性原则。文部省在 2001 年对国立师范大学的报告，提出了实践性和核心课程等，值得关注。2004 年后所有国立大学均是国立法人，可自主改革。

日本学者认为要建立新的教师教育体系，需进行下列转变。

第一，教师职业不再施行开放性原则，而是专业培养。认为教师职业开放性有问题。

在日本有教师职业证书，但是不当教师的大学毕业生越来越多，800多所大学 80% 可发放教师证书，而纯师范大学没多少，只有 6—10 所大学是师范性的。每年毕业的学生 14 万人有证，但只有 8000 人上岗成为教师，供求不对称。

第二，要重视教师的教育技能，开放性对教师教育来说面对的是大学对专业重视大于对从教能力的培养，认为教师能力靠经验就行了。但是实践性的指导是教师必备的。

第三，认为教师培养应当从四年延长到六年，时间短则毕业生无教师专业能力。四年培养的教师无法应对现实，没办法培养出他们的责任感和交流能力。要重新设计教师教育的课程。

第四，教师职业应当全国考证，目前日本教师专业水平不高，原因是这个职业的开放性。

日本教育和教师政策还有两个新的动向。

一是 60 年来第一次全面的修改新基本教育法。增加了第九条，即教师。法律规定教师应强化自己的素质，自觉加强修养。对其身份和待遇应尊重和保障。

二是 2007 年修改学校教育法，变化是小学和初中可配置副校长，以增强教师的培训。建立了职教讲习制度。学校每十年更新一次教师。

中国的教师教育已经走过了 1897—1921 年学习日、德的独立师范体系；到 1922—1948 学习美国综合大学的开放式教师教育；再到 1949—1998 年以来学习苏联独立设置师范教育；现在中国已形成师范大学为主体、综合大学参与的开放式的教师教育体系。然而，下一步又怎样走呢？

也是这次在日本，我在德岛的周末市场收获了风味十足的有中国磁州窑风味的酒瓶、有兔子标志的兰染，带木盒日文的观音经和佛陀经、三串水波纹宽永通宝。在一个书法展中，其中一幅汉字作品："我遇到的每一个人都是我的老师"，让我十分感动。在书店买了一些书，这本《教师的标准》就是其中的一册。

（中国农业出版社 2012 年版）

《齐国樑文选集》序言

齐国樑与民国时期的家政教育

提起"家政"一词，当代人熟悉的是操持家务，照顾儿童、老人、病人，管理家庭等纯粹事务性工作。其实，民国时期的家政教育与现在人们的想象有着很大的区别，家政学兼有文、理、艺三科性质，是一种新兴的家事教育事业，更带有强烈的教育救国的色彩。遗憾的是迄今学术界对此研究甚少，不仅难以窥豹一斑，而且错讹极多，以致遮蔽了事实真相。本文以河北省立女子师范学院家政系为个案，综合运用原始档案、报刊等文献，探究民国时期家政教育的发展概况，期以抛砖引玉。

一

齐国樑（1883—1968），字璧亭，直隶宁津县人（今属山东省）。他是我国近代知名教育家、女子师范教育奠基人之一。自 1916 年担任直隶女子师范学校校长起，至 1949 年 8 月卸任河北省立女子师范学院院长，致力于女子师范教育达 34 年之久，为中国女子教育事业做出了重要贡献。时人赞其"学识渊博，经验宏富，为人仪态整肃、和蔼可亲，处事脚踏实地、认真负责，不务虚名不期近功，其所以能受学生的爱戴，为社会人士所敬重绝非偶然"①。1949 年 8 月，齐璧亭任河北省人民政府参事，

---

① 马志超：《介绍河北女子师范教育家齐璧亭先生》，载《河北教育》（第七届推进师范教育运动周特刊）第五、六期合刊，河北省政府教育厅编辑，1948 年 5 月 1 日。

1956—1968 年任政协河北省第一、二、三届委员会副主席。

　　齐璧亭出生在宁津县城内一个开明士绅家庭，天资颖慧，自幼受到良好教育，加之勤奋好学，少年时期便考中秀才，名闻乡里。及长，赴省会保定师范学堂就读，开始了终生从事师范教育的职业生涯。1907 年齐璧亭毕业于保定高等师范学堂，旋入北洋大学堂（今天津大学）师范科学习，1908 年北洋大学堂选派齐璧亭等人赴日本广岛高等师范学校学习。1911 年冬齐璧亭回国参加辛亥革命，1912 年满清倾覆，中华民国建立，国内局势趋于安定，翌年，齐璧亭再赴日本继续完成学业，入广岛高等师范学校研究科深造，1915 年毕业并获学士学位。齐璧亭两度留学日本，不仅学识上大有收获，还对日本女子教育印象甚深，这奠定了他毕生献身女子师范教育的思想基础。

　　1916 年 1 月 10 日，经著名教育家、南开中学校长兼代直隶女子师范学校校长张伯苓先生推荐，直隶省教育厅批准，"留学日本广岛高等师范毕业生齐国樑，现经电调回国，昨奉巡按使朱经帅委派为直隶女子师范学校校长，齐君昨已谢委莅该校，与代理校长张伯苓君接交办理"①。当时，他是我国中等师范学校校长中唯一具有国外学历和学衔的校长，不仅具有先进的教育知识和技能，还能够把国外先进教学理念和管理经验运用到学校中去，尤其重视女子教育。"鉴于日本女校普通注重家事教育，因之日本女子在家庭中担任重要任务，所有家庭中清洁、整理、缝衣、饮食以及教养子女、照顾成人，无不圆满作到，以是家庭健全，社会、国家深受其益，……所以回国后，极力提倡女子实用教育！家事教育——除对省立女师课程着重实用外，并于民国七年，设立家事专修科，以培养中等女校师资。"② 起初，学校教员缺乏，他就聘用日人，自任翻译，以教授之。"惨淡经营，成绩斐然，凡赴该校参观者，莫弗称之。"③

　　齐国樑所办的学校继承了此校前身北洋女师范的传统，北洋女师范的总教习、中国著名的女词人吕碧城在办学时认为女子实践即在家庭，而女子教育家政学是不可缺少的。她说："道德者能在实行而不徒取其理论

---

① 《益世报》1916 年 1 月 10 日。

② 《省立女师学院院长齐国樑报告》，河北省教育会议发言（1948 年 6 月）。

③ 《河北省立女子师范学院院长齐国樑来院讲演》，《交大唐院周刊》1930 年 10 月 20 日。

也，夫行之维艰。古有明训：任教育者，苟不着意于实践，终难收其效果。吾女子素无与外事，则以对待家族为道德实践之始，如孝父母、和昆弟、养舅姑、助良人、御婢仆、睦乡邻，当皆尽其情理，守其秩序，俾家族之间日益昌盛，此女子之专职也。然而女学不兴，则乏家庭之教育，养于深闺，习于骄惰，詈鸡骂犬，谇帚阋墙，戚友以细故而生隙，骨肉因逸构而乖离。颓风恶俗流毒于社会者匪浅，此家政学所宜急讲也。"① 故而其主持的北洋女师范均设有家政课。② 北洋女子师范学堂章程规定家政为必修课。③

齐璧亭在从事女子教育数年间，痛感中国教育弊端丛生，其要者是"我国办教育者，其学识往往不能与时俱进，以致教育不能进步"，因而他在"办公之暇仍潜心学问，并于民国十一二年间赴美国留学，专攻教育，尤注意于女子教育"。他先在斯坦福大学获取了文学学士、教育学硕士学位，后又入哥伦比亚大学师范研究院继续研究教育两年。同时，他还注意观察美国社会和美国人家庭，发现"他们的家庭比较的好，女子在外面的时候，实在很阔绰，一回到家中，一切操作如洒扫烹饪，保育儿童等，不特不避免而且乐于习作，同时又对外交际，一切都好像比男子的能力强得多，这样进步，完全由于家事教育实施的效果"④。进一步认为"彼邦各级学校对家事教育较日本尤为重视，尤为进步，彼邦女子在家庭及社会贡献更大，因之国家建设及兴盛更受其益"⑤。相比而言，我国家事教育很不发达，要想矫正过去、革新社会，必须提倡家事教育。家政学的重要性在当时社会是十分明显的，对于文盲众多的晚清民国社会而言，女子是其主体，而即使是追求女性解放的识文女子，看到下面的文字也能让人感受到民国家庭建设的重要。20 世纪 20 年代女子剪发运动中，一位女子写道："我们女士剪发就是抵制男子们的剪辫。从前男子没有剪辫

---

① 《兴女学议——碧城》，《大公报》（天津版）1906 年 2 月 21 日。

② 《北洋女子师范招考广告》，《大公报》（天津版）1906 年 4 月 18 日；《北洋女子公学招考》，《大公报》（天津版）1911 年 3 月 7 日。

③ 《北洋女子师范学堂章程》，《大公报》（天津版）1906 年 7 月 16 日。

④ 《国立西北师范学院二十九年度第一学期第二次应约出席纪念周讲演》，《国立西北师范学院校务汇报》第 22 期。

⑤ 《省立女师学院院长齐国樑报告》，河北省教育会议发言（1948 年 6 月）。

的时候，假使家庭中起了风波夫妻相打起来，男的一把拉住女的发髻，女的一把拉住男的辫子，彼此势均力敌不相上下。现在男子们已没有辫子而女子们还绾着发髻，相打起来女子已拉不到男子的什么，而男子却依旧可以拉着女子的发髻。女子的髻一被人捉住，就有天大本领也施展不出来，变成了英雄无用武之地。所以我要把五千烦恼丝付之一剪咧。"[①]

1926 年 8 月，齐璧亭学成归国，仍任直隶第一女子师范学校校长，着力把女子教育推向深入，"因鉴于彼邦妇女，做事能力之强，及所负家庭责任之重，皆由于曾受家事教育，智能充实之故。乃思吾国欲图女子教育之发展及家庭之改进，非设立家事科学院加以研究提倡不为功"，屡屡呈请"增设女子家政艺术学院，研究家事科学及与家事有关之艺术，以图女子教育之改进"。然而，由于时值国民革命军北伐期间，北方政局动荡不定，故他的提议长期未被重视。国民革命军二次北伐成功后，1929年 4 月，新成立的河北省政府正式批准成立河北省立女子师范学院，"以家政为学院之一系……并增设他系，以广储女子教育人材。是年五月，由北平大学区教育行政院，聘请齐校长，为省立女子师范学院筹备员，令于省立一女师校内，积极筹备进行。……旋由教育行政院，聘请齐校长，为省立女子师范学院院长"[②]。

齐璧亭遵令就任筹备员后，在直隶第一女子师范学校内，划出校舍一部，作为学院之用；并规划初次先招国文、家政两学系班次；编制经临各费预算；聘请教授、讲师；拟定课程大纲及招生简章等。6 月 29 日，齐璧亭正式出任女师校长。河北省立女子师范学院（以下简称"女师"）初建，百废待兴，此时，距离该年 9 月开学，已不足 3 个月，招收新生就成为最迫切的事情。齐璧亭克服时间短、人手少等困难，在暑假期间，分别于天津、北平两地招收新生。9 月 10 日，河北省立女子师范学院正式开学，最初开办国文、家政两系。1930 年春，河北省立女子师范学院与河北省第一女子师范学校正式合并，至此，女师学院基本格局底定，共分学院本部及师范、中学、小学、幼稚园各部，成为一个完整的教育系统。

女师成立后，原第一女子师范学校的家政专修科升格为家政系，齐璧

---

① 徐国桢：《剪发与剪辫》，《红玫瑰》1926 年第 2 卷第 27 期，第 102 页。

② 《河北省立女子师范学院一览》，河北省立女子师范学院编，1934 年 4 月。

亭兼任系主任。家政系"以造就女子师范及中学校家政教师,并以改善我国家庭生活为主旨"。其培养目标为:"(a)指导学生认识家庭为社会发展之基础。(b)授以家政学识技能,俾能充任家庭指导师之职任,并采择众中外新旧家庭之优点,诱导社会,改良家庭生活。(c)养成师范及中学校家庭学科之教师。"当时,全国高校中仅燕京大学在1922年设有家政系,"经过逐年演变和调整,课程设置乃集中在营养学和儿童发展学两专业上"①,但其与女师家政系宗旨迥异,故女师开办家政系缺乏现成的规范和经验,许多工作只能在探索、试验中推进。如以该系开设课程为例,自1929年以来,除了公共必修课外,其专业必修课和专业选修课屡有兴替,至1934年才基本确定下来。具体规定为:本系必修课目,第一学年,高等化学有机化学,社会学及社会问题,织品与衣服,家政学概要;第二学年,生物学,生理学,经济学,簿记学,衣服洗染及调色,实用式设计,食物选择及调制;第三学年,营养学,家庭卫生及看护,儿童保育,园艺;第四学年,食物选择及食物经济,家庭布置及管理,家政学教学研究,论文,家事实习,教育实习。副系必修课目:图画副系、音乐副系。另外,本系还开设选修科目,诸如高等缝纫及纫工、制帽学、食物微菌学、食物储藏、疾病膳食、婴儿及儿童之营养、家庭问题讨论等。②

女师家政系特别注重培养学生的实践能力,建立了多个试验室等实习设施。如化学试验室、食物学试验室、生物学试验室、营养学试验室、微菌学试验室、染织试验室;模范家庭医院,器皿、颜色标本;以及实习工厂等。凡有关于家政之研究进行者,无所不备,时为全国之冠。

同时,齐璧亭积极把家事教育推向社会。1936年春女师在天津"设立妇女民众学校,先谋妇女之解放而造就全民教育之先声",以4个月为一期,采取研讨式教学,向缺乏文化的劳动妇女普及家事知识。如关于民众能力方面:"(a)培养爱国思想认识国际情形;(b)养成保持个人家庭及公共场所整洁之习惯;(c)有简单日用之计算及记账之能力;(d)改

① 燕京大学校友校史编写委员会编:《燕京大学史稿(1919—1952)》,人民中国出版社1999年版,第274页。
② 《河北省立女子师范学院一览》,第125—129、136—137页。

善家庭生活及有儿童教育之常识；（e）有解读浅近文字及应用浅显文字发表意见之能力。"第一个学月组织学生讨论两个问题，"一个是中国黑暗的家庭，一个是新生活运动，在第一个问题说明家庭和平的重要，中国家庭腐败的原因，给予学生一种改善家庭的观念，第二个问题，说明新生活运动的要义'礼义廉耻'，并陈述新生活的重要及其优点，劝导学生切实实行"。通过讨论和教授，使民众了解人生的意义，体验人生的真趣，养成改进日常生活及改进社会思想之能力，并灌输民族的意义及公民的高尚道德。妇女民众学校开办很成功，"获得民众的敬仰"，许多妇女说"这个妇女民众学校，真是我们妇女的造化"，希望"多办一二所民众学校，那么无论男女'可以读书识字了'"①。另外，女师把妇女家事教育推向农村，"在杨村与河北省立民教馆合作设立妇女班，推行乡村家事教育。并与各省市中等女子学校联系，介绍家事教育师资和材料"②。

女师建立后，虽然华北屡经战乱，省款支绌，教费欠发，未能按照呈准计划继续发展，但是在齐璧亭苦心经营下，多方网络人才，增添设备，使校舍修建得富丽堂皇，设备极为充实完善。"各系教师都是由新型的、有学术造诣的青年教师作主力，他们中有不少人后来成为我国学术界的泰斗。如文学界的冯沅君、英文界的李霁野、钢琴界的丁善德、提琴界的张洪岛，以及刚从美国归来专门学习家政学的孙家玉等。……它那宏伟的主楼建筑，一流的体育馆、图书馆，先进设备的理化实验室、生物标本室，具有国际水平的家政实习室，以及大片的教室群等与师范部、中学部相连。"③来院参观者，络绎不绝，声誉大著，至 1934 年，女师"已有国文、英文、史地、教育、家政、音乐、体育七系二十三班，合计师范部十三班，中学部六班，小学部十一班，幼稚园部三组：都为五十六班，学生一千七百七十九人，教职员一百二十八人。基础确立，规模粗具，俨然为华北女子教育之中心矣。……数年以来，本院刊物之发表，仅作文艺学术上之研究，甚少行政上之叙述"④。

---

①　李月婵：《设立妇女民众学校过程之实验》，《期刊》第 4 卷第 1、2 期合刊，河北省立女子师范学院出版课（无日期，疑为 1936 年）。

②　《教育家齐璧亭先生》，《宁津文史资料》（第 10 辑），第 58 页。

③　齐文颖：《忆我的祖父——河北省立女子师范学院创办人及院长齐璧亭先生》。

④　《河北省立女子师范学院一览》，1934 年 4 月。

女师不仅是全国唯一的一所女子教育的完善学府，还在短短数年内跻身于全国家政教育之领导地位，取得了较好的社会效益。社会上"不但轻视家政学的趋势改变，并且家政学人才亦有供不应求之势"。1934年"春季家政系毕业同学8人，竟有十余处争相延聘，由此可见得家政学在我国已有蒸蒸日上之势"①。另据1937年度河北省立女子师范学院毕业学生调查，家政系共查询到3人，其中，崔毓秀任"本校家政系助教"，王献平任"宁夏女子中学校长"，郝培如任"本校师范学院附中教员"②。

二

1937年7月7日卢沟桥事变后，齐璧亭主张积极抗日，支持学生爱国运动。在天津沦陷前夕，齐璧亭"以中英庚款之补助请准教部"，带领女师部分教师和学生辗转内迁，在此期间，女师家政系先后与多个院校合校，但是，齐璧亭始终担任家政系主任，讲授《家政学概论》《家事经济学》等课程，苦心经营家政系。1943年国立西北师范学院褒奖齐璧亭，"抗战后以来，随校迁徙，艰苦备尝，潜心研究，似此终日执教，老而弥笃，良足矜式"③。

1937年秋，女师先迁到陕西省西安市，与北平大学、北平师大、北洋工学院等联合成立西安临时大学；12月10日，西安临大学生人数统计，全校共计学生1472人，在其下设的教育学院149人中，家政系有40人。④

1938年3月16日，西安临时大学南迁陕西南部城固，更名为国立西北联合大学。当时，火车只能通到宝鸡，自宝鸡至城固尚有250多公里路程不通火车，南迁学生只得步行，故沿途食宿成为最为重要的问题。齐国樑担负着膳食委员会主席重任，"议定购办米粮、炊具、咸菜等办法，规定行军时早晨食粥，中午打尖食自带之锅饼咸菜，晚间食干饭汤菜，并分

---

① 程孙之述：《我们为何要研究家政学》，《期刊》第三卷第1期，1935年1月20日。

② 《西北联大校刊》（第6期），1938年12月1日，第23页。

③ 《关于奖励教授李建勋、齐国樑二人事宜给教育部呈文》（1943年2月24日），甘肃省档案馆藏，案卷号：33—001—0135—0002。

④ 《西安临大校刊》（第2期）1937年12月27日，第10页。

配前站人员"，"齐主任最初主持颇为尽力"，后又与他人"共同办理米粮北运接济队员食用事项"①。保证了学生顺利抵达目的地。1938 年 5 月，西北联大在城固举行开学典礼，据 1938 年上学期统计，家政系："一年级正生 9 人，借读 1 人，旁听 6 人；二年级正生 4 人；三年级正生 4 人，四年级正生 4 人；合计正生 30 人。"②

1939 年，西北联大又分出国立西北师范学院，家政系随之分出。当时，由于西北地区文化落后等原因，家政系招生困难，1940 年甚至出现无人报名的现象。齐璧亭分析了人们"不甚重视"家事学科的原因，一为"本系教授设备都说不上，成绩不甚好，故不入此系"；二为误以为"不学家政一样可以过活，何况家事是日常生活的事，实在值不得专门去学"。积极呼吁应重视家政教育，指出，"现在一般的家庭是否幸福，是否合于理想可说相差太远，我们不要以为做良妻贤母是开倒车，孰知母不良妻不贤，却为大家所不愿的……应该替国家社会着想，一致起来提倡，共同资助，切不可以儿戏视之"③。经过多方努力，家政系招生情况明显好转，据 1940 年度第一学期统计，在西北师范学院 13 系 521 人，家政系"总计 44 人，一年级 15 人，二年级 9 人，三年级 7 人，四年级 13 人"；居教育系 51 人、史地系 66 人、体育系 59 人之后，成为第四大系。④ 1941 年，国立西北师范学院兰州分院建立后，为解决家政系生源不足的窘境，西北师范学院决定补招家政系新生，10 月 16 日，经过考试，共计录取家政系一年级新生 9 名，直接到兰州分院报到上学，"每生由本院津贴旅费 201 元 8 角，在兰州分院发给"⑤。

当然，大西北本不发达，而战时教育更为艰难，迟至 1944 年，西北师范学院生活条件仍然十分艰苦，一名学生在写道，"我们爬山越岭，来北国兰州十里店，即将进入西北师范学院，一片沙原，背山面水，沙原上

---

① 佟学海：《膳食委员会报告》，《西北联大校刊》第 1 期，1938 年 8 月 15 日。

② 《西北联大校刊》（第 9 期），1939 年 1 月 15 日，第 16 页。

③ 《国立西北师范学院二十九年度第一学期第二次应约出席纪念周讲演》，《国立西北师范学院校务汇报》第 22 期。

④ 《国立西北师范学院院务概况》，甘肃省档案馆藏，案卷号：33—001—0593—0001。

⑤ 《为续招家政系一年级新生姓名的布告》（1941 年 10 月 16 日），甘肃省档案馆藏，案卷号：33—001—0456—0025。

的几座房屋，正是我们的教室、宿舍"①。从中也可见家政系教学条件之艰苦。齐璧亭努力克服物质条件不足等困难，注重家政系正规化建设。1938 年 10 月，他再次领导制定了家政系课程标准。"以专业训练为主要任务"，教学目的："一，造就中等学校家事教育师资；二、养成家庭善良主妇及贤慈母性；三、训练家政学术专门人才（期对家政学之学理及技术能为适合国情之研究及创造，对于本国家事上各种问题，能为独立之研究及解决）；四、培养家庭改进之倡导者（期以社教方式改进一般家庭）"；训练方针："一、涵养服务社会、家庭及教养子女之健全人格；二、锻炼胜于职务之坚强体魄；三、养成服膺家事教育之专业信念；四、陶冶勤于操作之劳动习惯；五、培植适于任务之知识技能；六、陶铸寻求真理之科学头脑；七、培养改进家庭之领导精神。"②

因此，家政系开设课目虽多与其他大学之家政科系课目相同，但教学及训练之旨趣则实相异。如必修课目中，除了修养课目、基本课目大致相同外，专业课目分为："一、教育的（教法的或形式的）专业课目：教育概论、教育心理学、普通教学法、家事教学法、家事教学实习、家事教学及设备参观；二、家政的（教材的或实质的）专业课目：（a）关于家事一般的：家政学概论；（b）关于衣的：织品与衣服、实用服装学、衣服洗染及调色；（c）关于食的：食物选择及调色、食物分析、生理化学、食物经济、食物细菌学、营养学；（d）关于住的：家庭布置、园艺学及园庭布置、家畜饲养；（e）关于医生的：疾病大意及医药常识、家庭卫生看护、儿童保育；（f）关于管理的：家庭管理、家庭管理实习及家庭参观；（g）关于教育的：健康教育、儿童心理及儿童教育；（h）毕业论文编制。"并且还开设了许多选修课目，包括"图画（自然画图案画）、刺绣及编织、音乐唱歌乐理弹琴、高级服装学、高级烹饪学、家庭工业化学、家庭机械学、护病学、统计学及家庭调查、民众教育、工艺"③。从中可见课目种类甚多，凡衣、食、住、卫生、管理、教育等课目几乎都涵括在内，以至于三、四年级每学期必修课目之学分数超过部定标准一二学

---

① 《自传——家政系一年级周雅南》，甘肃省档案馆藏，案卷号：33—001—0539—0001。
② 《课程标准》，《西安联大校刊》第 2 期，1938 年 10 月 1 日，第 12 页。
③ 《课程标准》（续），《西北联大校刊》第 3 期，1938 年 10 月 15 日。

分，选修课目，尚未在内。另外，家政系还开办儿童保育实验室，"招收满二岁以上未满四岁之儿童"。其宗旨"补助家庭教育之不足，增加母亲工作之效率。注重实验，藉供做行。……本室对于儿童注重科学的养护，活泼之指导，环境力求生动，设备力求适宜"①。

并且，齐璧亭在退居后方期间，继续把家事教育普及到民众去。"他一面在城固和兰州举办家事教育实验区，一面捐出个人的薪资，作为中等学校家事科设备费，以提倡陕、甘、川等省女校家事教学，借以推进后方各省的家事教育。"② 如1939年4月，齐璧亭在城固开办家事讲习班，讲授"'衣服学'、'食物学'、'育儿法'、'家庭布置及管理'、'家庭卫士及看护'、'手工'等六科，由家政系三四年级同学分别担任讲授'衣服学'及'手工'二科，讲授与实习同时进行。'食物学'因人数众多，分为三组，每组隔周实习一次。'育儿法'、'家庭布置及管理'、'家庭卫士及看护'因学校无此设备，则轮流参观学生家庭，藉以实习之……诸任教同学颇为热心，所教授教材均应学生实际之需要，故尚能引起学生之兴趣，是以上课情形甚佳"③。

另外，齐璧亭还积极要求加强家政教育的基础工作，在大后方推行女子教育。1938年，齐璧亭呼吁，"家庭改善为社会进步之基础，家事教育为普通女子教育之中心。此在平时然，在战时亦然。诚以家庭良好，可促进个人身心之发展，以增加建国卫国之力量；而女子天性宜于家事，应切实予以特殊训练，俾能发挥家庭之效能也"。提出七条建议，主要包括："请教育部通令各级学校，对于家事教学，应聘请合格之师资，购置合于标准之设备"；"各省教育厅……选择设备完全，成绩优良之女子师范一二校，令仿照体育及劳作师范科制度，添设家事师范科，以造就完全小学之合格家事（劳作）师资"；"全国师范学院，皆设置家政系，以广储中等学校合格师资"；"请教育部颁布各级学校家事设备标准"等。④

---

① 《本校家政系儿童保育实验室简章》，《西北联大校刊》第18期，1939年6月15日。

② 《教育家齐璧亭先生》，《宁津文史资料》（第10辑），第61页。

③ 《为报本校二十七年度社教工作报告的呈》，甘肃省档案馆藏，案卷号：33—001—0078—0006。

④ 齐国梁：《实施家事教育与培养家事师资》，《教育通讯周刊》1938年第40期。

齐璧亭的呼吁得到了国民政府教育部的回应，1940 年 2 月，教育部委托国立西北师范学院"家政系拟编高、初级家事、缝纫、刺绣、烹饪各科职业学校课程及设备标准，务于本年三月底以前呈送到部"①。家政系接到训令后，迅速组织师资力量，编制了《高级普通家事专科职业学校课程标准》和《初级普通家事专科职业学校课程标准》，把培养目标定为性能和人才两个方面，如《高级普通家事专科职业学校课程标准》主要包括"训练处理家事及督导工作之能力"，"涵养对于家事之研究兴趣及改进志愿"，"陶冶主妇应有之健全道德"以及"养成社教机关之家事教育部主任、中心小学劳作教员、幼稚园保师及儿童保育院主任或保师"②。《初级普通家事专科职业学校课程标准》大致类似，只是标准有所降低而已。这两份课程标准上报后，教育部比较满意，批复"大致尚可"，并进一步提出修改意见。③

在此期间，齐璧亭痛感"后方中等学校无论国立、省立（或市县立）对于家事教育异常漠视，……其购置有家事科设备，聘请专门教师、遵照部颁课程标准，认真教学者直如凤毛麟角，似此情形，非但蔑视女子特殊教育，抹杀女子天性特长，俾家庭经济、卫生、教育等事无由改善，而对于社会进步，国家建设亦有莫大阻碍"，故向教育部拟请 1941 年休假一年，"分赴陕、甘、宁、川、黔、滇各省考察中等女校（及男女合校之女生班）对于家事教育之设施及其不发达之原因，顺便考察各省社会情形及家庭生活状况，以便草拟促进家事教育计划，建议教育部采择施行，在考察期间并拟对于各省教育当局及各校院生说明家事教育之重要及推进方法，以为将来促进之地步"④。教育部很快就批准了他的请求，然而，不久国立西北师范学院开始迁往兰州，齐璧亭兼代兰州分院主任一职，故休假进修计划只能延至 1942 年。

---

① 《教育部训令》（高字 5418 号，中华民国二十九年二月二十四日），甘肃省档案馆藏，案卷号：33—001—0089—0008。

② 《高级普通家事专科职业学校课程标准》，甘肃省档案馆藏，案卷号：33—001—0209—0002。

③ 《教育部训令》（中字第 45866 号，1941 年 11 月 26 日），甘肃省档案馆藏，案卷号：33—001—0108—0001。

④ 《国立西北师范学院遴荐三十一年度休假进修教授候选人及考察计划》（1940 年），甘肃省档案馆藏，案卷号：33—001—0376—0010。

1941 年，齐璧亭再次致函教育部，指出，"家事教育为改进社会、建设国家之基础，家事教育不发达，不能谋个人身独立健全发展，不能培育健全之个人，对于社会改进、国家建设，俱有莫大之障碍"。批评大后方家事教育种种弊端，"环观后方各省学校，小学无论矣，中学及师范对于家事学科之设施，十之九亦付阙如"；社教机关"推行此项教育者，亦少。间或行之，亦不过形式上之宣传，而无实际上之督导及训练，致收效极少"。提出全盘救正及推行的四条办法，包括"请令各省选送学生投考，为各省中等学校广储家事师资"；"请令各省选送受训学员，迅速推行各省家事教育"；以及"请令各省宽筹家事设备费"、"培植各学院家事教员"[①]。

总之，抗战时期齐璧亭竭力坚持家政教育，家政系"师生得以赴陕甘两地继续教学，借留我院之一线生机，乘机推进后方家事教育"[②]。如1944 年秋，甘肃省政府教育厅下令各女子师范学校加授家事学科，为此，平凉女子师范学院致函国立西北师范学院，"希在家政系毕业学员中代本校预约专任家事科教员一人"[③]。学院遂转"城固齐璧亭先生，甘平凉女师聘家事教员一人……请代聘径复"[④]。尤为值得一提的是，抗战胜利后，河北省立女子师范学院返省复校，但国立西北师范学院家政系依然保存下来，其系主任就是原河北省立女子师范学院家政系教授王非曼女士。

三

1945 年 9 月，中国抗日战争取得了最后胜利；10 月，河北省政府还治，着手战后复员工作；其中，教育复员计划规定，"使本省教育迅速恢

---

① 《关于上报家事教育全盘纠正及推行办法给教育部的呈文》（1941 年 6 月 20 日），甘肃省档案馆藏，案卷号：33—001—0209—0001。

② 《女师学院周刊》（河北省立女子师范学院四十二周年校庆特刊），河北省立女子师范学院特刊委员会，1948 年 4 月 22 日，第 7 页。

③ 《甘肃省立平凉女子师范学校公函》（1944 年 6 月 16 日），甘肃省档案馆藏，案卷号：33—001—0566—0014。

④ 《便函》（1944 年 6 月 29 日），甘肃省档案馆藏，案卷号：33—001—0209—0003。

复战前规模，并使切合国家教育方针及本省实际需要，奠定教育建设之基础"①。河北省教育厅也决定，"改进高等教育，恢复原有院校，充实设备，以培养建省人才"②。

齐璧亭很快从兰州辗转回到天津，他以顽强的毅力和信心，不辞劳苦地奔波陕、渝等地，积极筹备河北省立女子师范学院复校工作。然而，早在抗战爆发初期，天津"学校中破坏最甚者，为南开大学、女中及小学……其次为省立女师学院，于轰炸之后，又驱使乱民入内行抢，所有残余书物，均被洗劫一空"③。抗战期间，"河北沦陷后，各院校先后停办，各项设备被敌人破坏或移去，损失极为重大"④。天津收复后，原校址又被国民党军队暂住，虽然多方呼吁，收回了校园，"但摆在他面前的是断瓦颓垣，废墟荒草，徒空四壁的几座急待修葺的楼房"⑤，复校可谓困难重重。

在齐璧亭多方奔波和呼吁下，1946 年 5 月河北省立女子师范学院正式复校，为了弥补校舍不足，"天津市政府将省府后花园一部，拨借该院作为体育场"⑥。8 月，女师先就呈部核准之各科系，分别填招新生；9 月，女师正式开学。至 1947 年 6 月，河北省立女子师范学院基本恢复了正常的教学秩序，"设置教育、国文、体育、家政、音乐等五系，学生127 人，已渐入正规"⑦。"惟家政系课程大部须以实验或实习佐证理论，而事变前之设备，又毁于战火，荡然无存，经多方年来之努力，已将科学馆（家政系各科所占用）设备逐渐充实，计有化学实验室、生物生理实验室、服装、织品与食物实习室等，各实验实习室之设备，已粗具规模，预计不久之将来可恢复战前原状也。"⑧

为了尽快恢复和发展河北教育事业，1948 年 6 月，齐璧亭提议，"请

---

① 《河北省教育复员计划纲要》（1946 年 3 月），河北省档案馆藏，案卷号：617—1—27。
② 《河北省政府教育厅工作报告》（1947 年 10 月），河北省档案馆藏，案卷号：617—1—38。
③ 《天津失陷之经过及现在之状况》，《西安临大校刊》第 2 期 1937 年 12 月 27 日。
④ 《教育通讯》（复刊第二卷第 3 期），1946 年 5 月 1 日。
⑤ 《教育家齐璧亭先生》，《宁津文史资料》（第 10 辑），第 61 页。
⑥ 《河北省政府教育厅工作报告》（1947 年 10 月），河北省档案馆藏，案卷号：617—1—38。
⑦ 《复员一年来的河北教育》，《河北教育》（创刊号），1947 年 6 月 1 日。
⑧ 《女师学院周刊》（河北省立女子师范学院四十二周年校庆特刊），河北省立女子师范学院特刊委员会，1948 年 4 月 22 日，第 7 页。

省政府分别呈咨行政院及教育部，对于本省各学院，比照国立大学或独立学院，特拨建设费，俾得修整房舍充实设备，以谋恢复而利进行案。理由：（一）本省当华北首要之区，高等教育，向称发达，各学院皆有相当历史及成绩，胜利后，以本省经费拮据，未能顺利进行，中央亟宜加以扶持，俾得恢复旧观，为国育才。（二）本省各学院虽系省立，与国立各大学及独立学院，同负为国育才之责，以经费数目太少，对于聘请教授及充实设备上均感困难，中央宜不分国立省立，一视同仁，就其所处特殊环境及其责任，俾得充分发展，完成其任务。（三）中央对于本省各学院已有补助，惟数目太少，值兹物价动荡剧烈之际，对于实际应用，相差甚巨。（四）各省高等教育机关，多由合成省立大学而改为国立大学，享受中央待遇，本省各学院，虽尚各自独立，中央亦不宜令其向隅，而背各省教育平衡发展之旨"①。

同时，齐璧亭大力呼吁实行教育双轨制，重视家政教育。首先，他指出女子师范教育的重要性，认为"教育固为建国最重要之一环；而师范教育又为此重要一环之根本"。其中，女子师范教育在建国的过程中，在社会的改造上，在未来民族生命的延续发展上非常具有重要性。而我国"女子师范教育，尤为落后。这不仅是教育上的大不幸，而实是国家社会最严重的问题"。

其次，批驳所谓"人的教育"的观点，要求实现真正的男女平等。他指出，"所谓只有'人的教育'，而没有'男子'或'女子'的教育，表面看来，似属平等，然就实际情形而言，却全然相反"。其原因在于，一则"女子教育远较男子教育为落后。如果男女合校，女子升学，需与男子竞争，机会自然较少，若女校分设，女子升学为女子与女子竞争，机会当然增多"，二则"所谓'人的教育'的诸般措施，无论教学设备、体育设备、训导方法、课外活动等，均以男子为中心，对于女子鲜有顾及，这样将使女子的天性特长，无发挥之机会，而不能与男子获得平等之发展，所谓不分性别的单轨制，所谓'人的教育'，不过是披着男女受教育

---

① 《请省政府分别呈咨行政院及教育部，对于本省各学院，比照国立大学或独立学院，特拨建设费，俾得修整房舍充实设备，以谋恢复而利进行案》（高提字第 3 号）（1948 年 6 月），河北省档案馆藏，案卷号：617—2—289。

机会平等的漂亮的外衣，事实上女子教育作了男子教育的附庸，形成不折不扣的男子中心教育"。另外，"社会上，一般家长们仍然保存着旧礼教的观念，对于男女合校仍表怀疑，如果普遍的男女合校，又必然的减少了女子求学的机会"。要求针对男女天性特长，实行因材施教，认为男女平等"系指男女的人格而言，并不是说，男子与女子什么都需要一样啊！所以我们应该承认她们和他们所具有的天赋上的差异，……让他们和她们各自顺着自然赋予的途径，自由发展，将来担负自己所宜于担负的责任，这样才是真正的男女平等"。

最后，齐璧亭提出建立女子教育双轨制，"一方面她们不仅可与男子同受教育，一方面她们有自己的教育系统。但是在这种理想的双轨制未成事实之前，惟一的接近的有效方法，就是女子学校的单独设立"。其中，在女师课程方面，他特别强调，"除却应与男子共同修习的科目外，尚应为了她们天赋的特长，为了适合她们未来任务，特别增设家事课程"。并强调，"中国社会的组织，以家庭为单位，国家的构成，也以家庭为基石，如果没有良好的家庭，就难望社会的进步国家的富强，所以家庭改进，在当前的中国，实具极端的重要性。家政教育就是改善家庭的教育，推而广之，由家而国以至整个社会的革新，都是家政教育的目的"。他还具体提出开设课目，"诸如家庭布置、家庭管理、家庭看护卫生、儿童保育、幼稚教育、食物选择调制、食物保藏、营养学、织品与衣服、服装学以及烹饪、裁缝、保育的实习等，举凡日常生活上需要的常识、家事操作的训练、婴儿教养的知识、家庭副业的技能等，均应斟酌各级需要，尽量添设，并充实所需要之设备，以期达成建设良好家庭的目的"①。

顺便说一下，齐璧亭还多次要求河北省教育厅、教育部解决 1937 年度毕业学生没有发给毕业证书的问题。"查本院每届毕业学生均系遵章举行毕业考试，成绩及格后，除发给临时毕业证明书，并由本院缮具正式毕业证书，呈请钧部验印发还，再行分别转给……。至二十六年暑假毕业生，本院亦依照成例，缮具正式毕业证书，呈送钧部验发；旋以抗战事

① 齐国樑：《目前女子师范教育应有之改进》，原载《河北教育》（第七届推进师范教育运动周特刊）第五、六期合刊，河北省政府教育厅编辑，1948 年 5 月 1 日。

起，是项毕业证书迄未验印发还。"后来，女师辗转迁徙到大西北，该届正式毕业证书更难部颁，故为补救起见，"拟遵照钧部颁发之修正学校毕业证书发给办法第七条之规定，按照毕业证书遗失办法，转请钧部核发毕业证书遗失证明书，以资证明"①。

四

众所周知，家庭是社会的最基本组织，家庭教育对于社会的稳定和发展影响极大，东方和西方国家都有家庭教育的理论和观点。就中国而言，关于家庭教育的传统观点有二种，一是就女子而言，培养"三从四德"的"贤妻良母"；二是就男子而言，"修身、齐家、治国、平天下"。就西方而言，自 19 世纪晚期出现了近代家政学，以便提高女子自身修养。前者对于静止的传统宗法社会而言可谓极为适用，后者则适应了西方近代工业文明后生活的变革。

然而，齐璧亭的家政教育思想却与上述有所不同。近代以来西方列强纷至沓来，在中国救亡图存成为第一要务的情况下，女子教育不能不与国家存亡兴衰联系起来，故不仅中国传统女子教育方式明显落伍了，而且西方近代家政学也不能照抄照搬。齐璧亭认为中国社会病态的症结在于家庭不健全，欲改造多年积弱不堪的中国社会，建设富强的国家，应该从社会最基本的单位——家庭改革做起，故其主张家政教育不仅强调女德、知识、家庭技能等培训，培养独立自主的现代家庭妇女，更是为改良社会，挽救民族命运。甚至在 1948 年他仍然坚持认为，"看完日本女子教育，回来设立家事专修课；看完美国女子教育，回来开办家政系。家事重于一切，一切基于家事"②。这反映了他一生试图通过改造家庭进而改造社会的理念。这种改良主义思想虽然与五四时期造就新青年和少年中国说等教育救国论异途同归，但是其把救国的关键放在改造社会最基本的组织——

---

① 《呈教育部函》(院字第 372 号，1947 年 10 月 13 日发) 河北省档案馆藏，案卷号：617—2—406。

② 《衷心的倾吐——会员报告选粹》，河北省教育会议宣传组编印《会讯》第 3 号，1948 年 6 月 10 日。河北省档案馆藏，案卷号：617—2—289。

家庭的现代化的基础之上，通过建立新的家政教育体系，培养家政师资，普及家政教育，在传播现代家事知识的同时，以深刻改变国民的知识结构、思想观念、价值取向和文化心理，为民族复兴培植根基。

总之，齐壁亭从事教育事业长达 30 余年，力主创办家政学科，为改革中国之家庭、树立社会健全之基础做出了开创性的贡献，也推动了中国女子高等教育的变化。1948 年，女师举办 42 周年校庆时，特意指出，"家政系创设于民国十八年，为本院成立时与国文系首先设置的两系之一，毕业生服务各地，成绩斐然"①。其关于女子强则国家强的理念，关于女子家政的教育思想和实践，今天仍然引发人们的学术思考和实践冲动。

(天津古籍出版社 2012 年版)

---

① 《女师学院周刊》(河北省立女子师范学院四十二周年校庆特刊)，河北省立女子师范学院特刊委员会，1948 年 4 月 22 日，第 7 页。

《河北府县乡土碑刻辑录》前言

    金石碑刻为古人治学一脉，在国内外碑铭学更有崇高的地位。中国古代的金石学是考古学的前身。它是以古代青铜器和石刻碑碣为主要研究对象的一门学科，偏重于著录和考证文字资料，以达到证经补史的目的。金石学形成于北宋时期，欧阳修是金石学的开创者，学者曾巩的《金石录》提出金石一词。清代王鸣盛等人，正式提出"金石"之学这一名称。在关于金石学的著作中，保存了许多有价值的古代铭刻资料，甚至有的书籍还辑录了一些器物的图像以及其名称和用途，这些使得金石学的著作具有了一定的史料价值。

    清代以后的金石学受乾嘉学派影响，进入鼎盛。乾隆年间曾据清宫所藏古物，御纂《西清古鉴》等书，推动了金石研究的复兴。其后有《考工创物小记》《积古斋钟鼎彝器款识》《捃古录金文》《斋集古录》《缀遗斋彝器款识考识》《寰宇访碑录》《金石萃编》《古泉汇》《金石索》等书，均为有成就的金石学著作。这一时期研究范围扩大，对铜镜、兵符、砖瓦、封泥等开始有专门研究，鉴别和考释水平也显著提高。清末民初，金石学研究范围又包括新发现的甲骨和简牍，并扩及明器和各种杂器。罗振玉和王国维是此时集大成的学者。朱剑心《金石学》、马衡著《中国金石学概要》，都对金石学作了较全面的总结。

    碑刻则又为金石学之一分支，当代学者黄永年先生谓，"金石"之"金"已别有归宿，唯"石"尚无附丽。近数十年来，则唯有书法爱好者尚搜求拓本、拓片，考史事多取材著录碑刻文字之书籍，大学历史系所讲考古学则以西方（甚少）碑刻文字，于华夏碑刻亦多仍而不讲。但是，20 世纪 80 年代，台湾的学术界较重视中国传统文化，对于地方志中相关金石书目，特别是相关碑石资料即金石志进行了重新组合重印，构架了巨著《石刻史料新编》。台湾重刻书目为台湾新文丰出版公司出版的林荣华校编《石刻史料新编》第一辑，30 册，102 种，精装 16 开，23038 页，台湾新文丰出版公司 1982 年第 2 版。第二辑，20 册，242 种，精装 16 开，15005 页，台湾新文丰出版公司 1979 年 6 月初版。第三辑，40 册，700 多种，精装 16 开，28000 页，台湾新文丰出版公司 1986 年 7 月初版。

而在大陆，进入 90 代年代后，各地一些从事于考古的学者对于当地的碑刻进行重新整理，出版了一些相关金石的著作。

《保定名碑》，侯璐主编，河北美术出版社 2002 年版。对保定古代碑刻的分布、种类进行了介绍，而且对 21 块碑石进行了重点的分析介绍。

《邯郸碑刻》，吴光田、李强编，天津人民出版社 2002 年出版，对于从汉到现代的 58 块碑石进行了详细的介绍。

《保定出土墓志选注》，侯璐主编，河北美术出版社 2003 年版，收录了北朝隋唐 21 块墓石，进行了注解。

《古莲池碑刻萃集》，孙待林主编，花山文艺出版社 1999 年版。对莲池十余种名碑及莲池书院法帖进行重新印制。

《古莲池碑刻选解》，郭铮、孙待林、张嫒著，方志出版社 1997 版。

《河北金石辑录》，石永士、王素芳、裴淑兰著。河北人民出版社 1993 年版。书中分序、凡例、河北金石综述、河北金石要目录，河北金石目录简目，河北金石要，河北金石目录及附录后记等构成。

《河北柏乡金石录》，史云征、史磊主编，文物出版社 2006 年版。收入 4 元碑 1 明碑及柏乡碑刻目录。

《洺州记事》，刘金鹏著，社会科学文献出版社 2006 年版。该书第一节记录了古威县的碑刻。

《石家庄文物大观》一书有大量相关石家庄地方碑石的记载。

《涿州贞石录》，（16 开精装全彩铜版纸精印，有关涿州的石刻、碑铭等），北京燕山出版社 2005 版。

《涿州碑铭墓志》，杨少山主编，河北教育出版社 1991 年版。

《新中国出土墓志》河北部分，文物出版社 2004 版。《新中国出土墓志·河北·1》，该书为《新中国出土墓志》河北省第一卷，收录新中国成立以来新出土墓志 450 合（方），其中东汉 1 方，魏晋 35 方，隋唐 133

方，宋代以后 271 方，多数为首次发表。全书分图版、释文两册，另附墓志检索表及人名、地名索引，便于研究者使用。

《河北满族蒙古族碑刻选编》，尹利民编，河北少数民族古籍丛书，作家出版社 2007 年版。

《避暑山庄碑刻诗文解读》，段会杰著，远方出版社 2004 年版。

《唐山碑刻选介》第一、二辑，唐山市政协 2003 年编。为唐山市政协所编的文史资料，收录了唐山各县现存及志书中较有影响的碑文。

《革命烈士碑文录》，中共保定地委党史办公室、保定地区行署民政局编。

《避暑山庄碑文释译》，杨天在编，紫禁城出版社 1985 年版。

《外八庙碑文注译》，齐敬之编，紫禁城出版社 1985 年版。

《行唐县纪念碑文录》，行唐县委、共青团、民政局 1985 年编。

《木兰围场碑文辑录》，围场博物馆编印，油印资料。

实际上，河北各地还在不时发现新的碑刻。

2003 年 4 月 14 日新华网报道，河北省武安市阳邑镇柏林村的明代建筑后土行宫共有碑刻 19 座，最早的是明万历四十五年的"按院禁约"碑。该碑详细记载了对当时管理水池的办法、违约处罚措施及各项规章制度。此外还有记载明清两代县令兴修水利、战胜灾荒的救荒碑；有记载清代武安县柏林里二十八村十甲农村组织及行政管理人员建制的碑记。这些碑林内容涉及水利、司法、民政、农业、组织等多个方面，对研究当地的历史沿革具有十分重要的史料价值。

2005 年 5 月 27 日据中国新闻网报道：日前，河北省正定县临济寺出土一块明代石碑。石碑是他们在整修临济寺地面时发现的，出土的石碑高 2.22 米，宽 0.85 米，厚 0.3 米，从正面看基本没有损坏。碑额上写着"真定守府、题名碑记"，碑首雕饰云纹。有典型的明代雕刻手法，碑文写有"天下要地分建守备寄以一方戎政数不几"和"嘉靖四十三年"、"康熙二十八年"等字样。从碑文内容看，此碑主要记录当时正定设立守府即管理一方军事、治安守备的部门，这对于研究明代正定的军事、治安提供了珍贵的实物资料。

2005 年 5 月 1 日中国考古网报道，河北井陉县发现清代村规民约石碑，位于井陉县西部山区的石门村和北嵩葶村发现两块清代石碑，经考证为村规民约碑。

北蒿亭石碑：镶嵌于北蒿亭村街内一座清代晚期戏台北墙的内壁。青石质，宽 0.85 米、高 0.55 米。碑文阴刻楷书，竖行，共 25 行 338 字。内容为立碑的缘由、禁止赌博、偷盗等和具体的处罚事宜。刻碑时间在清光绪三年（1877）。

石碑正文为：北蒿亭村为禁止赌博偷窃田禾条数开列于石序

盖闻赌博诚误世之迷津，窃盗实陷人之苦海。夫好赌则倾家破产，贪盗则败德丧行，甚至出妻鬻子，斗殴人命，未有不从此而生者也！据道光年间村中父老已有偷盗悉同，兹并将赌博偷盗事重立禁条，以振村规。云：如与放赌者罚钱十千文，罚赌房钱十千文，罚赌房四邻钱八千文，赌钱人每人罚钱五千文，与捉赌者钱十千文，如见而不捉与犯赌犯窃者一例同罚。

一禁不论男女老少入宅偷盗罚钱十千文，一禁田地偷盗罚钱二千文，与捉者钱一千二百文。一禁偷盗瓜果树木柴草等，罚钱一千文，与捉者六百文。一禁十二岁以下偷盗，罚钱四百文，与捉者钱二百文。以上数条所剩钱项，一概入官。费用如有不遵条数者逐出社外，按地亩摊钱出工，乡地送官，究治悉同。乡地合村公议，立石以垂后世，不朽云。

石门村石碑：镶嵌在石门村正东街一座清末戏楼观房前廊西壁。青石质，碑宽 0.75 米，高 0.40 米。碑周有边框，边框内上下刻梅、兰、竹、松及飞禽图案。左右各刻一位飘飘长髯、宽衣博带、脚踩祥云、手持拂尘头后衬托以花卉的男性老者。碑文阴刻楷书，竖行，共 38 行 616 字。内容为恢复当地环境，禁止村民入山砍伐、放牧和一些村规，刻碑时间在清光绪三十四年（1908 年）。

正文为：禁止照山柏树林木暨村中规条碑记

尝思事无不可为，而必赖正人君子以振兴之。东石门古村也，土盖乎博而水绕山环，连接不断，尤可观者。照山一座，高万仞，而古柏青葱，林木茂盛，实壮观也，风小众皆言殷富可人。孰意昔盛今

衰，祯靡□□，有心人或言后土之有□，或言照山之不振。祖父辈几
次修维，未得其要。光绪三十年有经理数人曲意劝谕，始得众山主施
山官中。于是合村共议，自村北龙王庙起，至河西山渠止，除正月十
五灯节时搭排楼找柏叶外，柏树林木，一概不许刊伐，牛羊不许牧
放。如有刊伐牧放者，按村规整罚。又有瞒藏地亩，影射他人，或唱
戏抗钱不交，先寻股头，再罚或大小股头。挑兑官项，十日外不清，
或大头所放旗伞、衣服、铜器，不许私自顶当与借人。如有古犯村规
者，定罚不恕，予为文字。今将施山姓名并禁止砍伐牧放柏树林以及
村中各样规条皆开列於左。三十四年事戊，属予为记，略叙原由。因
勒石以志之。

正文后为对违规者的罚款数额和篆刻人、施山人、经理人的姓名及刻
碑时间。

2005 年 7 月 11 日新华网报道，河北省雄县米家务乡米西大村在施工
中发掘出一块隆兴寺石碑，该碑系清道光二十二年四月维修寺庙时刻制，
石碑表面光滑而细腻，为汉白玉大理石，碑体长 1.8 米，宽 69 厘米，厚
19 厘米，重达 500 多公斤。碑首为祥云图案，中间刻有篆书"隆兴寺记"
四个大字。碑文以楷书为主，字迹清秀，记述了古隆兴寺的情形及维修隆
兴寺的原因和经过。这块碑由翰林院编修上书房行走提督云南学政业觐仪
撰文，翰林院编修督察左都御史沈歧书，清道光二十二年四月刻制。一同
出土的还有半块匾额，上面有"禅林"字样。

2005 年 10 月 21 日中新网报道，在国家重点文物保护单位曲阳北岳
庙内，发现日军侵华时期伪县长李径正为美化日军的侵略行为，撰文并书
写的两块石碑。当年美化日军的侵略行为，如今成了日军侵华的罪行铁
证。伪县长李径正撰文并书写的《飞石殿遗址》《重修北岳庙记》两文，
碑文中记述了日寇重修北岳庙的经过。因两块石碑刻于壬午年（1942），
当地人称之为《壬午碑》。

2006 年 1 月 04 日中新河北网报道，雍正年间一座残破的青石碑现身
秦皇岛市山海关海滩，其中一块石碑上面的字迹较为清晰，上刻着"雍
正十年岁次"及"故显"字样。

2006 年 12 月 19 日中新社报道，河北省保定市涞水县西义安村在文

明新村规划创建过程中，挖出一块清朝咸丰二年"永禁赌博碑"，该汉白玉石碑高 160 厘米、宽 64 厘米，碑首、碑文镌刻奇特，字体隽秀。据碑文载，这块石碑是由当时的村民胡先治、张尚志等四人牵头，全村 109 户人家参与共同建立的。

2006 年 12 月 26 中国佛教新闻网报道河北省邯郸市中华北大街河北中储物流中心附近工地挖出一块佛教石碑。石碑右上方写有"重修碑记"字样，碑文正文中有"自汉唐以来，佛入中国……风雨破损……"的字样，落款时间是清代"咸丰二年"。

2007 年 6 月 17 日河北省鸡泽县驸马寨村村民在其村东石佛寺遗址挖出一尊明代大石佛，还发现一块珍贵的石碑及四不像、石龟等古老石器。石佛高 230 厘米，宽 150 厘米，厚 100 厘米，重约 2 吨。石碑高 250 厘米，宽 90 厘米，厚 25 厘米，虽断为两截，但碑文基本完整，除少数几个字出现腐脱难以辨认外，其余文字清晰可辨。碑文上的"重修石佛寺记"为明朝兵部尚书王一鹗撰文，约 800 字，叙述"佛"在我国的始传、该石佛寺的来历及历次毁坏重修的过程。该碑立于 1574 年 3 月。

2006 年 8 月 21 日浙江在线新闻网站报道，河北省邢台市内丘县出土三通古碑刻。古碑刻均与明嘉靖皇帝有关，共在该工地出土了三通古碑刻和十余件石刻。令人惋惜的是，其中十分珍贵的《御敕》碑被挖掘机断为三截，《宸翰》《圣谕》《御敕》三通碑刻有非常重要的研究价值。

田野碑石被盗也时有发生。

2005 年 12 月 22 日中新河北网报道，正定县东平乐村兴隆寺旧址上，原保留着两座建于明正德、万历年间的石碑，两座石碑中的一座在 12 月 18 日夜间遭窃。两座石碑位于东平乐村村西，名为"兴隆寺石碑二通"，两座石碑的形制基本一样。幸存石碑螭首趺坐，碑身高 200 多厘米、宽 80 多厘米。石碑碑额为"增修兴隆寺记"，碑文以楷书刻成，笔法遒劲奇伟，由于碑刻风化严重，上刻字迹很多已不清。碑刻为梁梦龙撰文，胡麟书丹，王蔚撰额，刻立于明万历三年，距今已有 430 年的历史，至于其有多大的历史文物价值，从撰文者、历史名人梁梦龙的巨大历史影响可见一斑（梁梦龙，正定人，嘉靖癸丑进士，曾任清吏部、兵部尚书、太子太保，著有《史要编》《海运新考》，在历史上曾留下浓墨重彩的一笔）。丢失的石碑较之于幸存的石碑，年代更为久远，刻立于明正德十年，距今

490 年，至今保存完好，无残缺，历史文物价值不言而喻。两座石碑历经久远，为"县级文物保护单位"。

碑刻的学术意义是很重要的。碑刻可以视为"石刻档案"，它是研究社会历史、风俗民情、宗教信仰、文化艺术的重要实物史料。

根据当代学者、著名碑刻学者黄永年先生的观点，碑刻学所研究的领域大致可以分为：碑刻本身、碑刻拓本、碑刻史料、碑刻书法。

关于碑刻本身的研究，可以对碑刻进行分类、分地域。如碑刻的分类，如果按照形制与文字性质可以分为碑、碣、墓志附塔铭买地券、画像、造像、石经、题咏题名、建筑物器物刻字。而碑所刻文字又可以分为墓碑、功德碑、寺观祠碑、其他杂刻之碑等。

关于碑刻的拓本，碑刻以纸捶拓则曰拓本。其起源于南北朝时期，在《隋书·经籍志》中有明证。碑刻虽为石制，但经年代久远，亦容易破损，因此拓本时代越早，越显得其珍贵，珍贵的碑刻拓本也是我们研究碑刻文字的重要材料。当然，如果细分的话，拓本可以分为旧拓、新拓，还可以分为原拓与覆刻本以及影印本等，还有拓本的纸质、用墨、装潢等，如果从拓本的存量看还有孤本、稀见本等。

从碑刻的史料价值来看，首先，碑刻除了少数伪造者之外，属于第一手资料，且不像史书文献等传抄脱漏，所以为研究者所看重。北宋以来，从欧阳修、赵明诚到顾炎武、钱大昕，莫不言碑刻之史料多于书法，其成果治史者尚用之不尽。当然也不是说碑刻史料重于史书，研究学术者当以纸质文献为主，在此基础上对碑刻史料进行佐证，当有特殊的功效。

碑刻文字的史料价值大体可以有以下几点。

第一，碑刻可见所撰碑文者之郡望、世系、时代、职官、地理等文献所不多见之史料，尤其是地方碑刻所刻录者，国史不备载，地方志又不书，碑刻所留则为研究地方人物、事件的重要佐证史料。郡望，人物碑记开端一般必记曰君讳某、官某某、某郡某县人，除了少数民族者，一般均可信。当然唐代及以前人物某郡可能为郡望所在，不必为真实的户籍所属。魏晋以降乃至唐，因为门阀观念，郡望往往有假托，需要细加考察。世系，叙述郡望之后，往往对其世系加以陈述，这也是重门阀所致，当然唐宋以后，由于门阀制度的衰落，这一习俗逐渐改观，碑刻文字所见也就不再明显。职官，碑刻所记职官，可以与史志相互印证，而可多补史志之遗缺。地理，碑刻所记地理多种多样，包括碑记所记郡县情况、为官者所属郡县地域及所记人物之郡县地理情况，要根据情况进行研究。

第二，碑刻文字的史料价值重要性还在于，它可以记录碑刻所记之当时社会之方方面面。包括：一地的风俗习惯、宗教信仰，如本书所收录之新乐县伏羲台之碑记、鹿泉五峰山之碑记等均可反映这一情况；一地的经济发展、水利工程建设情况，如本书之滏阳河水闸碑记所反映的情况。

第三，许多碑记还有着重要的文学艺术价值，尤其是书法与绘画、雕刻方面的价值，如本书所收录之大观碑碑记，除了所具有的文献价值，还极具书法艺术价值。

本书所辑录之碑记，为近几年来所收录的河北乡土碑刻文献。从碑刻的时代来看，大体从明清到民国，地域上以河北为主。从碑刻的内容来看，大体可以分为三类。

1. 地方宗教习俗之碑记，以新乐伏羲台碑、鹿泉五峰山碑、蔚县关帝庙碑是主要代表。

2. 地方经济建设特别是水利工程碑记，以滏阳河水闸碑记为主，兼及武强天平沟、冀州开渠、涞水司徒村石桥兴修等。

3. 赵州大观碑，此为河北大观碑中之重要一项。

另外，本书还收录一些其他碑记，主要有：《深州拳师郭云深碑》《大名李老夫子讳润花字春雨□教碑记》《佛汉拳师高公仕俊教思碑》等。

伏羲台位于太行山东麓的山前平原地带，所在地沉积大量的砂岩、砂质岩，土壤为沙质潮土，属于温带半湿润季风型大陆气候，冷热变化剧烈，气温日差较大，年平均气温 12.2℃。其北侧 1.5 公里处有大沙河由东北流向西南贯穿全市，南侧 3 公里处有木刀沟由西北向东南贯穿全市，这两条河流均属于大清河系。年平均降水量 428.9 毫米。植被主要为草本植物。伏羲台周围方圆两千多米之中植满多种名贵花草树木之外是农田。伏羲台位于何家庄、吴家庄两村东北夹角之处，其西侧的何家庄村有 1150 户，5033 人，其南侧的吴家庄村有 1235 户，4748 人，均以农业为主，主要粮食作物有小麦、玉米、花生、棉花等。养殖业以猪、鸡、牛等动物为主。其他产业有建材厂、化工厂、电热毯厂等。通往伏羲台的专程公路伏羲大道直通新乐市区。107 国道、高速公路贯穿新乐境内距伏羲台仅 1 公里，交通便利。伏羲台、人祖庙规模宏大，台殿参差，祭祀始祖香烟缭绕，磬盂声祥。伏羲台周边地区环境优良，未遭受任何污染。现每年农历三月十八为人祖庙会。

伏羲台上保存九通明清时期重修伏羲台庙碑，这些碑刻分布在二层台上六佐殿北侧，八卦台南十八级台阶两侧。一通明代重修伏羲台浴池亭记碑，存放在葫芦头上。二通清代新乐八景碑，存放在六佐殿内。

《伏羲浴儿池重建新亭记》碑，明天启五年（1625）。白色大理石，通高170厘米，宽73厘米。长方形碑身，抹角碑首，束腰碑座，保存状况一般。碑文记载了明代天启五年重修浴池亭之情景和浴儿池、刺孩草所在之地是伏羲、女娲生人之处，及三月十八伏羲诞辰庙会祭祖，观看浴池流红，草映赤光之奇观。

《伏羲台庙碑》，明嘉靖二十五年（1546）。白色大理石，通高326厘米，宽90厘米。二龙戏珠碑首，长方形碑身，龟趺碑座，保存完好。碑文"所谓伏羲台庙者，厥台高约丈五，周一百九十五丈，厥庙殿五间，寝殿三间，司香火者，大小一十五间，厥庭厥阶，厥墀几物，台庙所占香火地总约五十三亩，不知肇之"。描述了明嘉靖二十五年维修伏羲台的简要情况和伏羲台部分建制及人文之祖的丰功伟绩。

《重修三司圣母殿宇记》碑，明万历十一年（1583）。白色大理石，通高205厘米，宽84厘米。方首抹角长方形碑身，束腰碑座，保存完好，碑文记录了伏羲台是太昊伏羲氏之遗迹，并着重描述始于万历九年，成于万历十一年维修伏羲台配庙三司圣母殿之情形和对三司圣母的描述。

《重修新乐县伏羲庙记》碑，明万历二十七年（1599）。白色大理石，通高232厘米，宽92厘米。长方形碑身，束腰碑座，碑首已丢失，保存状况一般，碑文记录了三月十八日帝（伏羲氏）诞辰，四方民众以香火至者摩肩接踵。自万历十三年（1585）开始维修到万历十九年（1591）、万历二十一年（1593）的两次维修，万历二十七年（1599）立石。

《新乐县重修伏羲庙碑》，清顺治十七年（1660）。白色大理石，通高295厘米，宽87厘米。二龙戏珠深浮雕圆碑首，长方形碑身，龟趺碑座，保存完好。碑文记录清代"有牧人亭午而惫，寝于台之侧，梦庙之神告曰：惟上帝鉴尔侯之诚，为尔等请命，今岁不遗水患冰雹来尔土，尔等有秋，其鼎新我庙宇，醒而告于众。是岁秋果大熟。众于是始有修庙之举"。

《建立重修伏羲庙碑》，清乾隆二十五年（1760）。白色大理石，通高230厘米，宽80厘米。长方形碑身，龟趺碑座，碑首已丢失，保存状况一般。碑文记录了乾隆十二年（1747）有道人饶清景和功德主刘长筹资维修伏羲台的情形。

《重修伏羲台碑》清乾隆四十三年（1778）。白色大理石，通高210厘米，宽86厘米。长方形碑身，龟趺碑座，保存状况一般。碑文记录了修葺伏羲后宫及娘娘殿等七殿的情况。

《重修伏羲庙记》碑，清嘉庆二十四年（1819）。青色大理石，通高217厘米，宽64厘米。长方形碑身，方形抹角碑首，束腰碑座，保存完好。碑文记录了人文之祖伏羲氏改穴居野处，茹毛饮血，知母而不知有父，察五行之性，明阴阳之理，制嫁娶，画八卦以通神明之德。从而走向人类文明，鸠工次第从以事，前后越六寒暑，而工始告竣。在伏羲台诸多古碑刻中，唯有此碑篆额用词"俎豆不祧"简单明了地说明伏羲氏是帝王家中祖先的神主，中华民族的人文之祖，应世代祭祀。

《重修伏羲台碑记》，清道光二十一年（1841）。白色大理石，通高270厘米。宽64厘米。二龙戏珠碑首，长方形碑身，束腰莲花碑座，保存状况一般。碑文记录了道光二十一年岁次辛丑荷月立碑进行小修伏羲庙之情形。

《重修伏羲台碑记》，清同治十二年（1873）。白色大理石，通高159厘米，宽68厘米。长方形碑身，束腰碑座，碑首丢失，保存状况一般。碑文记录了清代同治九年开始维修伏羲台人祖庙之情形，并着重描述"羲皇值洪荒之未辟际混沌之初启，天造草昧，人禽无几，攸分彝伦于焉未叙，而茹毛饮血服皮衣羽。伏羲仰观俯察，泄阴阳之秘奥，配干支，作甲子，制嫁娶，正姓氏，开天明道，继天立极，岁之有春，万古文明始基于此"。"伏羲氏生于成纪，长于新市，兹固生人之处焉。故浴河有流红之瑞，儿池记芳草之祥，载在史志，故为立庙以祀之，报功德也。"

弯弯曲曲的滏阳河，水清质佳，流经邯郸地区境内共210公里，是邯郸历史上灌溉、航运唯一的大河，是赐益无穷的河流。仅以发展农业而言，其灌溉面积之大，用水时间之长，是河北南部其他河流难以比拟的。除古代开沟挖渠引水外，从有记载的拦河设闸算起，至今也有400多年的历史了。

据《邯郸县志·水利条》载：自明代至清初，邯郸城郊沿河有罗城头、柳林、苏里三大闸，灌溉田园七百余顷，加上补开水利工程灌溉二百六十余顷，已达千顷左右。

罗城头闸为明代兵部尚书张图彦第三子张我续倡建，张我续是明万历庚辰（1580）进士。此闸分四条灌溉渠：一、北主干，长约9公里，宽2米余，支干6条、为罗城头、柳林桥、岳家庄、东城南、刘家场、宋家庄、春厂等10个村农田灌溉。二、中主干，长约10公里，宽网北干，支干3条，为罗城头、小北堡、东小屯、柳林桥等6个村公用。三、南主干，长近5公里，宽同北干，支干7条，为张庄桥、佐西、中堡等7个村公用。四、新干，总长约22公里，宽6米，至李家村分南北两干，南干长6.7公里，宽3米余，支干9条，为赵上宋、东张策等11个村公用。北干长近9公里，宽6米。支干17条为汉霸庄、高上宋、常张策、刘家庄等12个村公用。

其古闸残址，位于罗城头村北，闸口处河床宽约20米，闸口宽6米，原为料石砌筑。

柳林闸位于今邯郸城东西柳林村北。距村约七百米，跨滏阳河，于明万历中（1573—1620）张其庭倡建。此闸有两条主干。一、西干，长8公里，宽6米余，支干3条，为南、北苏曹，来马台，冯村4个村公用。二、东干，长16公里，为中柳林、东柳林、南程庄、北陈庄、西填池、东填池、三家村、胡村、尚壁等21个村公用。

该闸残址处，河道宽约18米，闸口宽6米。也系料石砌筑，残高4米多。

苏里闸位于今邯郸城东10公里苏里村北约500米处。跨滏阳河，为清顺治（1644—1661）初年王聘之倡建。此闸分13条主干灌溉，即河南4条，河北2条，河西4条，刘二庄3条，总长16.4公里，宽5米余，支干8条。为苏里、鸭池村、贾村、东赵垒、西赵垒、东刘固、黄粱梦、刘二庄等26个村庄灌溉。

苏里闸残址尚存，该处河床宽约18米，残闸高达5米，也系料石建筑。

磁县境内开渠设闸也较普遍，据《磁县县志·水利条》载，"滏河横贯，漳水南绕，沟渠交错，民食其利"。最显著者是上下两闸，即东闸、西闸，两闸共可灌溉田千余顷，村 80 余个。此外沟渠不计其数，灌溉面积也大，如南区的裕华渠，可灌溉田园四百多顷。

西闸在县西 12 里槐树村。明洪武年间州牧包宗达倡建，原名五爪渠，"灌田种水稻，人民欢乐"。明万历十五年（1587）知州孙健初在此筑石闸。东闸在县东北 25 里琉璃镇南，明崇祯八年（1635）知州李为珩仿西闸而建。除两大闸外，南有偏闸、红渠闸、马公闸、陈公渠、余水闸等。

永年境内水闸更多，据《永年县志·水利条》（光绪三年修订本）载，在明嘉靖至万历年间先后建闸八处，共可引水灌稻田一万九千余亩。八闸即广仁、普惠、便民、济民、广济（崇祯十四年建）润民、惠民、阜民闸。"闸旁稻畦沟浍四注，每当穀纹绉风蛙鼓喧夕，景候类江南水乡，旧志列为八景之一。"上述各闸经历代维修，名称多有更变，其故址大部均存。

设闸拦河，是调节旱涝、充分利用河水的有效措施，在旱季积聚细流，通过渠道灌溉田园，发洪时先启后闭，让闸内贮存部分洪水，减轻下游负担。可是闭闸对商船航行有碍，因此农商之间常产生纠纷或商家向管闸人员行贿作弊，同时沿岸要求也不一致。为了更好地利用河水、闸卡，历代协定规章，存于官府并在就地或北门瓮城内立碑公布。

大观碑是奉宋徽宗敕令而刻立的。北宋晚期，社会阶级矛盾日益尖锐。徽宗以恢复新法为名，推行的"八行取士"，要求学生遵循"孝、悌、睦、姻、仁、恤、忠、和"。"德行"是其中的重要内容。这样资政殿学士郑居中于大观元年"奏乞以御笔八行诏旨摹刻于石"，立于官学、太学、辟雍及各郡县。第二年，御笔诏旨由书学博士李时雍仿徽宗瘦金体摹勒。

该碑署名落款是："太师尚书左仆射兼门下侍郎上柱国魏国公食邑一万一千二百户食实封叁千捌佰户臣蔡京奉敕题额"，长达 42 字，隋代之前碑文多不著撰、书人姓名。唐代碑文署名之风始盛，文人雅士写碑，碑文不但署自己姓名，同时署自己的官职、封爵。宋代，碑文落款署名之风较之唐代更甚，《大观圣作之碑》即其中最为突出的一例。

大观年间，天下郡邑奉诏刻石。于是，文字内容大体相同的《大观圣作之碑》纷纷涌现。经过多年的沧桑之变，其中的绝大部分皆已泯灭。

大观圣作之碑位于河北省赵县城内石塔路东段路北原赵州文庙遗址内。碑通高 4.80 米，宽 1.50 米，厚 0.55 米。（亦有资料说碑由青石雕成，碑身为一块整体的石料，高 5.6 米，碑身宽 1.57 米，厚 0.5 米）碑文楷书，凡 1267 字，现残缺 69 字（亦有说共 1021 字，现残缺 62 字）。碑文四周线刻连续卷龙缠枝牡丹图案纹饰。浮雕双龙碑额。碑额行书"大观圣作之碑"六个大字。龟趺。书体"瘦金体"，20 行，满行 71 字。此碑是利用废弃的《唐何公德政碑》改制而成的，碑阴尚存唐代雕刻的碑文遗迹。

除此之外，在平乡、涉县、泰安、西安、新乡、威海、繁峙、偃师、武功等地也都有大观圣作之碑。

河北石门建筑清真寺大殿记，现存石家庄清真寺。碑文前半部分论述了伊斯兰教义教旨，后半部分记载石家庄清真寺礼拜殿建成经过。余振贵、雷晓静编《中国回族金石录》（宁夏人民出版社 2001 年版）亦收录。

鹿泉之五峰山碑记也有多块，五峰山宝泉寺位于石家庄市区西南 20 公里的鹿泉市（现为鹿泉区）上寨乡梁家庄境内。据《获鹿县志》记载：封龙山"又西北有五峰岭，宝泉出焉"。五峰山海拔 907 米，是由五座巍峨奇拔的山峰并列耸立，故名为五峰山。浤河正源及支流多在此山中。西接井陉县，南是通往井陉、元氏的要道，北连金梁川。五峰山自隋唐以来就是佛教、道教的集中地，在山腰处宽平数亩，这就是宝泉寺所在地。其中宝泉寺坐落在鹿泉上寨乡梁家庄村西五峰山上。坐西朝东，占地约半亩。惜今只存遗址和少部分石刻。

另外，还收录一些零星碑刻，亦均属河北各地方区县之碑，在此不一一列举。

这些所收录的碑刻文字，为笔者多年关注河北金石情况收集的一些碑刻资料，整理汇集，以乡土碑刻为名，汇为一册，略为附注，不当之处，敬请指正。

（天津古籍出版社 2016 年版）

《个人生活史》序言

上大学的时候就想，学历史到底有什么用？我想现在的学生，在一个就业已经对学生造成巨大压力的时代，和我当年一样，多多少少都会想一下这个问题吧。

历史能给我们个人生活或个人人生的智慧吗？历史能走出大格局、大历史或宏大叙事而在微历史时代给我们个体什么呢？或者，我们个人的生活又能给大历史什么呢？

我们在历史的潮流中如何才能达到完满的人生，是引领、追随还是随波逐流？大隐隐于市或是做逍遥派，或是潮流的反对派，思潮的反对者？

什么样的选择才能让我们在这个时代像经济学说的那样：经济学就是一种意识形态，就是选择的学问；同时还不知真假地说，和物理学相比，我们还处在炼丹术时代。与此同时又特别强调，经济学的语言是数学，他们在追求科学性。

个人的历史就没有科学性了吗？我们如何才能在中国文化语境下，通过历史增长自己的"悟"性？

历史学能让我们选择什么？职业、兴趣、革命者、老师、道德的化身（社会的良心）、还是有钱的公知？

历史能从领袖的思想里走出来，直入我们微观的个体，并引领我们的生活和选择吗？除了掌握全局的人物或其智囊会认为历史有用，那对我们个人的作用呢？

1949年至今的个人生活史，可能会让我们有更多的思考。

为什么？

第一，这一时期是中国历史上最波澜壮阔的时代，汇集了无数个人的智慧和万花筒一样的人生。

第二，这是我们最波诡云谲的时代，汇集了无穷的人性善恶。

第三，这是与我们关系最密切的时代，我们就生活在这里面。

单纯地从学理上讲，我们就可以思考：

个人与国家控制；阶级斗争视域下的个人与生活；个人生活与群众运动；个人权利、阶级分属与社会义务；选择是权利吗？如果大面积压缩个人权利与自由，社会受益的是什么？个人权利压缩有哪些好处？控制、改造还是再造新人成功了吗？

历史的眼光，就是知识分子的眼皮，就是对历史和未来更加负责的义务，个人历史对于个人演化的历史，会成为其意识事物的真理。个人生活，历史中的个人，个人和历史。

市场经济使个人要素最大化。而在经济被管制、计划的时代，因为个人没有经济生活，每一个人都有一个可规划的人生，即使处于生产统一政治口号下，人们还是会有不同选择，历史也会让其充满光彩。野花也有自然的春天，而趣味无穷，现在任何国家都做不到。

我们研究个人生活史后，究竟给我们什么智慧？

不要过分迷恋西方理论，而是要鉴定西方理论，不要在学术综述上下功夫，直接开练。我们不在他们的大语境中倒好，好处是可以回归现实个人与历史的关系，人民群众、英雄将相创造历史，他们都是人，历史终究是人的历史，无论政治史、经济史，都是人史。就像人们说的那样：文化即生活。

我们所学终究是人类智慧的方法论，因而个人生活史总会给人以智慧。也许这种介于直接和间接经验之间的东西，恰恰就是其情趣和意义所在。

（上海大学出版社 2015 年版）

《艺术空间—中国—2015》序言

　　艺术在大学和社会中的价值之一是滋养学生或人的创造力，这也是大学教育的目的之一，也是其他学科难以企及的魅力，恰如体育给人的领导力。

　　有的时候我们在历史的长河中也是执笔者。在特定的领域，苦短的人生总是可以让我们集中精力做一两件事情，恰如我们的"艺术空间—中国—2015"艺术节，美展、音乐会及相应的学术研讨会。

　　在郝首明老师和他的俄国妻子博巴金尼茨·斯维特拉娜老师的努力下，在美术与设计学院和相关部门的支持下，融合了中国、俄国、美国、德国、韩国、斯洛伐克、哈萨克斯坦、乌克兰、瑞典、立陶宛、拉脱维亚、孟加拉艺术家们的艺术展将给我们带来视觉盛宴，与此同时开幕的艺术教育国际研讨会，又将给我们带来教育思想的冲击和心灵的感受。其讨论范围是："以跨文化沟通为基础，在艺术教育、艺术史与艺术理论、工艺美术、民族手工艺、艺术设计与少数民族文化领域中继续教育的创新模式"。涉及教育方法、教育程序和方法论。

　　今年，河北师范大学特别强调了办学的国际化。蒋春澜校长曾在与秘鲁总统乌马拉阁下签约我校秘鲁研究中心时致辞说："长期以来，学校一直致力于为我们的教师和学生'搭建'三座'桥梁'——与世界学术交流的桥梁、与世界政治家思想对话的桥梁、与企业家之间相互支持的桥梁，最终目的是把河北师范大学办成一所世界性大学。我们努力借鉴、吸收世界各民族的优秀文化，培养每一个就读于河北师范大学的学生，使其无论在何时、何地、做何种工作，都能够为他人、为祖国、为世界尽一份力量。"

在我写下这些文字的时候，窗外，西府海棠、玉兰、榆叶梅、丁香、迎春、紫叶李正在怒放，春天已经来临，让我们的校园如此美丽。

艺术如花。

《晏阳初农村丛书》总序

晏阳初（1890—1990）是著名教育家、社会学家。1943 年在美国被评为"世界上贡献最大、影响最广的十大名人"之一。与爱因斯坦、杜威等并列。晏阳初是唯一获此殊荣的亚洲人。他一生贡献于农村教育等领域，而在河北定县的平民教育活动是其一生中浓墨重彩的一笔。河北师范大学致力于为基础教育培养人才，与先生志同道合，故整合涉农资源，发扬晏阳初"洋博士下农村"精神，为新农村建设及学校发展服务，于 2009 年 6 月 3 日成立晏阳初学院，以整合学校涉农研究，组织涉农课题攻关，强化学校与农村教育的密切联系，推广学校涉农产品。

1918 年初夏，晏阳初从美国耶鲁大学毕业仅两天，即赴第一次世界大战的法国战场，战争中，中方为法方提供了大批劳工，晏阳初参加基督教青年会主持的为华工服务的工作，在华工营试办识字班。以石板、石笔教劳工生活中常用汉字。四个月的教学，使一些工友能读报，会记账，写自己的姓名、简单的家信。

1920 年夏，晏阳初回到祖国，策划平民识字运动，以"除文盲、做新民"为宗旨，于 1923 年成立了著名的中华平民教育促进总会（"平教会"），到 20 年代中期，全国大部分省市都成立了中华平民教育促进分会，华北、华中、华东、华南的大都市先后掀起了轰轰烈烈的扫除文盲的识字运动，成为 20 年代中国教育史上的一个壮举。

1926 年，平教会选定河北定县为实验区，开启蔚为壮观的乡村建设运动的先河。在普及教育的过程中，逐渐形成乡村建设的整体思路。晏阳初将中国农村的问题归为"愚、穷、弱、私"四端，主张以文艺、生计、卫生、公民"四大教育"分别医治。以文艺教育救"愚"。以生计教育治"贫"。以卫生教育救"弱"。以公民教育救"私"。晏阳初认为平民教育的基础是识字教育,中心是公民教育,以养成人民的公共心与合作精神。

1929 年平教会从北平搬迁到河北定县。他号召知识分子"走出象牙塔,跨进泥巴墙"。将自己的爱国情怀、报国之志转化为用自己所学的科学知识投身于改造农村社会、解除农民疾苦的实际行动。在他的带领与影响下,数以百计的知识分子,海外归来的博士、硕士,放弃了都市优越的工作条件与舒适的生活环境,举家前往偏僻艰苦的定县。这一"博士下乡"的举动,超越了中国近代知识分子的许多传统观念。

由于日本侵华,1936 年晏阳初领导的平教会撤离定县,定县实验被迫中止。1940 年,晏阳初于重庆巴县歇马场创办了中国教育史上第一所为乡村改造培养专门人才的高等学校——中国乡村建设院,继续开展平民教育与乡村建设的实验。

1950 年以后,晏阳初将自己的事业转移到第三世界的一些国家,以定县实验的基本经验与中国平教与乡建的理论为基础,在泰国、菲律宾、印度、加纳、古巴、哥伦比亚、危地马拉等国,继续为平民教育与乡村改造奔走,指导推行田间实验与社区教育,将初期的"除文盲,做新民"的口号扩展为"除天下文盲,做世界新民"。

1985 年 8 月,在阔别祖国 35 年之后,晏阳初应邀回国访问考察,邓颖超、万里、周谷城等接见了他,并对其一生从事中国与世界的平民教育与乡村改造事业给予了积极评价。

1989 年美国总统布什在给晏阳初的生日贺词中说:"通过寻求给予那些处于困境中的人以帮助,而不是施舍,您重申了人的尊严与价值。""您使无数的人认识到:任何一个儿童绝不只是有一张吃饭的嘴,而是具备无限潜力的、有两只劳动的手的、有价值的人。"

1990 年 1 月,晏阳初走完了整整 100 年的人生历程,在美国纽约逝世,终年 100 岁。

晏阳初说:人民要有"免于愚昧无知的自由!","我们都希望有一个更好的世界,但其确切含义是什么?世界上最基本的要素是什么?是黄金还是钢铁？都不是，最基本的要素是人民！在谈及一个更好的世界时，我们的确切含义是需要素质更好的人民"。

多年来，河北师范大学始终关注河北农村教育的发展，积极承担农村中小学教师学历教育、非学历培训等任务，为农村中小学师资队伍建设做出了应有的贡献。

自 2006 年 3 月以来，学校实施了以顶岗实习支教为主要内容的"3.5 + 0.5"人才培养新模式。组织师范类高年级学生在学完骨干课程，经过系统培训达到中学教师的基本要求后，到农村教育基础薄弱的中学进行为期半年的"全职"教师岗位锻炼，并采取适当方式对农村中学被顶岗教师进行培训。2007 年 5 月，学校成立了负责顶岗实习支教工作管理的专门常设机构——顶岗支教指导中心。除师范生实习支教以外，从 2007 年 7 月起，学校选派 50 名专家、教授到 50 所基础薄弱的农村中学开展为期 4 年的定点教育帮扶工作，帮扶面覆盖省内 23 个县市。截至 2010 年 6 月，我校共有 10 期 10099 名学生到全省 11 个地市 72 个县市近 2000 所次农村中学参加顶岗实习支教。近 5 万名基层中学校长、被顶岗教师接受我校组织的多种形式的培训，其中，有 1500 余名中学管理干部、被顶岗教师到河北师大接受置换培训。收到了提高师范生培养质量、促进城乡教育均衡发展的良好效果，得到了中央领导同志、教育部、省教育厅的充分肯定，取得了良好的社会反响。2009 年，中共中央政治局委员、国务委员刘延东同志对河北师范大学顶岗实习支教工作两次做出批示：认为河北师大以服务贫困地区基础教育为宗旨，办出了特色，走出了一条新路。要鼓励师范院校为基础教育培养高素质教师。河北师大在教师培养上的一些做法值得推介。在视察河北师大时再次充分肯定了我校的顶岗实习支教工作，鼓励河北师大继续推进教师教育创新。《中国教育报》称赞顶岗实习支教工程"解农村难题，长学生本领"，是一项"利国、利校、利生"的创新工程。基层教育局赞誉这是"农村基础教育的'及时雨'、教育均衡发展的'助推器'"。

2009 年，我校把教育部"硕师计划"、河北省"特岗计划"与顶岗实习支教工作有机结合，推出了"顶岗实习支教 + 特岗计划 + 农村教育硕士"优质教师培养计划（简称"优师计划"）：即从顶岗实习支教成绩优秀的学生中选拔、推免农村教育硕士，经批准免试参加"特岗计划"，特岗工作期间接受专业硕士课程教育，"特岗计划"结束后到河北师大脱产学习一年，完成教育硕士培养的其他任务。目前首批"优师计划"学生即将奔赴特岗工作岗位。经过持续努力，此举必收我省农村中学教师队伍整体素质持续提高之功效。此外，我校还在农村土地整理、村镇规划、小麦育种等诸多方面为新农村建设做出了贡献。

总之，河北师范大学将一如既往地凸显教师教育办学特色，坚定不移地为服务农村教育、促进教育均衡发展出力。

（中国农业出版社 2011 年版）

《教师教育改革全书》序言

　　顾明远、孟繁华在《国际教育新理念》一书中指出："教师教育的责任就在于培养出训练有素的、达到专业化标准的教师，以教师专业化来实现教学的专业化，以确保未来学校对师资的需要。"教师队伍建设是决定教育质量根本性的、长期性的工作。当前，我国教师教育改革发展正处于关键时期，教师教育体系相对过去的单一封闭，正逐步走向灵活、开放。在新时期新的发展阶段，高等师范院校应如何以科学发展观为指导，探索教师培养模式，提高教师培养的质量？如何与时俱进，强化自身的教师教育特色？这些都是关系国家人才发展战略的百年大计。河北师范大学的"顶岗实习支教工程"就是在这个大背景下开展的。2006 年，河北师大在全国率先启动实施了"建设社会主义新农村青年志愿者行动——顶岗实习支教工程"，开始探索新形势下高师院校教师培养的新途径，改革传统封闭的教师教育模式。

　　首先，传统的教育实习已经不适于当代高师教育的需要。一般来说，师范专业的学生进入大四后，都安排 6—8 周的教育实习，为学生毕业走上教师岗位奠定基础。近年来，随着形势发展，这种传统教育实习模式远远不能适应高师院校教育教学的发展，更不能满足师范生发展的需要，具体表现在师范生在重点中学进行实习，时间短，上课少，难以得到更多的实践机会。作为师范生来说，从教技能必须经过反复和长期的训练才能形成。如果没有相对充分的时间保障，很难形成能力。另外，随着基础教育的发展，教学单位对招聘教师的专业素质提出了较高的要求，而在求职过程中，师范院校毕业生面临着与非师范类院校毕业生的激烈竞争。因此，尽快找到体现师资教育特色的教育实习模式势在必行。

其次，高校大学生思想政治教育面临着严峻挑战。随着社会的发展以及国际国内政治形势的变化，一些大学生不同程度存在着政治信仰迷茫、理想信念模糊、价值取向扭曲、诚信意识淡薄、社会责任感缺乏、艰苦奋斗精神淡化、团结协作观念较差、心理素质欠佳等问题。对此，有没有新的思路对这些新情况、新问题进行标本兼治，高校如何找到加强和改进大学生思想政治教育工作的新途径，也成为河北师大党委高度警觉并长期思考问题。

此外，中国共产党在十六届五中全会上提出的建设社会主义新农村的重大历史任务，"生产发展、生活宽裕、乡风文明、村容整洁、管理民主"是党中央对社会主义新农村全景式的描述和全方位的规划。面对这一重大历史使命，面对改革发展的新趋势，新动向，高师院校应紧密联系农村基础教育实际，服务社会主义新农村建设。我校党委从广泛深入的调查中了解到，近年来各级教育行政部门积极努力，通过各种手段和途径，对农村中小学教师进行了学历补偿等多种形式的教育培训，师资力量和水平有了一定的提高，但是，其总体水平仍不适应培养新型的、有文化的社会主义新农村劳动者的要求。尤其是农村基础教育的师资力量匮乏，在很大程度上制约了农村教育事业的发展。

正是基于以上几个方面的思考，三条思路在"顶岗实习支教"上找到了交会点和切入点，我校教育改革的新思路也由此产生了。根据中共中央、国务院《关于进一步加强和改进大学生思想政治教育的意见》和教育部《关于进一步加强高等学校本科教学工作的若干意见》，河北师范大学党委审时度势，结合学校定位和办学目标，在河北省教育厅的领导和强力支持下，及时、果断地组织实施了"建设社会主义新农村志愿者行动——顶岗实习支教工程"，开始探索高师院校教师教育的新途径——"3.5＋0.5"的育人模式。这样，作为河北教育龙头的河北师范大学，既为高师院校更新了教育思路，为培养教育人才找到了培养教育人才的突破口，又有效地促进河北省农村教育事业的发展。

在河北省教育厅下发的《关于开展高等学校教师教育专业学生顶岗实习试点工作的通知》的指导下，我校党委本着求真务实，与时俱进的精神，认真总结以往教育实习经验，深入到实习师生中间调查研究，派遣干部到兄弟院校取经问路，经过多部门的审慎筹划和周密部署，与石家庄、保定、邢台、邯郸地区 10 个县的 82 所农村学校达成共识并签约，形成首批"顶岗实习"共建单位。2006 年 3 月，我校连续出台两个文件，推出了"顶岗实习工程"，并派出教育实习的先遣队到南宫实习。同时，由我校教科所组成的新课程宣讲团也开赴我省各市县的教育第一线，把先进的教育理念送下乡。同年 5 月 10 日，"顶岗实习工程"的启动仪式隆重举行。600 余名大学生以建设社会主义新农村建设者的姿态，开赴顶岗实习第一线，标志着我校"顶岗实习工程"的正式实施。此后，一批又一批的师范生奔赴农村顶岗实习支教，不断丰富着人们对顶岗实习支教的认识。事实证明，顶岗实习支教是提升师范生综合素质，促进教师队伍专业化建设，扶助农村精神文明建设的有效途径。

社会政治经济决定教育的目的和内容。教育实习作为师范教育的一个重要环节，必将遵循"与社会相适应"的原则，改革和完善自己，决不能因循守旧，一成不变。放眼未来，教育实习在师范院校的比重不仅会增加，还要逐步走向经常化、规范化、科学化和多样化。因此，实施"顶岗实习支教工程"是完善教育实习制度，推进我校教育体制改革的新举措。

经河北省教育厅的批准，全国第一个顶岗实习的专门机构——"顶岗实习支教指导中心"在我校成立，常年负责顶岗实习支教工作的组织与协调工作。截至目前，参与我校顶岗支教的实习学校遍及河北省 44 个县市的 290 所农村中学。在驻县管理教师的组织和当地教育局和实习学校的支持下，各项工作有条不紊展开，逐步走上正轨。校党委领导成员身先士卒，深入一线调查研究，各院系、各地负责人也积极行动起来，上下一心，团结奋斗，为顶岗实习的建章立制广采信息，为帮助实习生的成长多方思谋，获得了大量的宝贵资料。与此同时，实习生们也在教育实践中积极探索，健康成长，用手中的笔记录下自己成长的点点滴滴，留下了许许多多刻骨铭心的感动、严肃认真的思考，以及绵长隽永的回忆。如今，顶岗实习已经两岁有余。为了更好地总结顶岗实习支教的经验，促使"顶岗实习支教"形成制度并早日成熟起来，推动师范生更积极更有效地参与教育实践，学校决定将顶岗实习支教开展以来取得的主要成果结集出版，名之曰"顶岗实习支教丛书"，并根据内容的侧重点，先出版三个分册，分别是《顶岗实习支教工程指导手册》、《我们在路上》、《力行之后知之真》。《顶岗实习支教工程指导手册》是本丛书的第一本，也是其中"资格最老"的一本书。顶岗实习一开始，学校便决定在广泛调研的基础上，就实习师生普遍关心的问题，编写《建设社会主义新农村志愿者行动——顶岗实习支教工程指导手册》，重点针对顶岗支教一线师生遇到的具体问题或困难，提供思路和策略，旨在帮助实习生端正思想认识，学习从教本领，顺利完成实习任务。根据一线师生的建议，本书编委会对其中的内容进行了第四次增删修改，并更名，使之更加切合顶岗实习的实际。本书共设计了八个板块，纵向反映顶岗实习的展开过程，同时指导实习生充分认识顶岗实习的意义及管理机制，促使之在各个方面得到发展进步。这八个板块分别是"组织管理"、"课堂教学"、"班级管理"、"课外活动"、"教育研究"、"安全防护"、"交往礼仪"、"总结鉴定"。

我们还在本书每一篇文章里安排了"一语"、"三段"，即页码右上角为教育名言或相关警句，起到画龙点睛、提领全篇、指示方向的作用，可以激发大学生学习教育理论的热情。"三段"是将每篇文章切分为"实习感言"、"顶岗路标"、"体验成长"三个小部分。"实习感言"选自实习生来稿中的精彩片断，可读性强；"顶岗路标"是主体，意在为大学生指示实习之旅，但实习的路高低不平，还要靠自己摸索前行。"体验成长"意味实习生要热情参与，积极实践，可以视为前文的补充或扩展，为实习生提供思路和对策。

"八块"、"一语"、"三段"是本书的体例特色与形式的创新。

《我们在路上》和《力行之后知之真》是姊妹篇，反映了大学生在顶岗实习中的成长。美国教育专家玛丽·P. 伊森伯格和伦克·贾隆格在他们的合著《是什么让教师不断进步——教师故事启示录》的序言中指出："人类是以叙述方式洞察世界的。人们以故事的方式来思考、回忆和反思，这是件很自然的事情，我们把这种前提具体运用到教育领域……对于教师的生活来说，没有了叙述和反思，就是没有接受审视的生活，一文不值。"（中国青年出版社 2007 年版）因此，"叙事篇"从大量实习生大量的来稿中选取了一些有代表性的教育叙事和生活叙事，通过一个个的小故事表现实习生对教育真谛的感悟和探索。从体例上看，"叙事篇"分为六个板块。

"感悟篇"表现实习生对教师职业的感悟，其中既有实习生自己在教师岗位上的体会，也有他们在指导教师、带队老师帮助与教诲下的提炼升华。

"教学篇"主要体现实习生在教学技能上的提高，反映实习生在教学工作中的收获体会，既有他们初登讲台的经历，也有其践行新教学理念的尝试。

"管理篇"以实习生在教育学生工作中的事例，表现实习生在学生管理工作中探索教育规律、感悟教育真谛的过程。

"生活篇"记录了实习生丰富多彩的实习生活，从某些侧面展现了大学生学会做事、学会做人，全面成长的点点滴滴。

"未了篇"抒发了实习生与其学生们难舍难分的情谊，感人肺腑，既是过往铭心刻骨的记忆，也是未来职业里程的前进动力。

"探究篇"是由实习生们撰写的教育调查或论文构成的，以 2007 年实习生来稿为主，反映实习生们在教育实践中"怀天下，求真知"的社会责任感和实事求是的科学精神。

《力行之后知之真》一书缘起于 2008 上半年的"顶岗支教实习生教育教学和科技创新活动"。自从顶岗实习支教开始之后，实习生们在农村基础教育第一线积极参加教育实践，在亲身经历中发现了教育教学中存在的实际问题，并积极探索解决问题的思路，从组织课堂教学到班级的管理，从农村中学生的流失现象到农民工子女的家庭教育问题，从农村教师的专业化发展到顶岗实习生对农村教育的价值，以及农村经济资源开发前景的探索等，实习生们密切结合自己身边的教育实际，以其独有的观察和发现，写出了一篇又一篇的调查报告或研究论文，表现出大学生强烈的社会责任感，以及积学致用、知行结合的科学精神。

这两本书在形式上虽然各异，但都是实习生从教之路的点点滴滴，肯定会在实习生未来的职业生涯中发挥积极的作用。如果一部手机的能量取决于它最初的几次充电。那么，我们也有理由认为，这两本书展示了师范生在职业起步阶段充电的过程，展示了他们初登讲台，初识社会，初涉科研的心路里程或职业体验，也昭示了他们未来发展的能量。

无论实习生的叙事作品还是调研报告，我们都能感到其中的勃勃生机：自然、朴实、生动，可读性强，决无矫揉造作、拼凑抄袭之嫌。这些内容不仅对在校的大学生，而且，对于已经走上工作岗位的青年教师，以及高等师范院校从事教育专业的教师，甚至某些部门都有某些启示作用。

应当补充的是，实习生初为人师，作品并不免有乳臭未干之嫌；我们水平有限，也有手不应心之憾。但无论如何，本套丛书本着尊重作者、尊重读者的原则，力求为读者展示"顶岗实习支教"的真实风貌。至于本书有贻笑大方之处，我们和作者会坦然面对并虚心求教，因为顶岗实习还在探索之中，我们正在成长，我们还在路上。

（河北人民出版社即出）

《府县历史文化丛书》序言

　　历史研究往往陷于三个逻辑体系之中，一是人民群众创造历史的宏大述事，二是皇帝英雄才子佳人式的传统史学模式，三是目前史学研究的个人兴趣及碎片化。我们尝试在中观史学理论的视域下，开展以府县为基本叙事单元的历史文化研究，深入挖掘和系统阐释府县历史文化的内涵和外延，并充分利用日新月异的数字与信息技术手段，积极探索文化脉动及遗产保护的新思路和新方法。易而言之，试图以国家与社会互动理论为指导，从府县这一中间层次切入整体历史，以"小地方大历史、小人物大事件"为研究路径，以当代数字与信息技术为研究手段，以基层民众生活和文化事项为研究内容，努力挖掘府县层面丰富而宝贵的历史文化资源，从府县看朝廷、政府，从府县看乡里百姓，通过系列的创新性研究成果，深刻揭示绵延不绝的中华文化的内在规律，阐明中华民族精神的渊源与特质，从而重新建构和解释宏观层面上的历史文化。

　　府县级政权是历史上变动最小的基层政权，它与下层百姓的联系甚为紧密。其政令运作、官民互动、社会结构、文教状况、宗教信仰、民风民俗以及境内的音乐、美术和古代建筑等，无一不与民众的日常生活和精神世界息息相关。所以，府县承载了中华历史文化的具体事项，保留了基层民众的生活场景，积淀了各具特色的大众智慧，传承了因地而异的民风与民俗，能够具体而生动地呈现郡县制确立以来丰富多彩的中华文明。

　　府县历史文化包含政治运行、经济活动、社会生活、文学艺术、价值观念和民俗信仰等诸多方面的丰富内涵，作为中观层面的文化形态，在中国文化的链条中承上启下，无以替代。通过研究视角和研究手段的创新，深入而系统地开展府县层面的历史文化研究，或可对当今的研究范式、文化传承和文化建设具有一定的示范和启示意义。

一　以府县为叙事单元的中观史学理论考量

在很长的一段时期内，史学研究一定程度上存有游移于宏观的宏大叙事和微观的细碎饾饤之间的偏颇。前者机械地呼应和诠释意识形态，选题流于空泛，论证失之疏阔，往往以玄想空谈代替切实印证；后者虽有视角向下和关注民间社会的正确指向，但因其较少整体与全局之观照，每每纠缠于细枝末节，乃至同样疏离于历史的真相和常态。我们认为，新的史学观念和史学理论的引入，或可有助于这些偏弊的矫治。20 世纪中期，美国社会学家罗伯特·默顿在社会学研究领域提出了"中层理论"（Middle Range Theory）概念。历史学者杨念群在把这一理论引入历史研究方面进行了筚路蓝缕的探索。他认为："通过庙宇、宗族、一个具体的村庄来解剖中国历史上的所有变迁，这是很重要的转折，也为中层理论进入提供更多的可能性。概括地讲，一是对叙事的空间化过程，二是对某个传统空间的挖掘，这是我采用空间理论的着落点。"[1] 其《中层理论：东西方思想会通下的中国史研究》和《儒学地域化近代形态——三大知识群体的互动研究》等，就是这种可贵探索的见证。受其启发，我们尝试开展中观史学理论视域下的府县历史文化研究，这种尝试主要出于如下几个方面的考量。

（一）从方法论的视角而言，是试图在国家与社会之间寻找一个中间层面的切入点

视角向上的国家层面的历史文化研究，在理论上经常陷于机械诠释和简单对应意识形态之窠臼，在对象上过于关注重大事项而抽掉了一些不该忽略的具体问题，在操作上因问题过于宏大而难免顾此失彼。而视角向下的社会层面的历史文化研究，又往往缺乏对历史文化的整体把握和宏观统筹，每每忽略具体问题之间及具体问题与重大问题之间的内在关联。选取府县这样一个适中层面进行历史文化研究，一定程度上有助于上述问题的

---

① 杨念群：《当代中国历史学何以引如中层理论》，《社会观察》2004 年第 7 期。

解决。

（二）从社会运行机制的视角而言，是把致思之焦聚于中间行政机构和行政力量作用于文化活动的具体方式

府县是介于国家和社会之间的中间行政机构和行政力量，它在国家主流文化和主导价值的生成及其作用方式方面起着十分重要的整合与引导作用。通过考察府县行政力量对民间文化的干预和作用方式，可以深入了解主流文化在民间发生作用的机制，从而更为准确地把握中华文化的特质及其发展变化规律。

（三）从文化纵向构成和互动路径而言，是把府县文化视为国家主流文化、社会民间文化和边缘支系文化的中间环节和调适力量

在文化构成的纵向链条上，府县层级的文化上承国家主流文化，下启下层大众文化，在上下两个层级的文化之间起着融通和调适作用。所以，通过府县文化研究来认识和把握中华整体文化，是一条值得探索的研究路径。

（四）从地域文化覆盖的特定空间范围而言，是把不同府县辖区内的文化，视为相对独立的、中等规模的、更易操作的研究样本

以往的区域文化研究，一般沿用传统的区域文化概念，如燕赵文化、齐鲁文化、湖湘文化和岭南文化等，以这一层级规模的空间范围来界定具有一定共同特征的区域文化，并将其作为相对独立的研究样本，其意义是不言而喻的。然而，它也存在着可以进一步完善的空间：一是这些较为广袤的区域内部的文化差异难以呈现；二是在对这些区域文化进行具体的研究时，尚需从具有典型意义的较小区域文化单元切入。因此，开展府县层级规模的文化研究，有望找到一系列更能充分呈现文化特征和意义的空间范围和叙事单元，使今后的区域文化研究具有更强的可操作性，从而更易于趋向深化，并取得更为实质性的进展。

二 府县视角下国家治理透视

所谓中观史观视角下的明清国家治理研究，概而言之就是试图在府县层级的低层视角下，具象观察当时中央和地方互动层面的行政运作实态，从而呈现和构架更为立体、更为活化、更为真实，乃至全息综合的历史

进程。

习近平总书记在此番教育实践活动中谈道："县一级治理在国家治理中居于重要地位。郡县治，天下安。我国自秦汉确立郡县制后，无论行政区划怎么调整，县一级都是最稳定的，历朝历代都高度重视县级官员选拔任用。清代，县令由吏部直接任命，是古代的'中管干部'，而且赴任前必须到朝廷报到，皇帝亲自看，如发现有不合适或出格之人立即更换。"应该说，这一观察是建立在深入了解中国历史文化演进实际的基础之上的。

一是深刻理解历史上的国家治理。国家治理是指一个政权通过多种途径和形式，对一个国家的政治、经济、文化和社会等事务所实施的实际管理。国家治理所构架的治理体系，首先包括一整套紧密相连、相互协调的国家制度。一个国家的治理能力，或曰制度执行力，正是通过这个体系体现出来的。国家治理体系和治理能力是一个相辅相成的有机整体。一般而言，中国前近代时期的国家治理的实现，主要依赖于君权神授、精神控制、官僚体系、宗法体系、乡约礼俗等。而从中观史观的视角观之，府县历史文化研究则恰恰是具体而深入地把握和理解当时国家治理链条的重要环节。

二是厘清中央与地方之间的互动关系，重构当时的国家治理观念、设置和运作过程。在中观史观和区域研究视域下，明清时期的府县既是国家治理的对象，也是整个国家治理体系中的有机构成。国家治理体系和治理能力是国家制度及其执行能力的集中体现。从这一体系的纵向结构看，中央通过地方官员的任命、稽核以及舆情监测、事件显露等一系列的手段，实现对府县层级地方政权的有效掌控；而从横向的府县层级的治理实态看，各地基层政权通过司法、教谕、乡贤、礼俗等国家意志或社会文化的有形与无形设施，实施对社会基层"软硬兼施"的治理。在国家治理的垂直链条中，府县无疑承载着无可替代的承上启下功能，既上承政令，又下驭黎庶。其思维与运作方式，既不可能完全上同于中央政权，又不可能完全下化于民间社会。以高度意识形态化的儒学为例，它在本质上应该属于适应农业社会生产和生活的理论观念或官方意识形态。从某种意义上讲，其功能或许有类于宗教，而它所塑造的"朝廷的选民"，在通过科场进入官场之后，以合于其学说理论的社会行为治理某一行政区域。中国传统的"知行合一"，在很大程度上应该缘此而言。从思想层面看，一定意义上也可以说，正是因为有了基于正统儒学的"诚意、正心、修身、齐家、治国、平天下"的"内圣外王"期许，才使因应于此的对个人、家庭和国家等不同主体的制度强制和道德约束逐步完善。对于升斗小民而言，如果这种思想构架显得过于阳春白雪或曲高和寡，那么府县为因应于此而普遍设立的城隍土地，则无疑显得更为平易或更接地气。从行政运作层面看，诸如皇帝春日躬耕之类的象征性行为，以及各县沿袭的所谓打"土牛"、促春耕等民俗，若能加以系统研究，亦能体味出个中深意。

三是试图在国家治理与社会维系之间寻找中间层面的切入点。传统的视角向上的国家层面的历史研究，存在着一些不容忽略的问题，如在理论和方法上，有时难免陷于机械诠释和简单对应意识形态之窠臼。由于过分关注重大事项的演进，又有意无意地抽掉了中间层次的节点。而视角向下的社会史语境下的历史文化研究，又往往缺乏对历史文化的整体把握和宏观统筹，每每忽略具体问题之间及具体问题与重大问题之间最为关键的中间节点及其对应于此的内在关联。而中观史观下的府县视角，一定程度上有助于上述问题的解决。

四是通过研究对应于国家治理的社会运行机制，探索中层行政机构作用于文化、社会活动的具体方式。府县是介于国家和社会之间的中间行政机构和行政力量，从国家治理的角度而言，其在国家主流文化和主导价值的生成及其作用方式方面起着十分重要的整合与引导作用。通过考察府县行政力量对民间文化的干预和作用方式，可以深入了解主流文化在民间发生作用的机制，从而更为准确地把握中华文化的特质及其发展变化规律。

五是探索不同层级社会历史文化的纵向构成和互动路径。府县文化介于中华文化纵向结构的中间层次，对国家主流文化、社会民间文化和边缘支系文化起着至关重要的调适作用。府县文化本身及其运行机制，就是国家治理的重要组成部分。总之，在文化构成的纵向链条上，府县层级的文化上承国家主流文化，下启下层大众文化，发挥着上下融通、居间调适的重要作用。

六是从经济运行的视角而言，在中国前近代经济进程以及近代经济转轨，乃至今天的社会主义市场经济运行中，县域经济都在宏观经济发展中占有十分重要的地位。在前近代社会，小区域经济是最能反映其社会形态经济属性的研究领域。然而，关于近代经济转轨历程中的区域差别及其对整个社会的多元影响，始终未能引起学人的足够关注。毋庸置疑，小区域内的经济发展对社会生活和环境变迁的影响是复杂而多面的，而在中观史观的视域内，这种影响可以更为充分地显现出来。由此可见，明清府县经济相对良性的运行，正是前近代国家经济稳定和社会有序的物质基础，彰显了前近代经济所独有的国家经济管理理念和管理模式。

七是通过对知府和县官历史的深入考察，勾勒出较为完整的中央与地方治理的历史轨迹。习近平总书记曾言："历史上许多名人志士为官从政也是从县一级起步的。我一直讲'宰相必起于州郡，猛将必发于卒伍'。"他还引经据典并列举实例指出，举凡北宋政治家王安石、明代文学家冯梦龙、清代画家和文学家郑板桥，以及陶渊明、狄仁杰、包拯、海瑞等诸多历史名人，都曾充任过为官一任、造福一方的知县。就此而言，中观史观视角下基于府县层面的国家治理研究，应该具有促使当道汲取为政智慧和道义力量的现实意义。

综上所述，中观史观视角下基于府县层级的明清国家治理研究，或可在历史研究理论、方法、范式的探索，历史研究的广度拓展和深度掘进，以及传统文化传承和现代文化建设等方面，展现出一派令人心仪的利好前景。

三 府县历史文化研究的愿景

以中观层级规模的府县行政区域作为叙事单元来开展历史文化研究，可以充分借鉴区域社会史与历史人类学领域的理论、方法和经验，既符合史学理论、方法演进的内在逻辑，又可以为历史文化的实证研究提供一系列的具体研究样本，其可预期的学术价值主要表现在以下几个方面。

（一）促进不同学科专业学术群体间的深度合作

杨念群在论及其提出中层理论的初衷时说："我在史学界提出中层理论，就是为了呼唤在国内应不断出现一些这样的概念，这些概念是对某种集团性或者地区性事物的描述。而且这种可操作性概念具有一种'一般性'。在不同的现象、维度里面，其解释的范围既可能是经济史现象，也可能是社会史现象，或者是文化史现象。它可能是一个地区的，一个社团的，也可能是一个人群的。总之是某种集束类型的现象。"① 所谓 "对某种集团性或者地区性事物的描述"，所谓解释一定空间范围内的 "集束类型的现象"，如果在学科交叉融合的平台上来实现，无疑会大大提高研究工作的效率，解决分科治学背景下许多难以解决的问题，取得事半功倍的功效。中观历史理论视域下的府县历史文化研究，在府县这样一个空间范围内，把不同时期的历史文化作为一个整体来研究，广泛涉及历史学、考古学、经济学、政治学、建筑学、数学、计算机、艺术、宗教学、民俗学等诸多学科。所以，具有不同学科专业知识背景的研究人员的协同攻关，是顺利开展课题研究的必要条件。这种探索，可以激发不同学科专业学术群体间深度合作的自觉，一定程度上消除分科治学所造成的弊端，有可能将历史文化的特质和演进规律更为准确地呈现出来。

（二）带动新材料和新问题的发现

陈寅恪先生曾如此论述学术趋向："一时代之学术，必有其新材料与新问题。取用此材料，以研求问题，则为此时代学术之新潮流。治学之士，得预于此潮流者，谓之预流（借用佛教初果之名）。其未得预者，谓之未入流。此古今学术史之通义，非彼闭门造车之徒，所能同喻者也。"② 我们虽不敢妄言该项探索即可收到 "预流" 之效，但我们期望在这一探索过程中发现一些新材料和新问题。由于学界对府县层面的历史文化研究的学术与社会价值未予足够的重视，致使很多相关资料被视为难登大雅之堂的无用或辅助材料，从而未被纳入搜集、整理和使用的范围。在进行中观史学理论视域下的府县历史文化研究过程中，随着研究视角的转换，以往那些视而不见或鲜为人知的历史文化资料将会日益引起研究人员的高度关注和全新阐释。与之相应，一些历史文化现象之间的关联性就可以被建立起来，传统视域和方法之下的一些悬而未决的问题就可能迎刃而解，而随着新材料的使用，新的问题意识就可能不断涌现，新的研究领域就可能被相继开拓。

（三）益于比较研究法的充分使用

历史比较研究法是历史文化研究过程中常用且行之有效的研究方法，

---

① 杨念群：《中层理论与新社会史观的兴起》，《开放时代》2002 年第 2 期。
② 《陈垣敦煌劫余录序》，《金明馆丛稿二编》，上海古籍出版社 1980 年版，第 236 页。

晚近以来，它得到了愈益广泛的运用。中观史学视域下的府县历史文化研究，可以为历史比较研究方法的运用提供更为广阔的空间：从时间角度看，历时与共时之间可以进行比较；从空间角度而言，不同府县之间可以进行比较。而府县这一层级规模的设定，可以为历史文化现象的比较研究提供一系列理想的比较对象。将不同区域内的不同府县的历史文化事项进行比较研究，必将有益于准确阐释一定区域内历史文化的本质特征。

（四）直接助力地方社会文化、经济发展

目前我国经济社会发展的重要问题之一在于经济发展与社会发展不平衡，而真正的社会进步即要有经济发展的支持，更需要社会文化的全面进步。中观视角下的府县文化研究对于目前社会对于文化发展的需求恰是对症良药。首先，中观的视角摆脱了过去文化研究大而空、无抓手、远离实际的弊端。其次，中观层面的府县文化其数量本身就是文化创新的基础。最后，府县文化研究对于地方经济文化发展可有直接的助力，如非物质文化遗产的保护，地方文化旅游资源的深度挖掘，当地文化产品的设计与开发，等等。

总之，中观史学理论视域下的府县历史文化研究，或可在一定程度上矫治历史文化研究领域存在的偏失，为充满变革张力的人文社会科学研究领域开辟出新的学术境界。

为此河北师范大学成立了县域历史文化中心，进行学术研究。

本书是国家社会科学重大课题《明清华北地区府县历史文化研究与专题数据库建设》的有机组成部分。

（天津古籍出版社、天津美术出版社即出）

《秘鲁研究中心丛书》序言

一

2013 年 4 月 8 日上午，由秘鲁驻华使馆主办的河北师范大学秘鲁研究中心成立仪式在北京公共外交文化交流中心正式举行。正在我国进行国事访问的秘鲁共和国总统奥阳塔·乌马拉阁下出席成立仪式并讲话。

河北师范大学蒋春澜校长首先致辞。他说：拥有百年历史的河北师范大学，长期以来，一直致力于为教师和学生"搭建"三座"桥梁"——与世界科学家学术交流的桥梁、与世界政治家思想对话的桥梁、与企业家之间相互支持的桥梁，最终目的是把大学办成一所世界性大学。我们努力借鉴、吸收世界各民族的优秀文化，培养每一个就读于大学的学生，使其无论在何时、何地、做何种工作，都能够为他人、为祖国、为世界尽一份力量。

秘鲁外交部长拉斐尔·龙卡利奥洛在随后的讲话中对我校秘鲁研究中心的成立表示祝贺。拉斐尔部长表示，河北师范大学秘鲁研究中心的创建意义重大，是两国加强文化交流的重要举措。中秘两国都有着悠久的历史，各有世界七大奇迹之一，中国拥有长城；秘鲁拥有马丘比丘。由秘鲁外交部赠予河北师范大学秘鲁研究中心的图书来自秘鲁的各个机构，其内容涵盖了秘鲁语言、文化、经济和历史的方方面面，希望有助于把秘鲁研究中心建设成为一个使更多中国人了解秘鲁的重要平台。

在秘鲁总统奥阳塔·乌马拉·塔索先生的见证下，蒋春澜校长和拉斐尔部长共同签署了"河北师范大学秘鲁研究中心创建纪念证书"。纪念证书载明：此纪念证书于秘鲁共和国总统奥阳塔·乌马拉·塔索阁下访问中国之际在河北师范大学秘鲁研究中心开幕仪式上签署。

签字仪式结束后，秘鲁共和国外交部拉斐尔·龙卡利奥洛部长向我校赠送了由秘鲁驻华使馆制作的河北师范大学秘鲁研究中心揭幕纪念牌。纪念牌用中西两种文字刻着："河北师范大学秘鲁研究中心于秘鲁共和国总统奥良塔·乌马拉·塔索到访中华人民共和国期间正式揭幕。"

乌马拉总统发表了热情洋溢的讲话。他说：上帝创造了人类，为了人类沟通的方便又创造了语言。我感谢中国政府有关孔子学院的政策，使得秘鲁的青少年有了学习汉语、了解中国的机会。今天，我非常自豪能在这里见证河北师范大学秘鲁研究中心的成立，因为河北师范大学秘鲁研究中心是我国政府在海外支持建立的第一所秘鲁研究中心。我希望该中心能够成为研究和传播秘鲁文化的中心，成为广大的中国人了解秘鲁的窗口，成为中秘文化交流的桥梁。

最后，乌马拉总统和蒋春澜校长一起与前来参加活动的我校西班牙语系学生合影留念。

中央电视台、西班牙埃菲社、秘鲁《世界报》等十几家中外媒体采访了此次活动。

实际上，早在 2006 年 6 月，河北师范大学李建强书记随省领导访问美国、秘鲁期间，就与秘鲁秘中文化协会建立了联系。次年，秘鲁里卡多帕尔马大学校长伊万·罗德里格斯和现代语言学院教授罗萨博士访问河北师范大学，与蒋春澜校长共同签署了两校合作协议，就合作申报孔子学院、合作举办西班牙语专业和西汉经贸翻译专业达成一致。

二

时间回到 2008 年 3 月，秘鲁派遣弗拉若·赛西莉亚·拉扎诺和安娜·赛西莉亚·泰罗等两名教师赴我校任教。6 月，河北师范大学西语本科专业开始招生，每届 30 人。

2010 年 11 月 18 日，河北师范大学里卡多帕尔马大学（URP）孔子学院挂牌，这是国家汉办批准在秘鲁设立的第四所孔子学院，也是设在利马的第二所孔子学院。里卡多帕尔马大学拥有悠久的历史，在秘鲁教育界享有盛誉。除中西翻译专业外，孔子学院还为国际贸易系开出了五个不同层次的汉语选修课程；为翻译系开出了初级班、中级班和高级班汉语选修课。为满足汉语学习者的需求，孔子学院还面向社会开出了汉语初级班。

2010 年 12 月 12—14 日，秘鲁里卡尔多帕尔马大学代表团在副校长罗伯特·陈率领下对我校进行了友好访问。

2011 年 12 月 9—10 日，秘鲁里卡多帕尔马大学孔子学院外方院长罗萨·菲利普楚克教授访问我校，出席两校孔院工作会议并应邀观看了外国语学院为庆祝中秘建交 40 周年而创排的西语话剧。

2012 年 6 月，URP 筹备成立汉学研究中心。6 月 8 日，秘鲁外交部与中国驻秘鲁大使馆联合举办"中国人眼中的秘鲁"的征文比赛。我校赴秘鲁交流学生参加征文比赛获奖。7 月 13 日下午，中国驻秘鲁大使黄敏慧女士、文化参赞石泽群先生等一行三人访问了我校秘鲁孔子学院。8 月 16 日，中国主流媒体记者团访问我校秘鲁孔子学院。

2012 年 11 月 12 日是里卡多帕尔马大学孔子学院成立两周年纪念日。当晚，里卡多帕尔马大学和孔子学院在该校文化中心举行《秘鲁的中国移民：历史、考古与社会》新书发布会。该书是由孔子学院研究中心和里卡多帕尔马大学共同组织了 26 位学者就中国移民在秘鲁的相关问题所撰写的论文和研究报告，由秘鲁里卡多帕尔马大学出版社出版。中国驻秘鲁大使黄敏慧、文化参赞石泽群出席了新书发布会。

2012 年 11 月 14 日，秘鲁里卡多帕尔马大学经管学院报告厅，孔子学院举办了题为"对华商业契机"专题讲座。

2013 年 4 月 11 日，里卡多帕尔马大学孔子学院邀请秘鲁著名汉学家、翻译家吉叶墨·达尼诺先生作了一场题为《汉语—西班牙语翻译》的学术报告。

84 岁高龄的达尼诺教授阅历丰富，知识广博，功底深厚，语言幽默，他精彩的报告引起听众的极大兴趣。他绝妙地阐述了西班牙语和汉语之间的差别；解释了汉语的演变、汉字的含义、一字多义在翻译中的问题、自己在诗歌翻译中的经验以及自己学习汉语的经历。报告厅内不断传出阵阵掌声。

吉叶墨·达尼诺先生毕业于秘鲁天主教大学和巴黎高等研究学校，曾在圣马尔科斯大学和秘鲁天主教大学任汉学教授。1979 年，他来到中国，先后在中国南京大学、对外经贸大学教授语言学和文学。30 多年来长期寓居中国，出版多部中国文化方面的论著和汉译西作品。他还曾在 25 部中国影视作品中扮演过不同的角色，如《大决战》里的司徒雷登，《重庆谈判》中的赫尔利，《毛泽东和斯诺》中的路易·艾黎，等等。

2013 年 9 月，秘鲁里卡尔多帕尔马大学西汉翻译专业 9 名学生到我校进行为期一年的汉语学习，2014 年交流人数增加到 11 人。

9 月 12 日上午，中国驻秘鲁大使黄敏慧一行 3 人来到里卡多帕尔马大学孔子学院，看望了在该院从事汉语教学工作的老师和西汉翻译专业的学生。

2013 年 11 月 16 日，我校里卡多帕尔马大学孔子学院顺利举办了该孔院的首次中小学汉语考试。52 名中小学生分别参加了少儿汉语水平测试（YCT）一级和二级考试。

11 月 28 日，秘鲁里卡多帕尔马大学汉学研究中心揭牌仪式在里卡多帕尔马大学文化中心举行，中国驻秘鲁大使黄敏慧、里卡多帕尔马大学校长伊万·罗德里格斯为中心揭牌并致辞。

2014 年 6 月 6 日，鲁赛区首届"汉语桥"中文比赛决赛在里卡多帕尔马大学的 Ccori Wasi 中心成功举办。

2014 年 7 月 1 日，秘鲁里卡多帕尔马大学隆重举行了建校 45 周年庆祝活动。中国驻秘鲁大使馆文化参赞朱晓燕一行 2 人出席活动，我校孔子学院中方院长及全体教师应邀参加活动。

2014 年 9 月 26 日，为欢庆孔子学院成立 10 周年，我校里卡多帕尔马大学孔子学院举办了丰富多彩的庆祝活动。活动围绕"秉承中华传统，弘扬中国文化"的主题，通过讲中文、写汉字、唱民歌、练太极、品中餐等多种方式，让外国友人在欢乐之余更好地接触、了解中国，体验中国文化，增进彼此的友谊。

10 月 15 日晚，里卡多帕尔马大学孔子学院和中国驻秘鲁使馆在圣塔·乌苏拉学校礼堂共同承办了"庆祝孔子学院 10 周年"利马首场文艺演出。中国驻秘鲁大使黄敏慧、文化参赞朱晓燕、里卡多·帕尔马大学校长罗德里格斯·查韦斯、孔子学院外方院长罗莎·菲利普楚克、中方院长潘炳信，以及利马当地华人华侨代表及社会各界人士 80 人观看了演出。

2014 年 11 月 22 日，中共中央政治局常委、全国人大常委会委员长张德江莅临我校秘鲁利马里卡多帕尔马大学孔子学院参观访问。

里卡多帕尔马大学校长罗德里格斯·查韦斯先生向张德江委员长赠送了汉学研究中心的两本专著《秘鲁的中国移民：历史、考古与社会》和《中秘艺术与文化》；张德江委员长向孔子学院赠送了中文图书。随后，张德江委员长一行到汉语课堂，与汉西翻译专业四年级学生进行交流。

三

2012 年 10 月 13 日，以秘鲁著名艺术家梅赛德斯·苏阿雷斯为团长的秘鲁安第斯乐团到我校演出，在独特的南美风情氛围中，师生与秘鲁艺术家一起欣赏了秘鲁国歌《山鹰之歌》、著名歌曲《肉桂花》、华尔兹舞《利马水手》以及秘鲁民族乐曲 "Sikuriada"（类似排箫的乐器）合奏。

2013 年 10 月 25 日下午，我校秘鲁研究中心揭牌仪式在学校会议中心隆重举行，秘鲁共和国驻华大使贡萨洛·古铁雷斯博士和我校党委书记李建强教授为中心揭牌。揭牌仪式由秘鲁研究中心主任戴建兵教授主持。揭牌仪式结束后，贡萨洛·古铁雷斯大使应邀为我校师生做了题为《中国与秘鲁》的学术讲座。讲座结束后，古铁雷斯大使和研究中心的人员、西语系师生亲切交流并合影留念。大使在参观研究中心的办公场所后，对我校秘鲁研究中心良好的办公环境和工作条件赞不绝口，并表示这里将成为未来秘鲁在华学术交流的重要场所。在秘鲁研究中心门外，秘鲁青年艺术家西撒·帕拉迪用四天时间创作的题材为秘鲁剪刀舞的 3D 画刚刚完成，大使先生很高兴地与西语系的学生和秘鲁留学生在逼真的 3D 画旁合影。

2013 年 11 月 23 日上午，由我校秘鲁研究中心主办，同时作为 2013秘鲁秋季文化艺术节 "Yachay Raymi" 系列文化活动之一的《秘鲁中餐馆历史及食谱》中文版新书发布会暨赠书仪式在我校会议中心第一会议室举行。该书作者、秘鲁著名记者玛莉艾拉·巴尔比女士、秘鲁驻华大使贡萨洛·古铁雷斯博士等出席仪式。

秘鲁驻华大使贡萨洛·古铁雷斯在讲话中高度评价了《秘鲁中餐馆历史及食谱》一书在记录中秘两国在饮食文化融合过程的重要作用。他表示秘鲁驻华大使馆将致力于促进中国和秘鲁的文化、教育等全面交流，希望河北师范大学秘鲁研究中心能够在中国—秘鲁交流方面发挥更大的引领作用。

玛莉艾拉·巴尔比女士做了讲座，介绍了她创作该书的缘由、过程及体会，以及中餐在秘鲁传播的历史。她的研究表明，150 年前，有 7 万多中国移民陆续前往秘鲁沿海地区的种植园工作，自此，秘鲁当地人品尝到了一系列异域风味的饮食，且这些饮食最终改变了当地人的饮食习惯。她的这本书记录的就是中国饮食进入秘鲁、与秘鲁饮食文化相互融合到最后形成特有的秘鲁中餐的过程。如今，秘鲁首都利马市的中餐馆数量已经超过了本土餐馆，那些被称为 "chifa" 的中餐馆已经成为秘鲁人熟悉和日常生活用餐的重要场所，人们每年在中餐馆的用餐消费已超过 10 亿美元。巴尔比女士幽默风趣的讲座深深地吸引了在场的听众。讲座结束后，贡萨洛大使和巴尔比女士一起回答了同学们的提问。

《秘鲁中餐馆历史及食谱》中文版初稿是由我校秘鲁研究中心的研究员、西语系教师塞西莉亚等组织我校西语系的学生翻译的。全书有近 300 页，不仅详细介绍了中餐馆在秘鲁的发展历史，还配有 70 多道秘鲁人喜爱的中国美食的食谱及精美图片。

2014 年 3 月 18 日下午，由秘鲁驻华使馆及我校秘鲁研究中心联合举办的"秘鲁知名作家圣地亚哥·龙卡利奥洛谈西班牙语文学"报告会在我校举行。

龙卡利奥洛从他的西班牙语作品《红四月》的创作谈起，深度揭示战争的残暴本质并从道德的角度发出残忍的杀戮行为在战争中是否可以被视为合理并谅解的质问。围绕这个中心，探讨了对暴力与和平的认识过程以及对西班牙文学创作的个人见解。在与学生的互动中，他用幽默的语言结合自己的成长过程与学生交流，呼吁大家珍惜世界和平。

圣地亚哥·龙卡利奥洛 1975 年生于秘鲁首都利马，早在 2006 年，他的作品《红四月》（西班牙语原名 "Abril Rojo"）便获得了著名的阿尔法瓜拉奖，在秘鲁和西班牙均十分畅销。2011 年度该作品又获《独立报》外国小说奖，此奖项创办于 2000 年，是英国图书界著名的、也是唯一的文学翻译大奖，由《独立报》赞助并冠名。

2014 年 11 月 12 日，我校国际文化交流学院的 9 名秘鲁学生应秘鲁总统奥阳塔·乌马拉的邀请赴京参加了 APEC 峰会秘鲁美食节开幕式活动，并为各国首脑表演了秘鲁的传统舞蹈 Festejo。

2014 年 11 月 25 日下午，由秘鲁驻华使馆及我校秘鲁研究中心联合举办的"秘鲁知名作家胡安·莫里略·加诺萨新书《老家》发布会"在我校会议中心第一会议室举行。秘鲁共和国驻华大使馆公使衔参赞胡安·米盖尔·米兰达、秘书奥马尔·奥尔特加、秘鲁社会学家加布列拉·费尔南德斯出席。

莫里略先生从秘鲁另一位著名作家何塞·玛利亚·阿尔盖达斯的创作谈起，谈到了文学创作对人类文化的影响，作家本人投身文学创作的源头，希望通过《老家》这本书使大家对秘鲁的社会文化生活有所了解。

2014 年 12 月 8 日下午，"秘鲁风情介绍——CCTV 2013 年度西班牙语大赛获奖者秘鲁行游见闻"报告会在我校举行。该活动由我校秘鲁研究中心与秘鲁使馆商务处联合举办。

十几年来，河北师范大学与秘鲁里卡多帕尔马大学进行了友好合作，孔子学院是我们的桥梁。

现在，我们已经开始进行学术层面上的交流，本书就是河北师范大学秘鲁研究中心丛书的第一部，今后，我们希望丛书成为中秘文化、科技与艺术交流的重要学术窗口。

（天津古籍出版社即出）

《印度尼西亚研究中心丛书》序言

一

2011 年 1 月 18 日，河北师范大学与印度尼西亚玛拉拿达基督教大学共建的"玛拉拿达基督教大学孔子学院"揭牌仪式在印度尼西亚万隆隆重举行。河北师范大学党委书记李建强和玛拉拿达基督教大学校长、玛拉拿达基督教大学孔子学院理事会理事长哈欣（Hasian S. Siregar）代表两校共同为玛拉拿达基督教大学孔子学院揭牌。国家汉办主任、孔子学院总部总干事许琳发来贺信，中国驻印度尼西亚大使馆文化参赞邵一峫、西爪哇省政府代表、雅加达华文教育协调机构执行主席蔡昌杰先生等到场并先后致辞祝贺。

实际上，早在 2002 年河北师范大学已开始接受 8 名印度尼西亚留学生前来学习。4 年后，这 8 名留学生中有 4 名继续在河北师范大学攻读硕士学位，有 4 名回到印度尼西亚从事汉语教学工作。这些硕士生、本科生毕业后成为印度尼西亚玛拉拿达基督教大学中文系的创系骨干。这也是河北师范大学在"千岛之国"印度尼西亚播下的第一批传播中国文化的种子。截至目前共有 47 名印度尼西亚孔子学院奖学金学生先后来我校学习，25 人获得学士学位，22 人获得硕士学位。

2003 河北师范大学与印度尼西亚玛拉拿达基督教大学（简称"玛大"）建立了正式友好合作关系。随后，河北师范大学向印度尼西亚派遣了多位优秀汉语教师，帮助其设立了中文系（专科层次），2006 年升为本科专业。2007 年 9 月，印度尼西亚玛大成立中国语言文化中心，河北师范大学校长亲赴印度尼西亚参加揭牌仪式，并开始洽谈设立孔子学院事宜。2008 年 2 月，时任印度尼西亚玛大校长哈欣博士率团访问河北师范大学。多年来，河北师范大学与印度尼西亚玛拉拿达基督教大学校际高层互动频繁，在科研、学生交流、教师交流多层次保持着友好密切的交往关系。

正式开办几年来，玛拉拿达基督教大学孔子学院围绕发展汉语教育、传播中华文化、推动文化交流方面积极开展工作，取得了良好成效。在印度尼西亚 6 所孔院中率先建成了中国文化体验中心，使之成为玛大师生、万隆社会各界了解中国文化的一个窗口。孔院依托建在万隆市的地缘优势，于 2013 年谋划注册并成功举办了两年一届的"万隆论坛"，吸引了中印尼高校和华文教育界的 130 多人参加。除此之外，孔子学院在玛大校外还设立了桑加布阿那大学、万隆旅游学院、万隆国立伊斯兰大学等 10 个教学点，并定期开展文化巡展、巡讲活动。同时，还面向印度尼西亚社会积极开设各类语言培训班、文学班，积极举办各种文化活动。自建院至今，参加培训班的学员人数已达 3400 人，参加文化活动的人数达到 26000 人，有力地弘扬了中国语言文化，扩大了河北师范大学的影响力，其中先后为西爪哇省人事厅、西爪哇省教育厅举办的公务员汉语培训班，成为服务社会的语言培训特色项目。

二

2007 年河北师范大学受河北省教育厅委托，成为河北省首家大规模向海外派出汉语志愿者教师的学校，也是国家汉办首次委托地方院校大规模选派汉语教师汉语志愿者教师。同年共计派出 28 名汉语志愿者教师，全部来自河北师范大学，有 4 人一年结束后获得了国家汉办优秀汉语志愿者教师的称号。河北师范大学汉语志愿者教师的汉语教学任务完成得扎实有效，得到了印度尼西亚当地各阶层人士，尤其是学生和华侨的欢迎和肯定。汉语志愿者教师在传播汉语知识和文化的同时，积极学习当地语言，了解当地风俗，扮演了"民间文化交流大使"的角色。汉语志愿者教师教给印度尼西亚学生学习中国的剪纸、学做中国风味菜肴，举办汉语知识比赛，努力吸引更多的人学习汉语。

从 2007 年选派首批汉语志愿者教师赴印度尼西亚教学以来，河北师范大学先后向印度尼西亚选派了 9 批 123 名汉语志愿者赴印度尼西亚任教。师大汉语志愿者教师在印度尼西亚的教学实践，扩大了河北师范大学在印度尼西亚的影响，很多印度尼西亚人纷纷表示要把孩子送到河北师大来上学，不少学校通过汉语志愿者教师表达了与河北师范大学在教育领域进行合作的愿望，印度尼西亚百年侨校八华学校就是其中之一。印度尼西亚八华学校创办于 1901 年，是印度尼西亚第一所开设中文、英文、印度尼西亚文的三语平民化学校，目前在校生达 2400 多人。河北师范大学自 2009 年以来已经先后向该校派遣了 20 余名志愿者教师。2014 年河北师范大学八华学院成立，开设了汉语国际教育专业、国际贸易专业并招收两届学生共计 63 人；目前河北师范大学八华学院拟增设经济、旅游等 7 个专业，2016 年将有 9 个专业同时招生。

<h1 style="text-align:center">三</h1>

时间回到 2011 年 7 月，时任印度尼西亚玛拉拿达基督教大学新校长金嘉卉博士（Dr. Felix Kasim）率团访问河北师范大学。河北师范大学副校长会见了代表团一行，并就双方合作在河北师范大学建设印度尼西亚研究中心达成一致，并签署了合作备忘录。经过紧张筹备，2012 年 11 月 27 日在河北师范大学举行印度尼西亚研究中心揭牌仪式。河北师范大学党委书记和时隔一年再次到访的金嘉卉博士共同为中心揭牌。河北师范大学党委书记代表学校，聘请金嘉卉博士为客座教授并亲自颁发了聘书。

河北师范大学印度尼西亚研究中心旨在以冀印尼经贸文化和社会交流合作为重点研究内容，服务河北省和一带一路的重大目标，增进河北省和印度尼西亚间社会、经贸、文化交流与教育往来，广泛汇聚省内外与国内外印度尼西亚问题研究专家学者和优秀研究人才，从而为国家制定发展战略、政策措施提供智力支持、决策咨询、理论探讨和实践分析，为政府开展对印度尼西亚工作提供重要的"智库"支援，同时借以提升学校人文社科综合研究能力，进一步促进河北师范大学对印度尼西亚学术交流以及文化教育工作的国际开放程度。中心成立以来积极主办学术活动，促进学术交流，并聘请中国亚太学会理事、中国东南亚研究会理事、中国社会科学院亚太与全球战略院研究员、博士生导师许利平教授为特聘首席专家，定期指导印度尼西亚中心开展学术交流活动。

2015 年 5 月 12 日，印度尼西亚共和国驻华大使苏更·拉哈尔佐（Soegeng Rahaidjo）在印度尼西亚大使馆文化参赞塞恩·托达尔莫苏马托的陪同下访问河北师范大学。河北师范大学校长、副校长代表学校及印度尼西亚研究中心与苏更大使一行进行了会谈，并举行仪式聘请苏更大使担任印度尼西亚研究中心的客座教授。

会谈结束后，苏更·拉哈尔佐大使在学校图书馆报告厅做了题为《中国和印度尼西亚六十五年的外交关系——展望和平与繁荣的全面战略合作伙伴关系》的演讲。大使先生通过数据将中国和印度尼西亚两国进行了对比，清晰梳理了建交六十五年以来两国关系发展的各个阶段，回顾了两国在贸易、投资、人文等领域合作的历史，对影响两国关系发展的问题，也提出了克服这些困难的一些建议。大使先生认为，中国建设"一带一路"的倡议和印度尼西亚"全球海洋支点"的设计有着全球共同发展的相同理念，中国和印度尼西亚将克服困难，共同迎接合作共赢的美好前景。

访问期间，大使一行还参观了河北师范大学印度尼西亚研究中心，并与在校印度尼西亚留学生进行了亲切交流。

五

2015 年是中印尼建交 65 周年，印度尼西亚总统佐科总统在上任不到五个月的时间里两次访华。习近平主席在不到一年半的时间两次到访印度尼西亚，这种频密的高层交往在两国关系史上前所未有，体现了中印尼关系的高水平运行，中印尼关系正迎来历史最好时期。5 月，中印尼副总理级人文交流机制成立，这是中国与发展中国家建立的首个高级别人文交流机制。在同年的亚非领导人会议和万隆会议 60 周年纪念活动，习主席与佐科总统一致同意将现有的中印尼副总理级对话、高层经济对话和在 5 月成立的副总理级人文交流机制，打造成引领两国政治互信、经贸合作、人文交流的"三驾马车"。

2015 年 5 月 29 日下午，正在印度尼西亚进行访问的中共中央政治局委员、国务院副总理刘延东专程前往西爪哇省会万隆市，视察了河北师范大学与印度尼西亚玛拉拿达基督教大学共同承办的玛大孔子学院。陪同她到访的还有教育部袁贵仁部长，中国驻印度尼西亚大使谢锋，国务院副秘书长江小涓，外交部副部长刘振民，文化部副部长丁伟，国家汉办主任、孔子学院总部总干事许琳等。

刘副总理首先观看了由河北师范大学孔子学院承办的"印度尼西亚6所孔子学院办学成果展"，接着又兴致勃勃地走进玛拉拿达基督教大学孔子学院中国风格浓郁、古色古香的"中国文化体验中心"，并认真观看了孔子学院学员汇报演出。刘延东指出，中国和印度尼西亚同为亚洲发展中国家，发展战略高度契合，合作共赢符合双方共同利益，也必将发挥更大的地区和全球影响。中印尼友好的根基在民众，希望在青年，双方应围绕建设21世纪海上丝绸之路和全球海洋支点发展规划，深化人文交流，充分发挥好中印尼副总理级人文交流机制的作用，进一步加强教育文化领域合作，培养造就一大批熟知对方语言文化和国情的优秀人才。

刘延东希望玛拉拿达基督教大学孔子学院不断提高办学质量和水平，为印度尼西亚人民学习汉语、了解中国文化，促进两国民众友好往来做出更大贡献。河北师范大学校长全程陪同刘延东副总理一行视察并汇报了相关情况。刘延东指示："师范大学办孔子学院就应该办得更具有特色，要把孔子学院办成世界了解中国文化、了解中国发展的一个基地。"她希望河北师范大学的孔子学院能够办成最好的孔子学院之一。

在此背景下，我们编译了这套"河北师范大学印度尼西亚研究中心丛书"，希望这套书能为增进两国人民相互了解搭建桥梁，为中印尼全面战略伙伴关系发展贡献绵薄之力。

（世界知识出版社等出版）

《中国历代钱币简明目录》后记

　　自从第一次接触古钱币到现在已经有将近 30 年的时间了。

　　故乡那时已是一座著名的重工业城市，但是故乡的陡河还是清的。每当夕阳西下，眼前那座英国人修建的老桥上的石雕被阳光照得泛着红边，河边成片的柳林中，伴着老年人的故事，我第一次接触了古代的钱币。

　　那是一罐清钱，这些钱币今天已经变成铜料不知让人们做成了什么新的东西，但是对于一个还是五岁孩子的我来说，这些钱就是谜，是一个值得让人解开的谜，为什么这些钱中间还有一个眼？他们是不是能当一分钱花？为什么钱的后面还有不认识的字，它们是什么意思？

　　当然这种问题伴着河里的螃蟹和虾，伴着河岸的清泉和水边无数美丽的蜻蜓，伴着带有药香的荷花，成了一个童年的梦。

　　这个梦一直到了1981 年上大学读历史系时才重新醒来，就是带着对这些历史遗物的问题和年轻人争强好胜的劲头，让我到处去寻找有关的书籍，到处去请教有学问的老师。

　　对我影响最大的一本书就是千家驹和郭彦岗两位先生编写的《中国货币发展简史和表解》，这是一本钱币的入门书，也是在那个时候出版的唯一一本高质量且带有表格的泉书。我发现了宝贝，因为我可以按照书中的表去按图索骥收藏和探知一枚枚的古钱币了。

　　老师支持学生这种对知识的渴求。记得那时，每到周六，就跑到系办，找老师盖系里的大印——在自己写的一封介绍信上盖大印，证明自己为了学习而到废品收购站里去找古钱币。

　　20 世纪 80 年代初，对于古钱币感兴趣的人还不太多，中国钱币学会还没有成立，一般人对于中国古代文化结晶之一的古钱币还没有一个正确的认识，它们只不过是没有多大用处的破铜钱，其最高价值在于它们是铜的，而铜在当时的废旧物品当中的被收购价格相对较高，因而他们最集中的地方是废品收购站。

"化腐朽为神奇"是古人的一句名言，只有那时在废品收购站里一起"玩"的几个同学可能才深深懂得这句话的含义，在无数个废品站里，我们见到过将近有一间屋子的新疆钱币，我们看见过成堆的布币，我们曾手里拿过一堆堆的背"丹"字开元通宝，一麻袋一麻袋的刀币，成吨的铜元……

以后到大学去教经济史，再后来考上经济史的研究生，我对古代钱币已经有了一定的了解。从1981年到1989年，我和几个同学走过河北几十个县的废品收购站，一边旅行，一边考查，一边收集铜钱，我记下了十几万字的日记，起了个名字叫《乡下搜铜记》。在这种学习的过程当中，我知道了钱币的地域性，有一年我自己独自从长江中游跑到上海，在九江甘棠湖边得到一些南方钱币，特别是孙吴钱币，这些不同文化的古币当时曾强烈地震撼了我。

在这种学习的过程中，我们也"救"了无数的钱币和文物，我们曾给河北省博物馆、一些县里的博物馆，以及后来的钱币学会提供过大量线索，当然，我们也将一些钱币赠给我们的母校，而且这个活动还将继续下去。

再就是开始了访学的过程，图书馆、档案馆……在那里，我见到过清代著名收藏家手拓的珍钱拓片，也见到了许多收藏家的收藏目录，还见到了许多泛黄的档案，后来我将这些访学的经历编成了一本《宇内访学记》。

通过对中国货币史的学习，我知道了中国纸币史的研究是当时最薄弱的环节，因而就决定先从这里入手，出版了《中国近代纸币》一书。

从这本书开始，《中国货币发展简史和表解》一书里的表对我的影响开始展现，我也在书中搞了基本上每一个银行纸币的表，而且从那时起就想编写一本全都是表的书，方便读者。后来在《金钱与战争》、《中国近代硬币宝鉴》、《中国近代商业银行纸币史》以及一些论文中都涉及了大量的"钱"表，只不过因为一些原因，有的没有和读者见面。

一个人的学问生涯和别人的帮助分不开的。记得我第一次走入泉学的殿堂，写了第一篇文章《泉书漫议》后，泉学前辈马定祥、王贵忱等都写来了热情洋溢的信。我的第一篇关于造币厂的习作《清和民国时期浙江造币厂及其所铸币》在《舟山钱币》上了发表后，《舟山钱币》主编盛观熙先生就一直在学术方面给予我帮助。至丁中国钱币学会的各位领导、先生的指导，更是让人感动……

　　和 20 世纪 80 年代初比起来，今天的泉学已经如日中天，那时想找个知音都不易，而今我们的朋友遍天下，泉书满书肆，学人塞"钱"市，可以参考的东西太多太多，本书也大量参考了各位先生的著作，如赵隆业和徐枫先生编的在国内外影响巨大的几本图录，吴筹中先生的文章，华光普先生的大作，台湾张惠信先生、许宗羲先生的著作，以及海内外的各种钱币文章及钱币刊物，在此深表谢意。

（人民邮电出版社 1997 年版）

《白银与近代中国经济 1890—1935》后记

什么是"斜风细雨"？是我在 2000 年"桑美"台风横扫沪上后知道的，什么是"暗香浮动"？是我在复旦园中的桂花树下知道的，而金融史则是我在进入师门后才清楚的。

作为一个北方人，我真正理解了"窗前谁种芭蕉树？阴满中庭；阴满中庭，叶叶心心、舒卷有余情。伤心枕上三更雨，点滴霖霪；点滴霖霪，愁损北人、不惯起来听"。李清照的《添字采桑子》真正道出了北方人对南方天气的无奈，虽然在老师的指导和同学的讨论中学问日增，喜悦之心常伴着复旦草坪旁盛开的茶花和深秋时蓝天下沁出生命之色的角枫，但是一个负笈南下的中年人又有多少时间能在无常的时光里得以空闲呢？

一个人的成长总是伴随着众多师友的关爱和付出，我的老师吴景平，对学问持之以恒的精神是我们问学道路上的动力源泉，师母的关爱使我们生活在人性灿烂的光辉之中。我的同学刘志英、赵兰亮、薛念文、金志焕、马陵合、马军、王晶、何品、宋佩玉、陈礼茂、廖大伟、诸静、张徐乐、张天政，他们或学富五车，或侠女风范，每每堂上论道，酒酣而歌，总能体味人生的真意，能够结识他们真是幸事。

要是没有数学所的朱尚伟博士，我也没有上面这些婉约的话，这位整天与最优化打交道的人，竟然和我谈论了一年的诗词与金庸，而张志勇博士在周庄给我拿了一天的戥子，他的求学之路让人理解了什么是坚忍。

我的父母一生操劳，华发日增；我的妻子和儿子在时时鼓励我的同时也在天天追求学问，他们付出了更多的辛劳，除了努力和感恩之外，还有什么可说呢？又能说些什么呢？

（复旦大学出版社 2005 年版）

《金钱与战争——抗战时期的货币》
后记

经过几年的艰苦探索，小书五易其稿，终于写完了，留给我的只有两种情感：一是对师友们的深深谢意，二是对自己功力不足的无奈。

1991年，在南开大学魏宏运、陈振江教授的帮助下，我开始承担中华青年基金课题《抗日战争货币史》的研究，在此期间，一直得到师友们的热情帮助。远在浙江舟山的《舟山钱币》主编盛观熙先生，是我从未谋面的良师，他为本书提供了大量的外文、台港方面的珍贵资料及无私的帮助。人民出版社的侯样祥编辑，更是一位严师，对本书从标点到修辞、从文字到立论……方方面面给以修正和指导，这都让我终生难忘。

我在河北大学和重庆商学院的师兄李金铮和曾庆钧更是有求必应，奔忙于当地的图书馆和档案馆中代检资料。台湾政治大学的林桶法先生和韩国青年学者孙准植先生，代觅台港和日本方面的资料。中国第二历史档案馆的于彤先生指导检索二档的档案。云天高义，如何能忘？

由于自己学识和功力浅薄，虽费尽心神也难达自己对本书最高境界的追求，真是愧对师友，只有加倍努力，在日后的学习中不断充实自己，以不辜负师友们的厚望。

抗战时期的货币，是一个极为复杂的研究课题，本书作为一块引玉之砖，诚恳地期待专家和读者的批评指正。

（广西师范大学出版社1994年版）

《网络金融》后记

网络金融是依托信息技术发展而引发的金融创新，金融创新使得金融业与高新科技的结合较其他部门更为快速，当人们谈论完全虚拟的电子邮票、电子印章时，金融业内人士所谈的电子货币却是有形的信用卡，而完全虚拟的货币一时间竟然出现了数字化货币、网络货币等不同的概念，由此我们可以看出金融创新的力度。

在知识经济初显端倪的时代，网络金融也只是正在孕育的胚胎，但是其发展的前景却将让人们看到一场真正的金融革命，由于网络技术的发展，资金以前所未有的速度无国界地流动，网络货币将流通手段和价值尺度真正地统一在了一起，独立国家的货币将受到挑战，中央银行进行宏观调控的基础货币由此将发生变革；网络金融将加速国际金融体系的演变，所有这一切必将随着时间的推移而发生。

未来的网络金融是真实而强大的，现实的网络金融业务却刚刚开始，因而本书的内容只能就现实网络金融的现状加以描述，并力图展示其发展的方向，由于编者水平有限，尽管参考了大量的相关资料特别是网上最新的资料，但仍存在许多不尽人意之处，切望读者指正。

本书参考了大量报刊和相关网站的资讯，未能一一注明，在此一并致谢。

本书编者分工如下：第一章戴建兵、王晓岚，第三、十一章戴建兵，第八、九章李习华，第五、十章杨兆廷，第二、六章冯文丽，第四章倪馨、甄增荣，第七章封文利。

本书写作初期，河北农业发展银行的汤明远同志和李习华列出了本书的基本纲目，深表谢意。

（河北人民出版社 2000 年版）

《泉学漫步》后记

"时光容易把人抛，红了樱桃，绿了芭蕉。"

这比"时光如电"、"白驹过隙"温柔的语句更使人对时间产生敬畏，当我们刚刚对 30 岁感叹时，40 岁又快要来到了。

人们喜爱回忆时就已经老了，更何况是与历史打交道的人。以前求学时只身在各地的图书馆、档案馆查阅资料，与同好互为谈对、相与证道的日子已经成了美好的回忆，而翻看往日的记录更是让人觉得恍如隔世。

早在结识柏文先生之前就看过他在台湾发表的中央银行越南流通券的文章，对国民政府中央银行为什么能在越南发行纸币这一问题极感兴趣，而如今，柏文先生已在美国驾鹤西去，这位一生以中国纸币收藏研究为事业的老先生再也看不到我在他走过的路上探寻的结果了，人生无常，而学问无涯，斯为至言。

钱币学要想有自己的学科体系，要能像西方世界的碑铭学一样有自己独立的不可动摇的地位，那么其独立的目录学应是她的一个支撑点。多年来我们一直关注着这一冷僻之地，如今也只能拿出一个不成熟的果实，过多的俗务已经使学问之心日益纷杂，犹如闪动在春光里的柳絮，让人眼迷离，"公门之中好修行"，其言何堪?!

非常感谢河北省教委科研处和河北经贸大学科研处，在《中央银行越南流通券研究》、《中法在越南的货币战》、《中国钱币目录史料学》的研究中给以支持和资助，河北经贸大学和河北教育出版社为支持学术发展赞助出版，万分感激。

（河北教育出版社 2002 年版）

《中国近代商业银行纸币史》编后记

中国纸币历史悠久，它的产生、发展和演变，是中华文明古国的重要象征。

中国几千年封建君主专制制度的桎梏，不仅束缚了中国社会经济的发展，也使中国纸币的发展极为缓慢曲折。1840 年鸦片战争后，外国在华银行纸币的发行与流通，对中国纸币的发展产生过巨大的影响。1897 年中国通商银行的成立，以及该行银行兑换券的发行，在中国纸币发展史上具有划时代的深远意义。从 1897 年到 20 世纪初期，中国发行过纸币的银行达三四十家之多。在这数十年里，中国商业银行纸币的发行，不仅对中国当时的社会经济的发展而言具有重要的意义，而且对外国银行纸币在中国的发行起到过积极的抑制作用。因此，编写中国商业银行纸币史，不仅有助于人们对中国近代经济社会的了解，而且还能达到弘扬爱国主义的目的。

中国商业银行纸币从 1898 年发行起，到 1935 年 11 月后收回停发，反映了纸币自身发展的客观规律。我们正是循着纸币的这种内在的客观规律，去探索和分析研究这一问题的。但是，由于我们水平有限，仓促成书，舛误之处在所难免，敬祈广大读者批评指正。

（河北教育出版社 1996 年版）

《话说中国近代银行》后记

1973 年的一个下午，母亲让我到中国人民银行去取父亲从部队汇来的钱，拿着家里的手章和母亲的证明，跑到石家庄市有着苏式建筑风格的华北制药厂宿舍那边的一个银行里把钱取了出来。这是我第一次对银行有印象。

在那个火红的年代，人们的思维也很有意思，我那时对于我们东方红路小学（现在的河北师范大学附小）的一个商店产生了一个多少年都没有解决的问题，就是那里卖的东西有没有加价，比如像那种一分钱一块的糖，有黑的，有白的，分别是甜菜和甘蔗制作的。最后我得出的结论是没有加价，为什么呢，理由非常简单，第一，店里的服务员是为人民服务的，第二，工资是国家给她们的，所以她们不会剥削我们。

但是后来大人们告诉我，银行给存款利息，这就搞不懂了，为什么要给利息？不是说存钱是要支援国家建设吗？

那个时代，个体经济和家庭经济没什么地位，直到改革开放后，看小说，说是几个年轻人在二十岁时立下一个志愿，最后实现它。其中一位的志愿是存够一万块钱，当时真让我觉得此人厉害，那得多少年啊！

对于银行更多的亲身经历是改革开放后的事情了，特别是到了大学的金融系教货币银行以后，这才一点点地和老师、学生们一起学，终于对银行有了一定的了解。

但是学问这东西一般都是越学问题越多，越知道自己不行，比如有一个问题现在人们还在争论着，那就是为什么近代最早的银行业没有产生在我们这个特别愿意说什么老早都是我们发明的国度呢？

不仅如此，知道多了你还会有更多的发现，中国的银行业不是像西方一样随着社会经济的发展而自然产生的，中国的银行业是国家想依此解决当时的财政问题而出现的。

不仅如此，近代中国的银行在很长一个时期都不是完全意义上的银行，别看有着西洋式的大楼，有着洋装的职员，也接受存款，也放款，更多的还发行纸币，但是银行的主要业务却是买卖国家的公债，这不仅是主要业务更是主要利润的来源，银行更像是财政部的一个下属单位。

这是我通过历史第一次知道了中国传统上的大财政小金融传统是如何形成的，并且知道了所有的现实问题实际上都是历史问题，只不过是历史问题的集合罢了，前几年建立银行的现代企业制度以至于发展到现在国有的几家大银行都上市了，实际上解决的不仅是改革开放后的历史问题。

由此可以想到那个时候你到银行里所接受的服务，我就因为这种服务有感而发曾在《南方周末》上发表过一篇《气死你没商量的"制度"》，批评银行制定霸王条款欺负客户。

茅于轼教授的《是谁妨碍了我们致富》一书，读了让人对制度经济学的魅力有了一定的了解，笔者可以再给先生提供几个生活中的例子。

由政府职能部门或服务部门自己制定的一些规矩，只想自己方便，不想别人，更不考虑实际效果，不仅妨碍我们致富，有时还真能气死你。

笔者赚了点美元，存入离家近的一家中国银行储蓄所时，先是当着你的面检验半天，让你直冒虚汗，觉得自己的美元张张都不是真的，然后再让你将一张张美元的号码抄好，这才存了进去。可是十个取款者九个半也没有想到你应当在取出美元时，再让银行人员把你取出的这些美元一张张的号码给你抄好，再加盖上他们的公章，否则这些美元就有是假的可能。

笔者去新加坡，将这些美元取出准备在该国消费，但是由于人民币可在那里印度人开的钱店里换成坡币，因而1美元也没花。回来后将这些原封没动的美元再拿到那家中国银行去存，银行人员检验了半天，然后告诉我，有两张100面额的美元疑似是假的。

一切辩解都没用，要是假钞就应当没收，可是他们也不说这话，你说这就是从你们这里取出去的，她说有谁可以证明!? 真是百口莫辩。可是当你拿着这些美元到更大的银行去存时，银行职员认真地看了看就收，根本不是什么假钞。

原因很简单，这是一个小银行机构，行员素质差，不能确定那两张美元到底是不是伪钞，又怕真是伪钞，银行让她们自己赔，因而将你推出去了之。为这你有时间和他们打官司吧?!

笔者在广西出了一本书，不知道编辑出于什么心理用铁路寄来了十本样书，这下可将笔者折磨得半死。先是年关寄的，收到时到铁路货运站不开门，可是晚取款是照样罚的，好不容易节过了，骑了十几里的车到了取货处，铁路人员一看单子，说："是书。先到扫黄办去开证明。"问她为什么? 说这是政府令，问她扫黄办在哪里，说是不知道。只好又骑回来，查电话本，老天，在市中心，没说的又是几十里，等到了，工作人员先白你一眼，然后手一伸，问："样书呢?"说什么也没用，黄赌毒我也恨，支持政府工作，给广西写信，速寄一本样书（千万通过邮局）。几天后，持书再去，工作人员看也不看，将其放入书架，一纸证明就开出来了，此时你要庆幸你没有王同亿的本事写大书，要不一本样书几百块钱就没了，拿着样书再到铁路取货处，铁路人员也是看也不看书就取出来了。事后想起来真笨，自己拿一本《邓选》当样书，书照样能取出来。

为了帮助政府扫黄，也为了证明自己出的是专著，更是为了拿到属于自己的几本样书，跑了无数的路，花了无数的时间，费了无数口舌，受了数人的气，出书的喜悦早就到爪哇国去了，但是政府这样就能扫了黄，那才是见鬼了。为这你有时间用行政法和他们上法院，你有时间吗?

至于像护照从上海寄到石家庄要用六天时间（因为这期间有周六和周日，他们自己认为你们单位不会有人），而且要你自己去速寄部门去取，害得你差一点出不了国这样的事，我也领教过。不过做国人，生气不是本事，而且新刑法也没有气死你违法的条例，也就是靠大众喉舌《南方周末》出出气罢了。但愿这些制度早日废除，就别说在妨碍我们致富了，别让我们跑路，别让我们生气就行了。

银行是晴天送伞，雨天收伞的机构，英国人的这句话还真是名言，它不仅形象地分析了银行的性质，还强调了银行对于奖金安全性的强调，十几年来人们对这句话的理解可能更加深入了。

目前我们的银行正在发展的过程中，我们的银行体系建立起来了，中央银行的货币政策也在经济发展中起着越来越重要的作用，一些政策的放宽更使得一些金融机构不时地产生，银行只不过是金融大海里的一波浪，但是银行上了市就行了吗?!

我们还有很多没有解决的问题。

就说两个：第一，我们有银行家吗？除了银行官员。

第二，我们有自己的金融和银行文化吗？我是说源于自己文化根源的银行文化。说得更具体一点，像阿拉伯的金融和银行文化一样的核我们有吗？《古兰经》是不许收利息的，但是在西方经济学里利息是天生的文化基因，我们的文化也相信这一点，但是阿拉伯银行不收利息也好好地经营和发展，这不妨碍他们强大。

因而我想知道一些中国银行发展的历程，看一看能发现些什么。

从 1997 年开始，我和我的学生们一起在探讨中国近代的银行业，他们也做了下面的这些工作。郭坤：《中华汇业银行在华金融活动述论》，史红霞：《民国时期美丰银行沿革史论》，张百霞：《中法实业银行始末述论》，曹艳荣：《北洋保商银行的特殊发展轨迹》，郭立彬：《华俄道胜银行在华的金融活动》，陈晓荣：《中华懋业银行兴衰论》，王锋：《盐业银行概况研究（1915—1937）》；王贺雨：《大陆银行概况述论（1919—1937）》；毛海斌：《侨商中南银行发展概述（1921—1937）》。

这本小书就是在他们工作的基础上改写而成的，每个人还是负责他们原来研究的那个银行，只不过是文字通俗罢了。

（百花文艺出版社 2007 年版）

《河北省农村垃圾问题调查研究》
后记

    2007 年暑假，河北师范大学资源与环境科学学院组织了"文化、科技、卫生"三下乡的暑期实践活动，实践中我们除了进行正常的实践活动外，对农村的环境卫生状况也进行了初步调查。在实践中我们注意到，农村垃圾处理仍处于原始状态，路边、沟渠乱排乱倒现象随处可见。虽然我国对城市生活垃圾的处理已经取得了一定的成就，但是对农村生活垃圾的处理还比较欠缺的，大部分农村的垃圾处理基本上处于空白阶段，农村地区的生活垃圾基本上处于无人管理、无集中存放地点、无处理设施的"三无"状态。如果不加以及时整治，由这些垃圾引起的环境问题将严重影响农村居民的生存健康，同时还将对农村的生态环境构成严重的威胁，有悖于党的十七大提出的"坚持生产发展、生活富裕、生态良好的文明发展道路，建设资源节约型、环境友好型社会"的要求。正是在这样的背景下，也基于自身所学的专业，我们产生了对农村垃圾处理问题进行深入研究的强烈冲动。在河北师范大学戴建兵校长和任国荣老师的指导下，我们于 2008 年 4 月申报了河北师范大学《大学生创新性实验计划项目》并获得批准。

    本书是河北师范大学《大学生创新性实验计划项目》的研究成果，戴建兵校长对该项目的设计、实施、成果的凝练进行了总体指导，任国荣老师负责项目的组织实施。课题主要研究人员包括河北师范大学资源与环境科学学院 2008 级的研究生武菁，2006 级本科生安静、沈彦军、王丽、李建、武建晓。所有研究人员均参加了问卷调查的组织指导工作。在调查阶段，我们得益于河北师范大学顶岗实习办公室和河北师范大学第七期顶岗实习驻县老师的大力支持和帮助，是他们组织参加第七期顶岗实习的汇华学院 2005 级的学生，对 30 多个县的农村进行了垃圾处理现状问卷调查，使得我们全省范围内农村垃圾处理现状的问卷调查得以实现，在此向他们表示衷心的感谢。还要特别感谢驻魏县的陈辉老师，她指导实习学生对魏县的垃圾产业进行了深入调查，并写出了调查报告。感谢河北师范大学资源与环境科学学院的苗文丹老师，为本课题的实地调研付出的辛勤劳动。此外，还有 40 位学生利用国庆节放假期间，对部分农村进行了深入的走访调研，他们全部是河北师范大学资源与环境科学学院的本科生，他们是：高梦、刘兴冉、白飞鹤、赵欣、曹林静、张小红、古冬丽、张园园、古一坤、许进娇、刘连娣、马春秀、李娜、杨丽芸、郭芳芳、李超、宋紫薇、宋运知、刘琳、解号、杨航、周卫彪、王保海、刘飞、郭艳芳、史世谦、张莎、马丽、王晓冰、张文帅、陈雪娜、刘宁、王磊、甄佳欣、耿巧静、何风先、王京京、李健、张立志、王龙。负责调查数据统计的是河北师范大学资源与环境科学学院的本科生田永净、程林、闫新丛、张媛媛、王京京、王晓兰。

本书是集体劳动的结晶。框架在戴建兵教授的指导下由课题组反复讨论确定。第一章由武菁执笔；第二章由安静执笔；第三章由沈彦军执笔；第四章由李建、王丽执笔；第五章由武建晓执笔；下篇调查报告部分由陈辉、安静编辑。全书由戴建兵、任国荣审阅、定稿。

农村垃圾处理问题课题重大，意义深远。在研究中我们力求尊重事实，在前人研究的基础上有所发现，有所进步，并努力对政策的制定和实施提供可行性建议。能够为河北省新农村建设贡献一份力量是我们的心愿也是我们的责任。然而，农村垃圾处理问题涉及面广、政策性强、各种关系错综复杂，加之研究者能力和水平所限，时间仓促，在研究中定会有许多不尽人意之处，希望能得到读者的批评指正，以推动这一领域研究的进一步深入。

（河北人民出版社 2008 年版）

《男孩为什么失败?》后记

在悉尼学习期间看到书店里一本 Richard Whitmire 写的《男孩为什么失败?》(*Why Boys Fail——Saving Our Sons From an Educational System That's Leaving Them Behind* 出版社:Amacom American Management Association,2010)。想起国内的相关讨论,于是就买了一本。回国后,为了配合同学们的调查,外语学院的张燕艳书记领着以 2009 级研究生为主的同学(名单如下:贾辉、穆雪敬、姜姗、赵会芳、李树红、赵晓聪、李媛、胡明、刘新新、王飞、李微、王敏、韩冰、陈琛、张丽敏、崔红涛、贾红燕、赵亚轩、李春梅、吴丽霞、魏倩倩、高艳、荣晓菊、徐志丽、梁贺存、马昱、安文策、董芳、檀秀云、冯素燕、齐佩、王晓丹、杨立娟、李慧敏、吴盛楠、邵华、张苗、宋向超、宁贵霞、柴青青、段永丽、窦红芳、张新营、李红迎、冯亭、姬永爱、张文杰、张丽丽、王飞、祝华、董密娟、解斌、马秋茹、任静、郝卫娟、刘丽景、焦志超),快速翻译了一遍,教育学院的老师又重新核对、并进行了精华性的缩编,现附在本书之中。

也许中小学里学习不是那么优秀的男同学,在学校期间总会有来自多方面的压力,作为中小学时代这些同学中的一员,深深为这些问题所吸引。各地的同学们也都在自己实习的学校里有针对性地对这一问题进行了调查的思考,争取能为这一问题的解决有一定助益。当然解决这一问题的基础之一是男儿当自强!

(王宏方编著,中国农业出版社 2011 年版)

《外来物种入侵中国》后记

外来物种又称非本地的、非土著的和外地的物种，不是本地自然发生和进化的物种，是指那些出现在其过去或现在的自然分布范围及扩散潜力以外的物种、亚种或以下的分类单元，分为有益的和有害的。实际上我们引进来的大部分是有益的物种，不会造成危害，比如我们现在吃的玉米、西红柿、西瓜，都是外来物种，为经济生活带来方便。当外来物种通过有意或无意的人类活动而被引入自然或人工生态系统中并建立自然种群，给当地的生物多样性、生态系统或景观造成了明显的生态和经济损害时，则被称为外来入侵种。约1%的外来物种会成为外来入侵种，虽然是个小概念，但是一旦入侵，会成为一个生态上的大灾难，根除的可能性很小，几乎没有成功根除的可能。

外来物种入侵导致了全球生物多样性的丧失和生态系统的破坏，它和动植物栖息地丧失、全球变化一起被看作全球环境的三大问题，其严重性仅次于栖息地丧失而位居第二位，并可能上升到第一位。目前，不包括导致物种灭绝等隐性损失，外来入侵物种在世界范围造成的经济损害每年超过4000亿美元。外来物种入侵造成的生态灾难和惨重的经济损失已经引起各国政府的高度重视，成为世界瞩目的焦点。生态学有一个理论，一个物种灭绝，会引起它生活环境中10—30个物种的濒危或者灭绝，因为这些物种是相互依存的，他们生活在一个生态网中，失去了其中的一个，他们的生活会起很大的变化。

外来物种有三种入侵途径：有意识引进、无意识引进和自然入侵。靠自身的扩散传播力或借助于自然力而传入属于自然入侵。无意识的引进就是针对随贸易、运输、旅游等活动而传入。有意识引进最初往往是出于农林牧渔生产、景观美化、生态环境改造与恢复、观赏等目的,但是有的物种在引进以后就可能演变为入侵物种。例如,1901 年,水葫芦从原产地南美洲引入中国,20 世纪 50 年代,它被作为优良的青饲料,在全国推广种植。水葫芦泛滥成灾,不仅遮蔽了阳光,夺去了水中的养分和氧气,使许多原生物种消亡,它的疯长还阻塞了河流航道。目前,我国每年用于治理水葫芦灾害的费用都在 5 亿元以上。还有因为人们的"无知",宠物弃养、宗教放生,造成巨大的生态灾难的例子比比皆是。比如因极具观赏价值而被引入作为宠物饲养的巴西龟,由于人们不知道它的危害,在我国广州、福州等地为了避邪积德,每逢农历初一、十五,人们花几十元买几只小龟,到闽江边放生,为家人"消灾"。殊不知貌似"积德"的行为,却带来了巨大的生态灾难。因此,编写关于外来入侵种的科普类的读物具有一定的时效性和必要性。

本书的内容分为植物/微生物篇和动物篇两册。采用图文结合的手法,运用幽默有趣的语言,生动介绍每一种外来物种的名称、生物分类、形态、习性、原产地、入侵途径、危害及防治措施等内容。

本书是在河北师范大学副校长戴建兵教授的亲自指导下完成的,戴建兵教授对本书的框架进行了总体设计,并撰写了序言。河北师范大学资源与环境科学学院党委书记任国荣、2007 级硕士研究生张欣具体负责该书撰写的组织工作。河北师范大学资源与环境科学学院 2006 级本科生董玉彬、2007 级谷亚非、吕小溪、张海运、王祎哲、河北师范大学生生命科学学院 2007 级本科生陆静参加了本书的编写。植物/微生物篇由张欣统稿、动物篇由赵红杰统稿,全书由戴建兵、任国荣审阅定稿。

由于时间仓促,加上撰写者水平所限,书中会有许多不尽人意之处,希望能得到读者的批评指正。

(中国农业出版社 2010 年版)

《顶岗实习支教在蔚县》(原书代后记)

　　从 2006 年 5 月开始，河北师范大学以"为中国而教"为历史使命，以促进学生成长成才为目的，以培养大学生从教技能为主线，以改革人才培养模式加强实践教学环节为重点，全面启动顶岗实习支教工程。师范类高年级学生在学完骨干课程，经过系统培训后，到农村中学进行半年的"全职"教师岗位锻炼，在实践中发现并解决师德养成和从教技能问题。

　　在开展顶岗实习支教的同时，河北师范大学以服务农村基础教育为己任，积极开展农村教师培训，采取集中研修、新课标巡回宣讲、优秀教师送教下乡、课题合作、专题讲座、听评课教研、个别指导等多种形式的校内外培训。特别是 2010 年以来，河北师范大学承担了"置换脱产研修"、"中小学骨干教师培训"等"国培计划"项目。以"做有实效的培训、做学员满意的培训"为追求，以重塑职业热情、解决实际问题、促进专业成长为主要内容，实施"大国培理念"，开展"无终点培训"，搭建城市优质学校和农村落后学校的合作平台。

　　顶岗实习支教缓解了农村教育师资不足和师资培养难的现状，实现了学生成才与服务社会的统一；为高校教师走进中学、了解中学、改进教学内容和方法，开辟了新的领域；密切了高师院校与基础教育的联系，使高等教育资源与基础教育资源得以有机结合。河北师范大学走出了一条由高等学校、地方政府和中小学共同培养培训教师的新路子，被地方教育局誉为"农村基础教育的及时雨"、"教育均衡发展的助推器"。

　　2008 年 3 月，蔚县教育局与河北师范大学建立顶岗实习支教合作关系。截至目前，蔚县共有 40 所次中学接受了 272 名河北师范大学学生实习支教。同时，蔚县 13 名一线中学教师到河北师范大学参加了置换脱产研修。另外，2009 年 3 月，蔚县教育管理干部培训班在河北师范大学举办，61 名校长参加了为期一个月的培训；2011 年 10 月 14 日，河北师范大学送教下乡，对蔚县中小学全体班主任进行了专题培训。

持续的顶岗实习，也在悄然间改变着顶岗实习学校的教育教学面貌。新生代的顶岗教师给实习学校的教师队伍注入了生机活力，南留庄中学梁正川校长提起顶岗实习生时常说：我特别喜欢这些孩子，有朝气，给我们的老师带来了激情与活力。顶岗实习生先进的教育理念和教学方法也让顶岗实习学校的教研增添了些许新绿：鄢娇媛（12 期蔚县二中顶岗实习生）的"生活作文法"、靳晓宇（13 期南留庄中学顶岗实习生）的"英语教学三阶梯"、任帅（14 期南留庄中学顶岗实习生）的"五步从师技能训练法"至今还在实习学校的教研会上传播。这抹新绿还渲染在课程改革的平台上：任俊峰（13 期职教中心顶岗实习生）的自编美术校本教材、李学雷（15 期蔚县二中顶岗实习生）的因时制宜的书法课程增强了实习学校课改的动力。这抹新绿还暗香飘逸在校园文化的营造里，12 期蔚县二中顶岗实习生团队组建的校园广播站的声音回荡至今、13 期暖泉中学顶岗实习生团队创建的国旗队和会操表演持续至今、15 期蔚县二中顶岗实习生团队创设的系列主题班会活动延续至今，这些都溢动着顶岗实习学校校园的隐性文化……诸多的新绿，逐渐唤醒实习学校更多孩子们的学习兴趣，取得了一定的教学新成绩。蔚县二中教学副主任冯志军面对期中考试后的成绩汇总表说，若是主干科目各派六名顶岗实习生来教学，二中肯定立马成为一流中学。

蓦然回首顶岗来时路，在各方奋进拼搏下，育人之树已蓊郁。未来的路上，蔚县教育局与河北师范大学仍将一如既往，在教育方面开展多领域、深层次的合作，实现双方的共赢发展。

量变堆积历史，质变改变历史。历史时空间的蔚县有堡就有村，有村就有庙，有庙就有壁画；而壁画经数百年风尘和人事磨蚀，尚能幸存，仍葆历史质点风情，色彩绚丽依旧，当属蔚县夏源关帝庙"百工图"创造的一个不朽的传奇。

我们与"百工图"有幸结识，确有必然中的偶然：必然源于河北师大的顶岗实习支教在蔚县的开展；偶然巧于蔚县顶岗师生提交上来的一份关于蔚县历史文化古迹之"百工图"的科研调查报告。在探望留驻蔚县西合营镇顶岗实习师生时,有幸亲自到夏源关帝庙探察《百工图》。打开尘封已久的历史门扉,一下子便跌入配殿墙壁上描绘的历史场景里,在墨线的纹理间铺展开的画卷中,栩栩如生地描绘着百工执事的市井百态,真不愧为"清朝版'清明上河图'"。图幅数量虽共计六十四幅,却没有比"百工图"更恰当的称谓了。

沉浸中也惊愕地发觉几幅图景已显露脱落斑驳的迹象,一种保护历史文物的使命感油然而生。在探察归来的日子里,那种强烈的使命感未减反增,同时更萌生了应该让更多的人了解认识"百工图",继而唤起更多人历史使命认同感的念头,由此全面拍摄"百工图",集结成图册的计划便成行了。经过一段时间的努力,在多方的支持下,图片与资料终于编辑成册。

感谢蔚县博物馆馆长李新威同志热心提供的大量珍贵的历史文献资料;感谢蔚县西合营镇夏源村委会不辞辛苦,多次为探察提供方便;感谢蔚县教育局温桂泉局长、刘汉东督学、教研室何建军主任以及吉家庄中学校长贾文林,没有他们认真组织顶岗实习的各项工作,也不能使画册出版成为必然;感谢河北师大顶岗支教指导中心于健、王建民、刘静付出的艰辛工作;感谢河北师大顶岗支教指导中心对于解读壁画搜寻《杂字》时的努力;感谢学生靳志雄、邵岩在文字录入和校对方面所做的工作。

愿能唤起阅读画册的您对历史使命的认同感,让我们共同携起手来,为惠存历史质点的"百工"风情而更早更好地行动起来!

(天津古籍出版社 2013 年版)

《大学文化研究》后记

"大学之道，在明明德，在新民，在止于至善"。然而，在整个社会文化中，大学能否承担并完成其神圣的职责和使命在很大程度上取决于大学的文化追求和文化建设。党的十七届六中全会将繁荣和发展社会主义文化，建设文化强国作为战略目标，充分体现了文化在整个社会和谐发展中的重要作用。而在建设"文化强国"的过程中，无论是文化自觉、文化繁荣，还是文化人才的培养，都与大学社会文化功能的实现息息相关。在此意义上，开展大学文化研究，推进大学文化建设，成为一项具有基础性、战略性、前瞻性的工作。因此，研究大学文化，建设和发展大学文化，使大学文化在整个社会文化的发展进程中发挥引领和奠基性作用是具有重要理论和现实意义的课题。

教育部长袁贵仁曾经撰文指出："大学与文化具有天然的联系。在一定意义上可以说，大学即文化。大学的教育教学过程，实质上是一个有目的、有计划的文化过程。所谓教书育人、管理育人、服务育人、环境育人，说到底都是文化育人。"也就是说文化对于大学而言，既具有存在性价值又具有工具性价值。这是由文化自身的功能所决定的。人是文化的创造者，也是文化的创造物。大学就是通过文化培养人、"创造"人的。就本质而言，大学在文化中、通过文化并为了文化而存在。如何使大学更好地传承和创造文化，如何通过大学文化培养更为优秀的文化人才服务于整个社会的发展是本研究力求回答的核心问题。虽然由于实际能力的局限，我们对问题的理解和回应还较为浅显和稚嫩，然而，我们已经在路上并且拥有明确和坚定的方向，只待时日将一个值得研究的问题深入下去。

呈现在眼前的这本书是我们在一段时间里对大学文化的思考和叩问，是集体智慧的碰撞和结晶。作为河北省重大教改课题"大学文化研究"的成果，该书凝聚了课题组全体成员的辛勤付出。该课题由河北师范大学、河北大学和承德石油高等专科学校三所学校共同承担。在课题实施过程中，大家深入研讨、分工合作、尽职尽责，保证了课题的顺利完成。

在书稿撰写过程中，戴建兵和蔡辰梅就书稿的宗旨立意和写作思路反复商讨，并初步拟定了写作大纲，供课题组成员反复讨论后最终确定。本书各章的作者分别是：前言戴建兵、蔡辰梅，第一章白玫，第二章白玫，第三章杨凤英，第四章蔡辰梅，第五章李明忠，第六章蔡辰梅、杨凤英、王纪安。全书最后由戴建兵、蔡辰梅统稿、定稿。

每一次研究都是站在前人肩膀上的继续前行，本研究也不例外。在书稿写作过程中，我们借鉴了大量前人的研究成果，尤其是有关河北师范大学和河北大学的文化研究成果，在此深表敬意和谢意。此外，我们还特别感谢河北师范大学邱士刚老师、河北大学校长办公室赵林涛老师提供的帮助。

由于我们对大学文化的研究还只是初步的探索，知识积累和实践经验有限，因此，难免有不妥不当之处，恳请各位专家、学者和读者批评指正。

（中国农业出版社 2012 年版）

《中国钱币大辞典・民国纸币编・县乡地方纸币卷》后记

《中国钱币大辞典・民国纸币编・县乡地方纸币卷》从 2006 年至今历时七载，即将出版了，真是一个令人振奋的消息！

2006 年初，由中国人民银行郑州中心支行发起，联合中国钱币学会、中国钱币博物馆及全国各地钱币收藏及研究的专家、学者，编纂出版《中国钱币大辞典・民国纸币编・县乡地方纸币卷》。这是继《中国钱币大辞典・民国纸币编・国家纸币卷》之后又一个浩大的工程。

"县乡地方纸币卷"由河北师范大学副校长戴建兵担任主编，副主编由河北经贸大学陈晓荣、著名收藏家石长友担任。民间私帖收藏专家石长有提供大部分的民国地方钱票实物图片资料，澳门民国钱币收藏家陈耀光也提供了部分地区相关钱票的图片资料。参加编写的成员主要有河北师范大学戴建兵、河北经贸大学陈晓荣、邢台学院郭立彬、石家庄学院王锋、河北工业职业技术学院毛海斌、中央司法警官学院王贺雨、保定女子职业中专学校李丽、河北民族师范学院许可、贵州关岭自治县民族高级中学解飞、重庆师范大学易斌等。

回顾辞典的编写过程，可谓漫长而又曲折。

早在 2000 年，河南人行就积极筹备，余丰辉女士与在复旦大学攻读博士学位的戴建兵等人联系，组织本卷的写作。鉴于浩如烟海的民国私票及个人学力，确有畏难情绪，如果不是河南人行同人的坚持、鼓励、扶持和无私奉献，本卷不可能产生。

2006 年 4 月，辞典编写组就辞典所涉及的范畴、辞条的分类、辞条的编写体例及构成要件等主要问题进行初步界定，并达到意见基本一致。

围绕着一幅钱票图片、一个辞条的方式，由上述各位辞条编写者着手编写。在具体编写辞条过程中，就辞条的构成要件中钱票的种类定名、辞条各要素的先后顺序等问题，进行多次商讨，初步确定辞条名称的构成顺序为："发行主体＋票帖性质＋年代＋面额。"

编写组成员经过约两年的组稿后，终于完成初稿的写作。由于各人写出的辞条语言风格、构成及相关体例不尽一致，很多具体问题难以形成共识。民国县地方纸币极端复杂，名称到底叫什么？是票帖、私票、钱票，还是民间纸币、小区域流通货币、县地方纸币？这涉及该卷的定名问题。另外还有关于各种纸币的性质确定问题，亦难以把握。诸多问题可能造成编写者各自为战的情况，与辞条的基本要求不相符。因此到了编写组成员们必须要坐到一起共同商量并拿出一致意见的时候了。

2008 年 7 月 28 日至 8 月 3 日，辞典编写组与中国人民银行郑州支行、中国钱币学会、中国钱币博物馆及中华书局等单位的专家、学者，汇聚于河南郑州，对民国期间小区域流通货币的辞典编写工作进行了集中研讨，同时对《中国钱币大辞典·民国纸币编·县乡地方纸币卷》进行了初审。出席会议的有：中国人民银行郑州支行行长、中国钱币大辞典编委会主任、总编计承江，中国钱币大辞典顾问、"民国编"主编胡国瑞，中国钱币学会副理事长、国家文物鉴定委员会委员戴志强，中国钱币博物馆保管部主任、研究员金德平，编委会顾问、"民国编"主编赵宁夫，人行上海分行研究员潘连贵，河北师范大学教授戴建兵，中华书局编辑陈乔，国内著名收藏家石长友，中国人民银行郑州支行刘森、白秦川，"民国编"其他各卷的主编，以及其他与会代表共计 20 余人。

郑州会议上，编写组成员交上的初稿共计 100 余万字，涉及 7000 余幅钱票图片。专家组将民国民间钱票、私帖定名为"县乡纸币"，并就一系列具体问题达成一致。最主要的内容调整是：将原来的"一图一辞条"模式，改为"一发行机构一辞条"模式，这就意味着要将原来的 100 万字压缩一半以上。涉及的工作是要将原来的同一机构发行的多面值的分辞条合并到一个辞条中。但如何将已写的辞条再"分拆"，又是十分棘手的现实问题。围绕着下一步编写中的细节问题，会后几位编写组成员专门安排时间进行针对性的讨论。讨论的地点安排在河北师范大学历史文化学院会议室。编写组成员陈晓荣、郭立彬、王锋、毛海斌、王贺雨、许可、解飞等，围绕郑州会议上专家提出的基本意见着手下一步修改一事，皆各抒己见，并将个人建议汇总形成新的统一体例，分发给各成员，回去后各自根据新体例再进行调整修改。

2009年4月，各编写组成终于再次将修改稿汇总一处，统一编成繁体字，全卷以省为大的区域分类，省下分县，由县名的汉语拼音的先后为序。县名同者，以各庄号的名称拼音先后为序。2009年11月，又根据陈耀光提供的九江地方钱票图样添加了部分辞条。至此，《中国钱币大辞典·民国纸币编·县乡地方纸币卷》的修改稿基本完成。

随后，相关辞典的打印稿及相关图片转至中国人民银行郑州中心支行，由白秦川、刘森负责后期编审及相关工作。2010年5月，白秦川、刘森来到石家庄，出席了由河北师范大学、复旦大学等单位联合主办的首届全国金融史学术研究会，其间就辞典的编写工作再次进行相关交流。白秦川先生提到修改后的稿件还要作大量删减，编辑任务十分繁重。

在此，首先向莅临郑州会议的各位专家及人行郑州中心支行领导表示衷心感谢！向白秦川、刘森所付出的艰辛工作表示感谢！向中华书局陈乔编辑表示感谢！向为辞典的编写提供资料、图片的各界友人表示由衷的谢意！也感谢编写组所有成员历时数年的不懈努力！

因为热爱，所以坚持！

（中华书局2015年版）

《中国近代银两史》后记

这是我从事钱币学研究以来写的第一本关于银两的小书。

近代银两是从事近代史研究者均要接触的经济基础知识之一，从上大学时，我就对这个问题有兴趣，但是搞不懂，而今天，书虽然写出来了，但是很多问题还是不清楚。

书写完后，又发现了一系列新的问题，比如，近代的银两制度的建立，以前学者们总是说这是有中国特色或封建性的货币，今天才意识到，近代银两制度的建立实际上是与外国政府和商人的努力与参与密不可分的。

银两是一种十分有意思的货币，这种货币在中国这个货币文化对亚洲影响巨大的国度里也是十分稀少的，记得第一次接触这种东西是在小学，只是听说谁家里曾有这种东西，但是没有见到，而到长大后在书里和电影里看到时，又总是不得要领，不论是形象还是实质。

时间总能让人感觉自己的愚笨，到了今天，才真正认识到历史学只是钱币学的方法论中的一种，因而这本书只能是钱币学著作的历史描述。

钱币学，人们现在还不太重视的一个学科，更多地还在与收藏界打着交道。实际上，其方法论是多种多样的，一般而言，有这么几种。

一是对钱币本身的研究，如铭文、图案等。

二是对币文的深入研究，这里面不仅有一个时代的制度，还有很多死文字、文化等，更重要的是有货币自身运动的轨迹。

三是相关钱币物理方面的研究，如金属成分、纸张、重量、直径等，近几天我通过对几枚古代带钩的认真观察，觉得汉代白金三品铅锡合金的可能性极大，而古人对于金属的认识，从铜镞中也可得到反映，特别是一些铁杆铜镞，为什么制造他们，而铜和铁又是如何黏合在一起的呢？

四是钱币发现背景的研究，这可以分成几个部分，（1）出土或发现地的记录，（2）钱币窖藏的统计分析，（3）相关历史背景的研究。

本书只在上述研究方法中采用了少数几种，特别是集中于对银锭的历史背景进行了分析。可喜的是，近年来相关银锭的钱币学意义上的图谱出版了很多，本书也有一些相关的目录学介绍。

时间总是我们的老师。今天，看到俄罗斯钱币学者有关蒙古钱币的研究文章，才知道那个时代在伊斯兰钱币的范畴里，中文、藏文、巴斯巴文均曾出现在伊斯兰蒙古钱币上，而这是在我写《中外货币文化交流史》时所不知道的，真是学无止境！

正是西府海棠盛开的时候，春天又在悄悄地离去。

感谢前人所写的相关著述和留下的文字，感谢一些收藏家在网络发达的今天乐意在网络上公布其藏品，感谢"河北省五十人工程"对本书出版的资助，感谢中国社会科学出版社冯斌编审为此书付出的劳动。

（中国社会科学出版社 2007 年版）

《军钞图录》袁世凯评说^①

引　子

1898 年 6 月 11 日，在中国历史上是一个不平常的日子，这一天，从北京古老的紫禁城内传出了要变法的圣旨。

在中国历史上，天不变，道亦不变是几千年来人们认为的常理，而且大清帝国更是信奉祖宗之法不可变。

这天天刚亮，从宫里传出了光绪皇帝下达的《明定国是诏》，下令变法，要"发愤为雄，以圣贤义理之学植其根本，又须博采西学以切于实务者，实力讲求，以救空疏迂谬之弊"。16 日任命康有为总理衙门章京上行走，后又陆续起用了梁启超、谭嗣同、刘光第、杨锐、林旭等人，一直到 9 月 21 日，在这 103 天宝贵的日子里，光绪皇帝在维新派的帮助下，发出了一系列的变法诏令。

这些诏令反映了下列内容。

在政治方面要整顿吏制，撤销闲散衙门，对于冗员一律淘汰。下令人民可以向政府和皇帝反映政事，对于一等公民满族人，政府放弃全养起来的政策，可以自谋生计。

经济方面要建立一系列新的经济管理体制，如建立铁路矿务总局、农工商局、各省设商务局、保护农工商业、提倡私人对工商业投资、编制国家预算、改革财政制度、开办邮局。

军事方面对于战斗力不强而日益涣散的绿营进行整顿，力行保甲，军

---

^①　本文是 2000 年应约为英国黄中行先生《军钞图录》一书所写。

队使用洋枪，以洋人方法练兵，买军舰等。

教育上废除科举，以后考试必试策论，创办京师大学堂，选派留学生，允许民间办报，对于著作进行奖励。

这些政令只在湖南巡抚孙宝箴的湖南得以实行，而其他地区没有什么反应。

《明定国是诏》是一种观念，是中国在世界潮流走向资本主义而想跟上潮流的一种观念与实践，现在学者们也认为这是中国近代化步伐的第一步，但是这一步迈得太难了，传统阻止了中国人的脚步，而在这群不使中国向前的旧势力中，袁世凯可称得上是第一人。

本来，光绪皇帝深知自己变法的阻力之大，也深知兵权在中华帝国政治生活中的重要性，因而对于当时中国最为先进的一支部队，而且在当时人们认为头脑最为灵活且又拥护变法的这支部队的统领袁世凯身上花费了巨大的精力。

史料记载光绪曾亲自召见过袁世凯，并且在变法面临失败时曾给他以密诏。

光绪皇帝变法的支持者谭嗣同曾亲至天津，游说袁世凯，让他杀死京城内军队的总管荣禄，这位慈禧的红人。由袁世凯执掌兵权，并囚慈禧于颐和园。而袁氏当时仰天长啸，说："杀荣禄如杀一条狗耳！"

但是光绪皇帝和他的变法志士们没有想到，中国的步伐就让这个要杀狗的人如狗一样的出卖了。当夜，谭嗣同走后，夜色下的袁世凯悄无声息地离开了天津，来到了他的上司荣禄的家里，光绪皇帝和中国变法的政事被出卖了！

从此，中国落后于世人已不可避免。

无力回天

对于慈禧而言，变法图强她可以不管，但自己却不能没有权力。

在变法的同时，为了使自己的意志更快地得以执行，光绪皇帝对于一些反对自己变法和想等等看的大臣采取了行动。

9月礼部尚书怀塔布等六人因对新政不满或有抵触而被免职，不久李鸿章也被从总理衙门中调出。而变法派的谭嗣同、杨锐、刘光第、林旭等却进入了清朝的议政中心——军机处。

一时间保守派失势，老头子们对于年轻人的做法议论纷纷，更对于自己的官位恋恋不舍，一些老臣去到慈禧处哭诉，以天下安定为幌子，暗示光绪对于慈禧本人权位的威胁。

政变老手西太后表面平静，但已藏杀机！

正在此时，光绪皇帝又进行了两件让慈禧心惊肉跳的事。

一是光绪通过变法派去拉拢正在训练新军的袁世凯。

二是日本重臣伊藤博文来华，光绪要委之于重任。学秦始皇图强，任其为客卿。

慈禧不怕中国的老百姓，更不怕光绪皇帝，但慈禧怕外国人，如果外国人支持光绪，慈禧这条洋人的看家狗就没用了。

6月15日，慈禧连下三道上谕，对光绪皇帝进行打击，第一道是免去光绪皇帝的老师协办大学士、军机大臣、户部尚书的职务，赶回原籍；第二是下令新被任命的二品以上的官员都必须到慈禧面前谢恩，以控制人事；第三是在军事上对京师一带进行控制，任命心腹荣禄为直隶总督，统领军队。

在这种情况下，政变老手慈禧想又一次发动政变来将自己的亲侄子亲外甥光绪废除，而光绪也加紧和新军统领袁世凯联络，准备对抗。

但在这场现代化对封建的战斗中，中国的封建势力取得了极大的胜利，袁世凯对慈禧的权力了解要大大多于光绪皇帝，因而，到变法最危险的时候，皇帝大人身边只有一些文人。

什么是封建社会，本来，皇帝是一国之尊，可在慈禧的权力面前，光绪皇帝终于低下了他高贵的头。

9月21日凌晨，得到袁世凯密报的慈禧突然从自己"养老"的颐和园回到了中南海，宣布重新训政，并将光绪皇帝囚禁于中南海的瀛台。

以后的几天里，慈禧开始大杀维新派。谭嗣同，当人们要他出逃日本时，信仰佛教又热爱自己国家的他拒绝了人们的好心，他说："各国变法，无不从流血而成，今日中国未闻有变法而流血者，此国之所以不昌也，有之，请自嗣同始。"

在狱中墙壁上，他写下了这样的诗句：

> 望门投止思张俭，
> 忍死须臾待杜根。
> 我自横刀向天笑，
> 去留肝胆两昆仑！

在刑场上他大喊：

> 有心杀贼，
> 无力回天。
> 死得其所，
> 快哉快哉！

这一天和他一起被杀的还有杨锐、林旭、刘光第、康广仁、杨深秀五人，史称"戊戌六君子"。

就是这些人的血，又一次抹红了袁世凯的红顶子。

1898年9月24日，在东逃日本的轮船上，康有为写下了绝笔书。

我专为救中国，哀四万万人人之艰难而变法以救之，乃蒙此难。惟来人间世，发愿专为救人起见，期皆至于大同太平之治。将来生生世世历经无量劫救此众生，虽频经患难无有厌改。愿我弟子、我后学体吾此志，亦以救人为事，虽经患难而无改也。地球诸天随处现身，本无死理，至于无量数劫，亦出世救人而已，聚散生死理之常，出入其间何足异哉。

对于慈禧而言，袁世凯是有回天之力的人，他救了大清帝国，救了老佛爷奢侈的生活。而历史却说，他毁了中国人前进的脚步。

小站练兵

天津新农镇，水色天光，景色宜人。

有诗人写道：

一片平芜水稻齐，

将军坛上阵云低。

轻烟墟上落兴语，

蔓草连仟夕照西。

人们万万没有想到，在这个有着北方江南景色的小镇上，竟然在清代末年为日后的中国培养出无数的魔王，而这一切都起于袁世凯在这里练兵。

日后的中国，北洋军阀统治时期是中国政治最黑暗，经济最落后的时期，军阀混战连年不断，"英雄"辈出，自北洋军阀的祖宗袁世凯死后，中国先后出现了皖系、直系、奉系军阀，此外还有山西的晋系、张勋的定武军、云贵一带则有唐继尧、两广有陆荣廷等大大小小的混世魔王。

在这一时期，政府的大总统更替了十一人，总理像走马灯一样的换来换去，最短的一位只当了六天。

从 1912 年到 1922 年，军阀在中国的大地上进行了 179 次战争。

在这些人物中，冯国璋、段祺瑞、王士珍、王怀庆、段芝贵、曹锟、陈光远、张怀芝、卢永祥、雷震春、田中玉、孟恩远、陆建章、姜桂题、张勋、倪嗣冲都是从这里跟着袁世凯混出来的，而他们在民国年间都是大名鼎鼎的人物。

正是中原代有英雄出，各苦生民数十年。

在近代中国，军阀是祸害中国人民的害人精，这些害人害国的魔王们又是如何出世的呢？

这还得从清朝的兵制说起。

清代初年的时候，只有八旗兵一种作战力量，后来随着对明朝的用兵，特别是明王朝的降兵越来越多，清朝就将明王朝的降兵改编成后来的绿营兵，在清王朝中期前，八旗和绿营是清朝的两支重要的武装统治力量。

到了乾隆末年和嘉庆年间的时候，在湖北发生了以白莲教为首的农民起义，清王朝的八旗兵和绿营兵的战斗力已经日益下降，在这种情况下，清朝为了巩固自己的统治，开始准许地主自办地主武装——团练，对付农民起义军，但当农民起义失败后，这些地方武装很快就被清政府下令裁减了。

到了太平天国革命时，清王朝的八旗和绿营兵已经没有什么战斗力，在和太平军的作战中，八旗和绿营屡战屡败，清王朝就又一次想到了原来地主武装——团炼，这样以曾国藩为首的湘军集团最早出现了，后来又有了李鸿章的淮军。

1894 年的中日甲午战争，清王朝所依靠的湘淮军彻底失败，清王朝不得不想办法组织一支全新的部队，这支部队又要听清王朝的话，又要学习外国的先进技术，以提高战斗力。

而在清朝举练新兵的过程中，袁世凯经过多方设法，最后得到了这一权力。袁世凯（1859—1916）是河南项城人，出生在一个大地主官僚的家庭，少年无赖，投入军门，后随吴长庆进入朝鲜，在朝鲜日益显露出他的才能，26 岁的他曾在朝鲜率兵冲入日本兵把守的朝鲜皇宫，扣大院君，扶闵妃，加剧了当时中国和日本在朝鲜的矛盾，而当中日战争爆发后，他已经回到了国内。

袁世凯是一个有野心的人，他身在朝鲜，心在北京，通过在朝鲜的所见，特别是对自己的上司李鸿章的了解，他知道中日必战，战则必败，而朝中无人，正是他回京之时。

袁世凯多方运动回到了国内，而李鸿章却怕他将不利于自己，而下令袁只能待在天津，万没有想到，袁世凯在天津写了李鸿章在朝鲜对日本政策的失误，秘密进入北京，送达朝中重臣和皇帝，因而甲午战争后，李鸿章一死，直隶总督的宝座就落到了政坛新秀袁世凯的头上。

1895 年，清政府在对洋人的战斗中，只有失败，因而决定创建新军，而袁世凯当时有洋务新秀的名声，又大走门路，特别是对庆亲王大肆行贿，终于使清政府任命他为"新建陆军督办"，袁就以淮军部队为基础，扩建了一支有 7000 人的新建陆军。

之所以叫新建陆军，是因为这一支军队和清王朝以前的部队不一样，这支部队采用的是德国和日本的建制，使用的全部是新式的武器装备，拥有步兵、炮兵、工程兵，进行的是新式的军事教育，各级军官基本上由各级军事学堂毕业的学生担任，同时还聘请了大批外国的军事教官。

袁在这一支部队中将自己的亲信基本上全部接纳进来了。后来这些人成为袁世凯起家的支柱，他们中有和袁家世交的徐世昌，后来成为北洋三杰的冯国璋，当时为步兵学堂总办，段祺瑞当时为炮兵统带，王士珍当时为工程兵统带。三杰的具体称号是龙、虎、狗。

袁世凯对于士兵进行的全部是封建式的教育，他曾说，对于兵只要用两手就可以了，一是听话的给钱升官，二是不听话的杀头。

这支部队当时采用的编制是军、镇、协、标、营、队、排、棚。

由于袁氏手中有这么一支部队又驻扎在清王朝统治中心的鼻子底下，故而清政府对于袁世凯十分信任，特别是袁在维新派变法时表现不"俗"，更得到了慈禧的宠爱，袁氏被升为北洋大臣、直隶总督，1902 年时又一次被任命为"督办政务处练兵大臣"，在保定成立了"北洋督练公所"编练北洋常备军。

1905 年的时候，他又将北洋军扩大至六镇，相当于六个师，约 7 万人，这样，清政府的军权就基本上被袁控制了。

除了对军权袁十分热心外，他还对经济权益十分重视。1902 年时，袁从盛宣怀手中夺得了轮船招商局、电报局和国内部分铁路的权力；1903 年，他开始督办盐局掌握了食盐的销售权，1904 年开始，又创建了北洋铜元局开始自己制造货币，对于经济人士，袁也培植自己的亲信，交通系的梁士诒就是他一手扶植起来的。

在军事上，袁将自己的亲信派出，不长的时间里，北洋军就已经遍布直隶、山东、河南、江苏和东北。

袁氏地位和权势日升引起了满族地主的猜疑，1907 年时，清政府采用明升暗降的手法，将他升为军机大臣和外务部尚书，到了 1908 年时，光绪皇帝和慈禧两人先后死去，摄政王载沣突然宣布袁世凯"足"上有了毛病，让他回乡养病去了。

这时的袁世凯已经羽翼丰满，他所需要的只是时机。

两年之后，辛亥革命的枪声传到了袁氏在河南"养老"的洹上村，弄舟洹上的袁世凯知道东山再起的时候已到，当即放下了鱼竿，仰天长啸：

野老胸中负兵甲，
钓翁眼底小王侯。

逼孤儿寡母让出大清帝国之位，逼孙中山让出临时大总统之位的招数已了然胸中。

践踏共和

1911 年辛亥革命爆发，10 月 14 日，清政府在朝中袁氏亲信的压力下，任命袁为湖广总督，袁对清政府只给一个小小总督大为不满，回电称自己的"足疾未痊"，拒不应命，同时对清政府下令前去镇压革命的北洋将领密授机宜，让他"走走看，等等瞧"。

27 日清军对武昌的进攻失败，而湖南、陕西等省份又宣布独立。

清政府无法，只好下令任命袁世凯为总理大臣，节制湖北水陆各军，但袁对此仍不满意，提出开国会，组织责任内阁，给他军事全权，保证对北洋军的供应等条件，袁一方面指示自己在资政院中的同伙逼迫清政府，又让在滦州的卢永祥以武力相逼，清政府最后不得不答应袁要求的一切。

在从清政府手中拿过一切权力后，袁世凯开始用清政府和革命党这一对矛盾，将自己推上中国权力的最高峰。

袁世凯对世人说他要"发扬共和之精神，涤荡专制之瑕秽"。

一方面革命党内部的许多人对于袁世凯是一个汉人十分感兴趣，而对袁的政治倾向又没有什么认识，被当时民族矛盾所困惑。并且对于袁氏手中拥有重兵心存不安，因而只要袁氏"甲日满退，乙日拥公，东南诸省一切通过"。这已经成为很多人的共识。

就连黄兴也认为袁氏要是让清王朝下台，那么他就是中国的拿破仑和华盛顿，他怕袁会像曾国藩一样将中国革命搞垮。1911 年 11 月 9 日，黄兴就曾经给袁氏打电报，希望他"以拿破仑、华盛顿之资格，出而建拿破仑、华盛顿之事功"。

而早就和袁家大公子袁克定拜为兄弟的汪精卫更是说孙中山"有权力思想"。

同盟会的一些会员对于孙中山施加了强大的压力，比如章太炎就曾写诗讥骂孙中山：

群盗鼠窃狗偷,

死者当不瞑目。

此地龙盘虎踞,

古人毕竟虚言。

袁世凯在得到保证后,对清王朝的孤儿寡母宣统皇帝和隆裕太后百般威吓,终于使清王朝宣布退位。

孙中山在内外的压力下,将临时大总统的位子让给了袁世凯最后成了中华民国的临时大总统。

袁上台后,采用了一系列的办法对革命党人进行欺骗,他把孙中山和黄兴从南方请到北京,以请教为名,给以虚职,让孙中山去修铁路,黄兴当南京留守使。

另一方面,一些对自己在政治上有威胁的人物则千方百计地除去。宋教仁案就是一例。

宋教仁在袁世凯当上了临时大总统后,和孙中山改组了同盟会,将之改为国民党。1912 年 8 月 25 日,国民党在北京成立,推孙中山为理事长,宋教仁为代理事长,为日后的选举作准备,并且取得了巨大的成绩。这对袁世凯的统治产生了巨大的冲击,袁指使手下,在上海枪杀了宋教仁。

宋教仁为国民党中的才俊,民国元年,为革命而奔忙的他,在浙江钱塘江边曾吟道:"日出雪磴滑,山枯树叶空。徐寻屈曲径,竟上最高峰。村市沉云底,江帆夹树中。海门潮正涌,我欲挽强弓。"

但袁世凯万万没有想到,他的一切密谋后来竟全部被警察所侦破,杀人凶手给袁世凯的总理赵秉钧的电报也被查获,内容是"梁山贼冠已伏诛,转达极峰"。

时人言:

前年杀吴禄贞　去年杀方振武　今年杀宋教仁

你说是应桂馨　他说是赵秉钧　我说是袁世凯

宋教仁号渔父,他死后,有一位国民党人士作了悼联:

> 桃源何处寻渔父，
> 博浪翻来击子房。

而于右任则哀呼："九原之泪，天下之血，老友之笔，贼人之铁；勒之空山，期之良史，铭之心肝，质诸天地。"

宋教仁案让人们看清了袁世凯的真实面目，孙中山从日本赶回上海，立即将国民党要人召集起来，在紧急会议上，孙中山力主用武力倒袁，但国民党内部意见不统一，最后在孙中山的努力下，国民党发动针对袁氏的"二次革命"，但很快就被早有准备的袁世凯镇压下去了。

1913 年 8 月，孙中山在日本开始筹建中华革命党。

国民党在军事上的失败使袁世凯觉得自己已经是中国未来的主人，从1913 年开始，袁世凯开始在总统上面作文章，使自己做真正的民国大总统，10 月 6 日，国会在袁氏亲信的威胁下，在周围军警的包围中，在选不出袁就不让吃饭的饥饿中终于选出袁氏为正式大总统，这位大总统立即就开始向孙中山的《临时约法》开刀，11 月 4 日，袁又解散了国民党，后来又将各地的民主机关基本上解散。为了给自己在法理上找支柱，袁又找人编写了《中华民国约法》，将中华民国改为总统制，"大总统为国家元首，总揽统治权"。后来又将总统的任期改为十年，可以无限制地连任，并有权推荐继任者。

袁实际上已经是中华民国的终身总统了，但他还不甘心，下一个目标是当中华帝国的皇帝。

床上之盟

青岛，一座美丽的城市，以碧海、蓝天、绿树、红瓦而著称。

1897 年 11 月 14 日，德国借口在山东的两名德籍的传教士被杀，派军舰占领了胶州湾，一年后的 3 月，在俄国的帮助下，德国又和清政府订立了《胶澳租界条约》，以 99 年为期将之租给了德国。

1914 年，夏天，第一次世界大战爆发了，33 个国家卷入了这次人类历史上的浩劫。8 月 23 日，日本对德国宣战，就派出了 2 万多人的部队在龙口登陆，而北洋政府立即就宣布划出一个特别区供日军使用。日本打败了德国军队，接着就将原是德国的殖民地山东划归己有。

中国政府对于日本这种在中国土地上进行打劫的行为，一点也不敢有什么行动，也不敢要求日本撤兵。

而日本在占领了中国山东之后，又提出了一个要灭亡中国的《二十一条》。

这个《二十一条》实质又分为五号。

第一号是关于中国的山东问题。在"中国政府允诺"的第一句话下，写有山东日后由日本和德国进行商议，而中国政府只有接受的权力，山东不能租给其他国家，日本在山东建立烟台到龙口的铁路，将山东省内的重要城市开放为商埠。

第二号是关于中国南满和东蒙问题，规定将旅大租界延长至 99 年，日本国民在这一地区有租用中国土地的权力从事经济活动，各种开矿权归于日本人，在这一地区使用日本顾问，长吉铁路由日本管理 99 年。

第三号是关于汉冶萍公司的，将之归于中日两国合办，同时中国人有事先得与日本人协商。

第四号是关于中国沿海的岛屿问题，日本规定，中国不得将中国沿海的岛屿、沿岸租给其他国家。

第五号是对全中国进行控制的问题，在中国中央政府的各重要部门要使用日本顾问，日本在中国各地的寺院、医院、学校日本有其土地的所有权，在日本买军火或在中国建立由日本人控制的兵工厂，将一些重要的铁路修建权交给日本，将福建的一些矿产资源和经济项目交给日本，日本在中国有传教权。

这个包括方方面面的对中国进行控制的条约，是在日本驻中国公使的床前谈成的。

在 1915 年关于《二十一条》的谈判中，由于 3 月 17 日，日本公使日置益坠马受伤，中国政府竟派人到日本公使的床前进行谈判，这是世界外交史上的一桩丑闻。

对于《二十一条》，日本政府要求袁政府马上答应，后来又对条约中的一些无关紧要的地方进行了修改，到 4 月 26 日，日本政府下了最后的通牒，声称对第一、二、三、四号中的各项，第五号中的福建问题中国政府必须答应，其他问题可日后协商。

而在《二十一条》的背后，更有一个日本与袁世凯的密约，其中是日本支持袁大总统高升一步！明眼人一看即知，总统的高升是什么，只有当皇帝了！而在此之前，袁世凯已经与德国有了另一个密约，也是德国皇帝支持袁世凯称帝。

5月9日，袁世凯下令中国代表接受《二十一条》。

日后，《二十一条》的经办人曹汝霖在91岁时回忆说："……（二十一条）脱稿时已逾四时，假眠片刻。黎明后，余即携稿入府。总统已在办公厅，状甚兴奋，似未睡眠。正在阅稿时，日使馆即来电话，请余接话，余接话时，知系高尾，他说今日已到期限，贵方复文何时发出？我答必在期内发出。他又说最后通牒复文，只有诺否两字已足，若杂以它语，彼此辩论，过了期限，反恐误事，务望注意。我答知道了，即将电话挂断回报总统。……总统听了，叹了一口气。……遂定稿缮正，由陆总长及余并施秘书，亲送至日使馆，交与日使日置益，已在午夜，时为五月九日十一时也。余心感凄凉，若有亲递降表之感。"

日本答应日后在袁世凯称帝时对之进行帮助，但后来事实证明，日本人欺骗了袁世凯。

八十三天的新华春梦

从1914年开始，袁手下的人开始将袁当总统作为头等大事来干，日本看出了袁的心事，将《二十一条》抛向袁，并说袁如答应将支持他当皇帝。袁又让美国人古德诺发表文章，公开宣传帝制。袁手下的小人杨度等更是组织了筹安会，为袁当皇帝日夜忙碌。

各地袁氏手下的将领也为他当皇帝而献媚，一时间中国出现了无数的请愿团，如妓女、乞丐都组织了这种为"民"请命的组织，要求袁当皇帝。

1915年8月，全国各地的国民代表进行了国体投票，支持君主立宪。12月11日参政院又对袁进行"劝进"，13日袁在"全国人民"的要求下当了皇帝。

当时袁手下的大将段祺瑞和冯国璋都对袁的帝制不支持，连袁的家人也对其称帝心存惧意。

当时袁世凯的二儿子，日后成为钱币学家的袁寒云还写下了这么一首诗。

乍著微棉强自胜，

古台荒槛一凭陵。

波飞太液心无往，

云起魔崖梦欲腾。

偶向远林闻怨笛，

独临灵室转明灯。

绝怜高处多风雨，

莫到琼楼最高层。

他比老袁对时局看得清！

1915 年 11 月，云南将军蔡锷，在其老师梁启超的帮助下，从北京袁的监视下脱险，在云南树起反袁大旗，而袁的倒行，早就引起全国人民的反对，袁的大将冯国璋、段祺瑞对之作壁上观，而手下的亲信也一反常态，纷纷发电骂袁，袁在全国人民的声讨中，只当了 83 天皇帝就归天了。

在袁死后，袁的部将，自命清朝遗老的张勋还让清朝的小皇帝复了一次辟。

一时间北京城里最抢手的东西竟然是用马尾巴做成的假辫子，真是不折不扣的狗尾续貂。

皇帝之药——二陈汤

蔡锷率滇军三千，深入四川，以死与帝制一博，要的就是国内应者云集，否则三千之众，对于北洋军而言，如张飞盘中的豆腐。

辛亥革命对于中国的一大贡献就是民主的观念已经深入人心，中国人再也不需要皇帝了，蔡锷振臂一呼，天下震动，反袁之势已成。

袁世凯是一个老谋深算之人，天下反皇帝，那就当总统，因而他竟然还在异想天开，向天下发出电报，要求不当皇帝了，还我总统之位。

一副二陈汤要了老袁的命！

这副两陈是由他的心腹爱将陈宧、陈树藩和汤芗铭配成的。

陈宧是北洋系中的年轻的一代，在老袁想当皇帝之初，这位大将军曾当着众人之面，跪在老袁的脚下，去亲老袁的脚，要求他当皇帝，速正其位。而此举大得老袁之心，陈宧自然也是宦海直升，总督四川。

正是：一雁横飞秋色里，万花齐落鼓声中。乾坤正气消磨尽，狗尾羊头亦巨公。

看出陈宧小人之心的倒是一个文人章太炎。

民国元年，章太炎第一次进京，首见陈宧，竟然连连称奇，大叫："中国第一人物！中国第一人物！他年灭民国者，必此人也！"

而另外两人也有着与陈宧相同的经历，老袁视其为心腹，因而蔡锷出兵老袁心里并不发慌，但是他万万没有想到，这些心腹爱将全是一些势利小人，破鼓众人槌，墙倒众人推，这三人向全国发出了电报，比蔡锷、梁启超等人骂得还狠！

就是陈宧，亲自在电报上加上几个字："自今日始，四川与袁氏个人断绝关系！"

陈宧的电报要了袁世凯的命，看到这张电报，袁世凯就一气而不起。

临死前，他将自己老友徐世昌叫到了北京，而另外几个真正的心腹王士珍、张镇芳也在身边。

6月5日，徐世昌来到了北京，进了没有满三个月的皇帝之府，袁世凯已非往日，拉着徐世昌的手说："我不行了。"

徐世昌是个见过世面的人，知道老袁时日不多，因而也客气地说："总统有话，早一些说出来好。"

袁世凯从心里感激自己的知友，还叫了他一声总统，百感交集的他，已经说不什么来了，人们听见他说了两个字："约法。"

约法有两个，一个是旧约法，孙中山立的，总统不行了由副总统代替。而另外一个是袁世凯立的，那是废了旧约法而新立的，对于总统职位要由总统提名三个人，老袁身边的人正在纳闷，到底是哪一个约法时，袁世凯又说出了四个字："金匮石室"。

人们明白了，约法是新约法，也就是老袁的约法，而且大家也知道，在石室金匮里收藏有老袁写的三个人名字。

医生过来给老袁打了强心针，他又挣扎着说出了人生中的最后的四个字：

"他害了我！"

他是谁，蔡锷？袁克定？陈宦？还是别人，无人知悉。

第二天，一代奸雄袁世凯一命呜呼。袁死后，人们才发现，他在石室金匮里藏的下一任的总统候选的名单，一共有三个：

黎元洪　徐世昌　段祺瑞

有人说袁是在最后才将其子之名袁克定改为段祺瑞的。

民国初年的大人物们全都到了老袁的灵前，徐世昌拿着老袁的遗诏让实力派人物总理段祺瑞看，段想了半天，点了点头。

接着就是段祺瑞到黎元洪家里通知此事，黎元洪坐在主位上，段祺瑞向他鞠了三个躬，两个人什么也没说，段祺瑞就坐着汽车离开了黎元洪家。

袁世凯时代结束了！

袁世凯时代的货币变革

民国初年，是中国走向近代化的时代。币制是一个国家经济发展的血液，因而货币改革是民国时代极为重要的社会经济问题，在袁世凯时代，中国的币制也在世界潮流的压力下，或多或少的进行了改革。

袁世凯统治中国时期，中国有关货币问题的大事主要有下列几个。

一是对币制改革方案的讨论；二是对《国币条例》讨论；三是中国银行和交通银行对地方货币的整理，四是中交两次停兑风潮。

民国建立之初，关于中国到底要建立一种什么样的币制，是人们极为关注的事情。大清帝国给中华民国留下的货币遗产是一个烂摊子，银两、制钱、铜圆、银圆、银行券、外国货币，私票……从货币制度上而言，根本没有什么本位。没有统一的货币，就没有国家统一的市场，就没有经济的统一，而没有经济统一的国家基础是不坚实的，因而币制问题可以说是最紧迫的社会问题。

对于币制的建设，革命党人孙中山和黄兴提出了《钱币革命》的主张，认为中国应当发行一种不兑现的纸币，以此来解决中国的货币问题。

这主要是在南京政府的财政紧张等一系列具体问题的压力之下提出的，在当时中国尚没有中央银行，且世界经济潮流仍在金本位体制之下的总体环境中，显然是不能实现的。

对于这种建议，袁世凯是持反对意义的，黄远生的《远生遗著》第二卷中记载了袁世凯的一些话："他说：'唐总理拟行勒捐及不换纸币，仆不谓然，苟行其说，全国骚然，危亡立见，与仆建设民国，确定共和政体之初心大背。'"

袁世凯的这些话是由于他和政府正在受到列强的压力，而要求中国进行币制方面的改革，改革的目标是金汇兑币制，也就是与一个金本位的国家货币挂钩，从而与世界金本位币制间接联结。列强之所以关心中国币制，主要是列强在中国有着巨大的经济利益，而中国不统一的货币，列强在与中国的经济交往中，会由于汇率的变化而亏赔，因而使中国有一个相对稳定的币制，对于列强的经济侵略是大有好处的。

早在1911年4月，清政府就与英、法、德、美四国的银行团订立了币制实业借款1000万英镑的合同，但是由于列强之间的矛盾而没有实现。1912年4月，善后大借款成立，总额2500万英镑，但是这些钱对于袁世凯政府而言，根本解决不了币制问题。因为这些钱七扣八折，到袁世凯手里的只能供其政府6个月的支出，袁世凯用此钱做了打击"二次革命"的经费，币制改革成了水中月、镜中花。

这样，中国就没有跟上世界币制的潮流，而接受了大清帝国的货币遗产，实施了银本位制，这在当时是一种落后的货币本位。

袁世凯时代对于币制改革的另一大动作是制定了一个《国币条例》，从而对中国复杂的银元体系进行了统一。

1912年10月8日，财政部设立了一个币制委员会，讨论和研究中国的币制问题，以回应外国对中国的币制借款，到12月17日开了23次会议，从而接受了外国银行团推荐的金汇兑本位说。但是外国借款实现不了。到了1914年时又多次进行币制方面的讨论，并于2月7日公布了一个《国币条例》，要统一银圆，以库平纯银7钱2分，银9铜1有含量为1元币。

公布了条例后，政府对于这一条作了说明，认为中国虽然实行了一种落后的银本位制，但是总是比一个没有货币本位的时代前进了一步，同时认为银本位制只是一个过渡时期，这一过渡结束得越快越好。

《国币条例》公布后，中国方面向国外进行币制借款日益迫切，而列强以多种理由要求主宰中国的财政与金融，特别是日本在这一方面进行的努力尤多，中国政府无法接受，只好仍旧采用银本位制。

而在此期间，1914 年，中国将银圆的成色改为 89，并在年底由天津造币厂开铸新的银圆，与江南、北洋、广东及大清银币四种银元混合流通，并由中国银行和交通两银行发行兑换银券，从而统一了中国银元的市价。

民国初年，中国的纸币十分混乱，而中国银行和交通银行却是民国初年两个实力十分雄厚的银行，因而对于地方纸币的整理，就由这两家银行进行，在袁世凯时代，中国和交通两银行对地方纸币进行了一次较大规模的整理，取得一些成绩。

这些地方是广东、吉林、江西、贵州等地，从而扩大了中国银行和交通银行两行纸币的流通量和使用区域。以江西、吉林、广东为例：

江西从辛亥革命开始发行钱票（俗称九五官票），到 1915 年初，共计发行钱票 8000 万元。收回江西钱票用款，是由北洋政府向中国银行商借银 200 万元，实行每 1 吊合银圆 0.45 元收回。后因借款不够用，北洋政府又发行币制公债 400 万元、责令中国银行承销。中国银行在收兑江西旧钞的过程中，先后垫出款项 360 万元。从 1915 年春到 1916 年 11 月止，共计收回销毁旧银圆票 131 万余元，钱票 50 万千文、铜圆票 300 余万串，英洋票 80 万元。

吉林永衡官钱局在前清时就发行了大量的纸币，进入民国后，一开始规定该局纸币发行额为六七百万余吊，但很快突破。辛亥以后发行官帖数额日益增加，尤其从 1916 年以后，为解决军饷，大量增发官帖，加以准备空虚，市价日益跌落。1914 年底 1915 年初，财政部商同吉林省政府准备收回吉林官帖，由吉林官银号交中国银行现金 600 万元，债票 400 万元，再由银行付给兑换券 1000 万元，由于吉林省拿不出如此巨款，最后只得由中国银行暂予代垫银 167 万元。

广东自辛亥革命到 1913 年底，共发行省钞（毫洋票）3000 万元。中国银行为了协助北京政府收回广东纸币，在财政部协助下特设广东分行发行中行纸币，以收回广东旧钞。但北洋政府无力支垫如此巨款，最后由善后借款项下提借 100 万英镑，合银圆 1051 万元，向银行团商借银元 250 万元，共计 1301 万元。由中国银行垫支 1380205 元，历时 2 年，共计收回广东滥币 31645516.50 元，其后又续收 224805 元，但是对于无比混乱数量巨大的中国近代各省区的纸币而言，无异于九牛之一毛。

袁世凯 1915 年为推行洪宪帝制而宣布中交停兑，是对中国近代货币最大的一次打击。为了当皇帝，他要在年年赤字的政府财政中再拨出 2000 万元作为帝制经费，从而将北洋政府的财政彻底搞垮了。

滇军蔡锷出兵讨袁后，袁世凯政府的财政日益紧张，军费成了整个财政的巨大支出，而此时政府外债借不到，地方税收又因为一些地方的独立或战争而落空。一开始袁世凯还想通过发行公债的办法解决这一问题，1916 年 3 月，发行内债 2000 万元，但发行了 3 个月却只有 30 万元入账。因而只好让交通银行和中国银行对政府进行垫款，到 1915 年年底时交通银行已向政府垫款 4600 万，而中国银行也有 2000 万元的巨额垫款。由于当时实行的银本位币制，人们可以持银行发行的兑换券向银行兑换银元，交通银行已无银元可兑，因而就开始打中国银行的主意，一些与袁世凯有深交的人要求两行合并，如支持帝制的交通系财神梁士诒就是其中之一。梁氏对于袁世凯的帝制十分热心，帝制的活动经费也多由交通银行垫付。时人评论说："北京政府财政窘迫的结果，除依赖梁士诒的财政手腕外，无他策。"更有人说政府全靠梁氏一人养活。而且到了 1916 年年初，更有一些人向袁世凯献出了由中国银行和交通银行发行不兑现的纸币，而军费全用两行纸币的建议。

这一建议还没有实施，风声走漏，一时间全国出现了挤兑中国银行和交通银行的风潮。而且一些大商业的纸币也受到影响，四明银行、殖边银行等都不同程度地发生了挤兑。

5 月 12 日，北洋政府竟然下令中国银行和交通银行两行停止兑现。

这一纸停止兑现的命令在国内引起了巨大的风波。中国银行的一些重要股东，率先起来反对政府的停兑令，以中国银行上海分行的总经理和副总经理宋汉章和张嘉璈为首的一些人士，要"维护中国金融之生命"，坚持兑现，从而给停兑令以致命一击。

这种反抗也有地方实力派人士的支持，冯国璋就是其中之一，他曾致电袁世凯，说停兑令"万难遵行"。"非但国家信用已坠而不可复存，且虑全国人心一去而不可复挽。"停兑令在全国受到了抵制，而袁世凯的帝制也在停兑令中画上了句号。

袁世凯的停兑令，张嘉璈对此却有不同的理解，认为这次事件"不啻为中国近代金融奠一基石"。他认为这是中国金融业摆脱封建军阀的控制，独立发展的理念和实践。

总之，在袁世凯统治时期，中国近代币制改革的理念之路刚刚铺就，而实践则差得很远。1935 年以前的民国货币时期，是中国历史上最为复杂的时期之一。

书 评 类

读韩国青年学者孙准植的专著
《战前日本在华北的走私活动(1933—1937)》

　　全面抗战爆发前夕,华北是由于日本不断侵略而形成的一块特殊的政治和经济区域。日本为了配合其对华侵略,并达到分离华北的目的,利用日韩浪人和汉奸在华北进行了人类历史上罕见的大规模、有组织的走私活动,形成了"无货不私,无货不走"的局面,对中国的社会、经济和社会风气造成了极为严重的影响,不仅对中国社会经济进行了破坏,也打击了英美在华的利益,从而引起了世界舆论强烈的反响。

　　对于这一重大历史问题,国内外学者对之研究极为薄弱。从事此项研究的主要是日本和大陆学者,但在日本仅有今井骏的论文,主要论及华北走私对华北和上海手工业和工业的破坏及相关影响;而国内学者的论文多为对此问题的概述性文章,其余则多散见于论述这一时代其他相关问题的专著。近日韩国青年学者孙准植先生寄来《战前日本在华北的走私活动(1933—1937)》(下简称孙著)682页约45万字用汉文写就的大作,对这一问题进行了详细而认真的研究,在整体上形成了一部研究1933—1936年华北走私史的开拓性专著。

　　孙著着力于华北走私的几个重点问题:即:华北走私的原因是什么?手段和规模如何?对中国的财政经济有什么影响?国民政府采取了什么措施并遇到了什么困难?中外各界对华北走私的反应如何?

　　孙著分为六章:第一章,华北走私的酝酿和发展;第二章,华北走私猖獗的原因;第三章,华北走私的手段和规模;第四章,华北走私对中国财经的影响;第五章,国民政府防止走私的努力和困难;第六章,中外各界对华北走私的反应和对策。

孙著将日本在华北走私分成三个阶段，一是走私的萌芽阶段，从《塘沽协定》签订到 1935 年 5 月日军干涉海关缉私期间，此时中国海关还能部分行使职权。二是 1935 年 6 月中国海关人员退出长城线到 1936 年伪冀东政权征收所谓"查验费"的公开走私时期。三是特殊贸易时期，从 1936 年 3 月伪冀东政权实行征收"查验费"到全面抗战爆发，是冀东走私合法化阶段。

孙著揭露了日本对华北走私的各种方法，对走私的路线，不同时期走私的手法，走私商品的种类和数量，走私人员的种类等都进行了分析研究，还揭露出了英国德士古洋行也曾从事走私。

在华北走私对中国经济影响的分析中，孙著不仅分析了走私对中国关税的影响，而且还对中国财政支柱的盐税、统税的减少与走私的关系进行了分析。对走私与贸易也力图有所探索。

孙著的研究是很有新意的。首先，作者从对走私形成的经济环境特别是中国政府在 1929 年关税自主后对走私的影响这一问题进行了论述，从而批驳了当时日本政府和学者对中国关税定得过高而刺激走私的谬论，并指出一国的关税是其国家主权的象征，且比较当时中日两国的税率，说明当时中国政府制定的新关税税率与日本相比也不为高。其次，国民政府对走私的查禁是大陆学者涉及较少的课题，而且过去多强调在这一问题上国民政府的"妥协退让政策"，孙著通过大量史实分析了这一问题，通过对当时国民政府制定的查禁走私的政策和缉私人员活动情况的研究，得出了中国缉私人员努力查禁私货从而使走私范围被控制乃至缩小的结论。书中还得出了关东军是最大的华北走私的受益者，且认为走私利益被关东军用于侵略中国的"内蒙工作"。

华北走私引起了中国人民的强烈愤怒，中国社会各阶层和各个方面对此多有反应，孙著专有一章研究此问题，如对上海和各地工商界的各种反走私的活动及全国检私总会、缉私大同盟、救国会和救国团体、学生和海关关员誓死缉私活动的论述，从社会史的高度论述了华北走私对中国社会方方面面的影响，强调了中国人民由于反对华北走私而形成了民族凝聚力。华北走私也使在华有着利益关系的英美等国极为反感。直到 1936 年 4 月李滋罗斯再次来华时，英国商人还向他"抱怨大规模的公开走私，对他们之经营事业所带来的严重影响，这种走私发生在整个冀东，走私者只缴纳正常关税四分之一的费用。长江下游的羊毛、糖和煤油市场正在崩溃中"①。孙著对世界各国的反应也一一披露，从而使得本课题的研究得以深化。

资料丰富是孙著的一大特色，该书除在正文大量引用重要的一手资料外，仅在其资料索引中就有中、日、韩、英四国的各种资料目录。其中中文部分一是档案及史料，南京二档的相关资料和近年来海内外出版的相关史料集基本上全部收罗，计 99 种；二是报纸和期刊 6 种；三是工具书和年鉴 5 种；四是专著 32 种；五是论文 36 篇。日文部分一是史料 36 种，二是年表年鉴期刊 4 种，三是专著 15 种，四是论文 9 篇。英文部分有 10 种资料。在这些资料里有许多是没有印行的档案材料和新发掘出来的材料，包括中日两国政府与华北走私相关的各部门没有印行的档案，如收藏在南京中国第二历史档案馆和台湾国民党中央委员会党史会的国民政府行政院、财政部、外交部、关务署、海关总税务司署、北宁铁路管理局、资源委员会的档案等，特别是关务署档案、海关总税务司署档案及北宁铁路管理档案中的大量新材料。在日文方面则收有日本各政府机关如参谋本部、外务省、驻华军政单位等的文件，特别是采用了满铁、中国通信社、青岛商工会议所等民间机构的调查报告，如满铁的《冀东特殊贸易的实情》等。

评论公允也是孙著的一大特色，作者从经济方面入手，通过对关税问题的研究，分析华北走私的形成，又通过大量档案材料指出国民政府对华北走私的查禁努力，从而阻断了私货的南侵。书中通过对各种商品走私后所得利润的分析，得出了私货利润和鸦片是培养"汉奸人才"温床的结论。在评论国外对日本走私的反应时，孙著指出由于日本走私对中国财政支柱税收造成了巨大的威胁，引起了中国外债偿付能力的下降，而英美等国只是在这一基点上关注日本走私问题，并不对日本采取直接有力的措施。作为韩国学者，对于充当华北走私先锋的韩国浪人，他认为："其中称为走私浪人的韩国人，恃其背后日本势力，甘做走私先锋，动辄用武力抗拒中国缉私官员，这些恶行该被严责。"由此可见一斑。

---

① 《英国外交档案》柯文致艾登电（北平，1936 年 4 月 29 日），《民国档案》1990 年第 1 期。

日本在华北走私的目的，政治上日本驻北平特务机关长松室孝良说得很明白："帝国货物之向华北走私，为帝国之断然手段，其用意在促进华北特殊政治体系之成立，而隶属于帝国势力之下，届时政、经、军诸问题均可依帝国之意而实践解决。"[①] 而经济上的目的，满铁的解释是："特殊贸易……作为日本大陆政策的一环，从商品市场的开拓上看，具有特殊的重要性。"[②] 在这两点上，孙著还可进一步深化。具体到华北走私到底给日本国内经济带了一些什么好处也应论及，另外在论述华北走私对中国南方经济的影响时，对日本以台湾为基地，对中国东南沿海走私有强调的必要。

孙著强调华北地方政府和冀东伪政府的特殊性对华北走私的影响，但对国民政府对日本侵略的不抵抗政策理解为"坚忍蓄力"，从而过多渲染了国民政府的努力和遇到的困难。实际上，没有中华民族对日本侵略者坚决抵抗的意志，任何行政和经济手段根本解决不了华北走私问题。

孙准植先生是韩国青年学者，他的专著带给我们的不仅是学术上的收获，更重要的是对国内研究历史的青年学者们的激励。

（《抗日战争研究》1998 年第 1 期）

---

① 《有关日本策动华北走私情况档案史料选》，《民国档案》1987 年第 4 期。
② 满铁产业部：《北支那经济综观》，1938 年，第 100 页。

一代宗师　百草成集

　　改革开放以来，中国泉学大兴，人们对于泉学研究已区分领域，现在古钱、银元、铜元、纸币、人民币、现代金银币、纪念币、外国货币、民俗钱币（压胜钱）这 9 个研究领域在国内已基本形成，而诸如银两、中外货币文化交流等研究也呈现出勃发的态势。

　　中国是世界纸币文化发祥地，也是纸币文化积累最为丰厚的国家。

　　中国从元代开始就有人研究纸币。元顺帝时武淇著《宝钞通考》，清钱大昕有辑本八卷。元人费著有《楮币谱》一卷，记四川交子钱引，《四川通志》称其止于南宋庆元年间，《全蜀艺文志》称其止于淳熙年间，但书已佚。清嘉、道年间吾进辑有《四朝宝钞》一卷，仅有题跋，无论述文章，有民国七年本。许楣的《钞币论》多涉及纸币理论。宣统年间刊出有罗振玉的《四朝钞币图录》，记宋、元、明、清钞版或楮币十七种，民初又有重刊。

　　1924 的《民国钞券史》，1928 年的《中国纸币史》，1926 年沈久道的《纸币图说》，区季鸾的《广东纸币史》。1943 年重庆中国文化服务社出版了朱偰的《中国信用纸币发展史》，1944 年中央银行研究处出版了李骏耀的《中国纸币发行史》。1947 年钱万能组织了中国纸币集钞会，后印发了《中国纸币集藏会集钞小丛书》。

　　新中国成立后，中国人民银行金融研究所和财政部财政科学研究所编《中国革命根据地货币》（上下册，文物出版社出版），书中大多是第一次国内革命战争始至解放战争止的各根据地货币；附有公债券、粮票等。内蒙古钱币研究会与《中国钱币》编辑部合编的《中国古钞图辑》1987 年 9 月出版，收北宋至清历代纸币和钞版拓本数一种，共计百余幅图。1958

年献可的《近百年来帝国主义在华银行发行纸币概况》。

　　台湾也出版了许多论述钱币的书，如《中央银行钞票专辑》《中国纸币图说》《中国军用钞票史略》等。

　　在柏文先生仙逝后，在亚洲钱币学会黄汉森等先生的努力下，盛观熙、蔡小军先生不辞辛苦，汇集柏文先生300篇文章，按先生遗愿结为《百草集》，草钞谐音，实为泉学中又一盛事。

　　柏文先生原名陆世百，国际纸币协会的创始人之一。1922年1月14日出生于上海，后毕业于上海复旦大学土木工程系，自小喜集纸币，对商业银行、洋商客钞、地方私票等有专题收藏，可惜"文化大革命"时期全部藏品和资料被毁。1982年移居美国后重新开始纸币收藏和研究，在大陆、香港、台湾等地的钱币刊物上发表了大量有关纸币的文章。

　　《百草集》收录了柏文先生300篇文章，编者独具匠心地将其编为上下篇，上篇包括古代纸钞篇，收有文章4篇；清代纸币篇，收有文章24篇；洋商客钞篇，收有文章16篇；商业银行篇，收有文章22篇；中交农篇，收有文章29篇；地方银行篇，收有文章32篇；军用钞票篇，收有文章28篇。下篇即私票漫谈篇，收有文章9篇；名人与钞票篇，收录文章20篇；湘钞集锦篇，收有文章12篇；纸币地理篇，收录文章21；钞上谈胜篇，收录文章10篇；工矿铁路篇，收录文章9篇；铜元辅币篇，收录文章6篇；钞情钞谊篇，收录文章16篇；纸币杂谈篇，收录文章20篇；集钞随笔篇，收录文章22篇。

　　柏文先生为研究中国纸币的一代宗师，他开创了一种新的纸币研究方法和领域。在他之前，我们列出的中国历代的纸币研究著作研究，一般是按照两种模式排列的，一是注重纸币实物的图谱式研究，如罗振玉宣统年间刊印的《四朝钞币图录》、内蒙古钱币研究会和《中国钱币》编辑部合编的《中国古钞图辑》是其代表。是注重文字，侧重于历史描述，如李骏耀的《中国纸币发行史》、献可的《近百年来帝国主义在华银行发行纸币概况》等是其代表。

　　中国泉学博大精深，清代小学兴盛后的中国泉学，注重古钱的研究，因而中国泉学以对古钱研究为主脉，但泉学的博大表现之一就是其领域不断扩大和延展，纸币研究就是其中之一，在纸币研究的历史中，将上述两种研究方法合而为一，实物与史料双重，泉学与史学结合，柏文先生在这方面做出了贡献。

将泉学研究与文化研究结合起来，纸币研究在这方面有着比古钱研究得天独厚的条件，而柏文先生于此发挥到了极致，《百草集》下篇中的名人与钞票、纸币地理篇、钞上谈胜篇等都显现了这方面的优势。

《百草集》还将纸币研究的方法、范围以不同的纸币本身展现出来，柏文先生并没有系统地教读者如何研究纸币的冠字、号码、水印、秘记、签章等钞学专论，但是通读完《百草集》后，你自然会掌握这些技巧。书中对于集钞旧事，中国纸币研究的历史、珍钞的集散、国际集中国钞者及现在钞界的介绍，无疑会引发众多人士集钞、研钞的兴趣。

之所以称其为一代宗师，是因为他对于大陆和台湾一些年轻的纸币收集和研究者的奖掖扶持，他不仅将自己收集的一些珍钞赠给年轻人，而且还为他们彼此相识牵线搭桥，同时对他们在做人和写作上提供帮助。笔者在这方面深有感触。对笔者的一些文章先生常提出异议，并在一些刊物上争鸣，这极大地了促进了年轻一代的泉识。

斯人已去，百草永存。白居易云：野火烧不尽，春风吹又生！愿 21 世纪的中国纸币研究为中国泉学再添异彩。

（《中国钱币》2000 年第 2 期。另见新加坡《亚洲钱币》2000 年第 2 期）

一个时代信用的回顾

——评《借贷关系与乡村变动——民国时期
华北乡村借贷之研究》

市场经济是法制经济更是信用经济。现代经济的大脑——金融业，如果没有信用的支撑，将使市场经济失血，而真正的市场经济也将无法建立，因而对于中国传统的信用史的研究，并在此基础上确立有中国特色的市场经济体系下的信用制度是一个十分严肃而迫切的问题，也是市场经济发展对学术界的要求。

中国学术界对于古代社会信用的研究已有许多成果，但对于中华民国时期的信用，特别是对于借贷关系的研究却是空白，由于民国时期的社会经济有其十分独特的市场化的一面，因而尽管其有着鲜明的半殖民地半封建性的特色，但是其市场经济的一面确有值得深入研究并借鉴的因素，因为其市场性深植于中国文化之中，有其独特的运行规律。

复旦大学博士后李金铮先生最近出版了研究新著《借贷关系与乡村变动——民国时期华北乡村借贷之研究》（河北大学出版社 2000 年版）填补了这一学术空白，作者以深厚的学术功力，明确了近代乡村借贷关系的主体，分析了中国近代借贷市场，研究了近代借贷关系的种种形式及组织机构，并探讨了其变迁的过程，特别是通过对借贷史变迁的追究描绘了一幅中国近代借贷关系定型于 1949 年的全息图画。全书分为上下两篇，上篇为借贷关系的传统模式与转型，从乡村借贷的基本状况入手，进而深入传统借贷关系的核心——高利贷。在对传统高利贷分析的基础上，探讨借贷关系的转型及其困难。下篇为借贷关系的暴力革命，作者以根据地为中心，依中共对传统借贷关系的政策演变，论述了传统借贷关系的变化，最后引入了现代的合作社的借贷形式，从而全面把握了民国时期华北信用的核心——借贷关系的变迁。

现代市场经济在中国的确立，面临的巨大挑战也是理顺借贷关系特别是建立新式的市场经济下的信用，李著以三年博士论文为基础，对中国传统文化下的借贷关系进行了深入的梳理，并在博士后期间开始对长江流域乡村借贷关系的变迁进行研究，从书中的结论我们确能获得许多确立新的信用关系的文化和历史信息，从而为现实经济学的深入特别是中国化提供极佳的素材，而对于民国借贷关系的探讨也深化了中国金融史的研究，开拓了学术研究领域。

（《河北经济日报》2001 年 3 月 5 日 "金融证券周刊" B3 版）

和张五常先生谈一谈《风雨时代的钞票》

    五常先生学贯中西，大作迭出。其《佃农理论》、《经济解释》等著作以前就认真读过，只不过自己功力不够，看不太懂。但是五常先生在《经济学消息报》时有宏论，网上也时常有先生的踪影。

    先生对世上当红经济学家以武侠之事道来，让我们年轻人看得发狂，早已认定五常先生也是华山之巅的人物。说实话，在经济学理论等领域也确是如此。但是世界上的学问并不都是经济学，尽管现在经济学有帝国主义之称，更由于经济学实际上是一种思维方式，因而经济学家可依自己的思维方式评说万物，但是评说任由评说，只是基本的知识和素材应当是正确的，否则就是和经济学密切相关的领域，如经济史、货币史，也有得出不太正确观点的可能。

    五常先生文笔精妙，特别是随笔之类，更是让人心服。因而先生的《学术上的老人与海》、《随意集》等早就置备于书房，以为适意时读之。沪上归来，展卷阅读，翻到《学术上的老人与海》中1999年7月16日先生所作的《杜牧的扬州》时，问题来了。

    先生写道：

>   在扬州一处有众多摊贩出卖杂物的地方，有几档是卖国民党时期的旧钞票的。难得见到有那么多而又不同的旧钞票集中在一起，我花了个多小时讨价还价，全部买了下来，以至于自己一贫如洗。

>   大约共有一千三百张旧钞，是国民党时期多个政府骗局的证据，申诉着二十世纪上半部炎黄子孙的血泪史实。我是搞经济研究的，见到那么多五花八门的旧钞，刻画着一个风风雨雨的时代，怎会不见猎

心喜？当然，这些旧钞在香港也可以买到，但价钱肯定贵得多。

我自己老了，再也没魄力对这些旧钞作深入的研究。但我想，今天数以千计的中国年青经济学者，整天说研究呀研究的，却老是在空空如也的数学方程式上打转。难道他们不知道，经济学是为解释真实世界才发展起来的？单是我在扬州购入的旧钞，加以调查分析，四五篇精彩论文是没有问题。

说实话，在中国搞货币史的学者不少，而且还有一个被称为中国绝学的行当——钱币学，期刊不少，论文也发了不少，五常先生要是能从经济学理论对中国近代的货币史甚至钱币说上点滴，也会启发这些人的思路。

这些旧钞对五常先生的吸引力很大，这本《学术上的老人与海》的北望神州部分，第一篇就是《风雨时代的钞票》，因而立即就翻到此处，然而，读完后很失望，与原来的想象相差万千。

这篇文章是先生在 1999 年 7 月 23 日写的，文中分八个部分简介了他这次扬州之行所得的钞票，八个部分，观点正确的基本没有。由于先生名头太响，影响太大，先生的一些只语片言，被一些比我更年轻的学子奉为圭臬。今指出，以求证于先生。

一是先生有四张 1934 年发行的一元钞票，是中央银行加盖在中国农工银行上的。先生说"泱泱大国，主要银行改名也懒得重印，其马虎溢于票上，可谓奇观"。这回先生可是大大地冤枉了国民政府，这四张中国农工银行纸币并不是 1934 年发行的，只不过是 1934 年印的，而为什么要加盖上中央银行行名再发行呢？原因是 20 世纪 30 年代美国的白银政策使以银为币的中国白银外泄，通货紧缩。中国政府为解决由美国的白银政策而引发的经济危机，毅然决定进行法币改革，放弃银本位，收回原有的商业银行纸币，改行法币，从而迅速脱离了危机。这四张纸币就是政府施行法币政策时，收回的原商业银行中国农工银行的纸币，但是由于新法币市场需要量大，印制不及，故而将一些收回的商业银行纸币加盖中央银行或交通银行的行名后，当做新法币发行，这实际上是一个一举两得的办法，即省钱，又办了大事。

二是先生说千余张纸币中仅有三张差不多是全新的，都是"美商北京花旗银行"发行的,但"都是横中切断,切得整齐,然后用两张同值的钞票上半部以胶水粘成一张"。先生说:"因为钞票极新,而上下以胶水相连又造得天衣无缝,显然不是出自今天小贩之手。我想来想去,一个解释是发行者不想持钞者看到原来钞票的下半部,而钞票看来是在美国印制,所以一时间赶不及重印。但为什么1910与1919皆如此。"先生这回多虑了,这些钞票就是出于小贩之手,这些纸币原是已被银行销毁的废钞,近几年不知从哪里出了一批,钱钞贩子们为了卖得善价。但是又没有钞票的下半张,故将相同的两张上半部分黏成一张。所以才会"钞票上下如倒影,只是号码上下不同!"

三是先生说1930年广东省银行发行的钞票上印有银毫券,故而"这摆明是银本位,以银作保障来增加信心"。这个问题认真分析起来可真能写一篇大论文,笔者的博士学位论文题目就是《白银与近代中国经济》,其复杂性不是一篇小文说得清。但是先生在文中没有说清什么是银毫,而且先生可能确也不知道。因为银毫在民国年间的两广可是专有名词,特指面额为二角的小银币,而且近代两广和东北一个时期是以这种银毫子为本位币的,而不是一元的诸如"袁大头"之类的东西。(看过《红色娘子军的人们》,可能都记得当年洪常青送给吴琼花的就是几枚银毫子)银毫重量时人皆知,用不着先生替当时的人们着急。(先生云:我看这些银毫券的第一个反应:是骗局)广东银毫在成色上经常出问题,而像先生想的"分量下降仍可叫银毫"这种事并不多,近代广东地方银行和银毫也常常出问题,也常有骗局,但与先生所想相差万里。

四是先生所云"更大的骗局是那大名鼎鼎的'关金'了"。先生说关金是骗局的理由,是钞票上没有说明一个关金单位合多少黄金。可是先生接着又说今天香港的钞票不印明七点八元兑一美元是合理的,"金管局没有意图行骗"。这可有点先入为主、主观主义了,同样一事,张三干就是行骗,李四干就不是行骗?逻辑上有点问题,而且要是了解了民国经济史,更不会认同先生的观点,关金券最早是海关金单位是简称,是中国海关在中国币制用银而国外是金本位的情况下,为使关税不受损失而推出的交海关税的凭据,后来才成为流通货币,关金史可写一本大书,它和国民党后期搞的金圆券可不是一回事!从先生两次对关金的行文来看,先生没有分清"关金券"和后来臭名远扬的"金圆券"。

　　五是先生找到了二三十年代"钱庄"发行的几种纸币。首先从先生
所提到的"陆宜和"、"黄山馆德泰昶"等钞票是现在坊间印得仿真钱票
最多假票子，也就是说是贩子们自己印来骗钱的。其次先生说自由发钞是
绝对一级的研究课题，实际上大陆已有好几部专著论述这个时代的这个问
题。再次，先生说这些纸币是"钱庄"发行，实际上这种纸币"钱庄"
发行的相对要少一些，更多是其他部门，如商店、杂货铺等（可详见笔
者在中华书局出版的《中国钱票》一书）。最后不知为什么先生有这么一
句"我在三十年前就说过了。民国时期的钱庄钞票，有以一串铜钱为本
位的，称为'一吊'，也有以政府骗人的'大洋'为本位的，政府行骗，
一些钱庄也就乐得同流合污，过瘾一下"。这里面有两个问题，一个是为
什么先生要强调三十年前就说过这话呢？是"吊"这个单位少见？可是
民国时期少见的货币单位多了，还有什么"半元""九七钱一吊""九八
典钱一吊"，等等。而且就"吊"一个单位，也得看是哪个时候，哪个地
区，什么"制度"，是九八钱还是九七钱，因为一吊或一串，可以从一千
个铜钱到八九十几个铜钱不等。在不同的地区，吊所表示的制钱数是不一
样的。近代一吊在天津是 490 文，在兰州则是在 160—163 文之间，而在
北京，贬值后的当十大钱 49—50 枚为一吊，云南则 620 文为一吊。在一
个更小的区域内，如在湖北武昌附近，武昌是 97 文为一吊，汉口则是
97—98 文，蕲州则是 99 文。自清末一直到民国初年，东北的制钱被分成
两种不同的体制：一种叫中钱（在北京、天津、山东等一些地方的制钱
被称为京钱或津钱），一般都是清代早期铸造的制钱，重量一般在 2 厘之
间，以 500 文为 1 吊文。而在东北，却是以清代后期铸造的制钱，一般重
量在 1 厘左右的制钱 500 文为 1 吊。由于 500 文正好是传统的 1 吊的一
半，处于中间的位置，所以这种钱就被称为中钱。另外一种钱被称为小
钱，这种制钱制度一般在山海关以外的地区流通，故而又叫东钱，由于以
160 文为 1 吊，故而也叫小钱。另外一个问题就是"也有以政府骗人的
'大洋'为本位的"，从清政府到国民政府，一部近代史里哪个政府用白
花花的大洋骗过人？我孤陋寡闻，没听说过。

　　六是五常先生对于两种解放区的纸币产生了好奇，一是东北银行和
长城银行 1947 年、1948 年发行的纸币上均印有中华民国的年号。这对
于一个学历史的人来说。根本没有什么可奇怪的，那个时期根据地除了

钞票,就是一些书刊也是用中华民国的年号。五常先生第二个好奇是"钞票上没有说明任何保障",而且说:"想当年,老毛靠打游击得天下,所以自制的钞票也'不拘小节'。但当时市场信不信,通用不通用,则有待考究矣。"五常先生对国外的经济学说了解深厚,但是对国内的经济思想可能不太了解,想当年不仅早在根据地时期红色的经济学家就说根据地货币的保障是"物资",而且 1949 年后到改革开放前,中国金融学领域讨论最多的问题就是人民币的"保障""准备"问题。至于说这些钞票能不能用,关于根据地货币的研究是中国钱币学界研究得最为深入的课题,而且根据地货币在战时经济状况下的斗争技巧非常高明,如果对这一问题了解多一点的话,恰如当年上海刚解放后,人们对共产党的看法改变一样,他们不仅政治上行,军事上行,经济上也是有一套的!

七是五常先生认为 1953 年前的大面额的纸币不是人民币,不是人民币那又是什么!只不过 1953 年后进行币制改革,将以前的 100 元改为后来的一分,人民币的面额才小了,生活在大陆上的老人,人人皆知。因而五常先生白"奇怪"了。

八是五常先生对于一个 20 世纪三四十年代存在的一家银行"中国联合准备银行"的行名又发生了兴趣,他认为这家银行应当叫储备银行而不应当叫准备银行。先生可能不知,这家银行是日本侵略中国时在北方设立的伪银行,成立目的就是为了发钞(和日本在香港发军票差不多),因而准备十分重要,为了突出发行有准备,日本将当时中国北方的银行所存全部白银强制纳入这家银行,充为发行准备。因而"准备银行"也是日本人刻意为之。这绝不是日本人不知道准备和储备的区别,因为他们在南方设立的伪银行就叫中央储备银行,至于这里面的详情,读者可以看一看笔者早年写的《金钱与战争——抗战时期的货币》,就一清二楚了。

九是五常先生又确定 1927 年中南银行发行的钞票上,"竟然用慈禧太后的肖像,这银行若非与慈禧的后人有关,其思维有点问题"。

这话说得可有点绝了。首先中南银行是华侨在中国创立的一家银行,和西太后没有任何关系(有的话可能是其祖先亲戚可能被西太后或其他清帝统治过),而且中南银行纸币大额钞票上用的是汉、维、蒙古、藏、回五族妇女的头像，一为表示五族共和，二为表示民国妇女地位提高。这种思维有什么问题？小面额纸币则从五族妇女头像中选择使用，真不知五常先生如何考查出来其与西太后的关系。

最后五常先生说："可以这样说吧：凡是大骗局钞票上有肖像的，皆国父也。天可怜见。"其实，从中国历史上来说，从宋代产生纸币到民国，政府真正搞五常先生所云"大骗局"的纸币，上面均没有印上国家领导人的头像，更别提什么"国父"了，有的话，也就是民国一个特例，中国如此，想必对外国更为熟悉的五常先生认真考察一下其他国家的经济史、货币史，先生也许应当说："不可以这样说吧！"

实际上，经济学是不是帝国主义难说，有的倒是滥用经济思维，又在公众面前有话语权，还真敢什么都说的"经济学家"。五常先生在年青一代学者中影响极大，而且又对自己的文章在美国高水平学术杂志的引用率高而自得，但是对五常先生的这篇《风雨时代的钞票》，引用时千万要慎重。

（《经济学消息报》2003 年 9 月 19 日）

中国近代纸币史研究的里程碑

——评《中国近代纸币史》

由江苏钱币学会主编的巨著《中国近代纸币史》一书由中国金融出版社出版了，该书涉及发行机构 660 多个，纸币 7000 余种，166 万字，全书另附纸币图版 346 种。这是钱币学学术研究的大事。洋洋洒洒上百万字的巨著，笔者在春节期间日夜披览，在学术探究的喜悦中，终于将此书读完，深有所得，略书所感，就教于方家。

一 近代纸币史研究的一个里程碑

中国近代货币史是中国货币史长河中最为重要且复杂的时期，与现代经济生活关联最为密切，从微观上看是中国钱币形态向现代演化承古启今的关键时段，从宏观上而言也是中国货币文化与西方货币文化由表及里深度交融的时期，其学术研究有着十分重要的历史和现实意义。而国内学术界对于中国近代纸币史的研究时间很短，民国年间，钱万能等人的中国纸币集藏社对于中国近代纸币的研究可以说是近代纸币史研究的起点，然而时间也不过半个多世纪。中国近代纸币史研究的高峰期可以说是中国钱币学会成立后至 20 世纪末，这一时期的学术研究有三个特点：一是纸币图谱的大量出版；二是一批专科性纸币史专著的面世；三是区域性货币研究著作对地方货币的总结。所有这些都昭示着一部全面、系统的中国近代史专著的出现，而江苏钱币学会完成了人们翘首企盼之事，功德无量。

二 新史料与学术继承并重、结构合理、内容丰宏、思路清晰

从《中国近代纸币史》一书中，我们可以看出，书中有大量新发现的原始档案资料，诸如各银行发行准备金状况、关于纸币版别的原始档案记录、流通收毁情况等，并解决了一些近代纸币史的疑难问题。

《中国近代纸币史》对于以前的学术研究成果有着很好的继承。例如书中"省及地方金融机关"部分对笔者的《中国近代纸币》一书中引用的史料进行了讨论；"军用钞票"部分对丁张弓良女士和蔡小军先生的观点进行了评论。

《中国近代纸币史》一书给出了中国的近代纸币发展的构架。第一部分论述了中国近代货币史发展的独特路径；第二部分具体到近代货币的发行；第三部分以图片的形式表述近代纸币的钱币学的内涵。而第二部分将中国近代纸币的发行机构分为国家银行，省及地方金融机关，军用钞票，财政机关、行政机关、市县级金融机关及民间团体，民营银行，私立银钱行号，革命根据地发行机构，敌伪发行机构，在华流通外国银行、外国政府、军用、中外合资银行九种大的部门，涵盖全面，浑然一体。

三 新意迭出，创意屡现

《中国近代纸币史》一书由国内钱币学界多位名家写就，不仅史料丰富翔实，而更为难得的是新意迭出，创意屡现。限于篇幅，先举一例。在历史学领域，分期是极为重要的研究先期工作，断代是学术创新之先机。《中国近代纸币史》一书依中国货币史独特的运行规律，认为应将中国近代货币史的开端定为中国自铸银元的 1889 年，确实是有着对中国货币史十分准确的把握。

再如，中国近代纸币的发展，特别是国家银行和商业银行纸币之所以

能够占领流通市场，除准备金等制度的建设外，领券发行是其中最为重要的因素之一。书中对于领券制度的产生进行了有益的探索，并提出了领券制度由中国银行 1915 年创立的观点。

四　把货币史与钱币学有机地结合在一起

钱币学在中国有绝学之称，它和货币史研究属于既有区别又有联系的两个学术领域。货币史研究的重点是货币产生和发展的内在规律，探索货币演化进程和它在社会经济发展中的地位、作用。钱币学研究的重点是历史上各个时期钱币的形态、制作技术、文字书法、图案、铸造或发行数量，以及它的文化意义。两者是邻近学科，关系密切。研究钱币的学者，对于货币发生、发展、消亡的历史多不能深入地关注，而货币史研究学者在研究过程中又常脱离钱币实物，而使研究成为纸上谈兵。《中国近代纸币史》在某种意义上可以说是传统钱币学研究领域的一种实质性的拓展，同时更为货币史的研究乃至为整个近代经济史的研究深化带来新的研究视角和厚实的史料基础。全书熔钱币学与货币史于一炉，从货币运动的角度切入，将近代纸币置回历史的流通领域进行考察，从多学科联系的角度深入，利用相关学科的成果丰富钱币学，真实再现货币流通发展状况。这本书不光成为钱币学研究的必备参考书目，而且对于研究货币史、经济史、社会史也大有裨益。

五　更高层次上的研究空间

《中国近代纸币史》一书的出版，使中国近代纸币史的研究上了一个台阶，金无足赤，学无止境，笔者认为在以往中国近代纸币史研究及《中国近代纸币史》的基础上，学术界应当更加注重外国在华银行纸币、中外合办银行纸币、中小金融机构纸币、政府财政性纸币以及私票的研究；同时，在钱币学日益成为体系的今天，更应当注意吸收国内外历史、印刷等学界的一些新的研究成果。

对于《中国近代纸币史》一书，也有一些小问题值得探讨。比如在档案材料的运用上，既然中国银行和交通银行纸币版别简表出于原始档案，那么中央银行纸币发行更应披露纸币发行原始版别表册。由于近代纸币十分复杂，一些地方略显重复，如日本军用票在第 959 页及 1069 页均有涉及。一些银行的纸币发行种类上似有漏缺，如华俄道胜银行在中国境内与中东铁路合发纸币等。

（《中国钱币》2002 年第 2 期）

不同发展道路下政府与资产阶级
的关系

——读[美]小科布尔《上海资本家与国民政府 1927—1937》有感

美国历史学家帕克斯·M. 小科布尔所著的 *The Kuomintang Regime and the Shanghai Capitalists* 一书在中国大陆有两个译本,一为杨希孟所译的《上海资本家与国民政府 1927—1937》,中国社会科学出版社 1988 年版。另为蔡静仪所译的《江浙财阀与国民政府》,南开大学出版社 1987 年版①。这本书自出版至今在世界中国近现代经济史学界影响较大,而且逐渐成为治中国近现代经济史学者的必读书目。书中提出的一些观点早在国际学界引起争论,国内也有一些反响,本文拟对该书作一评论,不当之处,敬请方家指正。

一 不同的发展道路

小科布尔《上海资本家与国民政府 1927—1937》一书,是以资本主义完备市场条件下西方经济学理论为基础分析工具进而论述国民政府与资产阶级关系的,全书评论的中心是蒋介石政权与上海资产阶级的关系并非中国史学界所言的十分密切,而是矛盾重重。诸如:"存在于两

---

① 南开本较中国社科本翻译及校对错误较少。

个集团之间关系的真正特点是：政府竭力从政治上压制城市资产阶级，并榨取这些经济现代化部分的力量。以岁入而论，支配南京政府政策的既不是资本家们的利益，也不是政府对发展经济的关切，恰恰相反，政府的行动加重了中国资本主义的弱点，而趋向为列强的经济利益服务。从政治上来讲，南京政府完全不理会这些资本家通过上海总商会和上海银行业同业公会这些组织所表达出来的意见，事实上反而要极力指导这些商业团体置于政府控制之下。作为一种政治力量，资本家处境是艰难的，而且到了 1937 年更沦为政府的附属品了。南京政府并没有代表资本家的利益，资本家也不能对政府的决策有什么重大的政治影响。"①"南京政府与资本家之间关系紧张，并非根源于意识形态，更多的是国民党政权的特性和它对资本家的苛求造成的。"②

在评说上述观点之前，回顾中国资本主义发展是十分必要的。在一些较为发达的资本主义国家（列强）将中国纳入整个资本主义经济发展体系进程中，中国有无可能通过"自然的历史进程"而进入资本主义社会？历史和理论界的答案十分明确——这是不可能的。中国经历了"半殖民地半封建社会"社会形态，有着独特的政治、经济发展规律。在讨论中国政府与资产阶级关系时，必须强调其发展或现代化道路的不同，这种不同构架了一种非西方主流经济学认定的资本主义道路；同时也决定了政府作用及与资产阶级的关系也会与西方资本主义国家所经历的情况有很大不同。

正如小科布尔在其书第八章结尾时所说的那样："南京政府于 1935 年以后卷入到经济领域并支配了工商业这一问题，在中国的历史上并不是个新奇的情况。""的确，清朝末年政府官员卷入经济领域的情况与南京政府统治时期的情况几乎是相似的。"③ 历史为什么在一条发展道路上有如此惊人的相似甚至还有日后显见的延续性，不同国际经济历史背景及中国国情是扭曲中国发展道路的主要因素。1927—1937 年国民政府试图走一

---

① ［美］小科布尔：《上海资本家与国民政府 1927—1937》，杨希孟译，中国社会科学出版社 1988 年版，第 3 页。

② 同上书，第 3 页。

③ 同上书，第 310 页。

条 "有中国特色资本主义道路"①。而历史业已证明，这条道路也是行不通的。不同的国际环境及国情，是扭曲近代中国发展道路的主要因素。没有这种大的历史背景分析，而仅以 "看不见的手" 来理解资产阶级的成长道路及国家在应当给定的经济政治环境中的角色，② 显然值得商榷。

近代中国所面临的发展资本主义的环境是十分独特的，整体而言，自1840 年以来中国没有过资本的原始积累过程，只有国家财政破产和国贫民困，正如孙中山所言，中国没有真正意义上的 "地主" 和 "资本家"，有的倒是赤贫。而在当时国际环境中像老牌资本主义国家一样从国外获得资本积累的可能性为零，而中国传统的经济形态又不具备这种资本积累的功能。这是中国资产阶级弱小的原因之一，而当时如依小科布尔所言，中国资产阶级能使中国走向资本主义的进程吗？能使整个中国构架一套相当完善的资本主义市场经济体系吗？历史已经证明，列强对中国的侵略及中国人民独立自主的要求，使得当时的中国必然要走自强发展之路，而国家——在亚当·斯密眼里那只看得见而又不能干预市场经济之手，确实在中国的社会经济发展过程中要扮演与西方国家不一样的角色。

二   政府与资产阶级矛盾的必然性

按照传统的资本主义发展的理论，政府在资本主义的发展中，除了保

---

① 中国资产阶级革命的先行者孙中山一直说民生主义就是社会主义就是共产主义，"国家一切大实业，如铁路、电气、水道等事务，皆归国有，不使一私人独享其利"。见《总理全集》第 2 集，《民主主义与社会革命》。对于发展国家资本的具体办法，《中国国民党第一次全国代表大会宣言》提示的是："凡本国人及外国人之企业，或独占性质，或属规模达大为私人之力不能办者，如银行、铁道、航路之属，由国家经营管理之。使私有资本制度不能操纵国民之生计，此则节制资本之要旨也。" 宋子文不仅是这条道路的信仰者，也是执行者。1942 年 10 月 8 日，他在给弗兰克所著的《中国的银行业务与金融》一书的序言中说："一直到最近三十年、特别是近十五年银行业务与金融改革发生以前，传统的钱庄在以往的几个世纪里发挥了其作用。依孙中山博士的真知灼见而建立民国后，他预言中国的金融、工业、交通体系需要重新构建，而且对于这一国家重建有着广泛综合的计划。" 见 Frank M. Tamagna, *Banking and Finance in China*, *International secretariat Institute of Pacific Relations Publications Office*, New York, 1942, Perface。

② 现在流行的新制度经济学认为政府的职能通常是：保护公民的各项自由；生产公享品；再分配产权。其他一些经济学流派对政府在经济中的职能限定性更为严格。参见〔德〕柯武刚等著《制度经济学——社会秩序与公共政策》第五章及第十章第二节，韩朝华译，商务印书馆2000 年版。

卫国家及公正的管理外，在纯经济部门应当只在公共部门起一些作用，而市场那只看不见的手将是扶持资本主义的"发动机"，政府的作用在对待阶级的问题上是努力保护和维护资产阶级的利益，并成为其代言人。

正是基于上述评判标准，小科布尔对于 1927—1937 年间国民政府对资本家的经济要求十分反感，他说：

> 从财政上而论，南京政府的收入几乎全部是从城市现代化经济部分收集来的；而不能从传统的农村经济部分获得很多重要的收入。由于经济上现代化部分比较薄弱，以 1933 年为例，现代化经济成分的收入只占国家总收入的 12.6%。农村地区理应是南京政府的一个更强的财政基地，然而要开辟这样的财源，需要对农村有坚强的控制，而这却又是南京政府所缺乏的。①

首先需要指出，近代中国被迫纳入世界资本主义经济之后，传统的农村经济已不再是国家重要的收入来源，而且资本主义国家也没有以农村经济为财政基础的先例。至于关税收入开始成为中国重要财源的基础，是由于中国成为国际市场的一部分，成为外国商品的市场和原料产地。中国被迫开放导致了财政收入结构性的变化，即从农村地区向通商口岸即与国际贸易相关密切城市的转移。其次正是由于发展道路的不同，使得国民政府在发展中国经济并构架中国资本主义体系上特别是在政府完成既定目标而需要资金支持时，必然与资产阶级发生矛盾。特别是从整个中国来看，上海不过是亿万个乡村包围的十里洋场，是中国传统经济形态汪洋大海中的若干"孤岛"之一。考察"上海资本家"或江浙财团与新的中央政权国民政府的关系，不能离开这个特定的历史背景。

对于 1928 年召开的全国经济会议，小科布尔认为是宋子文对上海资本家的政治动员。"标志着上海资本家与南京政府之间关系的重要改

---

① ［美］小科布尔：《上海资本家与国民政府 1927—1937》，杨希孟译，中国社会科学出版社 1988 年版，第 6 页。

变。"① 事实上，会议期间政府官员与资本家们虽然谈笑风生地讨论着同样的经济问题，但却各有打算，深蕴矛盾。在资本主义经济体系中，中央银行是最为重要的环节之一，② 以中国组建国家银行为例，在经济会议上，资本家们提出的《国家银行案》，在资本组成方式和股权限定、分区发行、总裁副总裁任期、设监理委员会、限定业务范围（如提出国家银行"对于商业银行业务绝对不能经营"）等方面，仿效了美国联邦准备银行体系或英、法、德式的中央银行制度。③ 其"实质在于从金融上保持相对独立的地位，不至于完全受制于南京当局"④。这也是张公权拒绝宋子文关于将中国银行改组为国家银行建议的原因之一。但是政府方面却极力要建立一个资本国有、经营管理由国家绝对控制的中央银行。全国财政会议召开后，社会上就出现了一些有关国家银行与中、交两行的消息，如《顺天时报》对中央银行将合并中、交两行的社会传闻进行分析，认为一种可能是因为中央银行广东和汉口分行已停业，因而政府想抢两行利益。⑤ 但又说经济会议认定日后国家银行第一步是先设置中央统计委员会对全国财政进行统计，第二步设立中央预算委员会确立全国预算，第三步才是成立国家银行。还登了宋子文对合并说的否定。1928 年 7 月 25 日《顺天时报》刊出了《中交两行改组似有充分实现可能》一文，认为上海银行界持有此项主张，并说上海银行界早在四五年前就有将中国银行改组为中央国家银行的想法，并大肆活动，想使中国银行管理国库事务，而使交通银行成为纯粹的商业汇兑银行。所有这一切，在 1928 年 11 月 1 日由国民政府揭开了谜底，政府独资、以 17 年金融短期公债 2000 万元充为资本的国家独资的中央银行开业了。⑥ 张公权在全国经济会议上的致辞值得

---

① ［美］小科布尔：《上海资本家与国民政府 1927—1937》，杨希孟译，中国社会科学出版社 1988 年版，第 57 页。

② 维尔·罗杰斯说："人类有史以来已经有三项伟大的发明，火、轮子和中央银行。"见［美］保罗·萨缪尔森等著《经济学》，萧琛等译，华夏出版社 1999 年版，第 400—416 页。

③ 详见《一九二八年全国经济会议史料》（四），《档案与史学》1996 年第 4 期。

④ 吴景平：《宋子文评传》，福建人民出版社 1998 年版，第 124 页。

⑤ 1928 年 7 月 24 日，《顺天时报》。"南京国民党政府成立后，曾有把中国、交通两银行合并成中央银行或把中国银行改组为中央银行的拟议。"洪葭管：《在金融史园地里漫步》，中国金融出版社 1990 年版，第 276 页。

⑥ 杨汝梅：《国民政府财政概况论》，中华书局 1938 年版，第 480—481 页。

深思，他希望"国家得以实力辅助生产事业之发达"①。在经济发展过程
中，国民政府推行以国家资本为本位的政策，政府的作用岂止是"辅助"
二字。

尽管国民政府与上海资产阶级存在着矛盾，但是这并不妨碍国民政府
在意识形态上对社会主义的反对、排斥及政府本身对发展资本主义的
追求。

频繁的战事也是国民政府与资产阶级发生矛盾的另一个重要原因。

经济发展必须有安定的社会环境，而国民政府从战争中走来，又伴随
着战争而垮台，战争陪伴了国民政府的成败。因而国民政府时期的经济有
着十分明显的战时经济特色，这是不能否认的事实，而战时经济与和平时
期的经济有着不同的运行规律，将一切经济资源统一集中为战争服务是战
时经济的原则，正像生产可能性边界曲线表明的那样——"要大炮就不
能要黄油"②。第二次世界大战期间也是资本主义国家政府对国民经济干
预最多的时期。

但是如果中国走不了由资产阶级来完成中国的资本主义进程而要由政
府来扮演其中最重要的角色"走有中国特色的资本主义道路"的话，政
府要完成的第一件事，是要社会安定，在中国复杂的矛盾条件下，社会安
定的第一步是战争。

由此产生了国民政府与资本家之间的种种矛盾。正如小科尔布所
言："资金是双方［政府与资本家］关系紧张的最大根源，蒋介石的频
繁军事内战带来了额外的财政需要，而这几乎全部压在城市现代经济部
分上。"③"蒋、冯、阎大战迫使宋子文增加军费。军费开支从 1929 财
政年度的二亿一千万元增加到 1931 年财政年度的三亿一千二百万元。
同一时期的政府总支出，从四亿三千四百万元增加到七亿一千四百万

① 季啸风主编：《中华民国史史料外编——前日本末次研究所情报资料》，第 40 册，广西
师范大学出版社 1996 年版，第 100 页。

② 可参见任何一本《西方经济学》教材。诸如［美］保罗·萨缪尔森等著：《经济学》，
华夏出版社 1999 年版，第 6 页。

③ ［美］小科布尔：《上海资本家与国民政府 1927—1937》，杨希孟译，中国社会科学出版
社 1988 年版，第 10 页。

元。① 1931 年发行的政府债券总数达四亿一千六百万元，超过了 1929 和 1930 两年的总和。"②

小科布尔认为："国民政府从来没有考虑过也没有组织过一个统一的经济建设计划。政府的投资活动完全凭个人而定，而且在建设上也是很偶然的。"③ 这实际是否定了国民政府从 1928 年以后召开的全国经济会议、全国财政会议、全国工商会议及实业部的一些经济建设实践。

具体到经济建设计划上，早在 1928 年 11 月 7 日，国民党中政会就通过了《建设大纲草案》，提出国家要在平等互惠、不损害中国主权的前提下，利用外资。但是国营的色彩十分浓厚，"全国交通事业铁路、国道、电报、电话、无线电等；有独占性质之公用事业，如水力电，商港、市街、城市公用事业；并系国家前途之基本工业及矿业，如钢铁业、基本化学工业、大煤矿、铁道、煤油矿等，悉由国家经营建设之"④。其中一些建设公用设施的计划十分符合资本主义市场经济原则。1928 年，主持实业部的孔祥熙也制定了一个《基本工业建设规划》，对交通运输、钢铁、煤炭、电力等要优先发展。1931 年 5 月，国防会议按孙中山的实业计划精神，提出了十项建设纲要，确定了一系列的经济目标。如十年内生产钢铁 1.2 亿吨。11 月，改拟《三年建设计划》，强调要先发展交通、水利等基本建设等。

但是这些字面上的东西往往被战争停顿或扭曲。小科布尔说："不幸的是，蒋介石很少懂得经济并且把军事问题过分置于优先的地位。"⑤ 蒋介石不是不懂经济，《民国十五年以前之蒋介石先生》记载，他经常读经济学著作⑥，早年也曾从事经济活动。吴国桢回忆说蒋介石请经济

---

① 原注：财政部民国十九年—二十一年度财政报告，第 11 页。

② ［美］小科布尔：《上海资本家与国民政府 1927—1937》，中国社会科学出版社 1988 年版，第 101 页。

③ 同上书，第 308 页。

④ 孙科：《建设大纲草案及其说明》，《革命文献》第 22 辑，第 367 页。

⑤ ［美］小科布尔：《上海资本家与国民政府 1927—1937》，中国社会科学出版社 1988 年版，第 55 页。

⑥ 如孟舍路著《经济学原论》，津林秀松著《国民经济学原论》《经济学》《统计学》等，可详见毛思诚编《民国十五年以前之蒋介石先生》，香港龙门书店 1936 年印行。本书另有大陆版本。

学家给他上课①。蒋在当时中国政治领袖人物中应当是具有较多经济学知识的人，问题的关键是战时经济规律对国民政府的政策导向发生了作用。

三　误用的参照系

如果中国的部门经济（特别是小科布尔强调的银行业）的发展道路沿袭了西方资本主义国家同样的模式，而政府对之使用了"国民政府对银行业改组方式"的手段，那么确实能够得出小科布尔国民政府与资产阶级的"对立"关系的结论，但是如果中国的某一经济部门并不是资本主义"自然的历史进程"产物，而其发展本身就是与政府行为特别是政府的财政行为密不可分的话，那么其参照系是不是应当重新考虑呢？

小科布尔对于近代中国银行业的发展着墨很多。

"在 1921 年至 1928 年期间，上海的现代银行的总存款额增加了一倍。尽管有这种成长状况，但现代银行在日常商业活动中的作用仍是有限的；直到 1933 年 7 月，上海本地银行［钱庄］的每日兑换成交数却是那些现代银行的兑换成交数的五倍。"② 20 年代初期，中国银行和交通银行实际控制权落入上海金融集团首脑人物手中。"1925 年，中国银行和交通银行是中国最大的两家银行，占有上海银行同业公会二十二个会员银行的总财力的 55%。"③ "1932 年，有六十七个中国现代银行的总行设在上海，它们占了除香港和'满洲'以外全国银行全部投资额的 63.8%。就总资产而论，上海银行业公会的二十六个会员银行占所有中国现代银行总资产的四分之三以上。"④

实际上，中国银行业的发展模式是十分独特的。首先，近代中国

---

① 吴修垣、马军等译注：《从上海市长到"台湾省主席"——吴国桢回忆录》，上海人民出版社 1999 年版，第 17 页。

② ［美］小科布尔：《上海资本家与国民政府 1927—1937》，中国社会科学出版社 1988 年版，第 17 页。

③ 同上书，第 21 页。

④ 同上书，第 18 页。

政府官办银行的产生大多出于财政目的，而非金融目的。其次，早期银行的金融职能远弱于其财政职能。张郁兰的《中国银行业发展史》认为：中国的银行业并非是随中国工商业的发展而发展的，近代银行业不能成为发展中国资本主义经济的资本提供者和流动资金的支持者。[1]从北洋政府时期开始政府公债成为中国银行业发展的"筹码"。"在 1919—1923 的五年中，全国新设银行有 143 家，为增设银行最多的年份。这些银行的设立，并不是为适应产业资本发展的需要，而是为了公债买卖的利润和对政府进行贷款的高利所刺激。""另一方面，北洋政府由于财政支绌，除发行公债外，还经常向银行借款，这种借款的利率也是很高的。""购买公债进行投机，和向北洋政府贷款，已是某些银行（特别是设在北京地区的）运用资金的主要出路。"[2]同样，南京国民政府成立以后频繁发行债券，以及中国落后地区资金汇聚于上海，是促使当时上海银行业发展的两大重要因素，张公权说："近年内地困难日深一日，上海繁荣则相反地畸形的发达，一切现金财富均集中于上海，每年估计约达数千万元，只要观乎上海银行界的发达和存款的增加，便可证实。如华商银行最初存款不过 1 亿元，而最近已增加至 20 亿元以上。"[3]因而将"畸形"发展起来的经济部门当成西方市场经济下的产物来看待，并指责政府干预、控制，实际上是对参照物的误用。

四 如何看待白银风潮期间国民政府的作用

小科布尔认为："南京政权的第一个五年期间在中国一度存在过的那种相对繁荣，1932 年开始结束了。世界范围的白银价格上升、1931 年和长江的严重水灾、日本对中国东北的侵占和上海的战事的发生等引起了中国经济的衰落。在 1934 年和 1935 年间，中国经济的衰落发展形成了萧条

---

① 可参见张郁兰《中国银行业发展史》，上海人民出版社 1957 年版。

② 洪葭管、张继凤著：《近代上海金融市场》，上海人民出版社 1999 年版，第 164—165 页。

③ 张公权：《内地与上海》，《银行周报》第 18 卷第 14 期，1934 年 4 月 17 日。

的局面，这样就损害了上海资本家的经济基础，也增加了他们对南京政府的依赖性。"①

白银风潮等引起的中国经济危机是小科布尔书中非常重要的一章，也是全书对于国民政府与上海资产阶级关系的转折点。依书中所言，白银风潮前是宋子文时代，尽管蒋对宋有军费的强索，但是宋与上海资产阶级的关系是"合作"的，白银风潮以后则进入了孔祥熙时代，而此时"所有的人都得依靠南京政府的资助，孔祥熙就是利用他们的这个弱点盘剥资本家，并且攫取了对上海银行家的产业的控制权"②。

小科布尔简单几句就讲完了对整个中国经济产生灾难性影响的白银危机的原因。"在1932年的下半年，英国、德国、日本和加拿大等国家放弃了金本位，接着美国也于1933年3月放弃了金本位。这样就使白银价格暴涨。若以纽约的白银市价为基点，白银每盎司的价格从1932年的二角七分（美元）上升到了1933年4月的四角五分（美元）。1934年6月，美国国会在强大的白银院外活动势力的影响下，通过了《白银购买法案》。法案使得美国政府在白银价格上涨的情况下，成了世界上主要的白银买主。到1935年4月，纽约的白银市价高达每盎司六角七分美元。"③同时小科布尔描述了白银风潮对上海资产阶级产业的冲击。但是从他对上海金融资本家与萧条一节的行文中，只能看到由于白银风潮的影响后，上海银行业发展了，对此他列举了一系列的数字，仅有钱庄出现了倒闭的事件。只有这样才能反衬出后面政府对银行控制的掠夺性。历史事实并非如此，④ 当时的工商业的确陷于严重的危机，如中国征信所统计，1935年上半年上海商号就倒闭了220余家，改组了890家，此外下半年中秋节前后

---

① ［美］小科布尔：《上海资本家与国民政府1927—1937》，中国社会科学出版社1988年版，第162页。

② 同上书，第190页。

③ 同上书，第164页。

④ 比较详细记载白银风潮及对中国经济影响的后人著作可参见［美］迈克尔·罗素《院外集团与美国东亚政策——30年代美国白银集团的活动》，郑会欣译，复旦大学出版社1992年版；［美］阿瑟·恩·杨格著《1927—1937年中国财政经济情况》，中国社会科学出版社1981年版。

的 9 天里又倒闭了 160 余家。① 白银风潮还深深地影响了中国的金融业，除资本较少的钱庄出现了倒闭外，一些较大的金融机构和银行也发生了危机。"中国金融恐慌的严重，在最近一个月中，更表现得多。美商银行有雷文（Raven）的美丰银行、银公司、信托公司三家之倒闭，其普益地产公司亦在清理改组之中。华商银行则有明华、上海江南、宁波实业等银行的倒闭。与宁波实业银行有关的上海国货公司和数家绸缎店，因之停业清理，此外还有万国储蓄会的挤提风潮和数家钱庄的倒闭，即某某两家华商银行，幸得政府的帮助，才免于停业。"② 就是较大的银行也深受影响，存款是银行得以营运的资产，而早在 20 世纪 30 年代初就已成为中国商业银行界第一吸储大户的上海商业储蓄银行，1935 年一年的储蓄额从158159145 元下降到约 130000000 元，③ 下降了近 3000 万元，下降幅度约为 18%。而且曾出现三星期内存款流失 1200 万元之事，④ 并且提走的大都是同业存款。如果不是政府下半年推行法币改革，下降程度将会更高。更为严重的是中国实业银行、四明银行、中国通商银行均发生程度不同的危机。⑤ 而天津的四行准备库也受到了日本浪人的挤兑。⑥ 由此可见，白银风潮再发展下去，银行业将是下一张多米诺骨牌，进而是整个中国经济的崩溃。

　　资本主义经济要求统一的世界市场，因而伴随着资本主义的发展，世界经济一体化、国际金融一体化的进程日益显露，我们且不论当国际金融在金本位环境和放弃金本位过程中中国改革和维持其货币制度的困难程度（这是国民政府面临的非常独特的经济环境），但当时在中国的货币领域确实需要政府行为。而资本主义经济史也证明经济危机时期的政府是解决"市场失灵"的主角。具体到 20 世纪 30 年代中国根本不能控制的白银风

---

① 中国人民政治协商会议上海市委员会文史资料工作委员会编：《旧上海的金融界》，上海人民出版社 1988 年版，第 40 页。

② 张素民：《中国金融问题解决方案之商榷》，《文化建设月刊》第 1 卷第 10 期，1935 年 7 月。

③ 上海市人民银行金研所编：《上海商业储蓄银行史料》，上海人民出版社 1990 年版，第 412—413 页。

④ 同上书，第 413 页。

⑤ 中国人民政治协商会议上海市委员会文史资料工作委员会编：《旧上海的金融界》，上海人民出版社 1988 年版，第 37、200、205 页。

⑥ 同上书，第 188 页。

潮中，国民政府的应对举措，在小科布尔的眼里一无是处，无非是政府进一步加强其在经济中的干预，控制银行，并通过银行控制中国的工商业，从而完成对整个中国经济的控制，同时这种控制不是为了发展中国的经济，而是为了某些政府要员的私利。

在白银风潮中，中国政府是无力控制世界市场银价上涨的。当时控制不了世界市场银价就解决不了中国的白银外流问题，中国实行的是银本位，白银风潮却使"通货紧缩或膨胀之权不能操之自我"①。既然如此，任何一个负责任的政府能放任不管吗？难道政府在此时也不能干预经济领域的活动吗？政府要管又能做些什么呢？②

我们不能否认，在白银风潮中大量的工商和金融业主向政府申请救济，是他们"要求"政府进行干预，原因是他们自身不能抵御这场因国际经济环境变化而带来的危机，而中国银行界出于经营原则不能出面承担这种"义务"，是白银危机"逼"得一些资本家"要求"政府用行政加经济手段进行有力的干预，而国民政府当时的所作所为在后人看来也是舍此而无选择的，即只能通过控制国内银行业和钱业而间接控制或消除白银外流及其影响，这也是符合当时国民政府统制经济的基本国策的唯一选择。既然发展道路的出发点不同，政府干预的特色也就深深地融入了20世纪二三十年代中国的发展之路。而且当时中国政府对于工商业及银行业的涉入，比起罗斯福在解决美国经济危机时，政府行为在美国社会经济生活中所引起的震荡要小得多。③

---

① 张素民：《白银问题与中国币制》，商务印书馆1936年版，第19页。

② 由于银行有着创造货币的机能，因而"银行界能够影响产出的构成、经济增长率和通货膨胀率。因此银行界的这一威力已受到政府的管制"。见〔美〕杰里米·阿塔克等著《新美国经济史——从殖民地时期到1940年》（下），中国社会科学出版社2000年版，第93页。在美国"金融监管理论从30年代开始呈现严格、广泛的政府金融监管。对金融机构具体经营行为的干预成为20世纪30—70年代金融监管的主要内容"。见史小坤等《美国金融业经营和监管制度变迁的制度经济学分析》，《河北经贸大学学报》2001年第1期。

③ 参见《政府干预的扩展：从面包价格到小麦价格》，〔美〕杰里米·阿塔克等著《新美国经济史——从殖民地时期到1940年》（下），中国社会科学出版社2000年版。也正是在大危机时代，资本主义理论界出现了政府干预理论，代表就是凯恩斯的名著《就业、利息和货币通论》，这个理论的"最后任务，也许是在我们实际生活中的经济体系中找出几个变数，可以由中央当局来加以统制和管理"。这个理论迅速被危机中的一些资本主义国家运用于实践，资本主义世界出现了一种政府加强对经济干预、调节、控制的趋势。

五　"官僚资本主义"拟或"寻租"①

　　小科布尔《上海资本家与国民政府 1927—1937》的最后一章"南京政府与上海工商业资本家"，其基本观点源于陈伯达《中国四大家族》等对于国民党政权的论述。

　　这一章引用的资料除了陈伯达的著作外，再就是陈真等编的《中国近代工业史资料》，而陈真当年正是为陈伯达撰写《中国四大家族》的资料收集者。只不过陈伯达是按时间顺序写，而小科布尔改为按"家族"体系——他所称的"集团"写。

　　陈伯达、许涤新等人当年的研究成果提到了官僚资本主义。《中国四大家族》一书的主旨是要揭露"以蒋介石为首的蒋、宋、孔、陈四大家族如何窃盗我们这个国家为他们的私产（化公为私），如何以'国家'、'政府'等名义，无情地掠夺人民所有（假公济私）"②。书中强调国民政府控制下的企业不是资本主义性质的企业。小科布尔说："共产党的作者曾经用'官僚资本'这个词去概况南京政府官员们的私人投资，也用来通称那些没有私人投资在其中的国家控制的企业，因为按照许涤新的论证，国民党统治下的南京政府并不是什么别的东西，而仅只是南京政府的官员们的一份私产。"③而他认为这混同了纯私产及国家企业的区别，同时指出 1937 年以前的资源委员会在官僚资本这个概念下很难说清楚。但还是在这一节使用了"南京政府对工商业的卷入形成了官僚资本主义"。实际上双方均没有解决国民政府经济发展过程中权力与经济、公与私很难分清的问题。

　　除了不同的经济发展道路的原因外，当今的寻租经济学可以解决这一问题。

---

　　①　定义可见张跃庆等《经济大辞典》"公共经济学"，海洋出版社 1992 年版，第 106 页。详可见张军《特权与优惠的经济学分析》第二章，立信会计出版社 1995 年版。更为简单明确的定义为：设租是议员和官僚们配置"租金"的政治性活动。"租金"指不是靠市场竞争努力而获得的收入。见［德］柯武刚等著《制度经济学——社会秩序与公共政策》，韩朝华译，商务印书馆 2000 年版，第 398 页。

　　②　陈伯达：《中国四大家族》题记，华东新华书店 1949 年版。

　　③　［美］小科布尔：《上海资本家与国民政府 1927—1937》，中国社会科学出版社 1988 年版，第 306—307 页。

由于中国没有在资本主义发展上的"自然的历史进程",因而政府的作用并没有像斯密所希望的那样,仅限制于保护产权和合同履行之类的法律范围内,从而使市场得以有效运作。在近代中国经济的发展过程中,市场机制没有真正发挥调控经济发展的作用。"一旦市场运作不够完备,或者市场的功能在某些方面受到妨碍,政治必然乘虚而入。但是一旦政治分配出现在市场之上,就会诱导越来越多的寻租活动发生。"① 亚里士多德早就在其《政治论》说:"把权威赋予人,等于引狼入室,因为欲望具有兽性,纵然最优秀者,一旦大权在握,总倾向于被欲望的激情所腐蚀。"② 而政府涉入经济领域必然为钱权交易打开方便之门。诺贝尔经济奖得主布坎南也认为:"当制度从秩序的市场转向直接的政治几乎混乱的状态的时候,寻求租金就作为一种重要的社会现象出现了。"③

寻租(Rent-Seeking)是美国经济学家克鲁格最早提出的。现在经济学界一般将寻租称为"由于不同体制、权力和组织设置而获得的'额外收益'"④。而公共选择学派将之定义为人们凭借政府保护进行寻求财富转移而造成的浪费资源的活动。总之,寻租是指利用权力而获得非市场调控下的财富,也就是权钱交换过程,即陈伯达所言的"化公为私,假公济私"。近代中国由于没有完善而运作正常的市场体系及强大的资产阶级,而且历史环境也决定了政府在经济发展过程中将起不同于西方国家的作用,政府直接涉入经济领域,导致了国民政府所存在的大量寻租活动,这种活动不仅体现在官办企业,也体现在官员的私人企业活动中,以及官员为自己的亲朋故旧谋利上。这是更为经济意义而非政治宣传化的对国民政府经济腐败的解释。

如果按四大家族官僚资本的概念,除了资源委员会以外,陈氏兄弟在抗战后进入经济领域的活动也是应当大书特书的,因为抗战后陈氏的经济活动十分活跃。1934年陈果夫主持江苏农民银行,1945年10月,尽管孔

① 张军:《特权与优惠的经济学分析》,立信会计出版社1995年版,第42页。

② [英]哈耶克著:《经济、科学与政治》,冯克利译,江苏人民出版社2000年版,前言第7页。

③ 《经济社会体制比较》编辑部编:《腐败:权力与金钱的交换》,中国经济出版社1993年版,第112—127页。转自张书第33页。

④ 张军:《特权与优惠的经济学分析》,立信会计出版社1995年版,第32页。

祥熙反对，但陈果夫运用 CC 之力，打击孔、宋而入主中国农民银行成为董事长。后来陈果夫还控制了中国通商银行，其总经理是他的亲信骆清华。20 世纪 40 年代初，陈果夫在国民党"四行两局一库"中，分润"一行二局"，独占"一行一库"。交通银行经理赵棣华、中信局局长吴任沧、邮政储蓄汇业局总经理徐继庄、烟酒专卖局局长刘振东、花纱布管理局局长骆美奂、合作事业管理局局长寿勉成均是他的亲信，仅中央银行和中国银行没有打进去。1946 年 8 月，陈果夫出任中央合作金库的理事长，11 月 1 日，合作金库在南京正式成立，不久加入四联总处。5 年内成立各级合作金库 1600 多个，建立 35 万多个合作社。陈的另一个"创举"是设立党办企业。早在 1932 年，CC 干将刘不同向他要活动经费，使他有了这一想法，到 1934 年立法院公布了宪法草案初稿后，陈果夫认为此事更为重要。但是蒋介石当时并不想让他经营经济。而陈果夫就先搞地政、合作事业。1928 年任中国合作学社的理事长，1932 年在中央政治学院设立地政学院，培养了一批干部，这些为他以后进入农行埋下了伏笔。国民党第六次代表大会要"实行宪政"，陈果夫认为国民党日后将要自筹党费，因而开始建立党营企业，1945 年 11 月 12 日，陈果夫成为改组后的中央财务委员会委员，为国民党筹集党费，从而开始党营事业。党办企业的代表有齐鲁公司等。1946 年陈指示国民党中央管理的新闻、文化、广播等事业单位转为企业化。1946 年 1 月陈发起了农业教育电影公司。后又搞中国广播股份公司。① 陈立夫还办有中国工矿银行等。②

但陈果夫对钱还是看得很轻，没像孔、宋一样贪，他说："我看历史，又看到亲友中的人，只有做事业的，其事业永远留存，其他遗钱给孩子，或个人贪污得很多的钱，颇多不久消失。"因而以写书为乐、以稿费为财源，后入不敷出，蒋介石曾送钱接济。而陈立夫也没有多少钱，到美国后与老妻先是一起养鸡为生，后来自己做松花蛋、豆腐乳、包粽子，"两人的手都变粗了"③。因而四大家族中的陈氏兄弟搞的"官僚资本主

---

① 见范小方、李永铭《陈果夫与陈立夫》，武汉出版社 1993 年版。王学庆《蒋介石和陈立夫、陈果夫》，吉林文史出版社 1994 年版。
② 陈伯达：《中国四大家族》，华东新华书店 1949 年版，第 45 页。
③ 京翼：陈立夫病危，《球球时报》，2000 年 12 月 12 日。

义"并没有为自己家族搞到多少钱,四大家族及与之伴生的官僚资本主义理论在这个问题上不免显得单薄,但二陈不为自己搞钱并不妨碍当年陈氏兄弟为自己的官营、党营企业或某些人寻租。特别是在阶级矛盾激化下国民党所经营的党营企业,则更具有舍弃民族利益而为一党营私的趋向。"如果一个国家机关不去为民族服务,而是替一个私党效劳,那会把国家引向何处!本来把权力和武器给予他们,是为了保护公民和公民的权利与自由,然而现在权力和武器却成为奴役人民的手段和置人于死地的工具。"① 这不仅可形容二战时德国的盖世太保,在人民革命的时代也可以形容中国国民党的经济工具。

(《中国社会经济史》2003 年第 1 期)

---

① [法] 雅克·德拉律:《盖世太保史》,黄林发、萧弘译,上海译文出版社 1982 年版,第 1—2 页。

一部抗战新闻史研究的力作

——评《喉舌之战——抗战中的新闻对垒》

　　广西师范大学出版社最近出版了王晓岚所著的《喉舌之战——抗战中的新闻对垒》一书，这是一部抗战史特别是抗战新闻史研究的力作。近年来新闻史研究成果不断涌现，大部头的新闻通史已出版多部，但多属编年体，而对于某一时段——特别是十分复杂的社会环境及时段的新闻发展、并依新闻本身发展的规律进行分析研究的新闻史学术著作还比较少见，王著正是选择了一个极为复杂而又充满斗争性的时代，两面四方——共产党、国民党、日本、伪政权在中国争胜而又以新闻为喉舌斗争的时代。对此一时段进行研究，恰是新闻学史研究的难点，也是显而易见的重点，王著选择这一时段，说明作者对于新闻爆炸性发展及多重政治权力结构下运行而深蕴的规律性有着自己独特的把握。

　　全书首先从日本帝国主义的新闻观入手，分析了军国主义的新闻价值观及其对新闻自由的曲解，从而得出了资本主义制度下宣称自由主义的新闻观成了军国主义对内、对外宣传工具的结论，并在第二章运用大量鲜活的历史史实证明了这一结论。从第三章开始，作者分析了共产党人的新闻观，对于共产党人强调的新闻必须真实——这一新闻生存于社会的本质进行了理性的剖析，强调了共产党党报在战争时代的战斗性，研究了党报的具体运作、组织结构及群众路线和办报方针，特别突出了党报真实性与战斗性及群众路线的结合，从而使读者真实而又信服地理解为什么在抗日战争中共产党赢得了民心。

　　新闻媒体是新闻的载体，没有对当时具体新闻媒体的研究，新闻史会陷入空洞的学理说教而失去对研究结论的支撑及对新闻发展本质的探索，王著从第三章开始运用扎实的史学功力，结合中国第二历史档案馆等多家档案馆的档案和大量历史文献及报刊实物，搜罗了当时日本、伪政权、国民党、共产党掌握的各种类型的新闻机构，从而使读者对于抗战时期整个新闻业的全貌有了较为全面、深刻的了解，并结合前述几章的结论对其业务进行了一定的分析。

新闻是代表一定阶级或阶层利益的喉舌，因而政权对于新闻机关的管理是理解政治与新闻之间的关系、并深入探讨新闻学规律的重要层面，王著第七章分析了四方对于新闻管理的方方面面，运用比较研究的方法，使结论自见于史实之中。

抗战中，国共两党的关系在抗日统一战线的旗帜下又有着自己各自独特的利益，因而通过分析两党党报的关系，进而研究哪种党报更突出了民族利益成为当时获得民心并代表人民利益的焦点，王著肯定了国民党对日宣传的功绩也强调了共产党党报对人民利益的反映，从而使我们对于抗战时期的历史从新闻的角度有了更为深入的把握。特别是通过对国共两党对美国进行新闻宣传的分析，更使人充分认识了共产党人新闻宣传策略的艺术。

总之王著是一部运用新闻学规律并将新闻学的逻辑与历史学的逻辑较好结合起来的一部力作。

当然，王著还存在着一些问题，如全书对于中间力量的新闻宣传，特别是无党派人士在抗战中如何表现其民族性这方面所做的工作较少。同时限于篇幅，书中对于新闻的总体把握较为突出，但缺乏较为深入的个案研究。特别是对于日伪方面，限于资料的掌握使得这一问题显得更为突出。由于抗战时期的新闻媒体十分复杂，尽管王著做了大量的工作，但还有一些遗漏，然瑕不掩瑜，王著的出版使抗战新闻史的研究有了自己独立的篇章，并为后人铺垫了深究之路。

实物的历史研究

——读新加坡黄汉森先生新著《日伪政权的金融与货币图说·伪满洲国卷》有感

　　新加坡黄汉森先生寄来其由新加坡亚洲钱币学会出版的新著《日伪政权的金融与货币图说·伪满洲国卷》，连夜展读，欣喜万分。汉森先生是新加坡亚洲钱币学会会长，早年曾在日本留学，出版过《日治下的马来亚（新加坡）及其货币》，新著为其计划的系列丛书的第一部，余者为《日伪政权的金融与货币图说·伪蒙疆区卷》、《华北伪政权卷》、《汪伪政权卷》。

　　全书计分八章及两个附录。第一章是伪满洲的建立。第二章是从垄断金融市场到统一币制，主要内容是伪满对东北货币统一的情况。第三章是伪满洲国大同年号私帖。私帖是近代中国的一种小区域内流通的货币，名称千奇百怪，诸如钱票、银票、私票、花票、流通券、私帖、街帖、商帖、银帖、屯帖、代价券、土票、土钞、凭票、抵借券、工资条……，代表的硬币有银两、铜钱、铜元、银圆、银角等。笔者曾在台湾《宣和币钞》1998 年第 18 期发表过《大同年号私帖》一文，深知资料搜集之难。而黄著中竟然收集了 13 种实物。大同是伪满的第一种年号，而大同私帖则是在伪满从原东北旧金融体制到伪满洲中央银行这一时期市场重要的流通工具之一，黄著通过对实物的分析，提出这种私帖曾在伪满推行其伪满银券的过程中起到十分重要的作用，因为只有私帖可以流通到穷乡僻壤，而这种私帖又是以伪满洲中央银行币为本位的。第四章为伪满洲中央银行及其纸币，详列伪满中央银行的六大部类的纸币，计改造券、甲号券、乙号券、丙号券、丙改券、丁号券，除依钱币学方法分析其号码、签字、制版、印刷，还罗列所有详细数据及价值。第五章为伪满洲国的硬币，分为开国硬币、修改型硬币、减重型铝币、试铸币与样币、代用币、吉祥字金币、纪念章与臆造币五节。其中吉祥字金币及伪满洲国空军、海军通用五分代用币为新近发掘出来的新材料，特别是两种代用币，仍有深入研究的必要。第六章为伪满洲国公债，收录了建国公债、积欠善后公债、满洲中央银行补偿继承公债、建国功劳奖金公债、帝室财产公债、旧蒙古王公裕生公债、税关职员一时公债、据《投资事业公债法》发行的债券、满洲帝国四分利公债、产业振兴日本通货公债、商工合作社资金公债、北满洲铁路公债、滨江省防水利民公债证书、满洲重工业开发株式会社社债、满洲拓殖公社日满两国政府保证社债。第七章为伪满的另类票券，分为有奖储蓄债券、富国债券、国民储蓄运动与必胜储蓄票、伪满洲国政府的摇彩奖券。第八章为战后的特殊货币，计分苏联红军司令部钞票和科尔沁左翼三旗联合流通券。

附录有二。附录一为东北抗日义勇军钞票，收录了东北民众自卫军通用钞票、辽阳县第五区食粮救急券、辽南抗日救国流通券、岫岩地方流通券、辽宁民众救国军军用流通债券、第三十七路军需处军用票、第五军区现洋票、吉林抗日自卫军发行的依兰金融救济券与密山地方金融救济券、虎饶抚流通救济券、马占山大洋票。其中不乏新品。附录二为从火花看日本的政局与满洲的关系。其中伪满洲中央银行印制的一枚"旧币就要作废了"火花，让人深思。

恰如中国钱币博物馆馆长戴志强先生所言："汉森先生的书有他自己的特点，因为他是收藏家，所以他的书以实物为依据，由实物来说话，由实物来验证历史。"

由此让我想起抗日战争史研究的一个新领域。

第一，我认为除去钱币的研究方法和范围，仅在历史学的范围内考虑，这是一种对那个时代遗留实物的研究，是有别于现在主流的历史研究资料和方法（即从文字到文字）的领域。我们现在还不能称其为近现代考古学，但是近现代史应当学习古代史研究中的考古学的方法，或将考古学的方法与文献研究的方法有机地结合起来，从而更真实地回塑历史，增强历史的可信度，并在真实的历史过程中重整理论体系。

从宏观的视角看一个时代的遗留物和科学研究的关系，由于视角的不同，研究方法的不同，歧义亦多。近现代的方法注重于文献，重视档案，根本原因在于近现代史研究中相同事件文献记载的多样性，除去各个因素之外，抗日战争时期国共日伪三方四面各自的文献对于相同事件记载本身就不相同，因而历史研究的第一步，也就是什么是真实的历史，对于仅仅重视于文献的学者而言，如果文献掌握的面不够的话，被文献属性本身牵引的可能性增大。如果历史真实性发生问题，依此而进行的研究，其科学性与否是显而易见的。

钱币学的研究是钱币实物，因而其研究对象的真伪是其研究成果科学性的基础，在钱币真实性的前提下，其研究方法与考古学有相似之处。问题的关键在于如何从真实的历史遗留物中提取其遗留的多种信息。一枚枚钱币，自然有其历史的基因，经济的、政治的、文化的，等等。黄著给抗战史研究提供的正是这种在主流抗战史研究之外的新领域。

第二，实物的抗日战争史研究目前呈现给人们的是其民间性。不论是日本侵略证据的收集，还是其他。如学术界周知的"一个人的抗战"，2003 年 8 月樊建川抗战文物展首次在四川省博物馆公开亮相，引起了成都市民的热情关注。开展两天观众近 2000 人次。樊建川现场签售《一个人的抗战》也取得了不错的业绩。《一个人的抗战》是收藏家樊建川先生把 2000 余件带着血腥与硝烟、写有或激奋或明志或屈辱文字的物证和他六年辛苦收藏的心路历程融成的一部"用实物记录的历史"。该书 2000 年 7 月面世后引起了社会各界的关注，中央电视台《东方时空》曾作专题报道。日本、中国香港也出版了《一个人的抗战》。所有这一切，说明了历史的"真实"魅力所在，历史的遗留物免除了历史学的证伪求真部分。直指核心。"于无声处听惊雷"，有着历史学文献研究不可替代的功效。

以展览中三只水壶反映的三支军队而言，三只军用水壶，分属美军、日军、国民党军队。樊氏云：从质量上看美军的最好，按野战需求出发设计合理，质地坚硬，不易破碎，容量较大，颜色是伪装色，做工精细、结实，不但有外套，而且附带一个饭盒；日军的水壶与美军的水壶相比工艺就差了一些，壶嘴只有一个软塞，但从设计上看还是防撞击、防渗漏的；国民党军队的水壶却是陶制的。当时中国严重缺乏金属，特别是能制造水壶的有色金属，想想在战火纷飞、枪林弹雨的战场上，一个陶制品能在一路躲避炮弹不断奔跑的士兵身上保存多久？三只水壶代表了三支军队的装备水平，实际上分别代表了他们背后的国家综合实力。虽然八路军的水壶我还没有收藏到，但是，我可以想象，也许只是野地水葫芦而已，他们的武器装备只会比国民党军队的更差。可是，战争胜利的决定因素往往不是武器装备而是人，是正义。我们的小米和粗陶军壶加步枪不也打败了日本强盗吗？三只军壶经由若干年后被一种社会文化行为摆在一起，于是产生了它们从前无法产生的思想启迪和教训警示，这可能也是一种带有很强历史感的主题收藏的特有魅力吧？还用语言文字的论述吗？

第三，由此会发现许多抗日战争史研究的新领域。

实物的研究是指对非文献研究的总称，因而只要是改变对文献研究的视角，那么，抗日战争史研究的领域将是十分宽阔的。诸如天津的退休工人对铁路上日军碉堡的研究，华北大地上那个时代留下来的日军封锁壕沟，使人们想到了抗日战争对于河北地形的改变。

战时日军还带来了一些农作物害虫和畜牧病毒，马传染性贫血是日军侵华时期由日本在中国东北进行移民的"开拓团"带来的，一直到抗日战争结束后，这种马病还在中国暴发了好几次，许多病马不得不杀掉，造成了巨大的损失。日本还将一些植物病菌带到了中国。甘薯黑斑病就是其中一例，这种病在中国至今也没有根除，新中国成立后还多次在国内暴发，仅 20 世纪 50 年代就有数十亿公斤的甘薯因此病而烂掉。毒麦是世界性的恶性杂草，这是从日军喂马用的饲料中带到我中华大地的，传入中国后，不仅严重破坏农作物的生长，造成粮食大量减产，而且人误食后还会导致死亡，60 年代湖北、黑龙江都发生过中毒事件。我国现在约有 3 亿多亩耕地受到这种恶草的侵害，年减产约 75 亿斤。而且为了除草，还要投入巨大的人力和物力。蚕豆象是一种危害蚕豆的害虫，它也是日本铁蹄带给中国的"礼物"，这种小虫现在还在对苏北地区的蚕豆进行蚕食，无法根除，损失惨重。

　　日本对中国发动的生物战，目前学术界对之还知之甚少，731 部队有一个实验农场，又叫植物病毒研究班，占地 10 垧。有数百平方米的大型玻璃温室，专门研究如何大面积毁灭庄稼的病菌、病毒，如锈穗菌病毒等，负责人为八木罩。①

　　目前，中国近现代史的研究中，社会生活史是一个重要的领域，而且为一些史学家所日益重视。而实物的历史研究正是这个领域的重要组成部分，没有对战时日军遗留的毒气弹的研究或实物的发现与比较，难以得出让人信服的日军毒气战史，同样，没有钱币学的研究难以写出高质量的有关这一时期的中国货币史。这也是黄著给我们的启示。

（《钱币博览》2004 年第 2 期）

---

① 佟振宇：《日本侵华与细菌战罪行》，哈尔滨出版社 1998 年版，第 67 页。

中国近代注册会计师行业研究的一部力作

——评《近代中国鉴证类中介业研究——上海的注册会计师》

上海财经大学出版社出版的《近代中国鉴证类中介业研究——上海的注册会计师》一书是杜恂诚先生的最新著作。杜先生是我国第一批经济学博士，研究中国经济史有年。该书是《中国经济史学文苑丛书》中的一部，这套内容广博的丛书，既有研究历史观与方法论的，也有描述经济思想范式变革的，这些成果的出现大大拓展了中国经济史学研究的领域及范围。杜先生的著作以上海的注册会计师行业为视角，对近代中国的鉴证类中介机构进行了研究。该书秉承了杜先生著作的一贯风格——视角独特、史料丰富、论证严密翔实。全书共分五章，以历史的和会计发展史的眼光结合经济理论的支撑系统介绍了中国近代注册会计师行业的产生、发展、演变的经过，描述了注册会计师的经济职能和与政府公权力的关系等内容，分析了近代注册会计师行业不发达的原因并通过这一行业的发展历程得出了中国近代若干经济特征的种种结论。该书还在附录部分介绍了近代一些著名会计师的小传。这部著作是新中国成立后第一部专门研究近代注册会计师行业的力作，值得经济史学界关注。

笔者有幸拜读了杜先生的这部著作，认为该书有以下几个方面的特点。

第一，选题角度新颖，研究视角独特。

20世纪80年代以来，随着对会计史研究的升温，有关会计史的学术作品不断涌现，也出现了以郭道扬为代表的一大批会计史研究专家。时至今日，受各种因素的影响，对于会计史的研究，逐步向两个方向靠拢：一是宏观的会计通史即从远古的结绳记事到现代会计的鸿篇巨制，代表作品便是郭道扬先生的《中国会计史稿》，二是向微观方向发展即研究具体的会计方法、会计制度等。

对于注册会计师行业的研究属于会计史研究范畴，很多会计通史类著作都用了一定章节对其进行过描写，但篇幅都十分有限。杜先生的这部作品则专门选取了近代注册会计师行业，介绍了其出现、发展的经过，这本身就是会计史学界的一大创新。另外，这部著作也并非单纯地将近代注册会计师行业当作会计史来研究，没有拘泥于一般会计史研究作品那种宏观或微观的思路而是将其作为鉴证中介机构来进行分析并得出结论。作者不仅对近代上海的注册会计师行业的起源、发展壮大的历史进行描写，也对注册会计师的行业规范、习惯做法进行了系统的介绍。所不同的是，作者在这部作品中较多地运用史学和经济理论对史实进行了分析，找出了诸如近代中国注册会计师行业不发达原因、近代中国若干经济特征等，单这一点就已凸显出作者渊博的知识背景。

第二，史料详尽，史论结合紧密。

做经济史方面的研究，史料的功夫是必须认真去做的。杜先生的这部著作在史料方面所做的努力是以往任何对这一方面内容的研究所不及的。这一方面源于作者扎实的史料功夫，另一方面也反映出作者严谨的治学态度。正如作者在前言中所说已经痴迷于对于史料的发掘整理，乐此不疲。

本书为了更好地说明上海注册会计师行业的发展历程，广泛搜集史料。这其中既有许多会计师事务所、会计师同业公会的一手档案资料，又有政府相关部门的会议文件、财政部门颁布的会计法令等。同时为了对注册会计师进行中介鉴证进行更好的说明，作者还引用了诸多大型企业的档案资料，从企业到金融业的资料、从单个会计师事务所到会计师同业公会的档案。由于史料充足，史实和论证结合紧密，本书读来真实、可信。

第三，论证独特。

本书以作为鉴证中介机构的注册会计师行业为视角展开论述。一方面，对当时上海注册会计师的业务开展情况进行了系统的还原，另一方面也对这一时期，注册会计师从出现到发展的原因、影响、特征等进行分析归纳。全书较好地做到了史论结合。使得我们对近代中国市场信用制度的认识更具体形象，也更加深入。

需要指出的是，这部著作不同于以往会计史研究中对注册会计师行业的描写——全书中作者较多地运用现代经济学理论对当时的史实进行分析，这也是本书的一大创新。在研究方法的运用上，作者的研究不仅重视一手资料的发掘考证，也重视历史脉络的逻辑梳理和理论阐发。突破了史学研究的传统路径和方法，对于提高中国经济史学的研究水平具有很好的促进作用。例如本书第一章在对注册会计师行业的不发达原因进行分析时，较多地运用信用制度理论、资本市场理论等进行论证。可以说这部著作融合了历史学和会计学、经济学的多种理论进行分析，显示了作者驾驭宏观经济史研究的能力。

作者并没有孤立地看问题或是"就会计论会计"。作者的确是在写近代上海的注册会计师行业，但注册会计师是与各企业打交道并开展业务的，同时本身也是企业，就要与市场发生关系，政府相关部门也有权对其管辖和控制。作者围绕企业、政府、市场三者的关系进行分析，认为中国资本市场、信用市场的不发达也是会计师事业不发达的原因，同时会计师事业的发展对改良中国经济制度也有一定益处[①]。通过注册会计师行业的特殊视角，我们可以对当时的企业、市场、政府有更多、更细致的了解。

总体上看，杜恂诚先生的这部新作《近代中国鉴证类中介业研究——上海的注册会计师》在选题、论证角度、史料运用、论证方法选择以及诸多结论上都做得恰到好处，能够给读者新的启发，有助于这一领域的研究更加深入。相信随着更多的相关史料被挖掘和经济理论的进一步发展，对于近代注册会计师的研究也必将深化，相关作品也会大量涌现。

（《上海档案史料研究》第 8 辑，上海三联书店 2010 年版）

---

① 杜恂诚：《近代中国鉴证类中介业研究——上海的注册会计师》，上海财经大学出版社 2008 年版，第 225 页。

读《中国高速公路资本经营管理》

由省交通引资办公室赵智明和尹立家编著的《中国高速公路资本经营管理》一书，已由中国广播电视出版社出版。该书是中国高速公路资本经营的首创之作，具有三个特点。

一、理论创新。该书借鉴国内外资本经营最新管理理念和方式，结合我国高速公路建设和经营实践的要求，大胆而全面地探讨了中国高速公路资本经营诸多理论和实践问题。

二、实用。本书编著者从各省市高速公路建设和经营管理的创造性实际工作案例中，挖掘和总结了诸多生动鲜活、先进可行的经验和模式，可供实际工作者学习、借鉴。

三、案例翔实。本书编著者深入实际，调查研究，掌握了大量第一手材料。书中的分析数据、实证材料和研究结论，可为有关部门制定符合中国高速公路资本经营的发展政策和长远规划，提供系统的、有价值的参考。

（《河北日报》，2006 年 6 月 8 日）

农村新型金融组织发展和改革的重要参考

——评《农村新型金融组织业务创新》

  中国经济进一步发展和国富民强的关键在于农村经济的发展与城乡一体化。而农村经济的发展离不开农村金融的助推。

  无论是对理论研究者还是政策实践者来说,农村金融领域的研究都是一个重要而特殊的课题。在过去的几十年中,鉴于农村经济的特殊性,发展中国家农村金融的政策实践一直徘徊在政府主导和市场驱动之间,无论是政府主导下的"补贴信贷"还是随后的市场化运作,都很难将信贷资源有效地渗透到农村和穷人中去。传统农村信贷的失败归咎于政策性失败,而市场化改革的结果却是市场性失灵,农村金融政策实践总是陷于两难的困境中。我国农村金融的发展和改革,其动力在很大程度上来源于农村经济商品化和货币化程度的不断提高,同时又受到国家宏观金融体制改革和农村经济体制改革的制约。尽管农村金融的发展与改革带来的变化和取得的成绩不少,但总是难以达到期望的目标。在存量改革处于低效率的锁定状态下,中央决定借鉴城市金融改革的经验,调整改革的靶心,从增量上寻求突破口。在原有制度框架之外,小额贷款公司、村镇银行、贷款公司、农村资金互助社等新型金融组织进入农村金融领域,意味着我国农村金融制度结构发生重大改变,极大地丰富了我国农村金融机构的谱系,既增加了农村金融的供给,又改善了农村金融体系的竞争生态。

  如何充分发挥农村新型金融组织的作用,使其在为"三农"服务的同时实现自身存在的价值？吴占权的《农村新型金融组织业务创新研究》（冶金工业出版社 2012 年版）一书从业务创新角度做出了有益探索，涉及农户小额贷款、土地承包经营权抵押贷款、养老保险证质押贷款等产品的开发与创新，读完后让人有耳目一新的感觉。

该书特点鲜明，具有一定的理论价值和实践意义，对农村金融领域的研究者和政策制定者都有很高的参考价值。有以下突出特点。

其一，选题新颖。金融创新包括丰富的内容，有制度创新、组织机构创新和业务创新，金融业务创新是金融创新的基本内容，更是金融创新的根本动力。作者选取业务创新的主题，并以信贷业务为抓手进行比较深入、系统的研究，显示出一定的远见。目前这种思路的研究成果还不多见。

其二，理论与实践相结合。经济学理论是对经济实践规律的总结，同时对经济实践活动有指导、借鉴意义。作者作为研究农村金融问题的学者，把金融理论与我国的农村金融实践密切结合，使该书既有理论深度又不失操作性。该书从金融创新理论入手，分析了金融创新的动因和路径，并结合我国农村金融发展与改革的历程，探讨了金融创新理论的本土化，并提供了充分的理论来源。该书并非仅对金融创新理论进行总结，作者用了大量篇幅论述了农村新型金融组织如何进行业务创新，有很强的操作性和对实际工作的指导意义。比如针对微型金融组织的农户联保贷款，作者提出了违约防范和抵押替代技术的设计；为了有效弥补农村借款人抵押担保缺失的问题，作者创造性地给出了创新小额信贷保险的解决措施。

其三，该书采用了大量的案例式研究方法。解决问题的方法来源于实际工作中的实践，中国对农村金融问题 30 多年的探索取得了一些成就，这是研究者的思想来源和宝贵财富。该书作者做了大量调研工作，收集了各方面的案例，从细微处入手对案例进行剖析。在谈到农村资金互助社业务创新时，提供了吉林百信模式和兴旺模式，在谈到小额贷款公司业务创新时提供了内蒙古达茂旗包商惠农贷款公司、平遥小额贷款公司和湖州万邦小额贷款公司的案例，在探索农地抵押贷款模式时介绍了湄潭、三明、佳木斯等多地案例。诸如这样的案例在书中不一而足，比比皆是。当然作者并没有把注意力集中在案例本身，而是对每个案例进行了深入分析，总结规律，形成了自己结论的坚实基础。

其四，研究视角新颖独特，有前瞻性。该书对农村土地流转的金融产品开发与创新的研究以及对养老保险证质押贷款的研究，就是转换研究视角的一个尝试。书中运用大量篇幅分析了农村土地流转的金融产品开发与创新，这是该书的一大亮点。农村土地"两权"抵押业务在法律和政策上还有很多障碍，目前大多数金融机构对此静观其变、按兵不动。作者分析了我国农村土地承包经营权的发展及特征，通过土地承包经营权抵押的理论分析，对中国农村土地承包经营权抵押进行了可行性研究，认为现行生效法律预留了法律空间，允许"转让"就应该允许同样条件下的"抵押"。这样，我国家庭承包土地经营权抵押的法律障碍得以克服。随后，对我国农地抵押贷款模式的实践典型进行考察，对其经验和教训进行深刻总结。

最后就完善农村土地承包经营权抵押制度提出了建议，即试点性和分阶段性。并制定了保障抵押农民生存权益的措施：对土地承包经营权一定期限的抵押；对以土地承包经营权为抵押的贷款进行强制保险；设定抵押农户对被抵押土地的优先耕作权和优先买回权；解决好土地的增值收益问题，等等。

关于养老保险证质押贷款的研究，过去也只限于对呼图壁模式的研究，其他地区也没有进行试点或推广。作者对新型金融组织如何借鉴呼图壁模式，提出了相对完善的政策建议，并就开展养老保险证质押贷款的一些具体技术问题提出了解决思路。

总之，《创新》一书以全景的形式展现了中国农村新型金融组织的创新模式，既有理论探讨，也有实践经验和教训的总结，注重事实，令人信服。全书对我国近年来农村新型金融组织的贷款等业务创新进行了全面系统的分析，相信对广大农村新型金融组织经营者是一个极好的指导材料。

（《河北学刊》2013 年第 6 期）

书　话　类

中国近代出版事业的开拓者

——张元济

在茅盾先生的回忆录中，有一段评价张元济先生的话："在中国的新式出版事业中，张菊生（元济）确实是一个开辟草莱的人，他不但是有远见、有魄力的企业家，同时又是一个学贯中西、博古通今的人。"

张元济先生字筱斋，号菊生、浙江海盐人。生于 1867 年（清同治六年），自小受到良好的家庭教育，其父曾任县令，而他也在光绪十八年考中了进士，授翰林院庶吉士，后又为清刑部主事和总理各国事务衙门章京。

维新变法运动中，张元济因支持变法而被罢官。罢官后，在笼络维新分子的李鸿章的介绍下，来到盛宣怀在上海办的南洋公学下属的译书院。1902 年进入商务印书馆，从此和中国近代的出版事业结下了不解之缘，先后在商务印书馆担任编译所所长、商务印书馆经理、监理和董事长，一直到 1959 年以 93 岁的高龄在任上去世。

张元济对中国近代出版事业的贡献极大，首先是在于他坚持出版为中国的教育服务的思想。1904 年，中国近代第一部小学教科书在他的主持下正式出版，从而结束了中国孩子死记《三字经》、《百家姓》的历史。从此，商务印书馆在各级学校的教科书的编印中做出极大贡献。五四运动后，商务印书馆又是第一个出版白话文教材的出版社。

张元济在主持商务印书馆时，将中国近代杂志的发展推向了一个高峰，在他主政商务印书馆期间，商务印书馆出版了一系列在国内极具影响的杂志，如中国出版历史最长的《东方杂志》（1904—1949 年）。商务印书馆编的《少年杂志》、《小说月报》、《妇女杂志》、《自然界》等均为开中国杂志先河之作，对中国近代杂志的编辑和出版起到了引导作用。

张元济是中国近代辞书出版的巨匠，在他的亲自规划下，商务印书馆出版了直到现在还有影响的《辞源》、《中国人名大辞典》、《中国地名大辞典》等。

张元济在近代出版事业地位的确定是和他对中华民族优秀文化的保护和传承分不开的。在他主持商务印书馆时，商务印书馆出版了大量的中国古代典籍，从而将几千年来的中国文化用现代技术传之于世，这是一件功德无量的大事。在编印中国典籍的同时，张元济以"乞之藏家"、"求之坊肆"的精神，为商务印书馆收藏了大量的珍、善本藏书，其中有大量的宋、元时代的刻本，到 1931 年"一·二八"事变前，商务印书馆下设的东方图书馆和涵芬楼已藏有 463000 余册图书和 50000 多幅照片和图片，其中海内仅存的图书有 500 多种、5000 多册。

在这个基础上，张元济亲自主持了对中国古代典籍的整理工作，首先是出版了《百衲本二十四史》，接着一部部长篇巨制纷纷出世，《四部丛刊》、《续古逸丛书》、《道藏》、《续道藏》、《续藏经》、《丛书集成初编》……直到现在，这些图书仍然是保存中国文化最为集中的典籍。

张元济关心政治，早在商务印书馆初期，他就大量出版了和自己志同道合的严复的书籍，而严译著作整整影响了一代中国人，毛泽东在湖南图书馆第一次看到严译著时，称自己像是一头闯入菜园子的牛。

1937 年抗日战争爆发之前，感于形势的张元济编了一本《中华民族的人格》的著作，在这本书里，他从《左传》、《战国策》、《史记》等书中选出的荆轲、田横等十几位大义凛然、宁死不折的人物的传记用文白对照的形式整理出来，以鼓舞人民的斗志。

1949 年 9 月，83 岁的张元济作为第一届中国人民政治协商会议的代表来到了北京，受到了毛泽东的亲自接见，并向毛泽东提出了新中国出版事业的大量建议。会议结束后，他要商务印书馆主持出版《新民主丛书》。

1956 年，时年 90 岁高龄的张元济给自己写了一副"挽联"：

"好副臭皮囊，为你忙着过九十，而今可要交卸了；

这般新世界，纵使我活不到一百，及身已见太平来。"

张元济留给后人的是承载中国文化的——书！

一份实证日军搜刮中国农民的珍贵档案

今年，一个十分偶然的机会，从一个旧书摊上得到了一本1943年日本在华北建立保甲制，对保甲中的农民进行各种钱粮搜刮的差账。

日本早在侵华前就对中国历史进行了十分深入和细致的研究，日本军部曾在日本出版过《异民族统治中国史》，对过去金、元、清等一些少数民族掌握中央政权时，一个村里有多少人就可统治汉族统计得一清二楚，而且书中对中国的保甲制度十分推崇。因而日军侵华后，在华北地区沿用了国民党制定的保甲制度，一村数保，十甲一保，十户一甲，而保甲长就成了日军政权的下层办事人员。

这本差账是1943年下半年，日军统治区河北获鹿县南甘村第十五保第一甲留下的，当时的甲长叫任富元，账里记载了从1943年6月到12月他这一甲十户人家交钱纳粮的情况。

日军在中国进行横征暴敛，我们仅从这一甲的一户叫任全贵的人家交纳钱粮的情况，可以看出当时农民的沉重负担。光钱，任全贵就交了：6月6日5元，6月15日4元，7月7日5元，9月10日6元，9月15日6元，9月25日10元，9月29日10元，10月1日6元5毛，10月8日10元，10月15日10元，10月27日10元，10月28日3元5毛，11月11元。仅半年时间就交了近100元钱。

这还不算，任全贵还交了不少粮食，10月28日，交小米20斤2两，后又交5斤，11月1日交玉米10斤2两，又交绿豆9斤6两，12月8日交木柴13斤多，12月1日交玉米35斤。就这样，还欠花粮56斤9两，小米30斤7两，麦子21斤2两。此外，他还欠了不少粮食折交钱款。

这就是一户农民在1943年日军刺刀下生活的真实写照。而这本差账则是研究那个时代沦陷区经济史和人民社会生活史的珍贵史料。

历史和教育

江泽民总书记多次强调，在青少年当中要加强爱国主义教育，要加强中国近代史的教育，之所以如此，是因为爱国主义最基本的素材几乎全部来自我们民族的历史。

而与此成为反差的是国外的一些历史教育，他们总出于自己民族的考虑，将各种不正确的历史信息传播给年青一代，从而时刻提醒我们，如果我们不加强对大学生的近现代史教育，也许当他们和那些接受了所谓历史教育的外国人打交道的时候，会对一些关于"历史"的奇谈怪论而迷惑。

日本在对自己的青年学生进行历史教育时，就配合自己所谓的在第二次世界大战时没有侵略中国的死硬态度，使青年一代得不到正确的历史教育，在这种不正常的历史教育影响下，竟然使得一些青年学生认为中国在日本的靖国神社、海外派兵等一系列关于亚洲和世界和平的事情上表示自己的立场时，认为是中国在"干涉"日本的内政。

为什么会出现这种情况呢，让我们先看一看日本历史教科书中对于抗日战争时南京大屠杀是如何进行历史"教育"的吧！

在关于南京大屠杀的问题上，日本高中的教科书对这一历史事件的介绍可以说是少得可怜，我们可以从日本高中教科书中有关南京大屠杀的内容中得到证明。

我们可以看一看日本教科书的市场情况：

位置	发行者	教材名	发行册数	市场占有率
1	山川出版社	详说日本史	280900	53.2%
2	山川出版社	新日本史	33600	6.4%

位置	发行者	教材名	发行册数	市场占有率
3	自由书房	高等学校新日本史 B	29800	5.6%
4	富教出版	日本史 B	29000	5.5%
5	三省堂	详解日本史 B	24300	4.6%
6	富教出版	高校日本史 B	23000	4.4%
7	东京书籍	新选日本史 B	20000	3.8%
8	山川出版社	日本的历史	19800	2.7%
9	山川出版社	高校日本史	14400	2.7%
10	东京书籍	日本史 B	10400	2.0%

日本的教材是不统一的，我们将日本高中教科书中市场占有率最多的山川出版社出版的教材关于南京大屠杀的内容全部照抄下来。＊号下是注解。

占日本教材发行量第一的日本山川出版社，发行的教材名叫《详说日本史》。市场占有率达到了 53.2%，其内容为：

"日本不断投入大量军队，年末占领了中国首都南京，国民政府从武汉转入山地重庆继续抗战，和平无法进行而转成了长期战争。"

"这时，日本军队除战斗人员外还杀害了多数的中国人，战败后，东京审判中出现了大问题（南京事件）。"

占第二位也是由山川出版社出版的，名叫《新日本史》，关于南京大屠杀的内容为：

"日本不断投入兵力，年末时占领了南京，此时日本军队杀害了包括非战斗人员在内的中国人，战败后，在东京审判时形成一个大问题，这就是南京事件。"

占第八位的是山川出版社出版的《日本的历史》，其中说：

"1937 年（昭和 12 年）12 月，日本军队攻占了民国政府的首都南京，当时日本军队杀害了包括非战斗人员在内的大量中国人，受到了国际上的指责（南京事件）。"

占第九位的还是由山川出版社出版的，名叫《高校日本史》，书中说：

"日本军队大量投入兵力，该年末占领了首都南京。"

＊国民政府迁至重庆继续抵抗。

＊当时日本军队杀害了包括非战斗人员在内的大量中国人，战后东京国际法庭南京大屠杀成了一个大问题。

日本山川出版社出版的教科书在日本教科书市场占有 66.1% 的份额，比较而言，现行教科书较以前还算是涉及了南京大屠杀的内容。对南京大屠杀也不再采取什么据报道之类的所谓"客观性"的语句。可是在这些教材中，对于南京大屠杀基本上轻描淡写，没有什么实质性的内容，对于日军屠杀的数字，有组织的屠杀、屠杀的方式、日本敏感的强奸问题等一系列的问题一概不谈。而且教材并没有站在反省和谢罪的立场，对东京审判，只用文字游戏说什么"出了大问题"。

在这种模糊历史的教育环境下，日本学生接触更多的信息则是否定南京大屠杀的东西。最终也将接受日本右翼势力的政治态度，对二战时侵略亚洲的历史死不认账，从而使日本青年和亚洲青年在对待历史，以及由于历史而引发的一系列现实问题时，产生绝不相同的看法。

另外的例子就是香港的历史教育，在那里，英国对于自己殖民地进行的历史教育的目的就是淡化香港学生中国人的信念，历史书里没有什么殖民主义者对于中国侵略的记载，而且恶毒地分离香港人和大陆人民之间的感情，并且想将这种历史教育延续到 1997 年以后。为此中国政府在香港基本法中明确表示对于 1997 年以后的香港学生教材要进行一定的修改，其中最重要的修改内容就是历史。

现在一些大学生说对在大学里开设的历史课程不感兴趣，他们已经在中学学习过中国的历史了，没有必要再学习了。对于这个问题我们只看一看北京的一项读书调查就可以了。由《中国书商报》策划，北京市零点调查公司进行的一项调查表明，目前北京市中学生对中国近现代史知识了解甚少。

这一次调查是在北京随机抽查了 10 所中学，对初二、初三、高二、高一 4 个年级的 519 名学生进行了问卷调查的结果。这次调查表明，学生对于中国近现代史的知识了解不多，而且还有很多知识不是从课本里得到的。之所以会出现这种结局，专家分析这是因为许多学生认为这一课程不大重要，而且学校和社会上对这一门课程也不重视，在学校中，人们往往将这一门课放在最后一位。还有一个重要的原因就是学生认为教材一般，有 43.9% 的学生有这样的看法，对教材最不满意的是"讲大道理太多，缺少趣味性，对历史事件分析太多"。

上了大学的中学生，在自己不熟悉的新课程里发现了一个熟悉的面孔，在其幼稚的思想里认为以前学过，这无可厚非，但是作为教育者的我们，却不能有这种思想。

历史证明，历史虚无主义者并不是一点也不知道历史，而是对历史一知半解的人。

拜金主义的《圣经》

现在青年们称朋友为"哥们",而古代则流行感情好的人互相拜把子,结为异姓兄弟,在中国这个"义"字当先的国度里,"兄弟"是要"不愿同年同日生,却要同年同日死"的。

但是,在魏晋时代,人们已经将钱叫作老兄了。

成公绥的《钱神论》一书,是最能代表那个时代人们对钱的看法的著作了。他在书中说:"爱我家兄,皆无能已。"也就是说,人们爱钱都不能自已。

一百年后,又有一位叫鲁褒的先生,也写了一本《钱神论》,更是说:"见我家兄,莫不惊视。""虽有中人,而无家兄,何异无脚欲行,无翼而欲翔?"

他的妙文还写道:"大矣哉,钱之为体,有乾有坤。内则为方,外则为圆。其积如山,其流如川。动静有时。行藏有节。市井便易,不患耗折。难朽象寿,不匮象道。故能长久,为世神宝。"

"钱之所在,危可使安,死可使活;钱之所去,贵可使贱,生可使杀。是故忿诤辩讼,非钱不胜;孤弱幽滞,非钱不拔;怨仇嫌恨,非钱不解;令问笑谈,非钱不发。"

"子夏云:'死生有命,富贵在天。'吾以死生无命,富贵在钱。何以明之? 钱能转祸为福,因败为胜,危者得安,死者得生。惟命长短,相禄贵贱,皆在乎钱,天何与焉!"

"失之则贫弱,得之则富强。无翼而飞,无足而走。解严毅之颜,开难发之口。钱多者处前,钱少者居后,处前者为君长,在后者为臣仆。君长者丰衍而有余,臣仆者穷竭而不足。"

"钱之为言泉也，百姓日用，其源不匮。无远不往，无深不至。京邑衣冠，疲劳讲习，厌闻清淡，对之睡寐。见我家兄，莫不惊视。钱之所佑，吉无不利，何必读书，然后富贵！……官尊名显，皆钱所致。……由是论之，可谓神物。无位而尊，无势而热。排朱门，入紫阁。"

因而要"亲爱如兄，字曰：'孔方。'"

他得出了钱定胜天的结论。"天有所短，钱有所长。四时行焉，百物生焉，钱不如天。达穷开塞，赈贫济乏，天不如钱。"

"夫钱，穷者能使通达，富者能使温暖，贫者能使勇悍。……使才如颜子，容如子张，空手掉臂，何所希望？不如早归，广修农商，舟车上下，役使孔方。凡百君子，同尘和光，上交下接，名誉益彰。"

这样的"妙"文，多少年后，英国的莎士比亚才写得出白话文来，他写道："金子！黄黄的，发光的，宝贵的金子！只这一点点儿，就可使黑的变成白的，丑的变成美的，错的变成对的，卑贱变成高贵，老人变成少年，懦夫变成勇士……"

这些都可奉为拜金主义者的《圣经》。

集报的"缘"和"劫"

佛家讲"缘"、"劫"。

实际上集报的聚散就是集报的"缘"、"劫"。一日出门，见到一收破烂的人在门口吆喝，遂回家收拾啤酒瓶出卖，放下手中的啤酒瓶眼前突然一亮，一册几十本杂志的合订本映入眼底，随手一翻，杂志中竟然贴满了"文化大革命"时代的报头、报花，一股"造反"时代的气息扑面而来，三言两语，一本文革时代的剪报集用两个啤酒瓶就成交了，真是缘分！

又是一日，来了一位报友，畅谈许久，酒酣之时，报友提出要交换几张清代报刊，友情难却，散出几份清代官报，半月后换得几张泛黄的20世纪50年代的《人民日报》，让人目瞪口呆，此乃一"劫"。

收藏有"缘"、"劫"，时时转换。

附1：河北省"文化大革命"小报一览

1966年夏秋至1968年，在中国"文化大革命"的大环境下，中国报刊界出现了极为奇特的现象。有组织出版的报刊纷纷停刊，而一大批小报冒了出来，河北省也是如此。现在这些小报已经成为集报爱好者收集的目标之一，在全国总数超过6000种的"文化大革命"小报中，河北省发行了多少种？现在还没有确切的统计，仅就笔者所知略述一二。

《革命造反报》，1967年1月，天津、保定的红卫兵和群众组织，查封了《保定日报》社，改发行该报，共发行324期，1968年1月4日停刊。1968年1月12日驻保定部队军管组对该报实行军管，23日改发行《新闻电讯》不定期刊。1967年12月9日《保定日报》曾组织出版过

《保定日报特刊》，约出版 23 期。《千钧棒》是 1967 年保定革命造反报新闻兵编辑的小报，共出版 13 期。《送瘟神》也是《保定日报》曾组织编辑的小报，至 1968 年出至 16 期。

《河北日报》社于 1967 年 1 月 5 日被查封，以后出版了许多小报，诸如 1967 年 1 月 12 日至 2 月 1 日的新《河北日报》。2 月 2 日至 3 月 4 日的《新闻电讯》。3 月 6 日后出版的《电讯新闻》，计 4 期，等等。该社群众组织也编了如《追穷寇》、《伏虎战报》等。

群众组织所办小报，仅列报名：《河北红卫兵》，1967 年 1 月 5 日创刊。《红色造反报》，1967 年 1 月出刊。《红教工报》，1967 年 1 月 13 日创刊。《呐喊》，1967 年 1 月 10 日出版。《千钧棒》，1967 年 6 月出版。《红色工人》，1967 年 4 月创刊，后改名《保定工人》。《交通战报》，至 1967 年出至 20 期。另外还有《战地黄花》、《匕首》、《烈火》、《保定红卫兵》、《红色造反团》、《洪峰》、《云水怒》、《保定公社》、《古城风暴》、《红色尖兵》、《长缨》、《冬梅》、《毛泽东主义》、《动态报》、《驱虎豹》、《五洋捉鳖》、《倒海翻江》、《红战报》、《红联军》、《侦察兵》、《要武战报》、《井冈山战报》、《井冈山报》、《动态》、《万山红遍》、《鲁迅战报》、《风雷》、《东方红战报》、《东方红》、《六报联合报》、《反复辟》、《洪流》、《游泳》、《红色农民》、《百万工农》、《斗私批修》、《古城简报》、《六红战报》、《红色东郊》、《劲松》、《雷达》、《春光》、《百万雄师》、《河北红卫兵》、《农大红卫兵》、《风雷激》、《东风》、《伏虎》、《红二师》、《红总战报》、《新一中》、《文艺批判》、《追穷寇》、《起宏图》、《银锄》、《红影兵》、《红色战报》、《红色造反报》、《全无敌》、《革命大批判报》、《革命洪流》。

以上为河北省"文化大革命"时期的省会保定的部分报纸，其他地区的报纸有待诸位读者的补正。

附 2：战斗的号角——抗日战争期间八路军办的报纸

抗日战争爆发后，红军改编为八路军和新四军，两支部队在抗战期间都办了大量的报纸，宣传抗战，鼓舞士气，由于当时处于战争环境，多数报纸为油印，而且印数较少，不易保存，据笔者不完全统计，这些报纸有：

《战士》，1930 年 1 月创刊，原为红军一军团机关的不定期报，抗战后为八路军一一五师机关报，铅印，有时石印。《战斗报》，1934 年 12 月创刊，原为红军第二方面军军报，初为油印、石印。抗战后为八路军一二〇师机关报，1941 年 2 月改铅印。《战友》，1937 秋八路军一一五师三四四旅创刊，油印。《火线》，1937 年八路军一一五师三四三旅创刊。《抗日先锋报》，1938 年 8 月八路军一二九师政治部创办的一张四开四版油印报，1941 改铅印，更名为《战场报》。《抗日战场》，1938 年 9 月 18 日八路军一二九师政治部办的报纸，1941 秋冬由油印改铅印。《战旗报》，1938 年由一二九师三八五旅创刊，四开两版油印报纸。《战声报》，一二〇师三五九旅政治部 1938 年办的一张四开两版油印报。《战场报》，1938 年一二九师师部报纸，1941 年秋冬由油印改铅印创办。《战线报》，1939 年 1 月 11 日一二〇师三五八旅政治部创办，不定期四开两版油印报纸。《战地烽火》是 1939 年中共晋西北区党委和一二〇师三五八旅合办的大 32 开石印报纸。《战力报》创刊于 1940 年，是一二〇师独立一旅政治部办的不定期四开两版油印报纸。《战斗文艺》，一二〇师战斗剧社 1940 年办的不定期 32 开油印报纸。《战士》，1942 年八路军山东军区一一五师政治部所办的报纸。《野火报》，一二九师三八六旅旅报，为四开两版油印。《战火报》，一二〇师三五八旅政治部旅报。

现在这些报纸均十分珍贵，一些大图书馆和档案馆的收藏也不完全，而且全部是革命文物，是报纸中的佼佼者。

沪上文庙寻书

我在上海读博士的年月里，一个星期要去一次文庙。

上海人是讲求实际的，因而从复旦大学到文庙我们一般都是从五角场坐车，到十六铺下车，然后沿着上海老街走到文庙。

路上是令人惬意的，因为在上海打车有时候倒觉得比坐公交车还慢，特别是如果车不走高架桥的时候，更何况在上海老街走一走你会有很多奇妙的感觉，因为这里到底是上海老城厢，别有风味。

文庙是周日有市，一元钱的门票，卖的基本上都是书，上海是近代中国的文化中心之一，对于上学的我们，书自然是一日不可或缺。在这个书市里，我收到过几十册中国近代出版的相关金融的书，贵的不过十几元，便宜的竟然二三元，那真是快乐无比的日子。如果你经常到图书馆查资料，你会知道，这些所谓的民国平装书，在很多国内的图书馆里不许复印，而忙于论文的人们面对不能复印资料时的痛苦，恰如相爱的人们无法相聚，其中滋味，哪是一个苦字了得？

上海的文庙书市同一般城里的书市不同，不同在于其设在一个过去的圣地文庙里，大殿正面站着孔子的雕像。从人声鼎沸的书摊上走累了，你会不由自主地来到大殿前的石头栏杆上坐一会，这时，我常常会有怪异的感觉，孔圣人看着人们这么样子的买卖图书他老人家会有什么样的感觉？再就是上海人将文庙大殿旁边的樟树打扮得如同村女，每棵树上都挂着数不清的红绸条子，上面多是可怜的父母或是可怜的孩子乞求能考上一个理想大学的愿望，时时会看见孩子和父母一起来，在喧闹的书市里给孔圣人点上一炷香。

在这里，我看到了很多好书，但是也留下了很多的遗憾，一本日文油印的《华南驻屯军管理企业名录》，上面还盖有"秘密"字样，一时价没谈好就再也没看见，尽管后来又找了多次，再也无缘相见，真是一失足成千古恨。还有律宗大师弘一的印章集，50 元，也溜过去了。不过像这种事还是少，更多的快意，2 元钱一本日文的印得精美异常的《方泉处》、《集藏》，5 角钱一本的《文史资料》，快乐多了恰如日子的平常。

沪上多雨，你可以到大殿边上的茶馆买上一壶茶，看着斜风细雨从天而落，清点着一天的战利品，心里不由自主地会涌起舒展的感觉。

春天里的泉话

又一年的春天到了，柳树的枝条又一次泛绿，春风里的花树让人眼迷离。收到了台湾世杰先生办的《宣和币钞》，这一本让人百看不厌的泉刊也要停刊了，猛然间让我想起俄国人对列维坦风景油画的评论，"她总是让人觉得一种甜蜜的忧愁"，因为你再也得不到一种独特的精神享受了。

这是一种十分高雅的享受，也是一种常人难以得到而又不可理解的享受，恰如红袖添香夜读书，是一种十分私密，而又难以分享的精神，而今以后，你就再也得不到她了。

泉学是一种绝学，也是一种进入门槛十分高的学问，如佛家所言，讲的是一个"缘"字。世间里没有学校教你，更没有什么人强迫让你去学习，但是门里人都如痴汉般迷恋着她。早年间，当这些钱币行在世间的时候，也许多少人舍家弃命为之打拼，终是一个财迷罢了。但是铅华褪尽，深入泥土，千百余年，火候尽去，满面生斑，而入市无用之时，重生的凤凰自历史的长河中诞生。也许他来自中亚，有着与大唐风范结合的文明；也许他来自南美，多少年来为求中国的丝绸、瓷器而入中华；也许他就是宋时汴梁小民手中行用过的；或许武松真有其人的话曾在东平用他买酒；或许另一枚就是南宋美人用来买花的，吴自牧不是说过杭州一日买花的钱就要一万贯吗?!

这才是真正的历史，另一种不是语言系统的记叙，可是很少有人读懂它们，它们已经没有了铜臭，而只有读经时泛出的书香。

读书时，我时常与师兄弟们争论，历史是在文字里，还是在历史的遗留物里？是不会说话的文物真实，还是有话语权的文人记载真实？是读懂文字而学历史，还是浸染于文物才能感受古人？或许，在用《宣和币钞》这一本本用文字替古泉说话的杂志面前，就会理解两者相交才是对的。这也是禅嘛！

古泉常常让人思绪万千，常常让人在历史和现实中徜徉，常常入梦，常常为痴人，而这个圈子，却又总是更有"痴似相公者"。

说这话的时候我会想起《舟山钱币》，会想起《钞票》，而今天是《宣和币钞》。

这么多期的杂志摆在我的面前，春天里的夜晚总是如此的宁静，而真正的宁静来自对古泉的深情与深知。我想，世杰先生付出了如此劳动，上天总是在古泉面前给了他无比的宁静和平安。恰如现在的我，一杯香茗，几枚古泉，一堆杂志，在经济日渐发达的今天，世间的诱惑又能让几个人得到心灵的片刻平安呢？

（台湾《宣和币钞》2004 年休刊号）

我和《舟山钱币》

　　1989 年，我正在河北大学经济系和历史系读硕士，正是槐花开放的时节，我意外得到了一本《舟山钱币》，清心淡雅的封面和内容丰富的泉学，让我深深地痴迷。那时，中国的绝学——钱币学在一些先辈的努力下刚刚有了起色，深爱这门学问的我远在燕赵北地，少与人交流，泉识与学问均不可言，正是《舟山钱币》在学问上启迪了我。

　　不久《舟山钱币》登出了我的第一篇习作《清末民国时期浙江造币厂及铸币》，主编盛观熙先生给我写来了第一封信，对文章的立意、史料的运用、文字的排布方面给予了指导。此后五六年，素未谋面的盛观熙先生和《舟山钱币》成了我学术活动的主题，在他的鼓励下，我先后在《舟山钱币》上发表了《清末民国时期浙江造币厂及铸币》、《清末民国铜元错版琐谈》、《清代吉林造币厂及其铸币》、《民国口北造币厂及其铸币》、《民国时期甘肃省造币厂及铸币》、《甘肃省造乙巳壹两银币》、《二泉草堂记》、《试论朝鲜古代货币》、《笔记小说和钱币》、《外国公司在华发行的钱票和辅币》等文章。

　　很多文化事业是一些人默默无闻将其视如生命而奋斗的结果，他们的努力使他们成为我们伟大文化的承载者。至今我还保存着盛观熙先生写给我的近百封几万字的信件，一位远在江浙的师友，素未谋面，却从学问、道德、人生方方面面给一个年轻人以指导，在世风日益浮躁的今天已近天方夜谭，但我却真实享受了这一情谊，是我多年来潜心泉学的动力和精神支柱之一，我时常为这些人的精神和人格魅力所折服、所倾倒，而这种无以言喻的东西已深深地融聚于每一期认认真真编排、校对的《舟山钱币》杂志里。

　　听台湾张敦智先生言，他在台湾当兵时，经常在夜里站岗时倚灯读《舟山钱币》，难道这里仅有泉学和泉识吗？

　　一直到 20 世纪 90 年代中期，我才在上海第一次见到盛观熙先生，并应中国邮电出版社之约与先生合作出版了《中国历代钱币简明目录》和《中国钱币通鉴》。其后不久，由于种种原因，《舟山钱币》停刊了。

　　今天，泉学已如日中天，回首往事，真如雪泥鸿爪，面对内文已经开始泛黄的《舟山钱币》，当你翻开她时，我想很多人会和我一样被她勾起美好回忆。

（《舟山钱币学会纪念刊》2001 年）

读史杂记

历代文人墨客喜将自己所见所闻汇集下来，修订成册，人们称之为笔记，或笔记小说。笔记在汉魏时就很发达，《神异经》、《博物志》、《西京杂记》、《齐谐记》为当时笔记名著，以后笔记日渐发达，至明清达到鼎盛。

笔记所记多为历代政治、经济、规章、时事，尤重于下层人民生活、社会风俗，这为当时史书所不备。笔记多具史料价值，可补正史之不足。

历代笔记中有许多关于钱币学的资料，或记藏家，或记藏泉，珍杂各处，琳琅满目，由于所记多为著者所亲见，故可补钱泉学史料之不足。闲来无事，读书亦杂，见有钱者手皆录之，杂掇如此，亦可为证史之一说。

五代银铤、唐宋金钱

宋金时期，中国已普遍用银，两朝银锭也多有发现，五代用银的情况，则少记载。

宋朝周辉写的《清波杂志》记载了宋时南京出土五代银锭的故事。"又至白下六外济安院，主僧曰，近治地得一玉杯已碎。银一铤，上刻永定公主为志公和尚净发之资，一样十铤，行人间宫殿，耕者得珠玑，诚不吾欺。"

宋代金钱、镀金钱均有发现，据《清波杂志》说，北宋政和、宣和年间，皇子诞辰之日，郡君入贺均可带夫人及一仆女，祝贺毕从殿上朝下撒金饰、金钱等物供仆女争夺，以博一笑。夏天的时候，暑热难支，宫中御廊下有卖水处，一杯水需镀金钱。"赐赍殊不多，破费随尽。"

宋人朱翌《猗觉寮杂记》中，也记载有金钱。"吕僧珍生子，宋季雅往贺，署函日钱一千，人少之，乃金钱也。唐岭南首领冯子献入朝，太宗问将金钱几许来，曰一锭，上嫌少，乃一锭船也，见《朝野佥载》。《新书》曰：载金一舸，僧珍若添一金字，冯若云一船，则不嫌矣。"由此可见，唐、宋朝金钱的铸造是相当多的。

而且近年来唐宋王朝时期年号金钱多有出土，1988 年 1 月，浙江衢县安仁乡划船塘一村氏，在开荒种树时就发现一枚重 4.3 克，含金 72% 的"太平通宝"金钱。

金代钱币收藏家

金人元好问（1190—1257），字裕之，太原秀容（山西忻县人），自号遗山山人，诗文俱佳，诗有《遗山集》传世。

他还著有《续夷坚志》笔记一书。中有记泉藏家钱信中和刘六。"东平人钱信中，案钱谱收古钱，凡得数十种，付之茶店刘六，六本漕司胥吏，家素称好事，及多收古钱，聚两家所有，以锦囊贮之，如谱中不记年代品最在前。刘亦有之，金错刀尤重厚，今世所见，仅二三分耳。又有方匕，形制与错发刀同，最多，推为众钱之寇。王莽大钱作燕尾状者，比今所有，其大四倍，文曰端布，当千，背后有两字。有丝布、泉布、货币、流布、如是近十布。又有一铢、二铢、三铢、至五铢，有内四出纹，是方孔四角金义通轮廓者。复有钱背四出文者。榆荚，其他一曰五金，一曰五朱，殆分铢字为二也，既有漫金，亦有镂金。开元钱，有漫金月芽，复有镂金月芽，有孔方之上，有横漫金月芽一线通轮廓者。亦有孔方元下，一线通轮郭者，此家所畜，不特古钱，书画琴及古物，无不略具，士大夫日聚于此，杂客不预也。东平破后，不知古物在否也。"

东平在今山东境内。二人所藏古钱，有厚重金错刀，方寸匕疑为契刀，所言端布当千疑是楚布币旆钱当匕，丝布、流布可能是对莽布辨字不清。金代称五金、五铢榆荚，一铢钱不知何代所铸，开元钱有镂金和漫金，即帖金和镏金。

明代开封的倾销业私铸钱局

《如梦录》，是明人记叙开封的城池形胜、周藩故基、文武衙署、市井贸易、祠庙古迹、花园景色以及风俗礼仪、典章制度等的著作。作者是谁已难详考。

《如梦录》记载了 17 世纪中叶开封的货币、贸易情况。

明中叶的开封金融业十分发达，仅《如梦录》一书在《街市纪》第六中，就记载有打金铺、打飞金、皮金等店铺。打银铺、打银店为专作银饰的手工作坊，仅一条街上就有打银铺三十家。此外钱铺、钱桌也极多，"自钟楼东往南，俱是钱桌"。

明代白银已成为主要货币，开封的银锭制造业也十分发达，铸银锭的作坊称为倾销，该书中记有倾销四家、倾番丝银铺一家、银铺两家、倾销银铺一家。另外，"新街南口，过客店、酒店，至半截街南头，路南是大倾销处，专做上纳元宝，大小成锭"。

除此之外，开封还设有铸钱局，"按皖积谷仓，改为铸衔局，造天启、崇祯钱"。天启、崇祯两代，币制复杂，钱背文奇多，但不知开封所造天启崇祯钱背文为何。

崇祯宝钞

崇祯末年，钱法大坏，上下交困，为此朝野一片行钞之声。

而在鼓动行钞的官员中，以户部主事蒋臣的建议最能打动崇祯皇帝的心，后来蒋臣也被擢升为户部司务，主管其事。

为筹集款项，崇祯帝马上成立了内宝钞局，昼夜督造，为此还专门培训了一批造钞工匠。但当时人们就看出行钞失败的必然性，阁臣蒋德景就上奏说"民虽愚，谁肯以一金买一纸？"

不过一直到现在，崇祯宝钞是不是真的发行了，人们还有争论。实际上崇祯宝钞的确发行了。明代人祝允明《野记》卷一中记载："钞法既行，上命皇太子专董其事，时伪造甚众。比有得者，一验即知真伪，盖其机识在二印，伪者不知。"

明镇库银　西安低银

"北京节慎库金银元宝各一，盖镇库之物，以梯登其上，其边尚高于人也，上刻永乐元年。"这么大的金，银元宝，重量恐怕得几十吨，真可称得上是世界之最。

这对大元宝是明末清初的史学家谈迁在他的《北游录》一书中记载的。谈迁字孺木，号观若，明亡后自号"江左遗民"，发愤编著明代史《国榷》。他花了27年，改了六次才完成初稿，后书稿被偷，谈迁又发愤重写，终于使这部多难多灾的《国榷》问世。除此以外，他还著有《枣林杂俎》、《枣林外索》、《枣林集》、《枣林诗集》、《北游录》、《西游录》、《海昌外志》、《史证》等。

《北游录》中还记有西安低银："友人朱义儒过西安。云市易并低银。余按《康对山集》有《为乡人论银禁书》云：'此县自国初至今，惟纳边银粮用足色，其余用使常五六程耳，九程则太高者也。今欲一切悉用足色，使贫者典，无衣服，卖器物，以十易五，尚不得常行六七程，谓为通行之物。今被抚公之命，市井之徒动勒卷桶，卷桶者，此间足色银之别称。彼贫寒之家，安得有卷桶耶！抚公之意，以两直隶、山东、河南、江淮俱行用细丝银。盖此数处，钱法通行，故不得不用细丝，今若能使百姓通用钱法，则可不刑一人，而自无低银矣'云云。读此知习尚难变，虽历禁无益也。"

《北游录》是记录作者从顺治十年（1653）及以后的两年半的时间在北方的经历。我们知道，清代中后期后，中国白银成色不一，平色复杂，由上述记载可知，这种情况在明末清初时就已经发生了。

正德钱

明武宗朱厚照在位十六年（1506—1521），年号正德，是一个有名的荒淫无耻之徒。

正德年间，史载并未铸钱，可传世正德年号钱甚多，而且不知从何时起竟传说正德钱有两大功用：一，佩戴此钱去赌博百战百胜；二，正德皇帝是游龙，佩正德钱可镇风涛。并且后世盛传天下仅有两枚正德钱是真的。

清代俞曲园的《茶香室四钞》记载："国朝焦循《忆言》云，泰州宫紫悬太史言：十年前后以重价购求正德钱，一二文可值一金，云正德为游龙，佩之渡江河，无波涛之厄。近遂有伪为求售者，甚或钱背铸一龙，前此未闻，此康熙年间事也。余幼事尚见以正德钱佩于腰首者，近则无之矣。按正德游龙，俗传尚有此说，其钱可镇风涛，余亦尝闻之故老也。"

俞曲园即俞樾，清代大学问家，从他的记载来看，正德钱背有龙纹的应为清代所铸。正德钱佩之可避水则纯属迷信，你想，连游龙正德皇帝都是在南京清江浦翻船被淹得病而死的，就别说带正德钱的人了。

此外，清王士祯的著名笔记《池北偶谈》中也记载了正德钱："于慈仁寺市，见正德钱二，面幕皆有文，如蟠螭状，与今制殊异。"

天启钱

年号对于中国皇帝来说是非常重要的，特别上代或前代已用过的年号，一般不能再使用，以图创新、吉利。可朝无善政的明代，文人不读书，曾经发生过使用前人年号的事情。

明熹宗天启二年，作为国家钱库的司钥库，从库中捡得几枚古色斑驳的天启钱，呈请皇帝御览，熹宗一见大惊，忙问内阁及翰林官，难道前人也有用天启年号的吗？群臣无言以对。

清代的一帮大学士们在编纂《钦定续文献通考》时对此嘲弄道："臣等谨案：天启年号魏元法僧，梁永嘉王庄，唐南诏王晟丰裕皆用之，然不应有钱。"

那么这几枚古色斑驳的天启钱是谁铸造的呢？

实际上这种天启钱为元末起义军徐寿辉所铸。有小平、折二、折三三种，和明铸天启钱不同的是徐铸天启的户字从"戸"，而明铸天启从"户"，仅笔画未连而已。

宦官铸钱

宦官为害莫过于有明一代，而宦官铸钱也只有在宦官为害的明代才能发生。

据谭希思的《明大政纂要》一书第五十一卷记载："嘉靖十八年（1539）二月铸嘉靖通宝钱，命内监铸造。"

朱睦㮮的《皇朝中州人物志》卷十四记载"（嘉靖时）中宫张志聪、吴勋造币于杭，自擅权力，又纵行头，色料既不中程，而盈金以逋，十年不讫工"。

明熹宗更是个专信宦官的糊涂虫，朝野中只信任魏忠贤，而且弥留之际，还恋恋不舍地嘱托魏忠贤，真可谓至死不悟。

万历皇帝在位曾四处派宦官充任矿监税吏，到处开矿，搜刮民财，尤以开银矿为甚，万历矿银小平银钱就是由宦官铸造的。

据《续文献通考》的作者王圻称，万历皇帝还曾派宦官到湖北铸钱。

明代天启、崇祯钱中，有一种钱钱背铸有"奉旨""奉制""制""旨"等字样。《明史·职官志》记载："凡上呈达下，曰诏、曰诰、曰制……"在钱背上标上这样文字的，大概也只有与皇帝最亲近，经常高叫"圣旨下"的宦官们才有如此特权和胆量吧！

永历钱

蒙正发（1617—1674），明末湖北崇阳人，字圣功，号樵云，曾参加何腾蛟军队，奉永历朝为主。永历政权被清军逐出广西后，蒙正发逃出，后为村塾蒙师，著有《漆园放言》、《卢草龙壁吟》、《疑乃声》及《三湘从事录》等书。其中《三湘从事录》记叙了他自隆武元年至永历三年在湖南参加永历王朝与清军交战等情节。

当何腾蛟率滇师至白牙桥驻雅札时，"时兵饷久匮……爰设法鼓铸，以裕钱源。于石矾站开炉一百二十座，委效劳知县方镇管理，白牙桥开炉二百座，委参将郑宋文管理，小江口开炉一百四十座，户部主事臧煦如专理"。

永历钱铸量极大，由此可见。

土铸洋钱

梁章钜（1775—1849），清福建长乐人，字闳中、茝林，晚年号退庵。道光年间曾官至广西、江苏巡抚、兼署两江总督，著有笔记《浪迹丛谈》。

梁章钜是咸丰年间铸大钱、行钞法的热心鼓动者，早在其广西任内，就上书皇帝要求鼓铸大钱，在奏折中关于洋钱的一些文字，十分有意思。

他首先认为洋钱也是大钱，如果清廷铸大铜钱，则江浙闽广东南方数省使用洋钱的省份就可以不用洋钱，而使用铜钱了，这种说法有点荒唐。但他的奏折里记载了下面这段话："今日洋钱，有洋铸土铸之分，民间一目了然。"由此可知，早在道光年间，民间就有私铸洋钱的。

新中国成立后，考古工作者在福建发现了用来铸造外国银元的陶范，用这些范铸出来的银元——洋钱，自然就是"土铸洋钱"了。

道光年间的小铅钱

咸丰铅钱，世所周知，是大钱、钞票的帮凶，贻害清朝经济，实际上，早在咸丰的父亲道光皇帝时，私铸小铅钱就已大行于市，而清政府对之无可奈何。

据《皇朝掌故汇编》内编卷二十钱法记载："道光十三年……所称收缴小钱铅钱，请不及斤者一并随时收买一条。私铸小钱、铅钱，向来设局收缴，惟以斤计算，其不及一斤者，恐民间仍私行掺用，嗣后各省收缴小钱及斤者，仍照例给价六十文，不及斤者，小钱二文抵大钱一文，铅钱及斤者亦照例给价二十文，不及斤者铅钱五文抵大钱一文，俾民间随时收买缴官，闾市肆咸知与大钱价值悬殊，小钱、铅钱不能掺混，奸徒本利俱亏，自不肯轻于犯法，庶私铸可期净尽，以重钱法。"

由此可知，道光年间清廷在各省广泛设局收兑私铸小钱、铅钱，铅钱五文折道光通宝一文，并幻想以此法而禁私铸。实际上以此一端而奢谈可禁私铸，十分荒唐。

南河纸币

《金壶七墨》，是清黄钧宰著的一部杂记。主要记载了道光十四年（1834）至同治十二年（1873）作者的所见所闻。

咸丰年间，清政府以大钱钞票为筹款之方，"军兴之初，厘捐法尚未通行，饷糈时绌，军士有脱巾之虑，司农则仰屋而嗟。乃议制钞票以济之，而南河先请数万，其色以坚厚白楮，界为两方，饰以红绿，上方具载通行条令，下方载银数年月，以代河饷，河员得之，与大钱之当百当五十者，分发各州县富贾典商易制钱，商贾无所用，则卖诸报捐之人，十钱只值二三，自捐局以外皆不收，非惟民不信官，即属员亦不信长吏，故曰难在上行也。而无本之券，不待言矣"。

如果黄均宰记载确实的话，那么南河宝钞是有别于清咸丰的宝钞、官票样式的纸币，宝钞、官票的样式是白底兰花纹，纸币中上方为银钱数、下方为通行条令，与"饰以红绿"的南河宝钞截然不同。

张之洞手书光绪元宝

张之洞（1837—1909）直隶南皮人，字孝达，号香涛，时人称之为张香帅。同治年间中进士，光绪六年（1880）授侍讲学士，与张佩纶等人纠弹时政，号为清流。后升为山西巡抚，中法战争时任两广总督，光绪十五年（1889）改调湖广总督。

张之洞在两广和湖广任内，大搞洋务，创办了许多近代工业，他还是中国近代机器铸钱工业的开创者之一，广东和湖北的铸钱工业都是他一手创办的。这两大造币厂对日后中国近代货币有着巨大的影响。

湖北银元局创始于光绪十九年（1893），局址在武汉三佛阁街旧守备署，并于光绪二十年（1894）始铸银元。

湖北银元局所铸银元，正面为光绪元宝及面值，背面为龙图并环以英文，光绪元宝等字即为张之洞手笔。光绪二十一年（1896）十二月二十五日（1月29日）的《直报》曾明载此事。

人们一般认为湖北银元局所铸光绪二十年银元背"本省"二字者，

为湖北最早所铸银元。但据光绪二十四年八月初九（1898 年 9 月 24 日）《直报》记载，这种银元应为光绪二十四年所铸。"（湖北）钱局兼铸银元，每日可铸银三千两，银元上两边花纹处改为'铸局'二字。"

湖北所铸银元，仅有背"本省"二字者，原处为花纹。并没有带"铸局"二字银元，或系《直报》误记，或系铸有此种样币。

湖北造光绪二十年（1895）银币计分两大类，一类钱背加铸"本省"二字，计分七钱二分、一钱四分四厘、七分二厘三种。另一类不带"本省"二字，计分七钱二分、三钱六分、一钱四分四厘、七分二厘、三分六厘五种。其中七钱二分有两种版别，一钱背龙头略大，另一种略小。一钱四分四厘的银币上有将英文省字（Province）之"P"铸为"I"的错版。

胡宗南铸金条、金元

1948 年，法币崩溃，国民党政府又进行币制改革，推出金圆券，但不久就发生通货膨胀，崩溃的速度更快，当时四川就流行这么一副对联：

人民流汗，一滴汗，两滴汗，千万滴汗；
钞票加圈，三个圈，四个圈，七八个圈。

到了 1949 年 7 月，国民党又改革币制，推行银圆券，当时控制着西南的胡宗南为筹集军饷，于 9、10 月份在成都造币厂铸造金条和金元，金条分 1 钱、2 钱、5 钱、1 两、2 两五种，铸成长方形的，铸造金条的黄金均为从民间收购的黄金改铸的，成分不一。

在铸造金条的同时，还铸造了 29 枚金元样币。

为了铸造金条和金元，成都造币厂成立了金料间，两个月间共生产金条 293260 条，纯重 292939998 市两，不久解放军包围成都，造币厂于 1949 年 12 月 25 日停止生产。

由于这批金条和金元生产时间短，特别是金元只铸造了 29 枚，十分珍贵。

（［新加坡］《亚洲钱币》2005 年第 1 期）

研究综述类

泉书漫议

我国研究钱币学的著作浩如烟海，而且外国对中国钱币进行研究的书籍，也早已汗牛充栋。对钱币学专著的研究，不仅是目录学所要深入的工作，同时对研究历代钱币也大有裨益。

一　钱币学目录

目录学是记录书目、研究书目的一门学科。它在我国有着悠久的历史。我国古代记载泉书目录的书一般是金石目录。它收录金石器物名称、拓印文字、研究题跋、记载记述前三者的书目。最早的《隋书·经籍志》曾收汉魏石经拓文。但到《直斋书录解题》才开始收金石书入目录。宋时金石目录较为发达，欧阳修有《集古录跋尾》，欧阳斐有《集古录目》，赵明诚、李清照有《金石录》。

明清时，金石目录大盛，倪模（1750—1825）《古今钱略》中的《历代谱录》"撰金石目录者百数十家。"道光年间，许瀚撰写的《史籍考》专辟金石一门，分为金、石、金石总、钱币、玺印、砖瓦、文字，大概为最早分出钱币类的目录书。专门记录金石书目录的有沈涛的《金石著录考》，但该书已佚。宣统二年，有叶铭的《金石书目》。以后又有魏稼孙所著的书，收书 200 种，凌霞的书收书 400 种，田士懿的《金石名著汇录》收书 662 种。此时黄立猷也编有《金石目录》。

这一时期较为著名的金石目录作者是容庚先生，他的《金石书目录》有钱币一大类，分为图像、文字、题跋、杂著四属，收书 823 种。后又有林钧的《石庐金石书志》，计收书 969 种，这两种书在台湾近年都有重印。

　　专门记载钱币学目录的最早著作，是宗惟恭的《癖泉书室所藏泉币书目》，当时宗氏想写《历代泉币著述考》，故先列书目准备详加考述。以后又有金品元的《历代钱谱目录》和王维朴的《王氏金石提要》，王维朴的祖父为王戟门，父亲为王绪祖，又是王懿荣的族侄，因而对钱币学极为了解，书中不仅记载了泉书内容，而且还杂记了一些泉家交往。

　　新中国成立后，彭信威先生的《中国货币史》一书，论述了历代钱币学的发展，记载了不少泉书。《文物》杂志在 1955 年、1962 年、1963年分别发表了容庚等先生的《金石书录补编》、《清代吉金书籍述评》、《三代吉金文存补》等文章，对以前的金石学目录进行总结补充。

　　专门记载钱币学书籍目录的有王贵忱先生自编的《可居室所藏钱币目录》，后收入陕西钱币学会所编的内部资料《中国钱币学资料索引》一书中，该书还收有西北地区三家图书馆所藏泉书目录，又从一些论文目录索引中，辑录了大量有关钱币方面的论文目录。

　　中国历代泉家研究钱币的专著很多，范围也十分广泛，本文按泉书目录、图谱、泉学专论几大类，简单介绍。

二　钱币图谱

（一）清代以前的钱币图谱

　　《刘氏钱志》和《顾煊钱谱》是我国最早的钱币图谱。《泉志》一书曾引用了 34 条《顾煊钱谱》上的资料，并称赞它"凡历代造立之源，大小重轻之度，皆有伦序，使后乎此者可概见"。《刘氏钱志》最迟产生于萧梁，彭信威先生怀疑《隋书·经籍志》中记载的《刘潜泉图记》即此书。《通志·艺文略》记载唐朝的张说（667—730）著有《钱本草》。封演有《续钱谱》一卷，唐朝还有《徐氏钱谱》，《泉志》一书曾引用过该书记载的外国钱。唐或五代时人张台著有《钱录》，对五铢钱论述较多，并收有自先秦至楚马殷的天策府宝等历代钱币，此时还有《封氏钱谱》和《敦素钱谱》。

　　北宋陶岳著有专记五代各国铸钱原委及论述幽州、岭南、福建、湖南、江南等地钱币的《货泉录》。金光袭著有"述事援据，颇多疏略"的

《钱宝录》。于公甫有《古今泉货图》。《清波杂志》一书记载北宋还有《钱化钱谱》。绍圣年间，董逌著有《续钱谱》、《万泉文》，另有《赵家千家钱谱》，同时成书的还有李孝美的《历代钱谱》，但以上自《刘氏钱谱》起各书，早在很久以前就已失佚了。

我们现在奉为泉书界祖的是洪遵（1120—1174）所著的《泉志》一书，该书收录了先秦到当时的历代钱币，征引了大量前代钱币学著作。有的钱币书名赖《泉志》得以传下，但书中谬误很多，如将刀布归为三皇五帝时之物。《泉志》对后世钱币学家影响巨大，流传很广，有许多版本。如明嘉靖茶庵本，但将书作者误为洪遵之弟洪迈，钱曾的《读书敏求记》，沿其误。明代还有万历刻本、崇祯刻本、《永乐大典》本。清代常见的有同治和光绪刻本。许多丛书也将《泉志》收入，如《秘册汇函》、《津逮秘书》、《学津讨原》、《洪氏晦木斋丛书》、《丛书集成初编》等。

《读书敏求记》记元人有《历代钱谱》一卷，书中称"元至大二年二月，诏以历代旧钱与新钱并行，是书成于三年季春"。

明永乐洪熙年间，董通写了很简单且谬误极多的《董通钱谱》，集元以前历代钱钞200余种，后人多以为是北宋的《董逌钱谱》。嘉靖年间陆深撰有《宝货志》和《钱谱》二书，但皆已佚。已佚的书还有《姚氏钱谱》及隆庆万历年间书坊出售的郭子章《泉史》，该书十三卷。明朝集中大批人才编辑的《永乐大典》在八国联军侵华时大量流失，但其中有关钱币的部分，被后世泉家摘出，由丁福保的《古钱大辞典》收录。

（二）清代钱币图谱

顺治初年，朱多爛著有《古今钱谱》。康雍时人朱枫有《吉金待问录》一书，计6卷，鲍氏后知不足斋刊行。乾隆初年张端木补充了《泉志》以后的资料，作《钱录》一书。万子昭的《古今录》有乾隆年间的艺香斋刊本。乾隆十五年（1750），梁诗正等人奉敕命纂辑《钦定钱录》16卷，这是第一部官修钱币书籍，收钱567枚，但除将汉兴钱归入李寿外，余皆延其误。该书不仅在《西清古鉴》中，而且在《四库全书》、《摛藻堂四库全书荟要》、《墨海金壶》、《丛书集成初编》等丛书中有录。蔡仲白于乾隆二十六年编有《货泉备考》，但无刊本，内容不足道。此外还有黄易藏的《泉文》拓本。又有《钱币考》将蚁鼻和明月圆钱归入厌胜钱。江德量撰有《钱谱》，有图有说，但未刊行，为遵清朝，该谱第一卷列为清钱，据《古今泉略》，江德量对释钱币文字很有贡献，明刀、藿人、蔺、两甾等币文皆他译出。乾隆五十三年，韩溥写完了他的《古今钱志》，现北京大学藏有稿本。

清代最重要的钱币学著作是翁树培（1765—1809）的《古泉汇考》。此书积十几年之功力，成二三十万字，是一部总结性的著作，记上古至明历代钱币，《古钱大辞典》有录。

《北大李氏书目》记翁氏还有《石峰草堂自藏古泉拓本卅册》16 卷，附《俱宜泉藏品石峰草堂偶存册摘录》，北京大学藏有的稿本称为《古泉日知录》，另外北京图书馆还藏有翁氏所校的《泉志》。

嘉庆二十年（1820）刊出的《吉金所见录》16 卷是初尚龄的杰作，书中收钱 1210 种，文字七万，最大的贡献是将刀布归于春秋战国，打破了前人所沿《路史》、《泉志》对三皇五帝的附会。倪模（1750—1825）的《古今钱略》，体例虽乱，但收有纸币、历代钱制、古今收藏姓氏等条目。刘喜海（1793—1852）的《古泉苑》，又称《古泉苑目录》，计 101 卷，收钱 4600 余种，首收宋代铁钱，但书无文字，意义不大。北京图书馆藏有刘氏手校的张端木《钱录》并有刘氏抄并跋的华玉淳的《钱币考》。1935 年丁福宝搜集刘喜海钱谱刊出《泉苑精华》，《古钱大辞典》亦收。嘉庆五年吴文炳的《泉币图说》平淡无奇，图也失实，但流传很广。

瞿木夫的《泉志补政》20 卷，有嘉庆五十一年刊本，还有《泉志续编》都是补《泉志》一书的，这种性质的书还有：乾隆年间刊行的韩溥《续古今泉志》4 卷，又称《古今钱志》，盛子履的 16 卷《泉史》，陆虎岑的《续泉志》15 卷，宋振誉的《续泉志》8 卷，其子庆疑有《续泉志续补》1 卷，补至明代，增加了 600 余种钱币，蒋敬臣有未刊稿《洪遵泉志集证》15 卷，《观自得斋丛书》收有清金嘉采撰写的《泉志校误》。

陈业孝撰有《历代钟官图经八卷》，首起秦汉，迄于元明。孟逸冈道光年间刊出的《泉布统志》，罗列了许多所谓的唐宋宝钞，荒谬绝伦，但该书也保存了许多清代钱币资料。花隐香巢出版有小谪仙手订的《便览宝泉志》1 卷。道光十年酌春堂刊行张崇懿的《钱志新编》20 卷。此时，金锡鬯的《晴韵馆收藏古钱述记》成书，该书有民国十九年中国书店影印的十卷四册。道光二十年，春草堂全集本有谢堃的《钱式图》四卷，二十二年中山颜氏刊行朱彝尊等著的《历代钱表》1 卷，二十四年有许元恺剪雨楼自刻《选青小笺》10 卷刊行。盛六士的《泉史》也有道光刊本。龚自珍有《古泉蜕影》一书，已佚。

咸丰元年有唐与昆的《泉币汇考》和续书《制钱通考》，专言清钱，首记西藏薄片。同年有退庐刻本沈巍皆的《泉宝所见录》，是书 16 卷。李光庭的《吉金志存》有咸丰九年刊行的版本，马国翰的《红藕花轩泉品》有咸丰年版的。叶志诜有《平安馆泉拓》。

李佐贤（1806—1876）的《古泉汇》雕于同治三年，书分 64 卷，图近 6000 种，厌胜等钱占四分之一，但书刻得太差，文字亦无创见。鲍康（1810—?）著有《大泉图录》记咸同两朝大钱，附记开炉等钱，1875 年又和李佐贤合著《续泉汇》一书，此书《贩书偶记》记为李佐贤与陈介祺合著，疑是陈介祺的《续观古阁泉说》，即《续泉说》，李佐贤《吾庐笔谈》中有。书中收钱范 175 个。鲍氏曾编《观古阁丛刻》。

陈介祺（1813—1884）辑有《簠斋藏古目》，不分卷，北京图书馆藏有一册，陈氏还录有杨幼云的《空首布目》专记空首布，又辑有王氏的《六泉十布拓本》，此二书民国时由上海医药局影印出版。他还辑有《继幼云空首布目》1 卷及《泉说评》一书。杨继震（1820—1901）有《差不贫于古斋古泉喜神谱》稿本 19 册，《竹涡宋泉类》稿本 10 册，北京图书馆有他的《古泉汇》稿本 3 册，北京大学有《竹挝古泉》4 种。杨守敬（1839—1914）有《古泉薮》光绪三十年拓本。台北故宫博物院藏有善本《激飞青阁钱谱》，杨守敬拓摹，1904 年邻红园又刊其《古泉丛》12 卷。王懿荣（1845—1900）有《王廉生古泉精选拓本》，民国时神州国光社影印过他的《古泉精选》1 卷，附有《潘万志泉拓》。王戬门的《泉货汇考》有中华书局玻璃版本，印制精美，他还有未刊本《泉苑萃珍》4 卷，记有永隆通宝背闽铁钱等。其子续祖有未刊稿《古泉汇补缺订讹》4 卷，《王氏金石举要》记为订伪 2 卷。

光绪年间还有十三年阮青（徐士銮）摹拓的《蝶坊居宋泉拓存》，十八年费锡申家刻本《撰斋所藏钱录》12 卷。西北大学藏有光绪七十八年吴实秋《钱谱》1 册。另藏有不菁菁的《古钱拓片》四册二函和《春雨山房钱谱》。1903 年秦宝瓒自刊《遗篋录》，晚红轩于 1926 年又刊他的

《续遗箧录》4 卷和《续遗箧补录》1 卷。

宣统元年有吴隐集的《遁庵古泉存》，有的题为西泠印社辑。上海有影印的江标《古泉拓存》1 卷，福建师范大学藏有《汪建霞精选拓本》1 册。

可见到的抄本有金砚云的《古钱考》4 卷，王斯恩的《泉志备考》，夏荃的《退庵钱谱》8 卷，《海陵丛刻》中有收。潘某的《潘氏泉谱》，龚斋行的《古钱目》一卷，方嵩年的《萧萧古钱录》8 卷，《屏庐丛刻》中收有徐士銮辑的《古泉汇考》名为《藏云阁识小录》4 卷。另外还有《历代古泉谱》1 卷行世。蒋敬臣的《选泉丛说》未刊。

许多图书馆还藏有大量的古钱拓本、钱谱稿本，如江苏图书馆有《吉金屑》铁兰室拓本，陈邦福的《古泉玉品》。北京图书馆有钱侗的《钱币考》。北京大学有李佐贤、鲍康的《鲍李二家泉拓》，鲍康的《观古阁泉拓》等拓本。

冯云鹏、冯云鹓同辑的《金石索》中有泉刀一类，置于《金卷》。又有《古今钱谱》单行。

田士懿的《金石名著汇目》及《续汇目补遗》中，尽管将顾烜《钱谱》错为顾协《钱谱》疑《崇文总目》有鱼豕之误。并将明郭子章的《泉史》归入宋代。但仍记载了大量钱谱。如严可均的 30 卷《古今钱图》，熊象阶的《新莽泉刀二品考》，方履筱的 1 卷《泉竝》，钱东垣的 2 卷《钱志》，马昂的《泉谱》，董文灿的 8 卷《货布所藏录》，王炜的《晋泉纪录》1 卷，李宗植的《泉谱》1 卷。

《清史稿·艺文志》中还记有黄灼的《琴趣轩泉谱》1 卷，张延世的《广钱谱》1 卷，朱炜的《历代古钱目》1 卷，吴均的《选钱斋钱谱》15 卷。

专论金银币的图谱。《清史稿·艺文志》中记有龚心湛的《楚金爰考》1 卷，北京图书馆藏有《银洋珠宝谱》钞本，书中载有商人鉴定银圆、金银饰的方法等。光绪年间，端方出使外国，集 17 国金银铜等币为《泰西各国金币拓本》1 卷。《樵隐全集》中有李遵义辑的《银币考》1 卷。光绪二十四年出版有杨模辑的排字本《全国金银铜三品货币表》1 卷。

此外还有专论钱范的书籍，如《中国钱币》介绍的《千化范室所藏齐法化范》，陈介祺辑。他的《簠斋吉金录》中也有钱范，北京大学还藏有他的《陈簠斋藏泉范拓本》。另外《簠斋吉金录》有大泉五十砖范，《密斋先生所藏古器目》亦有钱范，民国十八年神州国光社影印过刘艳庭的《新莽货币范》一书。

此时还有一些论述少数民族和外国钱币的书籍，如陈其镰译述、张美诩定的《蒙古西域诸国钱谱》，《振倚堂丛书》收。龚心钊有《五洲古泉考》，清末有沈林的排印本《中西钱币考略》。

（三）民国时期的钱币图谱

民国四年，北京经济学会出版章宗元《中国泉币沿革》一书。民国八年有霍明志的《古币源流》。北京图书馆藏有民国十一年邹樛的《铜元集》24 册。张龄于 1923 年拓印《松庵古泉鉴》，天津金氏屏庐 1924 年刊印过徐士銮的泉书，29 年四川重庆研石斋有 1 册《古钱对照表》行世，刘钟奇编，同年关百益有《方城币谱》和《义州盟刀谱》各 1 卷，后又有《泉景》4 卷，《东亚民族国币举要》8 卷，民国二十四年有王守谦的《中国稀见币参考书》。

20 世纪 20 年代前的泉书还有朱彭寿的《寿鑫斋钱话》未刊稿，方若的《古化全稿》、《旧雨楼集外集》60 余册未刊。袁克文有《古逸币志》《泉简甲编》《泉撷》各一卷，周进有《陶庵泉拓》，程文龙有《孙吴大泉五千真景》及未刊稿《古泉审》16 卷。宣哲有《元钱别录》，邓实有《风雨楼异泉图录》，张叔训有未刊《齐斋泉乘》。王希烈有《希哲藏泉》行世，刘嘉陵有《嘉灵泉拓》。

30 年代产生了许多著名的钱币学者。丁福宝（1874—1952）先后印行了 15 种泉书，其中影印前人谱录 6 种，又将洪遵的《泉志》改编为《泉志青华录》，编刘喜海钱拓、戴熙撰文的《泉苑菁华古泉丛话合刻》，又印行了鲍康的《观古阁泉说》，编撰了影响巨大的《古钱大辞典》，后又有《古钱大辞典拾遗》、《历代古钱图说》，1940 年组织"寿泉会"，每人提供珍品泉拓，粘成特制的《寿泉拓集》。

罗伯昭（1899—1979），上海博物馆藏有他的《沐园泉拓》，又有 1940 年影印本。张䌹伯有《咸丰大钱考》、《中国货币沿革考》、《五代十国钱考》、《当两五铢说》等著作。

戴葆庭（1895—1976）参与编辑《历代古钱图说》，并有《历代古钱图说校正）。郑家相（1889—1962）有《中国古币考》20 卷,《上古货币推究》6 卷,未刊稿。张晏孙有《觉庵藏泉选拓题记》。王贵忱先生为方天仰泉拓成集为《方雨楼泉拓》、《三孔币集》、《辽金西夏元及异文钱集》、《大观奇观集》。为骆泽民辑有《骆家泉拓》。1937 年黄鹏霄的《故宫清钱谱》出版,北大藏有徐德培 1943 年编的《中国历代钱币考》手稿。

关于金银币的书籍有,1939 年 6 月上海环球邮币公司出版的蒋仲川《中国金银镍币图说》,收金币 17 种,银币 534 种,镍币 16 种,计 567 种,英汉对照。1949 年新华顾问工程事务所出版《中国近代铸币汇考》,施嘉幹著,记载了近代金银镍铅四种币材的货币,两书都记有革命根据地的货币。罗振玉的《古器物范图录》中有钱范。

另外,北大图书馆藏有善本 1922 年周康元《古今泉币拓本》,原题鲍子年（康）选 6 册。柯昌泗辑的《范权藏拓》,西城中学拓本《泉选》,另有四种《古钱拓片》手稿。还有石查手拓的《古泉拓本》,原题攘广手拓的《刀币拓片》等。河北大学图书馆藏有《古泉谱》照相版 236 帧,起于春秋战国至于明代,所收钱币甚精,但称历代农民起义军钱币为伪钱。

（四）新中国成立后的钱币图谱

1982 年出版的《中国历代货币》一书,印制精,流传极广,影响巨大,后又出有修订本。1983 年上海人民出版社出版了马定祥、马传德两先生的《太平天国钱币》,专论太平天国钱币,附有天地会钱币。1984 年上海钱币学会编辑的钱币丛书出版专门记录 1979—1984 年我国发行纪念币、（章）的《中华人民共和国纪念币》一书。1986 年,宁夏人民出版社出版吴筹中、顾延培先生编著的《辛亥革命货币》一书。四川人民出版社有《川陕省苏维埃时期的银币》一书。中国人民银行总行编有内部资料《中国银币图册》,1981 年中国银行总行编辑出版了《自由兑换货币图样及说明》,专记世界一些国家的货币。

新中国成立后还重印了前人的一些图谱,影响较大的有《古钱大辞典》和《历代古钱图说》,其中《古钱大辞典》已进行第三次增订。钱币图谱的形式也发生变化,1965 年上海教育出版社出版了汪庆正主编的《中国历史参考图片集》中有钱币部分,中国钱币学会还搞过《中国历代货币》声像教材。

上海人民出版社出版马飞海总主编的《中国历代货币大系》，其中《先秦卷》由汪庆正先生主编，图版 4400 帧。一些出版社计划出版《古钱词典》，天津古籍出版社要影印一些钱币学著作。许多钱币爱好者和先识大家有许多手稿待刊，如周铁衡先生的《清钱轶录》。

台湾的钱币学研究也很兴盛，出版的书籍很多，如布盛纳的《清钱编年谱》专研红钱。1981 年张璜的《中国龙图半圆银币图录》出版，又著有《中国银元及银两币目录》。还有陈鸿禧的《中国货币史话》，兰吉聪的《新疆清钱谱》，朱株槐的《台湾货币》，蔡养吾的《衡门百钱谱》等书。1982 年香港邮钞社影印徐祖钦的《中国钱币目录》，集铜元者可作参考。

三　泉学专论

（一）新中国成立以前的笔计杂谈

成公绥（231—273）作《钱神论》，西晋鲁褒发挥了这文章，讽刺了当时的货币拜物教，反映了当时货币经济的发展，唐张说《钱本草》与《钱神论》相似，而以药名之。罗泌的《路史》成书于宋乾道年间，注重于用钱币证史，但谬误甚多，主要依据《董逌钱谱》，对后代钱币学家影响很大。但在现存的文献中首次提及先秦钱币。罗泌又有《国名记》一书，历代钱币学者曾以此书考布币地名。《通史》艺文志记北宋时杜镐有《铸钱故事》。

明朝胡我琨撰《钱通》32 卷，第 1、2 卷记明代钱法，其余资料编为 13 门，每一门分为若干目，第二门为钱谱，全书资料大部分引自历代《食货志》和《会典》，并及笔计野史，有图有说，征引极详。明人著作中还曾提到过《古钱经》一书。罗泌芳有《明通宝义》《广通宝义》，因其督屯云南铸钱重地，故作是书，专述上古至唐宋币制，惜已佚。李元仲（1602—1686）撰有《钱神志》7 卷，辑古书中关于钱币的逸闻，万历年间出书。同时还有侯恂的《铸钱事宜》，为货币资料的汇编。《丛书集成初编》中收有邱濬的《钱法纂要》，专集历代钱法。

清代戴熙的《古泉丛话》有同治十一年潘氏滂喜斋刊本。刘喜海有

《嘉荫簃古泉随笔》8卷，鲍康的《观古阁丛稿》及《观古阁丛稿三编》《续丛稿》专记题跋、题咏，《观古阁泉说》附《泉辨》类《古泉丛话》记所闻和交游。蔡云的《癖谈》刻本较多，且《式训堂丛书》、《校经山房丛书》、《丛书集成初编》都将之收录。吴大澂（1835—1902）对金石、文字有研究，《吴密斋尺牍》、《恒轩所见所藏吉金录》经常涉及钱币。《广钱谱》张世延著，征引钱的故事，起于上古讫于万历年间，《昭代丛书》《赐砚堂丛书》有收。杨继震的《差不贫于古斋论钱杂稿》，未刊。方若的《言钱别录》，该书有1928年版本，卷上为中国古钱歌，卷下为几种钱的考证，另有《言钱补录》。商焕文的《癖泉臆说》有宣统三年石印本，另有1932年石印本《谈泉杂录》，高氏还有《泉寿山房钱考》16卷，《泉寿山房泉拓》8卷、《泉货珍奇录》14卷。饶登秩有未刊稿《古欢斋泉说》。王正绶光绪二十一年有刻本《钱制纪略》1卷。李日萃有《紫桃轩杂缀》，陈星衍《谅田金石考》有议论钱币的文章，北大藏有范希思跋《钱币考》1卷。罗振玉的《涌庐日札》记有收集的钱范泉友交流等等。《铸钱工艺》英人傅兰雅著，钟天纬译。

民国时，丁福宝、卫聚贤编著有《古钱》，书前有卫氏在现代经济学会所讲的中国币演变述略，分硬、软币，香港出版有卫先生的《中国历代钱币》。1944年又有《古今货币》一书，中为丁福保的《古钱学纲要》，后为卫氏的《古钱年号索引》。《古钱学纲要》另有单行本。民国十五年有铅字本《清宁馆古泉丛话》1卷。丁福宝又有《古泉实用谭》、《续谭》二书，《古泉杂记》为丁氏记录古钱过眼《古钱大辞典》书目凡例等。罗伯昭的《泉友录》收入《古钱大辞典》，郑家相有《泉家小史》未刊。《清稗类钞》中有大量关于钱币及泉家轶闻的条目，1984年书目文献出版社出有它的《著述鉴赏》类专集。

（二）新中国成立后的钱币学专论

彭信威先生有《中国货币史》一书，该书重视钱币学，将之与货币史的研究结合起来，在钱币学中占有极其重要的地位。齐鲁书社于1979年出版了王献唐先生遗著《中国古代货币通考》，郑家相先生有《中国古代货币发展史》，许多单位又编辑了货币史和革命根据地财政金融资料，如《晋察冀边区银行》等，关于历代货币史的书，笔者另文详述。

朱活先生的《古钱新探》是钱币学至精至高之作，论述精详。千家驹、郭彦岗二先生合著的《中国历代货币及表解》、《中国货币史纲要》为初步泉坛者的必读之物。山东省钱币学会编辑出版了《齐刀和齐国货币研究》。民族出版社去年印行了肖怀远的《西藏货币史》。

中国人民银行还编有《各国货币手册》,主要反映各国和主要地区货币的汇率变动,介绍外国金融机构等,经常修订。另外还有一些小册子如《货币简史》、《谈"钱"》等。

中国钱币学会编辑的《钱币学论文集》反映了近几年我国钱币研究的水平。一些地区的钱币学会也自编有论文集,有的地区的钱币学会还编有钱币书籍,如上海钱币学会的《古钱的鉴定与保养》,云南钱币学会的《云南历史货币》即将出版,贵州钱币学会辑有《贵州钱币资料》,河南有卫月望先生的《古钱索引》、《中国钱币学常识》等。

(三)专论币文的泉书

清刘师陆的《虞夏赎金释文》,谬误较多。马昂的《货币文字考》有道光二十二年云间钱氏兰隐园本,吴大澂的《字说》和《说文古籀补》中有论币文的文章。龚自珍有《泉文记》一书,惜已佚。王维朴有未刊手稿《大斋所藏古器物物文》12卷,第5卷为货币,11卷有泉范。刘鹗的《铁云藏龟》专论币文,中华书局已经出版,郑家相的《古化文字汇编》收500多个独体字,未刊。《先秦货币丈编》,由商承祚、王贵忱、谭橡华三先生编,1983年书目文献出版社出版,收同文异体、合文等计8215字。1986年5月张颔编纂的《古币文编》出版。

(四)钱币杂咏

清刘喜海有《嘉荫簃论泉截句》2卷,《观古阁丛刻》中收有。方若的《药雨古化杂泳》成书于民国十四年,仅成40余册,北京钱币学会和北大图书馆文献馆准备影印。宣哲有《百平安馆论泉绝句》200首未刊。刘方伯有《古泉绝句》。《郋园先生丛书》中收有叶德辉撰的《古泉杂泳》。王光烈集币文为联,有《古泉文集联》正续集2册。邱思达先生的《古泉杂泳》,天津古籍出版社即将出版,诗后有图有解,雅俗共赏。

(五)纸币

元顺帝时武淇著《宝钞通考》,清钱大昕有辑本8卷。元人费著有《楮币谱》1卷,记四川交子钱引,《四川通志》称其止于南宋庆元年间,但《全蜀艺文志》称其止于淳熙年间,但书已佚。清嘉、道年间吾进辑有《四朝宝钞》1 卷，仅有题跋，无论述文章，有民国七年本。许楣的《钞币论》多涉及纸币理论。宣统年间刊出有罗振玉的《四朝钞币图录》，记录金、元、明、清钞版或楮币 17 种，民初又有重刊。

新中国成立后，中国人民银行金融研究所和财政部财政科学研究所编《中国革命根据地货币》上下册，文物出版社出版，书中所记大多是从第一次国内革命战争至解放战争的各根据地货币，附有公债券、粮票等。《中国古钞图辑》，内蒙古钱币研究会、《中国钱币编辑部》合编，1987 年 9 月出版，收北宋至清历代纸币和钞版拓本数十种，共计百余幅图。

台湾也出版了许多论述钱币的书，如《中央银行钞票专辑》、《中国纸币集藏会集钞小丛书》、《纸币图说》、《中国纸币图说》、《中国军用钞票史略》等。

1924 的《民国钞券史》，1928 年的《中国纸币史》，1958 年献可的《近百年来帝国主义在华银行发行纸币概况》可供参考。

纵观千余年来的钱币学发展，可以看出，它的诞生和发展是与当时社会的政治经济情况紧密相连的。清和民国是钱币学发展的一个高峰，在图谱上，产生了卷繁浩大的钱谱，在体例上对《泉志》有所突破。产生了一大批知识渊博的钱币学家，随着乾嘉学派的兴起，朴学究凡发微的学风，给钱币的考证带来了曙光，许多币文被释读，铸地被确定，新的品种被发现。

新中国成立以后的钱币学研究是与货币史研究相结合的，直到现在也是钱币学研究的一个方向。中国钱币学会于 1982 年成立，在它的推动下，中国的钱币学发展达到了巅峰，研究者用马克思主义的理论观点和最新的科学技术方法对古钱币进行研究，在理论方法上大大超越了前人，从而使新论异说不绝于耳。各地钱币学会的建立，集币者的增加，使钱币知识以无与伦比的速度传播。开放的形势，给中国钱币的研究灌注了新的生命力，使它可以汲取各国泉家之长，而攻己山之玉。考古的最新发现，已使得中国钱币的研究范围日益扩展，珍泉殊币，琳琅满目。而最新的出版、印刷、传播技术，给研究和爱好者提供了精美、准确、快速的信息。钱币学的研究必然会随着新的钱币品种的发现，新的研究方法的涌现而日益发展。

（《河北金融》钱币专辑，1988 年增刊）

附：泉书珍善本

1. 《货币求记》。

是书无著者姓名，应为清末或民初从事金融业者所著。

书中内容有：各国货币之参考，各国度量衡与中国比较表，先令、金镑先令之算法，大条之说明，天津、上海日金（金票）合金价法，各省金铺金条金叶成色录，京申汇法，京申电汇法，京津、津京、京营、北京乐亭、北京济南、北京九八汇法，各省各种平比较表等。

该书记载了大量金店字号及所出金叶子金饰的成色，书中记载的各省金叶字号有：

广东　何西盛　梁天元　苏元，昌兴　**南和县**　省联珍

云南　和源　德升　李家兴　宝茂记　万益元　世兴　瑞兴

贵州　宝怡丰　熊正大　治平

四川　公顺同　邹元兴　邹聚成　吕元兴　新盛成　天成

重庆　恒记

福建　珍原发　泰泉　天泉

湖南　余太善　常德府　熊天成

湖北　汉天宝　新凤祥　汉镇　陈景兴

江西　天发　豫章

浙江　信远　信源

江苏　**南京**　老万年

上海　方九霞　裘天宝　恒孚　裕丰永　大丰永　同丰　金兴魁　统泰长

陕西　德巨成　新兴　永祥成　永盛元

河南　天泰成

山西　长虹　恒泰信　锦延垒　汇元昌　精金聚　聚盛五

山东　瑞生祥　源成王

奉天　世兴　翠华　中美　益源

直隶　保定　福顺

绥远　永盛王

天津　三义　天成　义涌　天兴　美丰　宝兴　物华　恒利　天宝　物恒

北京　汇泉　丰　乾泰　天丰　庆丰肇　三阳　宝源　会源　天泰　仁昌　震源　凤宝成　宝善　宝恒　全聚　天裕　德裕　震亚

2.《钱神志》。

《钱神志》，清李世熊撰，1 函 7 册，同治十年三月署聚珍板印，又题宁化李元仲先生著。

统为 7 卷。分为灵产、圜法、什一、奢汰、贪冒、冥赂、妖变、恢纲、庆符、明躬、说余等十二项。

该书是一本关于钱的笔记杂说，无图。

3.《古钱拓片》。

为一摺册，分三部分，收钱 41 种，范两种，有庆元通宝及大吴天寺背延祐三年钱。范为五铢范，计六钱。货泉圆范，范上泉六枚，三正三反。

4.《贾沐古钱拓本》。

1 函 5 册。第 1 册所收藏为元明清纸币，如至元通行宝钞贰贯钞版拓本，大明通行宝钞、清咸丰官票，户部宝钞。

第 2 册为铜币，有咸丰元宝宝生、宝直当五百、宝广当千、祺祥重宝合背，海东、三韩重宝，东国圣宝、万年通宝，光绪当十各局大钱，开和通宝，绍武通宝折二楷书，泰常通宝、长年天宝、隆平永宝、宝元元宝背六。

另有厌胜钱、马钱极多。并有五铢钱范、小五铢钱范及圜钱。

第 3 册有小五工钱，天策府宝背银，崇宁通宝折二。崇宁通宝小平钱背四月纹，淳熙通宝背桐二，开禧通宝大钱背上利下折百，圣宋重宝穿上似为"利宜"两字，穿下为"五"。嘉定极多，如嘉定元宝背"利州行使"、嘉定隆宝背"榆十"、大宋元宝背"西三"、绍定元宝背上"泉"下"百惠"。许多钱太离谱。又有端平元宝背上"定伍"下"东上"，背上"定伍"下"北中"，下"北上"，背"利州折十"，大端平当百。嘉熙通宝背上"五"下"西上"，咸淳元宝背上"泉"下"当百"。临安府行用准叁百文省，阜昌元宝小钱与汉兴钱大小相似，阜昌重宝，篆书大元国宝背二龙戏珠，至治元年小钱。元末及大中钱极多，明钱有嘉靖通宝大钱背上"十"右"一两"，崇祯天启钱合背。

第4册为刀币铜镜，其中有数种圜钱，梁布、异型布、齐刀。还有五铢钱背四出四圈，直一合背、王莽五泉十布、太元货泉及太元货泉背五铢，最后以永安一千铁钱收尾。

这是一本金沙俱存的泉拓。

5.《各国钱币拓存》。

1函4册，为各国机制币拓集。

4册中除一册为中国钱外，余为英国、法国、俄国、西班牙、葡萄牙、德国、意大利、日本及阿拉伯国家的机制币拓图。

关于中国钱币的一册有：大清银币一两、北洋机器局、造币总厂、浙江、吉林、安徽、广东、云南造币厂所铸光绪、宣统年号银币，另外还有一些银角。如吉林机器局光绪二十四年五角银币。铜币较少，其中有奉天机器局造光绪元宝及福建都督府造中华元宝，中心"闽"字，背十八星。

书中有一夹纸，上记："考古学会第一室《各国钱币拓存》，1939年3月25日"等字。

另端方辑有《泰西各国金币拓本》1卷，光绪年间拓本，共集17国币，金、银、铜币皆备。

6.《币制问答》和《金币制考》等。

《币制问答》，有光绪三十二时序。书为柯贺壁所记精琦关于中国币制的一些论述，如论中国请美国代办何事、论如何视中国为银国等。

书后有附录，如印度来往他国之货价，起自光绪十五年止于光绪二十八年。

《金币制考》，一名《建设金银货币案》，黄遵楷著，书中有倾向之性质及关系；我国制币制当采用金本位之理由。书中附录有各国币政之经过及其货币法规。

《中国币制得失论》，光绪丁未八月宋寿恒（则久）著，书分为中国用金用银利弊辨、与友人辨铸金书及余论等。

《中国币制与生计问题》，刘冕执著。书中有币制三大问题各议草案，币制筹备年程表，币制委员会第一次大会演说，前度支部币制局议案等，另有附录。大16开，1914年由生计研究所发行。

7. 《议铸铜银元奏折择要》。

抄本。书中云："广西司所编全科各案内有银元铜元两事，已将大概情形简明叙记，兹将议铸银铜元各奏章、创造续办各省分先后，案据择要编辑，以备检查。"

书中条陈银行御史部分有：

王鹏运的 21 个奏折，杨宜治（通参）的 23 个奏折，秦某的 24 个奏折，吴鸿甲的 25 个奏折。

创办续办各省份中记有：广东、湖北（银圆已铸，章程尚未送到，俟编）、浙江、两江、吉林、安徽、福建、四川、陕甘、山西计 10 省的铸造银圆、铜圆档案资料。

8. 《江于九先生手拓泉币录》。

1 函 2 册。书中泉拓并非真拓，而是一汪姓人手摹本。江于九即江恂，该书序言中言光绪四年时观原本，故此摹本当为光绪四年后所为。原拓本中有乾隆二年袁枚作的序。

摹本将原拓本中的吉语、异钱、厌胜钱均汰除掉，但错误极多，如将楚铜贝归于神农等不一而论。另收有一开元通宝背"陕"钱，不知何时之物。

书中收明崇祯钱有：背穿上"局"，背穿下"捌"，背穿上"应""广""新""严""季"，穿上下"清忠"二字。

原拓另有童二树所收藏泉币拓图，均江恂手拓并加以注释，有利用通宝穿上"贵"字及洪化穿右"户"等。

9. 《战时钞票概论》等。

1947 年 5 月 20 日初版，为中国纸币集藏会研究丝书之一，崔显堂著，钱万能助编，书中主要记述了伪"满洲中央银行"、伪"冀东银行"、伪"中国联合准备银行"、伪"察南银行"、伪"蒙疆银行"、伪"华兴商业银行"、伪"中央储备银行"的一般情况及钞票简介，仅十数页。

民国年间还有下列关于纸币的书：

沈久道著：《纸币图说》。

龚冠华著：《中国纸币史》，作者 1928 年自刊。

区季鸾著：《广东纸币史》，国立中山大学经济调查处 1945 年版。

10. 《月旦众评泉谱》。

日本钱币收藏组织举行集会时的钱拓集，标有"明治十二年八月廿日两国可爱楼二广会，建庆堂、催主、宇都宫寿纲"的字样。

钱谱中较珍贵的拓本为：永乐通宝金币，银币；至正之宝吉权钞伍分，大定通宝背申，洪武小平背广。

其中丁丑六月廿二记有出品廿十八品催主鬼头久吉，内有一枚绍圣雕母，极美。

共集有 23 次集会时的泉拓。

11. 《近代泉币拓本》。

前有民国时期金融家徐寄庼序言，记于 1934 年 2 月。

拓本为上下两册，计分（甲）金类，计 11 种，（乙）银币 81—11 种，（丙）银辅币为 157—81 种，（丁），铜辅币 218—157 种，（戊）太平天国币 219—218 种，（己）墨西哥币一种。（庚）青岛辅币 1 种。（辛）伪政权辅币。

全书共收有钱币 225 种。

12. 《杂板图录》。

书中记载了 1935 年浙江地区金姓布贩为找零方便，而铸造了"天下为公"，背"拾分壹角"及带有"金"字印记的铅币。

当时江南地区民间私制辅币的情况普遍。

13. 《古钱拓片》。

1 函 3 册，3 册大小不一。第 1 册的钱及钱范拓片共 26 件，钱范拓本共 5 件。有永通万国背龟及七星正反三范，范背有："大象元年 XX 甲辰监铸永通万国钱范"等。钱有天基万胜大厌胜钱，乾封泉宝背福德长寿，至正通宝下三，宝永通宝小钱，至顺壬申等。

第 2 册收有钱拓 54 件，为布币及方孔钱，均为常品。

第 3 册收钱拓本 35 件，为空首布、圜钱。

《古钱拓片》2 包，计 576 张，上有清代大钱币家杨继震印章的 463 张。

第 1 包有齐刀拓本 110 张，各种布币拓本 46 张，另有郑氏收藏的印章和齐刀拓本 207 张。

第 2 包杨继震手拓 63 张，有丁丑章者 54 张，燕刀 43 张，半两、齐刀 32 张，直刀 48 张及部分齐刀拓片。

14.《得莽货记》。

方若，字药雨，浙江定海人，生于同治八年（1868），新中国成立后卒于天津，富于钱币收藏，是清末民初天津最有影响的钱币收藏家之一。

方若一生著述很多，1925 年出版了《言钱别录》2 卷，《言钱补录》1 卷。1925 年时，他还印了 40 余部《药雨古化杂》收有珍贵钱币 101 枚，是书一日而尽，册至百金。

《得莽货记》是他收藏王莽钱币的一本专集，有他收藏莽钱的经过，六泉十布的拓本，此外还有饼钱、楚连钱的拓图。此书 1 册 1 函，并有方若的小照。

15.《历代钱法备考》。

一部关于历代钱法的稿本，收藏于中国科学院图书馆。

16.《刘燕庭藏泉目录》

刘喜海（1793—1852）字燕庭，号嘉荫簃，清代著名收藏家和钱币学者。

刘氏著述颇丰，其著有《古泉苑》，又称《古泉苑目录》，计 101 卷，集当时诸家拓本之大成，灿如星河，惜无注释。1929 年时神州国光社刊行过他的《新莽货币范》一书，刘氏传世名著为《嘉荫簃论泉绝句》，以诗论泉达 200 首，为"论泉之创格"。

刘氏精于泉学，现在许多图书馆都收藏有他读达和注释达的钱币学的书，如北京图书馆就收藏有他手校的张端木的《钱录》和刘氏手抄并跋的华玉清的《钱币考》。

中国科学院图书馆现存有他所收藏的《历代钟官图经》，上有他对此书的评论："是书第一刀布有图，绘画未能精确，所收黄帝金刀、齐太公刀、斋旧化三种仍承误袭谬，少解卓识，至于大明为洪武所铸，天佑通宝即一归入唐哀宗，又归于元末张士诚，又列外国大理　正明，殊失考订，自相矛盾。"由此可见他对泉学的认真。

《东武刘喜海藏泉目录》，小六十四开本，四周双道，白口，后有庚午（民国十九年）朱彭寿的题识，为刘氏的收藏目录，可见刘氏收藏之丰，我们仅以周元、靖康、天启、崇祯钱为例：

周元通宝：幕无文 3 枚，穿上星 3，下星 3，左星 1，右星 1。穿右月

2，穿左月 2，穿左下月 2，穿右上月 2，穿上月下星 3 枚，穿上宝 1 攻。幕有星官 1 枚，幕有龙凤 1 枚，薄小无文者 2 枚，大钱幕右户左四两 1 枚。

靖康钱：靖康元宝当二正书，靖康通宝铁小平正书 2 枚，靖康重宝幕穿上谷 1 枚。

天启钱：幕无文，穿下星，穿上星，穿上户穿上工，穿下工，穿上密，穿下云，穿上院，穿上镇，穿右奉上旨，穿上新右一钱，穿左一钱。此外极多。

崇祯钱：穿上户，穿下户下，穿上户下二，穿右户左一，穿右二左户，穿下工，穿上星下工，空上下下二，穿上星下圈、下圈中有星，穿上官，穿上官下月，穿上局，穿上府，上府下星，穿上重左上星，一重穿下星，穿上兵，穿下江，穿上沪，上星下沪，穿上季/下季，穿下共，穿上广，穿上应，穿上新，穿上旧，穿上嘉，穿上星下加，上加，穿上忠，穿上贵，穿下青，穿下捌，穿上榆，穿上甲，穿上乙，上丙，上己，穿上一下分，穿右奉上制，穿上太下平，穿上清下忠，穿下马形，崇祯当三钱：穿上星，穿右一，穿右二，崇祯当五钱：穿右户左五，穿右监左五。崇祯当十钱。以上各一二枚不等。

17.《中国历代钱币考》。

计 22 篇，徐培德撰，于 1943 年完稿，手、稿本。装 3 函。

这部手稿书面题 22 编，实际上仅 21 篇，装为 21 册。

目录为：第 1 册，第一编，贝货。第 2 编布货，空首布。

第 2 册：第 2 编之续，尖足布，方足布，圆足布。

第 3 册：刀货，尖首刀，圆首刀，直刀，齐刀，明刀，第 4 编，古圜货。

第 4 册：第 5 编，秦钱。

第 5 册：第 6 编，两汉钱。

第 6 册：第 7 编，王莽钱。

第 7 册：第 8 编，东汉钱；第 9 编，三国钱。

第 8 册：第 10 编，晋钱及十六国钱。

第 9 册：第 11 编，现北朝钱。

第 10 册：第 12 编，唐钱。

第 11 册：第 13 编，五代钱；第 14 编，十国钱。

第 12 册：第 15 编，北宋钱。

第 13 册：第 16 编，南宋钱。

第 14 册：第 17 编，辽钱。第 18 编，金钱，第 19 编，元钱。

第 15 册：第 20 编，明钱。

第 16 册：第 21 编，清钱。

每编下均有详目，如第 21 编清钱的详目为：甲，清之立国始末及其纪元年号，乙，外法概述，丙，钱之种类，下列天命通宝，天聪通宝，顺治通宝，康熙通宝，雍正通宝，乾隆通宝，嘉庆通宝，道光通宝，咸丰通、重、元宝，祺祥通、重宝，同治通、重宝，光绪通、重宝及铜元银币，宣统通宝及铜元银币。

作者指出了其书中强于先人的十几处，序言中说他在伪中国联合准备银行供职时，行长汪时璟给了他数十几种钱谱，让他写一本关于中国货币史的书，后来这些文字又让墨划去，改为："馆于北京某氏居停主人"，由此可知该书为抗日战争胜利后流入书肆的，此书写了三年，无图。

18.《万年图宝》。

乾隆皇帝爱附风雅，乾隆年间考据学大兴，文人墨客多喜古钱，乾隆帝也不甘寂寞，敕命梁诗等人纂辑《钦定钱录》。

《钦定钱录》16 卷，是我国历史上第一部官修钱币图录，书中收钱 567 枚，但除将汉兴钱归入李寿外，其余均照录前代钱谱，如《洪遵泉志》，且考据不精，对前人失误之处未加详察。该书由于是钦定，因而除大量的各种版本外，还在《西清古鉴》、《四库全书》、《墨海金壶》、《丛书集成初编》等丛书中。

据《清稗类钞》记载，清宫中还藏有《万年图宝》一大册，绘历代钱币，以金碧色摹画逼肖，原器自伏羲帝昊以至乾隆制钱，其间经过的钱币，均画了下来，而且下面还有这种钱币的沿革，由此可知该书和钱录没有什么太大的区别，但是该书的图案却是彩色的，不知今日故宫还有收藏否？

19.《鹰洋图式》等三书。

自明代银圆传入中国后，假银圆就成为人们日常生活接触的一个大问题，特别是钱庄、银行的伙计，更是应该掌握这一门"学问"，这样，一些鉴别银圆的书应运而生。

《鹰洋图式》，64 开本，木版印，成书当在清代，无著者姓名，该书主要介绍了鉴别鹰洋的方法，并对一些假洋的制造方法进行了分析，附有图片。该书总结出了看银圆的办法为：一看板子，二察神色，三观花纹，四阅边道，五听声音，六审轻重。

《银洋精论》，又叫《新刻银洋精论发秘》，光绪七年（1881）是亦轩藏版，是一部鉴别鹰洋及碎银的书，卷一有各种银图式及番国杂样银名略；卷二记银圆上花纹数字；卷三专记做伪手法，如入白、水铅、尺铅、坐铅等，最后则论碎银总略。

《银元鉴别法》，刘文书著，1925 年大东书局印行，书分 10 章，为绪言、练习、音别、形式、版名、废币、伪币、伪币制造法，支元之种类（内分 6 节，计分广东、湖北、江南、造币厂、北洋、大清银币），杂币。

20.《银洋珠宝谱》。

该书不分卷，抄本，一页六行二十安，1 册。据王重民先生《中国善本书提要》介绍：是书所载，皆以各类商人经验中得来，杂凑成书，不著撰人姓名，银指碎银或银制之物，洋指银元。全书分为六节，一首饰论；二看本洋版式；三估看鹰洋法；四银经发秘；五论珠；六看金铢决。

此书应为清代抄本。

21.《白描钱帖册子》。

清平步青（1832—1896）所著之《霞外捃屑》一书，收有徐天池的白描钱帖册子。

文中说，徐天池的画多是水墨大幅，因而假画甚多，但是他的白描册子却没有人见过，但是有人见过他画的钱帖子，上面从半钱到万万钱一共有五十八枚，每帖用素纸，宽三寸许，长三之，杂引周秦史策及唐宋名人诗句中涉及钱的。其中还说民间管钱叫板儿。

22.《古泉谱》。

《古泉谱》为照片集，是一部历代钱币的相册。无收藏人的姓名，所收钱币极精，图像清楚，技术高超，为清末民国之物。

谱按时分排，每帧照片上标有时代，细目为：

周泉 1 帧实为圜钱，内为东周、西周及齐国圜钱。

列国泉 1 帧为圜钱。

列国化一至九 9 帧皆为齐三字刀。

列国化十至十一 2 帧为即墨五字刀。

列国化十二 1 帧为针首刀。

列国化十三至十五 3 帧尖首刀。

列国化十六 1 帧晋小直刀。

列国化十七 1 帧明刀。

列国化二十至二十一 1 帧赵直刀。

列国化二十二至二十三 2 帧空首布。

列国化二十四至三十二 7 帧小方足布。

列国化三十三至三十六 4 帧尖足布。

列国化三十七至三十九 3 帧大方足布。

秦泉 1 帧内有第四钱。

西汉泉 6 帧。

东汉泉 2 帧上有批注 "废，此有错入梁泉，应重照之"，此帧有大泉
五铢。

新莽泉并公孙述铁泉为 1 帧。

蜀汉泉并东吴钱为 1 帧。

东吴钱并晋沈郎泉/赵石勒泉为 1 帧。

前蜀王建王衍并后蜀孟昶为 1 帧。

陈泉并后魏泉为 1 帧。

汉李寿前凉张轨北凉沮渠蒙逊泉（实为永安一百）、宋泉（孝建四
铢）为 1 帧。

南汉刘龚泉并南唐李景泉为 1 帧。

南唐李景泉并闽王王审知泉为 1 帧。

南唐李景泉为 1 帧。

北周泉与隋泉为 1 帧。

唐泉 5 帧。

北宋铁钱 12 帧。

南宋铁钱 6 帧。

南宋钱 6 帧。

西夏钱 1 帧。

辽泉 1 帧。

辽泉并伪齐刘豫泉为 1 帧。

金泉 2 帧。

元泉 2 帧。

明泉 10 帧。

明末李自成、张献忠及清满文泉为 1 帧。

明末鲁王泉、福王泉、唐王泉、永明王泉为 1 帧。

明末永明王泉为 1 帧。

吴三桂及子泉耿精忠泉为 1 帧。

孙可望泉与吴三桂子泉为 1 帧。

另还有三化 6 帧，内有三孔布、桥足布、圆首布等。

谱中有许多珍贵钱币。

23. 《真假钞票备查录》。

民国时期假钞众多，该书是商务印书馆《实务丛书》中的一种，郑世贤编，新业书局于 1940 年 11 月初版。

书中分写了：在前面的几句话，假钞票的种类及其鉴别方法，四行公布鉴别伪钞方法，各银行钞票真伪鉴别等。

其中以各银行钞票真伪鉴别内容最为丰富，这一部分分为：一，中央银行钞票；二，中国银行钞票；三，交通银行钞票；四，中国农民银行钞票；五，八行杂钞；六，外埠钞票与停兑钞票。

书的表格内容分票面、印制时间、承印公司、图案颜色、有无伪券、真伪鉴别与特点，有无改券，附注等。

24. 《泉斋集钞》。

为中央银行钞集，1 册，8 开。首页为"中华四年荷月上浣刘廷俊题"［钱钞汇考］四字。收藏者为刘文清，刘廷俊为其叔，其叔告诉文清有奎星华者喜收藏纸币，引起刘文清的兴趣，开始收藏中央银行的纸币。

该钞集似曾将旧中央银行纸币收起，后又遗失。

集中有中华书局印制的中央银行 10、20、50 枚铜元票改为陕省境内通用法币辅币及加盖四川省通用法币辅币；中央银行青岛分行银元券，长沙湘鄂公司印制的中央银行临时兑换券。美国钞票公司印制的四川兑换券，1944 年英国华德路公司印制的 100 元券，1947 年德纳罗印钞公司负责印制的关金 5000 元。1948 年中央印制厂印制的关金 25 万元，1945 年保安公司印制的 5 元券，后改为金圆券，另有四川省银行改中国农民银行券等。

25.《贩书偶记》。

孙殿起的《贩书偶记》一书，记载了一些钱币珍善本：

《泉文》，无卷数，乾隆甲寅七月钱塘黄易藏，拓本，首有鲍康序。

《论泉绝句》，刘喜海撰，道光年间刻本。

《选青小笺》10 卷，许元恺撰，道光二十四年甲辰剪雨楼刊。

《红藕花轩泉品》8 卷，马国翰撰，同治年间刊本。

《驾云螭室论泉诗》，不分卷，周文禾撰，搞本，殊墨格，版心刊居易书室四字。

《巽斋所藏钱录》12 卷，费锡申编辑，光绪十六年春月刊。

孙殿起《贩书偶记续编》中也记载了一些稀见泉书：

《续古今泉志》1 卷，补遗 1 卷，附录 1 卷，附历朝建元 1 卷，清海上韩溥辑，稿本，首有乾隆年间张克昌序，次小引，后有乾隆年间自序。

《便览宝泉志》1 卷，清新安小谪仙手订，道光年间花隐香巢刊。

《潘氏泉谱》，无卷数，清人潘某撰，稿本墨拓。

《古泉拓存》1 卷，清元和江标辑。

26.《金石名著汇目》。

书为尹嘉平刊于都门，北平藏版，高唐田士懿辑录，另有《续金石名著汇目》1 卷，所记稀见泉书为：

《新莽泉刀二品考》，徐同柏。《泉谱》，方履篯。《恒轩吉金录》无卷数，吴大澂。

《钱志》2 卷，钱东垣。《泉史》，盛大士。《古泉述记》，金锡鬯。《古泉待访访录》2 卷，钱侗。《列代钱币图考》20 卷，钱侗。《泉谱》，马昂。《货币所藏录》8 卷，董文杰。《晋泉汇录》1 卷，王炜。《留余堂古泉存》2 卷，夏之盛。《新泉精舍古泉备考》2 卷，王希祖。《泉谱》，李宗植。

27.《金石书目》

书为黄立猷著，1926 年沔阳黄氏万碑馆印。该书所记钱币学著作 48 种，其中稀见书有：

《广钱谱》2 卷，清张世延著，昭代丝书本。《钱录》16 卷，日本铜版大字本和内府刻本。《古今钱图》30 卷，清严可均抄本。《列代钱币图考》20 卷，清吕诠孙著，吕氏自刻本。《方氏钱谱》，清方嵩年著，金锡鬯《晴韵馆古泉述记本》。《续泉志》8 卷，宋振誉著。《古今录》4 卷，万光炜著。金锡鬯晴韵馆古泉述记本。《续泉志续补》不分卷，宋庆凝著。《古钱考》4 卷，清金忠淳著。金锡鬯晴韵馆古泉述记本。《江氏钱谱不分卷》，清江德量著。《泉志校误》4 卷，清金嘉采著，西泠印社印本。《泉志辨误》补遗 2 卷，清瞿秩著，抄本。《泉币萃珍》，清王锡著，王氏自刻本。《古钱存》2 卷，清夏之盛抄本。《货币所藏录》8 卷，清董文杰抄本。《琴趣轩钱谱》1 卷，清黄灼黄氏拓本。《古泉薮》，杨守敬著，杨氏自拓本。

28. 《古书经眼录》

雷梦水的《古书经眼录》收有泉书：《宜泉古泉拓本》，原拓本，钤有"鲍康读过""石查过眼""福山王氏正儒藏书"。《古钱考》金砚云的原拓底稿，起秦迄明，后附杂品，伪品，外国三部分。《货币丛考》1 卷，清宗室盛昱考藏钩拓本。《古今泉布拓本》12 卷，民国十一年冯耿光辑，原订 12 册。

29. 泉书杂记。

容媛辑的《金石书录目补编》记有下列泉书：《绿庄严馆古泉拓》24 卷，清孟志清藏采，孙铮藏拓本。《古今泉币拓本》6 册，清鲍康旧藏，有民国十一年（1922）金融家冯耿光序言。

容庚所著《金石书录目》记有：《谈泉杂录》5 卷，高焕文辑，民国二十二年石印本。《古泉品真》6 卷，王希杰辑，光绪十八年原稿本。《清宁馆古泉丛话》，张可中著。《铜元集》，24 册，凌瑕著。

陈准校的《癖好堂收藏金石小学书目》记有泉书：《刀布释文》1 册，金家禾自序，稿本 15 篇。《凌寒竹轩钱布录》2 卷，江恂著。《春草堂钱式图》4 卷，谢堃自序春草堂丛书本。《顾氏藏　古泉略释》18 卷，金家禾自序稿本。

30. 北京大学收藏有：《古泉品真》，清王希杰撰，光绪十六年精抄、拓本。《泉景》四卷，关百益辑，1926 年开封关氏益斋拓本。《泉选》，西城中学拓本。《古泉拓本》，石查手拓。《退庵钱谱》8 卷，清夏荃撰，清抄本 3 册。《北大李氏书目》中还记有：《古钱目》1 卷，清龚斋行撰，抄本。《萧萧斋古钱录》8 卷，方嵩年撰，清乾隆年间刻本。《万峰草堂自藏古泉拓本》16 卷，翁树培撰，稿本。《历代古泉谱》1 卷，清抄本 1 册。

北京师范大学收藏有：《东湖饶氏所藏古泉拓本》2 册，饶孝初收藏。叶德辉《古泉杂咏》4 卷，光绪二十七年刻本。

东北师大收藏有：民国七年冯云鹏著：《古今泉谱》4 册 1 函，上海千倾堂书局石刻本。《宫钱别录》2 卷补录 1 卷，方若著，民国七年版，2 册 1 函。《新莽货币记》刘燕庭著，民国十八年神州国光社影印。《遗箧录》秦宝瓒著，八卷，光绪二十九年木版本，4 册 1 函。《古泉源流》，霍志明 1919 年铅印本。《古泉对照表》，刘钟奇编，1929 年石印本。1 册 1 函。

江苏省图书馆收藏有：《吉金屑》，不分卷，铁兰室拓本，4 册。《古泉玉品》，不分卷，陈邦福拓本。

天津人民图书馆收藏有：《大清一统古泉题诗》，1 册，金梁辑，稿本。《近代币见闻偶录》，民国二十七年（1938）抄本，记叙了近代金银铜币的铸造史和稀见币文字花纹。

上海图书馆收藏有：清吴均撰的《选钱斋笔计》15 卷，续记 3 卷，乾隆年间吴氏玉连环室写定稿本。

南开大学收藏有《新莽货币范》，为刘燕庭藏，1929 年神州国光社出版。《古泉拓本》，王廉生收藏拓本 1 册，南开大学特藏。《古泉拓本》，不著编者，南开大学特藏。《古泉拓本》，方地山鉴定，贴缀本，1 册，南开大学特藏。《天津缪氏藏泉》，缪氏铁如意斋藏，2 册，南开大学特藏。《孝建四铢拓本》，丁福保辑，1934 年影印本。《泉志精华录》，丁福保拓，宋洪遵原书节编，1936 年医学书局石印本。《古钱价格年鉴》，日本冈田弥太郎著于昭和十年（1935）本。《春晖堂偶录》，无著者姓名，原藏于南开大学，抄本，1 册，内有钱法考、附钞法等。

台北故宫博物院收藏有：《激飞青阁钱谱》，杨守敬拓摹。

西北大学收藏有：光绪年间吴实秋著《钱谱》。丁福保著《景印六泉十布拓本杂记》。《古钱价格表》日本人著。

中国科学院图书馆收藏有：《惜分阴齐币泉拓存》，鄂礼辑，1 函

4 册。

31. 知见日本泉书。

日本对于中国钱币及本国钱币素有研究，钱币学著述也很多。

天津师范学院收藏有：《货币精图》，德能良介著。

北京大学收藏有：《和汉泉证》9 卷，芳川维坚编，宽政五年（1795）刻本。

《北大李氏书目》记有：《泉货》20 卷，打木昌纲撰，宽政年间刻本。《再撰金银钱谱》2 卷，附录 1 卷，续编 1 卷，丸田知至撰，抄本。

杭州大学收藏有：《金谱》，福园主义编，日本刻本 1 册。《东亚钱志》奥平昌洪著，1938 年发行，上下 2 函，18 卷。《东洋钱年表》，游仙堂出。《草间直方三货图记》，日本泉书。《昭和钱谱》，平尾聚泉著，始刊于昭和六年，后又多有增加，另还有《宋泉谱》一书。《古泉大全》，今井贞吉著，明治十八年成书，收图 18854 幅。《新订北宋符合泉志》，青宝楼小川浩著。《化蝶类苑》，前田正甫著，元禄时人，相当于清康熙年间。《弄钱奇鉴》，福知山城主朽木龟桥公著，宽政时人。《对钱谱前集》、《对钱谱后集》，江户北效大文字楼主田元成著，文化十一、十二（1814—1815）年刊行，主研宋钱。《喜寿纪念钱谱》，昭和四十八年（1973）年版。小川浩为日本钱币学家，著有《东洋古钱鉴》、《古钱价格图谱》、《日本货币图史》、《改订宽永通宝钱谱》、《新订天保钱图》、《新订北宋符合泉志》、《日本货币变迁史》等。《符合泉志》，山田孔章著，1927 年初版。《弄泉奇鉴》，彩云堂出，集宋钱。《对泉谱》2 编，东都文字楼出，集宋钱。《符合泉鉴识索引》，大下武泉堂出。

西北大学收藏有：《田中会长在任二十年祝贺泉谱》、《冈田悼翁泉谱》。

32. 《银币古钱拓本》。

为大横本银币拓片集，计 44 页，其中有许多值提深究之品。

如第一页有"道光八年扬威将军征回守城足色饷银"，与一般银元大小相近。

33. 《历代钱法考》。

稿本，首页题《钱制纪略》及光绪乙未年孟春钱塘唐震署签。其目录为：

卷上：总论，古刀布币（刀币），秦正品，两汉正品，两汉伪品（新莽），东汉正品，东汉伪品（公孙述）。蜀汉正品，魏吴，晋正品，晋伪品。

卷下：宋正品，梁正品，陈正品，六朝附品（北魏、北齐、北周），隋正品，隋附杂品，唐正品，唐伪品（史思明），五代正品（后唐/后晋、后周），五代伪品（南唐/前蜀、后蜀、南汉、楚、闽、吴、刘守光、）北宋正品，南宋品，宋伪品（辽、金、西夏、刘豫），元正品（附钞），元伪品（徐寿辉/陈友谅、张士诚、韩林儿、明玉珍），明正品，明伪品（李自成、张献忠、孙可望、吴三桂、吴世藩、耿精忠），明附品（福王、唐王、永明王），外国品，不知年代品，金银钱。

总论中钱说杂录，辑多书论钱，将圜钱、布刀系之于神农，钱图为手摹，并收有"四 X 宜子宜男"圜钱，书中称之为实厌胜诸品之祖；另有大泉五十背文为"予人大利宜子孙十月十日中时作"。

该书将凉造新泉系之于张轨。

34.《百二元泉拓本》。

为于泽山集，缪继珊收藏，有刘大同序并注，石拓本。

该书收录了于泽山花了几万元收藏的元代钱币，有方地山等人的序言，并注文，有共和三十年序一篇。

元钱钱谱少见，书中收录了大量元代的钱币，且有不少元代的寺庙钱，如"真定获香，青旗小社"，另收录有大量元钱。

如：面至元背天下太平、至元戊寅、至元通宝半分、元贞通宝铜、银钱、大德通宝当十型，另有小平多种并有银钱，延祐元宝、通宝至治元年、元宝、通宝、至顺元年、皇庆元宝、泰定元宝、天历元宝、元统元宝、至顺多种小字甚多，大朝通宝、中统元宝，等等。

寺庙钱：普庆寺宝、大觉寺宝、宝天之宝、至和元宝、东岳大生、东岳献香、北岳神前、承华普庆、穆清铜宝。

35.《估币法》。

施伯珩著，中华民国十四年初版，上海商业珠算学社出版。内容：第一章：绪论；第二章：国币之沿革概论；第三章：鹰洋之由来；第四章：估看要诀，第一节：看神色、第二节：听声音、第三节：观花纹、第四节：察边面、第五节：阅边道、第六节：审年份；第五章：辨别真伪，第

一节：形铜实银之银元、第二节：形银实铜之银圆、第三节：国币发见民
三之伪造币；第六章：版之种类，第一节：国币之版名及其其伪造币、第
二节：国币之版名及其伪造币。附一：中国货币表，附二、附三：宁厂铸
造国币之程序概略，附四：宁厂银元成色公开化验报告。

（台湾《宣和币钞》，2001 年第 3 期）

清代货币研究综述

一　清代货币研究的历史和发展趋势

清代货币的研究，从清末民初开始经历了以下几个阶段。

（一）20 世纪前半叶的研究状况及特点

20 世纪前半叶对于清代货币的研究主要是汇集了一批清代货币的资料，出版了一批通史性的货币史专著，从而显示出人们对清代货币问题与社会发展问题的关注。

陈度的《中国近代币制问题汇编》（1931 年作者自刊），分为币制、银圆、银两、辅币、造币厂、纸币六类，资料来源十分广泛。

这一时期出版了一批货币史的专著，如刘映岚《中国货币沿革史》（东京砥斋 1911 年版），章宗元《中国泉币沿革》（北京经济学会 1915 年版），张家骧《中华币制史》（民国大学 1925 年初版），侯厚培《中国币制史》（上海世界书局 1929 年版），戴铭礼《中国货币史》（商务印书馆 1934 版），吉田雄虎著、周伯棣译《中国货币史纲》（中华书局 1934 年版），朱偰《中国信用纸币发展史》（重庆中国文化服务社 1943 年版），李骏耀《中国纸币发行史》（中国银行经济研究处 1944 年版），耿爱德（E. Kann）《中国货币论》（商务印书馆 1929 年版），金国宝《中国币制问题》（商务印书馆 1928 年版）。其中以张家骧和耿爱德的著作较有影响。也有一些较深入研究清代货币专题性的论述，如余捷琼《1700—1937 年中国银货输出入的一个估计》（国立中央研究院社会科学研究所丛刊第十五种，1940 年版），首次系统研究了白银流入的历史和数量。此外国内还出版了一些英文著作，如：Srinivas R. Wagel, "Finance in China",

North-china Daily News & Herald, ltd. shanghai, 1914. Srinivas R. Wagel, Chinese Currency and Banking, North-china daily news & herald, ltd. shanghai, 1915. L. Y. Shen, *China currency reform*：*A Historical survey*, The mercury press, shanghai, 1941。

国外也有一些研究成果，诸如 Wen Pin Wei, *The Currency Problem in China*, Columbia university 1914. Frederic E. lee, *Currency, Banking, and Finance in China*, Garland Publishing, Inc., 1932. Frank m. tamagna, *Banking and Finance in China*, International secretariat Institute of pacific relations publications office, New York, 1942。日本佐野善作著有《清国货币问题》和《沪汉金融机关》（合称《清国货币问题、沪汉金融机关调查报告》，东京高等商业学校 1905 年版），但仅仅是一般性的介绍，甚为简略，只有对上海和汉口各票号、钱庄的记述具有参考价值。清水孙秉的《清国货币论》（东京富山房 1911 年版），在早期研究清代货币制度的著作中值得重视。该书对晚清的货币制度、货币种类、票号、钱庄、钱铺、大清户部银行、通商银行、外国在华银行等都有述说。而且，清水氏在北京生活了两年多时间，除博采典籍文献外，又辅以调查，因而该书称得上是力作。根岸佶的《中国货币改革论》（东京支那经济学会 1919 年版），除了一般性地介绍货币种类、货币单位、银两换算外，重点在于探讨晚清至民国初年的币制改革。井村薰雄的《中国的金融与货币》（1924 年版）及《中国的货币与度量衡》（东京大阪屋号书店 1926 年版）对晚清至民国年间的银行、货币、度量衡等问题有系统的研究。吉田虎雄的《中国货币研究》（山口市东亚经济研究会 1933 年版），具有通史性质，但详于清朝及民国，其中在"币制改革"一章中，对晚清的币制改革计划有细致的讨论。根岸佶、越智元治的《中国及满洲的通货及币制改革》（东亚同文会 1937 年版），以研究民国年间的货币为主，但对清代的银两制度、铜钱制度、纸币等都有所叙述。宫下忠雄的《中国货币制度论》（大阪宝文馆 1938 年版）和《中国银行制度论》（东京岩松堂书店 1941 年版，此书有汉译本在台湾出版）也值得注意，宫下氏的这两部著作虽然都是以民国年间为研究时段，但对晚清时期也有论述，特别是后一部著作，对晚清的银行业发展及纸币法规等的叙述较为细致，所示列的 78 个统计表，如"历年开设支那银行年别统计（1896—1937）"、"萌芽时期支那银行设

立年别统计（1896—1911）"、"外国银行各年设立表（1857—1925）"、
"历年开设全国分支行推算（1896—1936）"、"外国银行的对华投资
（1874—1925）"等，颇具价值。

论文方面则有汤象龙的《道光时期的银贵问题》（《社会科学杂志》
1930 年 1 卷 3 期），《咸丰朝的货币》（《中国近代经济史研究集刊》1933
年 1 卷 2 期），梁启超的《各省滥铸铜元小史》（《饮冰室合集》21，中华
书局 1936 年版），谭彼岸的《王茂荫与咸丰时代的新货币制》（《中国社
会经济史研究集刊》1939 年 6 卷 1 期）、《清中叶之货币改革运动》（《说
文月刊》1944 年 4 卷），傅镜冰的《明清两代外银输入中国考》（《中行
月刊》1933 年 7 卷 6 期），魏建猷的《清代外国银元之流入及其影响》
（《东方杂志》1945 年 41 卷 18 号），均为货币金融方面的代表作。

这一时期出版的多为通史性或资料性著作，对清代货币的问题论述相
对简单，多为对清代特别是晚清时期货币的描叙，有深度的研究较少，但
是国外出版的著述不乏新的视角和材料。

（二）20 世纪 50 年代—70 年代的研究状况及特点

1949 年中华人民共和国建立，提供了历史研究的新视角和理论方法，
学者们力求运用马克思主义理论方法研究历史，基于前人研究的基础，这
一时期的研究特点是研究领域更加宽阔深入，一些研究为日后研究清代货
币史打下了基础。

这一时期相关清代货币史的专著主要有三部，第一部是彭信威先生
50 年代出版的《中国货币史》，这是一部在中国货币史研究领域极有影响
的著作，书中对货币与物价的关系论述极为出色。第二部是 1962 年生
活·读书·新知三联书店出版的杨端六先生的《清代货币金融史稿》，该
书汇编资料丰富，体例编排科学。第三部是魏建猷著《中国近代货币
史》，群联出版社 1955 年版，为近代货币史的开山之作，该书对晚清货币
制度分门别类，论述得当。值得关注的还有中国人民银行参事室编辑的
《中国近代货币史资料》上下册（中华书局 1964 年版），以档案资料为
主，辅以其他官书、报刊，极具史料价值。

此外日本学者宫下忠雄所著的《中国币制的特殊研究——近代中国
银两制度の研究》（日本学术振兴会刊，1953 年版），则是目前为止国内
外学术界出版较早的一部关于中国银两制度史的专著。加藤繁的《咸丰

朝的货币》(《支那经济史考证》,东洋文库 1953 年版)也是有代表性的
论文。此外还有一些相关具体货币的文章发表,如罗尔纲《清代流行的
外国银元及最初自铸造的银元》,《历史研究》1956 年第 4 期,郭沫若也
发表了关于郑成功银圆的系列文章。

(三) 20 世纪 80 年代以来的研究状况和特点

党的十一届三中全会以来,改革开放进入了新时期,中国迎来了社会
科学发展的春天,清代货币钱法的研究也进入了新阶段,这一时期的清代
货币史研究呈现出以下几个特点。一是专题研究进一步深入,出现了一批
高水平的专著和论文,区域性研究成果大量涌现。二是出版了一系列前人
未见的新的资料;三是随着钱币学研究的开展和深入,加深了清代货币史
研究的深度和广度。四是随着改革开放的深入发展,国内外学术交流加
强,国内学者对于海外研究成果日益了解,中国经济发展的成就也使国外
学者强化对中国经济史的研究,其中不乏清代货币史的研究。

这一时期的代表性研究专著有:彭泽益先生的《十九世纪后半期的
中国财政与经济》(人民出版社 1983 年版),其中内容大量涉及咸丰年间
清代的货币问题,研究深入,颇有创建。戴建兵的《中国近代纸币——
近代官银钱号纸币简史》(中国金融出版社 1991 年版),专论晚清地方纸
币制度。穆渊先生在新疆大学出版社 1994 出版了《清代新疆货币史》,
是一部清代新疆地区货币的专著。戴建兵的《中国钱票》(中华书局 2001
年版),是国内第一部论述清代民间纸币的专著。此外关于银钱变动代表
的著作有:陈昭南著《雍正乾隆年间的银钱比价变动 (1723—95)》(台
湾中国学术著作奖助委员会 1966 年版),这是研究清代前期银钱比价变动
的代表性著作。关于晚清部分则有王宏斌的《晚清货币比价研究》(河南
大学出版社 1990 年版)。

一些通史性的经济史著作也涉及清代货币,如方行、经君健、魏金玉
主编《中国经济通史·清代经济卷》上、中、下三册(经济日报出版社
2000 年版);孙健主编《中国经济发展通史》3 册(中国人民大学出版社
2000 年版);刘克祥、陈争平著《中国经济史简编》(浙江人民出版社
2001 年版)。叶世昌《中国古近代金融史》(复旦大学出版社 2001 年
版),《中国金融通史》第 1 卷(中国金融出版社 2002 年版),其中对于
清代货币均有论述。此外还出版了大量的货币史专著,如千家驹等著

《中国货币史纲要》（上海人民出版社 1986 年版）；萧清编著《中国近代货币金融简史》（山西人民出版社 1990 年版）；石毓符著《中国货币金融史略》（天津人民出版社 1984 年版）。这些著述均有相关部分涉及清代货币史，但对于清代整体货币发展而言，仅述及清代前中期或晚期，至今还没有一部通史性的著作。

80 年代中后期开始，各地积极开修地方志，现在已有湖南、山东、河北、浙江、四川、天津、北京等地的金融志出版，有一些新的史料发现。特别是一些具有地域特色的货币制度研究，使清代货币史的内容更加丰富多彩。此外一些地方性的货币史著作的问世也提供了一些材料和新的研究线索，如秦子卿主编《江苏货币史》（南京大学出版社 1992 年版）、张通宝著《湖北地方货币史》（湖北人民出版社 1994 年版）等。

清代货币史研究的论文，较有深度的有：李瑚《太平天国时期清政府滥发通货问题》，发表于《中国经济史丛稿》（1986 年湖南人民出版社版）；彭泽益《1853—1868 年的通货膨胀》（《中国社会科学院经济研究所集刊》第 1 集，1979 年）；李贵勤的《清末币制改革及其失败原因的浅探》（《河北财经学院学报》1984 年第 1 期）；［瑞士］傅汉思《清代前期的货币政策和物价波动》（《中国钱币》1995 第 3 期）；蒋学松《从宝藏银币看清朝对西藏的统治——兼议外币流入及其影响》（《四川文物》2002 年第 2 期）；杜家骥《清中期以前的铸钱量问题——兼析所谓清代"钱荒"现象》（《史学集刊》1999 年第 1 期）；张国辉《晚清货币制度演变述要》（《近代史研究》1997 年第 5 期）；邓绍辉《论甲午战后清政府币制改革及失败原因》（《四川师大学报》1999 年第 2 期）。

这一时期出版了一些新史料，诸如《光绪朝朱批奏折》（中华书局 1996 年版），其中财政金融部分有大量相关史料。戴鞍钢编的《中国地方志经济资料汇编》（汉语大词典出版社 1999 年版），汇集大量清代地方志中关于货币的资料。

自 80 年代中国钱币学复兴以来，相关清代钱币的研究成果不断涌现，而且一些系列的钱币图谱的出版使人们对清代钱币的真实面目有了更多的了解。出版了百余部相关著作。诸如马飞海《历代货币大系·清纸币卷》（上海书店 1993 年版）；许羲宗《清代纸币图说》（1997 年自刊）；叶世昌《历代货币大系·清民国银锭银元铜元》（上海书店 1998 年版）等，这门以历史、经济、考古、冶金、印刷、铸造、经济法等多学科多角度研究钱币实物的学科，给货币史研究提供了最大可能回复历史的资料。近代银两由于受控于炉房而极少留下相关文献，但近年来，国内外连续出版了近十部诸如《元宝图录》（陕西钱币学会编，三秦出版社 1991 年版）等关于银锭的著作，从而使人们依实物更深刻准确地认识什么是实银、什么是虚银及银两制度。现有钱币学已证明，中国货币流通状况远比现有的货币史著作中描述得更为复杂和混乱，一些钱币实物也远超货币金融史学家的视野。所有这一切，必将深化清代货币史的研究。

海外开始关注清代货币史的研究。中国台湾地区的相关研究代表作有郝延平《晚清沿海的新货币及其影响》（台北《"中央"研究院近代史研究所集刊》第 7 期，1978 年 6 月）、朱浤源《近代广西货币的变革》（台北《"中央"研究院近代史研究所集刊》第 19 期，1990 年 6 月）、李宇平《张之洞的货币政策》（《台湾师大历史学报》1983 年第 11 期）、何汉威《从银贱钱荒到铜元泛滥——清末新货币的发行及其影响》（台北《"中央"研究院历史语言研究所集刊》第 62 本，1993 年）等。台湾学者林满红对于近代货币研究成果丰富，写出了诸如《中国的白银外流与世界金银减产》、《嘉道钱贱现象产生原因与钱多钱劣论商榷》、《银与鸦片的流通及'银贵钱贱'现象的区域分布》等论文，发表于《"中央"研究院近代史研究集刊》等杂志上。此外台湾学者戴学文对于清代银两制度进行了深入研究，如《云南牌坊锭考》（台扬出版社 1996 年版）、《南方银两研究》（2002 年自刊）等。

国外研究清代钱币的代表为德国汉学家布威纳博士（Dr. Werner Burger）。20 世纪 70 年代他在慕尼黑大学获得汉学博士学位，致力于中国清代钱币研究近 40 年，并于 1976 年出版《清钱编年谱·至雍正朝》（*Ch'ing Cash Until 1735*）一书。被英国皇家钱币协会委员会授予当年的 LHOTKA 纪念奖。后又出版了相关清代后期钱币的著作。布氏的最大贡献在于其对中国清代钱币的钱币学版别排序。2005 年第 1 期《中国钱币》登载了介绍他研究成果的《我的清代货币研究历程与成就》一文。外国银行在国外有一些相关银行史的出版，诸如英国剑桥大学出版的 4 巨册《汇丰银行史》（*The Hongkong Bank in the Period of Imperialism and War*），记叙了在华发行纸币的史实。大英博物馆 2002 年出版了《中国银锭》

（*Chinese Silver Currency Ingotsc*，*1750—1933*）。

综上所述，清代货币钱法的研究呈现如下的发展趋势。

一，随着时代的发展，学者对清代货币钱法的研究日益深入，表现为研究领域日益广阔，从原来仅注重清政府相关钱法律令的研究而扩展至区域性货币的研究。

二，学者越来越重视当代货币理论在研究清代货币钱法中的运用。

三，努力将货币放在经济社会发展的视野中进考虑。

四，钱币学的发展促进了清代货币钱法的研究。

当然，清代钱法研究还存在着以下缺陷。

一，缺乏总体性的清代货币钱法研究的成果。

二，清代前中期特别是咸丰朝以前相关货币钱法的研究成果相对较弱。

三，数据有待于进一步发掘和利用，如现藏台北故宫博物院的原清史馆所编钱法档案就很少有人利用。

四，一些成果研究方法欠缺、思路和视野不广，仅就货币论货币，或就钱币论钱币，而对与货币与政治、经济各方面的关系及互动注意不够，从而影响研究质量。

二 清代货币制度的研究

货币制度大体分为货币制度的类型和货币制度构成要素。货币制度要素包括：货币本位的划分、货币的材料、货币单位的名称和货币单位的"值"；货币种类、对本位币和辅币的确定；对货币的铸造管理和发行管理。对于清代的货币制度，学者们已经从多方面进行了很多的研究，现主要综述如下。

清代的货币制度，大体上沿袭了明代遗留下来的货币制度，白银和铜钱（亦称制钱）两种货币同时在市场上流通，具有同等合法性。关于清代货币制度的类型，叶世昌所著的《中国金融通史》（第一卷）、《先秦至鸦片战争时期》（中国金融出版社 2002 年版）认为清入关后，实行银钱并用的政策，大数用银，小数用钱，是银钱复本位制度。石毓符《中国货币金融史略》（天津人民出版社 1984 年版）中也提及清代使用白银和铜钱平行流通，而以白银为主，铜钱只用作零星支付。肖琇文在《从雍正币制改革看前清货币制度的特点》（《社会科学》2002 年第 9 期）一文中也认为清朝实行白银与铜钱并行流通的复本位制。"银与钱相为表里，以钱辅银，亦以银权钱，二者不容畸重。"银和铜作为流通手段具有同等效力。邓绍辉在《论甲午战后清政府币制改革及失败原因》（《四川师范大学学报》1999 年第 2 期）也认为从清初起，清政府就建立了一种银钱同时并用的货币制度。傅汉思等的《清代前期的货币政策和物价波动》（《中国钱币》1995 年第 3 期）中认为，清代前期的货币制度可以称之为平行本位的复本位制。银两和铜钱都有自己的本位，存在着不同的流通领域。银两主要用于批发交易和大量的薪俸支付，而铜钱则主要用于零售市场及日常工价的支付。虽然由于有地方性和时间性的不同，铜和银的使用在一些领域内确实有重叠的情况，但强调铜钱是有自己本位的坚挺货币而不是银两的辅币。因此在两种货币之间的侵入是比较有限的，从而得出了清代的复本位制不能够发展到跟许多西方国家黄金单本位制类似的白银单本位制，而仅是银钱复本位制度。邓亦兵在《清代前期政府的货币政策——以京师为中心》（《北京社会科学》2001 年第 2 期）一文中也认为，清政府沿袭前代了遗留的货币制度，即白银和铜钱（亦称制钱）两种货币同时在市场上流通，具有同等合法性。杨端六著《清代货币金融史稿》（生活·读书·新知三联书店 1962 年版）中，作者认为清朝所采用的货币制度，是不完整的银铜平行本位制度。所谓平行本位制度，是两种金属都作为货币材料，同时流通，但彼此之间没有一定的法定价值联系，两种货币在平行本位制度下，按照其真实价值流通。这种平行本位制是复本位之一种，而清朝所采用的货币本位制度事实上就是银铜平行复本位制，这种银铜复本位制是不完整的，主要有以下的特点。（1）制钱的铸造虽然有约略一定的法定标准，纹银的成色和单位重量则随时随地不同。（2）制钱的铸造和销毁，其权都属于政府，人民私铸私销，照律治罪，而银锭银块的铸造，政府不加干涉。因此认为这种不完整的银铜平行本位制只能存在于封建社会或半封建社会。张国辉在《晚清货币制度演变述要》（《近代史研究》1997 年第 5 期）一文中同样认为清朝采用的货币制度是沿袭明朝的旧制，即银两、制钱并用的双重本位制。台湾的林满红（Lin Man-houng）写有 *Currency and society：the monetary crisis and politi-*

cal-economic ideology of early nineteenth-century China. Thesis（Ph. D. ）——
Harvard University，1989. Ann Arbor，MI：University Microfilms International，
1989。汉文《嘉道年间货币危机争议中的社会理论》一文发表于《"中央"
研究院近代史研究所集刊》1994 年第 23 期。国外的研究成果有 King，
Frank H. ，*Money and Monetary Policy in China*，*1845 - 1895.* Harvard East A-
sian Monographs，No. 19. Cambridge：Harvard University Press，1965.（景复
朗《1845—1895 年中国的货币和货币政策》，麻省坎布里奇，哈佛大学 1965
年版），对晚清的货币进行了新的研究。

　　此外还有一些学者认为，银两制度在清朝币制中起着主要的作用。李
育安在《清代的币制和纸币流通》（《郑州大学学报》1994 年第 6 期）一
文中则论述清代币制大体上和明朝相同，银钱并用。但他认为白银的地位
更重要，其表现在清政府的财政收支始终都是采用银两为计算标准，一直
奉行以银为本的政策。是一种倾向于银本位的观点。魏建猷著《中国近
代货币史》（群联出版社 1955 年版）一书中认为清代的银两制度与制钱
制度不是绝对平行的，既不是银钱复本位，更不能认为是制钱本位。银两
制度虽然算不得现代的本位货币制度，但按照历史发展的程序，应该承认
银两制度是未能健全发展的本位货币制度。石书平在《清代银钱比价关
系探微》（《辽宁师范大学学报》1999 年第 6 期）一文中指出清朝采用银
铜平行本位的货币制度，但这种平行本位制是不完善的。

　　Richard Von Glahn，*Fountain of Fortune*：*Money and Monetary Policy in
China*，*1000 - 1700*，Berkeley，California：University of California Press，
1977，足立啟二《明清時代における経済の発展》，中国史研究会编《中
國專制國家社會統合——中國史像の再構成Ⅱ》（京都文理阁 1990 年版）
也有相关论述。

三　清代货币制度构成要素的研究

（一）清代货币材料的研究

　　清代货币材料的构成主要是由银和铜构成，咸丰年间也出现过铁钱。
有关银的记述主要有：郭玉富的《清代滇银开采及课税初探》（《云南民
族学院学报》1997 年第 4 期），作者就云南银矿的开采历史，清朝各主要

银厂的分布、课税、银矿业政策，以及在客观上对云南经济发展的影响等作了阐述，在此基础上介绍了滇银在清朝货币体系中的地位。

有关铜矿的研究有：杨端六的《清代货币金融史稿》一书对制钱的成分，铸造制钱主要材料——铜进行了详细的叙述。该书对铜的来源、收购铜的情形及滇铜的运输和洋铜采购与运输都进行了详细的介绍。易惠莉的《清康熙朝后期政治与中日长崎贸易》（《社会科学》2004 年第 1 期）是国内首篇论述清代中日铜贸易并由此涉及清代政局的文章，文章对于清政府靠洋铜鼓铸与朝政的关系分析得十分深入。李强在文章《论雍正时期的铜禁政策》（《学术界》2004 年第 5 期）中通过考察雍正时期实行的铜禁政策的产生、废止过程，谈到了铜作为制钱材料对清朝银钱比价的影响。

中国人民大学清史所编《清代的矿业》（中华书局 1983 年版），内有相关清代银、铜矿的大量信息。

滇铜是清代铸造制钱币的主要原料，清代滇铜的输出对全国钱币的铸造及钱价的涨落有较大的影响，关系到清代币制的稳定。常玲在《清代云南的"放本收铜"政策》（《思想战线》1988 年第 2 期）一文中，讨论了清代云南的"放本收铜"政策的内容和意义，指出清朝实行"于额例抽纳外，预发工本，收买余铜"的办法是为了垄断中国封建社会传统货币的主要原料——铜。尤其是对滇铜进行垄断，以确保封建国家鼓铸用铜之需。杨煜达的《清代中期（公元 1726—1855 年）滇东北的铜业开发与环境变迁》（《中国史研究》2004 年第 3 期），文章认为滇东北地区在清代中期是云南省乃至全国铜业开发的主要地区，通过对清代中期云南铜业生产中存在的官铜价格和生产成本间矛盾的考察，对当时云南的铜产量提出了新的看法，并研究了不同时期滇东北地区的铜产量。在此基础上，具体分析了铜业生产对滇东北环境的影响，文章认为在 130 年间，铜业生产直接导致了该地的森林覆盖率下降 20 个百分点，铜业开发还带动了山区开发等一系列活动，使滇东北从人口稀少的欠开发地区，成为云南人口密集、环境破坏和水土流失最严重的地区，也成为长江上游输沙量的主要来源地区。姚礼林、姚钢的《清初南洋铜商与中日贸易》（《牡丹江师范学院学报》2003 年第 5 期），论述了清初中日之间的铜贸易。陈征平《清代云南铜矿开发的制度演化及"官治铜政"》（《思想战线》2003 年第 5 期）

认为清代铜矿经历了听民开采向官治铜政的制度转变及放本收铜经营方式
的确立过程，这种制度对云南铜政起到积极作用。至于铜的供给，据刘序
枫《清乾隆年间洋铜的进口与流通问题》（《中国海洋发展史论文集》第
7 辑）的估计，自 1684 年海禁开放后，日本铜的年输入量约 300—400 公
斤，1696 年至 1710 年达到最高输入量 400 万—700 万斤，其后日本两度
限制铜的输出量，至乾隆末年降至 140 万—150 万斤左右。文中讨论的官
定办铜额的改变、滇铜的增产，以及 1739 年乾隆的铜政改革，都与日本
限制铜的输出量有关。赵文红《17 世纪后期至 19 世纪中期云南矿冶业获
得长足发展的原因初探》（《思茅师范高等专科学校学报》2003 年第 3
期），对清代云南铜业有所论述。黄夏基《从清代档案所记的滇铜外运看
西南大通道》（《广西民族学院学报》1998 年第 1 期），认为广西是清代
外运铜的一条重要的通道，滇铜外运广东、江西、湖北、江苏、浙江、福
建、陕西均经广西，甚至光绪年间京铜从广西出海运京。

在铜政方面，日文的文章有：刘序枫《清日贸易の洋銅商について
—乾隆～咸豊期の官商；民商を中心に》（《九州島大學東洋史論集》第
15 號 1986 年 12 月）。川勝守《清、乾隆期雲南銅の京運問題》（《九州
島大学东洋史论集》第 17 号 1989 年 1 月）。

研究者在《陕西金融》上还对清代化金提银的冶金方法进行过讨论，
如罗凌《也谈"化银提金"》（《陕西金融·钱币研究》1998 年 6 月），记
述了化银提金的流程。1997 年 10 月总第 253 期，有周开骏的《对"化银
提金"一文的若干质疑》。

传统中国实行银钱平行复本位制，银、铜的供给除了中国本地所产以
外，境外银、铜输入量的变化如何对境内货币流通产生影响，尤其值得注
意。关于银的供给，16 世纪以降美洲白银大量流入中国的情形，全汉升
曾有多篇论文详论。其近作《明清间美洲白银输入中国的估计》（台湾
《"中央"研究院历史语言研究所集刊》第 66 本第 3 分，1995 年 9 月）采
取法国学者索鲁（Pierre Chaunu）的估计，认为新大陆发现后美洲白银出
口量中约有 1/3 通过不同的路线流入中国。

关于铁作为货币材料的介绍和研究还不多见，但我们可以从记述清代
铁钱的文章中了解一些情况。钱卓在《从实物谈山西省咸丰铁钱》（《中
国钱币》2002 年第 3 期），论述了清政府于咸丰三年开始在全国范围内采

取铸造发行大钱和低质铅铁钱等手段以弥补财政资金的不足。其中山西省宝晋局就是这一时期铸造当十铜质大钱和小平铁钱的，结合近年新发现的宝晋局咸丰钱进一步分析。铁钱当时主要是京师户部宝泉局、工部宝源局、热河宝德局、直隶宝直局、宝蓟局、山西宝晋局、河南宝河局、陕西宝陕局等北方几个钱局和南方的福建宝福局、江苏的宝苏局铸造。林文君在《嘉庆通宝背陕铁钱》（《西安金融》1995 年第 3 期）一文介绍陕西局在咸丰之前的嘉庆朝已铸过铁钱，并有实物。

（二）清代货币价值的研究

清代货币单位的名称和货币单位的"价值"主要是指制钱和白银以及晚清的银圆和铜圆的单位名称及所代表的价值，并涉及银钱比价等问题。关于这方面的研究已见诸一些著作和文章。彭信威著《中国货币史》（上、下）（上海人民出版社 1958 年版）对清朝制钱进行了概述，对银两分三个时期介绍清朝白银的名称形式和称量兑换，并且对清朝后期发行的银圆及清代货币的购买力等都有研究。陈昭南的《雍正乾隆年间的银钱比价变动》（台北"中国"学术著作奖助委员会 1966 年版），主要讨论了雍正、乾隆年间的银钱比价问题。叶世昌著《中国金融通史》（第一卷）（中国金融出版社 2002 年版），介绍了乾隆时期和嘉庆以后的银钱比价，第十章里叙述了清代银两和银圆的货币单位名称及相对应的重量价值。金国宝在《中国币制问题》（商务印书馆 1928 年版）对光绪以后的货币制度变革进行了系统的梳理，书中列有统计表格，如"（光绪年间）各省银角之成色重量"、"（光绪、宣统年间）各省通用银元之成色重量"、"各省宝银名称重量表"、"各地通用银两与库平比较表"等。张国辉在《晚清货币制度演变述要》（《近代史研究》1997 年第 5 期）中详细地阐述了清朝银两的名称和计算单位，包括实银和虚银的区别及分类，对外国银圆流入和清朝政府自铸银圆作了介绍，此外对晚清制钱名称、重量变化和清末铸造铜圆状况、流通及其滥铸进行了比较全面的概述。杨端六著《清代货币金融史稿》和魏建猷著《中国近代货币史》两书都对清代货币的单位名称和价值进行了评述，魏著主要研究鸦片战争后的银两、制钱、晚清的币制变革以及近代外国银元的流入及其影响，杨著则详细论述了清代制钱的单位、制钱的重量、银两在清朝历史发展中的地位、称量银两的各种"平"（库平、漕平、广平、关平等）、银钱比价的变动，晚清的通货膨胀，传统的金融机构及外国金融势力的侵入等问题。千家驹和郭彦岗合著《中国货币史纲要》（上海人民出版社 1986 年版）对清代制钱单位和重量变化直至没落进行了概述。何玲龙和蒋东轩的《咸丰大小钱——谈铜钱货币制度的崩溃》（《沧桑》1997 年第 6 期）对清代咸丰年间大小钱的单位名称和钱币重量都进行了讨论。欣士敏在《银、银两、银钱和银元货币小史》（《福建金融》2001 年第 12 期）中介绍了清朝时的银两单位和重量，阐述了银元在中国的发展过程和分类情况。傅汉思等的《清代前期的货币政策和物价波动》（《中国钱币》1995 年第 3 期）就清代制钱与银两之间的关系、两者比价的变动以及政府为了维持两者之间的比价关系而进行的政策调整进行论述。孙文泱的《中国古代铜铸币货币贬值的特征》（《首都师范大学学报》1997 年第 5 期）从币材特征以清咸丰大钱贬值的实例分析入手，指出铜币的货币贬值具有纸币通货膨胀所不具备的一些特点，如引起劣币驱逐良币等。徐泓在"两岸学者清史纂修座谈会"上发表了《盐价、银钱比价：清代两淮盐商的成本、利润及其没落》。

McMahon，Keith，*The fall of the god of money：opium smoking in nineteenth-century China*（Lanham：Rowman & Littlefield Publishers，2002）论述了鸦片与币值的关系。

由于清代货币单位的名称及所代表的价值多而杂乱，不同的货币单位代表不同的价值，相同的货币单位所代表的价值也随着时间的发展而不断变化，所以这就涉及不同货币单位的比价问题。王宏斌著《晚清货币比价研究》（河南大学出版社 1990 年版）对晚清银铜币价值进行了比较全面的概述。彭信威的《中国货币史》对清代制钱流通中的银钱比价作了一定深度的探讨并提出明确的结论。刘利平的《明清时期银钱比价初探》（《肇庆学院学报》2003 年第 3 期）考察了明清时期（1368—1911）白银和铜钱这两种金属货币的比价变动情况及其主要原因。认为明清时期白银和铜钱的比价在中后期波动比较剧烈。从总体来看，白银所能兑换的铜钱数有不断上升的趋势。银和铜钱的数量及其本身的价值、海外贸易以及当时的政治、经济等因素在不同程度上影响了银钱比价。市场上劣质铜钱的大量涌现则是导致银钱比价剧烈变动的最主要原因。石书平的《清代银钱比价关系探微》（《辽宁师范大学学报》1999 年第 6 期），对在实际操作中银钱比价时有波动讨论银贵钱贱和钱贵银贱的现象。王德泰《关于鸦片战争前银贵钱贱变化的探索》（《西北师大学报》1995 年第 4 期），该文认为鸦片战争前夕，银贵钱贱成为一个严重的社会问题。以往以清政府定例银一两兑制钱一千为参照系数来说明鸦片战争前银钱比价的上涨幅度的提法是不妥当的，它忽略了银钱比价中市价与例价的区别，银贵钱贱现象产生的时间也被人忽略。比较嘉、道以来市场上银钱比例的变化，可以认为银贵钱贱开始于乾隆中期，而不是与鸦片走私贸易泛滥同时出现的；这一货币经济现象产生于中国社会经济内部的发展变化，不能简单地归结为是鸦片走私贸易导致白银外流引起的。贾允河的《对鸦片战争前银钱比价问题的一点思考》（《西北民族学院学报》1998 年第 1 期），认为银早在鸦片战争前就已开始昂贵，已持续了 30 余年，而且与制钱的关系十分密切，他认为局私小钱在其中发生了重要的作用。相关论文还有杨胜勇《清道光末年"银贵银贱"加剧原因探析》（《学术探索》2001 年第 4 期）。他还发表了《清道光末年银贵钱贱的加剧及社会影响》（《贵州师范大学学报》2002 年第 4 期）。

黄长义《论鸦片战争前后的货币研究热潮》（《中南民族学院学报》2001 年第 4 期）认为鸦片战争前后，中国产生了以"银荒"为中心的货币危机，由此引发了全面的经济危机和社会危机。关于货币问题的研究与讨论，一时成为鸦片战争前后朝野上下的热门话题。综合当时人士的意见，主要有以下五种观点。1. 偷铸小钱说。2. 钱票夺取制钱地位说。3. "生齿日繁、费用日广"说。4. 国家重银轻钱说。5. 纹银外流说。主张"纹银外流说"的人又占绝大多数。当时朝野人士不仅探讨银贵钱贱的原因，而且还苦心焦思，筹划对策。综合当时人士的各种主张，大致可分为 7 类：（1）禁银出口；（2）禁烟入口；（3）广开银矿；（4）重视制钱；（5）议行大钱；（6）禁银行钞；（7）自铸银圆。

（三）清代货币种类的研究

清代的货币种类分为金属货币和纸币两种，其中金属货币包括前期的白银和制钱与后期的新式银圆和铜圆，纸币则包括官方和非官方发行的纸币。有关这些方面的著述已很多，彭信威著的《中国货币史》（上、下）把清朝的货币种类详细的分为铜币包括制钱和铜圆、白银和银币、钞票三部分，并对每个部分在清朝不同时期所出现的各个币种类型进行了介绍，

书中提出了中国"正式的银币要以西藏为铸造得最早"的观点。陈度的
《中国近代币制问题汇编》（上海瑞华印务局 1932 年版）是对清代货币的
种类研究不可多得的资料。中国人民银行总行参事室金融史料组编的
《中国近代货币史资料》（中华书局 1964 年版），对近代货币资料的搜集
堪称完备，具有很高价值。李强的《清乾隆年间制钱的流通与政府应对》
（《学术探索》2004 年第 5 期）以清乾隆制钱的流通为例介绍清代前期制
钱的流通。张孺《清代外国银元流通中国的原因》（《历史教学》2004 年
第 7 期）认为银两与制钱制度不适应中国商品经济的发展是外国银元流
入的主要原因。王德泰在《中国钱币》2005 年第 1 期发表文章《康熙初
户部宝泉局试铸三钱八分重铜钱考》，首次依档案材料披露了清代钱币的
这一史实。中国第一历史档案馆发表的《晚清各省铸造银圆史料选辑》
（上、下）（《历史档案》1997 年第 1 期、第 2 期）和《晚清各省铸造银
元史料续编》（上、中、下）（《历史档案》2003 年第 3 期、第 4 期、
2004 年第 1 期）是对研究晚清中国银元发展的珍贵资料。此外还有中国
第一历史档案馆出版的《晚清各省铸造银圆奏折选辑（目录）》也是研究
晚清银元制度不可缺少的资料。选编者丁进军还发表了一系列的相关文
章，如《晚清安徽始铸银元时间考订》（《中国钱币》1999 年第 1 期），
认为安徽光绪二十四年春方开始铸造银元。《清代广东始铸银元时间》认
为光绪十六年四月初二为始铸时间。曹永成在《南京史志》1999 年第 1
期发表了《铸造中国银元的南京造币厂》一文，论述了南京造币厂的史
实。刘敬扬《清末福建机制银元概述》（《福州大学学报》1997 年 7 月）
对清末福建机制银元进行了全面的论述。张培林的《中国铜元的兴衰与
收藏》（《中国钱币》1999 年第 4 期）介绍了晚清铜元的兴衰。翟昕在文
章《漫说铜元》（《金属世界》1996 年第 3 期）介绍了晚清铜元的发展。
赵洪宝《清末铜元危机与天津商会的对策》（《近代史研究》1995 年第 4
期）分析了商会组织在金融危机中的行为与作用。张宁《墨西哥银元在
中国的流通》（《中国钱币》2003 年第 4 期）一文论述了该种银元在中国
的流通过程。

陈跃宁的《清代广西官方税收银锭初探》（《广西金融研究》2002 年
增刊第 1 期）一文，论述了清代官方银锭。

戴建兵的《中国近代纸币》（中国金融出版社 1993 年版）系统介绍

了中国近代纸币的发行情况和类别，是研究晚清和近代纸币珍贵的资料。
赵光天发表于《四川金融》1996 年第 11 期的《户部官票与大清宝钞——
清代咸丰年时期曾在四川发行过的货币》对四川的清代官票和宝钞的情
况进行了研究。李育安的《清代的币制和纸币流通》一文中将清朝货币
种类分为金属货币（包括白银和银币、制钱和铜元）和纸币两种类型，
并将纸币流通分三个阶段。此外，戴建兵的《清和民国时期交通银行的
纸币》（《中国钱币》1995 年第 1 期），孙英民的《清末河南纸币研究》
（《中原文物》1999 年第 3 期），徐鹤筹的《纸币论述》（《经济史》1984
年第 2 期）也述及了晚清纸币。林枫《福建永丰官钱局官票的性质》
（《中国经济史研究》1998 年第 2 期），认为咸丰年间（1851—1861 年），
政府出台纸币政策，全国大部分地区均设立官银钱局，推行户部官票、大
清宝钞、官局票。永丰官钱局官票即不兑现纸币。唐晓辉《咸丰朝户部
钞票舞弊案研究》（《清史研究》1996 年第 4 期）研究了户部钞票舞弊
案。其他与纸币发行机构有关的文章著述，关于汇丰银行则有 King，
Frank H.；King，Catherine E.；King，David J.，*The Hongkong Bank in late
imperial China*，*1864 - 1902*：*on an even keel*，New York：Cambridge Uni-
versity Press，1988。Ronald suleski、姜宁《王永江与东三省官银号的重
组》（《史学集刊》2003 年第 1 期）。李蒙军《湖北官钱局兴衰史》（《清
史研究》1992 年第 4 期）。日文则有佐藤究《清末の源豊潤票號による爲
替送金について—上海ゴム株恐慌と源豊潤票號の倒産》（《九州大学东
洋史论集》第 27 号 1999 年 4 月）。

四 清代货币铸造和发行、流通管理的研究

清代实行银铜复本位的货币制度，但对这两种货币的管理却有所不
同，制钱铸造有一定的标准，而纹银的成色和单位则随时随地不同。制钱
的铸造和销毁，权力都属于政府，私铸私销都要照律治罪，而银锭的铸
造，政府不加干涉。因此，清朝对货币制度的管理都是通过调整制钱制度
来实现的。关于这方面的问题已有不少学者对其进行了研究，杨端六的
《清代货币金融史稿》系统论说了清朝对制钱的铸造、制钱的重量、制钱
的成分、铸钱的数额和私铸与私销等的管理，银两在清朝历史发展中的地

位、称量银两的各种"平"（库平、漕平、广平、关平等）、银钱比价的变动，晚清的通货膨胀，传统的金融机构及外国金融势力的侵入等问题。彭信威的《中国货币史》对清代货币的铸造和发行管理也有相当多的论述。魏建猷的《中国近代货币史》在银两制度、制钱制度两个章节里介绍了清朝制钱铸造及计算方法和银两的铸造，并对银两和制钱对银元和铜元的转变进行了论述。此外，中国人民银行总行参事室金融史料组编的《中国近代货币史资料》，巫宝三等的《中国近代经济思想与经济政策资料选辑》（科学出版社 1959 年版）也都有清代货币政策的资料。彭泽益的《清代宝泉、宝源局与铸钱工业》（《中国社会科学院经济研究所集刊》第 5 辑，中国社会科学出版社 1982 年版），则较全面地论述了清代两大造币厂的方方面面。

除了上述著作之外，还有不少文章对这一问题进行了专题研究，杜家骥的《清中期以前的铸钱量问题——兼析所谓清代"钱荒"现象》（《史学集刊》1999 年第 1 期），认为清中期以前铸钱量并不少，并且列表例举了当时的制钱铸额。说明当时的"银贱钱贵"与白银的扩大使用、不断内流有关，政府不断铸钱以追求人为的银钱比价，还曾造成铜钱的大量增加，成为制钱贬值的原因之一。肖琇文《从雍正币制改革看前清货币制度的特点》（《社会科学》2002 年第 9 期），文章认为雍正采用了大臣的建议，将制钱以铜五铅五鼓铸改为铜四铅六。文章对于清前期币制的总结是十分精彩的。如银钱的双重性质、私铸和私销的必然性。清政府货币调节的工具是铜钱，政府和市场共同维持货币运行均十分精到。李强《清乾隆年间制钱的流通与政府应对》（《学术研究》2004 年第 5 期），对复杂的乾隆年间制钱进行分类，如古钱、伪钱、外国铜钱，并对乾隆朝的应对进行评述。郑永昌的《清代乾隆年间货币的区域流通——货币政策与时空环境的变化分析》一文，在"两岸学者清史纂修座谈会"发表。王德泰发表了《乾隆初滇省代京铸铁失败原因浅析》（《故宫博物院院刊》2003 年第 3 期）。认为滇铸加大了成本，是失败的最终原因。张小也《十八世纪中期中国各地囤积钱文的状况及其原因》（《清史研究》1998 年第 3 期），认为国内货币流通方面，主要的问题是钱币私铸现象。郑永昌《清代乾隆年间的私钱流通与官方因应政策之分析——以私钱收买政策为中心》（《"国立"台湾师范大学历史学报》1997 年 6 月第 25 期），认为私钱流通之所以严重，与制钱供给不足、官钱减重有关。而乾隆朝官方的态度，先是容忍弛禁，之后转为查禁收买，其查禁收买政策的推行规模，较前代更为扩大。韦恒、黄敏发表了《晚清铸钱的私铸》（《苏州大学学报》2004 年第 3 期）。

张国辉的《晚清财政与咸丰朝通货膨胀》介绍嘉、道年间为了平衡收支实行通货膨胀政策。发行官票、宝钞，鼓铸铜、铁大钱，造成恶性通货膨胀。邓亦兵的《清代前期政府的货币政策——以京师为中心》一文以京师为例介绍了清代对银两、制钱铸造和发行的管理。李强在《清乾隆年间制钱的流通与政府应对》论述清乾隆年间制钱体系开始步入危机，以及清政府对非制钱的流通、私铸与私销、制钱的供需采取的应对。

傅汉思等的《清代前期的货币政策和物价波动》论述了清代前期政府为了稳定银钱货币比价采取了增发铜钱等措施及清朝前期的制钱政策。香港城市大学的张瑞威在《中国社会经济史研究》2005 年第 1 期上发表了《在国家与市场之间的清初江宁钱局》一文，文章认为清初钱局铸息是十分重要的财政收入，而清政府对于银钱的比价规定，违背了市场原则，从而使制钱不受市场收受，而政府也无铸息可得。对于铸息问题，日本学者足立启二曾将 1644—1651 年间宝泉局和各省钱局的铸息列表，从而估算清政府的铸币收益。见足立启二《清代前期における國家と錢》，《东洋史研究》第 49 期。王德泰《乾隆时期的铸钱成本与钱价增昂问题》（《西北民族学院学报》2003 年第 2 期），论述了乾隆时铸钱成本长期保持在制钱千文合银一两以下，成本较低；而同一时期商品货币流通市场制钱与纹银的交换却高于一两，钱价与钱值相悖。这是当时商品市场铜价昂贵的曲折反映。文廷海在《论清代中期清政府对外国货币的政策》（《中国钱币》2001 年第 3 期），论述了在清朝中期为了避免外国银元打破中国货币体系，采取禁止使用外币和禁止出口白银的规定。丁进军的《清末制定私铸洋元治罪条律》（《西安金融》1997 年第 4 期），记述了清政府为抵制洋元对中国货币体系的冲击而禁止私铸洋元。辽宁省大连市旅顺博物馆的《命和珅金简督理京省钱法敕谕》（《历史档案》1997 年第 7 期），通过一封敕谕揭示清朝制钱铸造管理的严格。陈悟年的《雍正时期宝巩局设置始末和所铸制钱版别》（《中国钱币》1995 年第 4 期），概述了清廷对宝巩局的管理和铸造制钱的限制。叶世昌的《清乾隆时的私钱和禁

私钱政策》（《中国钱币》1998 年第 3 期），论述了清朝中期以后的禁止
私钱政策。

日本学者党武彦发表了一系列的文章如《乾隆初期の通貨政策—直
隶省を中心として》（《九州大学东洋史论集》第 18 号 1990 年 1 月），
《乾隆九年京師錢法八條の成立過程およびその結末—乾隆初年における
政策決定過程の一側面》（《九州大学东洋史论集》第 23 号 1995 年 1
月），《乾隆末年における小錢問題について》（《九州大学东洋史论集》
第 31 号 2003 年 4 月），《乾隆初期铜钱流通的地域差别》（《人文社会科
学研究月报》177、178，专修大），此文根据中国第一历史档案馆所藏的
朱批奏析，就乾隆九年针对钱贵问题而施行的京师钱法八条征询各省督抚
意见以及各省督抚的响应等有关情形作了考察。

五　清代币制改革和货币思想研究

相关币制改革的文章则有：卓遵宏在《甲午战争与清季货币金融改
革（1894—1900）》中认为，甲午一役中国战败、巨额赔款及借外债所引
起的耻辱，刺激了当时货币金融体制的改革。货币改革主要是沿承张之洞
购置机器仿铸西式银元的方式进行，金融改革则模仿西人兴建新式银行。
然而两者皆因着眼于财政困窘，以筹款为利，形成货币制度混乱、滥发钞
票的局面。台湾学者李宇平发表有：《近代中国的货币改革思潮，1902—
1914》（"台北师大历史研究所专刊" 1987 年 12 月第 18 期），《张之洞的货
币政策》（《师大历史学报》1983 年 6 月 11 期），《评介数本有关中国近代
货币史的著作——以方法论为中心的观察》（《师大历史学报》1989 年 6 月
第 17 期）。何汉威《从银贱钱荒到铜元泛滥——清末新货币的发行及其影
响》（《"中央"研究院历史语言研究所集刊》第 62 本第 3 分册）。

邓绍辉在《四川师范大学报》（1999 年 4 月）发表了《论甲午战后
清政府币制改革及失败原因》，认为清政府币制改革的内容为确立七钱二
分银元为主币，以铜元代替制钱，限制纸币发行及建立现代银行制度等一
系列改革措施。但由于无强有力的财政支持等原因而未能全面执行，并带
来了一些消极的后果。胡天琼《清末币制改革述评》（《西华大学学报》
2004 年第 4 期）文章认为在银贵钱贱币制混乱的情况下，清政府建立银

元制度，是货币上的近代化。王业键的《中国近代货币与银行制度的演进（1664—1937）》（台湾"中央"研究院经济研究所1981年版）对清代货币进行了独特的理论分析。

叶世昌等的《中国货币理论史》（中国金融出版社1993年版），对清代特别是晚清的货币思想与理论进行了集中的探讨。曹天生发表了《本世纪以来国内王茂荫研究述评》（《中国史研究动态》1998年第12期）。王茂荫是清末道咸时期的官员，马克思《资本论》中唯一提到的中国人，自20世纪30年代起国内就开始了对王茂荫的研究，大致可分三个阶段。随着时间的推移，参与研究的人数越来越多，研究的内容越来越全、层次越来越深入，发表的成果越来越多。林则徐的货币思想则是研究者关注的另一个重点。如林友华《林则徐货币改革思想探析——兼论清代"闭关政策"下的中外货币流通》（《闽江学院学报》2003年第6期）、魏宽勇《林则徐首倡仿西法铸银币》（《西安政治学院学报》1999年第6期）分别论述了林则徐的货币思想。

赵晋胜《张之洞币制改革的推行措施》（《沧桑》2003年第2期），文章从原料保证、铸币控制、实施灵活三个方面论述了张之洞晚清时期的铸币的活动，史料集中使用了苑书义主编的《张之洞全集》。刘四平、李细珠的《张之洞与晚清货币改革》（《历史档案》2002年第1期）论述了晚清在旧的银两与制钱制度衰落的同时，出现了银元、铜元与钞票等新货币。

中村哲夫《近代中国通货体制的改革》（《社会经济史学》62—3），着眼于货币、银行、财政三方面的因素，分析了中国的通货体制，并在此基础上，考察了清末中国通商银行的创建过程。

六　清代边疆与少数民族货币研究

穆渊的《清代新疆货币史》（新疆大学出版社1994年版）全面论述了清代新疆的货币。

蒋学松《从宝藏银币看清朝对西藏的统治——兼议外币流入及其影响》（《四川文物》2002年第2期）中论述了西藏是清朝最早试铸银币的地区，宝藏银币的铸行一方面说明了清朝中央政府对西藏的经济统治，另一方面也为清王朝向全国推行银币积累了经验。张武一和王家凤在《论银钱贸易与宝藏币的诞生》(《中国钱币》2003 年第 3 期),对清朝藏银币的产生及在各个时期发展的情况,包括名称、大小和重量进行了总结。

周永红《清末中英在西藏的货币之争》(《南京师大学报》2002 年 5 月)认为 19 世纪末 20 世纪初,英国先后发动了两次侵藏战争,用武力攫取了对西藏通商的特权,并进一步发动了金融侵略战,在东印度公司制造印度卢比大量运往西藏,以此控制西藏的金融命脉,从而独占西藏市场。清政府坚决进行回击,发行四川藏元与印度卢比争夺市场,完善内地金融、加强对藏贸易,驱逐印度卢比对西藏的影响和控制,维护了晚清在西藏的主权利益。

武沐《清代河州度量衡制钱地亩计算单位及方法》(《西北民族大学学报》2004 年第 3 期),对河州地区独特的制钱制度进行了分析。

([新加坡]《亚洲钱币》2008 年第 1 期)

中国近代货币史研究评议

中国近代不论银锭、银圆、银角均是白银所穿的不同货币"外衣"，而近代纸币、铜元、制钱又均与其极度相关，白银是中国近代货币体系的核心。因而近代货币史的研究应抓住这个核心，本文依此对学术界近代货币史（1890—1935）的研究进行评议，以促进近代货币史的研究。

一 关于货币史研究的分析工具

货币史的研究是技术性要求较高的学术活动。简言之货币史研究需要三个分析工具，一是历史学的方法，二是经济学（金融学）的方法，三是钱币学的分析方法，在学术日益发达的今天，单纯地依靠一种方法研究近代货币与经济的关系已经不适应学术的发展，因而有机地将三者结合起来对中国近代货币自身及与近代经济的互动关系进行分析才能得出较为合理的结论，并总结出近代中国经济进程的一些规律。

历史的方法相对而言史学界比较熟悉，[①] 因而主要探讨经济学与钱币学的方法及运用。

---

① 具体到经济史的方法，1981 年，东北三省召开了中国经济史学会首届年会，会上孔经纬《关于中国经济史的一些理论问题》，魏永理《略论国民经济史的研究对象》，赵德馨《中国近代经济史教材的建设问题》均涉及了研究方法。见东北三省中国经济史学会 1982 年编印的《中国经济史论文集》。1986 年严中平先生曾由人民出版社出版《科学研究方法十讲——中国近代经济史专业硕士研究生参考讲义》，1986 年版，吴承明先生对这一问题的探讨多收录其论文集《市场·近代化·经济史论》，云南大学出版社 1996 年版。2001 年曹树基先生在《中国经济史研究》2001 年第 3 期上发表《经济史学的方法论：描述与分析——评〈中国经济通史·清代经济卷〉》，可视为新时期关于这一问题的最新探讨。

对于货币史而言，经济学的方法十分重要，而且对于本研究领域有着更重要的意义。由于近代以来经济学已经走过其自身发展的重要时期，因而，经济学的发展在某种层面上决定着货币史研究的进程。

近代至 20 世纪 40 年代以前，中国学术界还处于学习介绍西方古典经济学时期，货币学的主要研究内容是讨论货币的本质，货币的本身，因而这一时期的货币史主要是讨论货币的起源、货币的职能以及货币的本位等问题。

不仅货币史的著作如此，当时在解决中国货币时政问题的现实经济领域，人们也只在这个层面上讨论和认识货币，[①] 这种现实的认识，决定了当时货币史研究的方向。

20 世纪 40 年代后，西方世界市场经济的发展，特别是中央银行的日益巩固，已使货币研究从货币本身步入了货币与宏观经济的关系等更广泛的领域。恰如 1947 年一位复旦的教授所言："货币理论的研究大约可分为两个主要的时期：（一）货币价值研究时期，（二）货币经济研究时期。在前一个时期，货币学只研究货币价值的意义和货币价值的决定。在第二个时期里，货币学不仅研究货币价值的问题，而且要往前大大的踏进一步，着重研究社会经济的整个投资、储蓄与所得的动态的关系，因此，它所研究的范围比在第一个时期里面要宽广的多了，简单一句话，现代货币学的领域与动态经济学的领域几乎没有什么区别。"[②] 这主要是指大危机后凯恩斯主义将货币理论向宏观经济的引入而引发的货币理论的变迁。

然而在中国刚刚开始介绍西方现代货币学理论后不久，剧烈的社会变革使中国迅速进入了计划经济时期，西方现代经济理论成为批判的对象，在西方国家依此调控现代经济并更进一步地深化货币与宏观经济的理论与实践的同时，"本本主义"在中国成为学术圭臬，经济学教材为仿苏联模式的《社会主义银行与信贷》，银行和货币成为国家财政的附属，中国的货币与宏观经济走出了一条不同于西方经济发展的独特道路。这种局面一直延续到改革开放，因而这一时期形成的货币史研究成果依然处于对历史进行描述，并依马克思的货币理论对货币的价值及几大功能进行讨论。与

---

① 可参见赵兰坪《货币学》，正中书局 1936 年版。
② 樊弘：《现代货币学》，商务印书馆 1947 年版，第 1 页。

前一个时期的研究相比除了加入阶级分析的定性方法外①（如法币是半封建半殖民地性质的货币），几无新论。

改革开放后，中国的经济理论界发生了爆炸式的演变，而现实经济特别是社会主义市场经济理论的确立，使经济学界对西方经济理论大量汲取并结合中国国情进行了广泛的理论探讨，改革开放 20 多年后的今天，货币理论反映在经济学教育和对现实经济的分析上，基本形成了以《货币银行学》和《国际金融学》两门课程反映货币及货币与宏观经济的关系并依此分析现实经济。然而，迅速变化的经济学理论在货币史研究领域的反映较为迟缓，到目前为止，国内货币史研究领域结合此种经济学方法对近代货币史进行研究的论文和著作还比较少见。

经济学理论是不断发展的，20 世纪下半叶，即使是在市场领域中，新古典经济学也显得不再那么得心应手了。自 20 世纪 90 年代科斯和诺斯②先后获得诺贝尔经济学奖以来，新制度经济在经济学界的影响越来越大，特别是由于产权、交易成本（费用）、制度（institutions）等新概念的引入，以及从制度层面对经济的深入思考，③ 使得新制度经济学在经济学以数学为语言论述其实质的今天独显其理论的智慧。在货币领域，货币

---

① 以《上海金融史话》为例，其前言云："历史情况异常繁杂，怎样着手进行分析研究呢？这就要'牢牢把握社会阶级划分的事实，阶级统治形式改变的事实，把它作为基本的指导线索，并用这个观点去分析一切社会问题，即经济、政治、精神和宗教等等问题。'（列宁：《论国家》）我们编写《史话》，也力求运用这一原则。"见上海金融史话编写组《上海金融史话》，上海人民出版社 1978 年版，第 1 页。

② 诺斯不仅是新制度经济学的代表，也是美国新经济史学的代表，其主要著作有：《美国的经济成长》（The Economic Growth of the United States），《美国过去的经济增长与福利：新经济史》（Growth and Walfare in the American Past：A New Economic History），《制度变迁与美国经济增长》（Institutional Change and American Economic Growth），《西方世界的兴起：新经济史》（The Rise of the Western World：A New Economic History），《经济史的结构与变迁》（Structure and Change in Economic History），《制度、制度的变革与经济表现》（Institution, Institution, Institutional Change and Economic Performance），其中许多著作已被译成汉文出版。在获诺贝尔经济学奖讲演时他说自己是："从马克思主义转变到认知科学（cognitive science）。"他在加利福尼亚大学柏克莱分校读研时"我所设定的目标，是要找出到底是什么决定了经济体系运作的方式及其成败"。显然，经济史是最符合这一目标的范畴。

③ "在传统制度经济学中，制度多少还是一个外在变量，一个相对虚无缥缈的东西。而在科斯这里，制度已成了经济学的分析对象和内在变量。它像其他一切经济物品一样，既有其效用，又有其费用。"盛洪：《经济学精神》，四川文艺出版社 1996 年版。

制度本身就是降低交易成本从而促进经济发展的实例，而且在处理制度变迁时政府与经济实体的关系及传统的"路径"理论均能使学者在认识中国货币制度的变迁时深入思考，并提供较为实用的理论工具。

货币史的研究离不开钱币学的研究，钱币学在西方学术界有着与碑铭学一样十分显赫的地位，许多古代国家或死文字文明的历史是靠钱币对王系的回复而开始的。对钱币学的研究相对于货币史恰如考古学与历史学的关系，钱币实物会在很多层面正确回归复原历史的真实，是第一手资料。特别是文字资料极多的近现代货币史领域，这种回复更为重要，可以纠正对文献的依赖和误信。例如一些学者依民国三年的《国币条例》认为中国货币体制已是银本位制，除了金融学理论的缺乏外，留存的钱币实物给这种论断留下了极大的商榷空间。在国内，除新中国成立初期彭信威教授的《中国货币史》在这一方面有着独特的学术造诣和建树外，人们较少涉及钱币实物与货币史研究的关系，十分可惜的是彭著仅论及晚清以前的中国货币。

二　相关文献的评论

学术研究离不开前人的工作和努力。货币史研究应在有机结合历史逻辑和经济学逻辑的基础上，讨论近代中国的货币体系、货币与金融业的关系及货币与宏观经济的关系。下面对这几个层面的学术成果（不含资料）进行简单的评论。

由于货币与经济的极度密切相关，因而近代有关货币的经济学、货币史的著作、文章、资料、档案浩如烟海，仅据笔者粗略统计与本时期相关的银行类杂志就有 30 余种。[①] 本文依论文体系择其重要简要评述。

（一）货币史的研究

1980—1945 年，世界货币体系经历了金本位体系、金本位体系崩溃、金汇兑体系的剧烈变化的时期。当时的国人留下的文献主要是从经济学的角度讨论中国应当确立什么样的货币本位及如何与世界货币

---

① 详见戴建兵《中国近代纸币》，中国金融出版社1991年版，附录。

体系接轨。

当时的外国学者①和现代的一些国内学者②多认为中国货币"混乱""混沌"③。"世人皆认为最复杂的一种。"④ "芜杂紊乱，五方杂居。"⑤ 当时的经济学家也认为："吾国历来，仅有货币，而无币制。"⑥ 而这些词句说明人们并没有总结出中国独特的货币体系。后人则主要讨论近代中国货币体系到底是一种什么样的体系。相关的货币史和金融史的著作已经很多。⑦ 然而现在看来，学术界对近代货币制度本身评判说法各异，在传统的中国货币史学界，一般认为清代的货币本位是银钱平行本位，而认为晚清至废两改元时期的币制为多元本位。还有的学者认为中国当时已是银本位制，甚至有人认为自明代嘉靖八年中国就已是银本位制；⑧ 也有人认为自 1914 年北洋政府公布《国币条例》时中国已确立了银本位制；⑨ 但更

---

① 如 Frederic E. Lee, *Currency, Banking, and Finance in china Garland Publishing*, Inc, 1982 及 Wen Pin Wei, *The Currency Problem in China*, Columbia University, 1914 等。

② 如刘克祥、陈争平《中国近代经济史简编》，浙江人民出版社 1999 年版，第 362—370 页。

③ 如上世纪初曾在 *The North-China Daily News*（《北华捷报》）发表过大量相关中国货币文章的 D. McCOLL 就此词，后其文章结集为 *Chinese currency*，无出版年月。

④ A. W. Pinnick：《银与中国》，褚保时等译，商务印书馆 1933 年版，第 2 页。

⑤ 日本同文书院院长大内畅三对中国货币体系的评价，见宫下忠雄译《カン支那通货论-金及び银取引の研究》序言，上海东亚同文书院支那研究部发行，1934 年版。交通银行总理梁士诒曾说："一等国用（支票）转账，二等国用钞票，三等国用硬币，若四等国，并而无之，则用生金银。"见上海金融史话编写组《上海金融史话》，上海人民出版社 1978 年版，第 68 页。而［英］毛里斯·柯里斯著：《汇丰——香港上海银行》，李周英等译（中华书局 1979 年版，第 28 页）则称"中国没有铸币通货，用白银重量作为交换媒介。"

⑥ 赵兰坪：《货币学》，正中书局 1936 年版，第 500 页。

⑦ 而相关近代货币史的著作仅新中国成立前就有：刘映岚《中国货币沿革史》，章宗元《中国泉币沿革》，张家骧《中华币制史》，侯厚培《中国币制史》，耿爱德（E. Kann）《中国货币论》，戴铭礼《中国货币史》，周伯棣译《中国货币史纲》，朱偰《中国信用纸币发展史》，徐沧水《民国钞券史》，李骏耀《中国纸币发行史》，沈云龙的《近三十年来我国币制改革的检讨》，区季鸾《广东纸币史》。新中国成立后则有：杨端六编著《清代货币金融史稿》，彭信威《中国货币史》，魏建猷《中国近代货币史》，千家驹等《中国货币史纲要》，叶世昌、潘连贵《中国古近代货币史》，石毓符《中国货币金融史略》，董孟雄《中国近代财政金融史》等。相关论文则少见。

⑧ 朱偰：《中国银两本位之史的研究》，《财政学报》第 1 卷第 2 期，1942 年 1 月。

⑨ 黄逸平、虞宝棠主编：《北洋政府时期经济》，上海社会科学院出版社 1995 年版，第 216 页。

多的是认为废两改元后中国进入了银本位制。还有人认为是两元并用制度。① 王业键认为清代是近代于银铜复本位，但有很多不同，而此后至废两改元前则为多元本位。② 一些近代或民国经济史著作，不谈及晚清及北洋时代的币制而直接论述废两改元或法币改革。③

近代货币最为复杂的部门当属近代银两制度，由于传统的金融业对此记录极少，因而也是学术界研究最为薄弱的部分，值得一提的是学术界极少使用的日本东亚同文会民国初年在国内进行的调查并出版的《支那省别全志》（大正年间版，共计 18 卷），其中有大量关于当时银两制度的资料。曾在东亚同文学院任教、后为神户大学教授的宫下忠雄所著的《中国币制の特殊研究——近代中国银两制度の研究》（日本学术振兴会刊，1953 年版）则是目前为止国内外学术界出版较早的一部关于中国银两制度史的专著。

在货币史研究的成果中有必要评述一下 20 世纪 80 年代以来的中国钱币学研究，钱币学在中国有绝学之称，这门自宋代洪遵《泉志》出现后发展起来的学问，新中国成立后一度消失，至 20 世纪 80 年代中国钱币学会建立后突然喷发，至今在国内拥有十几种刊物，出版了百余部相关著作。这门以历史、经济、考古、冶金、印刷和经济法等多学科多角度研究钱币实物的学科，给货币史研究提供了最大可能回复历史的资料。近代银两由于控制于钱庄而极少留下相关文献，但近年来，国内外连续出版了近十部关于银锭的著作，从而使人们依实物可更深刻而准确地认识什么是实银、什么是虚银及银两制度。现有钱币学已证明，中国近代货币流通状况远比现有的货币史著作中描叙的更为复杂和混乱。钱币实物也远出于货币金融史学家的视野，所有这一切，必将深化中国货币史的研究。

（二）货币与金融机构的关系

钱庄是中国传统的金融机构，现在还有很多人们不了解的秘密。④ 进

① 叶世昌、潘连贵：《中国古近代金融史》，复旦大学出版社 2001 年版，第 209 页。
② 王业键：《中国近代货币与银行的演进》（1644—1937），台北南港，1981 年。
③ 如史全生主编《中华民国经济史》，江苏人民出版社 1989 年版，第 214—220、247—253 页。此类经济史著作极多。
④ 中国传统工商业部门不注重文字的流传，相对于要求透明度的现代经济而言，如同"秘密教门"，经营及业务上的口耳相传、师徒关系是使文字记录失去了意义。其记账数字苏州码已不再使用，识者日少。

入 20 世纪二三十年代，关于钱业的著作据笔者粗略的统计有下列几部。李权时、赵渭人合著《上海之钱庄》，上海东南书店 1929 年版；潘子豪《中国钱庄概要》，上海华通书局 1931 年版；施伯珩著《钱庄学》，1931 年上海商业珠算学社版。此外钱业公会编辑出版了《钱业月报》。而相关其他地方钱业的著作较著名的有：日本满铁的调查，《天津の银号》，满铁调查研究资料第五八编，北支经济调查所编北支调查资料第三一辑，1942 年编印。区季鸾编著《广州之银业》，中山大学法学院经济调查丛书 1932 年版。

关于钱业的学术著作，新中国成立后形成专著的有张国辉先生的《晚清钱庄和票号研究》，中华书局 1989 年版。西文则有 Ann arbor Mcelderry, *Shanghai old-style bank（ch'ien chuang）1800 - 1935：A traditional institution in a changing society*①，这是一部研究 1800—1935 年上海钱庄的专著。近年来吴景平、马俊亚等②在相关钱庄的个案问题上有所突破。学术界确实是抓住了重点即上海钱庄，但缺乏其他地区相关钱业的研究成果支撑。目前天津、北京、武汉、重庆这些地方的钱庄、银号的研究成果较少，而上海钱庄即使是在极盛时代其业务一天也离不开这些地方的钱庄、银号。

金融史著作中，银行史著作是较少的。解放前有周葆銮著《中华银行史》，商务印书馆 1919 年版；吴承禧著《中国的银行》，商务印书馆 1934 年版，以及大清银行总清理处 1915 年编印的《大清银行始末记》和王志莘编的《中国之储蓄银行》新华信托储蓄银行 1934 年版。卓宜谋曾自刊了其编写的《京兆通县农工银行十年史》。此外日本学者宫下忠雄著《支那银行制度论》，岩松堂书店，1941 年初版。此书是当时日本学者研究中国银行史的专著，较为全面，1957 年吴子竹译本由台北华南商业银行研究室出版。而新中国成立后除了《中国银行行史》③、《中国银行上海

---

① Center for Chinese studies the University of Michigan , 1976.

② 吴景平先生关于钱庄对废两改元态度的研究，马俊亚关于钱庄与贸易关系的研究，见《近代史研究》2001 年第 2、5 期。

③ 中国银行行史编辑委员会编著：《1912—1949 中国银行行史》，中国金融出版社 1995 年版。关于中国银行和交通银行的论文。笔者以为，在两行档案资料未出版前，邓先宏的《中国银行与北洋政府的关系》及翁先定的《交通银行官场活动研究（1907—1927）》为这一领域中写得较好的两篇论文。均载于《中国社会科学院经济研究所集刊》第 11 辑，中国社会科学出版社 1988 年版。

分行史》①　外，正式出版的某一具体的国内某一商业银行史、地方银行史、中外合办银行史的著作还未见。而在中国金融业有着重要地位的外国具体银行史除外人汇丰银行史4巨册②，中华书局1979年曾出版李周英等译自英人毛里斯·柯立斯著的《汇丰——香港上海银行》、《汇丰银行百年史》，毛景安1977年曾在香港威尔生出版公司出版过《在中国的西方银行1854—1973》，及杨培新先生在香港出版的《华俄道胜银行》③　外余均未见。更为重要的是，建国后的学术著作极重视金融业与政治的关系，而不强调对金融业业务的研究的探讨。最具代表性的当属建国后的第一部银行史著作的作者张郁兰先生的话："研究中国银行业的历史，如果单纯从它的业务中来认识，这意义显然是很小的。""从银行业的角度来认识中国近代社会经济的性质，特别是对中国资本主义发展所起的作用，其意义却是非常重大的，这就是本书的主要目的。"④

汪敬虞先生的《外国资本在近代中国的金融活动》一书，1999年由人民出版社出版，此书原是汪先生早年的系列论文，实际上可视为国人第一部在华外国银行史，⑤　本书论述了1927年以前外国银行及中外合办银行在中国的经济活动。黄鉴晖先生的《中国银行业史》是继张郁兰先生后又一部国人的银行史著作，全书下限至1989年。

地方银行的著作，关于晚清官银钱号有谢杭生的《清末各省官银钱号研究1894—1911》，后收入彭泽益主编的《中国社会经济变迁》，中国财政经济出版社1990年版。笔者20世纪90年代初出版的《中国近代纸

---

①　《中国银行上海分行史1912—1949年》，经济科学出版社1991年版。北京档案馆的关于北京中国银行的资料，曾由中国金融出版社1989年出版《北京的中国银行1914—1949》。此外汉口分行史和福建中行的相关资料也已出版。台湾姚崧龄有多部关于张公权与中国银行的著作。

②　Prank H. H. King, *The history of the HonKong and Shanghai banking corporation.* Cambridge University Press, 1987. ［英］毛里斯·柯里斯著的《汇丰——香港上海银行》，李周英等译，（中华书局1979年版）与此相比则显薄弱了。

③　杨培新：《华俄道胜银行——沙俄侵华历史内幕》，香港经济与法律出版社1987年版，此外寿充一等编辑《外商银行在中国》，主要是各地文史资料中关于外国在华银行的情况，中国文史出版社1996年版。

④　张郁兰：《中国银行业发展史》，上海人民出版社1957年版，第2页。

⑤　1958年上海人民出版社出版的献可著《近百年来帝国主义在华银行发行纸币概况》，论述了外商银行在华发行货币的情况。而中国文史出版社选辑各地文史资料中有关外商银行的文章1996年结集出版了《外商银行在中国》。

币》，则对近代中国地方银行发行货币的情况进行了分析。而较为全面的则是姜宏业先生主编的《中国地方银行史》，湖南出版社 1991 年版。

改革开放后，刘光弟著《中国的银行》（北京出版社 1984 年版）有 20 余页银行史的内容。在国家和中央银行的研究方面则有孔祥贤著《大清银行行史》，南京大学 1991 年版；刘慧宇著《中国中央银行研究 1928—1949》，中国经济出版社 1999 年版，该书注重运用中央银行学理论进行研究。而 1999 年上海财经大学版程霖著《中国近代银行制度建设思想研究》，较全面地论述了中国近代银行制度建设思想的历程。Frank M. Tamagna 所著的 *Banking and Finance in China* 一书，由纽约的 International Secretariat Institute of Pacific Relations Publications Office 1942 年版，此书前面有宋子文的序言，此书分为三部分，第一部分论述 1927 年以前的中国金融业，第二部分论述 1927—1937 年的中国金融业，第三部分是战时的中国金融业，每一部分均按中国传统的金融机构、在华外国银行业、国内银行业三部分依银行业务论述其发展及演进。此外王业键先生的《中国近代货币与银行的演进 1644—1937》（台北南港 1981 年版）的第三部分 30 余页，也论述了近代银行发展的脉络。

近代银行业最重要的业务是货币业务，因而分析银行业的货币业务的来源即资产及其出口（放款及其方向），不仅可以了解近代银行业的兴衰，而且从其货币业务的流向可以看出近代资金的流向，进而得出近代资本与部门经济的关系。所有这一切均与银行业与其业务的场所金融市场有关，而何种金融机构掌握了近代货币体系的核心、掌握着货币市场的定价权，这不仅是银行业兴衰问题的关键，也是近代中国金融业的核心。

（三）货币与宏观经济的关系

货币与宏观经济的问题最明显的表现即货币价值与物价的关系，并由此影响各部门经济，特别是通货膨胀或通货紧缩将直接影响经济进程，此时货币与宏观经济的关系表现得更为突出。而在当时的中国，由于货币体系已渐成白银核心型，因而中国货币体系的核心——白银的价值（而在世界却为普通商品）是问题的核心所在。

从晚清开始，一些学者开始关注银价与中国经济的关系，但由于晚清时期至 20 世纪 30 年代世界银价处于总体平稳下降时期，同时这种状态对中国宏观经济有利，故笔者仅知当时有邵金铎著的《银价之研究》，学术研究会丛书部 1921 年版。邵氏是国内较早关注银价与经济问题的学者，这种研究在银价变动平缓时期竟然中断了十余年之久。只是当银价短期剧烈动荡时，人们才又集中探讨这一问题。进入 20 世纪 30 年代后，世界银价在短期内剧烈升降，从而形成了 30 年代初期的金贵银贱和稍后的白银风潮，此时，人们对银价与中国经济的关系极度关注，并形成了大量的文献资料。

对于这两次由银价变动而引发的金融风潮，由于影响到了国内经济的方方面面，因而是国人谈论经济问题的重心，并在世界范围内产生影响，国内报刊更是积极参与，诸如《申报》、《新闻报》、《时事新报》、《银行周报》、《大公报》、《中央日报》等。而境内外报刊也加以评论，《大陆报》、《文汇报》、《字林西报》、《密勒氏评论报》、《正金周报》和《金融商业周报》也频频发文。国外报纸如《纽约讲坛报》、《伦敦金银商同业公会年报》、《泰晤士报》也发表了大量相关文章，专著也出了一批。①

专著可视有一个时期学术研究的总结。在这些专著中，有代表性的解放前有三部，耿爱德（E. Kann）《中国货币论》，商务印书馆 1929 年版②；谷春帆《银价变迁与中国》，商务印书馆 1935 年版；实业部银价物价讨论委员会编《中国银价物价问题》，1946 年版。耿爱德（E. Kann）特别强调白银与近代中国经济发展的关系。谷氏在出版《银之发炎——动态的研究》后，在英文《金融商业报》连载文章分析银价与中国经济的关系。而《中国银价物价问题》是由实业部组织国内经济学界精英所完成，且出版较晚，可视为当时政府与学界对这一问题的总体认识。而人

---

① 工商部工商访问局编：《金贵银贱问题丛刊》1930 年 9 月版。若戍编：《金贵银贱问题之讨论》，上海华通书局发行，一、二两册，1930 年 3 月版。中国国民党广州特别市党部宣传部编：《金价暴涨的影响及其救济》，1930 年 2 月版。W. F. Spalding：《银价问题与远东》，太平洋国际学会丛书，无出版年月。黄元杉著：《游欧后第一意见书——银价问题》广州图书馆消费合作社，1931 年版。谷春帆著：《银之发炎——动态的研究》，天津大公报代售，1932 年版。路易士、张履鸾：《银价与中国物价水准之关系》，南京金陵大学农学院，1933 年印行。谷春帆：《银问题》，时事问题丛书，1933 年版。毕克匿著、褚保时、王栋译：《银与中国》，商务印书馆 1933 年版。而后期世界白银价格上涨时的一些与银有关的著作，也对此进行回顾。如：谷春帆《银价变迁与中国》，商务印书馆 1935 年版；Y. S. Leong 著《银价研究》，杨先垿译，商务印书馆 1935 年版。此外，当时相关的经济学、金融学论著和教材均涉及此问题。

② 此书在当时影响巨大，不仅有英文经过修改后的 3 个版本，而且日本也有译本。

们较少使用 20 世纪 30 年代中期南开大学经济研究所吴大业先生依南开经济指数发表在《政治经济学报》上的系列文章①以及郑友揆先生在国外发表的《中国的对外贸易和工业发展 1840—1948》中的相关成果。②

新中国成立后，对于 20 世纪 30 年代由于美国在世界市场上购买白银，而在中国引发的白银风潮的研究成果极多，如郑会欣、任东来③等人的著作，美国学者迈克尔·罗索以《院外集团与美国东亚政策》④ 为题的博士论文从美国国内政策的角度论述了这一问题。杨格的《1927 年至 1937 年中国财政经济状况》（中国社会科学出版社 1981 年版）可视为这一时期中国政府应对的历史记录。这些研究集中于白银风潮与政治的关系、与外交的关系，中国政府的应对。

（四）政府货币政策对货币本身和宏观经济的影响

近代国家货币政策最著名的莫过于废两改元和法币改革，时人留下的资料和评论早已汗牛充栋，也是后人所作的成果最多的两个货币史的个案研究。

以法币改革为例，不仅所有的近代经济史、金融史、货币史均涉及此问题，仅就论文言，近人对 1935 年法币改革的研究，成果相当丰硕，依庄大公在其论文所言：法币改革"是民国史研究中较早有所突破的课题"，最早的发表文章为虞宝棠《1935 年国民党政府币制改革初探》（《华东师范大学学报》（哲学社会科学版）1982 年 4 期），此后即不断有关于这个论题的文章发表，较为重要者有虞宝棠《试论国民党政府的法币政策》（《历史档案》1983 年第 4 期），慈鸿飞《关于 1935 年国民党政府币制改革的历史后果辨析》（《南开经济研究》1985 年第 5 期），黄如桐《1935 年国民党政府法币政策概述及其评价》（《近代史研究》1986 年第 6 期），朱镇华《重评 1935 年的"币制改革"》（《近代史研究》1987 年第 1 期），郑会欣《一九三五年币制改革的动因及其与帝国主义的关系》（《史学月刊》1987 年第 1 期），陈克俭《关于 1935 年国民政府法币

---

① 这些文章的精华后收录入由孔敏主编的《南开经济指数资料汇编》附录，中国社会科学出版社 1988 年版。

② 该书中文译本由上海科学出版社 1984 年出版。

③ 任东来：《1934—1936 年间中美关系中的白银外交》，《历史研究》2000 年第 3 期。

④ 该书有郑会欣译本《院外集团与美国东亚政策》，复旦大学出版社 1992 年版。

政策评价的几个问题》(《中国经济问题》1987 年第 3 期),吴景平《李滋罗斯中国之行述评》(《近代史研究》1988 年第 6 期),吴景平《英国和 1935 年中国的币制改革》(《历史研究》1988 年第 6 期),吴景平《美国和 1935 年的币制改革》(《近代史研究》1991 年第 6 期),贺金水《论国民政府的法币政策》(《档案与史学》1999 年第 6 期),虞宝棠《从废两改元到法币政策》(《国民政府与民国经济》华东师范大学 1998 年 12 月)。其实到 1987 年,可以说对这个问题的研究已经基本上取得了共识,即法币改革的主要原因是,币制紊乱需要改革,美国的白银政策冲击中国的银本位制度,迫使中国实行法币改革;法币改革的主要内容;外国对于法币改革的反应,英、美支持,日本反对;法币改革的作用,在积极方面是货币制度的进步,促进了当时的经济发展,消极方面是浓厚的殖民地性,使官僚资本形成金融独占,为以后的通货膨胀埋下了祸根。然而十多年后,有关这个问题仍有文章发表,但在叙述框架、基本内容与评价方面则仍然不出前者的范围,[1] 关于法币改革相关的档案集和相关文献大都在 20 世纪 90 年代才出版,而综观上述近人研究成果,仍缺乏在新的资料上对法币改革的形成作整体分析的文章,因而使这课题仍有持续深入讨论的必要[2]。

　　不论专著和论文,在此问题上,新中国成立前学者多论述其成功及对中国经济发展的意义,也有一些学者指出其通货膨胀的危险性。建国后早期研究多是论证法币的半封建半殖民地性,后期则修正这一理论并对其进行历史回复层面的深化。所有这些努力使后人有了从经济规律层面总结并抽取近代经济发展脉络的可能。

　　(五) 注重货币与宏观经济的关系

　　中国近代与古代经济的最大差异是近代中国形成了较全面的前所未有的部门经济,仅以金融为例,随着票号的没落,钱庄业的转型,商业银行的建立,中央银行的发展,投资银行的实践,证券市场的畸形发展,信托业、房地产业、保险业的出现等,均是国人前所未有的经济实践,而这些

---

① 汪朝光:《民国政治史》,曾业英主编:《五十年来的中国近代史研究》,上海书店出版社 2000 年版,第 67 页。

② 庄大公:《1930 年的经济国难与法币改革》,硕士学位论文,复旦大学,2001 年。

部门经济内部的运动发展又极具其自身规律约束，由此形成了动态且相互关联、总体趋势向前的经济模式，因而笔者认为，近代经济史不能像古代经济史那样，在没有部门经济史的支撑下独立完成。

货币对于社会经济、人民生活的重要意义是众所周知的。货币不仅是宏观经济发展极为重要的变量而且是微观经济的外部环境。但是建国以来的近代经济通史类著作中，常常有货币"空洞化"的倾向。一些著作很少提及货币，或仅论及废两改元、法币改革等重大事件。或将货币置于某一章节的位置，即货币就是货币，仅对货币沿革和变迁进行描叙，而货币与宏观经济、货币与微观经济的关系论述较少。

生活在那个时代的人们对于近代货币与近代经济的关系极度关注，并且留下了浩繁的文献。抛开经济学家和实业家的议论不论，即使是当时的政治人物也对当时的币制极度关心。早在宣统二年，梁启超就说："币制颁定之迟速系国家之存亡。"[1] 而当金贵银贱时，康有为说："夫以五千年文明之古国，万里之广土，四万万之众民，而所以致亡之由，不过为银落金涨之故，岂不大可骇笑哉！"[2] "民国"的蒋介石则云这是要"亡国灭种"的大事。[3] 银行家则认为"今印度倡议金本位，而我'中华民国'，遂作倒霉鬼矣"[4]。而银价高涨之时，经济学家则认为中国"许多商号与富豪，相继破产……上述情形，与未来隐患，均受美国购银政策所赐"[5]。

在经济学领域，从马克思、凯恩斯到弗里德曼，尽管他们的学术观点不尽一致，但是对货币在宏观和微观经济运行中起着极其重要的作用，货币在很大程度上影响着整个经济的运行和发展却是他们的共识。在现实经济学的教学和研究中，《货币银行学》和《国际金融学》已是所有经济学专业学生的必修课程，而且其研究对象就是货币本身运动及其运动与经济的关系。随着商品经济的发展，金融业日益成为近现代经济的核心，而货

① 《饮冰室合集、文集》，第3—4页。

② 《金主币救国议》，卷上，第67页。

③ 季啸风主编：《中华民国史史料外编——前日本末次研究所情报资料》46册，广西师大出版社1996年版，第566页。

④ 若戌编：《金贵银贱问题之讨论》，上海华通书局发行，1册，1930年3月版，第37页。

⑤ 《中国白银问题》，第14—15页。

币则是金融之血。

常常"自嘲"经济学还处于炼丹术阶段的经济学家们往往给历史学以极高的评价。革命导师马克思曾给历史学以极高的赞誉。熊彼特也说："首先，经济学的内容，实质上是历史长河中的一个独特的过程。如果一个人不掌握历史，不具备适当的历史感或所谓历史经验，他就不可能理解任何时代（包括当前）的经济现象。其次，历史的叙述不可能是纯经济的，它必然要反映那些不属于纯属经济的'制度方面的'事实。因此历史提供了最好的方法让我们了解经济和非经济的事实是怎样在一起的，以及各种社会科学应该怎样联系在一起，第三，笔者相信目前经济分析中所犯的根本性错误，大部分是由于缺乏历史的经验，而经济学家在其他条件方面的欠缺倒是次要的。"[1]

由此我们应当注重经济学方法的运用在分析经济史中的作用，[2] 特别是在与古代经济有着根本差异的近代经济史研究领域中。

三　近代货币史研究努力的方向

综合上述，近代经济史由于研究视角的不同，目前为止，学界尚少现总结近代经济宏观或微观经济规律的成果，多关注外国侵略、民族抗争等政治层面对经济的影响。

历史和学术的发展要求我们解决这一问题，这不仅是货币与经济的关系问题，往往是一个独特运行经济的核心，而且以经济学的规律解决经济史的问题也是更有说服力的解释历史的方法。应当力求更加理性地评论中国近代经济发展的历程，并向总结其规律的方向努力，以为当今市场经济借鉴。更为重要的是中国独特的经济运行规律呼唤着中国自己的经济学，而中国自己的经济学的建立和发展，离不开对近代经济史重要问题的解决

---

[1]　[美] 约瑟夫·熊彼特：《经济分析史》第一卷，朱泱、孙鸿敬、李宏译，商务印书馆1991年版，第66页。

[2]　"经济学是一种思维方式（Way of thin king），或者更准确地讲，经济学是关于理性思维的科学（Science of choices）"（Myerson，1999）。这个概念决定了笔者后面为什么说经济学的许多方法、理论可运用到其他领域。见《经济学家看法律、文化和历史》，张维迎著《产权、政府与信誉》，生活·读书·新知三联书店2001年版，第37页。

和发展规律的总结。

近代货币史的研究应当依历史的逻辑，以钱币学为新的史料、方法支撑，辅以货币银行学、国际金融学、新制度经济学等分析工具，力求从全新的视角研究近代货币与近代经济的关系。

依经济学的逻辑考虑，首先应当从货币本身入手，在评述中国近代货币发展的进程后，总结出中国独特的货币体系。其次从货币与金融业的关系探讨近代金融业最为重要的货币业务，并导出其货币业务与各种金融业兴衰的关系，再进入货币与宏观经济发展关系的论述，从而力求把握近代货币与近代经济的关系。文章最后讨论近代货币制度的建立、变迁与货币制度本身及宏观经济发展的关系，并依此确立评判中国近代货币思想的标准。

依目前学术的发展，近代货币史研究努力的方向应当为：一，给出中国近代货币的制度。二，给出中国近代宏观经济的货币环境。三，力图从经济学的角度，总结出一些中国近代货币、金融业发展的规律。四，从金融业的货币业务分析中国金融业兴衰。五，从国际金融一体化进程的角度，分析中国近代币制现代化的道路及对中国金融业及经济的影响。六，依据史实及被检验的货币理论，确立对时人货币思想的评价体系。

（《河北经贸大学学报》2002 年第 4 期）

民国时期的金融学学术研究和文献

上篇 中华民国时期金融学文献的产生

中华民国时期是中国现代金融学开始形成的重要时期，现在一些期刊报纸上对于某些新式的金融机构或金融工具，诸如股票、债转股、信托等，在其一出现时动不动就大叫新生事物，开创了什么什么，实际上在很多金融领域，民国时期中国人都进行过尝试，而且也取得过一定的成绩，并进行过一定的理论探讨，学术史的建立对于学术研究的重要性众所周知，但我国学术研究由于社会变迁及人为的中断，使得中国的金融学学术研究在改革开放后有从天而降、石头缝中跳出的感觉。

对于中华民国时期的中国金融学研究，我们可以从金融学总论、货币、金融机构、金融市场、国际金融、信托、保险、钱币学几个方面进行评论。

中国在 1840 年以前的经济学研究，有着十分鲜明的人类关怀及社会学方面的意义，离近代经济学特别是与近代西方经济研究的方法、关注的方向等均有着巨大的差异，而且许多今天人们耳熟能详的经济学名词，在近代都有一个引入学术的过程。

对于 Economy 一词，古人多以富国学、理财学、平准学、资生学、计学、生计学为学术名词，而经济一词为近代从日本引进，而 1912 年孙中山认为"经济"一词较准确，从此才逐渐被学术界接受。[①] 又如 20 世

---

① 叶世昌：《近代中国经济思想史》，上海人民出版社 1998 年版，第 153 页。

纪 30 年代"企业"两字刚刚从日本转译过来，国内还很少使用，① 而金融、实业等经济学名词则是在 20 世纪初才从日本引入中国。

30 年代中期美国白银政策对中国影响极大，一般市民也开始对金融有兴趣，这样诸如通货膨胀、外汇管理、货币战争、贸易统制这些名词才开始深入人心。②

而在经济新闻方面，中国最早开始刊登经济新闻的报纸当属上海的《新闻报》，到 1935 年时，该报开辟的《经济新闻》已经长达 15 年，主事者为朱义农。1935 年该报又辟《经济常识》一栏，③ 后该栏文章以《经济常识》为书名连续出版，内多有关于金融者。

国内的经济学在 20 年代末 30 年代初，中国的大学经济学教育还设在文科学科之中，而且还不能像商科一样设立经济学系，时人提议将经济学课程纳入社会科学系中或在文科中另设一经济学系。而我们从当时人们提议的经济学系设置的课程中，也可以看出当时人们对于整个经济的认识。

人们提议经济学系设置的课程应为：1. 经济学原理；2. 经济史；3. 西洋经济史；4. 中国经济思想史；5. 财政学；6. 中国财政问题；7. 所得税问题；8. 货币与银行；9. 统计学；10. 经济循环；11. 劳工问题；12. 价值与分配；13. 经济名著选读；14. 近代西洋经济思想之脉别；15. 高等经济；16. 中国经济问题；17. 关税问题；18. 农业经济；19. 穷困问题；20. 人口问题；21. 现今世界经济趋势；22. 欧美各国币制及银行制度。④

总之，中华民国时期的中国金融学术，一方面从西方和日本译取当时最新的学术成果，从而汲取知识，另一方面也从自己有金融活动中抽取经验。同时还承担了向社会大众普及金融学知识，培养金融学人才的重任。

中华民国时期的金融学学术文献的创造者主要是以下几个重要部门。

---

① 方祖荫：《刘鸿生创办中国企业银行》，《旧上海的金融业》（上海文史资料选辑）第六十期，上海人民出版社 1988 年版，第 210 页。

② 杨荫溥主编：《经济常识》2，序言，经济书局 1935 年版。

③ 同上。

④ 唐庆增：《我国大学校中之经济学课程问题》，1928 年讲演，中国经济学社《经济建设》，商务印书馆，约 1930 年出版，第 217—225 页。

政府部门

国民政府财政部

国民政府刚刚成立就赶上了 1929 年的全球经济危机，随着世界各国放弃金本位，中国的币制问题也十分重要，而刚刚成立的国民政府币制和金融均不稳定。因而 1934 年 3 月，财政部特聘用国内外金融专家，成立了币制研究委员会，致力于币制的研究，就先后编译了十几种图书，对于币制改革做出了贡献。[①] 抗战后，1941 年 11 月国民政府将其改组为财政部金融研究委员会，在此期间，该会进行敌伪金融研究；并与委员长侍从室第三处、中央调查统计局特种经济调查处，军事委员会国际军事研究所合作进行了一系列的研究工作。同时也对战后处理货币问题，诸如世界货币联系问题，稳定货币购买力问题，管理外汇问题等进行了研究。同时对于银行体系：诸如健全中央银行、三行两局专业化，调查省地方银行，调查商业银行，加强县银行等方面做了工作。

抗战期间的上海孤岛，国民政府方面也创办了一些杂志，如《商学研究》就是由国立上海商学院商学研究会出版的，其中主要登载了一些有关金融学方面的论文。

抗战中期，重庆金融界风行两事，一是办经济杂志，一是搞金融训练班。两者都是当轴提倡的。"中中交农"四行原都设有经济研究部门，发行定期刊物，一般都是学术性和通俗性的两种，以交流信息，扩大影响。邮汇局的一部分人在上海时就创办了《浪花》期刊，刘攻芸为出版刊物，请交通部在局内设立了研究处，请杨荫溥为处长，主编大型刊物《储汇季刊》和篇幅较小的《储汇月刊》，内容除金融财政外，还介绍西方经济学说，特别是当时凯恩斯的观点，但是不久就结束了。[②]

政府银行

1933 年 8 月 1 日，中央银行成立了经济研究处，研究国内外经济状

---

① 财政部钱币司编：《十年来之财政金融研究工作》，中央信托局印制处印，第 14 页。
② 陈述曾：《邮政储金汇业局二十年》，《旧上海的金融业》（上海文史资料选辑）第六十期，上海人民出版社 1988 年版，第 104 页。

况，聘请国内外或者说名经济学家研究该行业务等，内设有农业、工业、商业、金融四组，总务和编务两科，① 该行早就编辑《中央银行旬刊》，后又编辑出版了《中央银行月报》，这是在当时中国有着十分重要影响的一份经济学杂志。该处在抗战时出版了《十年来中国金融史略》，并出版有《中央银行经济研究处丛书》，其中有《金融法规续编》。中国农民银行的刊物《本行通讯》。

金融业

1912 年华安合群保寿公司成立，成立后不久就着手编印《华安杂志》。② 太平产物保险公司 1929 年底开业，该公司有刊物《保险界》。

1928 年，上海商业储蓄银行创立了调查部，每星期刊行《金融商情周报》，通报市场信息，该行还有内部刊物《海光》。③

到 1948 年底时，中国通商银行投资的文化事业有大东、世界、正友、文风等四家书局，《上海商报》、《宁波商报》、《大晚报》、《新夜报》、《学生日报》、《金融导报》等六家报社，以及中国新闻事业公司、天地新闻公司、中国出版社、江苏文化公司等单位。④

孤岛时期的上海，金城银行调查科也编辑出版过《中外金融周报》。

金融业同业组织

1917 年春夏之交，张公权、李馥荪、徐寄庼、钱新之、宋汉章、陈光甫等人共同发起创办了银行公会，同时协助张公权、宋汉章、盛竹书、李馥荪等人创办了公会的机关刊物《银行周报》，这是近代中国发行最早而且最有影响力的刊物。⑤ 实际上《银行周报》的创立早于银行公会，张

① 石抗鼎：《我国中央银行制度之演进》，《商学研究》第 1 卷第 2 期，1941 年 4 月 1 日。
② 龚汇百：《华安合群保寿公司》，《旧上海的金融业》（上海文史资料选辑）第 60 期，上海人民出版社 1988 年版，第 194 页。
③ 张继凤：《陈光甫创办上海银行及其经营特点》，《旧上海的金融业》（上海文史资料选辑）第 60 期，上海人民出版社 1988 年版，第 150 页。
④ 陈泽浩：《中国通商银行始末》，《旧上海的金融业》（上海文史资料选辑）第 60 期，上海人民出版社 1988 年版，第 202 页。
⑤ 朱镇华：《徐寄庼生平事迹》，《旧上海的金融业》（上海文史资料选辑）第 60 期，上海人民出版社 1988 年版，第 122 页。

公权至京任中行副总裁后，徐寄庼负责。经费由中国银行、交通银行、浙江兴业银行、浙江实业银行、上海商业储蓄银行、盐业银行、中孚银行由报费和广告费下分任。1917 年 7 月银行公会成立后，《银行周报》从中行迁至公会。最早是诸青来为撰述，徐玉书和徐沧水为编述，公会成立后徐玉书为总编辑，1930 年后徐沧水为总编辑。1925 年徐去世后由徐寄庼组织委员会共同管理，由沈籁青为总经理及总编辑，后由戴蔼庐任总编辑。①

在《银行周报》的影响下，北京银行公会创办了《银行月刊》，汉口银行公会创办了《银行杂志》。

1917 年秦润卿在刚刚成立的上海钱业公会上担任副会长，1920 年后任会长，他任会长后，筹建了公会会所，创办了《钱业月报》。②《钱业月报》创立于 1921 年 2 月，由钱业公会主持发行，经费也由该会负责，开始时屠光甫任主编，后组织了月报委员会负责，钱业内部过去以保密为营业方针，自从《钱业月报》创立后，人们才开始对于这个行业有了一定的了解，月报记载了关于钱业的历史以及钱业的业务，特别是对银洋进出、公单划解的记载十分详细。1938 年时曾因抗战而停刊，1947 年 4 月出至 20 卷 4 号后停刊。③

学术团体

中国经济学社以研究经济学术，发展经济思想为宗旨。成立后到1927 年时已有会员 200 余人，在此前后年会均在北方进行，自 1927 年第四次年会开始，在上海举行。第五次在杭州。④ 会议议程已能够反映该会的实力，首先是提案，然后是会议提交的论文，然后是大会演讲。如第五次年会时演讲的题目有：《庚子后之中日贸易》，李培恩；《吾国银行业之革新》，施博群；《商情预测法》，苏上达；《中国茶叶问题》，吴觉农；《打倒死人经济》，贺良；《中国财政之现在与未来》，诸青来；《经济理论与经济

① 徐寄庼：《增改最近上海金融史》，自刊，1929 年版，第 338 页。
② 吾新民：《旧上海钱业领袖秦润卿》，《旧上海的金融业》（上海文史资料选辑）第 60 期，上海人民出版社 1988 年版，第 263 页。
③ 中国人民银行上海分行编：《上海钱庄史料》，上海人民出版社 1978 年版，第 653 页。
④ 《经济建设》，《中国经济学社社刊》第 2 卷，商务印书馆 1930 年版，第 165 页。

事实》，李权时；《中国农佃制度》，刘大钧；《何谓金融市场》，杨荫溥；《打倒包办制度》，戴蔼庐；《县财政之真相》，潘中甲；《对于工厂法中规定盈余分配之意见》，潘序伦；《国有事业》，何德奎。这次会议报名者较著名的有：马寅初、徐寄庼、陈其鹿、戴蔼庐、卫挺生、刘大钧、陈青华、李权时、杨荫溥、冯少山、王志莘、唐庆增、童蒙正，等等。主席为马寅初。副主席为刘大钧等。

会议开完后由理事会负责，仅据《经济建设》一书记载，第五次会议的理事会就开了 12 次理事会。当时马寅初、刘大钧、刘南陔、李权时、徐寄庼、戴蔼庐、卫挺生、盛灼三等为理事。

该会除积极参加社会流动，如作为团体参加全国经济外，还编辑出版书籍，如《美国现今的经济革命》、《中国劳工问题》、《中国经济问题》、《唐庆增经济论文集》、《经济建设》等。

1932 年 12 月，上海市银行学会同业公会成立，这是一个全国性的银行学术团体，由上海银行业人士发起组织，以促进我国银行界研究银行学术、讨论银行实务、培养银行人才为己任。其主要负责人是王志莘，除上海之外，在西安还有分会，该会按银行实务分为经常、会计、人事、储蓄、信托、仓库、保管等小组。此外还有银行周报社，出版有《银行周报》、《银行实务》及银行丛刊、丛书等。该学会一直到 1949 年上海解放后结束。该会档案现在上海市档案馆。①

私立调研机构

中国征信所是一个金融信用调查机关，20 世纪 20 年代时上海就有日本人办的上海兴信社和东京兴信社、美国人办的商务征信所，从事信用调查，提供经济情报。1921 年时，在天津召开的第二届银行公会联合会议曾要求各地自行创办征信事业，但直到 1932 年 3 月才由中国银行、上海银行、浙江兴业银行发起组织了一个中国兴信社，作为研究机构。其最初的干事是资耀华、祝仰辰和章乃器，后参加银行日多，又增加了陈其鹿和杨荫溥为干事。6 月设立了营业机构正式成立中国征信所专门进行信用调查。除上海外还在天津、汉口设立分所，到 1935 年 11 月止已有会员 154

---

① 《上海市档案馆指南》，中国档案出版社 1999 年版，第 211 页。

家。该所进行的调查报告书计有 6 种：一是所方自动发表的（包括工商业的调查）；二是特别报告书（每月工商业异动情况）；三是秘密报告（各业个人信用调查工商业情报）；四是市况调查（商品产销、市场变动）；五是保单调查；六是信用放款调查。该所发行的各种报告每年有800—900 份，自创办到 1936 年 7 月共发行报告 3 万份左右。此时不少外国银行也参加该所。抗战后该所基本停业，战后由于中央银行回上海复员并有联合征信所的设立，故业务一直没有什么起色。① 该所 1945 年至1949 年 12 月出版《征信新闻》，1949 年 5 月，被上海市人民政府接收。该所档案现在上海市档案馆。（《上海市档案馆指南》，中国档案出版社1999 年版，第 228 页）

中国金融年鉴社是私人业余从事金融书籍编著的小机构，到 1948 年时已有 12 年的历史，1937 年出版过《中国金融年鉴》第一集，抗战中停止，1945 年后开始编中国金融年鉴第二集，分三编，第一编为总论为中国金融史，第二编为全国金融调查录，第三编为附录。1947 年出版。1948 年出版过《金融人物志》。②

1946 年冬天，中国经济研究所在上海成立，为一个私人经济研究机构，所长为何廉，副所长方显廷，该所宗旨为："研究中国当前经济问题及训练高深研究人员为主旨。"有周刊经济评论、世纪评论，编有物价指数三种：上海批发物价用途分类指数，上海批发物价加工程度分类指数，上海批发物价进出口及国内产销品分类指数。③

此外还有其他政府部门，科研机构、新闻媒介也是金融学术文献的创造者，20 世纪 30 时代这种格局已经形成。

30 年代，由于中国经济一步步进入国际经济体系，特别是金贵银贱风潮对中国的影响，使得中国人开始对现代经济学的兴趣大增，也是国内现代经济学研究机构初步建立并传播现代经济学知识的黄金时期。

这一时期国内出现了大量的公私经济学研究机构，产生了大量相关金

---

① 吴嘉年：《中国征信所始末》，《旧上海的金融业》（上海文史资料选辑）第 60 期，上海人民出版社 1988 年版，第 210 页。

② 《上海的银行》序言，中国金融年鉴社 1949 年版。

③ 《新币制——金圆券》序言，华夏图书出版公司 1948 年版。

融学的文献。

政府部门：南京国民政府主计处编有《中国每日物价指数》（月刊）；《上海现银移动统计》（月刊）。南京建设委员会曾出版过赵兰坪著《各国通货政策与货币战争》。南京行政院内的农村复兴委员会除出版刊物杂志进行各省农业调查外，还出版过王志莘编《农业金融制度论》和《日本之农业金融》。财政部编有《财政公报》和《财政年鉴》。设于上海江海关大楼的国定税则委员会编有《上海物价月报》。位于上海新闸路 1711号的海关总税务司统计科出版过《中国货币略论》（中英文）；《银行与物价》（英文本）。实业部银价物价讨论委员会出版有《中国银价物价问题》。上海江西路 406 号的国际贸易局出版有：*The central bank of canton. The mystry of Hongkong Dollar. Kemmerer Commission Report on the Gold Standard Currency System in China*。上海市通志馆编出版有郭孝先著《上海的银行》。湖南省政府出版有《湖南之金融》。江西省政府统计室出版有《江西之金融》。南京中央研究院社会科学研究所出版有吴承禧的《中国的银行》。

学校：南京中央大学出版有杨荫溥的《中国交易所论》。江苏省立教育学院（无锡）出版有朱若溪的《农村金融流通之设施》。广州中山大学出版有区季鸾的《广州之银业》。北平大学出版有李芳的《中国货币统一论》。

公私银行：设于上海外滩的中央银行经济研究处编有《中央银行月报》、《金融周刊》、《英文中央银行季刊》。出版有《全国银行人事一览》、《各国货币银行法规汇编》、《中国农业金融概要》、《兰州之工商业与金融》、《德意日三国最近之银行业》。中国银行经济研究室设于汉口路50 号，编有每年 1 册《中国银行年报》、《金融统计月报》、《中外商业金融汇刊》、《中行月刊》。出版有《全国银行年鉴》、《中国重要银行最近十年营业概况研究》、《中国重要银行最近十年营业概况研究续编》。中国银行重庆分行出版有《四川金融风潮史略》。上海银行调查部，设在上海宁波路，出版有《海光经济论文集》、《各国银行制度考》、《廿二廿三年金融商情年报》。交通银行办有《交行通讯》。江苏省农民银行办有《农行》。浙江兴业银行调查部办有《兴业邮乘》。金城银行经济研究室编有每年一册的《营业年报》。绸业银行有《绸缪》。上海信托季刊社的《信托季刊》。四川省银行调查部有《四川经济月刊》。银行周报社有《银行周报》和《经济统计》。上海钱业同业公会有《钱业月报》。

私人组织机关：中国经济学社出过《中国经济问题》、《经济建设》、《经济学季刊》，刘振东著《中国币制改革与有限金本位》，陈清华的《中央银行概论》。私人机关还有中国经济统计研究所、中国经济情报社，上海社会经济调查所出版过吴敬敷著的《农业金融经营论》，徐渊若的《德国之农业金融》，密公干著《典当论》。中国国民经济研究所。以上均在上海。南京有中国经济研究会，重庆有四川经济学会，北平有北平经济学会，北平社会调查所。此外还有经济科学研究会，太平洋国际协会出版有刘大钧的《外人在华投资统计》、金治井原著的《日本对华投资》，侯树同的《东三省金融论》。新中国建设学会编有《复兴月刊》，出版有赵兰坪的《各国通货政策与货币战争》。交易所周刊社出版有《交易所周刊》。南京的日本研究会出版有《日本的通货膨胀》、《日本的银行制度》、《日本之国际借贷关系》。当时这种研究机关很多，大量小的研究机构一般是一社一刊。

工商团体：上海市商会出版有《金融业》、《金融业统计》。

新闻媒介：《大公报》出版有杨德霖编译的《英格兰银行史》、《法兰西银行史》、《意大利银行史》，朱敏章编的《日人对华投资》。①

下篇　中华民国时期的金融学文献

A. 专著

一　金融学总论

杨荫溥著《杨著中国金融论》，黎明书局 1936 年版。全书分四编，一为总论，包括金融总论和金融市场；二为中国金融中心上海的金融市场的现状；三为天津和武汉的金融市场和状况；四为中国证券市场。

张辑颜著《中国金融论》，黎明书局 1936 年版。书分五编：绪论；金融之实体，主要是说货币；金融机关；银与金之研究；金融市场理论。

《十年来之金融》，财政部钱币司编，1943 年中央信托局印制处印。

---

① 详见《中国公私经济研究机关及其出版物要览》，中国国民经济研究所编，1936 年，非卖品。

从法币改开始到占战时金融建设为其主要内容。该书又为《孔（祥熙）兼部长就职十周年纪念文集》之九。

《金融漫笔》，白羊著，永孚公司丛刊之一，1941 年该公司出版。内容多为当时金融业务。

《十年来中国金融史略》，中央银行经济研究处编印，1943 年出版。为官方出版的 1933—1943 年的金融史。郭家麟、郭荣生等著。

王承志：《中国金融资本论》，光明书店 1938 年版。杨荫溥：《中国金融研究》，商务印书馆 1936 年再版本。

章乃器：《中国货币金融问题》，上海生活书店 1936 年版。

20 世纪 30 年代出版的有关金融学的著作有：

日本牧野智辉著、徐文波译《金融论》，民智出版。高岛佐一郎著、高书田译《金融原理》，商务印书馆。邵宗伊编《金融经济大纲》，中华书局。饭岛幡司著、周佛海译《金融经济概论》，商务印书馆。

施伯珩著《上海金融市场论》，珠算处出版。寒芷《战后上海的金融》，香港金融出版社 1941 年版。

沈雷春编《中国金融年鉴》，中国金融年鉴社 1938 年版。沈雷春主编《中国金融年鉴》（2），中国金融年鉴社 1947 年版。

农业金融

苏若溪：《农村金融流通之设施》，苏教院出版。牧野辉智著《农业金融概论》，王世桢译，黎明书局。吴敬敷等著《农业金融制度论》，商务印书馆。欧阳瀚存译自日人的《农村金融新论》，中华书局。黄枯桐译自日人的《日本的农业金融机关》，商务印书馆。徐渊若著《日本之农业金融》，商务印书馆。陈振桦著《农业信用》，商务印书馆。冯静远译：《农业信用》，黎明书局。

二 货币

胡寄窗先生是较早研究中国金融学术史学者，他在《中国近代经济思想史大纲》（中国社会科学出版社 1984 年版）中专门分析了中国近代货币学的研究；并认为中国货币学多引进日本的观点，而在五四前多以文章的形式发表货币学，而以后专著和论文两种形式均大为增加。

　　胡先生在该书中说，当时中国关于货币学的著作包括译著和自著约有175 部，其中 20 世纪 20 年代 29 部，30 年代 175 部，40 年代 36 部。而且译作减少，自著增加，译著约为 32 部，译自日文约为 8 部，其他基本上译自英、美，没有俄国的。

　　胡先生在著作中记载了下列著作。译自日文者：李翰章、李克强译《货币学》（1917）；周佛海译《金融经济概论》（1926）；徐文波译《金融论》（1932），顾高扬译《货币论》（1933）；高书田译《金融原理》（1932）；周伯棣译自吉田武雄《中国货币史纲》（1934）；徐文波译自高桥龟吉《金融统制论》（1937）；李荫南译自牧野辉智的《最新货原理—货币的实证研究》（1937）；赵乐人译自富田保郎的《货币实践知识》（1948）。

　　译自西文者：杨端六译《支那货币论》（1917）；金国宝译《伦敦货币市场概要》（1925）；熊遂译《证券交易所要义》（美，1921）；童致桢译《美国联邦准备银行制度》（1930）；吴宗焘译《通货膨胀问题之研究》（1930）；金本基译《货币购买力》（1931）；崔晓岑译《国际金融争霸论》（1933）；蔡受百译《中国货币论》（1933）；顾经济译《凯末尔货币论》（1934）（此书还有向耿西和李百强两个译本）；殷锡麒译《汇兑统制》（英，1936）；何子恒译《货币的故事》（1936）；刘望苏译《汇兑统制》（英，1936）；付伟英译《货币学》（德，1936）；黄子度译《美国金融统制》（1936）；梁云地译《外国汇兑论》（英，1937）；彭子明译《战后世界金融》（英，1937）；李百强译《甘末尔货币论》（1937）；财金所译《世界金融史纲》（1940）宗家修译《战后世界金融》（英，1941）；李炳焕译《货币政策与经济稳定》（1946）。①

　　自撰的货币学著作有：叶作舟、郭真合著《货币新论》（1930）；徐钧溪著《货币学》（1932）；朱彬元著《货币银行学》（1932）；周伯棣著《货币与金融》（1935）；崔晓岑著《货币与银行》（1936）；朱佛尔著《货币学原理》（1936）；刘觉民著《货币学》（1936）；王怡林著《货币学》（1938）；莫宣元著《货币学要论》（1940）；马寅初著《通货新论》（1944）；施耐夫著《最新货币学》（1944）朱通九著《货币学》（1946），

---

　　① 胡寄窗：《中国近代经济思想史大纲》，中国社会科学出版社 1984 年版，第 454 页注。

杨端六著《货币与银行》（1946）；赵兰坪著《货币论》（1946）；杨培新著《新货币学》（1947），黄宪章著《货币学总论》（1947）；王传曾著《现代货币原理》（1948）；樊弘著《现代货币学》（1948），彭迪先著《新货币讲话》（1949）。①

胡著专评了马氏的《中国之新金融政策》、《通货新论》及杨端六的《货币与银行》，王传曾的《现代货币原理》，樊弘的《现代货币学》，黄宪章的《货币学总论》。对于在货币价值论方面则介绍了李权时的《货币价值论》（1930），金本基译自费雪的《货币购买力》（1931），徐渭津译自 Cannan 的《通货及其价值》（1935），刘涤源著《货币相对数量说》（1947）；褚葆一的《货币价值论》（1945）。而特别提到了一个叫 Lin Lin 的中国留美学生在美国权威杂志《美国经济评论》上发表过批判费雪的货币数量公式，这在那时的中国经济学家中也算是一件非凡之举。②

而 20 世纪 30 年代中初时，中国已有货币学的著作有：徐钓溪著《货币论》，世界书局。顾高译自日本的《货币论》，民智出版。王效文等著《货币论》，商务印书馆。章作舟等著《货币新论》，太平洋出版。王怡柯编译《货币学》，商务印书馆。沈案墀著《货币学》，世界书局。朱佛乐编《货币学原理》，中华书局。郑行巽译《货币学概论》，广益出版。王恒编《货币概论》，中华书局。杨端六著《货币浅说》，商务印书馆。朱彬元著《货币银行学》，黎明书局。陈振骅著《货币银行原理》，商务印书馆。金本基译《货币的购买力》，商务印书馆。杨荫溥等著《货币与金融》（一），中华书局。周伯棣编的《货币与银行》（二），中华书局。张家骧著《中国之币制》，商务印书馆。杨端六译《支那货币论》，泰东出版。

中国货币理论史研究的集大成者是叶世昌先生，他按人物搜集了近代大部分的货币理论书籍，并进行了分析。成果集中于《中国货币理论史》（下），第六—十一章。全书分析了北洋时期的货币理论，包括金属本位的讨论；徐永祚、马寅初等的废两改元论；孙中山的钱币革命理论；赵祖荫的币制改革救国论，章炳麟的金属主义货币论；朱执信的纸币理论；廖

---

① 胡寄窗：《中国近代经济思想史大纲》，中国社会科学出版社 1984 年版，第 454 页注。
② 同上书，第 457 页。

仲恺的货物本位论；王怡柯编译的《货币学》。对于国民政府时期废两改元前的货币政府，分析了对于币制的一般意见；寿勉成的科学银圆本位论；刘振东的有限银本位论；黄元杉的物银矫正策；刘晃执的能力本位论；刘子亚的物工货币论；胡召南的经济救国论；徐表圃的虚粮本位论；阎锡山的物产证券论；李权时的货币价值论等。而对于废两改元至 30 年代末的货币理论则论述了顾翊群等的管理通货论；褚辅成的货币革命论；赵兰坪的纸本位论和货币价值论；林维英、余捷琼等论新币制；姚庆三有现代货币思潮论；陈启修的货币理论；沈志远对错误货币理论的批判；章乃器的币制理论；钱俊瑞的国际货币权论；孙治方对物产证券论的批判；李达的货币学概论。对 40 年代的货币理论论述则有：杨端六对西方货币理论的介绍；马寅初的通货新论；徐青圃的物本币末论；刘涤源的货币相对数量说；滕茂桐的货币新论；樊弘的货币理论；黄宪章的货币学总论；彭迪先的货币学总论；曹菊如的货币理论和薛暮桥的货币理论。[①]

1. 币制。

在币制问题上，胡著罗列了伍启元著《战后世界币制问题》（1943）；高叔康译自约翰逊的《资本主义货币制度论》（1938）；寿勉成著《世界币制问题》（1936）；东方杂志社编《货币制度》（1925）；张家骧、吴宗焘合著《中国之币制》（1934）和《中国之币制与汇兑》（1931）；张素民著《白银问题与中国币制》（1936）；杨荫溥著《各国币制》（1942）；吴克刚著〈《战时金融与币制》 （1937）；胡寄窗著《战时物价管制》（1942）；吴德昭著《战后各国币制改革》（1947）；金国宝著《中国币制问题》（1928）；姚庆三著《现代货币思潮与世界币制之趋势》（1938）；高家栋著《各国币制论》 （1933）；童致桢著译《美国联邦准备银行制度》（1930）；符泽伯著《中国币制问题总检讨》（1948）；曾纪桐著《战后国际币制论》（1946）；黄子度译《美国金融新制》（1936）；章乃器著《中国货币制度往那里去》（1935）。[②] 这些书中，他认为伍、曾、姚三书较有参考价值。

实际上早在清朝后期，就有人开始关注中国的币制问题。

---

① 叶世昌等：《中国货币理论史》（下），中国金融出版社 1993 年版。
② 胡寄窗：《中国近代经济思想史大纲》，中国社会科学出版社 1984 年版，第 456 页。

《币制问答》，有光绪三十二年序。书为柯贺壁所记精琦关于中国币制的一些论述，如论中国请美国代办何事；论如何视中国为银国等。书后有附录，如印度来往他国之货价，起自光绪十五年止于光绪二十八年。

《金币制考》，一名《建设金银货币案》，黄遵楷著，书中有货币性质及关系；我国货币制当采用金本位之理由。书中附录有各国币政之经过及其货币法规。

《中国币制得失论》，光绪丁未八月宋寿恒（则久）著，书分为中国用金用银利弊辩，与友人辩铸金书及余论等。

《中国币制与生计问题》，刘晃执著。书中有币制三大问题各议草案，币制筹备年程表，币制委员会第一次大会演说，前度支部币制局议案等，另有附录。大 16 开，1914 年由生计研究所发行。

《中外度量衡币比较表》，杜亚泉著，上海商务印书馆光绪三十四年八月初版，宣统元年闰二月再版。其中有各国度量衡及货币表及中国与英国、美国、日本、俄国等的比较。

《调查各国银行义例汇抄》，6 卷，日本神津助太郎著，舒邦杰编述，上海商务总会排印本，6 册。复旦有藏。

而中国人民大学收藏有：《中法实业银行全案》、《中国农工银行平行业务报告》，冷家骥著，1933 年。《山东金库现行事务记略》，常勉斋著，1918 年版。《清查运库钱粮册》抄本 6 册。《物产证券与按劳分配问答》，1 册。《中国之金融》，潘承鄂著，光绪三十四年（1908）中国图书公司印行 2 册。《日本货币制度考》，手抄本 1 册。《整理广东纸币始末记》，财政部钱币司编刊，1913—1914 年，财政部印刷所印。《币制问答》，贺壁理编著，光绪三十二年（1906）刊，1 册。《银行人员手册》，中国交农四行联合办事处编，中华书局 1947 年版，10 册。《银行参考、纸币政策、造币厂修正章程、拟定金本位制说明》，白雪利等撰，1 册。《筹办赣吉二省银行币制要录》，孙德志编，1914 年刊，1 册。《钱物转流原理》，陈锦涛著，光绪三十二年（1906）石印，1 册。《旧都工商概况》，木樨香主人编，辛未年，手抄本。《理财考镜初稿》，孙德全著，宣统二年（1910），4 册。

《财政部泉币司章程汇编》，财政部泉币司 1930 年编印。陈度：《中国货币问题汇编》，作者自刊，民国年间本。蒋廷黼：《纸币概论》，中华书局 1936 年 8 月版。

实际上赵兰坪所著的《现代币制论》，出版于 1936 年，后于 1943 年又在重庆正中书局重印，是关于当时世界币制与中国币制分析较深的一部著作。该书实际上是著者在法币改革前对于世界和中国币制问题进行分析的一部论文和演讲集，多发表于《外交评论》、《中央时事周报》，《日本评论》，该书对于世界币制的分析，特别是对于中国币制当时的走向做出了较为准确的预测。

2. 货币时政。

马寅初著《中国新货币政策》（1937），李炳焕译自代尔的《货币政策与经济稳定》（1946）；余捷琼《中国新货币政策》（1937）；周伯棣《白银问题与中国货币政策》（1936）；赵兰坪的《各国通货政策与货币战争》（1934）；

严翔编《改革币制要览》，国光书店 1935 年版。书分四章：绪论；改革币制发动与展拓；舆论一斑；参考资料。附录为通货膨胀问题。该书记载法币改革后，全国现银估计约 4 万万两以上，存外商银行者达三千六百余万元，纸币发行额约四千万万元，法币占十分之七。法币改革时至 4 日止，全国现银为 24 万万两至 27 万万两，外国银行有 3600 余万元。其中属于英国银行 1455.7 万元；属于日本银行 83.3 万元；美国银行 428.1 万元，德、法、荷、意诸国银行合计 909.5 万元。

千家驹著《中国法币史之发展》，南华出版社 1944 年版。该书论述了法币改革及法币在抗战中的演变和发展过程。

《新币制——金圆券》，华夏图书出版公司 1948 年版。这是中国经济研究所丛刊第一种，分八章，前几章为时政，后几章分论金圆券与国际收支、物价管制、国内金融市场，并有附录。

吴小甫编：《中国货币问题论丛》，光明书局 1936 年 11 月版。金国宝：《中国币制问题》，商务印书馆 1928 年 7 月初版。徐沧水编，《中国今日之货币问题》，银行周刊 1921 年 6 月版。王世鼎：《新货币政策实录》，财政建设学会 1937 年 1 月初版。马寅初：《通货新论》，重庆商务印书馆 1945 年版。朱偰：《中国货币问题》，重庆青年书店 1940 年版。

《中日货币战》，重庆独立出版社 1939 年版。华而实：《五年来的中日货币战争》，三一出版社 1942 年 7 月初版。《敌伪在沦陷区之金融设施》，无编者及印制年代，民国年间油印本。

3. 货币理论。

马咸：《货币与物价》，正中书局 1937 年初版，1942 年重庆再版。

这是一本译自日本荒木光太郎的著作。书分四篇，第一篇讨论货币经济机构；第二篇讨论货币的一些基本概念；第三篇分析货币的职能，第四篇为货币制度，占全书的三分之一。著者留学奥地利，故对该学派的观点介绍较多，第六篇为货币与物价；第七篇为当时各国的货币政策；第八篇分析货币制度的未来。但作者认为将来还是金本位的天下，历史已证明其误。

三 金融机构

总论

《上海金融组织概要》，杨荫溥著，1930 年商务印书馆版。内分概论、上海钱庄、上海票号、上海银炉、上海公估局、内国银行、外国银行、中外合办银行、储蓄机关、信托公司、交易所、上海筹备中之金融组织。

1. 银行。

胡著统计当时国内有关于银行问题的著作 59 部，其中 20 世纪 20 年代 13 部，30 年代 28 部，40 年代 16 部，译著在本期内有 8 部。

关于银行的译著有：戴蔼庐译自日文的《银行员、银行家的座右铭》（1932）；顾高扬译自日文的《银行学》（1939）；王建祖译自敦巴的《银行学原理》（1924）；李超伟译自 Will and Edward 的《银行业务总论》（1932）；李达理译自 Mackenzie 的《欧美银行制度》（1934）；黄澹哉译自美国的《各国银行制度》（1934），谢菊曾译自美国的《欧洲的不动产银行概论》（1939），谭寿清译自 Hawtray 的《中央银行经营论》（1947）。[①]

国内学者自著的银行学著作有 17 部，卓定谋的《银行论》（1925）；郑行巽的《银行学概要》（1929）；陈其镳的《银行学》（1933）；徐钧溪的《银行学概论》（1933）和《最新银行论》（1934）；蒯世勋的《银行学 ABC》（1934）；崔晓岑的《中央银行论》（1936）；朱杉元的《银行

---

① 胡寄窗：《中国近代经济思想史大纲》，中国社会科学出版社 1984 年版，第 457 页注。

学》（1935）；朱斯煌的《银行经营论》（1939）；彭信威的《银行学》（1948）；朱斯煌的《银行概论》（1948），王传曾的《现代银行原理》（1947）①。余为中国银行现实问题及银行史的著作如马寅初的《中华银行论》（1932）；杨德森著《意大利银行史》；《英格兰银行史》，《法兰西银行史》；全汉昇的《中国银行制度史》。

20 世纪 30 年代出版的关于银行方面的书还有：陈其镳编《银行学》，商务印书馆；蒯世勋著《银行学》，世界书局；徐钓溪著《最新银行论》中华书局；《银行论》日本高垣寅次郎著，宋家修等译，民智出版；《银行新论》，陆宗赟编，太平洋出版；张家骧译，日本松崎之助著《最新银行学》，作者出版；陈家骧著《银行原论》，群益出版；徐钓溪著《银行概论》，世界书局出版；王建凯、吴宗焘译《银行学原理》，商务印书馆；杨端六著《银行要义》，商务印书馆；黄炎、杨允鸿等编《银行与金融》，中华书局；张九如等编《儿童银行》，中华书局；李伟超译《银行业务总论》，黎明书局；唐庆永著《现代货币银行与商业问题》，世界书局；张伯篪著《货币银行学》，世界书局；陈振骅著《货币银行原理》，商务印书馆；《经营银行概论》，冯勋著，作者出版；《现代银行详解汇编》（八集）历鼎模编，作者出版；潘恒勤著《现代银行实务论》，生活书店；卓定谋著《银行事务解说》，作者书店；《银行实践》，朱彬元编，商务印书馆；淡淡居士等著，戴蔼庐译，《银行员、家作右铭》，黎明书局；李权时著《金融界服务基本知识》，世界书局；沈叔羊编《银行应用计算表》，作者书店；孙祖荫著《各国中央银行比较论》，商务印书馆；陈天表著《中央银行之理论与实务》，中华书局；陈清华译《中央银行概论》，商务印书馆；渠巨文著《中央银行制度概论》，大东出版；黄澹哉译《各国银行制度》，四社出版；李达理译《欧美银行制度》，世界书局；柯谋著、童致桢译《美国联合准备银行制度》，中华书局；卓定谋编《京兆通县农工银行十年史》，作者书社；胡乃文译《日本银行制度》，正中书局；马寅初著《中华银行论》，商务印书馆；吴承禧著《中国的银行》，商务印书馆；邹君斐编《中国现代银行实务与顾客》，生活书店。

此外有关银行方面的书还有：

---

① 胡寄窗：《中国近代经济思想史大纲》，中国社会科学出版社 1984 年版，第 458 页注。

戴子文编著《银行员的修养与训练》，生活书店 1935 年版；吴士宏著《银行法务论》，商务印书馆；李伟超译《银行业务总论》，黎明书局；陈清华译《中央银行概论》，商务印书馆；潘恒勤《现代银行实务论》，女子书店；陈清华著《货币银行学》，商务印书馆；译自 Kisch and Elkin；陈行著《中央银行之原则》实译于 Harvey 的中央银行一书；龙永贞译《论中国中央银行》为日本人讲演；孙祖荫著《各国中央银行制度概论》，小本极简；吴其祥著《中国银行制度》，一书，书中错误极多；周葆銮《中华银行史》，（台湾）文海出版社。

朱斯煌著《银行经营论》，商务印书馆 1939 年版。书分二十章，为：银行之研究；银行之效用；银行业之发达；银行之种类；银行之设立；银行之资本公积；银行之分设变更合并解散清算；银行内部之组织；银行之业务；存款；支票；放款；贴现；汇兑；国外汇兑；国内汇兑；票据交换；附属业务及核准业务；我国银行业之新动向；我国战时金融；附录。

崔晓岑著《中央银行论》，商务印书馆 1935 年版。书分十一章，分别为：各国中央银行之进展一，战前；各国中央银行之进展二，战后；中央银行之职责；中央银行应遵守之原则；中央银行之通常业务；中央银行之政策；发行制度与准备金；中央银行与清算制度；续论中央银行与清算制度（美国）；中央银行与国家之关系；论吾国中央银行制度问题。另有附录“据民国二十年四月二十三日大公报登载宋总裁子文之谈话，谓关盐两税昔之存于洋商银行者，今已收回中央银行存诸。”

有关地方银行的有：《陕西省银行志》，陕西省银行经济研究室 1942 年 10 月编印；《河北省银行念五年通信函》，河北省银行 1936 年编印；寿进文《战时中国的银行业》，1944 年作者自刊；郭荣生《中国省银行史略》，（台湾）“中央”银行研究处 1967 年版；《安徽地方银行纪念册》，安徽地方银行 1948 年编印；《广东省银行二十六份营业报告》，广东省银行 1938 年编印。

中国银行还曾编辑了影响巨大的《全国银行年鉴》（1934），中国银行经济研究室 1934 年 6 月版。《全国银行年鉴》（1935），中国银行经济研究室 1935 年 6 月版。《全国银行年鉴》（1936），中国银行经济研究室 1936 年 10 月版。《全国银行年鉴》（1937），中国银行经济研究室 1937 年

10 月版。

　　20 世纪 30 年代关于信用合作社的著作有：楼桐孙根据法文译出的
《苏俄之消费合作》，民智书局；褚凤仪译《德国休氏信用合作社之经
营》，数经社；于树德著《信用合作社经营论》，中华书局；侯厚培著
《信用合作》，世界书局；童玉民著《信用合作提要》，新学会社；侯厚培
著《信用合作浅说》，合作书店。

　　关于银行业务的著作有：

　　刘佐人著《金融与侨汇综论》，广东省银行经济研究室 1947 年版。
这实际上是一本论文集，其中有港粤的金融交流对于全国经济的影响，
抗战八年之广东经济，批信局侨汇业务研究，论地方银行的制度与组
织等。

　　周仰汶著《国内汇兑及押汇业务》，商务印书馆。

　　顾准著《银行会计》，商务印书馆；顾准等著《银行会计习题详解》，
商务印书馆；顾准编《银行会计总习题用簿册》，商务印书馆；顾准著
《银行会计教科书》，商务印书馆。此外商务印书馆还出版过一本外人著
《银行会计学原理》；历鼎模著《银行簿记大全》；沈家桢著《银行簿记实
践》，商务印书馆；冯薰著《银行簿记实用》，作者书店；谢霖著《实用
银行簿记》，商务印书馆；冯薰著《银行实用簿记概要》，作者书社；徐
钧溪编《实用银行簿记》，世界书局。

　　2. 钱庄。

　　潘子豪著《中国钱庄概要》，台湾文海出版社曾影印。书中对于钱庄
的起源、意义和效用，组织、分类、管理、账日、业务、附属业务、汇兑
及钱庄在当时面临的困难和前途均有论述。

　　施伯珩著《钱庄学》，上海珠算学社版 1931 年。书分四编，第一编
为绪论；第二编为上海金融业概论；第三编为上海钱庄业实务；第四编为
外埠钱庄业概况。

　　3. 典当。

　　杨肇遇著《中国典当业》，商务印书馆；宓公干《典当论》，商务印
书馆 1936 年版；区季鸾《广东典当》，国立中山大学经济调查处 1934
年版。

四 金融市场

王恩良著:《交易所大全》,1921 年交易所署期养成所印行。书中介绍了交易所的大意、组织、营业手续、计算、会计、会计账单说明、证券交易所法等。并列有上海证券物品交易所的各种章程。

杨荫溥著:《中国交易所论》,商务印书馆 1932 年版。书分四编——交易所总论;中国交易所概况;中国交易所之计算及会计;中国证券及重要物品之交易实况。对于交易所的重要理论,沿革、利害、性质等均有论述。而对当时中国的交易所的组织、监督、委托手续、买卖方法及当时中国的交易所的经营业务,诸如证券、标金、纱花、面粉等也进行了分析。此外杨还著有中国交易所一书。

此外还有:王尘影等《交易所要义》,上海商学社;《交易所论》,南京高等师范学校;《交易所讲义》,南京高等师范学校;《交易所精义》,上海中华图书集成公司;《交易所浅说》,交易所所员必读,上海交易所研究会;周沈刚编《证券买卖秘术》,上海文明书局;伊兰一编《交易所要览》,上海文明书局;《交易所一览》,上海进步书局;《各国交易所法制论》,日本佐野善作,范况译,南通翰墨林书局;《交易所现形记》,上海中华图书集成公司。

五 国际金融

1. 国际金融一般。

20 世纪 30 年代中期时,国内已有:王希夷编《世界货币问题》,神州出版;侯哲合著《世界货币状况》,大东出版;彭学沛著《中外货币政策》,神州出版;杨荫溥著《各国币制》,商务印书馆;金国宝译《伦敦货币市场概论》,商务印书馆。

2. 白银问题。

白银问题是一直困扰中国经济的重大问题,也是国人对于国际研究的重点问题,相关的文章和专著多如牛毛,汗牛充栋。

20 年代末 30 年代初的白银风潮,牵动了全国人的心,关于这个问题的讨论也十分丰富。1920 年白银每盎司为 89 便士半,而到白银风潮时,每盎司才 16 便士左右,相差近 5.5 倍。工商部工商访问局编:《金贵银贱问题丛刊》，1930 年 9 月。

这场风潮从 1929 年 12 月 28 日金价突涨开始，1930 年 6 月金价最高，从开始到结束约半年时间。

卷入这场讨论的政府人物有：蒋中正、孔祥熙、宋子文、孙科、刘庐隐、胡汉民、戴传贤、潘公展、张寿镛。

政府部门如中央宣传部、中国国民党广州特别市党部宣传部。

工商界领袖如徐寄顾、胡梦嘉、李馥荪、赵晋卿、宋士骧、贝崧荪、愈寰澄。

团体如上海各公团联席会议、上海商整会。

学者如马寅初、刘大钧、唐庆增、李权时、杨荫溥、张家骧、朱彬元、刘振东、谷春帆、李一秋、刘廷冕、杨汝梅、唐有壬、寿景伟、徐佩琨、冯柳堂、楼桐孙、戴蔼庐、朱义农、侯厚培、校吉甫、章乃器、静如、子明、童蒙正、李干、黄宪儒、若戌。

外人则有耿爱德、土屋计左右、吉田政治、渡边。

而国内报刊更是积极参与。诸如《申报》、《新闻报》、《时事新报》、《银行周报》、《大公报》、《南京中央日报》。

而外国报刊如《大陆报》、《文汇报》、《字林西报》、《密勒氏评论报》、《正金周报》、《金融商业周报》也频频发文，而且《金融商业周报》的文章名字也吓人——《每日必有一耸人听闻之消息》。

国外报纸如《纽约讲坛报》、《伦敦金银商同业公会年报》、《泰晤士报》。

国外政府如日本。

团体如日商、美国亚洲联合会、国联、美国亚洲协会。

专著也出了一批，较早的有邵金铎《银价之研究》，学术研究会丛书部，1928 年版；工商部工商访问局编《金贵银贱问题丛刊》，1930 年 9 月版；若戌编《金贵银贱问题之讨论》，上海华通书局发行，一、二两册，1930 年 3 月版；中国国民党广州特别市党部宣传部编《金价暴涨的影响及其救济》，1930 年 2 月版；W. F. Spalding《银价问题与远东》，太平洋国际学会丛书，无出版年月。路易士、张履鸾《银价与中国物价水准之关系》，南京京陵大学农学院，1933 年印行。谷春帆著《银之发炎——动态的研究》，天津大公报代售，1932 年版；谷春帆《银价变迁与中国》，商务印书馆，1935 年版。谷春帆《银问题》，时事问题丛书，1933 年版；梁氏著、杨先垺译《银价研究》，商务印书馆 1935 年版；黄元杉著《游欧后第一意见书——银问题》，广州图书馆消费合作社 1931 年版；毕克匿著，褚保时、王栋译《银与中国》，商务印书馆 1933 年版；张素民著《白银问题与中国币制》商务印书馆 1936 年版；周伯棣《白银问题与中国货币政策》上海中华书局 1936 年版。

李大年编《金涨银落问题及其救济》，上海启智书局。资耀华编《金贵银贱之根本的研究》，上海华通书局。陈德徵编《金贵银贱风潮》，上海大东书局。夏庚英编《金贵银贱问题之研究》，上海北新书局。上海物产证券交易所编有《银价变动原因之研究》，工商部工商访问局编有《金贵银贱问题丛刊》。

费若华《金贵银贱之根本研究》，华通书局。崔毓珍译《金本位之理论与实行》，商务印书馆。娄壮行著《金本位问题》，生活书店。曹健秋译《金之问题》，华通书局。余文若译《银问题与中国》，民族书局。

1935 年 2 月 26 日，实业部以部令的方式组织了银价物价讨论委员会，成员为当时著名的经济学家，他们是许仕廉、卜凯、张履鸾、路易斯、顾翊群、陈钟声、陈炳权、汤澄波等，许为主席，下有小组委员会，以路易斯、张履鸾主事。1936 年 2 月由商务印书馆出版了《中国银价物价问题》。

《国际的现金流动状况》，30 年代工部局工商访问局出版。

3. 国际汇兑。

胡著统计有关国际汇兑四译著有：李百强译自 Escker 的《国际汇兑》（1933）和《最新国际汇兑概论》（1934）；段锡祺译自英国的《汇兑统制》（1935）；陈望苏译自英国的《汇兑统制》（1936）。

国内自著的汇兑方面的专著多为小册子，有吴宗焘的《外国汇兑》上（1927），吴应图的《外国汇兑详解》（1928）；唐庆增的《国外汇兑》（1930）；马寅初著《中国国外汇兑》（1933）；龚家麟著《我国战后汇兑贸易统计》（1939）；冯定璋著《汇兑学》（1940）；潘世杰著《国外汇兑之理论与实际》（1943）；杨笃因著《实用外汇计算简捷法》（1940）。[1]

---

① 胡寄窗：《中国近代经济思想史大纲》，中国社会科学出版社 1984 年版，第 459 页。

其中潘世杰的著作内容较周详。而民国时期李卓敏在哈佛大学的《经济学季刊》上发表过《银本位国家的国际汇兑理论》。

实际上，到 20 世纪 30 年代中期，中国有关国内外汇兑的书籍就有：曲殿元著《中国之金融与汇兑》，大东书局；俞希稷编《汇兑论》，商务印书馆；张伯箴著《汇兑学》，世界书局；刘望苏译《汇兑统制》，商务印书馆；李百强译《国际汇兑》，世界书局；丘汉平著《国际汇兑浅说》，民智书局；傅文楷等著《国际汇兑与贸易》，民智书局；李百强译《最新国外汇兑概论》，民智书局；资耀华译《国外汇兑之理论与实务》，中华书局；刘睿川译《外国汇兑原理》，商务印书馆；吴应图编《外国汇兑详解》，泰东图书局；唐庆增著《外国汇兑》，商务印书馆；吴宗焘、童蒙正著《中国之汇兑》，商务印书馆；马寅初著《中国国外之汇兑》，商务印书馆；周仲文著《国内汇兑及抽汇业务》，商务印书馆；《中国公私经济研究机关及其出版物要览》，中国国民经济研究所编，1936 年，非卖品；童蒙正《中国战时外汇管理》，财政评论社 1944 年版。

4. 国际金融时政。

《最近世界金融经济大事表》，由财政部币制研究委员会编的丛刊，有 1930—1935，1935—1935 等册，记载每日世界金融大事；《世界金融状况》，朱彬元著，大东书局；《最近世界之金融与政治》，邹维枚著，民智出版；《国际金融争霸论》，崔晓岑著，新月出版社。

六　地方金融

《福建省银行概况》，福建省政府编印，1939 年版。《福建省银行三十年度工作计划纲要》1939 年版。

叶青：《整理广东金融之经过》，香港商务印书馆 1928 年版。丘存斌：《广东币制与金融》，上海新时代社 1941 年版。书中分析了广东的币制及战时金融。另外叶青还著有《战时我国通货问题》、《我国战时财政与金融》，由新时代出版社出版。《广东金融》由新建设出版社出版。《广东金融》，广东省政府秘书处编评室 1941 年 12 月编印。

侯树彤：《东三省金融概论》，太平洋国际学会 1931 年 4 月编印。《东三省金融整理委员会报告书》，东三省金融整理委员会 1931 年 5 月编印。何孝怡：《东北的金融》，中华书局 1932 年版。

《江西之金融》，江西省政府 1933 年 10 月编印。

胡通：《湖南之金融》，湖南经济调查所 1934 年发行。《湖南省金融概况》，湖南省银行经济研究室 1942 年 1 月编印。

《四川金融风潮史略》，重庆中国银行 1937 年编印。《四川省货币流通情形调查统计》，四川省政府财政厅金融统计组 1937 年 4 月编印。

《贵州金融与货币》，国民经济研究所民国年间编印。

吴永福：《台湾之币制与银行》，财政部财政研究委员会 1947 年版。《1947 年台湾金融年报》，台湾银行金融研究室 1948 年 6 月编印。

七 信托

细矢佑治著，资耀华译：《信托及信托公司论》，商务印书馆。孔涤庵著《信托业》，商务印书馆。杨端六著《信托公司概论》，商务印书馆。《信托公司要览》，文明书局。《国际信托公司》，大东书局。程联编《世界信托考证》，信托书局。祁乃奚编《保证》，实业著。

民国年间最有代表性的信托业著作应为朱斯煌所著《朱斯煌信托论文汇刊》，此书是朱氏在 1938 年 4 月在复旦大学国立上海商学院任教时，将其所有发表过的论文结集而为教材，共收录论文 14 篇，对于中国业务、中国信托业的来龙去脉交代得十分清楚，朱氏也是中国近代著名的经济学者，对信托业颇有研究。

八 保险

20 世纪 30 年代中期，国内已有保险学方面的书为：王效文等著《保险学》，商务印书馆；张伯箴著《保险学》，世界书局；管怀琼译自日本的《保险学概论》，商务印书馆；陈掖坤著《保险业》，商务印书馆；陈克勤译《人寿保险经济学》，商务印书馆；徐兆荪译《人寿保险学》，商务印书馆；郭佩贤、陈克勤译《人寿保险社会学》，中华人寿保险协进社；郭还译有《人寿保险招徕学》，生活书店；作者书店出版有《人寿保险推销术》。

叶永宾：《商法保险法》，上海康年人寿保险公司 1913 年版。

王效文：《火灾保险》，商务印书馆 1935 年版。

孔涤庵：《保险法》，商务印书馆 1933 年版。

王世颖：《保险合作经营论》，正平书局 1947 年版。

叶骏发：《人寿保险论》，黎明书局 1940 年版。

李浦：《保险法要论》，北平朝阳学院。

此外还有柴官六的《保险学概论》；王效通的《保险法论》；魏文翰的《海上保险法要论》等。

有关保险学的杂志主要有《保险月刊》、《保联》、《保险季刊》、《保险界》、《保险知识》、《寿险界》、《人寿》等。

九 投资

陈炎林著：《上海地产大全》，上海地产研究所 1933 年版。书分七十八章，详论上海地产的方方面面。

关于股票的书有：《华商股票提要》，上海兴业股票公司 1942 年版。

十 钱币学和货币史

自明代银圆传入中国后，假银圆就成为人们日常生活接触的一个大问题，特别是钱庄、银行的伙计，更是应该掌握这门"学问"，这样，一些鉴别银圆的书应运而生。

《鹰洋图式》，64 开本，木版印，成书当在清代，无著者姓名，该书主要介绍了鉴别鹰洋的方法，并对一些假洋的制造方法进行了分析，附有图片。该书总结出了看银圆的办法为：一看板子；二察神色；三观花纹；四阅边道；五听声音；六审轻重。

《银洋精论》，又叫《新刻银洋精论发秘》，光绪七年（1881）亦轩藏版，是一部鉴别鹰洋及碎银的书，卷一有各种银图式及番国杂样银名略；卷二记银元上花纹数字；卷三专记做伪手法，如入白，水铅，尺铅，坐铅等，最后这论碎银总略。

《银元鉴别法》，刘文书著，1925 年大东书局印行，书分十章，为绪言、练习、音别、形式、版名、废币、伪币、伪币制造法，银圆之种类（内分六节，计分广东、湖北、江南、造币厂、北洋、大清银币）、杂币。

《估币法》，施伯珩著，中华民国十四年初版，上海商业珠算学社出版。内容有：第一章绪论；第二章国币之沿革概论；第三章鹰洋之由来；第四章估看要诀：第一节看神色，第二节听声音，第三节观花纹，第四节察边面，第五节阅边道，第六节，审年份；第五章辨别真伪：第一节形铜实银之银元，第二节形银实铜之银元，第三节国币发见民三之伪造币；第六章版之种类：第一节国币之版名及其其伪造币，第二节国币之版名及其伪造币。附一中国货币表；附二、附三宁厂铸造国币之程序概略；附四宁厂银圆成色公开化验报告。

在货币史方面有：

刘映岚《中国货币沿革史》，东京砥斋 1911 年版。章宗元《中国泉币沿革》，北京经济学会 1915 年版。

张家骧《中华币制史》，民国大学 1925 年 11 月初版。张家骧《中华币制史》1926，侯厚培《中国币制史》，上海世界书局 1929 年版。

戴铭礼《中国货币史》，商务印书馆 1934 版。周伯棣译《中国货币史纲》，中华书局 1934 年版

朱偰《中国信用纸币发展史》，重庆中国文化服务社 1943 年版。徐沧水《民国钞券史》，台湾文海出版社。李骏耀《中国纸币发行史》，中国银行经济研究处 1944 年 3 月版。千家驹《中国法币史之发展》，南华出版社 1944 年版。

1936 年国魂书店出版了沈云龙的《近三十年来我国币制改革的检讨》一书，是本小册子，但其于法币改革前中国币制改革的历程叙述十分清晰。

区季鸾《广东纸币史》，国立中山大学经济调查处，1934 年版。主要论述了大清银行、中国银行和交通银行三行在广东的纸币发行史。另有财政金融研究译《世界金融史纲》（1940）。

十　知见外文有关中国金融学的著作

日文

日文有关中国货币史最好的调查资料当属东亚同文会在民国初年和抗日战争中出版的《支那省别全志》和《新修支那省别全志》，前者有 18 个省份，后者有 9 个省份（8 卷）对于当时中国地方货币的实况以及中央政府与地方货币的关系进行了详细的记录。

东亚同文会：《支那省别全志》，大正九年。十六卷贵州十三卷，浙江，大正八年版。

东亚同文会：《新修支那省别全志》，第 2 卷四川，昭和十六年版；

第 3 卷，云南，昭和十七年版；第 6 卷，陕西，昭和十八年版；第 7 卷，甘肃宁夏，昭和十八年版；第 5 卷，贵州，昭和十八年版。

贵岛克己：《满洲通货统计》，南满洲铁道株式会社，昭和七年版。

滨田峰太郎：《中国最近金融史》，东洋经济新报社，昭和十一年三月版。

《台湾银行十年志》，台湾银行大正二年编印。

《中国近代货币概要》，日本银行调查局 1967 年编印。

《天津（二於けル）通货》，无出版机构及年代。

《天津の银号》，南满洲铁道株式会社调查部昭和十七年版。

《中国联合准备银行五年史》，中国联合准备银行顾问室昭和十九年八月编印。

久重福三朗：《铜元问题》，大正十五年五月（支那研究第十号别刊）。

平山敬三：《支那に於ける银と物价奥付》，东京经济调查局，昭和十一年版。

南满洲铁道株式会社哈尔滨事务所调查课：《黑龙江省に於ける广信公司の势力》，大正十四年。（秘密）对广信公司进行的调查。

安盛松之助：《镇平银》，南满铁道株式会社大正十四年版。

根岸佶、越智元治：《支那及满洲の通货と币制改革》，东亚同文会发行，昭和十二年版。

井村薫雄：《支那の货币ご度量衡》，上海出版协会，大正十五年版。

井村薫雄：《支那の金块投机ご银相场》，上海出版协会，大正十四年版。一部关于金银市场及相关问题的著作。

井村薫雄：《支那の金融ご通货》，上海出版协会，大正十三年版。

井村薫雄：《支那の为替ご金银》，上海出版协会。

井村薫雄：《通货の种别と金融》，上海出版协会，昭和二年版。从金属货币到纸币银行券、票据，再分析金融机关、货币的买卖、金融季节。

井村薫雄：《世界の银ど支那の通货》，东亚经济学会，昭和十年版。论述美国白银政策对中国货币的影响及中国的应对。

今村忠男：《支那新币制の话》，高山书院，昭和十四年版。评论日本占领区的币制，如伪蒙疆、伪中国联合准备银行、日本军票等，并在此立场上讨论中国的法币。

今村忠男：《军票论》，商工行政社，昭和十六年版。一部日本军票史及对抗战中使用军票的论述。

今村忠男：《支那新通货工作论》，内容是关于对日本占领区货币建设问题的研究。

栖仓正一：《满洲中央银行十年史》，满洲中央银行发行，康德九年版。

深井英五：《伦敦经济会议に於ける货币问题》，日本银行调查局，昭和十一月版。

满铁调查资料第五十六编《奉天票ご东三省の金融》，南满洲铁道株式会社庶务部调查课，大正十五年版。

《支那之金库》，青岛守备军民政部，大正七年十一月。研究中国各地的国库。

田畑为彦：《银の经济的研究》，柁谷书院，昭和十七年版。

广畑茂：《支那货币、金融发达史》，东京丛文阁发行，昭和十四年版。一部中国金融史。其中特别有上海银炉、天津银号、国内汇兑、标金市场的资料。

澁谷礼治：《朝鲜银行二十五年史》，该行昭和九年版。

上海满铁调查资料第十三编《恐慌の发展过程に於ける——支那币制改革の研究》，南满洲铁道株式会社上海事务所，昭和十一年版。

《支那经济全书》，东亚同文会，明治四十、四十一年版。

小岛昌太郎编著《支那に於ける金融的特殊性》，千仓书房，昭和十五年版。一本论文集，有关于中国票号、买办、货币、国内汇兑等文章。

小岛昌太郎：《支那に於ける特殊通货的的研究——汇划制度の研究》，千仓书房，昭和十五年版。

宫下忠雄译：《カン支那通货论——金及び银取引的研究》，上海东亚同文书院支那研究部发行，昭和九年。此书为耿爱德的《中国通货论》的第三版，该书前两版分别出版于1926和1927年。有汉译本。

谷口启次译《近代支那货币史》，庆应书房，昭和十五年版。本书为作者译自耿爱德在《金融商业报》发表的一系列文章。

宫下忠雄：《中国币制の特殊研究——近代中国银两制度の研究》，日本学术振兴会刊，昭和二十七年版。一部关于中国近代银两制度的专著。

饭岛幡司：《支那币制研究》，昭和十一年版。一部研究白银风潮至中国法币改革时期的货币史。

宫下忠雄：《支那银行制度论》，岩松堂书店，昭和十六年初版。一部论述近代中国银行制度的专著。

川岛富丸：《满洲国币制大连银市场》，昭和七年初版。论述伪满洲币制和钱钞市场。

蓧崎嘉郎：《满洲金融及财界の现状》，大连大阪屋号书店发行，昭和二年版。分析了东北当时的金融，特别是地方金融。

滨田峰太郎：《中国最近金融史—支那の通货、为替、金融》，东洋经济新报社发行，昭和十一年版。一部 20 世纪 30 年代的国民政府金融史。

Wen Pin Wei, *The Currency Problem in China*, Columbia University Press, 1914.

Frank M. Tamagna, *Banking and Finance in China*, International Secretariat Institute of Pacific Relations Publications Office, New York, 1942.

Frederic E. Lee, *Currency, Banking, and Finance in China*, Garland Publishing, Inc. , 1982, p. 8.

Wagel. S. R. , *Chinese Currency and Banking*.

T'ang leang-li, *China's New Currency System*, China United Press, 1936.

L. Y. Shen, *China Currency Reform-A Historical Survey*, The Mercury press, Shanghai, 1941.

Srinivas R. Wagel, *Finance in China*, North-china Daily New & Herald, ltd. Shanghai, 1914.

Srinivas R. Wagel, *Chinese Currency and Banking*, North-china Daily New & Herald, Ltd. , Shanghai, 1915.

十一 刊物

民国时期，公私银行林立，有关金融、银行、货币的刊物多如牛毛，数不胜数，优劣混杂，但这些刊物中包含有大量的中国近代货币史和中国近代钱币的资料。特别是中国近代纸币的资料。以下分国民党政府国家银行刊物、省市银行刊物、其他机构发行的银行金融杂志、伪政权银行刊物四部分，分别罗列其发刊人、起讫年代，以便查考。

（一）国民政府国家银行刊物

国民党政府国家银行是指中央银行、中国银行、交通银行、中国农民银行。

中央银行。成立于 1928 年 11 月 1 日，是最大的官僚资本银行，首任总裁宋子文，1933 年 10 月改为孔祥熙，总行设在上海。"七·七"事变后迁至南京，不久迁往重庆。1942 年独占货币发行权，成为银行的银行。抗战胜利后，俞鸿钧、贝祖诒、张嘉璈都执掌过该行。1949 年迁往台湾。

该行办有多种刊物，其经济研究处在 1932 年 8 月至 1941 年间创办了《中央银行月报》，出了 10 卷。抗战时停刊，抗战胜利后该刊于 1946 年 1 月复刊，一直办到 1949 年，卷期加新字，计出 4 卷，该刊在旧中国影响较大。中央银行经济研究处还办有《金融周报》，1936 年 1 月创刊，1949 年 5 月停刊。1937 年 1 月该行在南京时期，经济研究处创办有《金融物价统计日志》，1948 年 8 月停刊。抗战中该行迁至重庆，此时，经济研究处又办了《以济汇报》半月刊，1945 年 1 月改为月刊，该年 8 月停刊。

中央银行秘书处办了两种刊物，1929 年 7 月至 1932 年 4 月出版《中央银行旬报》。1929 年还办有《中央银行季报》。

1932—1936 年该行办有《中央银行营业报告》，40 年代该行资料室有《经济资料索引》一刊。

中国银行。原名户部银行，创建于光绪三十一年（1905），光绪三十四年改为大清银行。民国二年改名为中国银行，总行设在北京。1927 年蒋介石掌权后，将之迁往上海，并于 1935 年、1942 年两次增加官股，改为国家特许国际汇兑银行。

中国银行经济研究室 1934 年 2 月至 1939 年 1 月间办有《中外商业金融汇报》月刊一种，1930 年 1 月至 1934 年 12 月间办有《金融统计月报》，计出 60 期。《中行月刊》，创刊于 1930 年 7 月，停办于 1938 年 2 月。

中国银行总管理处办有四种刊物，1915 年 1 月至 1922 年 1 月办《中国银行通讯录》，又叫《中国银行业务会计通讯录》月刊。1921 年还办有《中国银行星期报告》一种。1932 年 5 月至 1935 年 3 月办有月刊《中行生活》。1941 年 7 月至 1942 年 8 月间在重庆办有《中行农讯》一刊。

该行重庆分行 1948 年至 1949 年间办有《渝行通讯》，广州中国银行侨汇股办有《粤中侨讯》，时间为 1947 年至 1948 年 8 月。

交通银行。开办于清光绪三十二年三月初四，民国元年后国家特许执掌特别会计及国库金，兼营实业银行业务，1927 年后总行由北京迁至上海，1928 年更新条例为特许发展全国实业银行。

该行总管理处 1923 年 1 月至 1927 年 12 月办《交通银行月刊》，抗战前迁至香港出版，自 1939 年后改为年刊，仅出 3 期。

《交行通讯》由该行总事务处创办于 1932 年 8 月，开始为半月刊，从第 3 卷起改为月刊，1937 年 3 月停办。

中国农民银行。1933 年 4 月 1 日开业，原为鄂豫皖赣四省农民银行，总行设在汉口，为蒋介石"剿共"而立，1935 年更为此名，抗战时迁往重庆。

1940 年 1 月至 1948 年 10 月，该行总管理处开办《中农月刊》，该刊创刊于重庆，1946 年后迁至南京出版。1935 年该行农贷处出有《农贷通讯》一刊，仅出 15 期。该行经济研究处办有《中农经济统计》半年刊和《中国农民银行通知》半月刊两种。起讫年代分别为 1947 年 1 月至 1947 年 12 月和 1941 年 1 月至 1948 年 9 月。该行南京总行 1936 年 1 月至 1937 年 7 月间办《中国农民银行月刊》，该行四川省农村经济调查委员会办有两期调查报告，时间为 1941 年。1932 年时中国农民银行农贷处办了 15 期《农贷通讯》。1948 年 5 月至 12 月间，该行总管理处又办有《农贷简讯》旬刊。

（二）省市银行刊物

河北省银行。1929 年 3 月成立。抗战时期被日寇强占，1939 年国民政府又重新设立，总管理处曾在洛阳、重庆办公，抗战胜利后迁回河北复业。

该行经济调查室 1946 年 1 月创办《河北省银行经济半月刊》又名《经济半月刊》，1948 年 2 月改名为《河北省银行月刊》，旋停办。

陕西省银行。1931 年 2 月开业，该行经济研究室 1940 年 6 月办有《陕西省银行总行通讯》半月刊，1941 年 1 月停办。另该行 1934 年 10 月至 1946 年 6 月办有《陕西省银行汇刊》一种，该刊又名《陕行汇刊》，原为月刊，1943 年后改为双月刊，1945 年后改为季刊。

浙江地方银行。1923 年由浙江地方实业银行中官股分立而成，总行设在杭州，抗战时先迁兰溪，后至丽水。该行在丽水时曾办不定期刊《浙江地方银行经济丛刊》，1941 年停办。1934 年 10 月该行在杭州办《浙光》月刊，1937 年 9 月停办。1938 年在丽水复刊，改为半月刊。1942 年迁至龙泉出月刊，1946 年 7 月改出《浙江经济》。《浙行通讯》为该行总管理处秘书室 1940 年创办，1944 年停刊。

湖北省银行。1928 年 11 月开始营业，该行经济研究室 1945 年至 1949 年办有《湖北省银行通讯》，该刊 1946 年 1 月后卷期另起。

湖南省银行。1929 年 1 月开业，抗战时曾迁枣阳。1940 年 6 月至 1941 年 4 月，长沙该行出有《湖南省银行半月刊》。该行经济研究室办有四种刊物，《湖南省银行通讯》，初为半月刊，1942 年 10 月改为月刊，卷期另起。《湖南省银行统计提要》1941 年至 1942 年在枣阳创办。《湖南经济》，1946 年 11 月至 1948 年 11 月出刊。《经济季刊》1941 年至 1949 年出刊，原名《经济月刊》，1942 年 10 月改为季刊，期数另起。

江西裕民银行。1928 年 1 月开业，该行经济办公室办有不定期刊《裕民》，创于 1941 年 11 月，1946 年 9 月起改名《经建》。江西省银行由裕民银行改称，1942 年 5 月至 1948 年 5 月，该行经济研究室办《江西省银行通讯》半月刊。江西建设厅创办的江西建设银行，1942 年时办有《江西建设银行汇刊》。

新疆商业银行。1939 年成立，1949 年改称新疆省银行，办有《新疆省银行通讯》。

福建省银行。1935 年 10 月 15 日开业，抗战时总行曾迁永安。1938 年至 1949 年办《福建省银行通讯》周刊，1945 年 4 月至 1947 年 1 月间该行办《福建省银行季刊》。

1948 年 8 月张家口察哈尔省银行经济研究室办《察省经济》，旋停刊。

河南农工银行。1928 年 3 月成立，总行设在开封，抗战时曾迁镇平、洛阳、鲁山等地，1940 年 1 月创办《通讯》旬刊，后改月刊，1948 年停刊。

广东省银行。1931 年冬由原广东中央银行改组而成，抗战时曾迁连县、曲江，抗战胜利后迁回广州。1937 年 7 月至 1947 年 12 月，该行经济研究室办有《广东省银行月刊》。1939 年 11 月至 1944 年 7 月，该行农村贷款部办有《农贷消息》。1940 年至 1947 年该行又办有《广东省银行本行通讯》旬刊。该行研究室在曲江时还办有《广东省银行季刊》，时间在1941 年至 1944 年 9 月。广州市银行经济调查室 1927 年 7 月至 1938 年还办有《金融经济月刊》。

广西省农民银行。1937 年由广西省银行农村业务部划出成立。1938年 10 月至 1940 年 5 月间，该行农村经济研究室办有《广西农民银行半月刊》。1932 年成立的广西省银行 1941 年至 1942 年间办有《广西银行月报》。1942 年 1 月至 1944 年 8 月办有《广西银行行务通讯》又名《广西银行行务总讯》，1944 年 8 月曾停刊，1946 年复刊，卷数另起。另外，广西省合作金库 1941 年 4 月至 1942 年 12 月间办有《广西合库通讯》半月刊。

台湾银行。抗战后台湾回归祖国，1946 年 5 月 20 日成立省银行，该行 1947 年办有《台湾金融年报》。1947 年 6 月至 1948 年 12 月该行金融研究室办有《台湾银行季刊》。

安徽地方银行。1925 年 1 月 16 日开业，后改为省银行，该行于 1934年 7 月至 1936 年 11 月办有《安徽地方银行月刊》，1937 年 3 月改为旬刊，卷期另起，旋停刊。

江苏省农民银行。1928 年 7 月 16 日成立，抗战时该行曾迁重庆等地，抗战胜利后不再经营省银行业务，改为专业银行。该行 1934 年 5 月至 1937 年 6 月在镇江办有《农行月刊》。民国元年成立的江苏省银行，1940 年后重建，办有《经济季刊》。

甘肃省银行。1939 年 6 月 1 日开业。该行办有《甘行月刊》，时间为1941 年 3—12 月。还办有《甘行周讯》，出了 183 期。《甘肃省银行业务报告》年刊，1943 年至 1947 年出版，主办单位皆为该行经济研究室。

东三省银号。宣统元年由奉天官银号改名，1931 年九一八事变后被并入伪"满洲中央银行"。1929 年 5 月至 1931 年 8 月间，该行办有《东三省官银号经济月刊》。

四川省银行。1935 年 10 月由四川地方银行改组而成，该行办有《四川经济月刊》，1934 年 1 月创刊，1943 年 12 月改为季刊，1948 年改为《四川经济汇报》双月刊。《四川经济研究专刊》为不定期刊。1944 年 7 月至 1945 年 8 月发刊《四川经济通讯》，为四川省银行 1944 年 7 月至 12 月办的月刊。编辑由该行经济研究处负责。

（三）其他机构发行的银行金融杂志

民国时期，一些杂志社、政府机构、专业银行等机构也出版关于银行及金融方面的杂志，本文按中央机关、地方机关、专业银行及其他机构分述。

1937 年抗战爆发，国民党为应付非常局面设置了中央、中国、交通、农民四银行联合办事处，简称"四联总处"。该处秘书处 1938 年至 1942 年 6 月办有《金融专报》季刊。1946 年 1 月至 1948 年 6 月，该处办有《银行业务统计季报》。1946 年又办有《金融统计年报》。该处 1940 年 6 月至 1948 年 1 月间还办有《金融周刊》。

废两改元时，由于美国白银政策的影响，中国白银外泄，引起世人关注。南京国民政府统计局分别在 1934 年 8 月至 1937 年 3 月间和 1934 年 8 月间和 1935 年 7 月间，办有《上海现银移动状况》、《中国现银移动状况》两种月刊。

地方政府机构办刊的较多，如：四川省财政厅金融统计室 1936 年办有《四川各县经济报告》月刊。广州广东省政府统计事务处 1929 年 1—12 月办有《广州金融商情月刊》，又名《金融商情月刊》。该省调查统计局 1936 年还办了一年的《金融物价月刊》。1942 年 1 月至 1945 年 2 月，重庆邮政储金汇业局办有双月刊《金融知识》。南昌江西合作金库 1948 年 7 月至 11 月办有《金融与合作》月刊。

专业银行创办的刊物有：上海商业储蓄银行 1937—1938 年编辑的《上海商业储蓄银行营业报告》年刊；该行 1946 年 11 月至 1949 年 5 月办有《经济论述》半月刊；1931 年还办有《金融商情年报》。《大中储蓄银行月刊》由广州该行 1924—1926 年办理。大陆银行

1923—1926 年办有《大陆银行月刊》，又办有《大陆银行季刊》。西北银行总管理处设有汇刊社，办《西北银行汇刊》，仅 1928 年出版。金城银行总经理处 1926—1929 年 12 月办有《金城》月刊。1933 年办有半月刊《金城银行通讯》。其总行 1938 年 3 月至 1941 年 12 月办有《中外金融周报》。

一些杂志社、出版社办的银行刊物计有：中国金融内幕编辑出版委员会 1945 年出版的 1—4 期《中国金融论著》。上海银行周报社 1917 年 5 月至新中国成立后出版有《银行周报》及 1923—1925 年出版的《经济统计》月刊。《银行月刊》是北京银行月刊社创办的，1921 年至 1928 年 12 月出版。《银行杂志》，1923 年 11 月至 1927 年 9 月由汉口杂志社出版，半月刊。旬刊《银行生活》由上海银行生活社 1937 年出版。1937 年上海经济出版社出有《银行知识》旬刊。上海银行界出版社出有《银行界》月刊。《北京银行周刊》由该周刊社 1920 年 5—11 月出版。半月刊《金融》由湖南浏阳金融半月刊社 1947 年出刊。广东金融导报社出有《金融导报》一刊，时间为 1944 年。长沙金融汇报周刊社 1946 年 4 月至 1947 年 9 月出有周刊《金融汇报》。一些通讯社也出银行刊物，如 1942 年至 1944 年 4 月西安新金融通讯社出《新金融通讯》，该刊原为重庆市银行同人进修服务社创刊于 1943 年 6 月，1945 年 12 月迁至上海由该社办理，1948 年 10 月停刊。

一些学会性的组织也办有银行刊物。著名的上海银行学会 1937 年 7—10 月办《银行实务月报》，1938 年 3 月至 1940 年 12 月办旬刊《银行实务》，1939 年 2 月至 1941 年 5 月办月刊《银行学会会刊》，1939 年 3 月至 1941 年 12 月办月刊《金融导报》。1939 年 2—10 月还曾出双月刊《上海银行学会会讯》。成都四川省市银行业务协进会 1947 年办有月刊《地方金融》。重庆银行业学谊励进会 1941 年后办有月刊《银行界》，该会 1939 年 8 月至 1941 年 6 月还办有月刊《银励》。《银讯月刊》由广东韶关银行励进社办刊，1942 年 2 月至 1943 年 1 月出版。《银讯》半月刊由南京市银行业同仁联谊社于 1947 年 1 月至 1948 年 10 月出刊。南京中华钱币革命协会办有《钱币革命》月刊，时间在 1932 年 10 月至 1933 年。上海钱业公会办有《钱业月报》一刊，该刊创刊于 1921 年 2 月，1939 年停刊，1947 年又复刊，抗战中又出有战时特刊。

上海复旦大学银行系 1934 至 1936 年出有《银行期刊》，又名《复旦大学银行系刊》，该刊为季刊。1948 年广州珠海大学银行会计学会出有《银会学报》。1937 年 7 月至 1941 年 10 月重庆战时经济研究所出有《内外金融周报》。重庆金融研究处 1944 年 4 月至 1946 年出版《金融周讯》。

另外，天津曾出有《银行通讯》月刊，创刊时间及主办者不详，该刊 1947 年 5 月停刊。

（四）伪政权银行刊物

1937 年九一八事变后，日寇侵占东北，扶持溥仪成立伪"满洲国"，1932 年 6 月伪"满洲中央银行"成立，办有《满洲中央银行行报》，该行总务部调查科还办有月刊《满洲金融统计》，不定期刊《调查汇报》。华北的伪"中国联合准备银行"也有刊物。

1939 年，日伪军在上海组织了伪"华兴商业银行"，该行办有《华兴商业银行经济汇刊》，开始是半月刊，1942 年后改为月刊，1944 年 10 月停刊。

1941 年，伪"中央储备银行"成立，该行调查处办有《中央经济月刊》。

20 世纪 90 年代初韩国的中国
近现代史研究

一　韩国学者对中国近现代史的研究

韩国在历史上一直深受中国的影响，故而一向重视对中国历史的研究，且因中、韩两国均受过帝国主义侵略，普遍引起反帝的风尚，更激发了韩国研究中国近现代史的热情。

本文仅就过去 40 年来韩国对中国近现代史研究的概况，分政治史、经济史、军事史和文化史四个方面，作简单介绍。

（一）对中国近现代政治史的研究

1. 清末改革运动：（韩国学者认为，中国近代史的界线，起自清末"戊戌变法"运动，止于 1949 年）目前对这方面的研究，偏重在清末政治思想（特别是康有为、梁启超的改革思想）与戊戌改革运动时期内外政治形势，以及清末士绅阶层动向的分析，其中以闵斗基的研究较有成就。闵斗基在《中体西用论》一文，对中体西用的含义提出论述，他认为"中体西用论"是清末政治思想家均有的思想，其意义仅在于对西洋文化接受上的先后、主次、多少，而且"中体西用论"并不是中国特有的，在不同文化向本国传播的状况下，任何国家都萌生有类似的思想。在《戊戌改革期的改革与革命》一文中，闵斗基认为，改革运动和革命运动，均由危机意识所致，虽在政治理念上有基本共同点——即对君主专制制度的批评，但因改革派本身抱定改革主义，排斥过激运动，不可避免地引发了 1905 年以前国内已经展开的改革派与革命派之间的论战。他又在《康有为的政治活动》中，认为戊戌改革运动的主要目的，始终在于获得政权的制度设置，朝着这一目的的努力是决定戊戌改革运动性质的主要原因。另外，闵斗基在《清季咨议局的开设与性质》中，认为咨议局筹办人员在咨议局开设后仍然掌握局内的实权，而且清廷开设咨议局的目的除实施地方自治外，同时有强化中央集权政策之意图。韩国学者对这一专题的研究是下了一番功夫的。1977 年，高炳翔和闵斗基编辑了《清末改革派五种期刊〈时务报〉、〈湘学报〉、〈湘报类编〉、〈清议报〉和〈新民丛报〉目次综纂》，此书的目的为编辑比较详细的综合目录，以补原刊本及影印本的不足，另编作者索引，以便利用这些期刊。闵斗基在 1985 年出版的《中国近代改革运动之研究》的论文集中，提倡对包括变法论在内的中体西用论进行再检讨，并分析戊戌改革运动的性质以及此时期的清流派与洋务派的关系、满汉关系、国际环境等。

2. 清末革命运动及辛亥革命：这方面的研究，除了郑世铉的一本著作和一部论文集外，主要偏重孙中山个人的思想与活动，以及辛亥革命性质的分析，另外也有对于有关人物与辛亥革命展开过程的个别研究，郑世铉在其编著的《近代中国新思潮的展开》中，以李宗棠的《劝导留日学生日记》与王拱璧的《东游挥汗录》为基本资料，叙述清末民初留日学生的革命运动、反日运动以及辛亥革命后中国内地的动向。郑世铉的论文集《近代中国民族解放运动史研究》，专门研究了初期革命组织（兴汉会和兴中会）与秘密会党的关系。此外，他在《洪全福：广州起义的筹划与挫折》一文中，认为广州起义虽然失败，但这件事鼓励反清人物及团体的士气，而且刺激了亡命日本的孙中山，对他组织中国同盟会有促进作用。闵斗基在《民国革命试论》中，把辛亥革命视为自 1901 年据俄运动开始的革命的向往与运动（包括国内改革派的立宪运动），同时它主张辛亥革命（第一次民国革命）与五四运动（第二次民国革命）都包括在民国革命的范围内。另外，金衡钟在《辛亥革命在上海的展开过程》中，认为革命派是在上海商人阶层的帮助下，才使该地区的革命势力日益团结而最终获得成功。但是由于立宪派的阴谋，工商阶层支持的减少，又不依靠人民群众，从而使上海地区的革命基础日益削弱。

3. 民初政局：这方面的研究成果，除了一篇此时期中俄关系的论文以外，仅有两篇有关洪宪帝制研究以及一篇有关中华革命党的文章。其中以伊惠英的《袁世凯帝制运动之历史的性质》一文较好。文中以中央集权体制与地方分权倾向的矛盾为基点分析自辛亥革命至帝制运动失败之间的政局。她认为，在二次革命后袁世凯的集权强化措施引起士绅阶层和各省将军的反袁情绪。同时，在民国以后对外没有根本变化，袁世凯的帝制运动也引起了中央集权派的政客的反对，这些反袁势力成为帝制运动失败之要因。

4. 军阀政治：在这方面，以对军阀的对外关系和反军阀运动的研究较多，其他对孙中山与军阀的关系以及军阀人物的研究也有一些。裴京汉在《反直三角联盟与孙文的北上》中，认为孙中山的北上理由不是与西南军阀、张作霖、段祺瑞的政治的妥协，而是趁北京政变后的不安定政局的情况下，掀起北方地区的革命气氛。李星辉在《1920 年代初上海总商会之政治的性质》中，说明上海工商阶层是 20 年代的主要政治势力，他们的商人政府论的背后有对抗北京政府的反军阀倾向。在国共合作过程中，这些工商阶层接近国民党，结果成为以后国民党政府的政治基础。

5. 五四运动：这方面的研究成果不多，但对时代背景、历史意义、社会运动（学生、妇女、反基督教运动）、文学革命、有关人物、重要期刊（《新青年》）以及国际关系等都有些成果。闵斗基在《五四运动之历史的性质》中，以 1919 年 5 月至 1924 年 1 月之间为五四运动的分期，把 1919 年 5 月以前的新文化运动视为五四运动的准备期。他认为五四运动是刺激国民党性质的契机，也是促使国民党改组、最终进行北伐的动力。

6. 护法与北伐：在这方面，对广东革命根据地的状况与五四时期国民党领导的思想以及北伐时期的对外关系各有成果。白永瑞在《建设杂志与朱执信的役割》中，为了确定五四运动至第一次国共合作之间国民党内部的发展过程，他分析《建设杂志》的内容，认为五四运动影响了国民党领导层的思想变化，使他们认识到宣传及人民大众的重要性，从而走向反帝反军阀的道路。罗弦洙在《北伐时期国民政府的对外关系》中，试图了解北伐初期国民政府内部的对外态度，并探讨了"百分之二点五暂定附加关税"征收政策。他认为在武汉政府与蒋介石的对立下，武汉政府的强烈的反帝国主义态度，使列强接近蒋介石，而成为帮助他获得政权的一个重要原因。

7. 十年内战时期：在这方面，对南京政府的性质、训政、社会建设均有些研究成果。李炳柱在《关于江宁自治试验县》中，认为在江宁县

的改革由于注重县民统制的效率与物质建设，虽在教育、卫生、治安上有
所改善，但由于忽略培养县民的自治能力与社会改革，改革的根本目
标——培养自治能力与农村建设最终失败。同时他指出在江宁实验县的主
要失败原因是南京政府仅施行以自己为主的政策，不重视老百姓的意见。

8. 八年抗战：在这方面，对有关九一八事变以背景、抗战前的对内
对外政策、抗战初期英美对中国的政策以及抗战经过都有些成果。黄海鹏
在《中日战争的勃发与英、美对中政策》中，论述了美国的非同盟主义
外交原则与英国的非实际的制裁政策（即绥靖主义）阻碍英、美对日共
同行动，由于英、美两国的协作失败，日本不用担心列强的干涉，因此列
强丧失了阻止中日战争的机会。另外，朴宗烈在《满洲事变的背景与战
争性质》中，把满洲事变视为民国以来军阀战争的终结与民族抗日的
起点。

9. 国共斗争方面：这方面研究成果最多。闵斗基在《中国国民党的
改进与改组》中，检讨了第一次国共合作期间"改进"阶段的性质。他
认为1923年1月国民党的改进是孙中山联俄容共的一种表现（张继方
式），但由于苏俄对"改进"的不满与"改组"要求，孙中山采取改组
（廖仲恺方式）政策。宋甲镐在《对第二次世界大战后国共和平会谈的检
讨》一文中，认为在抗战期间蒋介石个人的权力集中是造成国民党政府
与党内的创意性弱化，尽管在军事的优势与美国的协助下，仍是造成
"戡战失利与政府播迁"的主要原因。

10. 对中共党史和毛泽东思想的研究：起自20世纪50年代末，到了
80年代掀起研究热潮，特别是在中、韩关系改善的气氛下。由于实际需
要与韩国人对中国关心的增加，这个热潮还在继续升温。在韩国，研究中
共党史的开山人物当属金俊烨。早在1959年，他就发表了名为《中国共
产党史》的专著。此书是他以自己亲身经历为基础，并参考了中国台湾、
大陆、日本和欧美的研究成果而写成的，虽被当局认为在"内容和观点
上有问题"，但以其敢于突破政治气候的研究勇气、胆识和扎实的研究功
底而赢得了学术界的敬佩。（1）中国共产党成立前夕的政治思想：这方
面的研究成果较多，偏重于研究各种思潮涌入中国后知识分子的思想动
向。韩国学者有这样的共识：五四时期，西方各种思潮传到中国，在知识
分子中引起很大反响，经过选择、争论和鉴别，中国最终接受了马列主

义。（2）关于国共合作方面：大部分研究成果是站在政治学的立场上探讨中国共产党人物及共产主义运动的。裴京汉在《中国共产党对国民党的评价与对应——以第一次国共合作前期为中心》一文中，认为在共产国际影响下，中国共产党改变对国民党的态度，最终加入国民党，中国共产党的"左"倾色彩比共产国际更强。此外，今泰九等几位学者也发表了一些文章，分析中国共产党在国共合作中的战略战术，并探讨其取胜的原因。

近二十年，海外掀起的"毛泽东研究"热潮也波及朝鲜半岛，对毛泽东的研究主要集中于以下几个方面。（1）对毛泽东思想特别是革命思想的研究。这方面的著作有：1963年知文阁初版、1969年再版的金相侠所著的《毛泽东思想》一书。论文有：李相万的《从中共革命过程探索毛泽东思想》（1974.9），吴炳宪的《毛泽东思想之历史性质》（1975.2），罗昌柱的《毛泽东革命思想的背景与特质》（1980.12），金泰东的《毛泽东思想中社会主义之民主的形态与其内在的矛盾：以1949年以前为主》（1980.8），金在卿的《毛泽东革命思想特征之研究》（1984.2），于学哲的《毛泽东思想中实践论与矛盾之研究，以第二次国共合作（1937年）为主》（1984.2），李在演的《毛泽东农民革命思想之批判研究》（1984.8），白仁上的《毛泽东思想之研究》（1985.2），金水俊的《毛泽东革命思想之研究：政治文化的探索》，李柱尚的《中国革命过程中毛泽东的大众路线》（1987.2），中恩荣的《毛泽东不断革命论之研究》（1988.2），崔钟贤的《毛泽东的矛盾论及其适用》（1990.2），金世吉的《毛泽东思想中理论与实践的合一》。（2）关于毛泽东军事思想。关于这方面的论文有：赵荣一的《毛泽东的军事思想与其实践过程》（1971.8），李寿仁的《毛泽东军事思想之研究》（1976.8），河映爱的《毛泽东之革命战争论》（1977.8），白秉勋的《毛泽东军事思想之研究》（1984.2），李成龙的《为革命战争之毛泽东的农民动员战略》（1986.2），金珍基的《毛泽东的革命战略及战术（1921—1945）》（1987.2），伊光燮的《毛泽东之持久战略思想（1987.12）》。（3）关于毛泽东思想与马列主义关系的研究。这方面的论文有：宋泽龟的《毛泽东民族主义的开展过程》（1979），柳济麟的《毛泽东理论与共产主义中国化》（1983.2），郑钟旭的《毛泽东思想与马克思主义之中国受容：社会科学与政策研究》（1983.5），金益度的《毛泽东思想：马克思主义的变容》

（1988.12）。（4）对毛泽东个人历史的研究。1971 年，慎洪范将《西行漫记》译成韩文在韩国出版。1980 年太阳文化出版社出版了罗昌柱的专著《毛泽东的生平与斗争》。此外还有一些有关论文，如金忠烈的《毛泽东的奋斗过程（1922—1937）——自农民运动至二万里长征》（1981），黄仁仙的《毛泽东建立党内领导权的经过》（1935——1945）（1983.3），郑锡九的《毛泽东初期革命活动之研究：从工人运动转向农民运动》（1987.2）。除这四个方面外，韩国学者对毛泽东研究的文章还有以下数篇：金昌录的《毛泽东之统一战线战术》（1984.2），车庆洙的《毛泽东的政略与中国共产党的农业政策》（1968.9），丁世铉的《毛泽东对外认识开展之研究：以敌友概念为主》（1992.2）。尽管韩国学者对毛泽东研究的方法、观点与国内大不相同，但仍取得了一定的成绩。特别值得注意的是，自 20 世纪 80 年代以来，韩国各大学关于中国问题的硕士、博士论文，有 10% 是以研究毛泽东为题的。

（二）对中国近现代经济史的研究

从研究成果数量看，经济史的研究远逊于政治史的研究，所发表的论文多属文学硕士论文。

1. 洋务运动：这方面的研究多集中于官督商办企业和民营企业，研究成果多属介绍性质。

2. 土地制度和土地政策：以这方面的研究成果最多，清代地丁银制度研究有 2 篇，太平天国的土地制度和土地政策研究有 4 篇，关于孙中山的土地政策理论有 2 篇，关于抗战时期中国共产党的土地政策有 1 篇。

3. 中外经济关系：这方面的研究集中于韩中贸易关系和中国与外国缔结通商章程。另外，李源栽在《1930 年代中国经济恐慌的进度过程——以列强对中国货币战为中心》一文中，认为 20 世纪 20 年代末世界经济恐慌的后果造成中国银本制的废除，因此造成中国经济破产。

（三）对中国近现代军事史的研究

韩国学者对中国近现代军事史的研究，主要从两个方面展开，一是通过对中国近现代军事史的研究来论述政治方面的问题，另外一个方面是对毛泽东军事思想的研究，在这一方面论文极多，并集中于毛泽东革命战争论、军事思想及实践、持久战略思想、战略战术等几个专题。

（四）对中国近现代文化史的研究

1. 对文学的研究：对文学的研究是文化史研究的重点。研究成果也最多，其中尤以对新文学运动的研究突出。陈祝三把朝鲜"三一运动"时期的文学和中国五四运动时期的文学作了比较研究。殷富基在《关于胡适的文学革命运动》一文中，承认在整个文学革命运动中，陈独秀的功劳比胡适更大，但他强调在白话文体的实用与普及上胡适的功劳不可低估。另外，关于清末谴责小说，梁启超、章太炎的文学观，以及鲁迅、茅盾、沈从文等个别作家的作品和几次文学论争的研究也有一些成果。

2. 教育制度方面：关于中国现代教育发展的历史过程和中国近代学校制度的研究各有一些成果。李殷荣认为，中国人接纳了欧美教育思想，促进了中国的近代化。

3. 新闻报纸方面：朴王圭研究了中国近代报纸的初创；金明爱把韩国、中国和日本三国的初期报纸，做了一番比较研究。

在其他方面，如对妇女运动、农村问题和人物的研究各有一些成果。李炳柱在《中国农村状况与农民问题（1931—1937）——以江苏省为中心》一文中，认为在传统社会、经济、政治制度以及工业化大趋势之下，当时农民的生活继续恶化。所以要解决农村问题，必须从根本上改革当时中国的政治、经济制度不可。闵斗基在《蔡元培思想构造之理解》中，认为蔡元培参与现实政治活动，但因他在教育与文化中寻找社会发展的动力，所以他一直维持与政治的一定距离。同时从蔡元培的思想基础——即所谓中庸原则的观点来看，可以解释他对现实政治的态度之变化。

近几年来，韩国与国外学术界交流频繁，国外书籍也大量翻译出版，在资料和信息沟通方面较以前大有改善，研究人员和研究机构的缺乏问题也有所改善，但与日本和美国相比，仍有一定差距。虽然各大学内有不少研究中国的机构，但还没有一个专门研究中国近现代史的机构，这对研究方法和水准是有影响的，研究方向偏于重复，选题任意而无所专注，以致流于内容的空洞和肤浅，加上研究者之间缺乏共同讨论和批评，很难期待有系统的学术成就。有不少论文只叙述史实，缺少新观点。因为他们经常使用的资料以二手资料为主，错误的资料再引用的例子常见，造成学术水准参差不齐。但由于韩国学者受美国学术风气的影响，在对中国近现代历史的个案研究、比较研究等方面做出了一定的努力，其方法颇值得我们借鉴。另外，韩国学者在中韩关系及一些专题研究中也极有创见，有些研究课题为我国学者所不及。如《利玛窦之儒学观》、《在满韩人之抗日独立运动》、《明末清初华北乡村防卫活动与绅士：以冀鲁豫三省交界为主》、《1883年上海金融风暴与官督商办企业》等，选题和观点均有创意，由此可见韩国学者对中国历史了解的深度。总的来说，韩国对中国近、现代史的研究，成绩与问题俱存，如果他们能克服所存在的问题和困难，那么，韩国对中国近、现代史的研究会在世界上占一席之地。①

二 韩国研究中国史的机构

目前韩国100多所大学中，大约有三分之二设有历史系以及历史研究所，除了汉城大学以外，其他大学的历史系并未分组，但历史研究所则分为韩国史、东洋史（以中国史为主）和西洋史三组。1969年，汉城大学的东洋史学科从历史系分离而独立出来，专门培养独立研究东洋史的学生。从1977年开始，东洋史学科每年刊行《东洋史学科论集》，收集的大学部的毕业论文以及研究生的学期报告，均是有关中国史方面的，而其中三分之二以上与中国近现代史有关。这也反映出20世纪70年代以后是韩国研究中国近、现代史的高潮。

在韩国，纯粹研究东洋史的全国性历史学会有"东洋史学会"。该学会成立于1965年，发行年刊《东洋史学研究》，到1984年变成半年刊，自1973年以后每隔一二年编一次《国内东洋史关系论文要目》。此学会从1982年起编辑《东洋史研究通报》，以提供研究信息。以后每年分春、秋两季开学术讨论会，且每年举行一次学术营活动。到1986年6月为止，该学会拥有会员350余人，其中研究中国史的教授有90余名。

到目前为止，韩国的各大学均附设各种研究机构，研究有关中国史的机构有：延世大学的东方学研究所，1954年成立，定期出版《东方学杂志》。高丽大学的亚细亚问题研究所，1957年成立，内设五个组，近代中国组是其中之一，该所出版《亚细亚研究》及英文通讯月刊，并举办全国学术会议。成均馆大学的大东文化研究院，成立于1958年，刊行《大

---

① 上述资料承韩国学者孙准植惠赠，谨表谢意。

东文化研究》。汉城大学的东亚文化研究所，创设于 1961 年，致力于规划设计共同研究，举办演讲讨论会，并自 1963 年起出版《东亚文化》年刊。檀国大学的东洋学研究所和庆北大学的东洋文化研究所，均有定期发行的学术杂志。此外，20 世纪 70 年代末 80 年代初，韩国各大学都陆续设立了研究中国的机构，如檀国大学的中国问题研究所西江大学的东亚研究所等。

韩国对中国历史及现状的研究机构多设立在各大学。韩国的 100 余所大学中，三分之二设有历史系及历史研究机构，所分研究领域为朝鲜史、东洋史、西洋史三类，而东洋史主要是研究中国史。

韩国学者研究毛泽东和毛泽东思想起始于 20 世纪 60 年代，而在 80 年代形成高潮，其研究领域主要有四个方面：

三　韩国学者裴京汉看中国现代史

韩国釜山女子大学历史科教授裴京汉，对中国现代史颇有研究，其心得常见诸韩国史学期刊和论著，提出的一些观点和研究方法颇值得我们注意。当然，由于研究方法、分析问题的角度和理论基点的不同，其观点和我国史学界有一定的差异。

1984 年 8 月，裴京汉在《反直三角联盟与孙文北上》（《釜山史学》1984.8）一文中，认为孙中山北上的理由不是在于和西南军阀、张作霖、段祺瑞搞政治妥协，而在于趁北京政变的动荡政局，重振北方的革命气氛。在《中国共产党对国民党的评价与对应——以第一次国共合作前期为中心》（《釜山女大史学》1983.1）一文中，他认为在共产国际的影响下，中共改变了对国民党的态度而加入国民党，中共的"左"倾色彩比共产国际更强。此外，他还发表了《关于陈独秀的初期思想》（《釜山女大论文集》14，1933 年），《蒋介石的军权统一过程与中山舰事件》（收于闵斗基主编的《中国国民革命指导者的思想与行动》一书，知识产业社 1988 版），《蒋介石言说资料记事目录》（《釜山女大史学》第 6、7 合辑，1986，12）等文章。

1992 年 1 月，裴京汉在《东洋史学研究》第 38 辑上发表了《蒋介石与 4·12 政变》一文，为了探讨蒋介石在四一二政变中的真实面目及蒋在当时的政治地位，在占有大量资料的基础上，他对下列问题进行了极为详尽的探讨。

①国民革命军的扩大及随之而来的将领间的矛盾。②共产党和武汉国民政府在国民党二届三中全会（1927年3月）前后反蒋活动的确实情况。③军队将领们对武汉和蒋的态度及他们与蒋的关系。④蒋和上海占领军对中共领导的上海工人运动的反映。⑤1927年4月6日前，汪精卫离沪赴汉前在沪几天的政治活动及汪只有赴汉的原因。

基于对以上问题的探索，他认为：①国民革命军将领们日益增长的不满，源于蒋对部队的支配，武汉政府和鲍罗廷试图削弱蒋对军队的控制，因此，蒋和武汉方面的关系日益恶化。②由中国共产党和国民党左派发起的反蒋运动在国民党二届三中全会间达到高潮，蒋和武汉方面的裂痕日益扩大且难以恢复。③国民革命军将领们急于扩编自己的军队并控制更多的区域，蒋和武汉的斗争使他们倾向于蒋。④尽管通过工人运动使工会组织和工人的经济地位有所提高，但仍处于初始阶段，国民革命军占领上海后，工人尚无支持中国共产党和武汉国民政府提出的政治斗争的能力。⑤因为汪精卫没有军事力量，故而无法对付蒋介石的挑战，汪只有投奔武汉一条路可走，因而，蒋汪之间不存在反共的联盟，1927年4月8日报载的蒋汪联合反共宣言，是蒋方编造的谎言。

裴京汉认为，事实上蒋和上海的军事当局有能力镇压和控制上海的工人运动，这在以后北伐中社会安定可作为证明。在四一二政变中，他强调国民革命军将领的作用和蒋艰苦的控制军队的斗争，如果没有迅速地对南京、上海军队的再补给，蒋不可能夺取上海、南京及北伐后政治和军队的盟主地位，也不可能发动四一二政变。

（分载《高校社科情报》1993年第2期、1993年第1期）

一个尘封的课题:近现代部门
经济史研究

　　历史的社会功能是使人们吸取教训、减少失误、指导未来。由于人类历史是综合、完整的社会变迁历程,因而反映人类社会分工的部门经济史不仅是反映社会发展通史的基础,更是当今时代对历史研究的需要,特别是改革开放的今天,社会主义市场经济呼唤着对中国近现部门经济史的研究,因为部门经济史的缺乏,多少造成了一些部门经济的盲目,对于过去经济历史的忽视,使我们正在浪费前人的经验。

　　前一个时期,谈起股票、证券、信托、合资企业……,许多报刊文章,甚至书籍,竟大言其为"新生事物",要从西方国家经济理论库里"译"取武器,然后在中华大地上加以实践,这不能不说是历史学家和经济学家的悲剧。

　　自从 1840 年中国开始迈进半封建半殖民地社会的历程,中国的社会经济就在主权沦丧的前提下步入了国际经济的大循环中,资本主义的种种生产方式及现代部门经济开始契入中国经济并在对传统的自然经济的破坏下得以发生、发展,特别是在一些殖民化程度较深的通都大埠,这种情况则更为明显。

　　当然中国近代经济是在没有民族独立的状态下发展的,因而有其种种颓势、且自身发展也多有其畸态,但我们不能否认现代部门经济在中国传统的文化基础上的建立确有其一定的自我发展规律,特别是一些新的部门经济在一种特定的文化中发生及成长的历程更是如此。

　　具体而言,中国近代部门经济的发生和发展有很多经验教训值得我们借鉴和吸取。比如中国近代信托业失败的原因主要是:银行和信托业务不分、无信托立法、人们缺乏信托意识、国家资本对民族资本信托业的冲击……有些和我国改革开放以来信托业几起几落的教训如出一辙，如果早一点进行中国近代信托史的研究，行政管理部门重视一下经济史的研究成果，将有效地避免这种情况的发生。

经济史是历史和经济科学的基础学科，对其研究的不力，将影响我国经济和历史科学自身的发展。

对于历史学而言，中国近代经济史是一个薄弱学科，而部门经济史的成果则更为少见，以部门经济规律为指导研究其发展的部门经济史则更为罕见，这对于历史学界是一种缺憾，因为我们现在不能像司马迁一样，在没有部门史的情况下就可以写出传世的通史，当今时代复杂的社会和社会分工，已经对历史学家提出了更高的要求。

更为重要的是，人类社会的发展变迁应从一个社会的经济变迁中去寻找其终极原因，这句历史唯物主义的箴言，并没有使我们对中国近千年历史甚至近代百余年来的历史研究产生真正的效力。虽然我们已经度过了将生产力和生产关系的公式放在前面，然后找一些材料当题解的"苏联模式"的时代，但真正从经济角度探索社会的变革、探索政治变革的力作还极为罕见，究其原因，经济史自身研究的缺乏是其重要原因，而经济通史或宏观经济史研究的基础——部门经济或微观经济史的空白，又是经济史深入下去的障碍。

对于经济学家而言，没有对中国近现代部门经济史加以研究则构成了中国经济学的贫乏，真正的中国经济学只有在中国自己的经济历史的活生生的社会经济实践中产生出来，单单从西方经学中去译取，而轻视中国自身经济发展的脉络，特别是对西方经济文化在中华文化的氛围中如何发生、成长的命题弃而不论，有只知希腊不知中国之嫌。单纯为了解决问题而开药方，从而使大量文章成为"新闻"类作品，时效性强，存活率差。伟大的经济学家必须站在历史的高度才能展望未来，在这个基础上指导实践才能更具有现实意义，这也是马克思主义经济学创始人学问实践的历程。近年来诺贝尔经济学奖的得主竟然是两位美国的经济史研究学者，我们从中可以得到一定的启示。

一种部门经济，特别是一种新的在传统社会中还未成长起来的部门经济，在不同的国家由于其不同的历史文化因素的影响，在整个社会经济运行及部门经济自身的发生和发展均有其独特的作用和规律，中国的文化土壤里绝不会长出和美国底特律一模一样的汽车城，哪怕是"硬件"相像，但其"软件"也会受中国文化的制约而发生变异。如何减少部门经济发展中的失误，使西方真正有益于经济发展的部门经济在中华文化基础上催生和成长，对中国近代部门经济史的研究，对受汉文化影响的国家的部门经济发展历程的研究，将有助于我国部门经济的发展的速度，将使引进先进经验更为适度以及地本国文化迅速交融方面大有益处，其远期效果将是使部门经济的发展合理化并最终促进社会经济的进步。

对于史家学而言，部门经济是史学为现实服务，并根本消除史学无用谬论的一种新的思路。对于经济学家而言，重要的是不要把中国经济史当成一种点缀，而是真正能让新的经济观念和实践在中国文化中成长和融会。

加强中国近代经济史的研究，要特别注重部门经济史的探索；注重中国和其他国家同一部门经济发展的比较研究；注重不同文化中部门经济运行的规律；注重政府经济政策对部门经济的利弊分析。它将有助于我国经济决策部门的施政，有助于经济立法的发展，有助于有中国特色、在中华文化土壤中建立社会主义市场经济的伟大实践。

毛泽东早就说过："从孔夫子到孙中山，我们应当给以总结，承继这一份珍贵的遗产。这对于指导当前伟大的运动，是有重要帮助的。"我们不应该仅将之挂在口头上说说而已。

马克思在《资本论》里说过一句关于历史和现实关系的十分易懂但又饶有趣味的话：

　　　　死人紧紧抓住活人。

人类社会就是如此，没有昨天，就不会有今天，而昨天对于今天而言既是向前开拓的基础，又是经验教训的宝库。

（《河北财经学院学报》1995 年第 5 期）

一座亟待发掘研究的民俗器物宝库

——民俗钱币

民俗器物是民俗行事中所使用的物品，是民俗学的研究范畴。但是随着社会历史的变迁，许多民俗器物已荡然无存，古代民俗器物更是极难寻觅。但是在中国古代文明的宝库中，有一座蕴藏庞大、相对而言保存完好、亟待发掘研究的民俗器物宝库，这就是民俗钱币。

所谓民俗钱币。是指民俗行事中所使用的钱形（方孔圆形）器物。民俗钱币的产生，是和商品拜物教及更高形式货币拜物教的形成与发展密切相关的。自从私有制产生以来，特别是随着商品经济的发展、货币的产生，由于人们认识不到商品、货币的本质，理解不了私人劳动和社会劳动的关系，因而在经济生活中，"在交换者看来，他们本身的社会劳动更具有物的运动形式。不是他们控制这一运动，而是他们受这一运动控制"①。也就是说，人们认为自己的命运实际是被自己创造出来的商品或由之而抽象出来的货币所控制。因而人们就像崇拜神灵一样崇拜商品——货币，从而形成商品—货币拜物教。

货币拜物教的实质就是人们认为钱是万能的，它可控制一切，从中国古代典籍中我们可以找到许多货币拜物教的影子。东晋鲁褒在《钱神论》中说："官尊名显，皆钱所致。""贵可使贱，生可使杀。"到了唐代，张说著《钱本草》："钱味甘、大热、有毒、偏能驻颜。彩泽流润，善疗饥寒，解困厄之患，立验。能立邦国、污贤达、畏清廉……"可见钱之

---

① 马克思：《资本论》第一卷，人民出版社1957年出版，第91页。

威力。

货币拜物教和其他宗教有极大的区别，它没有教义、没有经典，没有僧侣，但却实实在在地存在于人们的社会生活之中，而且通过人们生活的方方面面表现出来，特别是通过人们的民俗行事表现出来。

正因为货币拜物教在人们生活中作祟，因而钱的形状——货币拜物教的表现形式要在人们种种生活中显出它的足迹，它不可避免地要在人们的民俗行事的舞蹈一番，生的时候要有洗盆钱，结婚时要有撒帐钱，死了要有冥钱，平时也身上带着，物上装饰着，钱的形状成为人们最喜爱的美的图案之一，民俗钱币是货币拜物教在民俗行事中的物货反映。

民俗钱币是伴随着货币的产生、发展而逐渐兴盛起来的，它一问世，就在民间广为流传，由于它的形状如钱、铜、铁铸成，相对于其他民俗器物不易损坏，因而通过民间传承和考古发掘不断被发现，现在各地博物馆、民间收藏家及一些钱谱中均收藏、收录了大量的民俗钱币。

特别庆幸的是，中国宋代就产生了一门专门研究钱币的学问——钱币学，古人称钱为泉，故又称泉学，自宋代洪遵创编中国第一部流传下来的钱谱——《泉志》以来，历代公私撰述的钱谱大都仿照洪遵的《泉志》在附录中收录了民俗钱币，这成了泉书的传统，但他们不可能从根本上认识这些千奇百怪、只有钱的形状、而不具有钱的本质（价格尺度、流通手段等）的民俗器物的内涵，因而只能依照自己对它的理解而定名为厌胜钱。

厌胜亦称压胜，《说文解字》说："厌、笮世，令人作压。"是古代巫术的一种，认为通过一些器物、语言、行事可以制服他人或事物，并可用之达到自己的目的，厌胜术在汉代特别是新莽时期极为兴盛，以前在民间也广为流传，如《红楼梦》中就有在布人身上扎针或将之埋入地下以咒制王熙凤、宝玉的故事。

商品经济的发展，使钱具有了无比的神力，自汉代起，人们多铸民俗钱币，上铸有吉语，以乞求平安、辟兵、吉祥、多子，故后代钱币学者或称由此而来的民俗钱币为厌胜钱。

现在我们一般把民俗行事分为以下几大类：即信仰民俗、人生仪礼民俗、生活民俗、游艺民俗、经济民俗、岁时节令民俗等几大类，在这些民俗行事中，我们均可见到民俗钱币的踪影。因为民俗行为的复合性，有时一些民俗钱币可在不同的民俗行事中发挥功用，如有的既可以在信仰民俗中起作用，也可在人死后埋入地下，而转化为冥币，变成人生礼仪民俗钱币。

信仰民俗钱币包括传统的厌胜钱，民间宗教用币如供养钱、礼佛钱和一些吉语钱，丁福保所著的《古钱大辞典》中的"厌胜吉语"、"神主仙佛"、"厌胜生肖"应归入此类。

在中国封建社会中，儒学、道教、佛教在民间广为流传，且有相互融合的倾向，民间受这些思想、宗教影响的民俗行事中，信徒们常铸造一些形如钱币的器物用于供养、佩戴以求得神的保佑，佛教徒常铸有马驮经图、香花供养、观音大士图案、文字钱币以为供养；道教徒多铸带有符咒的钱形器物以避鬼神；士子们则喜佩戴铸有金榜题名、金玉满堂、增官加禄等文字的民俗钱币以求吉祥。当然，信仰民俗钱币的出现，其本身就已孕育着戒法森严的宗教世俗化，而它的渐染成俗，使许多民俗行事脱离了宗教的范畴，同时民间信仰、民间思想的活动也促进了信仰民俗钱币的发展。

信仰民俗钱币数量极多，有的钱面用新莽钱币"大泉五十"或北周钱币"示通万国"的字样，钱背则为龟、蛇、剑及北斗七星，或为日、月及北斗七星，或为"常乐未来"字样；有的形状如古代布币，上铸五男二女图形；有的面为汉代"五铢"字样，上加铸有"君宜王侯"；也有方孔圆形的钱币，上铸"五男二女"字样，背为四神象。更多则是在钱上直接铸上吉语，如：千秋万岁、上上在吉、天下太平、太清丰乐、加官进禄、金玉满堂、元亨利贞、日入千金、物阜民安、出入通泰、长命富贵、长命保生、合家清吉、荣华富贵、福长德寿、福寿延长、龟鹤齐寿、加官晋爵、驱邪恶辟、五子登科、状元及第、降福辟邪、寿比南山、日月恒生、百子千孙……

民间关于八仙的传说甚多，八仙钱币也很常见，通常有两种，一种是钱币上铸仙名如吕洞宾仙，背为吕洞宾像；另一种为暗八仙，上铸八仙使用的器物，如蓝采和的篮子。大批带有道教符咒的钱币也数量极多，上除符咒外，还有"急急如律令"等字样。佛教供养钱也极多，以元朝为最盛，前几年五台山发现大量珍贵的金供养钱，钱面为宋淳化元宝字样，钱背为两佛像。

数量最多的信仰民俗钱币是生肖钱币，上多铸十二生肖的样子或文字。

人生礼仪民俗钱币也极为广泛，古代婚礼必用币礼聘、采纳，除此之外，花轿、床杖及被褥中也都要有民俗钱币作为点缀，或缀之于床杖花轿四周，或藏于被褥之中，称为掀帐钱。此种钱币多以龙凤、连理枝、富贵花为图案，文字多以"连生贵子"、"金玉满堂"、"五男二女"为主。还有一些文字为"风花雪月"，钱背面为性交图案的秘戏钱，用以启发新婚男女洞房花烛之乐，这是封建社会伦理纲常下，性启蒙、性教育的独特手法。

又如冥币，产生极早，发现最早的冥币为楚墓中的仿制金钣，有银、铜、铅、泥诸种，也有加铸"福寿"一类吉语的。西汉墓葬中仍有出土，如长沙砂子塘就出土泥称十块，泥半两钱 8 枚。

许多冥币上多铸有吉语，如明墓中曾出土有带有"贞洁贤哀"、"长命富贵"、"积福如山"、"广种福田"、"为善最乐"、"千秋古老"、"太平大吉"字样的金银民俗钱币。

生活民俗用币，包括佩钱、上梁钱等。佩钱为衣饰上用品，上多铸以龙凤、鹿鱼、花叶等图案，多如透雕而只铸图案，空白的地方不铸，是金属的剪纸，具有极高的艺术价值。

古人建房上梁时多在梁上置以钱币，称上梁钱。上多铸有"上梁钱"等字样，现在许多地区还有这一民俗，如东北地区至今盖房还喜用金"大定通宝"为上梁钱，取其安定之意。

游戏民俗在民俗中占有重要地位，而游戏用具中也有大量以钱形为形状的。古代象棋多以钱形铸成，成为棋钱。满城汉墓出土一种古代棋类，也以钱形为棋子。在宋代，有两种极为流行的棋类，也以钱形棋子为戏。

一为打马格，传为古代蒲的继承，宋代主要有三种，一种是十子，称为关西马；一种为二十子，称为依经马；宋宣和年间有人参杂加减棋子，成为宣和马。古人有许多关于这种游戏的书，如宋朝陈振孙《书录解题》中就有无名氏《打马格局》1 卷，郑寅子敬《打马图氏》1 卷，大词人李清照有《打马赋》1 卷。其中言："打马头，蒲遂废，实小道之上流，乃深闺之雅戏。"打马格钱多铸历代名马及马名。如飞黄、逐日、赤兔、龙驹，行极优美，钱面铸历代名将名如"魏将吴起""秦将白起"，等等。

另一种游戏称选仙，是一种赌具或棋类，上多铸有仙名或图案，有诗曰："一串铜牌赌选仙，仙家岁月日如年，园中斗大黄金橘，乞与真灵做洞天。"

经济民俗钱币相对而言较少见，舟山地区现在还流行在网上烧钱，称为网钱，但多为历代流通钱币。另外，泉州船户至今仍遗留一种明代厌胜钱币，币形特大，正面浮铸"顺风大吉，满载而归"，内缘以元宝图案，可能象征营商获利之意。背面则铸三艘巨舶于星月皎洁、岸林静寂之夜，张帆顺风，衔尾疾进，船上还有"大吉"二字。

最重要的经济钱币是古代铸造业的开炉钱或镇炉钱。古代铸钱时，先铸几枚形体较大，上有花纹的钱币，以图吉利，钱库中也有大型不做流通的镇库钱，类似民间的镇宅之宝，后渐染成俗，这种钱币以清代最为常见。

民俗钱币的内涵极为丰富，它深蕴着中华民俗的传承，民间宗教的流传，民间思想的内容及民间审美情趣，故亟待发掘和研究，关于这些问题，限于篇幅，另文详述。

（《风俗通》1992 年第 2 期）

两宋纸币研究综述

宋真宗初年，四川成都的 16 家富商联合印发了"交子"，并做上暗号以防别人仿印。交子的出现代替了铁钱。这是我国使用纸币的开端，也是世界上最早的纸币，是我国货币发展史上的一大进步。交子既可以在市场上使用，也可以到"交子铺"兑换现钱，新旧交子三年兑换一次。宋仁宗天圣元年（1023），交子改由政府统一发行，每次发行的数额有限，以铁钱做后备金。宋徽宗崇宁四年（1105），除四川仍沿用交子外，其他诸路均改用"钱引"，唯福建、浙江、湖广等地例外。后四川也于大观三年（1109）改交子为钱引。用来代替贬值的"交子"。宋徽宗崇宁五年（1106）政府决定：除当十铜钱只在京师和陕西、河北、河东三路继续流通外，其余各路的当十铜钱均用纸币收兑。用专门印制的"小钞"这种新纸币取而代之，在各路流通。小钞面额最大者为一贯。

南宋时，交子改称"关子"、"会子"。会子是宋朝发行量最大的纸币，也起源于民间，称作"便钱会子"。南宋高宗绍兴三十年（1160）改由政府官办、户部发行。翌年诏令临安府（今杭州）设会子务，仿照四川发行钱引的办法发行会子。便钱会子又名"便换"，改由户部发行后，最初以一贯为一会，后又增发了二百文、三百文、五百文。乾道四年（1168）规定三年为一界，但后来出现了两界、三界并行的情况，引发通货膨胀，会子贬值。公据印制于南宋高宗绍兴二十九年（1159），使用时间很短。

古人很早就开始研究中国纸币，元顺帝时武淇著《宝钞通考》，清钱大昕有辑本 8 卷。元人费著有《楮币谱》1 卷，记四川交子钱引，《四川通志》称其止于南宋庆元年间，但《全蜀·艺文志》称其止于淳熙年间，但书已佚。清嘉、道年间吾进辑有《四朝宝钞》一卷，仅有题跋，无论述文章，有民国七年本。许楣的《钞币论》多涉及纸币理论。宣统年间刊出有罗振玉的《四朝钞币图录》，记录金、元、明、清钞版或楮币 17 种，民初又有重刊。近年来钱币学界也出版了《中国古钞图辑》，内蒙古钱币研究会、中国钱币编辑部合编，1987 年 9 月出版，收北宋至清历代纸币和钞版拓本数十种，共计百余幅图。

近代以来，彭信威先生 20 世纪 50 年代出版的《中国货币史》，是集大成者。此外还有：刘映岚《中国货币沿革史》，东京砥斋 1911 年版；章宗元《中国泉币沿革》，北京经济学会 1915 年版；张家骧《中华币制史》，民国大学 1925 年 11 月初版；侯厚培《中国币制史》，上海世界书局 1929 年版；戴铭礼《中国货币史》，商务印书馆 1934 版；周伯棣译《中国货币史纲》，中华书局 1934 年版；朱偰《中国信用纸币发展史》，重庆中国文化服务社 1943 年版；李骏耀《中国纸币发行史》，中国银行经济研究处 1944 年 3 月版；耿爱德（E. Kann）《中国货币论》，商务印书馆 1929 年版；金国宝《中国币制问题》，商务印书馆 1928 年版；魏建猷著《中国近代货币史》，群联出版社 1955 年版；千家驹等著《中国货币史纲要》，上海人民出版社 1986 年版；萧清编著《中国近代货币金融简史》，山西人民出版社 1990 年版。石毓符著《中国货币金融史略》，天津人民出版社 1984 年版。

民国年间，随着近代银行业的发展，一些经济学类刊物及一些经济学家开始对中国古代纸币进行研究，如《银行周报》第 2 卷第 10 和第 11 号就连载了《我国纸币之沿革》、《四朝宝钞考》，《银行周报》第七卷第 49 号，1923 年 12 月；徐沧水《中国古代纸币沿革考》1、2 分别刊于《银行周报》第八卷第 20 和 21 期；此外徐沧水所著的《民国钞券史》也连续发表在《银行周报》第八卷 24 和 25 期上，其中第一章也专论古代纸币。《中国经济》杂志第二卷第 9 期（1934 年 9 月）的中国经济史研究专号上也刊出过日本学者加藤繁的《宋代官办后的益州交子制度》。

两宋纸币研究有两条线索：一是纸币史，一是钱币学（钞版）。纸币史主要包括两宋纸币问题、交子、会子等方面；纸币学（钞版）主要涉及北宋钞版、南宋会子钞版、东至关子版等问题。

一 两宋纸币问题

由于是人类历史上首次发行、使用纸币，宋代的纸币研究中存在很多有争议的问题，如纸币性质、理论、伪造等。

（一）性质问题

关于宋代纸币的性质，学界主要有两种看法：一种意见认为宋代纸币属于替代纸币。如包伟民从宋代纸币产生的历史原因和有关货币政策入手，分析了它的性质及其在中国经济史上的地位。指出我国古代一度广泛通用的纸币，从根本看，只是由于当时金属币材不足而出现的一种替代性通货，与真正意义上的由于信用关系发达产生的纸币尚有差距；[1] 缪明扬也认为"宋代，政府所行纸币，交子、会子抑或其他，严格言，其性质均属代用货币，而非如某些学者所说的信用货币"[2]；另一种意见则认为是信用纸币[3]。张文则从宋代纸币的发展过程分析，认为"以上两种看法各有所据，但都不全面。宋代纸币的性质是一个变动的概念，它源于替代货币，很快向信用货币转变，其后又向替代货币部分回归，成为介于两者之间的一种非无限法偿的替代货币。因此，将其定义为一种混合货币也许更合适一些"[4]。

（二）纸币理论问题

漆侠先生在《宋代经济史》中指出，纸币是南宋士大夫的一个重要议题，并由此逐步形成了有关纸币的一些理论，包括对滥发纸币、造成通货膨胀原因的剖析，物价与纸币、金属货币之间关系问题的探讨，如何解决通货膨胀的问题及对楮币的评价等。[5]

帅启明、吴钦承认为宋代实行的是兑换纸币，决定了宋代纸币理论的

---

① 包伟民：《试论宋代纸币的性质及其历史地位》，《宋史研究论文集》，河北大学出版社1996年版；《试论宋代纸币的性质及其历史地位》，《中国经济史研究》1995年第3期。

② 缪明扬：《宋代纸币政策初探》，《西南金融》1994年增刊。

③ 高聪明：《宋代纸币信用制度的发展》，载《宋代货币研究》，中国金融出版社1995年版，第50页。

④ 张文：《宋代通货膨胀问题辨析——兼论宋代纸币的性质》，《西南师范大学学报》（社会科学版）2000年第1期。

⑤ 漆侠：《宋代经济史》，上海人民出版社1988年版。

研究和探讨，主要是兑换纸币的领域。"在这方面最有卓识的见解，一是对发行准备金的理论探讨，二是对纸币同铸币之间关系的理论探讨。在兑换纸币发行准备金的理论探讨上，尤以北宋周行己的见解最为深刻。他提出'三一之利'说。""在纸币与铸币的关系上，南宋人针对纸币发行过多，纸币贬值，提出了'母子相权'论。"①

周原孙《宋代纸币理论述评》一文就宋人纸币思想的某些方面作了述评。一，宋人的纸币起源论：介绍了宋代流行的两种观点，认为宋人对纸币起源的认识，还停留在比较直接的观察上，没有进一步进行理论分析，更没有综合宋代的经济状况，从纸币产生的必然性来加以论证；二，对纸币本质的认识：宋人对纸币本质的认识由于受时代局限和传统货币观念的影响，缺少综合分析，还相当粗疏和支离破碎，错误之处也比比可见。但是其中仍有值得肯定的合理因素；三，宋人对纸币发行的态度；四，宋代的纸币管理思想：主要围绕着纸币发行的必备条件和如何稳定纸币币值展开的。②

贾大泉《宋代的纸币发行和纸币理论》一文总结了宋代纸币发行成功的经验及把纸币发行作为财政来源、弥补财政赤字的教训。分析了宋代主要的纸币理论，即：兑换纸币思想，发行兑换纸币不需十足本金；力行回笼，稳定货币的"称提"思想，以及钱楮并用的"子母相权"说和"钱实楮虚"说等，认为宋人的纸币思想是宝贵的历史遗产。③

缪明扬则从准备金的角度指出，宋代政府官营纸币，初时一般尚能恪守发行准备金原则，可充作纸币的发行准备金者主要是铁钱；就每界纸币的发行限额与发行准备的百分比而言，宋政府采行的是部分准备制。④

（三）伪造与防伪问题

周斌在《两宋纸币的伪造及治理》、《论两宋纸币的伪造问题》二文中指出，两宋的交子、钱引和会子均伪造盛行，作伪的手法主要是私造，也有"揩改旧会"、"盗卖会底"、缀旧为新等。两宋政府发现伪纸币的途

---

① 帅启明、吴钦承：《纪念官交子发行 970 周年》，《西南金融》1994 年增刊。
② 周原孙：《宋代纸币理论述评》，《西南金融》1994 年增刊。
③ 贾大泉：《宋代的纸币发行和纸币理论》，《社会科学研究》1996 年第 1 期。
④ 缪明扬：《宋代纸币发行准备金述略》，《财经科学》1995 年第 5 期。

径有百姓告发、作伪者及窝赃者自首、官员查访和换界辨验。两宋政府防治纸币伪造的主要措施是颁布并实施奖罚并行的法令——交子法、钱引法和会子法，加强纸币本身的防伪功能和纸币制造过程的管理也是两个重要的措施。①

罗毓诚、全斌的《从两宋纸币的防伪看人民币的反假工作》则从防伪的角度，分析了两宋政府加强纸币防伪、保障纸币的正常流通和发展的主要经验：一是明确制定了专门的反假法律，严禁民间伪造纸币，使纸币防伪有法可依；二是重赏重罚，赏罚分明；三是定期兑换，不断更新流通中的纸币，抵制伪纸币通行。还指出了两宋政府并未根治纸币伪造的两个原因。②

汪圣铎在《两宋货币史》中论述了两宋伪造货币问题的严重性及官方为防伪所采取的立法等相关措施，指出尽管官方采取了许多措施，但在当时防伪问题不可能很好地解决。③

二 交子部分

从目前的研究成果来看，交子研究主要涉及交子产生时间、原因、特点及管理等方面。

（一）起源时间

一般认为，交子产生于北宋初期，若粗论之，此说并无大争议，但细论之，则歧见不少。

1. 彭信威《中国货币史》说："交子的产生，即使不是在五代，也必定在宋初。"

2. 贾大泉推断存款性质的交子应是在太宗太平兴国（977—984）间就已产生了。而纸币性质的交子在 995 年或稍晚一点时间已在市场广泛行使起来。④

————————

① 周斌：《两宋纸币的伪造及治理》，《中国钱币》1994 年第 1 期；《论两宋纸币的伪造问题》，《四川文物》1996 年第 3 期。

② 罗毓诚、全斌：《从两宋纸币的防伪看人民币的反假工作》，《西南金融》1994 年第 11 期。

③ 汪圣铎：《两宋货币史》，社会科学文献出版社 2003 年版。

④ 贾大泉：《张咏、薛田与交子》，《四川文物》1994 年第 5 期。

3. 吴筹中认为交子的产生和发展分为三个阶段，最初早期民间发行的交子产生在淳化三年（992）到至道二年（996）之间，后来由 16 家富商来主持，最后在天圣元年（1023）北宋朝廷在益州设交子务，改为官办。①

4. 卫月望认为交子产生于北宋至道元年（995）。②

5. 李埏认为交子产生于公元 10 世纪末叶。③

6. 姚朔民等认为，交子产生于景德二年（1005）至大中祥符七年（1014）。④

7. 刘森认为交子产生的确切时间，当在"界"的制度出现的前三年，即大中祥符元年（1008）。⑤

8. 加藤繁、漆侠、汪圣铎都认为交子分为两个阶段，民办阶段（私交子）和官办阶段，而官交子的创设是在仁宗天圣元年（1023）。⑥

上述观点比较一致的地方是，大致将交子产生的时间定在 10 世纪末叶至 11 世纪初这一段时间内，属北宋初期。交子产生于五代的可能性可以排除。

（二）产生原因

关于交子产生的原因，主要有以下几说。

1. 柜坊说。

这种观点认为交子起源与唐代柜坊有关。日本学者日野开三郎认为："交子的发达即票据流通的延长，而主发交子之铺（亦称交子户）盖即由柜坊性质而来者也。"姚朔民则指出，北宋柜坊已沦为赌场，不可能发行交子。⑦

---

① 吴筹中：《北宋早期民间交子产生时间的研究》，《中国钱币》1994 年第 4 期。

② 卫月望：《四川交子浅议》，《四川钱币学会论文集》，1986 年。

③ 李埏：《北宋楮币（交子）史述论》，《思想战线》1983 年第 2 期。

④ 姚朔民等：《四川交子的产生》，《中国钱币论文集》（第 1 辑），中国金融出版社 1985 年版。

⑤ 刘森：《宋金纸币史》，中国金融出版社 1993 年版。

⑥ ［日］加藤繁：《中国经济史考证》第二卷，商务印书馆 1963 年版；漆侠：《宋代经济史》，上海人民出版社 1988 年版；汪圣铎：《两宋货币史》，社会科学文献出版社 2003 年版。

⑦ 朱偰：《中国信用货币发展史》，中国文化服务社 1943 年版；姚朔民等：《四川交子的产生》，《中国钱币论文集》（第 1 辑），中国金融出版社 1985 年版。

2. 飞钱说。

朱偰说："中国历史学家，向以交钞之制，始于唐之飞钱。"刘厚滋认为飞钱是一种汇票，一曰飞子。其后买飞子者不复支钱，转相授受，乃渐成一种习惯上的通用货币。卫月望认为交子有一部分取法于唐代的飞钱。① 彭信威也认为："（飞钱与交子）两者的确有共同的地方，飞钱是异地兑现的票券，交子是异时兑现的票券。从来真正的兑换券，还常常带有飞钱的性质。所以说兑换券是由飞钱发展起来的话，也算正确。"② 贾大泉则认为，飞钱虽是交子产生的历史渊源，却不是交子产生的必然原因。③

3. 皮币说。

姚政认为，交子的最早源头应是西周、西汉时期的皮币。"从货币发展史本身来看，宋的纸币交子就是西周到西汉曾经使用过的皮币的继承和发展。"④ 彭信威也说："皮币不能说是实物货币，因为方尺的鹿皮，没有什么使用价值。至少实价还低于名价，和纸币性质相近。"⑤

4. 铁钱说。

历代不少人认为铁钱重是交子产生的主要原因。如藤繁认为交子是民间为了缓和铁钱的不便而私造的东西。⑥ 郭正忠在《铁钱与纸币的起因——关于交子起源的研究》一文中⑦，指出了吕祖谦《历代制度详说》等史文关于大铁钱引起交子产生说的错误，认为交子由四川行用的小铁钱而造成。汪圣铎也认为交子当时于四川产生，铁钱沉重不便贸易是最重要、最直接的原因。⑧

---

① 朱偰：《中国信用货币发展史》，中国文化服务社 1943 年版；刘厚滋：《宋金以来之钞币》，载《中德学志》第六卷，1944 年版；卫月望：《四川交子浅议》，《四川钱币学会论文集》，1986 年。

② 彭信威：《中国货币史》，上海人民出版社 1965 年版。

③ 贾大泉：《交子的产生》，《西南金融》1994 增刊。

④ 姚政：《论西周的货币》，《南充地区钱币学会论文集》（三）。

⑤ 彭信威：《中国货币史》，上海人民出版社 1965 年版。

⑥ ［日］加藤繁：《中国经济史考证》第二卷，商务印书馆 1963 年版。

⑦ 郭正忠：《铁钱与纸币的起因——关于交子起源的研究》，《学术月刊》1985 年第 4 期。

⑧ 汪圣铎：《两宋货币史》，社会科学文献出版社 2003 年版。

但是也有论者对此说持有异议。李埏说："交子产生的根本原因是商品经济的发展和铁钱之间的矛盾。没有这个前提，铁钱是不会引出交子的。"① 贾大泉也指出铁钱不是交子产生的必然原因，"四川行使铁钱对交子的产生起到了催化剂和助产士的作用，四川经济发展才是孕育交子产生的产妇"②。唐昌朴则认为，铁钱在四川盆地主要用于近距离小宗商品贸易，但无法用于远程大型贸易，它是引起交子产生的直接因素，即外因，交子产生的决定因素是四川商品经济发展的客观需要，即内因。③

5. 政治、经济因素说。

彭通源认为交子的出现依靠一种超经济的力量——政权力量，是封建社会的"早产儿"④。刘方健亦持此说。⑤

彭信威则认为："中国纸币产生和发展，是由多种经济原因促成的。"⑥ 漆侠先生则进一步指出，"交子（纸币）的产生与商品货币的发展固然有着密切的联系，而与商业信贷关系的发展有着更加密切的血肉的联系"。川峡路的铁钱只是直接促使交子产生的动因。⑦ 贾大泉也认为，交子是宋代商品经济发展的必然结果。"我国虚价货币的长期存在，货币名目论的长期流行，都启发人们可以用无价的纸币来代替铸币，唐代信用事业的发展，飞钱的出现，更为人们发明交子提供了直接的历史借鉴。"⑧刘森则指出宋代商品经济的发展，货币割据局面的形成，四川行用铁钱给商业贸易带来的极大不便，商业信用制度的空前发达及经济活动中证券的广泛使用等因素互相作用，培育出了世界货币文化中的一朵奇葩——交子。⑨

此外，谢元鲁、丁祖春、黎人忠等人还提出四川地区造纸印刷术、文

① 李埏：《北宋楮币（交子）史述论》，《思想战线》1983 年第 2 期。
② 贾大泉：《交子的产生》，《西南金融》1994 增刊。
③ 唐昌朴：《略谈宋代商品经济促进金融货币的改革》，《南充市钱币学会论文集》（四）。
④ 彭通源等：《世界上最早的纸币——四川的交子》，《四川钱币学会论文集》，1986 年。
⑤ 刘方健：《东西方纸币产生条件的比较研究》，《中国钱币》1994 年第 4 期。
⑥ 彭信威：《中国货币史》，上海人民出版社 1965 年版。
⑦ 漆侠：《宋代经济史》，上海人民出版社 1988 年版。
⑧ 贾大泉：《交子的产生》，《西南金融》1994 增刊。
⑨ 刘森：《宋金纸币史》，中国金融出版社 1993 年版。

化艺术的高度发达也是交子产生的重要因素。① 肖清、张学君则认为交子的产生与盐钞和茶引有密切联系。②

（三）交子兑界及称提问题

交子收归官府管理之后，成立交子务，建立兑界制度，加强对交子管理。关于为何设立兑界，论者有不同看法。加藤繁博士说交子兑界是因为交子流通时间久了，容易污损的缘故；③ 王曾瑜先生说是由于纸张和印刷质量差，为防止伪造，以免"折阅"的一种"称提"措施；④ 李埏先生认为原因有二：其一，交子为楮纸所制，用久容易毁损而滋生诈伪；初行交子时曾发生诉讼，创立兑界，强制以旧换新，杜绝诈伪纠纷。其二，到期全部回纳，可以多收"纸墨费"⑤。姚朔民等则认为，设立兑界是为维持交子信誉，限制交子户舞弊。⑥ 刘森则提出这些说法皆不能解释交子为什么流通三年才予以兑界的原因，因此认为交子兑界产生的原因，是"16 户主持发行交子时，为承兑自交子产生后所发行的交子而制定的"⑦。并进一步指出以新交子兑换以前的旧交子，可解决兑金不足的困难，挽救交子的信誉。至于官交子的兑界，一是沿袭私交子的旧法，二是可起到限制发行量，便于控制流通中的交子量，又可多获"工墨费"，减少诈伪之害。⑧ 缪明扬认为"交子官营，宋政府确立分界原则，主要因为谨慎于纸币的发行管理"⑨。

关于兑界的年限，因史载不一也颇有争议。20 世纪 30 年代日本著名学者加藤繁博士首倡交子三年一界，认为北宋官私交子都是三年一界；藤本光《交子的界制》则认为三年一界的制度终止于皇祐五年（1053），此

① 谢元鲁：《宋代四川造纸印刷技术的发展与交子的产生》，《西南金融》1994 年增刊；丁祖春：《宋代四川产生交子的社会文化背景》，《西南金融》1994 年增刊；黎人忠：《从雕版印刷试析交子成因》，《四川文物》1994 年第 1 期。

② 肖清：《宋代纸币的产生与发展》，《中国古代货币史》，1954 年；张学君《宋代盐钞与纸币》，《西南金融》1994 年增刊。

③ ［日］加藤繁：《中国经济史考证》第二卷，商务印书馆 1963 年版。

④ 增瑜：《关于北宋交子的几个问题》，《宋史论集》，中州书画社 1983 年版。

⑤ 李埏：《北宋楮币（交子）史述论》，《思想战线》1983 年第 2 期。

⑥ 姚朔民等：《四川交子的产生》，《中国钱币》1984 年第 4 期。

⑦ 刘森：《交子产生的原因及时间新探》，《中州纸币论文集》，河南省钱币学会 1986 年编印。

⑧ 刘森：《宋金纸币史》，中国金融出版社 1993 年版。

⑨ 缪明扬：《宋代纸币政策初探》，《西南金融》1994 年增刊。

后实行两年一界制；[1] 彭信威先生认为"三年为一界"的官交子，"所谓
三年一换，实际上就是两足年一换"[2]；李埏《北宋楮币史述论》、漆侠
《宋代经济史》、叶世昌《〈宋史〉交子起源析误——兼论"千斯仓钞版"
的产生时间》[3] 都认为交子为两年一界，李埏先生则明谓交子"兑界每界
的年限，在整个北宋时期是二年，而不是三年"；王曾瑜《关于北宋交子
的几个问题》讲私交子大约每三周年一界，官交子为两年一界；姚朔民
《四川交子的产生》说是逢闰年发行。刘森把史文关于交子发行界年的记
载进行梳理，认为相隔一年发行一界说较符合实际；[4] 贾大泉则指出，私
交子是不存在分界的，更不存在三年一界的制度。交子的分界是官交子才
开始的，时间是三年一界。[5]

与兑界紧密相连的是称提问题。高聪明《宋代纸币信用制度的发展》
认为从理论上说，称提理论是错误的。[6] 汪圣铎在《两宋货币史》中把会
子的称提分为前期（宋理宗绍定年以前）和后期（宋理宗绍定年以后）
两个阶段，并对称提做了评价。汪先生认为高聪明的提法具有重要的理论
价值。但是这决不等于说宋人关于称提的所有理论都是错误的。"宋代对
会子的日常性称提以及几次大规模突击性称提，尽管其中许多做法都不可
取，但总的讲，对于减缓会子走向贬值和衰坏的速度，却起到了重要作
用，对于保护社会经济的正常发展，是具有积极意义的。"[7] 何炼成在
《中国经济管理思想史》中则对称提做了充分肯定，认为"南宋的'称提
之术'是最早的纸币管理方案，是关于兑换纸币的发行和管理原则，也
是当时关于兑换纸币的理论和政策"[8]。叶世昌的《说"称提"》一文则

---

① ［日］加藤繁：《中国经济史考证》第二卷，商务印书馆1963年版。

② 彭信威：《中国货币史》，上海人民出版社1965年版；汪圣铎：《两宋货币史》，社会科
学文献出版社2003年版。

③ 《中国钱币》2002年第1期。

④ 刘森：《宋金纸币史》，中国金融出版社1993年版。

⑤ 贾大泉：《交子界分的考察》，《西南金融》1996年第11期；《宋代四川纸币》，四川人
民出版社2001年版。

⑥ 高聪明：《宋代纸币信用制度的发展》，《宋代货币研究》，中国金融出版社1995年
版。

⑦ 汪圣铎：《两宋货币史》，社会科学文献出版社2003年版。

⑧ 何炼成：《中国经济管理思想史》，西北大学出版社1988年版。

解释了称提的本义及用于纸币的含义，认为不能对"称提"的含义求之过高，"称提"只是指在纸币管理的范围内的一种救弊措施，而不是纸币管理制度或纸币管理思想的全部。[①]

（四）交子性质问题

贾大泉认为，产生初期的交子，实际上是活期存款凭据和现金支票，与纸币性质不同。及至王小波、李顺起义后，"民间钱益少、私交子为市"。这时的交子才成为纸币。[②] 杨荣新也认为，私交子不是严格意义上的货币，官交子才是真正的纸币。[③] 王有鹏则指出，交子等宋代纸币，均带有兑换券性质，元朝发行的"中统宝钞"才是真正不兑换纸币，它标志着我国纯纸币制度的开始。[④] 与此相似，有学者也指出，交子等宋代纸币的性质属代用货币，而非信用货币。[⑤]

（五）对交子的评价。

研究者从各种角度对交子的出现和管理作了评价。有的学者对北宋官交子发行管理予以较高的评价，指出："就是在今天，北宋官交子关于最高发行限额和发行准备金的原则，仍然是纸币的发行和管理应当遵循的原则。"[⑥] 有的研究者对交子尤为垂青，评价甚高，认为："数十载来，言及古代中国对于世界文明贡献，人多乐道，四大发明而无涉纸币，这无疑是既往否定商品，漠视货币之产品经济观所造成的一大疏漏。客观地说，纸币亦属古代中国惠及世界文明的伟大贡献。"[⑦] 贾大泉也对官交子评价很高，认为官交子承前启后，巩固了纸币的货币地位，对保证我国纸币在封建社会就得以推广起了重要的历史作用，而官交子发行以后所产生纸币发行管理政策和纸币流通的经验教训，又是我国货币史上的宝贵历史遗产。[⑧]

也有论者不以为然。王有鹏说："交子尽管可以是当时商品经济发展

---

① 叶世昌：《说"称提"》，《中国钱币》1996 年第 1 期。

② 贾大泉：《宋代商品经济的繁荣与交子的产生》，《南充钱币学会论文集》（四）；《宋代四川纸币》，四川金融出版社 2001 年版。

③ 杨荣新：《略谈宋代四川交子》，《四川钱币学会论文集》1986 年。

④ 王有鹏：《从交子、会子到宝钞》，《西南金融》1994 增刊。

⑤ 缪明扬：《宋代纸币政策初探》，《西南金融》1994 年增刊。

⑥ 余洪彬：《交子与交钞浅析》，《重庆市钱币学会第一次年会暨学术讨论会论文集》，1990 年。

⑦ 缪明扬：《宋代纸币政策初探》，《西南金融》1994 年增刊。

⑧ 贾大泉：《官交子在我国纸币史上的地位》，《西南金融》1995 年第 2 期。

的表现，但不能估计过高，仅仅是为在一定范围内发行纸币在客观上提供了必要条件和可能性而已。北宋一代自然经济仍居绝对支配地位（包括四川在内）。"① 乔晓金则提出交子的发行由于人为因素不小，"从而不仅未进一步促进商贸和社会经济的发展，反而给社会带来了不小的灾难"②。还有论者认为："反观中国封建社会纸币的早产，并非当时中国社会的商品生产和商品货币关系已发展到非在全国范围内发行纸币不可的程度，而更多的是由中国封建社会高度中央集权的政治体制的特点所产生的社会经济现象。这就注定了中央集权的封建专制政体要通过发行纸币作为榨取财富的工具，而纸币履行的政治职能，又决定了它必须滥发滥用，直至灭亡的前途。"③

综上所述，交子的研究迄今已取得了较大进展，就研究现状而言，对交子产生的时间、原因，发行及兑界研究的论述较多，成果突出。

三　会子部分

有关会子的争议主要集中在起界问题、银会子与银的关系问题上。

（一）会子的起界问题

第一界东南会子的起界时间关系到以后诸界会子的发行收兑时间，会子的流通使用及诸界会子之间的承续关系等制度，故对此问题的研究，颇为中外学者注重。

20 世纪 40 年代，日本加藤繁先生在《南宋初期的见钱关子、交子和会子》一文中说，会子出现界的制度，是乾道四年"终成为朝廷的问题，而到五年正月作出正式的决定"④。

汪圣铎先生认为，史籍关于会子始有界的两种记述，应作"如《通考》等记，乾道四年已内定要立界，且已依此种动机造出新会兑收旧会，至次年三月兑收旧会完毕"，"如李心传所记，正式的立界诏令乃是乾道

---

① 王有鹏：《从交子、会子到宝钞》，《西南金融》1994 增刊。
② 乔晓金等：《宋代钞币官交子质疑》，《中国钱币论文集》，1985 年。
③ 刘方键：《东西方纸币产生途径的比较研究》，《西南金融》1994 年增刊。
④ ［日］加藤繁：《中国经济史考证》第二卷，商务印书馆 1963 年版。

五年初颁布"理解,故可以"将第一界会子之始行,确定于乾道四年"。而"第二界的始行时间系于乾道六年较为合理"①。李埏、林文勋也认为至乾道四年,东南会子从一种民间自发的信用货币演变为国家法定的纸币。②

刘森则认为《玉海》、《杂记》关于乾道五年正月"诏以一千万缗为一界"的记载,应为第一界会子的正式立界发行时间。第二界会子的发行时间,应在乾道五年十月左右。并指出汪圣铎先生关于"第二界的始行时间系于乾道六年较为合理"的说法,恐系推测之误。因为《杂记》等史籍明载下诏立界及诏准会子两界沓行的时间,均在乾道五年。③

叶世昌认为"正确的说法应是,乾道四年宣布会子以一千万贯为一界,乾道五年正月初四又宣布会子两界并行。由于第一界会子开始时间及何时开始两界并行等问题均难以确定,所有完全搞清分界情况是不可能的"。

(二) 关外银会子与银的关系

关外银会子与银的关系,以往我们较清楚的是,银会子以银量"钱"为单位,未见史文有关于银与银会子兑换的记载。因此在探讨银会子与银的关系时,出现了不同的说法。

彭信威先生在《中国货币史》说:"绍兴七年吴玠在河池发行银会子,通行很久,这可以说是一种银本位。"但他又指出,由于银会子以钱引相折,"川引是以铁钱为本位的,不知两者如何能联系在一起,也许所谓银本位,只是表面上的"。漆侠先生《宋代经济史》承彭先生前说,简单明了地肯定关外银会子是"以银为本位的纸币"。

汪圣铎《湖北会子和关外银会子》一文指出,银会子理论上是以银为本位的,但持银会是否可依面额兑得相应数量的银,却是值得讨论的。④

马力先生《论宋代白银货币化问题》则认为:"吴玠发行的银会子,

---

① 汪圣铎:《南宋各界会子的起讫、数额及会价》,《文史》第 25 期;《两宋货币史》,社会科学文献出版社 2003 年版。

② 李埏、林文勋:《论南宋东南会子的起源》,《思想战线》1994 年第 1 期。

③ 刘森:《宋金纸币史》,中国金融出版社 1993 年版。

④ 汪圣铎:《湖北会子与关外银会子》,《宋代货币研究》,中国金融出版社 1995 年版。

虽然面值本于银量单位，实际与银并无联系，而与川引相折，因此不能把它视为代表流通的纸币或银本位制的建立。"①

刘森在《宋金纸币史》中提出了自己的观点，认为吴玠发行关外银会子，是以银为准备金的。也就是说，初期的银会子是以银为本位的纸币，而后来发行于大安军的银会子是否仍可兑换到银，便不太清楚了。②

对于钱引、公据、小钞等宋代其他纸币，只在一些纸币史专著中有所阐述，专文论述者很少。

四　钞版问题

（一）北宋钞版与南宋会子钞版问题

20 世纪 30 年代，日本著名钱币学家奥平昌洪出版了钱币学名著《东亚钱志》，书中发表了一块中国古代铜质纸币印版。由于该版缺乏明确的出土时间、地点，以及有关流传的详细经过情况，因此这块铜版的性质，至今尚未有定论。

1. 20 世纪 40 年代上海钱币学家王荫嘉先生称此为"交子"，他在与寓居丽水的钱币收藏家蒋伯埙通信中提到："则有不如交子版之久离国土耶。所惜国内同志中之有大力者，寥寥无几。以致连城国宝，辇载他邦。"③

2. 著名钱币学家彭信威教授则称此为"钱引"，他在《中国货币史》一书中指出："这是钞版的拓本。上面既无年份，也没有名称，金额也是随时填写的。看上面文字，可能是崇观年间四川以外各路所行的钱引。"④

姚朔民经过考察，进一步指出"宋纸币版"（暂称）文字与当时文献所反映的形式、政府政策、甚至语言表达力一式与北宋末年的"崇宁钱

---

① 见《宋辽金史论丛》第 1 辑，中华书局 1985 年版。

② 刘森：《宋金纸币史》，中国金融出版社 1993 年版。

③ 王荫嘉：《补录春间蒋君来函并跋》，《泉币》1941 年第九期。

④ 彭信威：《中国货币史》，上海人民出版社 1965 年版。

引"处处相合，因此认为这块纸币版很可能就是印制"崇宁钱引"钞版。① 马执斌也认为北宋纸币钞版是"崇宁钱引"。②

3. 叶世昌则认为："中国现存最早的纸币印板乃是小钞的印板。""印有'同见钱七百七十陌流转行使'字样的正是一张一贯小钞。"③ 持此观点的还有吴筹中先生，他开始认为是"北宋'官交子'印钞铜版拓本"④，后又定为"小钞"真品。⑤ 汪圣铎也认为比较而言，讲它是小钞印板更近于合理，但是，要证明这一点还缺乏有力的证据。⑥

乔晓金、卫月望则认为北宋钞板不是小钞，"基本属来历不明之物"⑦。

刘森据谢采伯《密斋笔记》卷一，大观二年（1108）的小钞有"准伪造钞已成流三千里，已行用者处斩，至庚寅九月更不用"及"一贯文省"等文字。"千斯仓钞版"与其不符，认为定为小钞仍有问题。同时又指出小钞可能有不同的形式，不能否定这是小钞的一种。⑧

此外，已故上海纸币收藏家王松麟先生分析得出："它不是货币，是发放赈济物的凭证。"⑨ 谢世平认为"宋代纸币版拓"没有如实地、集中地反映出宋代的印刷科技与文化水平，很可能是后人（或许是钱币商）以盈利为目的，根据有关历史资料七拼八凑而制成的一件仿宋代纸币

① 姚朔民：《"宋纸币版"的再检讨》，《中国钱币》2000 年第 4 期。

② 马执斌：《漫谈北宋纸币》，《历史学习》2001 年第 3 期。

③ 叶世昌：《钱引乎？小钞乎？》，《中国经济问题》1983 年第 4 期；《〈宋史〉交子起源析误——兼论"千斯仓钞版"的产生时间》，《中国钱币》2002 年第 1 期。

④ 吴筹中、王一成：《中国古纸币辨伪》，《西北大学学报》1981 年第 1 期。

⑤ 吴筹中、吴中亚：《中国货币文化宝库中的两颗明珠——两宋钞版新探》，《中国钱币》1984 年第 1 期；又见《钱币辨伪》，上海古籍出版社 1933 年版，第 6 页；吴筹中：《中国货币文化宝库中的两颗明珠——两宋钞版新探与文字辨析》，《中国钱币论文集》，中国金融出版社 1985 年版。

⑥ 汪圣铎：《两宋货币史》，社会科学文献出版社 2003 年版。

⑦ 乔晓金、卫月望：《宋代纸币"官交子""会子"质疑》，《中国钱币》1984 年第 3 期。

⑧ 刘森：《宋金纸币史》，中国金融出版社 1993 年版。

⑨ 王松麟：《初析北宋"交子"钞版》，《上海市钱币学会第二次年会论文集》，1987 年。

版。① 余洪彬则否定钞版为北宋，而将其定为元初交钞版。②

南宋"行在会在库"钞版自被陈仁涛购得后，便被认定为真品珍物，并被誉为中国货币文化宝库中的两颗明珠之一。然而，由于它的来源不明（非出土、无传世情况），论其为宋真品者，多互相引证某某认为是真品而无令人信服的考证。故近年来，乔晓金、卫月望等对其真实性提出质疑。③ 汪圣铎也从来历、形制、图文等几个方面提出疑点。④

刘森则提出，关于此版的真伪问题，可根据文献资料及此版文字、票式等综合分析，进一步考证之。其结论为，此会子版的真伪及其是否宋人私铸等问题，尚需进一步考证。⑤

盛观熙在《两宋钞版辨析》一文中指出现存南宋"行在会子库"版，无论在书法书体、形制式样等方面，都与宋代的时代风格有着较大的差异，因此疑为南宋时期民间仿官方私自雕刻的伪"会子版"⑥。

（二）东至关子版问题

1983 年 7 月，安徽东至县文化局文物普查处与县地方志办公室联合调查，在县废品中转仓库中发现一套（八件）南宋印造关子的钞版和印章⑦。根据史文记载，宋代纸币印版为铜质版，而此版却非铜质版，因此关于此版的真伪问题，学者们提出了一些不同看法：有说为真品，有说为古董商伪造品或翻制品，有说为冥钞钞版，有说为关子试样雕版。⑧

吴兴权认为从钞版的发现地点、质地、格式、文字内容与图案含义等方面，结合历史文献与考古资料的分析研究，可认定钞版是真品，不是伪

① 谢世平：《"宋纸币版拓"之我见》，《宋代货币研究》中国金融出版社 1995 年版。

② 余洪彬：《交子与交钞浅析》，《重庆市钱币学会第一次年会暨学术讨论会论文集》，1990 年。

③ 乔晓金、卫月望：《宋代纸币"官交子""会子"质疑》，《中国钱币》1984 年第 3 期。

④ 汪圣铎：《两宋货币史》，社会科学文献出版社 2003 年版。

⑤ 刘森：《宋金纸币史》，中国金融出版社 1993 年版。

⑥ 盛观熙：《两宋钞版辨析》，《中国钱币》1994 年第 4 期。

⑦ 汪本初：《东至县发现南宋"关子钞版"的调查与研究》，《金融史志·钱币增刊》1987 年第 4 期。

⑧ 汪本初：《东至县发现南宋"关子钞版"的调查与研究》，《金融史志·钱币增刊》1987 年第 4 期；吴筹中、顾文炳：《安徽东至县发现的"关子试样雕版"》，《安徽金融研究》1989 年增刊 2。

造，更不是冥钞钞版。①

刘森《南宋的"见钱关子"及"关子钞版论略"》一文，提出全套八件的关子版怎样组成或组成什么样的版式及其为何非铜质而为铅铁合金等问题的解决，是弄清此版真伪的关键所在。作者通过对关子钞版的版式、文字、图案内容的分析研究，认为可初步推测东至县发现的见钱关子钞版为南宋物。对其他疑问，作者提出这套关子钞版或许从未正式被用于印造关子，或许是南宋人私刻用以造伪之版，以及南宋末见钱关子有几种不同的版式等设想。②

姚朔民通过安徽东至县对古代钞版的实地考察，认为可以基本肯定版的年代是属于宋朝。否认试样之说，并进一步提出东至钞版乃是当时不法之徒印制伪钞所用之物。对于该版究属贾氏否，及版中所反映的宋代纸币制度的内涵，作者未作探讨。③

汪圣铎则从钞版的拼合、图案、文字、质地等几个方面提出对东至关子钞版的几个疑点，认为不应草率断定它为宋代文物，但它上面的文字虽与史书记载多有不同，又未见与史书记载明显相抵牾之处，这些都说明此组钞版具有较高的研究价值，应当继续予以重视。④

周卫荣通过对东至关子的实地考察和成分测定，提出几点看法：一，从东至关子版的造型特征看，不像是浇铸，当是直接刀刻而成；二，从东至关子版的锈蚀状况和锈蚀程度来看，其年代当够得上宋；三，铅质性软，而八块印版皆不足 0.5 厘米厚，因此，似不大可能是官方正式使用之印版；四，有的文章称关子版是铅铁合金，这是不应该的，因为铅铁是做不成合金的。⑤

（载《东至关子钞版及两宋纸币》，黄山书社 2005 年版）

---

① 吴兴权：《试论安徽东至县发现的南宋"关子钞版"及其有关问题》，《宋代货币研究》，中国金融出版社 1995 年版。

② 《钱币文论特辑》，安徽钱币学会 1988 年编印。

③ 姚朔民：《东至关子版考察记（上）——东至考察日记》，《中国钱币》1994 年第 3 期；《东至关子版考察记（下）——东至归来答客问》，《中国钱币》1994 年第 4 期。

④ 汪圣铎：《关于东至关子钞版的几个疑点》，《中国钱币》1994 年第 3 期。

⑤ 周卫荣：《东至关子版的金属成分》，《中国钱币》1994 年第 3 期。

明清以来土地房屋契约文书文献及
研究综述

　　"中国契约学"是一门正在兴起的现代学术，历史遗存的大量契约原件和有关资料是这门学科兴起的"基础或重要条件"①。所谓"契约"是一种协议，记录着社会生活中双方当事人之间所发生的种种物权和债权行为，并保证当事人权利和义务的履行。契约文书在我国民间流传了数千年，明清契约文书遗存较多与殷墟甲骨、秦汉简牍帛书、敦煌文书一并被誉为研究中国历史资料的四大发现，并日益成为新兴国际显学。② 除此以外，民国契约因存世量大、变化剧烈而正在形成新的研究热点。

　　契约文书特别是其中的土地契约文书（简称"地契"）直接记录土地交易活动，是土地所有者买卖土地所订立的具有法律效力的文书。地契上应载明土地面积、土地价格、具体位置、出让条件等内容，是转让土地所有权的证书，证明买者取得了对土地的所有权，卖者出让了土地的所有权。地契间接反映了当时国家的政治经济形势，如政局混乱、土地兼并、战争灾荒、生产消费、赋役征课、货币流通以及民风民俗等，这些契约涉及人们社会生活的许多内容，是研究社会史、经济史、法制史的珍贵资料。

　　土地作为一种自然资源，具有使用价值，这是它的自然属性。分析土地的社会属性，便由社会的地权制度集中反映出来。地权，主要指土地归谁所有，由谁使用或经营，亦即所有权和经营权。地权制度体现了国家与

---

① 张传玺：《契约史与买地券研究》，中华书局 2008 年版，第 121 页。
② 张小林：《清代北京城区房契研究》，中国社会科学出版社 2000 年版，第 1 页。

个人、个人与个人之间因土地的分配和利用而形成的权力与经济关系。中国是一个农业大国,农民仰事俯畜,皆赖于耕作力田,土地是民生重中之重。在中国,土地的重要性如何强调都不为过,它不仅是占中国人口最大多数的农民安身立命之本,也隐藏着释放中国社会进一步发展能量的钥匙。山地、林地、水地、土地,不同类型的土地准确面积和坐落,关系着田地与人口比例、赋税的制定、田租的收缴等。

土地租佃与契约形式

在中国历史上,土地私有制以来,土地租佃现象随之发生。

古代国家凭借政治权力,实行限田、占田、王田、均田等各种土地强制分配制度,使土地和劳动力这两种生产要素结合,以维持封建社会生产的正常运行。国家法律承认和保障一定阶层的人们获得小块土地的产权。但从严格意义上说,这种产权占有权的因素大于所有权,因为土地分配以后,土地的终极所有权仍归国家。与这种土地所有权终极国有、土地占有权私有的局面相适应,先秦时赋税制度是租税合一。政府根据财政支出的需要向农民征收的赋税,与根据土地所有权向农民取得的报酬地租,是合为一体的。

随着历史的发展,租税分离,地主收租、国家收税,且租远重于税,土地产权已经向下分离,地主与农民的关系凸显出其重要性。此时租佃关系是一种以地主土地私有制为基础的经济关系。土地买卖的盛行,土地兼并的发展,必然导致土地占有上的两极分化,"富者兼地数万亩,贫者无容足之居"。租佃关系的发展有了合适的土壤。佃耕成了失去土地或土地不足的劳动者的一种谋生的重要途径。通过兼并和买卖占有大量土地的地主也乐意出租土地,占佃耕种,收取地租;官府也把公廨田、职田之类公地,以出租的方式经营,"借民佃植,至秋冬受数而已";一些王公功臣的赐田及荫田等,也出租给农民耕种,收取地租;有些人甚至租得官田后再转租给农户,充当"二地主"。

土地私有,允许买卖,是中国封建社会的基本特征之一。而这种土地私有与买卖,又不能不与各个时期封建国家的土地制度、赋役政策等发生密切的关系。一方面,随着历史的推移和社会经济的发展变化,土地私有不断扩大，土地买卖更加频繁；另一方面，封建国家也力图加强对土地私有和买卖的控制，制定了各种法规与制度。宋元以后出现的土地买卖推收过割制度，即是其中之一。从这种土地买卖推收过割制度的演变之中，亦可看出当时土地私有和土地买卖等社会经济发展的某种趋势。

土地是中国传统社会最重要的生产资料，是争夺的焦点。在正常情况下，争夺主要以交易的形成出现，而交易的各方经过长期的实践，最终达成"典"这一形式的默契。典，意味着以较低的价格出让地权，但保留了回赎的权利，如无力回赎，则有"找"、"洗"的惯例加以补偿。另一方面，典，也给资金力量不足的人提供了置产的机会。总之，典，给争夺双方提供了一个地权争夺的缓冲地带，而这个地带容纳了传统——人情、道德、习俗等。然而，典牺牲了效率，对于资源配置是不利的，显然，在土地可能被赎回的情况下，承典人是没有什么意愿去改良土地的。

土地买卖需订立契约，统称为田契。田契的内容应具有买卖人双方的姓名，卖方应写明土地的数量、坐落、编号、四至八到、卖价。田地上有无附属物，如房屋、水碓、鱼塘、青苗、木植、树苗等。如有，亦须一一写明。特别是伙佃（火佃）最为复杂，还需将伙佃者、房屋等一并转让或不转让都要写明。赋税交割后则由买主（业户）承担。卖方还应申明卖方是自愿出让的，并无前后重复交易情事，产权纯属卖主所有，如发生意外争执，统由卖方负责，不涉买方之责。还须有中见人（具有公证人身份），书写人签押。最后由卖主签押，记明年月日。

土地契约文书因土地买卖和地权转移情况很复杂，因此田契的种类也就很多，大体有如下几种。

死契（绝卖契、卖断契、买断契）：即卖主一次性将地权卖断，不再赎找，不再加价，出卖时收取田价银后就将土地所有权转让给买方（业户），并由业户负担国家的税粮。这是永久性的契约，故亦称绝卖契、卖断契。此类契约为一次性买断、卖断，没有任何回旋余地。如：田地买卖契、田地洗断契、地骨契、凑断契、田地尽断契、尽田根契、田地永断契、土地增价契、卖山契、田租送断契、断根面全契、佃田讫断契、田地抽断契、田租弃断契、田地愿断契、田地断佃根契、田地缴断契、断尽佃田契、田地断根契、田地立尽契、田地再洗断契、田塘契、田地会断契、田地尽出契等。

批契（转卖契）：是卖主第一次立契将地权转让给买主（业户）管业后，地权转移过程即告完成。但后来的新业户将此地权再次出卖，而不再另立契约，只需在原契上加上批文，载明立契人再次卖给第二任业户（买方），这种契约亦能生效，叫做批契。但必须载明第二次交易时买卖双方的姓名、日期、银价等。此类契约有两种情况：一种是将田皮（使用权）、田骨（所有权）多次转卖；一种是田骨所有者（所有权）不变，田皮（使用权）多次易人。如：田租转卖契、田地缴还契等。此类文书包括内容依次为：1. 买卖人或行为人地域及详细地址；2. 契约类型；3. 买卖人或行为人姓名；4. 土地的编号、数量、坐落、四至、租金、税额、面积等；5. 买入方姓名；6. 出卖土地价格及交讫日期；7. 田地上的附属物，如房屋，树木，水碓，鱼塘等都须一一注明；8. 税额起割入册；9. 管业归属；10. 预先申明可能发生的问题，明确责任；11. 立契约年、月、日；12. 立契约人、中见人签字画押；13. 特殊补充说明。

活契：活契不是卖断契，与死契相对应，使产权所有者具有极大转让活动空间。这类契最为复杂，有典契、当契、换契、补契、赎契、添契等。卖主立契时没有将地权一次性卖断，留有收回、增添等余地。有的仅属于出典，收取典金；有的属于抵押，称当契，在约定时限内可以向买方偿还买方原典、当的金额即可收回地权，如过期不赎，就成为死契。补契（加价契）、添契（加添契）是卖方不是一次性收取买方田（地）价银，而是分期收取价银。这类活契五花八门，形式多种多样。有的土地买卖，只卖田面权，叫作小买田，只有将田底（田骨）权也卖断，才是彻底的地权转移。田底权买卖称大买田。由于有了田底、田面的分离，于是土地制度中就出现了"一田二主"、"一田三主"的现象，在皖、闽地区较多存在。总之，活契不是一次性卖断，而是根据财力和需要，决定是否取赎，有一定的回旋余地。如：田租契、寄典契、租种契、寄佃契、田地退佃契、田地拨典契、田地安批契、田地承批契、田地安佃契、付粮契、田地解佃契、田地推典契、互换佃田契、田地缴典契、售佃契、田地出典契、田地安耕契、田地立典契、田地承耕契、田地缴还根契、佃田根寄典契，等等。

土地契约文献的综合性研究

中国契约学作为一门学术，发轫于民国初年。罗振玉、王国维在1914 年出版的《流沙坠简》一书中，曾对少数汉魏券契类简牍进行过诠释性的考证。最早对明清契约文书进行研究的应该算是著名的社会经济史学家傅衣凌先生。他于 1939 年在福建省永安县发现了从明代中叶到清末的 100 多件契约文书，并从土地价格和地主佃户关系等社会经济史的角度，引用大量原文来介绍这些文书的内容，由此开启了研究明清契约文书的大门。

继傅先生之后，国内外学者开始对明清以来的契约文书进行搜集、整理与研究，取得了很大的成就。

目前国内外对明清契约档案的搜集与整理的情况如下。

由秦汉史专家张传玺先生主编的《中国历代契约会编考释》（北京大学出版社 1995 版）收录了从西周到民国时期共 1402 件契约，构成了三千年契约通史的基本轮廓，为契约史的研究提供了最原始的资料。随后在2008 年张先生又将其 20 余年对契约文书的研究成果编辑成册，由中华书局出版，命名为《契约史买地券研究》（买地券是一种随葬品，是葬家为死者虚构的一种置买墓地的契约）。分上下编，上编为《契约史研究》，以专题的形式讲述了原始社会后期到民国时期长达四千余年中国契约的历史，并利用中国契约史以佐证中国古代土地制度中的所有权性质；下编为《买地券研究》，对买地券的历史、名称变更、个别案例进行了研究与考证。

著名藏书家田涛先生从其 5000 余件藏品中捡选出 950 件契约文书编成《田藏契约文书粹编》（中华书局 2001 年版），书中包括了自1408 年至 1969 年各历史时期、不同地区各种类型的契约文书，为了解明清以来广泛的民事活动及传统的民事法律规范，提供了第一手直观的资料。

除中国大陆学者外，台湾学者在日本统治时期所搜集资料的基础上，增补了从民间搜集明清以来的契约文书，编成《台湾公私藏古文书影本》，共十辑，120 册。①

国外学者中，已知美国斯坦福大学胡佛研究所通过香港，也搜集到广东珠江三角洲地区明清以来的契约文书，哈佛大学燕京学社主要收藏了苏州的土地文书。②

对中国契约文书研究做出突出贡献的是日本学者。他们在 20 世纪 40 年代即对中国契约收集与研究，比较著名的学者有玉井是博、天野元之助、戒能通孝、仁井田陞、寺田浩明、清水金二郎、天海谦三郎、山本达郎、堀敏一、池田温等。③

岸本美绪的《明清契约文书》④ 对日本的中国土地契约收藏情况作了详细的介绍。其中比较著名的资料集有：东洋文库明代史研究室所编《中国土地契约文书集（金代——明代）》⑤；天海谦三郎根据清代礼部官地文书（这是一个局部的、种类比较齐全的官田契据档案）而著有《中国土地文书的研究》；滨下武志等编《东洋文化研究所所藏中国土地文书目录和解说》（日本东京大学东洋文化研究所 1983 年版）⑥。

随着社会经济的发展，收藏热开展在社会中形成时尚。许多人对土地契约产生了收藏兴趣。封建社会土地和农业是国家财政的主要来源，统治阶级管理土地的目的，主要在于征收田赋。随着社会的发展，土地管理在以征收田赋为主要目的的同时，也重视了土地权属的认定。颁发土地证、监管土地买卖，就是土地权属认定的一种形式。相关土地契约收藏的代表性著作是郑焕明的《古今土地证集藏》（辽宁画报出版社 2002 年版）。分为上下两篇，上篇为《史话篇》，对清朝至民国时期的土地证和地契的发展进行了概述；下篇为《收藏篇》，收集和整理了一些土地证、地契和

---

① 杨国桢：《明清土地契约文书研究》，人民出版社 1988 年版：第 3 页。

② ［日］岸本美绪、寺田浩明等：《明清时期的民事审判与民间契约》，王亚新等编译，法律出版社 1998 年版，第 280 页。

③ 张传玺：《契约史买地券研究》，中华书局 2008 年版，第 122 页。

④ 此篇文章收录在岸本美绪，寺田浩明等著的《明清时期的民事审判与民间契约》一书中。

⑤ 这本书中把"台湾私法"之外的各种调查报告和论文中分别收录的四百余件契约文书史料集中在一起，作为资料集是比较便于利用的。

⑥ 这本书主要介绍了东京大学东洋文化研究所收藏的以北京和江苏为中心并包含浙江、台湾等地的二千余件文书。

税票。

相关明清土地契约的整理与研究。明清史专家杨国桢先生的《明清土地契约文书研究》（人民出版社 1988 年版）利用明清契约的一个门类——土地契约文书提供的资料，分地区探讨了明清时代农村社会的土地关系和契约关系，目的在于弄清明清时期土地所有权的性质。此书可以说是土地契约文书研究者的必备之书。

相关契约与法律的研究。由中国学者王亚新、梁治平编译的《明清时期的民事审判与民间契约》（法律出版社 1998 版）一书，选编了日本四位学者①的论文。国内罗海山的博士论文《传统中国的契约：法律与社会——以土地买卖、典当契约为对象的考察》（吉林大学，2005 年）主要从法律与社会层面阐述契约在传统中国社会的作用、影响。而周进的硕士论文《清代土地绝卖契约研究》（武汉大学，2005 年）则运用关系契约论的研究方法，从中国法制史的角度出发，探讨了清代土地绝卖契约的成立条件、责任、中人等要素的社会关系，试图把契约放在社会人际关系中进行考察，以此反映不同社会的契约现象。

税收体系中，有一个针对房屋、土地等基本生活资料买卖征收的税种——契税，起源于东晋，契税的征收对象是各种契据、合同，它通常涉及与一般民众生活密切相关的房屋、土地等基本生活资料，关系着人民大众的生活。作为国家税收系统中的一部分，契税也是政府财政收入的重要来源。② 在河北省档案馆中也馆藏有契税资料 44 卷，散布在 1945 年至 1949 年河北省财政厅的档案中。③

目前相关契税的著作、论文不是很多，刘宗一、王育生的《北京的

---

① 这四位学者是滋贺秀三、寺田浩明、岸本美绪、夫马进。

② 这些通史主要有贾士毅的《民国续财政史》，（商务印书馆 1932 年版），中央财经金融学院财经教研室编的《中国财政简史》（中国财政经济出版社 1980 年版），孙翊、王文素主编的《中国财政史》（中国社会科学出版社 2007 年版），黄天华的《中国税收制度史》（华东师范大学出版社 2007 年版）等。

③ 这些资料主要是该时期河北省财政厅与其他单位来往的公文，按种类归纳包括财政部发给河北省财政厅的代电和指令、河北省财政厅就契税相关问题向财政部请示的呈、河北省财政厅发给各县（市）财政部门的指令、各县（市）设治局就契税相关问题向河北省财政厅请求的呈等。按内容归纳主要包括契税条例的改订、契税改由地方征收的实行及其具体执行情况、收复区的契税处理原则、契税附加的征收情况等。

房地契纸与契税》（《北京文史资料》第 25 辑，北京出版社 1985 年版），作者对契税的起源、征收机构、税率、契纸的格式内容、契尾、证照种类等内容都有详细的介绍，内容翔实，涉及许多很有价值的资料，对于后人研究契税提供了很好的借鉴和启示。此外还有刘森的《我国契税制度起源考》（《文献》1989 年第 1 期），刘宝军的《中国财税机构沿革考略》（《财政》1993 年第 6 期），吕鹏军的《从有关律例看清代田房典当契税的变化》（《清史研究》1999 年第 4 期），金亮、杨大春的《中国古代契税制度探析》（《江西社会科学》2004 年第 11 期），陈彦云的《中国历史上的契税》（《农村财政与财务》2005 年第 4 期），刘高勇的《论清代的契税与民间契约管理》（《廊坊师范学院学报》2008 年第 2 期）和《中国传统不动产买卖契约的生效及其获得途径——以清代田宅买卖契约为中心》（《长江师范学院学报》2008 年第 3 期），魏永康在《纸币收藏与研究》2009 年春华号上发表了《从民国房契看四川地方税捐》一文，等等。

此外还有一些新视角的研究成果，吴俊元在《上海档案史料研究》第六辑（上海三联书店 2009 年版）发表了《上海道契中自然景观资料的提取和运用》一文，文章对水乡塘路景观在道契中的体现进行分析和提取，对塘路产权信息进行研究。

京津冀地区明清以来土地契约文书研究

土地契约文书的形成与研究有着极强的地域性。明清和民国时期的契约原件被发现的最多。北京各档案馆、图书馆、博物馆及大专院校图书馆藏有大量清代京城房契，如国图文津街分馆，收藏着一批明、清、民国的原始土地契约文书。这批珍贵的第一手资料，从明辗转流传至今，历经数百年。刘小萌于 1996 年在《历史档案》中发表了《从房契文书看清代北京城中的旗民交产》一文。张小林从这些房契中整理利用了 1500 余件，著成《清代北京城区房契研究》（中国社会科学出版社 2000 版）。在占有丰富史料的基础上，作者从明清之际京城房契的变化、房契官文书、从京城房契看保甲制变迁、旗人房契与执照、铺面房房契及房契中的"银主"等方面，进行了深入分析和探讨，张传玺先生评论"（它）开辟了清代社会经济史和法制史研究的一个新领域，这也是迄今为止的第一部有关城市房产买卖等问题的区域性研究专著"①。

天津档案馆保存有清代以来土地契约文书多达两万余件。这些地契大都是民国时期天津市政府办理土地登记、注册、纳税过程中存档的，记载的土地交易绝大部分是天津地区的。《清代以来天津土地契证档案选编》（刘海岩主编，天津古籍出版社 2006 年版）是《天津通史资料丛书》的一部分，此书所收录的地契文书就是从天津档案馆的馆藏档案中挑选出来的，共 637 件，时限从清乾隆六年（1741）到民国三十六年（1947 年）。全书按契约的种类分为 10 部分，有绝卖契、卖契、裁卖契、租典当契、永租契、叹加借契、退、推兑、换、让渡契、补契、官契、执照、具领、契格，最后的组契则是按照土地交易的卖方分组。每一部分的契约都按照时间排序，反映了 19 世纪到 20 世纪前期发生在天津地区的土地交易情况以及这一时期的社会变革状况。

《天津商民房地契约与调判案例选编（1686—1949）》（宋美云主编，天津古籍出版社 2006 年版）同样是《天津通史资料丛书》的一部分，书中所收录的地契也是从天津档案馆中整编出来的，此书从法制史的角度出发，重点放在商民契约文书史料的整理以及民事房地产调判的选编，是研究社会史、法律制度史的重要史料。

河北省档案馆及所属各地、市档案局中都藏有或多或少的地契、房契档案，但目前还没有看到有关这些档案的整理与出版。朱文通从典当契约的粘尾税契、土地所有权问题和买卖契约的"一地二契"、卖地找价以及清代沧州等地小租问题等三个方面对这些地契文书进行了研究。② 张兰普也在《历史档案》中将山东禹城市张家庄张氏家族于嘉道年间迁至河北固安方城村后置买交换土地、交纳租税的 9 份土地、房产、租税契据整理并公布，时间从清道光十七年（1837 年）到中华人民共和国成立后的 1957 年。③ 张玉发现了其祖上一代代保存下来的一批契约文书，被称为束鹿县张氏家族契约文书（束鹿县张氏居今辛集市东大陈村）。这批契约文书"共 120 余张，时间上从明末崇祯六年（1633 年）到中华人民共和国

---

① 张小林：《清代北京城区房契研究》，中国社会科学出版社 2000 年版，第 375 页。
② 朱文通：《有清以来沧州地契文书的几点研究》，《河北学刊》1989 年第 1 期。
③ 张兰普：《1837—1957 年的一组土地、房产、租税契据》，《历史档案》2001 年第 4 期。

建立前夕，历经明末、清朝及民国时期，共310多年。特别是有清一代，从顺治到宣统，10位皇帝在位的每一个时期都有契约留存下来，多则20余张，少则1—2张，共90张，占了全部契约文书的73.17%"①。张玉先后发表了《束鹿县张氏家族契约文书述略》（《文物春秋》2005年第1期），《从束鹿县张氏家族契约文书看清代直隶农村的银钱流通》（《中国农史》2005年第1期），《试论清代、民国时期冀中农村土地买卖中的契约精神——以束鹿县张氏家族土地买卖契约为例》（《河北法学》2006年第8期）等论文。

徽州土地契约文书研究

徽州，古称新安，位于安徽省南部山区。歙县（含今黄山市徽州区）、黟县、休宁（含今黄山市屯溪区）、祁门、绩溪、婺源为徽州主要地区。20世纪50年代，随着土改运动的开展，大批徽州文书档案流向社会。这些文书分别收藏在黄山市博物馆、中国社会科学院经济研究所和历史研究所、南京大学、安徽省博物馆、安徽省图书馆、中国历史博物馆等处。徽州文书具有数量多、内容丰富且完整等特点，因此，有关徽州契约文书的论著也比较多。

安徽省博物馆和中国社会科学院历史研究所收藏的部分文书已经整理为《明清徽州社会经济资料丛编》第一集（中国社会科学出版社1988年版）、第二集（中国社会科学出版社1990年版）出版。在第一集中所收契约文书范围限于明清时期的徽州府，共计950件契约文书，内容涉及土地制度、土地价格、田亩产量、租佃雇佣关系、地租形态、赋役、民情风俗、宗法制度等。第二集中实际收录了宋元两代文契12份，明代文契685份，内容有卖山契、卖田契、卖地契、卖屋基田地契、卖园契、卖塘契等。内容丰富，是一套非常珍贵的史料丛编。

周绍泉和王钰欣主编的《徽州千年契约文书》（花山文艺出版社1992年版）。此套书分为"宋元明编"、"清民国编"两编，共40卷，将中国社会科学院历史研究所收藏的南宋至民国700年间的徽州文书影印出版，

---

① 张玉：《束鹿县张氏家族契约文书述略》，《文物春秋》2005年第1期。

包括各类文书散件 3200 余件，簿册 120 余册，鱼鳞图册 16 部，约计 1000 万字，规模宏大，内容丰富，被称为"中国近代史上一件值得纪念的重要成就"[①]。

许多学者利用徽州契约文书对徽州的农村、土地、地租、人口等方面进行了专题性的研究。典型的专著有叶显恩的《明清徽州农村社会与佃仆制》（安徽人民出版社 1983 年版），章有义的《明清徽州土地关系研究》（中国社会科学出版社 1984 年版）和《近代徽州租佃关系案例研究》（中国社会科学出版社 1988 年版）。论文有傅衣凌的《明代前期徽州土地买卖契约中的通货》（《社会科学战线》1980 年第 3 期）；彭超的《论徽州永佃权和"一田二主"》（《安徽史学》1985 年第 4 期），《论明清时期徽州地区的土地典当》（《安徽史学》1987 年第 3 期），《明清时期徽州地区的土地价格和地租》（《中国社会经济史研究》1988 年第 2 期）；周绍泉的《试论明代徽州土地买卖的发展趋势——兼论徽商与徽州土地买卖的关系》（《中国经济史研究》1990 年第 4 期）；杨冬荃的《从民间契约看明清徽州的山场经营》（《历史档案》1991 年第 3 期）；陈学文的《明清徽州土地契约文书选辑及考释》（《中国农史》2002 年第 3 期），等等。

福建、两广地区的土地契约文书研究

以社会调查和民间文书的收集为基础的地方史研究在福建和两广地区极具特色。以厦门大学的杨国桢先生为中心，明清契约文书的收集整理工作也很有进展。[②] 杨国桢先生主编的《清代闽北土地文书选编》（《中国社会经济史研究》1982 年第 1—3 期）和《闽南契约文书综录》（《中国社会经济史研究》1990 年增刊）收录了厦门大学和福建师范大学从 20 世纪 50 年代到 80 年代收集的 5000 余件契约文书中的一部分。随后，福建师范大学历史系从 1958 年开始，在福建省许多地区收集到明清以来契约

---

① 曲翰章：《中国社会科学院历史研究所收藏整理徽州千年契约文书》，《中国史研究动态》1995 年第 4 期。

② ［日］岸本美绪、寺田浩明等：《明清时期的民事审判与民间契约》，王亚新等编译，法律出版社 1998 年版，第 288 页。

文书约 4750 件，并对这批资料进行修复、整理，选取了其中的一部分编辑成《明清福建契约文书选辑》一书（人民出版社 1997 年版）。书中契约文书起于建文三年（1401），止于宣统三年（1911），包括土地典卖文书、山林果园典卖文书、土地租佃文书、房屋厝地典卖文书、借贷文书、家庭财产分配文书、有关赋税缴纳文书、其他经济关系文书等八类，遍及闽中、闽东、闽南、闽北，但不包括闽西地区，真实地反映了 15 世纪初至 20 世纪初福建农村的经济面貌。

在两广地区，契约文书的资料集有两本，一是广西壮族自治区编辑组编的《广西少数民族地区碑文、契约资料集》（广西民族出版社 1987 年版），收录清代广西地区土地契约 100 余件；一是谭棣华、冼剑民的《广东土地契约文书》（暨南大学出版社 2000 年版），其中除了少量是明代契约之外，大部分是清朝和民国初年的契约，契约所涉地区主要是珠江三角洲、粤北、粤东、粤西及海南岛等地，内容有官府发给的土地执照、粮米收据，私人的土地买卖白契、借据、分产契证等。其中这些种类多样的土地契约，较具典型意义，充分显示了不同地区土地买卖的状况。

早在 20 世纪中期，傅衣凌先生利用搜集到的明清时期福建地区的契约文书研究明清时期的历史和社会，成就很大。其主要著作有《福建佃农经济史丛考》（福建协和大学中国文化研究会 1944 年版），《明清时代商人及商业资本》（人民出版社 1956 年版），《明代江南市民经济初探》（上海人民出版社 1957 年版），《明清农村社会经济》（生活·读书·新知三联书店 1961 年版）等。[1] 他与杨国桢先生主编的《明清福建社会与乡村经济》（厦门大学出版社 1987 年版）就利用农村的耕蓄租佃契约和买卖文书以及山地契约对明清福建的社会与农村经济进行了专题性研究。王日根则对清至民国时期福建建瓯土地契的地权、地价、土地经营方式等三个方面进行了初步的研究，以图探明这一时期该地区社会经济关系的某些方面。[2]

《广东土地契约》一书中广州爱育堂契约最为完整，它反映了这个慈

---

[1] 张传玺：《契约史买地券研究》，中华书局 2008 年版，第 121 页。
[2] 王日根：《清至民国建瓯土地契约中的经济关系探微》，《中国经济史研究》1990 年第 3 期。

善机构的经济来源及其田产的积累过程。谭棣华和赵令扬就是从广州爱育堂契约中探讨清代珠江三角洲的土地关系问题的。① 冼剑民根据广东土地契约文书的概况和特点提出了广东土地的几个问题：农业商品化动摇了族田"不得典卖"的原则；商业资本大量流入土地；炒卖土地与兼并土地在珠江三角洲盛行等。②

其他地区的明清以来土地契约文书研究

清代尤其是晚清时期，上海地区的房地产交易活跃，从而产生了大量的房地契。《清代上海房地契档案汇编》（上海古籍出版社 1999 年版）收录的就是上海市档案馆馆藏部分反映上海地区房地产交易中颇具特殊性的"卖、加、绝、叹"习俗的房地契。在上海钱业公会的档案资料中，整理者们又发现了一些该公会保存的清代钱业公所的"卖、加、绝、叹"契，为前书所未收录，这些地契档案作为《清代上海房地契档案补编》（上、下）由张姚俊整理刊登在了 2003 年《档案与史学》第 5、第 6 期上。

在四川，熊敬笃编纂的《清代地契史料》和《民国地契史料》（四川省新都县档案局 1985 年 12 月内部发行）收录的是四川省新都县档案局馆藏的嘉庆到宣统和民国元年到民国二十七年这两个时间段的地契档案。论文有李三谋的《清代四川盐井土地买卖契约简论》（《盐业史研究》2001年第 1 期）。

甘肃临夏市档案馆编的《清河州契文汇编》（甘肃人民出版社 1993年版）收集了清朝嘉庆二十四年（1819）至宣统三年（1911）间河州地方形成的契文，其中有：租佃、典当、兑换土地、货币借贷、产权继承等内容。

在台湾，三田裕次藏和张炎宪所编的《台湾古文书集》（台湾南天书局 1988 年版）包含了许多有关平浦族的契约文书。《台湾文献》和"中央研究院"的《台湾史田野研究通讯》等杂志经常有关于台湾地区契约

---

① 谭棣华、赵令扬：《从广州爱育堂契约文书看清代珠江三角洲的土地关系》，《中国社会经济史研究》1987 年第 4 期。

② 冼剑民：《从契约文书看明清广东的土地问题》，《历史档案》2005 年第 3 期。

文书的介绍。①

　　此外，许多学者也对全国各个地区契约文书中的土地问题进行了探讨与研究。马学强的《"民间执业，全以契券为凭"——从契约层面考察清代江南土地产权状况》（《史林》2001 年第 1 期）和《近代上海道契与明清江南土地契约文书之比较》（《史林》2002 年第 2 期）对江南的土地契约问题进行了研究。王万盈的《产权交易下的清代浙东契约文书述论》《西北师大学报》（社会科学版）（2008 年第 3 期）和王兴福的《从一批契约文书看太平天国前浙江土地问题》（《浙江学刊》1992 第 5 期）对浙江的土地问题进行了论述。涉及台湾的有陈支平的《从契约文书看日据时期台北芦洲的土地赋税关系》（《台湾研究集刊》2002 年第 2 期）。涉及西藏的有天荒、乐子的《康区土地契约档案例析》（《四川档案》1989 年第 3 期）。涉及江西的有卞利的《清代江西安远县土地买卖契约文书的发现与研究》（《农业考古》2004 年第 3 期）。涉及陕西的有王德庆的《清代土地买卖中的"除留"习惯——以陕西紫阳契约与诉讼为例》（《唐都学刊》2006 年第 2 期）。

　　综上所述，明清以来契约文书的研究形成了区域性研究的特点，而且其中的土地、房产契约研究占了绝大多数，内容主要集中在契约文书的搜集与整理、契约文书中的土地问题、从法制史的角度来看契约文书等三个方面。但从目前来看，对组成契约文书的各个要素，比如标的物的界定，立约双方的权利与义务的保障，中人的参与等方面的研究并不是很多，②特别是契约中所记载的各种财产（如土地、房产、商品等）的买价、租价、典价等的研究更是少之甚少。在今后的明清契约文书研究中，我们应该注意到这一新的角度，加强此方面的研究。

　　由于土地契约在中国有着地域性的特点，因而一些地区，特别是少数民族地区的土地契约关系研究的相对较弱，笔者见过大量维文土地契约，相关的比较研究更有利于这一研究的深入发展。

----

　　① ［日］岸本美绪、寺田浩明等：《明清时期的民事审判与民间契约》，王亚新等编译，法律出版社 1998 年版，第 288 页。

　　② 这方面的研究主要有李祝环教授的两篇论文：《中国传统民事契约成立的要件》（《政法论坛》1997 年第 6 期）和《中国传统民事契约中的中人现象》（《法学研究》1997 年第 6 期）。

在理论尝试上还可以深究。典型的如对当今流行的新制度经济学可以进行中国式的分析。新制度经济学家一般都认为，产权是一种权利，是一种社会关系，是规定人们相互行为关系的一种规则，并且是社会的基础性规则。产权是一个权利束，包括所有权、使用权、收益权、处置权等。当一种交易在市场中发生时，就发生了两束权利的交换。交易中的产权束所包含的内容影响物品的交换价值。中国的土地契约集中完整地反映了中国历史进程中的土地权力的演进，也是完全不同于西方世界的社会秩序反映，在中国，土地还隐含着土地使用者的劳动、工作权利，这也许是中国土地契约中活契大量出现的社会文化基因。

制度变迁理论是新制度经济学的一个重要内容。诺斯强调，技术的革新固然为经济增长注入了活力，但人们如果没有制度创新和制度变迁的冲动，并通过一系列制度（包括产权制度、法律制度等）构建把技术创新的成果巩固下来，那么人类社会长期经济增长和社会发展是不可设想的。在决定一个国家经济增长和社会发展方面，制度具有决定性的作用。土地制度是中国传统社会制度的重要构架，其制度本身的发展，可探寻制度经济学所言的制度的起源问题、制度变迁的动力、制度变迁的过程、制度变迁的形式、制度移植、路径依赖等。从而使我们对中国的经济史有更深层次的认识。

（戴建兵等著《河北近代工地契约研究》，
中国农业出版社 2010 年版）

"传教士与翻译:近现代的中西文化交流" 国际学术研讨会综述

2004 年 5 月 23 日至 25 日,以"传教士与翻译:近现代的中西文化交流"为主题的国际学术研讨会在北京大学民主楼召开。会议由北京大学英语系和美国瓦西塔浸会大学丹尼尔格兰特国际研究中心(The Daniel R. Grant Center for International Studies Ouachita Baptist University)共同主办。

一 大会一致肯定了传教士在"西学东渐"与 "中学西渡"中的积极作用

无论是对"西学东渐",还是"中学西传",传教士都做出过重大贡献,而对中西文化典籍的互译和对大量文献的编撰是最重要的途径之一。北京大学英语系主任刘树森阐述了西方传教士的翻译与近代中国的现代化之间的关系。他认为,1840 年以前传教士所译介的宗教文献和科学书籍,虽然数量很大且科目丰富,但不带有现代思想。1898 年,中国本土知识分子开始大规模译介西方文学作品,并带来了现代启蒙思想。为这一大规模译介西学起直接铺垫作用的是西方来华传教士的翻译活动,这些活动提供了传播西学、开阔视野和视角等方面的帮助,同时还为中国启蒙思想家提供了翻译策略和技巧,以及在书面文本中使用白话文的现代意识。

湖南大学外国语学院的李颜认为:马礼逊是"第一个踏上中华帝国的基督教新教徒",堪称是中西典籍翻译的先驱。李颜从三个方面论述马礼逊在中西典籍翻译中的巨大影响:他首次将《圣经》系统地翻译成中文，马礼逊的圣经汉译本"忠实，明达和简易"，既有经典作品的庄重，也有口语体的通俗，为基督教在中国的传播做出了贡献，也对中国近代文学产生了极其重要的影响。马礼逊还克服了重重困难，编辑了中国历史上第一部英文字典《华英字典》，这是当时在华西人和传教士了解中国的语言、文化、风土人情的工具书，也是今天语言与文化研究宝贵的语料和史料。此外，马礼逊还翻译了诸多中国典籍文献，并著书立说，积极传播中国语言、历史和文化，为"中学西渡"起了先导作用。

二　与会者普遍认为将西学传入中国是传教士的首要贡献

不少人从传教士对《圣经》等西方文化经典的翻译来说明他们对传播西学的作用。南开大学外国语学院的任东升认为，传教士对被称为影响近代中国社会的 100 种译作之一《圣经》的汉译有文学化倾向：近代中西文化交流肇始于基督教新教传教士来华译介《圣经》，自 1823 年马礼逊出版第一个完整《圣经》汉译本《神天圣书》到 1919 年"和合本"《新旧约全书》问世的近百年间，来华传教士先后用深文言（文理）、浅文言（浅文理）、官话（白话）三种语体翻译、出版了多种《圣经》中文版本。传教士译者在中国文人帮助下，注重文体的优美和汉语的韵味；他们在翻译《圣经》诗歌时"以诗译诗"，甚至采用了西方的"四音步"，模仿中国的"骚体"。传教士翻译的《圣经》片断（如诗歌）也被中国学者视作翻译文学。传教士翻译《圣经》的根本目的是为传播基督教做"文字事工"，但在客观上把《圣经》文学介绍到了中国，并为《圣经》汉译的文学化做出了贡献。

安徽大学的王晓凌首先从翻译史的角度对《圣经》各个历史时期的译介作一纵览：从最早的聂斯脱里派于公元 635 年来中国传播《圣经》、13 世纪末《若望孟高维诺译本》问世、16 世纪末利玛窦神父"祖传天主十诫"、17 世纪中叶《委办译本》的出版、18 世纪末马礼逊的《神天圣书》以及随后各种深浅文理译本的出现，直到 1914 年《官话和合本》的翻译出版。王晓凌还注意到《圣经》翻译与中国历史文化发展演变的互动关系：20 世纪白话文的出现使中国传统语言载体产生断裂，从而使《圣经》的思想文化以白话译经的方式得到前所未有的广泛传播，尤其是《官话和合本》在问世不到十年间就被中国广大基督教会及民众作为最高的权威译本所接受，这些都极有力地佐证了东西方文化所产生的互动与融合。

北京大学英语系的王逢鑫认为传教士早期编纂的汉英词典对中西文化交流做出了开创性贡献：18 世纪后半叶，西方各国到中国寻找市场。外交人员、商人和传教士纷至沓来。他们想了解中国传统文化和风土人情，需要用汉英词典。在这种历史背景下，于 19 世纪初出现了英国传教士马礼逊编纂的第一部汉英词典。此后，更多的传教士来到中国，从沿海深入内地。在 19 世纪 40 年代到 90 年代，出现了七部主要是传教士编纂的汉英词典。在 20 世纪初，又出现了两部传教士编纂的汉英词典。这些早期汉英词典的贡献之一是基本确立了编纂此类词典的体例。

广西民族学院的周岩强调传教士翻译西学对中国科学思想的影响：明末清初，来华传教士从事西学翻译与著述的耶稣会士约 70 余人，著作约 300 余种，涉及天文、数字、历法等西学图书约 120 余种。还重点介绍了西学著作中影响较大的《几何原本》、《同文算指》、《运西奇器图说》、《泰西水法》等。认为传教士的翻译活动是为迅速接近中国官僚、吸引士大夫所进行的文化实践，目的是为明清政府的官方意志服务的，但客观上传播了西方科学知识，促进了明清"实学"思潮的形成与发展。

三 部分学者肯定了传教士对"东学西传"的历史功绩

不少学者认为，传教士为中国文化向西方传播也起了重要的作用。最早将儒家文献翻译成西方文字的传教士是西班牙传教士高毋羡，他首次将明代儒家的通信性文献《明心定鉴》译为西班牙文，从而开创了儒家文献翻译成西文语言之先河。罗明坚是最早将儒家经典文献译成西方语言的传教士，他所译的《大学》在西方公开出版发表，产生了持久的影响。利玛窦是第一个将《四书》译成拉丁文的入华传教士，虽然此手稿至今尚未发现，但在学术上有极大的意义。利玛窦以后来华的耶稣会士郭纳爵、殷铎泽分别翻译了《中庸》、《论语》，并最终由柏应理将其汇集成《西方直译四书》在法国出版，这本书在整个 18 世纪产生了重大而深远的影响。

中国艺术研究院中国文化研究所任大援分析了传教士对儒家经典西译的贡献与局限。他认为中西文化的交往有 2000 余年的历史，但真正的东学西渐却是从明末传教士对儒家经典的介绍开始的。在过去的 400 年里，传教士对儒家经典的译介，大致经历三个阶段：以利玛窦神父（Matthaeus Ricci，1552—1610）为代表的初创阶段；以英国传教士理雅各（James Legge，1815—1879）为代表的专业化阶段；20 世纪 30 年代以来的式微阶段，这时传教士已经不是儒家经典翻译的主流，而让位给 20 世纪的汉学家。他还分析了传教士从汉学研究的中心走向边缘的原因。认为教会的学术研究重视古代、和西方的大学研究缺乏联系以及侧重儒家思想的宗教性一面而忽视对其综合性的研究是主要原因。

中国社会科学院近代史研究所的刘蜀永认为，从 16 世纪末开始，东来的外国传教士对中国经典陆续有所译述，但将《四书》、《五经》完整地译为英文介绍给西方世界的，除理雅各（James Legge）外，别无他人。1861 年他翻译的《四书》英译本在香港出版，称为《中国经典》（The Chinese Classics）第一、第二卷。到 1885 年，他将《四书》、《五经》全部译为英文在伦敦出版发行。香港浸会大学的王辉认为，翻译是特定历史文化条件下的产物，译者的前理解、历史性不可避免地要发挥作用，但译者更应当倾听原文发出的声音（信息、真理内容），不断扩大自己的视域，力求与原作的视域交融，并在此过程中得到升华。理雅各译本的成功之处正在于此，这无疑对后来中国启蒙思想家严复等的翻译思想也产生了影响。

四 有些与会者还谈到了传教士对中国区域文化的影响

上海师范大学苏智良等从传教士在上海成立墨海书馆到上海成为近代西学传播的中心，说明了传教士在区域文化中的重要贡献。晚清以来，一批西学东渐先锋的西方传教士，云集于五口通商中最北的上海。他们为传教需要，积极创办翻译出版机构，客观上促进了中西文化交流和中国的近代出版翻译事业的发展。1843 年由英国伦教教会传教士麦都司在上海创办的墨海书馆，不仅是上海最早的编译出版机构，还是近代中国第一个教会印书馆。该书馆对上海区域经济文化的影响表现在三个方面。第一，书馆在约 20 年中，成为精英荟萃的译书基地。一批既精西学又通汉文且各具特长的传教士聚集在此。书馆不仅先后印刷出版了《圣经》，还翻译和出版了大量的科技书籍，内容涉及医学、数学、天文学、植物学、光学、物理学、地理学等自然科学多个领域，诸多书籍都可堪称经典，影响深远。第二，为中国培养了一批翻译人才。墨海书馆吸纳了李善兰、管用复、张福僖等分别在数学、医学、天文等方面有所专长的专家，还有王韬等饱学之士。王韬、李善兰等人在与西方传教士的合作中，加速思想的变革，积累了丰富的经验，为日后中国的出版翻译事业奠定了基础。第三，墨海书馆使用了先进的近代铅印机器，在中国开了出版印刷业采用机器印刷的先河，为中国近代印刷事业之嚆矢。

（《高校社会信息》2004 年第 6 期）

道家及民间宗教经碑杂说

寒假有闲，将多年来收集的一些道教及民间宗教的典籍翻检一遍，略有所悟，草成小文，就教于方家。

一　嵩山真武经碑

真武大帝是道教中重要的神，而关于这位神的经文则是《元始天尊说真武妙经》，此经世传唐宋人报撰，后经历代发展，名称多变，有：《元始天尊说真武本传妙经》、《太上元始天尊说真武灵应护世妙经》、《太上玄门元始天尊说北方真武妙经》等多种。略称《真武妙经》、《真武经》。

有明自永乐帝依真武信仰建立自己的永乐王朝以来，将武当山建成了皇家道院，真武信仰也因政权的加持而更加泛滥。

武当山古建筑群据《真武经》真武修真的神话设计布局，因《真武经》中真武的出生地为净乐国，因此在均州城外建有净乐宫；五龙、紫霄、南岩为真武修炼之地；玉虚宫，因真武被封为"玉虚师相"而得名；真武曾领元和迁校府事而建元和观；其他的如回龙观、回心庵、磨针井、太子坡、龙泉观、上下十八盘、天津桥、九渡涧等无不与真武修真的神话有关。此种布局营造了浓厚的宗教气氛，使朝山香客一进入武当山，就沉浸在真武修真的氛围中。

真武经最早的版本常见者当为登封嵩山道院中所立石碑中所刻。《四库全书》中史部、目录类、金石之属、嵩阳石刻集记卷下中有其文。当代《嵩岳文献丛刊》第 2 册《嵩山志·嵩阳石刻集记》收录。

该石所记中最后有一段文如下：

三元都总管九天游奕使左天冈北极右员大将军镇天真武灵应真君下降之日，正月初七日、二月初八日、三月初三日；生辰初九日；下降四月初四日、五月初五日、六月初七日、七月初七日、八月十三日、九月初九日、十月二十一日、十一月初七日、十二月二十七日。真君讳乞字，忌食雁、牛、犬、鳖、鳝、蒜。宋元符二年岁次已卯正月甲辰朔二十八日辛未，河南宋傅书并立石，武宗孟画，张士宁刊。

一般史书记载此碑时均言：宋傅其书秀雅可观，颇似赵文敏，碑文以小正书录之。小正书则为小楷。后人多断此碑为宋碑。

明代因永乐帝推崇，《真武经》开始大量流布。"成化十二年（1476）正月十五日，钦差太监陈喜赍送……《真武经》五百本，分布玄天玉虚等七宫，永充供养，晨夕捧诵，祝禧皇图永固，国泰民安。玄天玉虚宫……经一百四十本；大岳太和宫……经五十二本；大圣南岩宫……经六十五本；太玄紫霄宫……经六十三本；兴圣五龙宫……经七十四本；遇真宫……经四十本；静乐宫……经六十六本。"[①]

而此时的《真武经》，全称为《元始天尊说北方真武妙经》，《正统道藏·洞真部·本文类》的《真武经》其经结构已为：前者仰启咒，中以元始天尊于龙汉元年在八景天宫为妙行真人等说法的方式，讲述北方大神将真武出生事迹。内称真武于开皇元年，诞于静乐国王室，入武当山修道42年，功成飞升。玉帝闻其勇猛，敕镇北方。并称龙汉元年，真武将军奉元始天尊之命，收断人间东北方妖魔。后有真武神咒、奉礼咒、又咒，及天尊告真武下降人间时日、职司等。谓供奉此经则"魔精消伏，断灭不祥"，可致"天下太平"。

随着历史的发展，至清时《太上元始天尊说真武灵应护世妙经》最后部分则为：

天尊告真武曰　自今已后　凡遇甲子庚申　每月三七日　宜下人间　受人之醮祭　察人之善恶　修学功过　年命长短　可依吾教　供

---

① 杨立志点校：《明代武当山志二种》，湖北人民出版社 1999 年版。

养转经　众真来降　魔精消灭　断灭不祥　过去超生　九幽息对　见存
获庆　天下和平　尔时　妙行真人与诸天帝　无量飞天神王　真仙大
众闻说　莫不欢喜踊跃　一时作礼　赞叹功德　我等今日　蒙大利益
　请于人世救护众生　令得免三灾八难　各各受持　稽首奉行
　　真武神将　再奉
　　天尊敕命　永镇北方　奉辞而退
　　太上元始天尊说真武灵应护世妙经

以及志心皈命礼、完经赞等。
而近代流行的经文则要先有一个序文，如《元始天尊说真武本传妙
经》则有：

　　元始天尊说真武本传妙经序
　　玄天上帝　真武祖师　乃先天始炁　太极别体　上三皇时　下降
为太始真人　黄帝时　下降符　太阳之精　托胎于净乐国王　善胜皇
后　孕秀一十四月　则太上八十二化也　是时正当　上天开皇初劫
下世岁运甲辰　三月戊辰　初三日甲寅　庚午时　玄帝产母左胁　玄
帝　生而神灵　长而勇猛　不统王位　惟修念道　辅助　玉皇大天帝
　誓断天下妖魔　救群品　十五岁辞父母　玉清圣祖　紫炁元君　传
授无极上道　于湖北均县武当山　隐修四十二年亏满　大得上道　于
黄帝五十七年岁次庚子九月丙戌　初九日丙寅清晨　玄帝身长九尺
面如满月　龙眉　绀发美髯　颜如水清　头九炁　龙君捧拥　驾云升
至　大顶天柱峰　归根复位　天丁玉女　亿乘万骑　上赴九清　朝参
玉陛　上帝告往　镇北方　居天乙真庆宫　统摄　玄武之位　以断天
下邪魔　后　元始天尊　赐　玄帝　披发跣足　金甲玄袍　皂纛玄旗
　领六丁六甲　五雷神兵　位镇坎宫　天称元师　号福神　每下降
操社稷　普福生灵　亿劫不怠　辉光日新　千变万化　为主教宗师
济物度人　现传武当　玄武一派　书而录之
　　宣渊一道志　求德振常存　照应通玄理
　　微希太景成　武当兴法派　惟仙尊之宗
　　太岳炁自然　五龙呈祥烟　玉虚宏图展

　　　　三丰丹技传　　南岩捧圣真　　紫霄永吉昌

　　以及步虚、吊挂、玄蕴咒等。然后才是《元始天尊说真武本传妙经》的正文，最后部分则为：

　　　　天尊告真武曰　自今后　凡遇甲子庚申　每月三七日　宜下人间
　受人之醮祭　察人之善恶　修学功过　年命长短　可依吾教　供养
转经　众真来降　魔精消伏　断灭不祥　过去超生　九幽息对　见存
获庆　天下和平　尔时妙行真人与诸天帝　无量飞天神王　真仙大众
闻说　莫不欢喜踊跃　一时作礼　赞叹功德　我等今日　蒙大法利
请于人世　救护众生　令得免三灾患难　各各受持　稽首奉行
　　真武神将　再奉
　　天尊敕　永镇北方　奉辞而退

　　由此可见真武大帝下降之日，已由原来每月平均一次，改为每月平均两次，可见对其的敬拜频度已大大加强。

　　明后，民间真武信仰日众，一些民俗钱币上也有真武经的内容。

　　如一枚“元始天尊说真武本传妙经”的咒文钱，此钱直径74毫米，厚2.5毫米，青铜质，黑漆古包浆。正面为102字咒文：“太阴化生，水位之精。虚危上应，龟蛇合形。周行六合，威慑万灵。无幽不察，无愿不成。劫终劫始，剪伐魔精。救护群品，家国咸宁。数终末甲，妖气流行。上帝有敕，吾故降灵。阐扬正法，荡邪辟兵。化育黎兆，协赞中兴。敢有小鬼，欲来现形。吾目一视，五岳摧倾。急急如律令。敕。”背面为北斗七星、龟蛇玄武及神锋宝剑图案。

　　实际上，嵩山道院里的那块碑不一定是宋人所为，一是宋人碑记一般不用宋后加年号。宋人刻石中的记年的风格如：

　　《处州丽水县敕普照寺记》

　　　　时圣宋至和二年，太岁乙未，十一月望日记。当寺尊宿沙门庆荣、蕴仁、招庆、居胜。寺主沙门喜从。知浴沙门遇乘施石。当寺尊宿、城下管内都僧正兼依监坛长、讲经律论沙门德宣立石。东嘉洪慧列。

《□州天庆观碑铭》

至和三年七月十五日，观主樊善应立石，焦元吉刊石。

《湖州飞英寺浴院记》

时熙宁元年三月十五日记。同勾当、知浴讲僧宗愿、元载、无外，副寺主、讲僧元晟，寺主、持念大德文雅，会首摄长马沈举，三班借职杨开，募缘都勾当、管内僧判官、讲经律充监坛选练事、医学、赐紫清表。宣奉郎、试大理评事、充平海军节度推官、知福州宁德县事李恂书朱，朝奉郎、尚书虞部员外郎、知归安县事、轻车都尉、赐绯鱼袋郑惇惠篆额，朝奉郎、守尚书司封郎中、充秘阁校理、知湖州军州兼管内劝农事、上轻车都尉、赐绯鱼袋、借紫王异立石。

《敕赐寿圣黄山院之碑》（登州）

时历大宋甲申之岁，熙宁元年十一月二十七日丁酉朔记。开元寺讲经律论传法沙门神照撰，同寺内僧断讲经论沙门□□□□□□初参，学究孙竞书，匠人孙永吉镌。

《敕赐相州林虑县净居禅院额记》

治平四年十月十九日，乡贡进士张着记；院主赐紫智选立石；沙门永清寿年八十有三、僧夏五十有九，奉命书。

《有宋永兴军香城善感禅院主广慈大师海公寿塔记》

时元丰改元秋九月重阳前一日，寓三陵永昌院文辩大师慧观记。师弟赐紫沙门德邕立石，安民师刊。

《宋故建康府高座寺束讲院主新公塔铭》

> 绍兴十九年，岁次己巳，九月甲戌朔，八日辛巳立石。

《重修建康府句容县南庙记》

> 淳熙四年苍龙丁酉七月既望，奉议郎、知句容县事赵善言谨记并书。宣议郎、丞万俟传，迪功郎、簿蒋棣，迪功郎、尉季用昌，始终都会首许恭、副会首李立同立石。

由此可见，宋时碑石一般只称年号，如称本朝时或为圣宋，或为大宋，没有仅以宋字称本朝者，故而此碑当为后人所伪托为宋。

再一个，书碑者宋傅，其名不见宋人记载，世人称"其书秀雅可观，颇似赵文敏"。宋人无人以小楷称世者，而元人赵孟頫却以小楷名闻天下，[①] 后小楷书法多为明清馆阁体应试所用，宋人似不大为之。

因而此经应为元时人所作，而非宋人所为。

二 《高上玉皇本行集经》的写本与版本

《高上玉皇本行集经》，简称《玉皇经》。撰者不详，道士斋醮祈禳及道门功课的必诵经文。从内容文字看，一般通行说法认为"约出于隋唐间"。其实应出于北宋。全书分五品：第一为《清微天宫神通品》，讲元始天尊在清微天宫大法会上，演说玉皇修道证果之事。经称玉皇为光严妙乐国王子，嗣位后治国有方。后弃国入山修道，证位金仙，与道同体，威灵显赫。玉帝大显神通，分身化形，为十方之人演说清静自然求解脱之道。第二为《太上大光明圆满大神咒品》，为玉帝授五方五老帝君大神咒五篇。其咒乃元始之妙言，玉皇之真话，

---

① 李铸晋：《鹊华秋色——赵孟頫的生平与画艺》，生活·读书·新知三联书店 2008 年版，第 162 页。

可以"上制天机,中检五灵,下策地抵"。此神咒与《灵宝赤书眞文》相似,但文字略有不同。第三为《玉皇功德品》(《诵持功德品》),颂扬奉持玉皇经咒功德。谓诵经者"所有罪业永得除灭,身心清静,命终生天"。第四《天真护持品》。第五《报应神验品》,宣扬诵经功德。称奉经者将受十方帝君及其神将之庇护,可得三十种上妙功德,诽谤或不信者将受种种恶报。本书自宋元以来广为流行,此经为玉皇崇拜的根本经典,有关玉皇的朝、忏、灯仪等也以此为依据,为道士举行斋醮和道门功课必诵经文之一,其刻本和注解甚多。有托名天枢上相张良校注、文昌帝君和孚佑帝君合注、诸真合注等多种注本,收入《正统道藏》和《道藏辑要》。在道教和民间影响较大。

《高上玉皇本行集经》版本及名家写本有:

《玉皇本行集经》流行本为明《正统道藏》本。

《玉皇本行集经》三卷。嘉熙四年临安府承天灵应观所刻蜀本。(《郡斋读书志》卷五上)

《玉皇经》元揭傒斯书三册,磁青笺本泥金楷书,无款。后赵孟頫跋,跋中叙揭傒斯书经始末,上册前有玉皇像,款云清河张渥敬写。下册后有护法像,俱泥金画。上册计三十六页,中册计二十九页,下册计二十七页。(《秘殿珠林》卷十五)

《玉皇经》明董其昌书一册,宣德笺本,楷书、款云奉道弟子董其昌熏沐敬书,前有玉皇像,后有徐甲像,俱白描画计七十一页。(《秘殿珠林》卷十五)

《玉皇经》明董其昌书一册,宣德笺本,楷书,款识页数同前无名氏书。(《秘殿珠林》卷十五)

《玉皇经》明人书三册,磁青笺本,泥金楷书,前有万历敕谕……大明万历四十二年,岁次甲寅三月,上有广运之宝,册前有玉皇像,末册后有护法像,俱泥金画,第一册计一百一十一页,第二册计九十二页,第三册计一百页,页髙一尺一寸七分,广七寸九分。无名氏书。(《秘殿珠林》卷十五)

《玉皇经》三册明人书,磁青笺本,泥金楷书,前有天尊像着色画。第一册计二十九页,第二册计三十一页,第三册计三十页。(《秘殿珠林》卷十五)

　　《高上玉皇本行集经》三卷，经折装，原存武当山紫霄宫，后转存湖北省博物馆。据北京故宫博物院朱家溍生前考证，此经于明正统年间（1436—1449）由宫廷翰林院书画家制作三套，图文均用黄金调制的金墨泥汁描绘书写于瓷青笺纸之上，楷体书经，工笔勾图，今仅存孤本，属国家一级文物，另两套下落不明。

　　明成化二十二年（1468）十月初一日，钦降"道经：柘黄绢壳面六十五百部卷：玉皇经一千部、玉枢经一千卷、真武经一千卷、三官经一千卷、度人经一千卷、五斗经五百卷、太上洞玄灵玉注龄资福延寿集解经一千卷"。

　　《高上玉皇本行集经》三卷，明万历三十九年赵林泥金写本，南阳市图书馆收藏。

　　《高上玉皇本行集经》共上下两卷，总长 40 余米，每页四行，行十五字，卷首有玉皇说法图一卷。此书雕版于万历年间，万历四十五年（1570）正式付梓。系根据天顺年间原本。经校订后刻印成书。全书首尾完整。雕版精致。

　　《太上洞玄灵宝高上玉皇本行集经》三卷清顺治十四年（1657）刻本 3 册。

　　《太上洞玄灵宝高上玉皇本行集经》，不著撰者，清康熙五十一年（1712）刊本。版框 28.2cm×14.3cm，半开 5 行，行 13 字，上下双边，经折装。仿宋小团龙卍字纹织金锦封面，金腊笺手书签，白绵纸。签题："高上玉皇本行集经"。无序跋题字。卷前有扉页画，为素描墨印玉皇大帝及诸神朝天图，龙纹牌记内刻颂词四言 14 句，卷末镌韦驮像。卷末署："顺治十四年四月内奉旨，太监张裴然恭书刊刻，今板已失落。康熙五十一年，岁在壬辰春三月十八日起，至四月十八日御笔补书已完，命内官刻板以垂永久。"此本为康熙帝手书上版刊本，写绘精细工整，装潢精美，堪称内府精刊。尤其所绘图像庄严肃穆，画面阔大，为清内府所刻道家版画之翘楚。

　　《高上玉皇本行集经》，白棉纸经折装四册，清早期山东东昌府太平官庄天齐庙刊本，此道经后附太上正一朝天百拜谢罪宝忏、太上元始天尊说玉皇本愿尊经一册，四册均花锦封面，原书封鉴。

　　《玉皇经》乾隆御书一部三册。

宣德笺本，楷书。末册款识云：乾隆九年季春下浣七日沐手书成。后有惟精惟一乾隆宸翰二玺……第一册第三册前俱有天尊像，后有灵官像白描画。第一册计四十八页，第二册计三十七页，第三册计四十一页，页高一尺一寸有奇，广七寸八分。(《秘殿珠林》卷一)

今见一同治年本。《高上玉皇本行集经》，上记为：大清湖北汉阳府孝感县诸二里志仁会信儒太学生陈祚辉、室丁氏、侧室杨氏、长男庠生令绪、媳程氏、次男令继、二男令绘、四男令绥、五男令纹，乾隆六十年，岁在乙卯，二月十八日敬刊。板存汉镇大马头上首老兴巷内诚正堂经坊周宅记刻字店。嘉庆二十二年三月广济县灵东毕达堂显化雷坛，五雷弟子赵光福篆名富寿、号贵奄诵持供奉，同治八年嘉平月广济西横里思贻堂敬谨重镌。

三　灶君真经

灶神全称"东厨司命灶王府君定福神君"又称"灶君"、"灶神"、"司命真君"、"九天东厨司命"、"护宅天尊"、"灶王"，北方称他为"灶王爷"，也就是厨房之神。

灶神之起源甚早，商朝已开始在民间供奉，及周礼以吁琐之子黎为灶神等。汉《淮南子·氾论训》说："炎帝作火，死而为灶。"《礼记·礼器》孔颖达疏："颛顼氏有子曰黎，为祝融，祀以为灶神。"最初赋予灶神以老妇形象"主炊食之事"，后渐由老妇变为男子，而美男子。《庄子·达生》司马彪注："灶神，箸赤衣，状如美女"，且有许多姓氏。许慎《五经义异》等书载，灶神姓苏名吉利，或姓张名单，字子郭，他的夫人字卿忌，其职权也逐步扩大，由管一家饮食而变为操一家生死祸福，并随时录人功过，并年终上奏玉帝。灶王究竟是谁？各个历史时期的说法都不尽一样。

灶神之所以受人敬重，除了因其掌管人们饮食，赐予生活上的便利外，灶神的职责，是玉帝派遣到人间考察一家善恶之职的官。灶神左、右随侍两神，一个捧"善罐"、一个捧"恶罐"，随时将一家人的行为记录保存于罐中，年终总计之后再向玉帝报告。阴历十二月廿三就是灶神离开人间，上天向玉帝禀报一家人这一年来所作所为的日子，所以家家户户都要"送灶神"。

祭灶神（又称灶公、灶君、灶王）是中国传统的"五大祀"之一。农历八月初三是灶神诞日，十二月二十三晚是灶君上天奏告之时，此两日祭祀。灶神既是民间的俗神，又是道教正一派所奉祀的正神。

道教有《灶王经》，道藏收有《太上洞真安灶经》及《太上灵宝补谢灶王经》，内容比较玄妙。民间的《灶王经》通俗易懂，朗朗上口，脍炙人口，可以被看作是信神、祭灶、积德、行善的通俗课本。

通过我们搜集的三个不同的文辞相近的《灶王经》可以看到这本所谓的经是如何从比较正统的文字，发展到民间老妪香会上传唱的歌词。

灶王经

进厨房常存恭敬灶王，口念真经，天庭赐福，家宅平安。
南无灶君王菩萨摩诃萨！（三称）
这一部灶王经何人留下，有西天老佛爷自古创成。
唐三藏去取经带来东土，传流到普天下苦劝众生。
灶王爷司东厨一家之主，一家人凡做事看的分明。
谁行善谁作恶件件同记，每个月三十天上奏天庭。
只要你肯行善存心正道，常言说积善家吉庆多增。
你若是心理坏行了恶事，老天爷降灾殃决不留情。
家家有灶王爷不知尊敬，他掌着善恶簿记得更清。
灶王爷圣诞日人不祭祀，坐东厨太冷淡理上不通。
秋八月初三日圣诞即期，说与你普天下大众齐听。
有善男和信女烧香上供，一家家各个户同点明灯。
又增福又增寿无灾无害，只要你秉真心口念真经。
若有人把真经传流世界，保佑你光景好子贵孙荣。
读书人敬灶王名登金榜，种田人敬灶王五谷丰登。
手艺人敬灶王诸般顺利，生意人敬灶王买卖兴隆。
在家人敬灶王身体康健，出外人敬灶王到处安宁。
老年人敬灶王眼明脚快，少年人敬灶王积下阴功。
世间人往往的舍近求远，远烧香多赶庙千里路程。

灶王前你若是诚心祷告，无论你什么事都敢应承。
只要你存心好多行方便，能与你一件件转奏天庭。
为名的管保你功名显达，为利的管保你财发万金。
有病的管保你疾病全好，求寿的管保你寿过九旬。
求儿的管保你生育贵子，有子孙管保你连科高升。
见玉皇能给你多说好话，祷必灵求必应百事如心。
只要你孝父母恭敬兄长，只要你亲宗族和睦乡邻。
行仁义顾廉耻各安生理，守本分学良善忍辱让人。
灶王爷秉真心奏知上帝，玉皇爷发慈悲永不屈人。
有一等歹妇人心肠毒狠，惹是非招口舌骂断四邻。
说人长道人短欺大压小，气翁姑骂妯娌作践男人。
有一等奸诈人口善心恶，对着人说好话背地黑心。
说真话卖假药弥陀枉念，这等人天不容鬼神难容。
心不好莫说你吃斋行善，做好人行好事才得安宁。
众善人你要想诸事顺利，厨房里要干净朔望明灯。
我与你传流下厨房十戒，众善人一个个牢记在心。
一不许到灶前刮锅响碗，二不许到灶前赤身露体。
三不许到灶前大解小便，屎尿盆臭气物远离厨中。
四不许到灶前涕唾吵闹，墩葫芦摔马勺神不安宁。
五不许到灶前指猪骂狗，数黄瓜道茄子任嘴胡云。
六不许牛马粪破鞋烂底，葱蒜皮鸡毛骨推入灶门。
七不许烤破衣烤鞋烤脚，小儿衣妇女衫烤在灶门。
八不许轻五谷抛米撒饭，有剩茶和剩饭施与饥人。
九不许无故的杀鸡宰鸭，吃斋人要行善戒杀放生。
十不许吃牛肉并吃狗肉，牛耕田犬守夜大有功能。
众善人记准这厨房十戒，又消灾又免难福禄多增。
若再能听我劝敬惜字纸，生贵子做高官到处扬名。
到八月初三日果知尊敬，我保你一家人有显有灵。
若把我灶王经敬念一遍，合家人保平安百病不生。
常常念灶王经几千万遍，多增福多增寿辈辈高封。

民间宗教所谓经的版本极多，文字也不严谨一致，此十字一句经文的另一版本则为：

这一部灶王经何人留下　　　　有西天老佛爷自古创成
唐三藏去取经带来东土　　　　传流到普天下苦劝众生
灶王爷司东厨一家之主　　　　一家人凡做事看的分明
谁行善谁作恶观察虚实　　　　每月里三十日上奏天庭
你要是好做恶心地奸险　　　　老天爷降灾殃决不徇情
家家奉灶王爷不知尊敬　　　　执掌着善恶薄感格至灵
凡佛主诸神圣皆知敬礼　　　　逢生辰遇忌日庆贺礼迎
灶王爷圣诞日人不祭祀　　　　坐东厨太冷淡寂寞无情
秋八月初三日圣诞节期　　　　说与你普天下大家齐听
有善男和信女香火供奉　　　　一家家各户户共点明灯
又增福又增寿无灾无害　　　　只要你秉真心口念真经
若有人把真经传流斯世　　　　保佑你多发达子贵孙荣
读书人敬灶王魁名高中　　　　种地人敬灶王五谷丰登
手艺人敬灶王诸般顺利　　　　生意人敬灶王买卖兴隆
在家人敬灶王身体康泰　　　　出门人敬灶王到处安宁
老年人敬灶王眼明脚快　　　　少年人敬灶王神气清明
世间人你何必舍近求远　　　　游名山过大海千里路程
灶王前只用你诚心祈祷　　　　无论你什么事也敢应承
只要你存好心善行方便　　　　能与你一件件转奏天庭
为名的管保你功名显达　　　　为利的管保你财发万金
有病的管保你陈病痊愈　　　　求寿的管保你年享九旬
求儿的管保你门生贵子　　　　求妻的管保你天降美人
见玉皇能与你多说好话　　　　祷必灵求必应凡事遂心
只要你孝父母恭敬兄长　　　　只要你敦宗族和睦乡邻
存仁义顾廉耻各安生理　　　　守本分学良善忍辱让人
灶王爷秉真心奏知上帝　　　　玉皇爷最公道永不屈人
有一等歹妇人心肠毒狠　　　　搬事非闲口舌骂断四邻
说他长道他短欺大压小　　　　忤翁婆乖妯娌违抗夫君

有一等昧心人口善心恶　　对着人说好话糟烂黑心
豆腐嘴刀子心弥陀枉念　　这等人神不佑天理难容
心不端何须你吃斋念佛　　做好人行好事才得安宁
劝善人你要想诸事吉庆　　厨灶下常洁净朔望明灯
我与你传流下厨房十戒　　众善人一个个牢记在心
一不许到灶前刮锅响碗　　敲匙箸击盘碟家破人穷
二不许到灶前赤身裸体　　腌臜身邋遢体亵渎神明
三不许到灶前污秽便溺　　血迂盆臭溺器远离厨中
四不许到灶前涕唾号怒　　敦葫芦卒马勺神不安宁
五不许到灶前呵骂咒诅　　数黄瓜道茄子任嘴胡云
六不许戳扫把秽柴作食　　葱蒜皮鸡毛骨汤集柴薪
七不许烤衬衣烘鞋炙袜　　小儿的臭袜衩褙搁灶门
八不许轻五谷抛米撒面　　有剩余和残饭施与饥人
九不许无故的杀鸡宰鸭　　吃斋人要行善戒杀放生
十不许吃牛肉并及犬肉　　牛耕田犬守夜大有功能
众善人记住这厨中十戒　　又消灾又免难福寿齐增
若在能听我劝敬昔字纸　　生贵子作高官富贵峥嵘
到八月初三日果知尊敬　　你举家我保佑最显最灵
若把我灶王经敬诵一遍　　合家人保平安百病不生
熟读我灶王经几千万遍　　颂三多庆九如辈辈高封
若有人把经卷广传远送　　登祥云证佛果不老长生
倘有人不遵信不传不送　　管叫他受贫穷孤若伶仃
倘有人见经典不恭不敬　　管叫他女产厄男受官刑
行善的做恶的由你自造　　该降福该降祸任我施行
进厨房常存敬畏　　　　　敬灶君口念真经
遵十戒诸恶莫作　　　　　持佛法众善奉行

而此十字一句版本后化为六字、四字一句，则便于吟唱。

这一部灶君经　何人留下　有西天老古佛　带来藏经
唐三藏去取经　带来东土　传流到普天下　苦劝众生

灶君爷思东土　一家之主　一家人凡行善　看的分明
谁行善谁作恶　观察虚实　每月里三十日　转奏天庭
只要你肯行善　存心正大　自古道积善家　必有余庆
你要是做了恶　心地奸诈　老天爷降灾殃　绝不徇情
家家奉灶君爷　人不尊敬　执掌着善恶薄　感格至灵
凡佛祖诸神圣　皆知恭敬　逢生辰遇吉日　庆贺礼迎
灶君爷圣诞期　人不祭礼　守东厨甚寂寞　冷冷清清
秋八月初三日　圣诞节期　说于你普天下　大众齐听
有善男和信女　香火供养　一家家一户户　共点明灯
又增福又增寿　无灾无害　只要你秉虔心　口念真经
若有人把真经　传流后世　保佑你多业达　子贵孙容
读书人敬灶君　魁名高中　耘地人敬灶君　五谷丰登
手艺人敬灶君　百能百巧　生意人敬灶君　买卖兴隆
在家人敬灶君　身体康泰　出门人敬灶君　到处安宁
老年人敬灶君　眼明脚快　少年人敬灶君　神气清明
世间人你何必　舍近求远　游名山过海滨　千里路程
灶君前只用你　诚心祝祷　无论你甚么事　也敢应承
只要你存好心　善行方便　我于你一件件　转奏天庭
为名的管保你　功名显达　为利的管保你　财业万金
有病的管保你　沉疾痊愈　求寿的管保你　年登九旬
求儿的管保你　门生贵子　求妻的管保你　天降美人
见玉帝我与你　多添好话　祷必灵求必应　凡事随心
只要你孝父母　尊敬兄长　敦宗祖信朋友　和睦乡邻
行仁义顾廉耻　各安生理　守本分行良善　忍辱让人
灶君爷秉真心　奏知上帝　玉帝爷最公道　永不屈人
有一等歹妇人　心肠毒恨　撒是非闹口舌　骂断四邻
说他长道你短　欺大压小　逆翁姑骂妯娌　违抗良人
有一等短命人　口善心恶　对上人说好话　黑烂糟心
豆腐嘴刀子心　弥陀枉念　这等人神不佑　天理难容
心不端何须你　吃斋念佛　有好人行善事　才得安宁
劝善人你要想　诸事吉庆　厨灶下常清洁　朔望明灯

我于你传流下　厨中十戒　众善人一个个　牢记心中
一不许在厨前　槊锅展碗　鼓匙箸击碗碟　家破人穷
二不许在厨前　赤身露体　腌臜身邋遢体　亵渎神明
三不许在厨前　污秽便溺　血汗盆臭溺器　远离厨中
四不许在厨前　涕唾哭泣　败家产坏宅社　神不安宁
五不许在厨中　呵誓诅咒　恨天地怨佛祖　欺负神灵
六不许扫第把　秽柴做饭　葱蒜皮鸡毛骨　勿入炉中
七不许烤臭衣　熏鞋炙袜　烧熏煤和净水　理当洁净
八不许弃五谷　抛米散面　有残茶和剩饭　施于饥人
九不许勿故的　杀鸡宰鸭　吃斋人要行善　戒杀放生
十不许吃牛肉　以及犬肉　牛耕田犬守夜　大有功成
众善人记住这　厨中十戒　又消灾又免难　福寿齐增
若再能听我劝　敬惜字纸　省贵子做高官　富贵峥嵘
到八月初三日　将我恭敬　你居家我保佑　最显最灵
你若把灶君经　敬诵一遍　全家人保平安　百病不生
熟读我灶君经　几千万遍　诵三多庆九如　辈辈高封
若有人把经典　广传远送　登祥云证佛果　不老长生
倘有人不尊信　不恭不敬　管教他女产厄　男受官刑
倘有人毁经典　不传不送　管教他受贫穷　孤苦伶仃
倘有人谤道我　亵渎经典　暗地里使阴兵　斩首分形
行善的作恶的　由你自造　该降福该降祸　任我使行
进厨房常存恭敬　敬灶君口念真经　尊十戒诸恶莫作　得佛法众善
奉行

后更变为三字、三字、四字一句，则更为上口。

皂王经［灶君经］

进厨房。常存恭敬。敬皂王。口念真经。
遵十戒。诸恶莫作。持佛法。众善奉行。
东厨司命。九皇皂君。居台前。显威灵。
善恶奏天庭。赐福宅中。家家保安宁。南无皂君王菩萨摩诃萨。

这一部。皂王经。何人留下。有西天。有佛爷。自古创成。
唐三藏。去取经。带来东土。传流到。普天下。苦劝众生。
皂王爷。司东厨。一家之主。一家人。凡作事。有的分明。
谁行善。谁作恶。件件同记。每个月。三十日。上奏天庭。
只要你。肯行善。存心正道。常言说。积善家。吉庆多增。
你若是。心里坏。行了恶事。老王爷。降灾殃。决不留情。
家家有。皂王爷。不知尊敬。他掌着。善恶本。记得更清。
皂王爷。圣诞日。人不祭祀。坐东厨。太冷淡。礼上不通。
秋八月。初三日。圣诞节期。说与你。普天下。大众齐听。
有善男。合信女。烧香上供。一家家。各户户。同点明灯。
又增福。又增寿。无灾无害。只要你。秉真心。口念真经。
若有人。把真经。传流世界。保佑你。光景好。子贵孙荣。
读书人。敬皂王。名登金榜。种田人。敬皂王。五谷丰登。
手艺人。敬皂王。诸般顺利。生意人。敬皂王。买卖兴隆。
在家人。敬皂王。身体康健。出外人。敬皂王。到处身安。
老年人。敬皂王。眼明脚快。少年人。敬皂王。积下阴功。
世间人。往往的。舍近求远。远烧香。多赶庙。千里路程。
皂王前。你若是。诚心祷告。无论你。甚么事。都敢应承。
只要你。存好心。多行方便。能与你。一件件。转奏天庭。
为名的。管保你。功名显达。为利的。管保你。财发万金。
有病的。管保你。疾病全好。求寿的。管保你。年过九旬。
求儿的。管保你。生育贵子。有子孙。管保你。连科高升。
见玉皇。能给你。多说好话。祷必灵。求必应。有事如心。
只要你。孝父母。恭敬兄长。只要你。亲宗族。和睦乡邻。
行仁义。顾廉耻。各按生理。守本分。学良善。忍辱让人。
皂王下。秉真心。奏知上帝。玉皇爷。慈悲发。永不屈人。
有一等。歹妇人。心肠毒狠。惹是非。招口舌。骂断四邻。
说人长。道人短。欺大压小。气翁姑。骂妯娌。作践男人。
有一等。好诈人。口善心恶。对着人。说好话。背地黑心。
说真话。卖伪药。弥陀枉念。这等人。天不饶。鬼神难容。
心不好。莫说你。吃素行善。做好人。行好事。方得安宁。

众善人。你要想。诸事顺利。厨房里。要干净。朔望明灯。
我与你。传流下。厨房十戒。众善人。一个个。牢记在心。
一不许。到皂前。刮锅响碗。敲锅铲。刀板响。家破人穷。
二不许。到皂前。赤身露体。不像人。没廉耻。恼怒神明。
三不许。到皂前。大解小便。尿屎盆。臭气物。远离厨中。
四不许。到皂前。涕唾吵闹。颉葫芦。摔马勺。神不安宁。
五不许。到皂前。指猪骂狗。数黄瓜。道茄子。伍嘴胡云。
六不许。牛马粪。破鞋乱底。鸡毛骨。葱蒜皮。推入皂门。
七不许。烤破衣。烤鞋烤脚。小衣儿。妇女衫。烤在皂门。
八不许。轻五谷。抛米撒面。有剩茶,和剩饭。施与饥人。
九不许。无故的。杀鸡宰鸭。吃斋人。要行善。戒杀放生。
十不许。吃牛肉。并吃狗肉。牛耕田。狗守夜。大有功能。
众善人。记准这。厨房十戒。又消灾。又免难。福禄多增。
若再能。听我劝。敬惜字纸。生贵子。作高官。到处杨名。
到八月。初三日。果知尊命。我保你。一家人。有显有灵。
若把我。皂王经。敬念一遍。合家人。保平安。百病不生。
常念我。皂王经。几千万遍。多增福。多增寿。辈辈高封。
若有人。将此经。广传远送。登天堂。免地狱。不老长生。
倘有人。不遵信。不传不说。管叫他。受贫穷。孤苦伶仃。
倘有人。见真经。不恭不敬。管叫他。女有病。男受官刑。
倘有人。毁谤我。作践经典。暗地里。使阴兵。斩你灵魂。
行善的。作恶的。由你自造。该降福。该降祸。任我施行。

此外还有经文不同的《灶王神经》,起首则为:

灶王菩萨灶神经。灶神原来在天庭。只因人世心改变。玉帝差我
下凡尘。

亲身下降察善恶。看民回心不回心。灶神本是一家主。莫把菩萨
看得轻。

灶王府中家家有。凡眼怎见神灵身。时时家中亲察照。善善恶恶
看得清。

更有现在乡村流行的新版本的《灶王经》，起首则为

进厨房常存恭敬灶王，口念善言吉语，天庭赐福，家宅平安。
天地间有厨灶文明始现，灶食事非小可关系家国；
莫以为灶王爷神小不敬，食为天灶为先家家必需。

注解则有：塑料纸（袋）、皮革、橡胶塑料制品等不可放灶内及室内外燃烧，灶王不喜，大忌勿犯。

太行山《孙王真经》臆测

一　孙悟空信仰

人们对于民间的孙悟空信仰，知识来源多为清末时义和团的一些历史。清末罗惇曧《拳变余闻》记载的义和团出征《请神咒》，请神护身保命。其咒曰："天灵灵，地灵灵，奉请祖师来显灵。一请唐僧猪八戒，二请沙僧孙悟空，三请二郎来显圣，四请马超黄汉升，五请济颠我佛祖，六请江湖柳树精，七请飞标黄三太，八请前朝冷于冰，九请华佗来治病，十请托塔天王、金吒、木吒、哪吒三太子率领天上十万神兵。"义和团所请之神都来自《西游记》《封神演义》《三国演义》《济公全传》《吕祖全传》《三侠五义》《绿野仙踪》等小说。

实际上，民间的万物有灵及信仰，在《西游记》等文学出现前，对于现实存在的动物猴子，自有其崇信。这在孙悟空信仰较普遍的福建山区，学者的研究认为福建猴神信仰从山林精怪向地方福主演化有一个过程。福建适宜的自然环境繁衍了大量的猕猴，同时也产生了猴精崇拜。但在唐宋以后，在佛、道等外来宗教的影响下，原来作为凶神恶煞的猴精逐渐转化为造福于民的善神。

明清之前，民间说唱艺术中是没有小说的。宋代孟元老在《东京梦华录》中说东京的瓦肆勾栏里的说书艺人，演绎宗教经文和历史故事，也讲唱平民的生死离合。吴自牧《梦粱录》说："且小说名'银字儿'，如烟粉、灵怪、传奇、公案、朴刀、杆棒、发迹变泰之事。"当时讲经、讲史还自成一类，不包括在小说内。

到明代，无论章回小说还是话本小说，都把讲经、讲史包含其中了。

小说人物就成了民间信仰的对象。于是，小说不期然而然地承担起了创造、传承民间信仰这个额外的文化功能。对民间信仰影响最大的古代小说，是被称作"民间神谱"的《封神演义》。而《西游记》塑造了神通广大的孙悟空形象，也是我国多个地方都有大圣庙、猴王庙，主祀孙悟空信仰的文本依据。这部小说对天上神仙国度、玉帝朝廷格局的描写，模塑了中国民众基本的天国想象。[①]

明清以后，神魔小说《西游记》中的相关因素，使福建的猴神演化成"大圣"信仰并且最终成为保护一方的地方福主。福建猴神演化过程所呈现的神灵同化和异化现象，以及民众对待神灵信仰的功利目的和"求善"心理，也是我国民间信仰演变的共同规律。

清代时福建的齐天大圣信仰已极普及，"闽人信神，甚于吴楚，其最骇人听闻者，莫如齐天大圣殿之祀孙悟空，自省会至各郡皆盛建祠庙[②]。"福州人皆祀孙行者于家堂，又立齐天大圣庙，甚壮丽。四五月间迎神，龙舟装饰宝玩，鼓乐喧阗，市人奔走若狂，视其中坐一猕猴耳。"[③]

实际上，除福建外，山东、陕西、河北一些山区也都有孙悟空信仰。

除了对于孙悟空无限法力的崇拜外（这也是民间宗教对其信仰的根本），很多地方还产生了一些不在《西游记》内的传说。在福建的民间信仰中，齐天大圣的神力范围也有了极度的扩大。在"陈靖姑收服红毛猴精"的故事中，丹霞大圣被收服后，帮助陈靖姑降服了石夹精。在闽安一带至今流传的齐天大圣斗水怪的故事。然而，明清以后在人们对猴神崇拜的现实信仰中，齐天大圣的神力范围却是远远超出了孙悟空降妖伏魔这一职能的局限。据文献记载，明清两代福州华林坊贡院举行乡试时，参试生员都会到附近齐天大圣庙里祈求保佑自己榜上有名，齐天大圣是这里贡院考试的"监临"。民国年间，齐天大圣显灵，帮助一名赌徒赢得了赌博，这名赌徒因此重修了大圣庙。这

---

① 黄景春：《古代小说的民间信仰经卷功能》，《文汇报》，2014 年 5 月 13 日。

② 李家瑞：《停云阁诗话》。

③ 褚人获：《坚瓠余集》。

个故事至今在南平樟湖板一带广泛流传，并且现在仍有人把大圣当成赌徒圣灵而前往求佑。①

华北地区对于孙悟空的信仰是继承了义和团的红枪会。民国初年，红枪会遍及华北，据向云龙《红枪会的起源及其善后》调查，河南、直隶、陕西、山东的红枪会员有 80 余万人，保家安良，该会成为农村农民自卫组织。红枪会的基本成员为有家业的中小农民，不脱离生产，不离开家乡。而无业、盗窃、奸淫、吸毒者，一概不许参加。入会者要通过一定的宗教仪式，要斋戒、沐浴、练功练武 100 天，老师授予护身符，会员礼拜念咒后，焚符和水吞下，并苦练出一身过硬功夫。红枪会所敬奉的神灵十分庞杂，诸如儒释道三教中的周公、观世音、太上老君，及罗教的罗祖，还有三国关羽、张飞、赵云，水浒梁山的一百零八将，隋唐的秦琼，《西游记》中的孙悟空、二郎神，乃至清代的黄三太、黄天霸等，皆是其崇奉的对象，不同地区也有许多差别。红枪会崇敬红色，着红头巾，持红缨枪，系红飘带，以示吉庆。红枪会除配合国民革命和抗日战争的大规模行动外，平时的重要任务之一是联合武装抗匪，保卫家乡安宁，与土匪战斗异常坚决，有人赞扬红枪会力量所及之处，"土匪盗贼无容身之地"，形成势不两立的局面。

孙悟空信仰也随着华侨传到海外。峇峇娘惹是 15 世纪初期定居在满刺加、满者伯夷国和室利佛逝国一带的大明国后裔，是中国人和马来人结婚后所生的后代，土生华人在马六甲、新加坡较多。男性称为 Baba "峇峇"，女性称为 Nonyan "娘惹"。土生华人的文化是中国传统文化和马来文化的融合，他们的语言，习俗，饮食都有鲜明的中国和马来特征。由于福建华侨的关系，新加坡华人民间信仰非常繁多，孙悟空也在民间信仰之列。被信众尊为"大圣佛祖"。峇峇娘惹是另一个比较多祭拜"大圣佛祖"的社群，他们跟马六甲及槟城的土生华人一样，组织了祭祀"大圣佛祖"的庙宇，他们称之为"大圣爷"。他们相信齐天大圣法力无边，可以协助信众减轻病痛，并为他们指引正确的方向。他们不但到庙里祭拜，在家里也供奉齐天大圣。

---

① 黄洁琼、邹春生：《略论福建猴神信仰从山林精怪向地方福主的演化》，佛教网，http：//www.tlfjw.com/xuefo-222734.html。

二 《孙王真经》

在石家庄附近邻近太行山的地方，均有孙悟空信仰，山上多有猴王庙，实际上供奉的就是孙悟空，我们多次在石家庄附近的封龙山、东良厢村等地进行调查，获得了一批民间信仰的经文宝卷，其中一些为车锡伦《中国宝卷总目》（北京燕山出版社 2000 年版）中所未见。

经卷名称	备注
普坛经	开篇首页有"普坛经，请佛祖"，内有"十上供"经文。
老母真经	来源于落星台寺
皇姑经·壹卷	来源于落星台寺
谢香经	来源于落星台寺
十二老母经·第一卷	来源于落星台寺
落星台奶奶真经	来源于落星台寺
孙王真经	上下册，又名孙王宝卷
皇姑宝卷	来源于落星台寺
观音发船宝卷	来源于落星台寺
药王真经	来源于落星台寺
北斗真经	开篇首页有"老君宝卷"

其中《落星台奶奶真经》中关于该村孙王庙的内容：

打开经卷 放光明 奶奶功德 说的清 ……孙王庙 齐天大圣 美名传 保护三藏 去取经 除妖斗怪 显神通 取经路上 把功立 奉为斗战圣果佛 善男信女 供大圣 烧香献供 免灾星 有求必应 显神灵 保佑全家 得安宁 ……

其中《孙王真经》分上下册，原文如下。

《孙王真经》 上册

打开经卷放光明 宝经卷内金字亮 孙王本是天地生 仙体凡胎 人间行 孙王生性性急躁 慈悲善心救众生 为救众生求佛法 昆山拜师苦练功 各种兵器都学会 能变山川人和精 恩师命他下山去 孙王恳求不肯行 恩师再三劝他去 为他起名孙悟空 下山多多行善事 千万莫提师傅名 悟空别师把山下 寻找仙山安身形 走遍千山和万水 安居花果水帘洞 花果山上群猴拥 水帘洞中孙王称 花果水帘千万好 没有宝械在手中 为救众生不怕险 东海龙宫去求情 东海龙王心意善 赠悟空定海神针 重量大 一万八千还有零 猴王得了 金箍棒 称心如意 救苍生 龙王赠宝 事后悔 一怒上天 奏玉帝 诬告孙王 夺海宝 闹的东海 不安宁 玉皇一听 心头怒 指派托塔 李天王 命他带领 天兵降 捉拿花果 美猴王 孙王听说 气愤怒 驾云大战 四天王 金吒木吒 和哪吒 战败而归 禀父王 五皇听说 打败仗 无计可施 苦思量 太白金星 把计献 招安悟空 上天堂 封官许愿 看天马 弼马文官 骗孙王 孙王知后 心大怒 怨恨玉皇 不应当 不看玉马 下天界回转花果 做猴王 太白金星 二献计 二请孙王 上天堂 玉皇封他 齐天圣 齐天大圣 美名扬 玉皇命他 桃园看 看桃护园 责心强 蟠桃大会 三月三 各路神仙 都请全 独自无有 圣齐天 齐天大圣 心不甘 桃园偷吃 仙桃果 长生不老 寿万年 下天巧入 老君洞 趁机吃下 金仙丹 仙丹本是 老君炼 吃了仙丹 能成仙 老君丢丹心急烦 玉皇面前 告齐天 玉皇听罢 怒冲冠 决心发兵 拿齐天 兵好派来 将好调 怎奈无法 拿回天 观音菩萨 把计献 委派二郎 拿齐天 二郎杨戬 战大圣 各显神通 法无边 七十二变 相占先 全凭天犬 助了战 孙王被擒 天王殿 斩妖台上 把他斩 因他吃了 老君丹 斩妖台上 斩他难 老君此时 把计献 真君丹炉 把他炼 玉皇准本 神火炼 炉里真火 炼齐天 四十九天 火不断 炼成火眼 金睛仙 炼成金背 钢铁体 刀枪不入 杀他难 玉皇大帝 无计施 天兵天将 也胆寒 观音二次 把计献 奉请西天如来佛 如来佛祖 施佛法 五指山下 压齐天 齐天大圣 性本善 生性刚强 不服天 佛祖为了天宫安 五指山下 压齐天 五指山岭 虽然重 镇压不住 齐圣天 如来佛祖 赐法符 符镇五指 奈何天 大圣无奈 把罪受 请问观音 何时休 观音菩萨 微微笑 单等西天 取经人 大圣 问声 是哪个 五百年后 三藏僧

大圣闻听 真无奈 只好被压 受苦刑 日月如梭 光似箭 转眼到了 五百年 大圣山下 日夜盼 只盼师傅 早来临

《孙王真经》 下册

展开宝卷 放光芒 经卷里面 闪金光 孙王 被压 五指山 单等师傅 来救他 东土大唐 有一僧 名叫玄奘 是他名 大唐贞观 是明皇 奉信佛教 信念强 为了黎民 安乐业 国泰民安 永无殃 听说圣僧 叫玄奘 佛法根深 志坚强 宝寺院里 把他请 结为金兰 封弟皇 观音菩萨赠袈裟 黄罗手杖 赠给他 贞观皇帝 委派他 西天取经 为天下 唐皇为了 表诚意 亲自扶他 上了马 临别之时 赠法号 三藏圣僧 就是他 三藏告别 离京区 提鞭打马 奔西天 一日来到五指山 忽听山下 有人喊 唐僧下马 向前看 见一猴王 压山下 唐僧问他 因何故 压在山下受苦刑 猴王闻听 把泪下 叫声师傅 你听言 我本名叫 孙行者 花果水帘 是我家 五百年前 性情傲 大闹天宫 闯祸端 观音菩萨告戒我 单等你师 来救你 你师名叫 唐三藏 救你出山 上西天 三藏师祖 听此言 心中大喜 谢苍天 观音菩萨 嘱咐我 五指山下 救徒弟 怎奈山高 宽又大 如何救他 出山峰 正在此时 为难处 观音驾云 到山前 叫声三藏 和大圣 莫要为难 我来救 观音揭去 压山符 山蹦石飞 出山峰 大圣叩首 千万谢 叩谢观音 救我恩 观音开言 叫大圣 拜认你师 去取经 三藏大师 望空谢 观音驾云 回天宫 三藏问他 名和姓 行者就是 我的名 三藏再三 暗思想 给他起名 孙悟空 孙王听言 把师谢 多谢师傅 起法名 师徒二人 同心力 跋山涉水 去取经 高老庄上 收八戒 流沙河里 收沙僧 师徒三人 遭路难 黄草坡前 收白龙 悟空头前 把路探 迎敌战妖 打前站 八戒牵马保僧驾 马前马后他照应 沙僧后边 挑者担 一路辛苦 无怨言 一路风尘 奔西天 西行一万 八千里 路过九妖 十八洞 山高陡曲 实难走 洞洞里面 有妖精 黄土坡上 战狼怪 无底洞里 捉妖精 盘丝洞里 斗蛛怪 金推三打 白骨精 火云大战 红孩儿 观音相助收回天 师徒四人 往西行 通天河边 战龟王 火焰山下 路难行 铁扇公主 要行凶 铁扇扇起 火焰生 孙王智斗 枇杷精 孙王巧变 一荧虫 巧入枇杷 腹内中 强逼交出 灭火扇 扇灭山火 上西天 跋山涉水 过千山 过了一洞 又一山 过了九妖 十八洞 扫清妖魔 到西天 师徒四人 往前走 来到雷音 大寺中 道路都是 方砖砌 两边又

栽万年松 一对狮子 张牙爪 影壁墙上 画青龙 钟鼓两楼 两边盖 四大天王 真威风 师徒四人 进大殿 十八罗汉 站两边 上坐释迦 如来佛 金身金光 亮腾腾 西天如来 开口笑 叫声三藏 师徒听 真心取经 西天上 取经路上 受灾殃 念你师徒 艰辛苦 各封金神 披袈裟 大圣保师 功劳大 封为金神 在佛家 金身塑立 遍天下 除恶扶善 救众生 孙王助师 取藏经 千古流传 扬美名 善男信女 来敬奉 全家平安 保太平 供奉孙王 孙大圣 有求必应 显神灵 孙王经卷 诚心诵 阿弥陀佛 永安宁

《孙王真经》与流传于南方的《齐天大圣佛祖真经》，亦称《威灵显应齐天大圣佛祖真经》，内容差异是很大的，《孙王真经》可以看成是对《西游记》的说唱版简写，而南方的《齐天大圣佛祖真经》已有了较强的佛经味道。

两种不同版本的《齐天大圣佛祖真经》见下。

版本一：

《齐天大圣佛祖真经》

列圣真言 若诵念此经者 须净手净口 焚香礼拜 （经文）
瑶池大王齐天丹司经 喃吭西方三藏佛 喃吭行天极乐佛 喃吭走庵佛 喃吭盖光菩萨 奉请 威灵感应 猿猴大王 降荡魔怪 齐天大圣 战斗胜佛 孙行者 有金刚大圣曰 吾在花果山 家住水帘洞 吾本佛圣身 不使受牢笼 慌恐转轮回 悟道入色空 菩提师指示 打破暗迷中 秘传真咒诀 智慧显神通 移山山可动 倒海困蛟龙 惯演翻跟斗 唤雨又呼风 痴心多妄想 大闹水晶宫 英雄惊地府 术大怒天宫 如来降服我 尽在一掌中 五指山头压 怒气雾云中 遇感慈悲佛 指示出牢笼 愿随三藏佛 受戒有奇功 共同西域去 得道佛门中 普陀岩静座 看破孽尘中 空现身来说 法经咒万重 此经非茂语 诵读启余蒙 若诵经一遍 趋吉避得凶 若诵经十遍 衣禄得昌隆 若诵经百遍 名利两皆通 若诵千万遍 得道上九重 日则午时诵 夜则子时中 吾在云端听 欢喜笑颜容 猿猴孙行者 与汝一般同 发誓众生听 顷刻到堂中 起死回生术 同回天地春

喃呒救苦救难　大慈大慈　观世音菩萨　喃呒佛　喃呒法　喃呒僧
与佛有恩　与佛有缘　佛法相恩　常乐我静　朝念猿猴经　暮念猿猴
经　念念从心起　念佛不离心　天罗神　地罗神　人离难　难离身
一切灾殃化为尘　喃呒佛　摩诃般若　波罗密　（诵经完毕后）

修经偈　请神回位

列圣真言　降与人间　焚香朗诵　家宅光明　诸神过往　土地只
灵　如今诵毕　请送回天

各归本部　恕我失迎　清香一炷　稽首神明　无极圣众　不可思
议功德

（齐天大圣佛祖宝诞→农历八月十六）

版本二：

列圣真言　若诵念此经须净手净口焚香礼拜　经文　瑶池大王　齐天
丹司经　喃呒西方　三藏佛　喃呒行天　极乐佛　喃呒　走庵佛　喃呒盖光
菩萨　奉请威灵显应　大圣大王　降荡魔怪　齐天大圣　斗战胜佛　孙行者
有　金刚大圣曰　吾在花果山　家住水帘洞　吾本佛圣身　不使受牢笼　慌
恐转轮迴　悟道入色空　菩提师指示　打破暗谜中　秘传真咒诀　智能显
神通　移山山可动　倒海困蛟龙　惯演翻跟斗　唤雨又呼风　痴心多妄想
大闹水晶宫　英雄惊地府　术大怒天宫　如来降服我　尽在一掌中　五指
山头压　怒气雾云中　遇感慈悲佛　指示出牢笼　愿随三藏佛　受戒有奇
功　共同西域去　得道佛门中　普陀岩静座　看破孽尘中　空现身来说　法
经咒万重　此经非茂语　诵读启余蒙　若诵经一遍　趋吉避得凶　若诵经
十遍　衣禄得昌隆　若诵经百遍　名利两皆通　若诵千万遍　得道上九重
日则午时诵　夜则子时中　吾在云端听　欢喜笑颜容　大圣孙行者　与汝
一般同　发誓众生听　顷刻到堂中　起死回生术　同回天地春　喃呒救苦
救难　大慈大悲　观世音菩萨　喃呒佛　喃呒法　喃呒僧　与佛有恩　与佛
有缘　佛法相恩　常乐我静　朝念大圣经　暮念大圣经　念念从心起　念佛
不离心　天罗神　地罗神　人离难　难离身　一切灾殃　化为尘　喃呒佛　摩
诃般若波罗密　修经偈请神回位　列圣真言　降与人间　焚香朗诵　家宅
光明　诸神过往　土地祇灵　如今诵毕　请送回天　各归本部　恕我失迎

清香一炷 稽手神明 无极圣众 不可思议功德。

戒食牛犬 齐天大圣佛祖宝

这两种版本的差异并不大。

三 一些臆测

（一）明清时民间宗教对传统正统的佛教道教发起了强有力的挑战

按百度的说法，民间宗教（或者称为民间信仰），也有学者称之为民俗宗教（folklore religion）或普化宗教（diffused religion）。一般是指乡土社会中植根于传统文化，经过历史练沥并延续至今的有关神明、鬼魂、祖先、圣贤及天象的信仰和崇拜。中国民间宗教拥有最多追随者。

自宋元以来传统的佛道两教和儒学已成为民间宗教师创教的基本素材。经历了元朝动荡和草原民族对中原传统文化的冲击，人生的目的到底是什么？引发了人们的深刻思考，这从元曲中人们对此的吟唱得到证明。

拿几个元代文物上的文字当例子来说吧。

晨鸡初报，昏鸦争噪，那一个不红尘里闹？路遥遥，水迢迢，利名人都上长安道。今日少年明日老，山依旧，人不见了。

左难右难，枉把功名干。烟波名利不如闲，到头来无忧患。积金堆玉无边无岸，限来时后悔晚。病患边关，谁救得贪心汉。

终归了汉，始灭了秦，子房公到底高如韩信。初年问进身，中年时事君，到老来全身。为甚不争名，曾共高人论。

得闲且闲，己过终年限，宁交别人上高竿，却交别他人看。邯郸长安，尽属虚幻，论渔樵一话间，江山自安，那里也，唐和汉。

韩信功劳十（寮）大，朱客亮（诸葛亮）位治三台，二百年都向土中埋。邵平瓜盈亩种，渊明菊夹篱开，闻安乐，得去宋。

元代皇帝对于宗教的开放，以及经常进行各种宗教的辩论，都使得中国人对于宗教神秘感进一步地淡化，而宗教知识的普及及蒙古统治对于汉民族文化的强力干预，特别是宗教师通过对宗教的掌握而有着丰富的社会生活刺激，使得宗教师强化了对生命、人生、生死的思考。

明清时期，大量民间宗教打着佛道两道的幌子，或再加三教合一的口号，创立自己的宗教，由此引发了民间宗教的大发展。而伊斯兰教和基督教虽然内部教派林立，但是与佛教、道教相比，还是有其宗教纯粹的一面。

明代中叶至清末的民间宗教是中国民间宗教最活跃的历史时期。数以百计的教派宗门峰起林立，构成封建社会后期下层社会民众运动的中心内容。明清两代主要民间教派除罗教外，有黄天教、西大乘教、东大乘教、龙天教、长生教、鸡足山大乘教、青莲教、八卦教、真空教、江南斋教、黄天教、弘阳教、清茶门教、闻香教、西大乘教、龙天教、三一教、圆顿教、黄天教、东大乘教、一炷香教、八卦教、清水教、一贯道、罗祖大乘教、鸡足山大乘教、真空教、收元教、混元教、黄崖教、刘门教，等等。①

这些教门在漫长的历史进程中，互相排斥又互相融合，形成了盘根错节的复杂局面。教派为安身立命继而兴教，均编撰本教的经典，即所谓的宝卷，阐述教义。这些宝卷通俗易懂，便于咏诵，对群众的文化思想产生过重大影响。中国民间宗教和秘密结社一起，对人们思想意识、社会生活，乃至政治制度都起过特殊作用。

儒家的失落也使得民间宗教大兴其事，可参见本人的小文。

（二）小说是民间宗教经典产生的重要源泉

上文已有论，此不多言。

（三）义和团与红枪会的信仰与基督教

基督教这一异质文化传入并不断制造与汉教信众之间的矛盾，文化和宗教的冲突，最终导致以反洋教为主旨的义和团运动爆发。

而这种冲突的另一面则是民间宗教对本土信仰的强化。义和团众的信仰和行为也有明显烙印。民间的小说、戏曲、评书中的人物信仰对义和团运动的发生、发展、壮大等方面起了较大的作用。② 义和团首领赵三多在

---

① 可参考马西沙、韩秉方《中国民间宗教史》（中国社会科学出版社 2004 年版）等著作。

② 东泽民：《直东交界一带民间信仰与义和团运动》，《邢台学院学报》2005 年第 4 期。

蒋家庄首举义旗，旗书码，神灵涉及玉帝、关帝……共 73 位。直隶《新河县志》曾记载过晚清时期团民打醮拜孙悟空法术。光绪二十六年四月，山东义和团延及新河，设坛教练，掐诀念咒。咒有"唐僧、沙僧、八戒、悟空及南无西丹，我请达磨（摩）"等语。

（四）孙悟空信仰的两个基本要素

孙悟空信仰的两个基本要素，一是造反，反抗体制，此为义和团和红枪会不在政府体系内而组织的精神力量之一。二是超强的能力所产生和精神力量。其他一切均是在此两个基本要素下的附会。

（五）太阳经与祆教

本次调查发现的这些经卷，很多经卷内均有相关"太阳"的内容，并可以看到对于太阳的崇拜。

《太阳经》经文为：

> 太阳高照宇宙行，阳光普照万物生。太阳明明诸光佛，四大神明镇乾坤。太阳出来满天红，晓夜行来不住停。行的快来催人老，行的迟来不留生。家家门前都走过，惹得诸人叫小名。恼行日神归山去，饿死黎民苦众生。天上无我无昼夜，地上无我少收成。个个神明有人敬，那个敬我太阳星。太阳二月初一生，家家念佛点红灯。有人传我太阳经，全家老少免灾星。无人传我太阳经，眼前就是地狱门。太阳明明诸光祖，传于善男信女人。每日朝朝念七遍，永世不入地狱门。临终之时生净土，九泉七祖尽超生。

实际上，我们从中可以看出摩尼教的影响。

摩尼教，又称明教、明尊教、二尊教、末尼教、牟尼教等，是公元 3 世纪中叶波斯人摩尼（Mani）在拜火教的理论基础上，吸收了基督教、佛教等教义所创的一个世界性宗教。唐初，摩尼教从波斯传入中国，武则天延载元年（694），波斯人拂多诞持《二宗经》献于武则天，标志着摩尼教在中原地区公开建寺传教。开元二十年（732）七月，唐玄宗曾下诏："摩尼法本是邪见，妄称佛教，诳惑黎元，宜严加禁断。"其后，回鹘又借机将已成为国教的摩尼教带入中原，并恃回鹘之力，在唐土广为传布。摩尼师先后在长安、荆州、洪州、越州、扬州、太原府和河南府设寺传教，会昌三年（843）遭唐武宗敕禁。以后，摩尼教转入地下，流入民间，演化为民间宗教。摩尼教主张善与恶的二元论，认为宇宙间充满善与恶、光明与黑暗的斗争，并且有严密的教团组织和宗教制度。

白莲教是唐、宋以来流传于民间的一种秘密宗教结社，渊源是佛教净土宗。据说东晋时净土宗始祖慧远在庐山东林寺与刘遗民等结白莲社共同念佛，后世信徒以为楷模。北宋时期净土念佛结社盛行，多称白莲社或莲社。南宋绍兴年间，吴郡昆山（今昆山）僧人茅子元（慈照），在流行的净土结社的基础上创建新教门，称白莲宗，这就是白莲教。实际上从其经文和行为中还是能看到摩尼教的影子。

早期的白莲教崇奉阿弥陀佛，提倡念佛持戒，不杀生、不偷盗、不邪淫、不妄语、不饮酒。号召信徒敬奉祖先，是一种半僧半俗的秘密团体。教义简单，经卷通俗，下层人民乐于接受，常被用于组织人民群众反抗压迫。

元末，白莲教在发动红巾军大起义过程中，倡言"弥勒下生"以取代原所崇奉的阿弥陀佛，以"明王出世"之说作为改朝换代号召，这种思想在日后社会矛盾激化时，对于无法解决社会问题而又处于社会底层的民间秘密教派产生重大影响。元、明时白莲教曾多次组织农民起义。

明中叶新出现的众多民间教门教旨又异于宋、元白莲教。由"弥勒下生"而转为信奉无生老母，默念八字真言，改"明王出世"之说但便鼓吹劫变观念，宣扬三世、三阳、三会与三佛轮流掌管天盘思想，等等。

明中叶"无生老母"信仰的出现，信奉"真空家乡，无生老母"的八字真言。而"天盘三副"说的形成标志着中国秘密教门有了完整和系统的信仰体系和基本教义。无生老母崇拜出现后，很快与以往异端教派的"弥勒救世说"和"末劫说"相融合而形成"天盘三副"说或"龙华三会"说。民国年间又发展为会道门的"三期末劫"说。

清初秘密虽遭到清政府的多次血腥镇压，但到了嘉庆元年（1796）发生了清代白莲教规模最大的一次起义。前后持续了9年零4个月，最早参加者多为白莲教徒。参加的人数多达几十万，影响遍及湖北、四川、陕西、河南、甘肃5省，清政府为镇压起义，共耗费白银2亿两，相当于当时清政府5年的财政收入。从此，清王朝从盛世跌入没落的深渊。

白莲教作为一种宗教概念，包括的内容很广。是一千多年来，发生在中国这块古老土地上的各种"异端"、"左道"、"邪教"的总括，是佛教、道教以外的重要的民间宗教。反映的是中国下层社会百姓的生活、思想、信仰和斗争。

白莲教教徒的主要特征是烧香、诵偈（即宝卷），信奉弥勒佛和明王。教徒多是"夜聚晓散"、"男女杂处"。教义主张打破现状，鼓励斗争，从而启发、鼓舞、吸引了大量贫苦百姓。加上教首平日传授经文、符咒、拳术、静坐以及用气功为人治病等方式吸收百姓皈依，借师徒关系建立纵横联系。

白莲教信徒众多，主要来自社会下层。各派内部实行家长制统治，尊卑有序，等级森严，成为很多农民起义的组织形式。

白莲教的组织在清代时分布很广，黄河上下、大江南北到处都有，尤其是直隶、山东、山西、湖北、四川、陕西、甘肃、安徽等省，教门派别很多，有清茶门教、牛八（朱）教、十字教、焚香教、混元教、红阳教、白阳教、老君门教、大乘教、清香教、圆顿教、八针教、大阳教等，五花八门，其中许多教派都是白莲教的支派。白莲教拥有的群众最多，影响最大。它本身又分为许多别支，各以教主、首领为中心，组织相当复杂。领导人的名称也很多，有"祖师"、"师父"、"老掌柜"、"少掌柜"、"掌教元帅"、"先锋"等。这种组织形式，适合秘密传教。有时也用经文编成歌词，配上民间小调，击渔鼓，打竹板，用说唱的形式传教，分散活动。

16 世纪，教主们利用了一些已有的思想和仪式，开始把宗教经卷和信奉无生老母、师徒相传的组织体系结合起来。17 世纪时，在这些教派的影响和领导下，曾经发生过民众起义的事件，但在清朝前期，这些教派的活动重点主要是放在聚会和敬神方面，叛乱并非常例。①

实际上，白莲教教义与摩尼教教义有着极深的思想渊源。摩尼教主张善与恶的二元论，认为宇宙间充满善与恶、光明与黑暗的斗争，白莲教教义认为：世界上存在着两种互相斗争的势力，即明暗两宗。明是光明，代表善良和真理；暗是黑暗，代表罪恶与不合理。双方在过去、现在和将来不断进行斗争。弥勒佛降世后，光明就将最终战胜黑暗。这就是所谓

---

① 可参见［美］韩书瑞《山东叛乱——1774 年王伦起义》，江苏人民出版社 2008 年版。

"青阳"、"红阳"、"白阳"的"三际"。教徒们侍奉"无生老母",无生老母是上天无生无灭的古佛,她要度化尘世的儿女返归天界,免遭劫难,这个天界便是真空家乡。无生老母先后派燃灯佛、释迦牟尼佛、弥勒佛下界。他们分别在不同时期内统治人类世界。青阳时期是由燃灯佛统治的初际阶段,那时还没有天地,但已有了明暗。明系聪明智慧,暗系呆痴愚蠢。红阳时期是由释迦牟尼佛统治的中际阶段,那时黑暗势力占上风,压制了光明的势力,形成"大患",是所谓"恐怖大劫"的来临,这时弥勒佛就要降生了。经过双方的决斗,最后光明驱走了黑暗。白阳时期是由弥勒佛统治着的后际阶段,明暗各复本位,明归大明,暗归极暗。

很多民间宗教均与这种思想有着渊源,这也是为什么我们这个民族有时在思维上会固执地认为非黑即白,非 A 即 B,而在社会活动中迅速提升矛盾、斗争性的思想基础。

("太行山文书学术研讨会"论文)

吕碧城及其佛学

一　生平

她出自皖南望族，家学渊博，敏慧天成。她姿容娴雅，才华横溢，能文章，工诗词，被誉为"近三百年来最后一位女词人"。她勇破樊篱，首创女学，成为"近代教育史上女子执掌校政第一人"。她宦游政界，驰骋商场，游历欧美，"手散万金而不措意，笔扫千人而不自矜"①。然而，她又她少遭家难，多愁善感，独身终老，最终勘破红尘，皈依佛门。

她是吕碧城。

吕碧城（1883—1943），原名吕贤锡，字遁天，又字圣因，晚年信佛后，法号宝莲。皖南旌德县庙首村人。其父吕凤岐，为清光绪三年（1877）进士，是清翰林院编修，历任国史馆协修，玉牒馆纂修，后外放山西学政，任满返安徽，寄寓六安。著有《静然斋笔记》，藏书甚丰。官场虽未得志，但他仍流诸后人笔下的原因，便是他培养了4个卓尔不群的女儿。而吕碧城则是其中的翘楚。

吕碧城颖慧绝伦，少时读书便能十行俱下，有不栉进士之誉。如果按照那个时代的既定模式少年成名的吕碧城无疑会风光出嫁，相夫教子，但是光绪二十一年的变故，彻底改变了她的人生轨迹。

光绪二十一年（1895），吕凤岐中风去世，因无子嗣，其家产被族人强行侵夺，吕碧城母女锱铢未得。不久，吕碧城的母亲严夫人又遭匪徒劫掠，所幸在世交江苏布政使樊山（增祥）的设法援救下，得以保全性命。

---

① 樊增祥手书二则，载《信芳集·题辞》。

这一年，吕碧城年仅 12 岁。这场"众叛亲离，骨肉齮龁，伦常惨变"①的人间悲剧，足以让吕碧城铭记终生，或许也在她幼小的心灵中植下了"神道"②的种子。

1897 年，孤苦无依的吕碧城母女投奔时任天津长芦盐运使的舅父，在其家（塘沽）度过了相对安稳的 7 年时光，其间吕碧城在研读国学之余，对时下流行的新学产生了浓厚的兴趣。

为研究新学，吕碧城约同女友方氏准备转入女校读书，但遭到舅父阻梗。她愤然离家，孑身赴津。幸运的是，这次"年幼气盛，铤而走险"的行为受到了"神道"的眷顾。

> 翌日，逃登火车，车中遇佛照楼主妇，挈往津寓。予不惟无旅费，即行装亦无之。年幼气盛，铤而走险。知方夫人寓大公报馆，乃驰函畅诉。函为该报总理英君（英敛之）所见，大加叹赏，亲谒邀与方夫人同居，且委襄编辑。③

此后，她的诗词不断刊登于《大公报》，一时才名远播。时清廷内廷秘史缪珊云（素筠）曾作诗云："飞将词坛冠众英，天生宿慧启文明。绛帷独拥人争羡，到处咸推吕碧城。"④

光绪三十年（1904），秋瑾慕名拜访吕碧城，二人一见如故，对此吕碧城做了生动的记述：

---

① 吕碧城：《予之宗教观》，吕碧城：《吕碧城诗文笺注》，李保民笺注，上海古籍出版社 2007 年版，第 481 页。

② 吕碧城在《予之宗教观》中谈到了经历家庭变故后，母亲为她占卜神灵所得的预兆。"神道之先机默示，有足征者：予鬌龄失怙，侍母乡居，舅方司榷津沽，奉母命往依之，冀得较优之教育。母凤媚媞（二），为予问卜，得签示曰：'君才一等本加人，况又存心克体仁。倘是遭逢得意后，莫将伪气失天真。'恰是勉勖游子之词。厥后虽未得意，而自此独立，为前程发轫之始。又游庐山之仙人洞，龛祀纯阳（三），吾宗也。道士怂试菁蔡（四），乃以婚事为询，得示曰：'两地家居共一山，如何似隔鬼门关？日月如梭人易老，许多劳碌不如闲。'此即吾母卜婚之识，而毕生引以为悔者。当时予虽微诧，亦未措意，后且忘之，而年光荏苒，所遇迄无惬意者，独立之志遂以坚决焉。"

③ 吕碧城：《予之宗教观》，吕碧城：《吕碧城诗文笺注》，李保民笺注，上海古籍出版社 2007 年版，第 480 页。

④ 《信芳集》卷首《题辞》。

都中来访者甚众，秋瑾其一焉。据云彼亦号碧城，都人士见予著作谓彼出手，彼故来津探访。相见之下，竟慨然取消其号，因予名已大著，故让避也。犹忆其名刺为红笺"秋闺瑾"三字，馆役某高举而报曰："来了一位梳头的爷们！"盖其时秋作男装而仍拥髻，长身玉立，双眸迥然，风度已异庸流。主任款留之，与予同榻寝。次晨，予睡眼朦胧，睹之大惊，因先瞥见其官式皂靴之双脚，认为男子也。彼方就休头庋小奁敷粉于鼻。嗟乎！当时讵料同寝者，他日竟喋血饮刃于市耶！彼密劝同渡扶桑，为革命运动，予持世界主义，同情于政体改革，而无满汉之见。交谈结果，彼独进行，予任文字之役。彼在东所办女报，其发刊词即予署名之作。后因此几同遇难，竟获幸免者，殆仁人史亦有天数存焉。[①]

二人理想一致，但道路迥异，虽分道扬镳，但仍成就了民国史上的一段佳话。

凭借文名，吕碧城受到袁世凯的赏识，派她筹办北洋女子公学。1905年，女学成立后，她任总教习，傅沅叔（增湘）任监督。不久，她升任监督，时年 21 岁。两年后，添设女师范科。1909 年，北洋女师第一期学生举行毕业礼，毕业师范生仅得十人，而且学生多属随宦的女儿，居处无定，时读时辍，难得学有成就。这也为吕碧城实现"兴女学、倡女权、破夫纲"的抱负蒙上了一层阴影。后来她在北洋女学的校友录出版的时候，写了一篇序文，内有"滋兰百亩，播吾道之芬芳，蓄艾三年，疗庶物之疲癃"[②] 等慨叹之语。

1911 年辛亥革命爆发，越年，民国成立，中国气象为之一变。北洋女学停办，袁世凯随即特聘吕碧城为公府秘书，直至 1915 年，帝制议起，吕碧城毅然去职南下，迁居上海，被聘为上海《时报》特约记者。这段时期，吕碧城迎来了诗词创作的一个高峰。她将历年游历所作诗词和部分

---

① 吕碧城：《予之宗教观》，吕碧城著，李保民笺注：《吕碧城诗文笺注》，上海古籍出版社 2007 年版，第 481 页。

② 陆丹林：《女词人吕碧城》，《永安月刊》1948 年第 112 期。

旧稿付梓刊行，定名《信芳集》。《信芳集》问世后，影响很大。文坛名宿樊增祥、易实甫、陈飞公等人也甚为推重。写作的余暇，她还涉足商业，与西人交易，并独操奇赢，数载致富。不久，她的母亲去世。民国七年（1918）秋间，身无牵挂的吕碧城出国赴美，在哥伦比亚大学学习美术，兼攻历史和文学，并编译了《文史纲要》和《美利坚建国史纲》等著作。民国十一年（1922）夏，吕碧城学成归国，寓居上海，闲暇之余，与杨千里、杨云史、叶遐庵等时俊酬唱相和，并加入了当时著名的进步文学团体"南社"。

民国十五年（1926），吕碧城再度只身出国，漫游欧美。法国、意大利、英国、瑞士等地都留下了她的芳踪。后来她将沿途经历和感受写出了5万余字的《欧美漫游录》（又名《鸿雪姻缘》），先后在北京《顺天时报》和《半月》杂志上连载刊出。

民国十七年（1928），得知国内伍廷芳等人筹设中国动物保存会；她也发起中国保护动物会，倡导禁止虐杀一切动物，提倡素食，互相呼应。同年底，吕碧城于日内瓦断荤。民国十八年（1929）5月，吕碧城受到国际保护动物会的邀请，赴维也纳参加万国保护动物大会。她在会上的演说，引起全场轰动。

旅欧期间，吕碧城开始参加佛教活动，潜心研究佛学。定居瑞士后，更以弘扬佛法为己任，编译了《欧美之光》等书。民国十九年（1930）春吕碧城在瑞士日内瓦皈依佛法，法号曼智。时年48岁。

民国二十二年（1933）冬，吕碧城回国，在上海闭门不出，专事佛教经典的纂译达3年之久，完成了《观无量佛经释论》等佛学著作。民国二十五年（1936）冬，她北上客居北京，整理删订诗词作品，刊行《晓珠词》4卷。七七事变后，吕碧城再次出国，辗转于欧美，宣讲佛学，希望唤醒人心，倡导以仁克暴。民国二十八年（1939）9月，第二次世界大战爆发，吕碧城为躲避战火，于翌年回到香港，住在港绅何晓生（东）的眷属所建的东莲觉苑。民国三十二年（1943）1月24日，吕碧城病逝。临终前，她留有七绝一首，可谓在世60年最后的吟咏。诗云："护首探花亦可哀，平生功绩忍重埋；怨证说法谈经后，我到人间只此回！"

吕碧城辞世后，亲友遵照她的遗嘱，遗体火化，骨灰和面为丸，投诸海中，结缘鳞介。她的全部财产 20 万元港币捐赠给香港宝莲禅院，布施佛事。

她生平的著作，有《信芳集》、《吕碧城集》、《鸿雪因缘》、《美利坚建国史纲》、《欧美之光》、《晓珠词》（有三种版本）、《香光小录》、《雪绘词》、《文史纲要》、《观经释论》、《名学浅识》及英文传播佛学书十种，合名《梦雨天华室丛书》。但是华文著作因为刊发量较少，而且大部分赠送友人，现已散佚殆尽。

二　佛学著作

吕碧城少年多舛，父亲早逝，母亲遭掠，又遇退婚。中年飘零，身在异国，体弱多病，又逢国家危难，无处归依。独特的经历让本就心思敏感的她逐渐选择佛学作为自己的精神家园，开始不遗余力地推广佛教，撰文介绍欧美各国的佛学近况，翻译佛学经典著作，弘扬佛法，最终皈依佛门。其关涉佛学的著作主要有《吕碧城集》、《欧美之光》、《观无量寿经释论》、《梵海蠡测》、《因果纲要》（英文）、《人死后如何》（英文）等，兹仅对《欧美之光》与《观无量寿经释论》作一简单介绍。

（一）《欧美之光》

吕碧城漫游欧美期间，广泛搜集世界各国佛教发展的资料，辑录成《欧美之光》一书，1932 年由上海佛学书局正式出版，促进了国人对欧美佛教传播的认识。该书的主旨，正如凌楫民博士在序言中所云："适值欧美有新道德之运行，以护生戒杀为非战弥兵之根本。女士以亚洲儒释之精神，灌输而融汇之东西文化，相得益彰。世界和平，斯为左券，诚盛举也。呜呼！禽兽异类，吾人尚有保护之责，而各国衮衮诸公，方搜括民财，造舰购械，残杀同胞以快意。使读吕女士护生之集，其能无动于衷乎。"[①]

该书来源以欧美各国有关护生的书籍杂志为主，主要介绍欧美各国的动物节、蔬食大会、佛学会以及佛学在欧美各国的发展，内容丰富，文笔

---

① 吕碧城：《欧美之光》，前言，上海佛学书局 1932 年版，第 2—3 页。

生动，文中还附有许多精美珍贵的插图。

欧美佛教动态方面，该书有《佛教在欧洲之发展》、《坎拿大之佛学》、《妙相庄严》、《巴黎学佛一夕记》、《伦敦佛学会举行年会记》、《英国佛教会略史》、《英国佛学社近况》、《英国比丘马显德传》、《德国之佛教居士林》、《美国佛教流行之推测》、《泛太平洋佛教青年会大会》、《玄学与科学将沟通乎》等 12 篇。

（二）《观无量寿佛经释论》①

吕碧城著《观无量寿佛经释论》，以唯识宗的学理解释此经，主张将观经列入法相宗的六经十一论之内。《释论》分《导言分第一》、《通释分第二》、《释义分第三》、《注分第四》、《观无量寿佛经》、《抉释分第五》以及附录《识与业》共七部分。

在《导言》部分，吕碧城阐发了解释该经的缘起："愿宏净土宗只重小本，而法相宗特取六经十一论，皆未及此经，致其胜义湮郁，不获为净业行人所利用，予独惜之，发潜抉晦，请自隗始。惟值世界俶扰之际，虽旅次急就操觚，而一暴十寒，期年始得脱稿，管窥蠡测，破碎支离，揆诸造论须具六因四德之说，曷胜悚愧，当来多士继起，宏扬此经，此区区拙著，覆瓿可也。"②

随后，吕碧城进行了具体解释："六经十一论为相宗圭臬，六经者：深密、楞伽、华严、阿毗达磨、密严、庄严。十一论者：一本十支，首'瑜伽师地论'，余（一）'百法明门论'，名略陈名数支。（二）'五蕴论'，名粗释体义支。（三）'显扬圣教论'，名总荷众义支。（四）'摄大乘论'，名广苞大义支。（五）'杂集论'名分别名数支。（六）'辨中边论'，名离僻处中支。（七）'惟识二十论'，名摧破邪山支。（八）'惟识三十颂'，名高建法幢支。（久）'庄严经论'，名庄严体义支。（十）'分别瑜伽论'，名摄散归观支。六经中有二未译来华，即《如来

_____

① 《观无量寿经》与《观经》《十六观经》皆为《佛说观无量寿经》之略称。全 1 卷，宋畺良耶舍译。为净土三经之一，是净土宗主要依据经典。证知"是心作佛，是心是佛"之语是本经宗要，是净土宗四种念佛所依之基本原理，也是释尊一代时教之纲宗。本经之主要内容是净业三福与十六妙观。净业三福是净业修持的基础，是过去、现在、未来三世一切诸佛修净业的正因。

② 吕碧城著译：《观无量寿佛经释论》，香港 1942 年版。

出现功德庄严经》及《大乘阿毗达磨经》是也。窃拟《观无量寿佛经》及《胜鬘经》补充之，胜鬘夫人，承佛威神，宜说识藏，见楞伽经。窥基法师于《惟识述记》、《惟识枢要》及《法苑义林惟识章》中迭称引之，重要可知。观经分演多门，鬘经归纳一乘，各尽开合之妙，允足为六经补佚。犹如净土三经，清儒魏默深加《普贤行愿品》为四经，印光大师加《势至念佛章》为五经，前例可循，刍言斯建，相宗高贤，盍审思之。"①

针对"习观经者必须兼习惟识耶?"、"观经既属惟识作用，何经中绝不见法相之名词耶?"等疑问，吕碧城认为："观经即惟识，不必另习。但若自审才力有余，即兼习之。而仍以奉行观经各条为本课，平常之人略知惟识纲要即已具足，不必深求。年老或事忙者，更不必习，惟以持诵佛名为最善。……又惟识有教与行之别，广说教理如诸唯识专书者为'教惟识'。非教无以析其理，非行无以致其用，行起解绝，更何劳数说名相为哉。"②

《释论》的注释也独具特色。"佛经通例以注分附于每卷末，西文书籍，则将注分为汇为一部，殿于全书之末。予恐注与经文相隔太远，致读者既易遗忘，且劳检觅，故以注分与释义分每段相连，虽于目次稍欠清晰，而于阅者有大方便，故违中西通例，自成此格。注题不录本文，而以号数代之，较为简便，从西例也。"③

该书共 141 页，于 1942 年刊行于香港，时任上海佛学书局总编辑的范古农对其评价颇高："吕碧城女士《观经释论》，以惟识学说解经义，殊有益于流通，不为无见，观经法门，赅散定二善，足持净土宗行法之全体，且以三福业为正因，则应以空观慧业为缘因矣。此义佛于小本经亦微露其义，而自来解者少本此义，致令净土法门非失之狭隘，即失之艰难，遂使净宗流通发生障碍，女士亦知此义，可谓先得我心矣"④，可见该书的价值。

---

① 吕碧城著译：《观无量寿佛经释论》，香港 1942 年版。
② 同上。
③ 同上。
④ 同上。

三 编译佛经

为了更加广泛地向欧美国家传播佛学，吕碧城还曾编译佛经多种，据《梦雨天华室丛书》目录记载，英文部分有《华严经普贤行愿品》、《法华经普门品》、《阿弥陀经》、《十善叶道经》、《净土纲要》、《观音圣感录》等。此部分著作据说在英美两国皆有发行（伦敦大罗赛街 46 号路萨克公司、美国纽约银行街 59 号东亚书局、美国柳维斯顿第二街 309 号比佉斯印务局），其中英文《普门品》及《观音圣感录》，交由佛学书局出版。但是目前除《法华经普门品》存世外，其余作品有待考证。

《法华经普门品》共 36 页，1933 年由上海佛学书局出版，内含《妙法莲华经·观世音菩萨普门品》经文。书后有编者著"普门品中英译文之比较"及出版者"跋"。

据吕碧城介绍：《法华经》英译有三种：（一）《实法莲华》（*Lotus of the True Law*），1884 年，克尔恩氏（H. Kern）由梵文译出。（二）《妙法莲华》（*The Lotus of the Wonderful Law*）素锡勒氏（W. E. Soothill）由中国之《法华经》译出，简略不完。（三）贝勒氏（S. Beal）所编之《中国群经》（*Catena of the Chinese Scriptures*）内有《普门品》。吕碧城认为克尔恩直接译自梵文，可信度较高，所以该书以克氏译本译为中文，每页中英文对照，并附以华英本异同的考证，辑以成书。

该书最大的价值在于对克氏译著进行了考订，认为其比现行版本多了七首偈子，"中国译者，每偈四句，每句五字，共计二十六偈。克氏译者则皆散文，共三十三偈，计多七偈。且于第十九偈以下，有无尽意菩萨之答词，谓闻佛说之偈而欣悦。自第二十偈真观清净观，广大智慧观。悲观及慈观，常愿常瞻仰"。以至第三十三偈，皆无尽意赞叹之作。吾国译者至"福聚海无量，是故应顶礼"而止。克氏之译，则由此加以第二十七以至三十三偈，以下即"持地菩萨即从座起"以至"皆发阿耨多罗三藐三菩提心"与华文译本相同。同时，该译著也提供了《法华经》指归净土的有力证据，吕碧城在篇末曾云："篇末诸偈，赞扬净土，说明观世音菩萨居处及来历，尤见完善；且为莲宗有力之证，不亚于《华严·普贤行愿品》，爱乐为追译，以供参考。至若鉴定增辑，续入经文，则有待于精娴梵籀之法家。自维谫陋，不敢以芜笔率玷莲牒也。"①

佛经辗转重译，错误在所难免，但是："夫以中英文字之迥异，而两国各译此经，竟能大体符合，异曲同工，亦可谓难矣。"对此吕碧城慨叹之余，也心生一丝遗憾："惟可惜者，吾华为佛教先进国，竟无梵文之传习，而让诸欧洲，今彼都通巴利 Pali 或梵文 Sanskrit 者颇不乏人，此吾国学子，负笈锡兰，为不可缓欤!"②

吕碧城译述的佛学经典著作，在国外流传甚广，极大促进了国际间的佛教文化交流，影响深远。后人对其贡献曾做如下评价："欧美国家。千余年来。皆受耶稣洗礼。佛教至近代始稍稍传入。然以英译经典之供不应求。佛法之真义。犹多秘在东方宝库。未为彼邦人士所尽知。近人以为欲向欧美传布大乘佛教。非先广译经典不可。早年日本高楠博士有见于此。提议用英吉利文字。翻译全部大藏。诚为现代佛教当务之急。恨未现诸事实。女士识解超人。文笔流利。独能于庞大难举之译事。先以为己力抽象为之。计成《行愿品》、《普门品》、《弥陀经》、《十善业道经》等。凡如千种。英美两国皆有发售。夫耶教在吾国。遍行数十省。正以牧士之大有人在。使佛教能多培译才。增加西行工具。安知数十年后。欧美之佛教不有惊人之发展乎。"③ 当为中肯之言。

四　信解行证④

吕碧城的人生可谓跌宕起伏，幼年的家庭剧变，开始让她感觉到天地间有种神秘不可预知的力量，能够主宰人间的一切。宗教中，代表这种力量的就是"神"。吕碧城一直相信神灵的存在，她在《自述》中曾

---

① 吕碧城：《普门品中英译文之比较》，吕碧城著，李保民笺注：《吕碧城诗文笺注》，上海古籍出版社 2007 年版，第 307—308 页。
② 同上。
③ 震华：《佛教世界学者吕碧城女士逝世感言》，《觉有情》1943 年第 4 卷第 15、16 号。
④ 信解行证是佛教的修行方法。"信"即"信佛菩萨功德之大，信佛言不虚，信我人虽凡夫，然依法修行，必能证果"；解，就是慧解，指经由见闻学习而了解教理，得到真理的智慧；行，就是修行；证，是契会真理而证悟的意思。

记载了这样两个故事："（其母）为予问卜。得签示曰。君才一等本加人。况又存心克体仁。倘是遭逢得意后。莫将伪气失天真。恰是勉勖游子之词。厥后虽未得意。而自此独立。为前程发轫之始。"后随母游庐山仙人洞。母亲向道士为询婚事。得示曰："两地家居共一山。如何似隔鬼门关。日月如梭人易老。许多劳碌不如闲。"① 吕碧城孤老终生，坎坷境遇与问卜所示惊人的相似。漫游欧美期间，灵异事件亦不胜枚举，兹列举一二：

　　某经商于城市，遗其妻及子居乡村。某一日忽闻室中电话屡鸣，接之，乃其妻之语音，自谓已死，诸童稚方围哭云。某知该村无电话，疑其友仿效妻语而恶作剧也，立摇铃探询电话局："适来之电话系何人所发？"接线员答曰："顷无人取用尊处号码。"某益大惑不解。少顷，其妻之讣竟至，乃急返家。据侍者云："妻病危时，厌其子女之围哭，欲以电话召其夫，惟距该村八里外方有电话，侍者劝阻，妻乃怅怅而殁。"②

　　某日伦敦报载"三十年不言之人逝世"之消息，谓此人曾因与妻反目，咒詈其妻将来必遭焚毙，讵次日其宅被焚，妻与二幼子皆葬身火窟。某痛悔失言，遂缄口终身。③

　　又数年前，予居纽约，见报纪某案，有杀妻而埋于马厩中者。妻诉于居宅业主梦中，业主报警径掘马厩，果得尸焉。④

　　种种奇遇让吕碧城更加坚信"神道"无往不在，在其《予之宗教观》中，她说："天地之有文章，时令之有次序，动植物体之有组织，尽善尽美，孰主之者？是曰真宰。教徒分立门户，各张旗帜，或称一主，或信多

---

①　吕碧城：《自述》，《觉有情》1934 年第 4 卷第 15、16 号。

②　吕碧城：《鬼打电话》，吕碧城著，李保民笺注：《吕碧城诗文笺注》，上海古籍出版社 2007 年版，第 444 页。

③　吕碧城：《三十年不言之人》，吕碧城著，李保民笺注：《吕碧城诗文笺注》，上海古籍出版社 2007 年版，第 447 页。

④　吕碧城：《瀛洲鬼趣》，吕碧城著，李保民笺注：《吕碧城诗文笺注》，上海古籍出版社 2007 年版，第 472 页。

神，皆庸人自扰，妄生分别。盖神道异于肉体，不可名相，专而一之，念兹在兹，可也；析而散之，充塞弥漫，无往不在，亦可也。"①

佛教以苦为本，认为万事皆空，吕碧城独特的境遇和特立独行的性格使她发出了"人间最苦"的悲叹，在瑞士期间，她的绝大部分词作都是苦痛之语。"锁羁愁，十里清湘。著个诗人孤似雁，云黯淡，水微茫"等词句——道出了她心中的苦寂，从而与佛法苦空观形成了心灵上的观照。身世之悲，家国之痛，坚定了吕碧城"不求往生佛国，将何往乎？"的信念，她在劝友人学佛时，曾说"世间事者如梦如幻，本无真实。最要者为看破世界，早求脱离，即学佛是也。请试行之，必觉怡然别有天地"②，然修行佛法，亦非易事。吕碧城熟谙国学，又涉猎西学，信佛而不盲从，认为修习佛法，要遵循"有一定不变之理，而无一定不变之法"的原则，循序渐进，方能有所成。"予修净业。惟自期精进。不敢希求灵感。故拙著观经释论有云。初机行人。不求与佛相应。惟求与经相应。"③"初修观虽困难。但一二星期后。即成习惯而不难矣。"④ 同时还需"下一把死力"，吕碧城曾自述梦境，以此勉励行人。"梦在一巨宅门外。心知宅为己有。但门加双键。予手中携有巨大钥匙二具。各长数尺。色如白银或白钢。予以匙启键。门遂得开。其下一匙。匙柄作波罗式（波罗果名。味甘如蜜。故又名波罗蜜）。启门时。未觉费力。但启后。予坐其旁。喘息不已。大喘特喘。若劳力过度者。醒觉后。综思此梦之大旨。似谓汝欲开此门。须自己努力。"⑤

由于广泛接触了西方近代科学，吕碧城将佛法与科学紧密联系在一起，讲求佛教义理与自然科学间的相互融通印证，希望用西方科学来证明佛学的合理，同时以佛法解释科学无法解释的自然现象。因此与太虚法师、常惺法师、王小徐居士、李圆净居士之间常有书信往来，解疑答惑。在给王小徐居士和常惺法师的信中，她的疑问涉及天文、地理、生物等多个学科。如："佛是否谓时间无始终，空间无边际，一切皆幻而不实？

---

① 吕碧城：《予之宗教观》，吕碧城著，李保民笺注：《吕碧城诗文笺注》，上海古籍出版社 2007 年版，第 478 页。
② 忍寒居士龙沐勋：《悼吕碧城女士》，《觉有情》1934 年第 4 卷第 15、16 号。
③ 吕碧城：《梦境质疑》，《觉有情》1934 年第 4 卷第 15、16 号。
④ 吕碧城：《观音圣恩记》，《觉有情》1934 年第 4 卷第 15、16 号。
⑤ 吕碧城：《梦境质疑》，《觉有情》1934 年第 4 卷第 15、16 号。

《楞严》中所言地理，其国数及洲及山等，何以与现时地理不同？六祖惠能有种种神通力，但有下雨乃龙所致之言。然现时科学家解释下雨之原因，已成常识，无人信龙行雨之说？"① 在经过众人的点拨及自身的领悟后，吕碧城对上述疑问做出了如下解释："盖宇宙间之最大问题，如时间之始终，空间之无际，吾人皆不能解决，岂能就吾人脑力所不能测，目力所不能见之事，遂否认之？"② "总之佛说与科学颇多相同之点。亦间有不同者，则以宇宙至广，有非我辈凡夫思想所及之处，不应谬执管见，轻起訾诋。"③ 其观点虽未必妥切，但这种慎思明辨的求佛态度深刻体现了其用近代西方自然科学来印证佛学的努力。

吕碧城"宅中供奉阿弥陀佛圣像，每日至少诵圣号百声"的孜孜求索终于收到回报，祥兆不断："于最后一日晨起，惊见洗面盆中（所用之洗手水）泥土甚多，沉于水底，形成莲花一朵，共计十瓣（含普贤十愿之数）。……午餐后，往佛堂打字（经稿）。一小时返寝室，又见洗脸盆内水底沉垢，作莲花形，花上栖一白鹤，又译经毕，买莲花供佛，得手形莲瓣一双。……又译经时，右眼角生小瘤如粟，恐其长大为患，命女仆简氏以丝线系之，逐日加紧。一日随手而落，以显微镜窥之，乃青色莲花一朵，长瓣重叠无数。"④

从此，吕碧城自甘蔬果，不思腥膻，潜心佛学，译释佛经，最终皈依佛门。修习佛教讲求信解行证，即先信仰其法，次了解其法，再依其法而修行，最后必能证悟道果。吕碧城幼年感知"神道"，中年领悟佛法的精髓，信而求解，并用西学阐述佛法义理，依法修行，最终明悟大道，其选择佛学作为自己的心灵寄托的历程，亦暗合了佛教信解行证的修行轨迹。

五　保护动物及蔬食协会

佛教主张"戒杀放生，吃素念佛，拔众生苦，予众生乐""诸佛无

① 吕碧城：《致王小徐居士书》，吕碧城著，李保民笺注：《吕碧城诗文笺注》，上海古籍出版社 2007 年版，第 260—263 页。
② 吕碧城：《吕碧城女士启事》，吕碧城著，李保民笺注：《吕碧城诗文笺注》，上海古籍出版社 2007 年版，第 305 页。
③ 吕碧城：《佛学与科学之异同》，《觉音》1924 年第 30—32 期。
④ 《碧城致龙榆生书札》，《收获拍卖》2008 年第 2 期。

心，惟以爱物为心"，"不杀生"位居佛教五大戒之首，体现着佛祖的慈悲心与对众生的救济心。

吕碧城的一生，正值世界秩序为之剧变的年代。各地风云变幻，战火蜂起。给无辜百姓带来了沉重的灾难，同时对人类的生存环境造成了巨大的破坏。吕碧城悲天悯人，乐善好施，形成了以"善"为美的思想，她曾说："尝谓世界进化。最终之点曰美。美之广义为善。凡一切残暴欺诈。皆为丑恶。譬之盗贼其行。而锦绣其服。可为美乎。况以他类之痛苦流血。供己口腹之快。丑恶极矣。"① 京直水灾暴发，她联合天津各界领袖的闺秀，倡办女子赈济会，筹得的款，救活无数灾黎。后又捐赠红十字会十万元。② 早年寓居天津时，见《沪报》刊登伍廷芳筹办"蔬食卫生会"，曾致函该会，建议在会旨中标明戒杀，以宏仁恕之旨。但伍廷芳担心世俗斥为佞佛，未能如愿。③ 其思想实践与佛教主张戒杀护生、倡导和平、爱惜生命的教义已经相得益彰。欧游期间，目睹欧美人士饫甘餍肥，不识因果，不惜物命。一战过后，生灵又遭涂炭，遍地疮痍。吕碧城自述其愤怒曰："人有天伦骨肉之情，禽兽亦有母子之爱；人知痛苦，禽兽亦知痛苦；人知感恩怨怒，禽兽亦知感恩怨怒。所异者智力不如人，故为人所制，任人宰割烹食，盖纯然一强弱之问题耳。弱者肉，强者食；或食人，或食肉。同一恃强凌弱耳，岂有他哉？夫天地间一切罪恶不外乎以智苦愚，以强凌弱，以众暴寡。"④ 她这时学佛已相当深入，遂倡言"戒杀护生"，提倡戒杀茹素，借此阐发佛教的慈悲义理。

因此，当她偶见伦敦《泰晤士报》载有英国皇家禁止虐待动物的会函，怦然心动，一方面致函该会，陈述自己的见解，另一方面决计在国内进行倡导，以禁止虐待及鼓吹戒杀，挽救世道人心。在她起草的《谋创中国保护动物会缘起》文末，吕碧城留下了这样的文字："英国禁止虐待

---

① 吕碧城：《义京罗马》，吕碧城著，李保民笺注：《吕碧城诗文笺注》，上海古籍出版社2007年版，第388页。

② 陆丹林：《女词人吕碧城》，《永安月刊》1948年第112期。

③ 吕碧城：《谋创中国保护动物会缘起》，吕碧城著，李保民笺注：《吕碧城诗文笺注》，上海古籍出版社2007年版，第237页。

④ 吕碧城：《医生杀猫案》，吕碧城著，李保民笺注：《吕碧城诗文笺注》，上海古籍出版社2007年版，第448—449页。

牲畜会，有百年之运动，始微着成效。吾人欲谋范围较广之组织，应预为千年之运动。吾生有涯，世变无极。惟以继续之生命，争此最后之文明，庄严净土，未必不现于人间。虽目睹无期，而精神不死，一息尚存，此志罔替。吾言息壤，天日鉴之，凡我同志，盍速兴起。"① 铮铮箴言，既是呼吁、鼓吹，亦是对自己理想的坚持。

1929 年 5 月 13 日，吕碧城接受"国际保护动物会"的邀请，由瑞士赴奥地利维也纳参会。作为唯一一名参会的中国人，吕碧城"戴珠抹额，着拼金孔雀晚妆大衣"，在大会演讲中用英文慷慨陈词，她首先介绍了中国保护动物的渊源，"查此项主义，滥觞最早，而成于三种源流。(一)佛教(二)孔教(三)古代法制"。接着重点阐述了自己的"废屠"主张，她说："人类之杀动物，完全系以强侵弱，予认为世界文明之重大羞耻，昔美总统林肯未作拯救黑奴之战以前，黑奴之地位，与禽兽相等。贩卖黑奴者，盖不自知其行为之谬误。正犹今日吾人之杀动物，而误以为当然也。"最后，她大声呼吁："若人类之性质，与此等精神同化，则和平之空气，充满地球，即世界和平真正成立之日也。"②

演讲获得巨大影响，会后，不断有群众上前握手祝贺，索取签名为纪念或表达对"废屠"主张的赞同之意。次日，每日销数达 60 万份的《泰格报》(Der Tag)刊载大会文章，认为"最有兴味，耸人视听之事，为中国吕女士之现身讲台。其所著之中国绣服，乔皇矜丽，尤为群众目光集注之点云"。德国、意大利等国的动物保护及蔬食团体也纷纷约稿，并邀请吕碧城前往演讲。

回到日内瓦，吕碧城搜集各地资料，"广采西洋现代时派人物所发表之道德言论。以及伦敦纽约维也纳等处实地保护动物情形。一一摄成影片。附以说明"③。编撰了大量提倡戒杀茹素的文章，以期"纳人于正轨"。在保护动物方面，有《世界动物节》、《美国动物节》、《各国保护动物近讯》、《德奥瑞士医界反对活剖之联合宣言》、《柏拉图与象》、《动

① 吕碧城：《谋创中国保护动物会缘起》，吕碧城著，李保民笺注：《吕碧城诗文笺注》，上海古籍出版社 2007 年版，第 240—241 页。

② 吕碧城：《吕碧城在维也纳之演说》，《欧美之光》，上海佛学书局 1932 年版，第 148—151 页。

③ 震华：《佛教世界学者吕碧城女士逝世感言》，《觉有情》1943 年第 4 卷第 15、16 号。

物之福音》、《使人种恶化之科学》、《香骢历劫》、《谋创中国保护动物会缘起》、《普告教育家》、《英议院人道主义》。蔬食会方面有《国际蔬食大会》、《各国蔬食会名目地址表》、《各国蔬食杂志表》、《伦敦蔬食会》、《美国蔬食会》、《海外蔬食谈》、《赴维也纳琐记》、《吕碧城在维也纳之演讲词》等篇。这些文章都收录于《欧美之光》。

除了编撰文章，被誉为"三百年来第一女词人"的吕碧城还写下了一系列以护生为题材的诗词，阐明人类应以爱物为念，戒杀护生，实现世界的和平。如《摸鱼儿·绕孤丘》：

> 绕孤丘，苦芦寒濑，土花凄护贞蜕。义声不让田横岛，此豸千秋能继。词苑事，有翠墨，甄奇宫羽流哀丽。陇书休寄。早唤断银云，影沉沙屿，霜月吊汾水。
>
> 凭谁解，依样雀螳相伺。强秦盲视公理。我悲貂锦胡尘丧，残弱亦吾长技。穿宙里，问齐物、同仁宁有偏畸意？尘赠应弃。愿手挽天河，圆与净涤，终古雪斯耻。

此类的诗词还有《踏鹊枝·梦想诸天联席会》、《减字木兰花·沧波万里》、《菩萨蛮·春云将展蔷薇战》等。

吕碧城可谓现代女界中的奇杰，不仅才华横溢，而且宅心仁厚。不论是早期兴女权，倡女学，还是后期的广扬佛法，著书立说，都以护生为己任。诚如窦存我在所言："女士的倾向欧化。是在科举时代。国人反对欧化之时。她的皈依佛教。是在国人醉心欧化。反对佛教之时。所以女士是具有特立独行之人格。不随别人脚跟转的。当这国性消沉。举世风靡的崇拜外人时代。纪念女士。真令人有怅望云霄之感了。"①

（载建兵编《吕碧城文选集》，天津古籍出版社2012年版）

---

① 窦存我：《赞吾国女杰吕碧城居士》，《觉有情》1943年第4卷第15、16号。

民国小区域流通货币研讨会综述

2008 年 7 月 28 日，河北师范大学历史文化学院与中国人民银行、中华书局等处专家学者对民国期间小区域流通货币进行了学术研讨，同时对《中国钱币大辞典·民国编·县地方纸币卷》进行了初审。会议在河南郑州召开。中国人民银行郑州支行行长、中国钱币大辞典编委会主任、总编计承江，中国钱币大辞典顾问、民国编主编胡国瑞，中国钱币学会副理事长、国家文物鉴定委员会委员戴志强，中国钱币博物馆保管部主任、研究员金德平，编委会顾问、民国编主编赵宁夫，人行上海分行研究员潘连贵，河北师范大学教授戴建兵，中华书局编辑陈乔，国内著名收藏家石长友，民国编其他各卷的主编以及与会代表 20 余人参加了会议。

一 民国小区域货币的定名问题

会议首先对民国期间小区域流通货币进行了研讨。戴建兵教授认为，传统的私票，应当定名为小区域流通货币。是中华民国时期（1912—1949），由县政府、县级机构以及县以下地方政府机构，县地方驻军组织的军政机构，县商会、金融维持会等半官方机构，或由钱庄、票号、银钱号、当铺以及县银行、县以下银行性质的金融机构，工矿企业以及商业企业，以及油店、米店、百货店等私营商业部门及个人发行的，在数县或一县范围内流通，或县以下数个村镇或一村一镇流通，仅能体现货币流通及价值尺度等职能，而对外流通以兑现银钱或官府法币或不兑现的纸质符号。小区域流通货币，外延上分为两类：一类是县级以下地方军政机构及半方官机构发行的票券，只承诺集多者兑现官帖或法币，实为不兑现纸币，名称多为流通券、兑换券、商会券、金融票、救济券等；另一类是工商企业部门（包括金融机构）发行的信用票据。后一类中，由钱庄、票号发行的票据相对更为规范，见票即付，因此能代替现银钱在市面流通。民间有私票、私钞、私帖、凭帖、票帖、钱帖、执照、钱票、银票、钱条、会券、工资券等不同称谓。私票、私帖是针对官票、官帖而言，指未经政府批准而擅自发行的纸币。县政府机构发行的纸币具有地方官票、官帖性质，与私票、私帖不同。这两类性质的票券，因与国家银行、省地方银行发行的纸币在货币职能、法偿能力及流通范围上有较大差异，是一种不完全的纸币，因此另列为小区域流通货币。

石长友先生认为，不应当称为小区域流通货币，仍应沿用私票或票帖等传统名称。

民国编商业银行卷主编潘连贵认为："小区域"三字的定义比较模糊，因此"小区域流通纸币"的提法有待商榷，建议命名为"民间私票、私帖卷"。

计承江行长及胡国瑞先生认为可称为县纸币，因这些纸币均为县或县以下地方发行。特别是考虑到中国钱币大辞典是按国家银行、省地方银行逻辑编列，县纸币这一概念较全面地反映了这一情况。

一些学者认为应以县域纸币为当。

戴志强先生认为，县纸币未能反映当时县以下私人部门发行的纸币，综合各方观点，辞典编辑以县乡纸币为名较为恰当。

二 《县地方纸币卷》的编辑问题

编委会主任、总编计承江强调了《县地方纸币卷》的重要意义。指出县地方纸币与民国期间普通百姓生活息息相关，因其分布广泛，种类庞杂，过去不被重视，研究比较薄弱，编写难度较大。《中国钱币大辞典》将其收录其中，单独成卷，是一项具有开拓意义的工作。

省市地方纸币卷副主编白秦川教授建议：辞典各卷命名从总体要保持统一，按照全国、省市的逻辑顺序，建议命名为"县或县乡地方纸币卷"；框架编排上每一卷要有一个综合性辞条，概括全书的背景，发行流通的情况；具体辞条只要有发行主体、面值这两个要素便可收录；描述上采用白描方式，语句简练，尽量不要带有形容词，背景材料放在上一级的小综合辞条中。

中国钱币博物馆保管部主任、研究员金德平则提出图片收录要具有代表性、稀缺性、观赏性三个要素，但地名不同的同类票可以适当合并；辞条的解说上要规范化，不要描述性的语句；背景性资料要准确、简练。县的排列应遵循何种标准，是否也按拼音顺序；现在市面伪票较多，应当多加鉴别。

中华书局编辑陈乔认为本卷涉及 100 多万字，7000 多幅照片，建议控制规模；为保持统一风格，此卷全部使用繁体字；综合辞条、小综合辞条、具体辞条要有比较明确的区分，让读者一目了然；图片要质地清晰，品相完好。

白秦川教授还建议目录编排上省按照 1948 年全国行政区划图的顺序编排，县乡按照拼音顺序排列；具体辞条遵循一图一条、多图一条的原则；辞条的名称要规范化，要素齐全，相同的辞条不重复出现；综合辞条要描述出纸币与当地的经济联系，分布范围及发行结果；避免使用偏激性词语；没有图的具体辞条，简单描述即可。

戴志强先生认为：县乡纸币卷在《中国钱币大辞典》整部辞典中独具特色，将单独成卷，足见编委会对其十分重视、偏爱，卷名确定为"县乡纸币卷"意义重大，确立了本卷的整体框架，便利于具体的操作，对私票问题也有了定性。具体辞条在语言上还要锤炼，不能出现硬伤，考虑到现有资料的规模，为了避免引起歧义，写作上需要留有余地。图片要严格辨别真伪，保证准确。最后他呼吁，私票与当时的社会经济基础紧密相连，研究它会给我们很多启示。因此我们的工作是很有开拓性的，将来的研究会以我们的辞典为基础。

（《高校社科动态》2008 年第 5 期）

关于中国银锭(元宝)的文献

　　银锭作为中国最具特色的货币种类，学术界对其研究并不深入，而要想了解中国货币史和经济史，解读中国的银两制度特别是近代的银两制度是此问题的关键。长期以来，银两的研究仅限于对银锭的研究，诸如型制、铭文、成色，即便如此，因为业炉房、银号、钱庄者的生存技艺，口耳相传，极少形成文字。作为中国货币文化的瑰宝，银两制度及其载体银锭元宝不仅在传统货币制度中处于核心地位，其对于中国文化、民俗及社会生活的影响和渗透也是十分巨大的，因而梳理其研究文献，亦为学之初阶。

　　中国本不盛产银。唐宋以来的银锭多为政府的财政工具，而白银大量进入流通领域是明代中后期的事情。中国人没有想到哥伦布发现美洲竟然使中国的货币制度发生了巨大的变化。美洲从公元 16 世纪到 20 世纪初，是世界上最大的产银地和最大的银币出口地，而这些银币大量经西班牙之手，从美洲运到菲律宾，经过贸易再从菲律宾运到了中国，史称大帆船贸易，又称为海上丝银之路。

　　由美洲来到中国的银元大体上可分成两种，一种是西班牙统治时期西属美洲殖民地铸造发行的，1536 年第一次铸造发行银币，银币圆形，上面铸有不同时代西班牙国王的头像，成色在93%以上，中国人称其本洋、佛头、双柱，等等。另一种就是墨西哥独立后的第 3 年，即从 1823 年开始铸造图案为鹰踏仙人掌叼蛇的银币，成色为 90%，我国人称其为鹰洋。

　　从明代中后期到清代中期，是西班牙人通过和中国贸易，以银币向中国换取丝绸、瓷器的时代，为此本来产银不多的中国，竟然开始在流通领域中大量使用白银——大批将墨西哥银币熔化再重新铸造成船形的元宝。

到底有多少美洲的银圆运到了中国呢？我们可以引用一些资料。1586年以前约 300000 元（西元），1586 年 500000 多元，1598 年及以前约 800000—1000000 元之间，1602 年及以前约 2000000 元，1604 年约 2300000 多元，1633 年及以前约 2000000 多元，1729 年以前约 3000000—4000000 元，1815 年约 1550000 元。[①] 从 16 世纪下半叶西班牙人到达菲律宾后，每年由菲律宾输入中国的美洲银元，一开始为数十万西元，后来越来越多，到 16 世纪末已经超过了 100 万西元，到了 17 世纪，增加到了 200 万多元，18 世纪，增加更多，可能达到了三四百万西元。正是由于大量外国银元的输入，引发了中国货币制度的变迁，中国从传统的以铜为币，转向了银铜复本位制。而德国弗兰克的《白银资本》一书，更是使这一问题的研究具有了全球视角，从而成为世界学术关注的热点。

这些美洲铸造的银元来到中国，除少量可在东南沿海的浙江、福建、广东及内地江西等地行使外，其余均被熔化成银水，重新铸造成中国商人接受的银锭。

由于明末清初以来大量外国银币的输入，白银成为市场上重要的流通媒介，市面上开始出现了一些与银锭有关的文献。

《新刻江湖杜骗术》是中国第一部反诈骗的著作，作者叫张应俞，是浙江人。该书成书于明万历四十年（1612）至万历四十五年（1617），刊于万历末年，美国和日本均有收藏。[②]

从这部书中我们可以看出，银两在明代的社会中已经占有十分重要的地位，在明代人的社会生活中，使用的货币种类基本上都是银两，而钱和钞在书中很少提及。书中记录的八十四则故事中基本上全是与银子有关的案例，仅有一条记录了吃饭时用了六文钱，另记了一条当时铸万历钱。由于诈骗相对而言集中于人们的经济中，而诈骗的对象更以金钱为主，因而这是一部反映明代社会经济生活和货币史的佳作。

从书中我们可以看到，银的重量种类是十分多的，有几两的。如二类丢包骗，就有："中途偶见一包……约有银二三两。"三类换银骗，有

---

① 全汉昇：《明清间美洲白的输入中国》，《中国经济史论丛》，香港中文大学新亚书院新亚研究所 1972 年版，第 444 页。

② 张应俞：《新刻江湖杜骗术》，河北教育出版社 1995 年版。

"一锭重十二两""小镭八九钱重""二钱碎银""五两""十两"。

在银的成色上，鉴定成色叫"银色估折"，具体成色则有"细丝"、"九一二成色"、"九四五倾"、"金花细丝"、"九成"、"七八成"。

在银的样式上，称银两底部的蜂锅叫"风锅底"。

在银的使用上，先估色，再用天平称重量，也有先用天平称重，再进行估色，而为银色发生冲突的。

在银的铸造上，银匠是银锭的生产者。如："县城有一银匠，家颇殷实。解户领秋粮银，常托其倾煎。一日倾煎元宝，心内尚有系未透处，夜间又煮洗之。""孙滔，河南人也，常买棉布到福建建宁府卖。一夜，在银匠王六店煎银，倾煎已讫。"

银的真假是当时的一个大的社会问题，因而该书作者将他在万历四十年（1612）在书坊中买的一本关于如何鉴别真假银两的书的主要内容抄录下来，这是已知的中国最早的一部鉴别真假银两的著作。书中说：

夫元宝者，坑淘出而原宝，今官解钱粮亦倾煎，如坑淘出原色，而成元宝也。俗云圆宝是也。

松纹与细丝一样，其皆足色也。

摇丝，色未甚足。银倾入镭，以手摇动而成丝也，曰摇丝。

水丝又名干丝，自七成、八成、九成、九五成止，通名曰水丝。

画丝即水丝。泻出而无丝，以铁椎画其丝于其上，曰画丝。

吹丝即九成水丝。银一入镭，口含吹筒即吹之以成丝，曰吹丝。

吸丝以湿纸盖其镭上，中取一孔，以银从孔中泻下，吸以成其丝也，曰吸丝。今人以铁箔盖于镭上，亦中取一孔，银从孔泻下，亦吸以成丝也。盖吸丝自七成起，九五止。九五者，亦看得足色也。

茶花，以纹银九钱，入铅一钱，入炉中锅内，不用一毫之硝，明倾取出，以镭把淡底填于镭脚，然后泻银于镭内，铅方不露，而自成其粗丝也，曰茶花。

鼎银即汞银也，又曰水银。以纹银五钱，以汞五钱半，入铁鼎中，倾其色通红于内，取出候冷。拿出其银只有一两，折汞五分，可打之而成镭，或造之以成饼，以银薄贴于外，以墨微洒之，以掩其太白。更能造酒器及诸项首饰，能拨银丝，亦犹细丝者，只是色略青些。更有赤脚汞银，纹银三钱，铜丝二钱，汞五钱半，如同前倾煎取出，不能打造，亦如同水丝一般。若辨汞银，其色脚嫩，上面银薄，贴色不同赤脚者，然色赤而带嫩，终不如水色老。此上古所传，造此换人，亦发家数千，子孙继迹不肖，而家即萧条，害众成家，终不悠久。

吊铜，以铜嵌四旁，而后以银泻下，藏铜于中，曰吊铜。辨之，虽看其丝，终不如细丝之明。其丝粗而带滞碍，即可疑。而凿之方露其铜。

铁碎镨，以铁碎先放于镨内，然后以银泻诸镨，适均入其银内，包藏铁于其内，至低者亦有九成，九五者有丝。或以铜碎如前，名曰包销银，至低者亦有九成。九五有丝，九成无丝。

钞仔铜，用铜一两，入银三分，入炉中，以白信石如硝抽入，泻入镨中。取出，夹四旁者三四分重片，中心者又入炉中倾，再夹。如此者数次，然以银淘末，以禹碗禹极细，用酸砒草捣汁，入硼砂三分，以罐子同煮。后放银末三分入砒草汁内，以前铜入灌中，以筋炒之。取出，以白水洗去其砒草汁，其色甚白。有人问曰："铜中只用银三分，后用银末三分，何能使银相交于外？"其人对曰："世间宝物，惟金银为至宝，若先不以银三分入铜倾煎，其后用银末亦不煎煮，必不能合。先以银三分入内，则后用此银末煮之，自然相应也。"故造假银，俗曰"神仙"。然辨认此铜，当认银色，乃死鱼白，无青白之色。再看其脚，有两样，或用胭脂点，或用石朱点，须在点脚乃死鱼白处辨之，则其赝了然。

漂白镨，用银倾煎细丝一样。只是镨甚热而壁乃薄，后以虑朱去其下面者，只留上面其薄者，中以白铜倾一镨无壁，以前上面安于其上，下面用银箔合其下，用焊焊之，后用淬锤锤其脚，为风锅无二。虽以凿凿开必不能辨。如辨此，则当时烧焊之际，以火烧去其青白自然之色，如死鱼之白，故曰漂白，以此辨之，灼然明白矣。

煎饼银法，每铅一钱，销铜一分，若九成银一两。可用铅一两，八成可用铅二两，七成可用铅三两。灰堤中用炭装炉，慢扇其火，煎至铅花。若过，后必急扇其火，待其油珠大如豆青，即以盖盖之，熬出乃九五色。如待金花灿烂，熬出即结于布上，曰布心饼，又曰焦心饼，下面蟹眼回珠，两面皆白，即松纹足色。九成饼亦出炉白，上乃鸡爪面，下面脚亦白。八成饼出炉略黑，必用天砂擦之方白，上面蚤斑之痕，剪开略白。七成饼出炉墨黑，亦用砂擦，及用盐梅洗之方白，其剪口带赤。六成比七成犹不同些，五成即梅白饼。

盐烧饼，二钱五分银出一两。取出以盐禹烂，水调上，一重在其饼上，入火烧之，取出以 打支一重铜锟，又用盐烧之，再锤打。如此者数次，则外面铜去而自然白，曰盐烧。以白铜倾者即白盐烧。

三夹饼，底是足色饼，用淘淘如纸薄，中用白铜溶一饼于中，上面用银，入炉中倾，出细丝，入铅二三钱，取出，泻入炭锅，成一饼样，亦用锉锉甚薄，盖于其上。然后用焊焊成一饼，钳去其四旁眼，中间的饼，对面剪钳，尽可瞒人。辨之，其饼厚，上下皆真色银，中间色白异样。知者以银盖面于杉木中擦之，即见三样色。

车壳即灌铅，以松纹细丝盖，盖面以落锥落一孔，然后以割仔入其内割之，尽取其囊中者，留其银壳。后用铅灌其内填满，丙用银打一尖仔尖。又经铁錾錾之，如风锅一般。然辨此银，要看其两盖面之痕处，即见明白。

倒茅饼，先以上号白信石，用熔成 不泻水者，以盐泥固济，入信石于内，打二炷香升灯，上轻清者听用。以银七钱铜三钱五分熔。将起炉时，以信石七分入银内，将盖盖之。取出，天砂擦之，其面上亦鸡爪面，如九成银一般。辨之，九成出炉自白，不待砂擦，然此饼钳口带黄，九成饼钳口自白，以此辨之朗然。

此外还有铁线饼、江山白、华光桥、神仙饼、掺铜饼、倒插铅，其余假银数十样。

在中国，银锭于20世纪二三十年代进入学者的视野之前，相关的文献主要是一些与银锭相关的炉房、银号、钱庄的从业者对银锭的成色辨认、银锭型制的区别，不同地区平砝的记录，而这些文献的存留目的主要是对从业者技艺的保留，是口耳相传为主的技艺促传授辅助工具，因而存世量极罕。现在这些文献多为孤本。

如康熙五十五年间柏乡人冯琢珩著有《辨银歌》，此后乾隆五十四年后人重印改为《新刊辨银歌谱》，此书主要对当时流通的银锭通过对其外表的观察而认定成色的经验以俗语记录下来。如记假银"净铜白煮鸡"为"有块银子看九三，买长买短不怕观，若问此银何等认，鞋底一擦见本元"。

山西商人留下了一批早期对于中国银两研究的著作，如王锡三记的抄本《治铺格言买花规式银各路成色平砝》中的第三部分，就记载了各种银锭近120种，如大同吹面宝（草黄口草黄查面平煤九七），另有各地平砝与祁公平的比较，可见此为祁县人所记。此外山西典当商还有《看银成色》。

《各处周行银色平码式》，有蓝田郭记书丁丑年抄本，本书主要分为两个部分，第一部分为各处平码式，记载了各地不同平砝。第二部分记载了平遥、介休、祁县、太谷、汉口、苏州、扬州、广东、重庆、天津、江西、清江、东昌、济南、南京、常德、西安、沙市、成都、开封、张家口、周家口、泾阳色的条目。此书应为清中晚期的作品。

《各路元宝银色目录》，抄本，页首有"张兆熙谨识"六字，并有"丁亥"记年。书中分三个部分，第一部分记录各省的银锭，如江西方宝；第二部分对于各地元宝的识别方法和特征进行了记载；第三部分对于一些平砝的大小进行了记载。所用纸为金门内有昌中市及聚源斋字样，此书仅知江西财经大学有存。

20世纪二三十年代开始，学者开始对于中国银锭及银两制度进行研究，1928年6月，侯厚培在《清华学报》发表了《明代以前之金银货币》长篇论文，论述了明以前中国古代使用金银的历史，以及金银的比价等。

而在此期间，日本学者的研究是最为深入的。其代表作有二。

一为1926年日本经济学家加藤繁撰写的《唐宋时代之金银研究》，这是第一本研究中国金银货币的专著。1944年时，伪中国联合准备银行出版了第一种汉译本。作为研究中国经济史的大家，加藤繁深入研究了银在中国货币制度中的重要性，特别对于清以前的银锭及银两制度进行了深入的剖析。

二为宫下忠雄著《近代中国银两制度の研究——中国币制の特殊研究》，日本学术振兴会刊，昭和二十七年版。1990年时东京有明书房再版。本书对历代用银情况及银锭的型制、铸造发行、色、平、兑、实银、虚银、银票和银两的制度有极为深入的论述。

1932 年，中国实行了废除银两改用银元的废两改元政策，至此银锭和银两制度渐离人们的视野。自此以后，在长达近五十余年的时间里。中国银锭和银两制度的研究基本游离于世界学术界之外，除了中国大陆少量的银锭的出土报告的记录外，基本上没有什么相关的研究文献。

20 世纪 80 年代后，中国改革开放引发的市场经济浪潮曾使台湾在 80 年代初获得了一些由大陆出土或家藏银锭，由此，台湾出现了一系列的研究文献。

最早的研究当为张惠信所著《中国银锭》，台湾齐格飞出版社 1988 年版。这是一最早系统研究银锭的汉文著作。分为以下几个大的部分。中国历代用银史话；银锭的铸造与发行；银两的平、色及各省主要周行银锭；虚银两及银汇平价；云南方锭与马鞍银的探讨；清代税制与税银；银锭的收藏与投资。这是中国人写的第一本银锭著作，该书对中国银锭铸造、发行、使用、型制、种类、收藏等方面均作了详细的考证，是一本极有价值的银锭著作。也是一本引发后人收藏中国银锭热潮的一部著作。本书最早源于 1986 年张氏在台湾《故宫文物月刊》上连载的文章《清代用银史略》，张氏为现代以来第一位研究中国银锭与银两制度的学者。其书中所引用的银锭多选自于树荫堂藏品。

收藏家陈鸿彬将其收藏的中国银锭，汇编成书，即《树荫堂藏元宝千种图录》。为一图谱。

进入 20 世纪 90 年代，大陆学者开始了对银锭的研究，但是较多的还是一些图谱的编著，较有影响是中国钱币学会陕西分会编《元宝图录》，三秦出版社 1991 年版。共收录了 1497 枚银锭图案，首为对元宝型制的选粹，二、三部分则为古代银铤，从第四部分至二十一则为按清代行省划分的 18 个省不同类型的元宝，二十二为喜庆吉语元宝，二十三为其他元宝。

汤国彦、洪天福主编的《中国历史银锭》，云南人民出版社 1993 年版。本书分为上下两编，上编为历代用银概述；银锭的型制；银锭的铸造与发行；银两的色、平、兑；实银虚银银票；银两制度。下编则按各行省依各省银锭照片排列。后附中国历史银锭铭文索目。全书共收集了 1702 枚不同的银锭照片，有 19 个省市的钱币学会和 7 个省的文博物部门为此书的银锭实物照片提供资料。这是国内较早且学术性较高的一部关于银锭的专著。

相对而言，目前从事于中国银锭研究的学者大陆主要为李晓萍，台湾地区则为戴学文。

戴学文是目前海内外深入研究银锭的专家之一，其著作有《晚清传奇货币——云南牌坊锭考》，台湾台扬出版社 1996 年出版，本书是对云南特殊的银锭牌坊锭进行研究的一部专著。第一章牌坊锭概述；第二章牌坊锭的始铸年代与地区；第三章中国早期记色银与牌坊锭；第四章公议牌坊锭与公议公估牌坊锭；第五章汇号公估牌坊锭；第六章公估牌坊锭；第七章官公估牌坊锭；第八章记月牌坊锭；第九章从通宝字号的原始文件论昆明兼销业帮；第十章牌坊锭的评价与辨伪。作者以缜密科学的研究方法，通过对大量原始文献和文物的归纳分析考证，全面地揭示了云南牌坊锭的来龙去脉。

戴学文的另一部关于云南银锭的著作则为《滇银图鉴》。云南白银货币十分丰富，明清以来，白银一直是主要流通货币之一。云南银锭的种类繁多，有单镨、双镨、三镨等，光绪十年前后定型于牌坊锭，其数量种类极多，造型独特，多少年来，一直是国内外收藏家收藏和研究的目标。作者研究和收藏牌坊锭十年，造诣颇深，对牌坊锭有着深层次的理解。该书在编排上采用考古学的分类法，对每一类银锭均做了详尽的叙述。

他的近期大作为《清代南方诸省方镨考》，为作者自刊。这是一部专门对南方各省的方形银锭进行深入研究的大作。方镨，俗称砝码锭，是清代广东、广西的银锭式样，也是湖南、安徽、江西、福建等省的主要银锭型制。其特殊的造型，内涵丰富的铭文很值得研究。第一章对这种型制的银锭进行了探源，第二章开始分省论述，二至七章分别为广西、广东、湖南、福建、江西、安徽，第八章为其他省份的待考品，第九章则为这型制的银锭的分类和评价。

李晓萍著《金银流霞——中国古代金银货币收藏》（浙江大学出版社 2004 年版）。主要内容为：古代的金银、楚国的黄金货币——爰金、仿制贝中的贵族——金银贝、独一无二的银布币、西汉金饼、麟趾金和马蹄金、弥足珍贵的唐代金银饼和铤、金银饼、金银铤、宋金银铤的同异及铭文的解读、北宋银铤、南宋银铤、金代银铤、金代的法定银货——承安宝货、南宋金银交引铺与金铤金牌、金银交引铺的探源、金银交引铺的经营业务、近五十年来杭州出土南宋金铤和金牌、南宋黄金货币的新贵——金叶子、元宝与元锭、元宝称谓的来历、元代银锭的类型、明代银锭纵横谈、白银货币合法化的开始、从金花银到各类银锭的涌现、银色的不同称谓、清代、民国银锭面面观、清代银两制度、税制与税银、地丁银、津贴与捐输、盐税银、关税银、厘金银、形态各异的清代民国银锭、直隶、山西、东三省、江苏、安徽、山东、河南、陕西、甘肃、浙江、江西、湖北、湖南、四川、福建、广东、广西、云南、贵州、新疆、吉语银锭、银锭的铸造和公估机构。

李晓萍的另一部著作是《元宝的收藏与鉴赏》（浙江大学出版社 2006年版）。其主要内容为：一，唐代金银铤和饼；二，宋代金银铤、金牌、金叶子；三，金代银铤；四，元代银锭；五，明代金银锭；六，清代民国时期的金银锭。

2000 年后，随着收藏热的兴起，一些关于银锭的普及性著作也开始出现，如：

周祥编著《银锭——财富之舟》（上海书店出版社 2003 年版）。本书记述了中国白银使用与银锭铸造的历史，从历史文物收藏与鉴赏的角度，对各个历史时期银锭的型制、铭文和具体的交易使用，进行了较为详细的介绍，并从成色、重量、铸造、造型和铭文等五个方面着重介绍银锭的辨伪与如何养护，以及近年来市场上银锭交易的行情，有益于促进人们对一向不为重视的银锭的了解与收藏。其主要内容为中国银锭发展史话。一，银锭的出现；二，唐宋时期银锭的发展；三，金元时期银锭的使用；四，明清时期银锭的流通。内容包括银锭的三元要素，实银、虚银和银票，中国各地通行的银锭，银锭的铸造与发行，银锭的鉴藏，各时期银锭型制特点，各时期银锭铭文特征，银锭辨伪与养护。附录有近年银锭市场交易参考价，主要参考著作与杂志等。

倪洪林编《银币鉴赏及收藏》（北方文艺出版社 2005 年版）。第一章银锭，有银锭的出现、唐宋时期银锭的发展、金元时期银锭的使用、明清时期银锭的流通、各时期银锭型制特点、各时期银锭铭文特征、银锭辨伪与养护、近年银锭市场交易参考价。第二章为白银，有白银的开采史、白银的特征与种类、白银的鉴定方法、伪造白银的鉴定。第三章银元。

赵立仁著《中国银锭图录》（黑龙江人民出版社 2001 年版），是一本按省编排的图录。

台湾林崇诚著有《元宝之旅》，作者以十余年来在中国收藏元宝的亲身经历，采用游记的叙述手法，向读者再现了行万里路集万两银的心路历程，生动平实，具有很强的可读性。台湾联经出版事业有限公司 2002 年版。此外台湾袁开显著有《银笏银锭银币》，为一部图集，2002 版。

银锭和银两制度的研究目前也开始为国际学术界所关注，早在 20 世纪 40 年代，美国就曾有关于中国银锭的著作出版。美国研究中国银锭的著作主要有两本。其一为《公元 7 世纪的中国银锭——钱币专论第 103 号》（*An Inscribed Chinese Ingot of the XII Century A. D.*），作者为常乃齐（音译），1944 年版，美国钱币学会在纽约发行。这是西方较早的关于中国银锭的小册子。作者简要地介绍了中国白银货币的历史及美国钱币学会收集的自 967 至 1280 年间中国宋代所铸的银锭。

《银锭》（*Sycee Silver*）一书，作者：菲尔斯·欧·西格勒，出版地美国纽约，1943 年出版，美国钱币学会发行（钱币学专论第 99 号）。作者简要介绍了中国货币史，中国白银的开采、进口以及白银货币的起源、加工和使用情况。图片中展示了 24 枚银锭。

英国出版的关于中国银锭的学术专著是由克里布所著的《大英博物馆所藏中国元宝目录 1750—1933》（*A Catalogue Sycee in the British Museum Chinese Silver Currency Ingots c. 1750 – 1933*），这是英国大英博物馆出版的有关银锭收藏的专集。其中的藏品由最早收藏中国银锭的奥地利籍著名收藏家耿爱德（Eduard Kann）在中国工作期间，广泛收集的中国金银币和银锭。后来耿爱德的 300 余件银锭全部被大英博物馆征购，大英博物馆因而也成为收藏中国银锭最多的外国博物馆。本书作者是英国大英博物馆研究中国钱币的专家，在本书中他发明了一种新的中国银锭的分类方式，也就是通过对银锭制造和使用来分类。这部著作收录了 1300 种中国的银锭，除了耿爱德和汇丰银行的藏品外，还包括了一些公私的收藏拍卖品，对于每一枚银锭均有详细的说明，其分类有 92 种大类和 272 种小类。文字涉及了大英博物馆收藏中国银锭的历史，中国货币制度的发展和变迁，中国元宝的铸造，元宝的铭文，元宝的使用，元宝的名称如何确定，还对外国读者关于中国元宝的一些基本知识进行了说明。此外还附录了伪品、窖藏、冶金铸造等。

俄国方面研究中国银锭的主要成果为：N. 尼乌斯基《中国银两目录》，《国家修道院学报》（俄文）1981 年第 21 期，钱币学 5。此目录包含国家修道院钱币学研究部所藏的主要银锭介绍，由俄罗斯著名的东方学者 N. 尼乌斯基在 20 世纪初撰写。目录包括 71 枚银锭样本（全部收藏品为约 600 枚银锭）。图中显示的中国银锭出现的时间约在 19 世纪，既有一些保存完好的银锭样品，也有一些切割过的银锭残片。

中国银锭及其银两制度是中国货币和经济史研究的重要课题，也是正在被国际学术界关注的问题，对其文献的整理和发现，其学术价值是十分明确的。

（《中国近代银两史》，中国社会科学出版社 2007 年版）

和田马钱学术史回顾

    和田马钱又称于阗马钱、汉佉二体钱，它是公元 1—3 世纪的于阗（今和田）地区自行制造和发行的一种钱币。这种钱币是东西文化相结合的产物，吸收了东西方两大钱币体系的特点，用汉文和佉卢文双体文字。佉卢文是一种中亚死文字，它源于公元前五世纪的巴基斯坦西北部，公元3—4 世纪在塔里木盆地南道的于阗、鄯善等地流行。于阗人借鉴了当时在帕米尔高原以西地区流行的圆形无孔打压钱模式，同时又遵循了中原秦、汉时期流通的钱币铭文和币值、重量体系，创造了这样一种东西合璧的货币形式。

    和田马钱本身体现出了四地钱币的特征，这在中国货币史乃至世界货币史上都是罕见的。该钱以希腊货币德拉克麦与四德拉克麦为祖型，用打压法制造，融合了大月氏（今新疆）贵霜马钱样式、古西北印度钱币上的佉卢文以及汉代五铢小篆文为一钱，以中国衡制铢作为货币单位，目的是使汉佉二体于阗马钱可以与人们熟识的汉五铢钱共同使用，或许当时中国经济力量在这一地区占据的优势，成了于阗统治者决定其货币单位的主要因素。

    19 世纪末，伴随着西方资本主义的扩张，其触角已经深入了亚洲腹地，神秘而古老的中亚成为了西方探险者进行探索的热点地区，中亚的大批珍贵历史文物从这时起被逐渐发现，其中包括和田马钱。最早发现和田马钱的是英国人，1874 年，英国驻殖民地印度旁遮普省的官员道格拉斯·福赛斯爵士来到新疆，目的在于与新疆的阿古柏政权建立关系，其在途中收集了大量中亚文物，两年之后，在皇家地理学会展出了这批文物，其中包括两枚和田马钱，这两枚钱币为打制铜币（当时误认为铁制），一面中央为马图案，环罩着一圈佉卢文，背面是汉字小篆，这是目前已知的和田马钱的最早面世记录。

　　随着这次历史性的发现，大量的外国探险家陆续发现了和田马钱，包括法国的杜特雷依、英国的道尔夫·赫恩雷、俄国的彼得罗夫斯基和奥登堡、日本的大谷光瑞等，最著名的是英籍匈牙利人斯坦因，其于1900年—1916年组织的三次新疆考察共收集和田马钱187枚，均藏于大英博物馆。而作为和田马钱的所属国，只在1929年由学者黄文弼在西北科学考察活动中收集到仅有的一枚，藏于中国国家博物馆，由中国人发现的仅此一枚，旅顺博物馆藏的11枚是由日本人手中接收，近年来又有所发现。和田马钱绝大部分流失在国外。

和田马钱保存情况表（截至 1987 年）　　　　单位：枚

保存地	收集人	数量	合计
大英博物馆	赫恩雷	65	256
	斯坦因	187	
	福赛斯	1	
	雷奥尔	1	
	罗伯特·肖	1	
	布什	1	
俄罗斯艾尔米塔什博物馆	彼得洛夫斯基	11	21
	奥登堡	2	
	不详	8	
牛津阿施莫怜博物馆	肖特	2	3
	冯·海勒	1	
印度政府图书馆	赫恩雷	55	55
印度旁遮普博物馆	拉合尔	1	1
不详	杜特雷依	4	4
中国国家博物馆	黄文弼	1	1
旅顺博物馆	大谷光瑞	11	11
合计		352	

和田马钱实物的发现，引起了学术界的极大关注，自发现以来，众多的国内外专家学者都对和田马钱进行过研究，虽然研究仍处于初级阶段，但也形成了一定的学术成果。和田马钱自初次面世至今不过 140 年，相对于其他货币的研究仍属薄弱，目前仅是对和田马钱的制造时间进行确定就十分困难，目前大致确定其为古代于阗国流通的货币，于阗国建立于公元前 2 世纪左右，存在一千余年，直至北宋时灭亡，而进一步的制造时间则无法确定。制约我们对和田马钱进行更深入研究的因素主要有两个。

1. 时间久远，文献稀少。由于于阗属于西域王国，本身无文献留存，而二十四史的《西域传》、《大唐西域记》，藏文《于阗古史》也只是零星记载，参考价值有限，且佉卢文目前已是死文字，即便有文献出土，也难以作为研究和田马钱的依据。关于阗国的文献资料尚且如此罕见，记载和田马钱的文献则更为罕见。

2. 钱币本身历史久远，钱文模糊杂乱。与内地钱币的窖藏和传世保存条件不同，和田地处西域荒漠，风沙侵蚀严重，加之打制钱币本身钱文痕迹较浅，打制时并不规范，导致钱文难以分辨。

虽然面临着各种困难，但是中外学者还是对其进行了许多研究。早期的研究者多是钱币的发现者和国外专家，如福赛斯、斯坦因、克力勃等，而近几十年中国学者也有一部分成果面世。"中外学者共发表论文或专著四十余篇（卷），1971 年苏联学者捷马尔发表《关于汉佉二体钱——和阗双语钱币的断代问题》，1984 年英国学者克力勃发表《和阗汉佉二体钱的归属及贵霜年代学的关系》……这两篇论文堪称目前学界汉佉二体钱研究的代表作。"① 对于和田马钱的研究是从不同的角度进行的，下面进行介绍。

（一）钱币学方面的研究

目前，对和田马钱研究最为透彻的是克力勃，他著有《和田汉佉二体钱》（《中国钱币》1987 年 2 期），这篇文章将和田马钱依钱文的细微差别分为 13 种样式，其中小钱 8 种、大钱 4 种，区分的标准有钱文读序的差别、佉卢文书写的差别、汉字小篆写法的差别等，分类非常详细且合理，是我们研究和田马钱的基本框架和分类基础。并对钱币上的铭文、符

---

① 林梅村：《再论汉佉二体钱》，《中国钱币》1987 年第 4 期。

号、重叠打压的情况、钱币的发行顺序、计重和单位进行分析，对其历史和文化背景进行了介绍，最后结合历史文献对和田马钱的发行时间进行了梳理，可以说这篇文章在所有学术成果中具有较高的水平。

苏晔、刘玉荣著《古币寻珍》（文物出版社 1998 年版），其中第 16 篇文章《佉卢文与和田马钱——谈谈汉佉二体钱》，由钱币上的佉卢文，引出对佉卢文的介绍及对钱币文字的解析，并附有大钱及小钱的钱样。

王永生《汉佉二体钱中的珍品》（《中国钱币》1993 年第 4 期）介绍了一枚由和田文管所工作人员采集于苏力塔木沙漠的和田马钱，对其进行了大小及重量的测量，这枚是小钱，中间图案为骆驼，因和田马钱以马型图案居多，骆驼少见，按克力勃的分类，有骆驼者仅两种，故此枚钱币十分珍贵，作者还对此钱币的相关背景进行了介绍。

陇夫《和田地区文管所藏汉佉二体钱》（《中国钱币》1996 年第 2 期），以目前存于和田文管所的四枚和田马钱作为介绍对象，这些钱币均得自洛浦县的农民和市民手中，作者首先确定了 3 枚钱币的类型，为我们建立对钱币的认识奠定了基础，之后对每一枚钱币的出土地、质地、铜锈状况、钱币大小及钱重等进行了介绍，并且对每一枚钱币钱文的细微特征进行了详细描述，反映出了钱币本身的详尽状况。

林梅村《再论汉佉二体钱》（《中国钱币》1987 年第 4 期），首先进行了学术史回顾，对国内外的研究现状进行了介绍，指出其中存在的一些错误。正文中结合实物和文献，从钱币铭文、类型学考察、年代学研究等几个方面对和田马钱的相关信息再次进行了考证，思路清晰、论证严谨。

陈友健《于阗汉佉二体钱铅钱浅析》（《广西金融研究》2004 年 S1 期），之前多数和田马钱的研究都是针对铜质钱的，这篇文章介绍了铅质的和田马钱，不仅进行了钱币大小和钱重的测量，还对钱币的样式进行了分类，并对钱文进行了简要分析。

另外，张先忠的《和田汉佉二体钱》（《安徽钱币》2011 年第 2 期）、蔡杰华《新疆钱币博物馆馆藏珍品介绍》（《金融博览》2013 年第 3 期）、《民族和谐的榜样——新疆多语种历史钱币》（《东方收藏》2013 年第 1 期）等文章也从钱币学的角度，对和田马钱进行了介绍，为我们对和田马钱进行钱币学研究和微观研究提供了帮助。

（二）考古学、货币史方面的研究

孟凡人著《新疆考古论集》（兰州大学出版社 2010 年版）第 17 篇文章——《于阗汉佉二体钱的年代》在已有研究成果的基础上，对汉佉二体钱的形式、渊源、社会背景、年代进行了重新讨论，对和田马钱去的年代进行了再次考证，并研究了大钱与小钱发行的先后顺序。

刘文锁《安迪尔新出汉佉二体钱考》（《中国钱币》1991 年第 3 期），首先对在南道安迪尔河夏羊塔格遗址发现的一枚和田马钱进行了钱币学分析，确定其为世界第 353 枚和田马钱，为克力勃分类的第十二型，之后介绍了其发现地夏羊塔格遗址，并对这枚钱币进行了年代判断及考古学意义分析，认为这枚钱币的发现对于研究于阗国、鄯善国的文化范围及文化的变迁和交流都具有重大意义。

月氏《汉佉二体钱（和田马钱）研究概况》（《中国钱币》1987 年第 2 期），对 100 多年以来中外专家学者对于和田马钱的研究成果进行了总结，并对钱币文字进行了分析，对钱币作了历史的介绍。最后对和田马钱表现出的中西方货币文化的交流作了介绍。

孟凡人《汉魏于阗王统考》（《西域研究》1993 年第 4 期），对西汉至北魏的于阗王统进行探讨，列举了大量文献，因和田马钱上佉卢文有于阗王的铭文，将钱币铭文与文献两者进行相互考证，不仅考证了于阗王统的问题，也为和田马钱的年代判断提供了途径。

林梅村《佉卢文书及汉佉二体钱所记于阗大王考》（《文物》1987 年第 2 期），通过佉卢文书及和田马钱上铭文对于阗大王进行解读，从钱币的铸造年代入手，考证于阗大王的真实身份，钱币文字与佉卢文书及文献的相互比对，不仅利于确定于阗大王的身份，更利于我们在文献中找到可以断定和田马钱铸造年代的信息。

朱悦梅《新疆古代铸币及其遗物之发现》（《丝绸之路》1997 年第 2 期），列举了 19 世纪末期以来在新疆发现的古代钱币，包括和田马钱、于阗汉文钱、龟兹五铢、高昌吉利钱等，因文章发表时间较晚，对于新近发现和田马钱的情况进行了补充，完善了资料，其中有新疆博物馆、新疆文物考古研究所、和田地区文管所等所藏的和田马钱，这些钱币在之前的记载中都未曾出现，属新近发现。

（三）货币文化史方面的研究

戴建兵《略论和田马钱的希腊化背景》（《中外关系史论文集第 17 辑——"草原丝绸之路"学术研讨会论文集》），文章没有局限于微观的钱币学分析，而是着眼于和田马钱所体现的东方钱币文化与西方钱币文化的结合上，于阗国所处的丝绸之路沟通了中西方的经济和文化。文章先是对影响了和田马钱的希腊文明、印度文明、贵霜文明进行了介绍，并分析了其文化因素与和田马钱的关系。指出东西方货币文化在新疆相遇，进而产生了和田马钱，是中亚与中国贸易的产物，体现出中国文化与中亚文化甚至是希腊文化的融合，通过一枚小小的钱币反映出中西方经济的交往和文化的交流。

陈财经《从新疆出土的古代地方钱币看中西货币文化交流》（《文博》1991 年第 1 期），文章介绍了和田马钱、龟兹钱等新疆出土钱币，反映了新疆作为丝绸之路交通要道和中西方文化交融的区位特征，故出土的新疆钱币既有中原货币文化文化特征，又有西方货币的特征，是东西方货币文化交流的见证，文章认为和田马钱是新疆本地铸币中最早的一种，从计重和铸造方法上分析了和田马钱是如何体现中国货币文化的特征和西方货币的传统的。

（《高校社科动态》2014 年第 2 期）

对话与致辞类

战争之债

——中央电视台"经济半小时"栏目的专访

问：最近一些地方发现了大批抗日战争时期日本发行的战时债券，日本当时发行这些债券的背景是什么？

战争的原因是经济问题，战争的进程靠经济维持，而战争的目的也是经济问题。日本之所以发动对华战争，以战争为手段维持其新兴资本主义经济的发展，并强力占领中国市场是其目的。西方有句名言：战争有三件宝，第一是钱！第二是钱！第三还是钱！日本当时是一个资源贫乏、国家实力并非一流的国家，因而支持战争的法宝只有二个：对外是掠夺占领地为基础，以战养战，对内则是推行公债财政。

日本是如何运用公债政策的呢？首先日本由政府用公债向日本银行抵押借款，然后向国民购买物资，国民购买力增加后，政府即实行强制储蓄，使资金重新流回日本银行，日本银行再慢慢出售公债，收回借给政府的资金。靠这种独特的理财之法，日本每年的战争军费的 60%—80% 来源于公债发行收入。而在沦陷区，日本则由伪银行承受公债，以此为准备金发行纸币，人为地搞通货膨胀，直接掠夺中国人民。

问：您是什么时候对这一问题感兴趣并进行研究的？

20 世纪 90 年代初主持国家课题《金钱与战争——抗战时期的货币》时就发现了这一问题，后来 1997 年 7 月在北京召开的纪念抗日战争 70 周年国际研讨会上公布了第一期的研究成果《战争之债》，后来这篇文章以《一笔尚未清算的战债——抗战时期日本及其傀儡政权在中国发行公债的残留》为名发表在《民国档案》1998 年第 1 期上。1999 年开始主持中日历史中心课题《日本和伪政权战时公债研究》，其成果已经和社会科学文献出版社签约，将由该社出版。

问：日本在中国一共发行了多少种公债？

这还是一个谜，不过战后国民党政府仅从接收的敌伪机关里就接收了约 40 余种，折合日元纸币 26 亿有大东亚战争国库债券、大东亚战争特别国库债券、大东亚战争割引国库债券、大东亚战争报国债券、大东亚战争贮蓄债券、支那事变国库债券、支那事变特别国库债券、支那事变割引国库债券、支那事变行赏国库债券、支那事变报国债券、支那事变储蓄债券、报国债券、战时报国债券、特别报国债券、储蓄债券、复兴储蓄债券、战时储蓄债券、日本国库债券、赐金国库债券、日本债券、割引劝业债券、割增金附劝业债券、北支那开发债券、日本政府四厘债券、日本政府三厘半债券、五分利公债证书、四分利公债证书、五分半公债证书、四分半公债证书、三分半公债证书、四分利国库证书、三分半国库证书、五分半国库证书、日本地方债、四郑铁路公债、四分利日货公债、北满铁道公债、兴业金融公债、水力电气事业日本通货公债、投资事业日本通货公债、产业振兴日本通货公债、天津居留民团第一回教育团债券、天津居留民团公立病院新药团债券、甲种公债登录证通知书、济南居留民团昭和十六年度团债券、日本委托前台湾银行劝募债券。

这些公债除极少数几种与伪满洲国有一点联系外，其余均为纯粹的日本公债，当然，有的是国债，有的是金融债，有的是公团债。

问：日本用什么方法在中国发行公债？

日本帝国主义进行经济掠夺的宗旨是以战养战，通过对中国经济的破坏达到用战争征服中国、变中国为其市场的目的。

日本在中国推行公债最主要的手法就是让伪银行承受日本公债，然后再用这些公债作为发行准备金发行纸币。如伪满洲中央银行到1945年国民党军队接收时，该行的发行准备金只有这些一钱不值的日本公债。再就是让储蓄银行收买日本国债，日本在台湾规定储蓄银行储蓄的1/3必须用来购买日本国债，而1/5用于购买企业债券。此外日本在中国还采用了以卖出公债收回日本银行纸币以防止沦陷区经济对其国内经济造成负面影响。强迫大额交易发生时需用部分交易款购买公债等手法出售公债。

战争后期，日本法西斯还在中国让伪政权大量发行公债，这些公债期限长，利息高，是抽签付息有欺骗性的公债，仅在中国东北就发行了40多亿元，而大批的公债要到20世纪60年代才到期，据我们不完全统计，如果加上伪政权的公债，到1945年时日本遗留在中国的公债仅按票面计算就已经达到了471亿日元，这还不包括民间残留的公债。

问：日本在中国除了发行公债用中国人的钱打中国人外，还有没有使用其他类似的手法？

日本对中国进行经济战的核心就是以战养战，因而战时日本使用了所有的经济杠杆来达成其奸。比如在金融方面，日本在中国设立了一系列的伪银行，发行伪币，用以对中国进行货币战，用伪币兑换中国的法币，一方面将其压迫到非沦陷区从而引发那里的通货膨胀，另一方面用兑付的法币到上海法币的发行行套取法币的外汇保障英镑和美元。并最终将中国的外汇准备金全部套空，再用这些英镑和美元利用英美在第二次世界大战初期对日本的绥靖政策购买战争资源用之于对华战争。日本让其在中国的伪银行和台湾银行大发纸币，按当时日本规定的比价达2807亿日元。此外日军还在中国南方发行了大量的军用票，仅在海南岛就发行了1亿多元。所有这一切都使日军在中国搜刮了大量的物资，同时也使中国人民在抗日战争中忍受了惊人的通货膨胀之苦。战争期间对敌方进行经济战最直接的方法就是伪造其货币。日本在战争期间大量伪造中国货币，仅一个日本军部专门研究与制造中国纸币的登户研究所1941年时就伪造了25亿元，日军在战争期间一共伪造了多少中国货币还是一个谜。

问：除了现在人们关注的如战时劳工问题、慰安妇问题、731 细菌战部队、毒气弹问题外，是否还有很多人们没有注意的日本战争罪恶问题有待揭露？

是的。日本是否有计划地在中国进行过生物战就是一个例子。一些学者认为：战时日军还带了一些农作物害虫和畜牧病毒，马传染性贫血是日军侵华时期由日本在中国东北进行移民的"开拓团"带来的，抗日战争结束后，这种马病还在中国暴发了好几次，许多病马不得不杀掉，造成了巨大的损失。

日本还将一些植物病菌带到了中国。甘薯黑斑病就是其中一例，这种病在中国至今也没有根除。新中国成立后还多次在国内爆发，仅 50 年代就有数十亿公斤的甘薯因此病而烂掉。毒麦是世界性的恶性杂草，这是从日军喂马用的饲料中带到我中华大地的，传入中国后，不仅严重破坏农作物的生长，造成粮食大量减产，而且人误食后还会导致死亡，20 世纪 60 年代湖北、黑龙江都发生过中毒事件。我国现在约有 3 亿多亩耕地受到这种恶草的侵害，年减产约 75 亿斤。而且为了除草，还要投入巨大的人力和物力。蚕豆象是一种危害蚕豆的害虫，它也是日本铁蹄带给给中国的"礼物"，这种小虫现在还在对苏北地区的蚕豆进行蚕食，无法根除，损失惨重。

问：日本运用经济战策略对日后中国经济造成什么样的危害？

中国是第二次世界大战中受日本法西斯残害最为酷烈的国家，官方资料揭示：战争中中国有 3000 万人伤亡，直接经济损失 1000 亿美元，间接经济损失 5000 亿美元。从而使中国经济受到了极为严重的破坏，学者们认为，这种破坏使"中国工业化进程至少推迟半个世纪"。战后日本以各种形式对外赔偿一共支付了约 6638 亿日元，受日害最苦的中国一分钱也没有得到。

问：您对日本战时公债的兑付问题怎么看？

我认为日本政府不会兑付这些债券。而且日方也明确传出了这种信息。日本最大的新闻网日本新闻网（http：//news-japan.net）曾派人到日本大藏省去问过有关日本在中国发行债券的问题，日方明确表示这些债券已过期，而不予兑付。而在日本，从昭和二十七年（1952）至昭和四十二年（1967）日本已经完成了这些债券在国内的兑付。但此时中日根本没有外交关系。

对于日本在华遗留的债券，我个人认为日本政府应当兑付，这些日本公债是日本政府行为，而且是用于战争的政府行为。侵略战争是反人类的罪行，所有一切后果在国际法上都是由侵略者承担，而且其所产生的法律后果也都不受任何法律保护，西方国家现在还在追讨纳粹战犯的行为就是一个极好的例证。也有一些学者认为，1991 年国际法委员会通过的《国家及其财产的管辖豁免条款草案》明确确认，国家管理权行为即国家经济、贸易、金融行为不享受豁免权。因此日本政府应当对于这批债券负责。

人们常说：知道他的过去就会看到他的未来，日本政府在战争责任的问题上远没有德国政府的那种态度。近年来在劳工问题、东史郎事件等公理俱在的事实面前日本没有正确的反省态度。而且日本发行的一些战时公债（特别是战争后期发行的公债）在其条款上规定了债息兑付完结十年后将不负任何责任的条款。而且日本政府有目的进行逃避战争责任的事件早在其投降的 1945 年 8 月时就开始进行了。有两个极好的例子。

一是日本战时设立外资金局，让横滨正金银行和朝鲜银行向华北的伪中国联合准备银行借款，充作战费，抗战期间共借了相当于 1792 亿的日元，但是就在日本宣布投降前的不到一个月的时间里，日本人为在华北造势，使华北金价飞涨，而用手里的黄金（这些金子再过几天就是中国的战利品了）以天价卖给了伪中国联合准备银行而将这笔巨额借款冲抵了。

再就是日本在台湾大发日本公债，到 1945 年 8 月 10 日已达 65.4 亿元，但是到了国民党军队进入台湾接收时，在台湾银行只有 1675 万元的公债了，相差了 38 倍之多，是战败前几天日本有计划地将之运回日本的。

至于日军投降前烧毁大量文字材料，使中国档案馆留存了一批世界罕见的"灰烬档案"。这种罪证消灭，让后人难以深究其责之事更是世人共知。

战后，日本对其二战中的"战殁者"支付了 40 兆亿日元的国家战争赔款，1995 年，在世界反法西斯战争胜利及中国抗日战争胜利 50 周年之际，日本政府重新对日本在二战中的"战殁者"遗属 151 万人给予 6040 亿日元的特别抚恤金。而现在日本的一些右翼学者又以所谓的"经营史学"来研究历史，否认战争期间对中国进行的经济掠夺，更引起人们的深思。

问：请讲一下揭露这一史实的意义。

我认为揭露这一问题的意义在于让人们充分认识经济意识在民族素质中的重要性，抗战时国人对于经济战的重视，国民政府是于太平洋战争爆发后才开始研究的，而现在的学术界对于战时经济问题也并不十分关注。今年我在参加师大研究生答辩时向学生提出了一个气节与经济规律的问题。在中国近代历史上许多让人看来充满爱国、抗侮的口号和一些当时采取的行动其客观效果并没有其想象的那样好，反而帮了倒忙。比如张之洞为了将外国银圆赶出中国，而铸造比外国银圆七钱二分重的一两银币，结果违反了格雷欣法则而失败。抗战期间蒋介石决不与沦陷区发行经济关系，根据地也排斥"敌货"，结果证明是必须改变的不争事实。这种学费绝不能再交。因而普及人们的经济意识，在现实更为复杂的国际经济竞争中以经济规律"制敌"，可能是日本以战养战给我们民族上的一课。

我们现在强调国家安全，但是除了经济学界，国家安全的范围还限于"战争"这一局限，而对于国家的经济安全讲得很少，《国防读本》应加大这方面的内容，日本战时军队里都要编入懂经济学的人员。和平时期我们应当强调国家经济的金融市场安全与金融风险；国内产业与国内市场的安全；战略物资和能源供给安全；经济信息网络安全。同时由于战时经济明显于不同和平时期的经济运行，因而应当让学经济的学生有一定的了解。当今世界全球化给世界带来了福祉，也有许多战略风险。德国国防部安全战略专家魏就指出，全球信息网容易受到伤害；危险技术的失控和滥用；国家政权的软弱或国家机器失灵；对重大政治和经济决策缺少民主监督都是当代世界经济全球化中潜在的战略风险，因而强化这方面的意识，将是中国古语"有备无患"的最佳现代解释。

（中央电视台"经济半小时"2000 年 6 月 20 日播出）

中小银行如何应对 WTO

——河北经贸大学金融系主任戴建兵教授访谈

记者（以下简称记）：多哈的掌声给中国银行业打响了新起跑线上的发令枪，一种新的动态格局由此拉开了序幕。生存与发展是这场竞争的主题。尽管一些中小银行的行长放言机遇大于挑战，但是"到底怎么办"这一很实际的问题仍然萦绕在所有关心中国金融业的人们的心头。

戴建兵（以下简称戴）：外资银行对我国中小银行的挑战是现实的。到 2001 年 9 月，外资银行在华共有营业机构近 190 家，其中分行 158 家，下设支行 6 家，今后外资银行数量还将很快增长。由于外资银行主要分布在大城市及沿海城市，中小银行的业务也主要集中在大中城市，在地域范围上相互重叠，所以双方的竞争是直接的。加入 WTO 后中小银行面临的外资银行的挑战体现在这么几个方面，即争夺传统的存款、贷款、中间业务；争夺新兴的网上业务、批发业务；争夺优秀人才等。

记：机遇与挑战总是并存的，中小银行要想赢得挑战首先必须彻底转变观念。

戴：是的，在转变观念方面，一方面中小银行要变"狼来了"为"与狼共舞"，强化合作意识，看到广阔的合作前景。中小银行应当考虑自己在经营与资本结构上的优势，认真对待两个问题：一是为外资银行服务，在合作中求得自己的发展。这种实例在近代中国上海的钱庄业与外资银行的关系中可以找到答案，抛开过去的社会制度不论，当时的上海钱庄通过与外资银行的合作，以极小的资本，最终成为旧中国金融领域中三足鼎立之一足。利用外资银行的资金，发行庄票从而为中国近代贸易业服务，是其业务根本，并一举确立了其在中国金融业的地位。二是迅速与外资银行合作。可以相互参股的方式渗入外资银行，或聘请国外优秀金融人才担任中高级职务，或与外资银行进行广泛的业务合作组建中外合办银行等。在合作中获得外资银行的经营规则、经营理念、管理手段、业务经验及经营方法。内地中小银行要想在五年内使自己达到能与外资银行竞争的水平，就必须找到独特的生存之路，建立与外资银行合作的资源与管道。

另一方面是以全球化视角审视自己的业务。WTO 属于双边协定，在我国向外资银行敞开大门的同时，世界金融市场的大门也已向中国银行敞开，中小银行应通过专业化，或开展一些独特业务，走出国门，适应全球化的发展。可以到国外设立分支机构，拓展海外业务，在国际金融市场上争取更大的生存空间。走出国门不但是资产业务，也包括负债业务的国际化，拓宽国际化融资渠道，增加资金来源。

记：我国的中小银行历史短、基础弱、客户少，但只要找到正确的发展策略，办出自己的特色，充分发挥自身灵活、反应快的优势，把握发展趋势，选准突破口，就一定可以生存下来并得到发展壮大。

戴：中小银行要确立清晰的发展思路。首先，应建立起真正的现代金融企业制度，规范自身发展，树立市场观念，建立以资产质量为中心的内部控制制度，以利润为中心的激励机制，以市场为中心的经营机制，以客户为中心的服务体系，提高竞争力。其次，要树立效率至上的专业化经营目标，中小银行在规模经济上与大银行无法竞争，这就要求中小银行把效率作为经营的首要目标，突出自己的经营重点，用专业化经营来提高自身素质，吸引顾客，做到有所为，有所不为。中小银行在发展过程中还应在提高效益的基础上扩大经营规模，在提高风险控制能力的基础上拓展业务领域，走内涵式发展道路。

明确市场定位。中小银行应把中小企业、民营企业、高科技企业、个体工商户作为主要服务对象，与之建立良好的合作关系，成为中小企业的

"主办银行"。目前我国正大力支持中小企业发展，而且中小企业的盈利能力也较强，发展前景良好，所以中小银行要抓紧时机，捷足先登，占领市场。

加快中小银行电子化发展的步伐，加大科技投入，重视新技术的应用。在扩大经营规模时应舍弃成本高昂的传统砖头石块式的营业网点，而代之以客户自助银行，在城市中心区设立 ATM 机，既节省了投资又便利了客户。网上业务的开辟也能弥补中小银行网点少的弱点，网络银行应该是中小银行发展的方向。但由于银行电子化的发展需要较多的资金投入，风险大，可成立中小银行行业协会，共同投资开发高质量的硬件产品和软件产品，共享新业务。

开辟途径壮大中小银行资本实力。与外资银行竞争，中小银行的劣势就根源于小，不能形成规模经济。中小银行增加资本金可以通过促进其上市来进行，也可以通过引进外资和定向募集的方式增加资本金。

树立人本思想，重视人才培养，以适应新业务的开展。中小银行要建立健全人事制度，促进人力资源结构的优化，完善激励约束机制，充分调动员工积极性。把人才的培训、使用和稳定作为事业发展的头等大事，加强管理和技术人员的培训力度，提高员工职业道德、专业技能和开拓创新能力。

加强中小银行间的合作。我国加入 WTO 后，面对激烈的竞争环境，中小银行必须加强彼此之间的合作，形成综合优势，取长补短。

（《河北经济日报》2001 年 11 月 30 日）

中国货币文化浅议

各位读者早上好，非常想借这个机会对国家图书馆表示一下感谢。因为我十几年以前，最初接触"中国货币"这个题目的时候，也经常到国家图书馆（当时叫北京图书馆）来查阅资料。以后作的一些课题、出版的一些著作，都受益于咱们国家图书馆；先借这个机会表示一下感谢。

今天想给大家从中国货币这个事物的领域，并从文化的角度交流一下中国的货币文化。我主要想从两个大的方面入手和大家进行交流。一个就是想简略地把咱们中国历代货币的种类给大家介绍一下。也就是咱们古代的货币从春秋战国时期，一直到秦汉开始的方孔圆钱，再到近代以来所有的银锭、银圆、铜元还有中国从宋代开始出现的国家纸币以及从近代才有的银行兑换券，再有就像马克思所说的；由于货币拜物教的出现而引发的中国的民俗钱币，从这些方方面面的种类，给大家简单地介绍一下。在这个过程中同时把不同的货币出现的特点，也向大家介绍一下。在这个话题结束以后，我想再跟大家对比一下中国和西方货币文化的不同，从很明显的特点上来简略地介绍一下这个问题。然后，在这个"不同"后面所拥有的不同的货币金融的理念，简单地给大家说一说。

下面，我就先给大家介绍一下咱们中国古代货币的产生以及它的种类。

很多读者可能都知道，不管是在中国还是世界，都存在钱币收藏的这么一个小小的热潮。从收藏的领域来说，据美国的某些投资分析师分析，钱币收藏是在艺术品收藏里面价值相对比较稳定、增值比较快的一个领域。最近几年也是如此。中国近几年不断地有文物的拍卖，国际上钱币拍卖的走势也是非常好的。前一阵有一个美国的一角银币拍到了 120 多万美元。（我是从事金融学教学的）这种现象从投资的领域给人们对钱币文化的兴趣起到一个升温的作用。

在这个世界钱币或者货币文化当中，中国的货币文化是非常有特点的一支。她和西方的货币文化从产生的过程、日后的发展方方面面都有自己非常独特的地方。大家都知道中国最早的货币是海贝。这个事实也可以从中国的汉字结构上得到证明。因为所有汉字和财富相关的一些词汇，都有"贝"作为偏旁部首。像财产的"财"、贷款的"贷"等都和"贝"有一定的关系。当然最早海贝为什么能作为货币，学术界有各种各样的说法。首先它比较珍贵。比如在北方，没有这种海贝。海贝都是从南方、从南海过来的。而且它可以按"枚"计值，本身它又比较美观，最后作为一般的等价物成为货币。像比较典型的商州墓葬，曾经大批量地出土海贝。后来海贝在流通的过程中被人们不断地加工演化，其形制也逐渐地发生变化，直至变成金属的铸币，这就是咱们中国最早的货币。

货币的产生，不管是从经济学的角度还是从其它的学理上来说，不同的学派有着不同的观点。包括对货币的定义也是如此。但是现在从学术上也好，还是从逻辑关系上也好，大家都是非常认同马克思对货币产生的理论的。马克思认为，货币的产生从商品交换以来，经历了几个逻辑推理阶段。比如说，从偶然的交换，到扩大的交换形态，之后到一般的等价物，肯定要经过这几个过程以后，才会将某一个物品固化为商品交换中的一般等价物来进行交流的。这个理论从逻辑上来说是非常严谨的。尤其是中国的货币形态，从春秋战国以来的演化，更是马克思货币理论的一个特别好的证明。它本身形态、形制的发展非常严谨地证明了马克思货币产生的理论，这是一个非常有意思的事情。春秋战国以来，中国开始进入了金属铸币时期。这个过程当中，由于货币和生产过程的不同，出现了几个大的货币形态。一种是在齐燕之地，就是古代齐国和燕国这些地方出现了刀币。为什么出现刀币呢？因为这些地方常用的生产工具是刀具。因为那里是渔猎之地，不像中原一些地区农业比较发达。它是依靠打猎、捕鱼生活，所以说刀具使用比较频繁。大家在交易的过程中，都希望获取刀具这个工具。然后它一步一步地缩小、固化成为一般的等价物，就变成现在所能看见的这个模样。但是又比它小，而且没有实用功能。

这是在东部燕国和齐国。

图片显示的是齐国的刀币，现在一般管它叫齐法化，或是齐法货。还有的一些农业比较发达的像三晋这些地区，后来就出现了一种叫做布币的货币。一般的学者认为它是从一种生产工具叫"镈"；也就是现在说的铲子、铁锹，从它发展过来的。当然它的形制要比真正的生产工具小得多。最早的空首布作为货币的这种形态，还遗留有农业工具最基本的外貌，布币上边的部分，还留有插把手的槽。比较形象地说，还留有插木棍的位置。这就非常明显地反映了一个从生产工具到一般的等价物的转换过程，这在逻辑关系上还是非常明显的。当然，它进一步的演化逐渐地向平板化发展。到了后期，上边和底下一样也都变成了平的。而且，随着不同的区域受地方的影响，它的形制、形态也都发生了各种各样的变化。现在考古学界和钱币学界按照它的肩部、足部、裆部、首部等来分类，有很多非常复杂的种类。但是不管怎么分，它最初的起源是从农业工具向一般等价物，进而货币一点一点地发展过来的。还有一些地区，可能和手工业或者纺织业有一定的联系。从纺轮这个形态演化出圆钱；圆形的、圆孔的，像纺轮这样的圆钱。这主要是在三秦这些地方，包括后来三晋，也有部分这种形制的出现。因为在世界货币文化体系当中，只有中国的货币形态（因为它本身出现的比较早）比较明显地反映了马克思所说的货币产生的过程，所以说它是马克思货币理论一个比较好的注脚。

当然，其他文明的一些货币形态，也有这些方面的反映。但是它们反映得不像中国这样直接。比如说古代西亚地区，是货币出现比较早的一个文明，它的货币一般都使用贵金属，就是金银。如何反映它也是由一般的、偶然的价值形态向一般等价物转移的呢？就是它在货币图案上的表现。它的货币上边打着一些牛、或者是其他的一些动物。最早人们是用这些牲畜来进行交换的。就类似于马克思在货币产生的理论中给大家举的例子，几个石头斧子换几只羊，几只羊换几个石头斧子是相同的。晚一些的，到了 10 世纪以后，东南亚地区因为出产锡，最早的货币便是用锡铸成一些公鸡或是海龟等那些形态。也就是说，某个文化体，在社会交易过程中最早可能采取某些物品，然后一点一点地把它的形态固化成为货币了。这些可以说都是马克思货币理论的一个很好的物证。当然，大家也都非常清楚，中国古代的货币，是形状特别奇特的货币，真正用来交易的话，会有很大的困难，而且也不符合货币本身自我运动的发展。为什么呢？比如说齐国的刀币，它都有刀尖儿。在交易过程中不可避免地会发生碰撞，刀尖就可能折断。因为当时的人们视货币除了国家的信用以外，还要靠这个货币本身所包含的青铜的重量。折断了以后，就会在交易当中引发很多矛盾冲突。因此，货币本身发展的一个规律，会要求货币朝着耐磨损、易携带等这些方面去发展。所以说，货币最后从形制上变成圆形的，是它自我发展的一个要求。外表是圆形的，可以使货币本身在非常频繁的交易过程中有一个自我保护的功能，可以使它耐磨损，易于流通。

最后各国都铸造了一大批这种圜钱，这个现象也印证了上述这个道理。

从货币发展的这个角度，也可以说明为什么到了秦始皇时期（大家都知道秦始皇统一了六国，做出了一个很英明的决策）统一了货币。这虽然是秦始皇的一大功绩，但是实际上在秦始皇统一货币之前，由于经济的涌动，导致了当时六国走向统一。为什么这么说呢？从货币的两个方面可以说明这个问题；一个方面就是到了战国后期的时候，各国都在铸造不同形制的货币在各地流通。比如说在赵国，最早应该是大量使用布币的，可是到了战国后期的时候，出现了刀币。其他的国家也是如此，原来单纯用布币的，也会出现刀币。原来用刀币的也会出现布币。而且还出现了像司马迁史记里所记载的很多的"奸冶"的状况。什么叫"奸冶"呢？用现在的话来说，就是做假币。比如像中山国的货币，一个是仿造燕国的货币，一个是仿造赵国的货币。再有，就是"奸冶"是用国家行为来仿造其他国家的货币。这是一个征兆，大家在货币上开始模仿对方，然后在形制上发生改变，以方便相互的流通。还有一个情况就是，最后都出现了圆钱。有的是圆形圆孔的，有的是圆形方孔的。图例就是燕国的"一化"，包括齐国、燕国、三晋和三秦的这些区域的国家，都出现了"一化"，就是圆钱。这说明一个什么问题呢？就是货币本身的发展规律，也影响着当时整个社会经济的整合。社会经济的整合必然会导致一个国家或者是经济体的政治。因此，秦始皇统一了六国以后很快就统一了货币。然后，他用"半两钱"统一了中国的货币。图例所示的这个"半两"是汉代的"半两"。为什么叫"半两"呢？实际上是想用当时衡量半两青铜的价值，来和其他的一些商品进行交易，它里边蕴含着经济学学理的一个原则。秦始皇就用这个半两钱把其他六国各种各样的货币基本上统一了。从古代货币种类来说，中国的货币"半两钱"是一个明显的分水岭。在此之前，它的货币形态种类是很多的，就像刚才说的刀币、布币、圆钱；从半两钱以后，基本上都是圆形方孔的这种形制了。

过去的文人管钱叫孔方兄，就是从这个半两钱开始的。这种圆形方孔的货币形制，一直延续到民国初年的时候，福建地方还在继续铸造这种圆形方孔的，叫它"福建通宝"。这是咱们中国货币形制的一种延续，也是非常有自己的特点的。为什么要铸成圆形方孔呢？现在有的学者解释说，这可能反映了秦代人的一个宇宙观——天圆地方。从钱币或者是货币文化实用性的角度来考虑，它就是货币本身发展运动的一个结果。它是圆形的，不易磨损，耐流通。中间为什么打个孔？因为咱们中国的货币主要使用的是贱金属。在大量交易的时候，使用的数量很大。它得用一根绳子把它穿起来。这就是说，这也是货币自我发展的一个结局。从这个半两钱开始，中国钱币的形制和状态就基本上决定了。到了汉代，早期仍然沿用了秦代的"半两"，但是从汉武帝以后就开始铸造另外一种对中国货币有很大影响的货币，叫"五铢"。图例就是一枚五铢钱，当然这是一枚镏过金的五铢钱。五铢钱在咱们中国的货币领域里边，其影响还是比较大的。从五铢钱开始出现，到后来历朝历代，由它衍生出各种各样的五铢钱。五铢这个钱制，在中国流通了将近700年。可以说，它的影响还是非常深远的。在秦汉这个阶段里边，中国还曾经出现了一个有意思的货币现象。就是在"新朝"的时候，王莽篡汉的过程当中，由于王莽是一个"复古"的人，就是他非常向往更为远古时代的那些理念。在货币上，他曾经多次进行过改革。然后铸造出很多形制非常奇特的货币种类。有的在中国钱币里边非常有影响的，像图示这种刀一样的、像钥匙一样的"契刀"，还有这个错金的这种"一刀凭五千"等。他还曾经铸造过很多形制比较奇特的钱币，但是因为他的改制本身不符合经济运动的规律，后来导致整个经济动荡，最后新朝维持的时间也很短。可是他留下来的这些货币由于铸造得非常精美、漂亮，现在一直都在钱币收藏界受到大家追捧。王莽时期的一些钱币，制作的工艺水平是非常高的。比较典型的有六泉十布，再加上这种形制奇特的刀币，构成了王莽钱币的特色。但是主流仍然是五铢，五铢的影响非常大。包括到后来的三国、两晋、南北朝，实际上还是在五铢的影响之下，有的王朝采取在五铢上边加上星点作为自己的货币。有的是在五铢的基础上进行改造，比如像泰和六铢，像泰和五铢。不管怎么变化，五铢仍然是一个核心或者是主脉，影响着历朝货币的形制。

方孔圆钱到了唐朝的时候有一个比较大的变化。这个变化就是在隋朝的时候，它仍然还叫五铢，图示是一个隋代的五铢，样子比汉代的五铢个头要小一点，重量要轻一点。从唐朝开始，唐朝开始铸造的第一种钱币，叫做"开通元宝"，但是现在咱们都管它叫做"开元通宝"。这个钱是大书法家欧阳询写的字，铸造得也是非常精致的。从此，揭开了中国方孔圆钱的一个新的时代，这个新的时代就是通宝钱制。它使中国的货币能够从外表到内涵，真正地抽取出一个货币的单位，就是后来所说的"文"。从而摆脱了以前那种计重货币，就是钱币上一定要标注上一个重量。不管半两、五铢都是古代的一个称量单位。而没有这种称量单位，单纯的叫它通宝，然后可以从里边抽取一个单位，就是"文"。这个货币单位的抽取，本身是一个非常漫长和复杂的过程，也是一个非常有意思的话题。大家知道，像英国的"英镑"，这个"镑"以前是重量单位，但是现在英国的货币的计量单位仍然是"英镑"。包括"里拉"，意大利的"里拉"以前也是一个计重单位。很早抽取出来，变成一个货币单位。从一个纯粹的对金属的计重，靠重量来作为价值衡量单位，然后变成一个纯粹的货币单位。比如像从前的这个"文"，又比如说像人民币的"圆"，就是"圆""角""分"，能够把它从一个重量单位或者其他的一个方面抽取出来，这个货币文化当中都经历了非常漫长的时间。尽管"五铢""半两"在很早的时候民间可能就已经管它叫"文"，但是它本身外表还披着一个计重货币的外衣。但是从唐代开始，它就叫"通宝钱制"了，然后它达到了一个外表和内部的真正的融合，不再是计重货币了，变成了通宝钱制。然后，每一枚钱可以叫一个"文"。出现了这种单位，其对中国货币的影响，也是非常非常深远的。从唐朝开始，通宝钱制开创了中国货币文化的一个新篇章，一直延续到晚清和民国初年。

唐朝是中华文明非常强盛繁荣发展的一个时期，她不仅奠定了中国自己货币文化的制度，而且还把这种文化向周边的一些国家传播，对这些国家也造成了极为深远的影响，比如日本、越南（古代叫安南）和朝鲜等。这些国家的货币，如果不清楚他们王朝的更迭和年号的变迁，你会以为它就是中国的货币。图示这枚钱，可能很多读者会觉得和中国的一枚钱没有什么区别，但它是一枚越南的钱币。它是深受中国通宝钱制影响的"绍治通宝"。像"成泰通宝"、"宽永通宝"（这是日本钱，大约相当于清朝初年的时候，在日本流通量很大，后来流到中国流通的），还有"通宝常平"（朝鲜的钱币）。也就是说，通宝钱制不仅确定了中国货币文化的制度，同时也深深地影响了亚洲的很多国家。因此，要从大的货币种类上来说，古代的货币，就是大家常说的"古钱"的话，可以有三个大块。一块是先秦的货币，就是春秋战国时期，形态、种类非常多，这可以是一个大的部类。另外一个大的部类，就是方孔圆钱。方孔圆钱可以分成两个大的部类：一个大的部类就是半两五铢，有影响的就是计重货币。再有一个就是从唐代以后的通宝钱制。这可以说是中国古代货币的三个比较大的种类。中国古代货币文化除了这些大的种类以外，还有和贵金属有关的、非常有特色的，就是银锭。咱们中国很早就用银作为货币，当然它的形式职能是逐渐发展的。经考古发现，最早楚国曾经用银来铸造布币，这是中国最早的银币。还有像中山国，在中山国的墓葬里面曾经发现银贝，就是用银来铸造的古币。后来到唐朝、宋朝，一直到明朝前期的时候，都铸造银锭。就像现在所看到的图示这个样子的银锭，也有俗称叫银铤的，都是束腰型，重 50 两。但是这种东西在明代前作为财政工具的时候，要比作为货币的时候多得多。政府收税的时候，要让老百姓缴纳银两，但是市面上主要是用铜钱流通。它本身可以充作国际货币。就是说在国与国、地方政权和地方政权交流的时候来使用。比如说宋朝和辽打仗，经常被打败。打败以后要输岁币银，岁币银就必须得用白银来支付。但是百姓之间和市场交易基本上是用铜钱，包括后来出现的纸币，而很少用银两。

中国的货币制度是何时发生了重大变化并以白银铸成（像现在看电影、电视剧里面人们拿的那个）元宝在市面上流通起来的呢？这是在明代中、后期以后，由于国际贸易的发展，中国的货币格局发生了重大的变化。马克思说，这个世界是联系的，很多历史事件本身也是相互连接的。中国的货币制度变迁，如果深究起来是和新大陆的发现密切相关的。像哥伦布的航海、麦哲伦的环球航行都和中国的货币制度发生变革有一定的关系。尽管中国很早就用银来铸造货币，但是中国本身是白银蕴藏量并不丰富的国家。世界白银的百分之六七十的蕴藏量在南美洲。由于新大陆被发现以后，随着麦哲伦环球航行，出现了西班牙的一个"大帆船贸易"。所谓"大帆船贸易"就是早期的殖民者,把南美的银矿挖掘出来,制成银币运回美洲。后来随着环球航路的出现,他们发现一条新的航路,就将这些银币运到现在菲律宾的马尼拉,再从那运到中国的澳门,然后从澳门上行和中国进行贸易。比如说用银币购买中国的丝绸、茶叶、瓷器,再把这些商品运回欧洲,这样一来,贸易所赢得的利润远远大于直接把南美银矿出产的银币运回到欧洲去。由于当时从事这种贸易所用的是一种(我们有时候看电影、看图片的时候那种)欧洲的大帆船,所以说后来就把它叫大帆船贸易。国内的一些学者,有的管它叫"海上丝绸之路",也有的管它叫"丝银之路"。也就是说那个时代,中国的产品像瓷器、像丝绸等就像现在欧美的高科技产品一样,它在世界范围内十分抢手。大帆船贸易的一个结局,就是使得欧洲一些老牌的殖民主义者在南美所掠夺的这些贵金属,有很大的部分通过正常的海外贸易流入到了中国。这个问题在前几年也曾经成为学术界的一个焦点。像德国人写的那个《白银资本》,包括日本人滨下武志写的《中国的朝贡贸易》,其实都是围绕着这个主题,就是从过去白银或者贵金属的流动,重新观察或是考量世界历史的发展。具体到中国的货币领域,原来中国主要是用贱金属,就是铜、铜钱加上纸币来流通。或者在危机时期用一些布帛或是粮食作为货币来流通。但是从明朝中后期以后,中国开始让白银进入了流通领域。通俗地讲,就是现在咱们看明朝人写的一些小说如水浒传,像武松、鲁智深到了酒店,用散碎银子买酒、吃饭住店等。打家劫舍、大称分金分银、老百姓市场交易也都用银。这些因为它是明朝人写的,所以它反映明朝人的现实社会生活,而不是宋朝的事情。从另一个方面说明,在那个时期白银开始在流通领域里边成为一个非常重要的货币形式。随着时间的发展,还有它本身受地域文化的影响,到了清代中叶以后,中国的银两在形制上也发生了很多的变化,种类其实也是非常多的。我们可以简单看一下,到了清代中后期的时候,像图示这种叫"马蹄银",这个大家都比较熟悉。看电影、电视剧很多也是都做成这种形状。这种形状只是政府向老百姓收税,政府收完了以后,最后都要铸成这种五十两的银锭。如果从区域上来说,它主要在北方,就是长江以北的这些省份流通。图示这种在西北一带,像陕西、甘肃等都流通这种样子的五两到十两之间的这种银锭。像图示这样的,是两广、湖南流通的,叫砝码银,它像一个砝码。图示这个是云南的,叫"马鞍银",

也叫"牌坊银",它像马的鞍子,有的像牌坊。像图示这样的,圆形的,一般的是在四川一带,老百姓俗称叫"碗锭",因为它像一个碗一样。上边都会打印上不同的炉坊,就是生产银两的炉坊的字号。像这些都是西北陕甘这一带的,还有像民间的类似砝码锭。当然了,中国的货币文化直接影响着周边的一些地区,像图示这是越南的银锭。就是说银两从明朝的中后期一直到1932年,当时的民国政府废两改元,在中国的货币领域它也自我运行发展了很长的一段时间。越到后期越复杂,种类也越多,形制也很多,远不是咱们电视剧里边所看到的都是元宝那一种样子。包括现在咱们看见图示这种,这是贵州的叫"茶花银",因为它外表像一个花的样子,种类非常繁杂的。这个是银两、银锭。

除了这些,在近代中国还出现了机制的货币。典型的机制货币就是大家比较熟悉的银圆和铜元。这个构成了中国货币的另外两个比较大的部类。本来中国的货币是圆形方孔的,后来为什么到了晚清的时候出现了银圆和铜元呢?这和中国货币自己的发展,以及受外部环境的变化影响是密切相关的。刚才我们给大家讲到,从明代中后期开始,中国的货币发生了很大的变化。就是以前从用钱、用纸币变成了白银作为非常主要的货币部类进入到了流通领域。白银最早的一个形态,是什么样的呢?它是国外的老牌的殖民主义者从美洲用白银先铸成了非常简单的形状。把白银冶炼出来以后,先是做成一个银棒,然后把银棒切开,切开后上边打上一些标记,比如西班牙皇家或者是贵族的标记,这就是一枚银币,把这些银币运到中国来进行交易。

这是中国最早出现的外国的银币。当然这些也是世界近代以来银圆的鼻祖。

从这些最早的原始的银币发展,然后像西班牙、葡萄牙等就开始铸造大家比较常见的那些形状的银币了。比如像西班牙铸造的双柱银圆,包括后来墨西哥独立以后铸造的墨西哥鹰洋。这些都曾经先后大量的通过贸易进入中国,并且作为价值尺度在市场上流通。银圆流入中国以后,它有两个命运。一个命运是初期,当中国银锭少的时候,人们会把这些外国来的银圆熔化掉,变成银锭。有一些就直接被老百姓接纳,然后就在市场上流通。这个行为一直延续到1932年。但是最早的一批银圆上边会被打上中国那些接收它或者是要把它用出去的那些钱庄啊或者是银铺的标记。然后出现了一批俗称叫"烂版银圆"，因为在这上边打上五花八门的一些戳记。就是说一部分变成银锭，一部分会在市场上慢慢流通。后来流通的这个部分影响越来越大，为什么呢？因为它符合货币流通内部发展的规律。它以枚计值，用起米也比较方便。因为后来它是用机器铸造的，图案也非常精美，老百姓也喜欢，这样一来，在流通领域里边的影响力也就越来越大。1840 年以后，外国的殖民主义者又侵入中国，最早中国要赔款的时候，比如《南京条约》，它开始索要的是银圆。当它后来知道中国银锭的银含量比银圆要高，所以它改要银两了。老百姓对银圆的接纳程度，引发了中国也要铸银圆的一个综合因素。

中国为什么会自己铸银圆呢？首先是受老百姓接纳的影响。中国的银两一直沿用到 1932 年的时候，虽然铜钱很早就抽取出来了一个货币单位"文"，我们可以按枚计值了，不计铜钱的重量了。中国的银两部分是非常奇特的，从明朝中后期进入到流通领域，一直到 20 世纪 30 年代，废两改元，银两的流通都是计重的。你拿什么作为价值尺度衡量其他的商品呢？得靠你那个银锭的重量以及成色。后来导致整个中国银两货币在货币领域里边非常复杂的一套计值和流通的方式方法。因为它是计重的，所以说在过去的交易过程中，都要有一个"戥子"，现在中药店还能见到，家家户户在交易过程当中都要有一个小称"约"这个银子。而且对你还有一个非常专业的要求，就是你还得能够鉴定这个银锭的成色。这是计重货币在交易过程中，成本很大的一个外在的表现。银圆没有这些问题，所以说老百姓接纳银圆。老百姓接纳，它就会反作用于政府。因此，早在乾隆年间十三洋行时代，十三洋行就曾经联署向督府反映，要求工匠仿铸西班牙银圆在市面上流通。但是后来由于成色不如西班牙银圆，结果退出了流通领域。到了近代，林则徐也仿造过外国的银圆，但是史籍上记载说它形如棋子，可能比银圆厚，也没有流通长久。民间也有这种行为，比如中国最早造轮船的那个徐寿，自己也曾经仿造过外国的银圆，然后在苏州一带流通。就是说中国后来为什么出现银圆，货币文化交流是导致中国货币发生变化的一个原因。出现银圆的契机是什么呢？出现银圆的契机倒不是政府要铸这个银圆，而是当时中国货币由于受政治和社会变迁的影响，曾经出现过一个传统币制的崩溃，然后导致的。这就是咸丰年间内忧外患，内部是洪秀全太平天国起义，外部是第二次鸦片战争，然后导致的。国家财政极度匮乏，打仗需要三件宝，第一是钱，第二是钱，第三还是钱。没钱怎么办？咸丰皇帝就用金属货币搞通货膨胀，铸造大钱。什么叫铸造大钱呢？中国不是贱金属货币吗？一枚钱一文钱；我拿铸两、三枚钱的那个铜铸稍微大点儿的钱，加上两个字；加上个"当五"，就等于五个钱来流通。或者用能够铸十几个钱用的铜，我把它加上个"当百"；就是人为地通过名目的扩张，用通货膨胀来从民间争取通货膨胀税。虽然一时半时先解决了财政危机，但实际是一个饮鸩止渴的方法。最后就导致了清代原来的通宝钱制加上纸币的制度彻底崩溃了。崩溃以后，这个大钱后来就不流通了。因为皇帝在北京，史料记载大钱只能在北京流通，不能出都门，出不了北京这片地。到了同治，打败太平天国，然后慈禧要求恢复旧制。因为市面上的货币已经相当混乱，像当十的大钱，只能顶老百姓民间折成两个钱来使用。对整个清朝的财政经济产生非常大的破坏力，然后慈禧要恢复旧制，下令各地都必须重新铸造过去像光绪通宝、康熙通宝那样的钱。正好赶上洋务运动，各地用土法铸造这些钱，原来清政府用滇铜（云南），从日本买洋铜，从老百姓中间收铜，又收不上来，土法铸造各地督抚都上奏说不行，这已经恢复不了。恢复不了怎么办呢？李鸿章、张之洞这些人就说干脆买机器打压钱，既可以解决钱的生产量的问题，同时还可以防止老百姓私铸。中国历代政府都没有解决一个钱币的私铸问题，中国的土法铸造很容易，有铜，达到一定温度，做个模子就可以铸造钱。用机器造以后就能够解决私铸的问题。也就是说，在恢复制钱的这种情况下，清政府买了一大批机器。买了机器，有的督抚像吉林就首先提出来，造机制钱过程当中，我们也可以铸造一些银币啊，用这些银币来投入到流通领域里边也可以减缓一些流通领域里边对制钱的需求。这样一来，中国最早出现了一批能够在地方流通的机制的银圆。后来扩散到各个省，然后银圆出现了。铜元是怎么出现的？用机器恢复制钱，就是用机器制造铜元。用机器制造铜钱有一个最麻烦最头疼的问题，就是中间这个方孔。外国钱没有中间的这个方孔，中国钱必须打出这个方孔，才能跟过去的制钱一样。打方孔就得有梃杆，那个梃杆的合金在那个年代技术不过关，打不了多少就断了，断了以后就得进口。然后成本就非常高，用机器铸造制钱，总是一个赔本的买卖。后来为了解决赔本的问题，就仿造国外的货币，就干脆不再打孔了。铸成图案以后投入到流通领域，老百姓很欢迎。这样一来，中国的货币就出现了两个新的大的部类。实际上，货币又发生了一个巨大的变革：铜元取代了制钱，银圆开始取代银锭。由于政治经济多种因素的影响，开始使它出现了变革。这些可以说是中国货币的另外的几个比较大的种类。当然，咱们所说的都是非常宏观的、大而化之的，不管是中国的银圆，不管是中国的铜元，如果你要细究的话，种类是非常非常多、数量也是非常庞大的。因为当时太平天国运动以后，督抚的权力很大，导致一个什么样的局面呢？就是不只中央政府有造币厂，每一个省都有造币厂。中央和各个省都铸造各自不同的货币在市场上流通。（当然现在中国，如果学经济学，大家都知道，中国的财政和金融分得是比较清晰的）过去在中国有一个传统的观念，就是大财政，小金融。金融是为财政服务的，清朝的时候也是如此。中国的洋务运动（当然现在学术界还不太关注这一点）要办很多洋务的那些钱从哪儿来啊？很多都是造银圆，铸铜元。造币厂的那些余利，或者叫生的利息，然后用这些钱来开办近代的工厂，开办近代的矿业，做近代的教育，等等。是把它当成一个财政手段来实现的。不是说要规划好，像咱们现在中央银行发行人民币，要有货币政策。当时没有这个概念，就是因为制钱、（赔钱？）我造铜元、生产银圆，不仅不赔钱，反而可以得到一笔财政收入，把这个财政收入，拿它去干别的。这就导致一个非常不好的一个状况，是什么呢？引发通货膨胀。然后，货币种类异常繁杂。现在看咱们中国近代的银圆和铜元，种类很多，每一个省都有。而且，要从钱币学的角度（因为现在很多人喜欢收藏这些）去划分的话，那种类就更多。比如说同样的一种"龙"，有的是什么云龙、什么坐龙、什么大青龙、小青龙。龙的那个须子，有长须龙、短须龙等。就是划分成更多的版别跟种类，这是银圆和铜元。

除了这些以外，中国货币再有一个比较大的部类，就是纸币了。

纸币按照不同的分类方法，可以分成几种，从大的角度来说，可以分成两个大的部类，一类叫古代纸币，或者我们可以管它叫"古钞"。以咸丰年间作为一个分水岭，以前的可以叫古钞，以后的可以叫近代货币，这是一种分法。再有一种，就是用经济学的学理来分。比如说，一种可以管它叫国家货币，就是由政府发行的，信用性不太强的，以国家信用作担保的。再有一种，可以叫信用货币，叫银行券，就是按照经济规律办事，后边跟着金银作担保的。如果按照不同的发行人来划分，那个种类就更多了。比如可以按照国家发行的、国家银行发行的、商业银行发行的、省地方银行发行的。中国当时的这个社会经济情况比较复杂，很多部门可以发行。除了这些，还有一种叫"私票"，就是其他部类归纳不进去的，管它叫"私票"，种类是非常非常多的。第一大部类就是古钞，就是叫国家货币，以国家信用、以国家的名义发行的纸币。从宋代出现私人发明"交子"，然后国家迅速地把这个发明拿到手里，出现"交子"，后来是什么"会子"，等等，到元代的宝钞、明代的宝钞，然后清朝顺治年间，入关的时候因为打仗，发行了顺治钞贯，到咸丰年间，因为国家财政危机，发行户部官票，然后大清宝钞两种，一种代表铜钱，一种代表银两。这个是中国古钞的大的部类。当然，中国现在为什么管它叫钞票，就是因为咸丰年间发行的两种钱币，一种叫"户部官票"，一种叫"大清宝钞"。后两个字接起来，就是"钞票"。咱们现在看见的这是户部官票，代表银两的，大清宝钞是代表铜钱的。这些可以说是古纸币，也叫古钞，或者是国家货币、国家纸币，这个是一个大的部类。

再有一个大的部类，就是从晚清开始，中国开始学习西方的经济制度。现在经济学界里边有一个名词叫"对后发者的诅咒"，（可能有的比较熟悉）过去咱们经常强调说"后发优势"，因为我后进的，我找准道以后往前赶，我会有很多优势。咱们现在中国的经济发展也证明了这一点。但是，实际上经济学里面对追随国家还有一个概念，就是"对后发者的诅咒"。什么意思呢？就是你学一个有形的、物质性的东西或者技术会很快，我们可以很快的学会日本的电视或者造汽车。但是后边的一些制度性的东西，你要是不学的话，那就会对你的经济发展产生很大影响。公司治理的这些机制，比如说市场的一些规则，比如说企业的文化，等等，这个在咱们中国的历史上也有很多的反映，像洋务运动，洋务运动开始最早学造兵器，造大炮。因为船坚炮利，厉害，所以我直接引进。引进以后发现不行，发现你得炼钢。张之洞弄炼铁厂，钢后面跟着煤，再弄煤。在后来发现需要钱，需要钱怎么办？好那弄棉纺厂，棉纺厂挣钱；棉纺厂还不行，后边还得做银行。咱们的这个过程都是倒过来的，这实际反映了一个对后发者的制约的条件因素。所以说，中国最早的国家银行，实际上也是为了解决刚才所说的这个问题然后出现的。到了晚清的时候出现了大清银行，学西方的一些国家，想解决当时的一些财政的问题。觉得有一个银行筹款很方便，有了钱可以办很多事情。大清银行出来以后就发行货币，就是咱们现在看见的这种样子，叫大清银行兑换券。飞龙，这是中国非常传统的标志。这个是"载沣"，摄政王的这个图像。从这儿开始，中国就开始出现了一个新的纸币的种类，就是银行的兑换券。它不是以国家信用作为担保，而是以银行手里边那些金银作为发行的准备金。那么要发行十万元的银行兑换券，按照发行条例，后边跟着多少生金银，或者多少金银币或有价证券，按照这个规则发行的货币，是银行对社会的一个负债，所以说呢，是信用货币，或者是银行兑换券。这时候就是户部银行、大清银行。晚清又成立了中国银行和交通银行。到了民国的时候，像北京政府时期，交通银行也好，还有像中国银行也好，实际上都曾经有一段时间发挥过国家银行的作用。后来蒋介石建立了国民政府以后，他又成立了一个中央银行。到了 1935 年的时候，国民政府又进行法币改革，把这个"中、中、交、农"，就是中央银行、中国银行、交通银行、中国农民银行四行发行的纸币，叫做法币，可以在国内流通。到了 1942 年，抗战期间，国民党搞四联总处统一发行，最后才把国家银行发行的纸币统一到中央银行的手里。这是咱们国家银行发展的一个脉络，或者是银行发行的一个比较大的部类。就是国家银行的纸币，异常的繁杂，种类非常非常多。中央银行早期的一些纸币，都是英国"德纳罗"、"美国印钞"公司印制的。国内的像中华书局，还有其他的当时一些比较好的印刷企业印制的，所以说种类非常多。受社会经济和形式的变迁的影响，还有一些地名券，像这个是只在四川流通的。

这个可以说是一个大的部类。

再有一个大的部类，是商业银行的纸币。所谓商业银行，如果按照现在的银行体系来分，中国人民银行是中央银行，然后剩下的那些银行都是商业银行。包括北京市城市银行，都属于商业银行，这些现在都没有发钞权。中国，包括其他国家，在真正的中央银行体制建立以前，银行券是银行对社会的负债，基本上都有发行权。中国也不例外，像中国早期比较有名的大的商业银行像南三行啊、北四行啊，基本上都发行纸币。这是四明银行发行的纸币，像这个北四行，就是在北方影响力比较大的这四家银行，他们联合起来发行一家的纸币。南三行呢，也有的时候各自发行各自的纸币。由于当时从晚清到法币改革，就是国民政府把发行权收归中央银行这个阶段，大大小小成立了近百家比较大型的商业银行，都发行纸币，所以说种类也是非常非常多的，这是一个大的部类。再有一个大的部类呢，是地方银行的货币。地方银行的货币，像一些老年的朋友过去用的那个布票、粮票不都是按照地区发行的吗？就跟那个非常相似。从晚清开始，因为督抚手里的权力比较大，它不仅生产铜元、银圆作为自己牟利解决财政的一个手段，同时还设立一个地方的银行，当时叫做"官银号"，或者是"官钱局"（现在看见的这个，是湖南的"官钱局"），当成一个筹钱的手段，发行纸币。所以说，在晚清的时候，各个省都有自己的这个"官银号"或者是"官钱局"来发行货币。当然有的名称不一样，像黑龙江，它叫"广信公司"，更多的是叫"官银号"或者是"官钱号"，这个是北洋天津银号，这是李鸿章的头像。都有这么一家来发行钱，民国以后就全部改名叫银行。北洋天津银号，就改成直隶省银行。1927 年蒋介石带领着二次北伐，打败了北京政府以后，国民政府出台，银行全部又改组一次，河北省就叫河北省银行，就不叫直隶银行了。其他省份基本上也都按照上面说的这样，延续了历史的顺序，一直到 1935 年，法币改革收回其他银行的发行权。但是后来紧接着抗战，国民政府为了让省银行跟日本人打货币战，让他们发行一元以下的辅币，所以说，一直到 1948 年金圆券崩溃，地方银行为了解决市面上缺乏货币流通的问题，又自己发行了很多银圆券。比如说从晚清一直到 1949 年，中国基本上延续了一个省地方银行发行的格局。种类也是异常繁杂的，经过这么多的历史变迁，名称也不一样，就是说种类也是很多的。

再有一个大的部类呢，就是"军用票"。

军用票是什么呢？当然我们现在生活在中国最好的历史时期，因为中华民族是一个伟大的民族，也是一个苦难的民族。有人统计过，她和平的年间很少，过去一直处在战争的状态之中，当然从近代以来也是如此。打仗需要最多的就是钱，但是，包括咱们看一部近代史，很多地方军阀卖国，卖国干什么呢？实际是筹钱打仗，巩固自己的势力。当然有的地方军阀会采取很多变通手段，来筹集打仗的钱。"军用票"就是一种方式。比如像吴佩孚，吴佩孚不是有一个"三不"主义吗，五四运动的时候他支持学生运动，他说：我这一辈子不纳妾，不进租界，不借外债，标榜自己是爱国将军。他也打内战，打内战总得搞钱，结果就发行军用票。就用这个，当成筹集战费的一个手段。

打仗之前先宣布要发行一种纸币，然后发给士兵。士兵拿着刺刀就上街，开始买，你必须就得给我推行，跟商会协商你必须接受我这种纸币。赢了我就收回来，打赢了我会把对方的税收收回来。打败了，就等于老百姓承担，这就是军用票。近代以来非常非常多，现在看见的这是陈炯明发行的，中华民国粤省军政府军用票。像这个是黄兴在推翻清政府，刚一建立南京临时政府的时候发行的军用票。还有张宗昌，就是有名的那个狗肉将军发行的军用票。种类也是非常多的。后来这个部类有人把它延续，还有一些咱们军队内部使用的也把它列入这个种类中。像这些是咱们支持越南，抗美援越。援越部队内部使用的一些代金券，它也是很大的部类。这是孙中山在革命的时候筹款用的筹饷券，都是在这个部类里边。除了这个部类以外，咱们中国还有一个大的货币部类，现在对它的研究相对来说比较薄弱，也非常有特色，也更深入中国的社会实际，也更有学术价值。但是这个目前人们对它的研究还比较少、比较薄弱。是什么呢？就是刚才给大家介绍了那么多的货币种类，实际上它不能反映中国社会生活的真实的一面。更为真实的实际上是这个部类，现在大家一般给它起了一个比较通俗的名称，叫"私票"。中国有历代以来，政权包括经济的掌控力实际上并不是完全统一的。上面说的都是政府层面，民间是另外一个层面。从货币的表现来说，就是如果我有势力，我有信用，我有权力，我在一个小的地方，发行一种货币。我的这个货币可能就在这个县，或者这几个村、这几个镇内流通，行使货币价值（它还不是现在咱们那个商场给的那个代金券，你只能在那应用），就在这个小区域流通。所以我给它起个名字，就叫小区域流通的货币。这种东西是非常非常多的，如果按照民国六年当时的农商部的统计，它的数量远远超越、大于国家银行和商业银行、省地方银行发行的数量。而且发行者太多了，是整个中国社会史的特别鲜活的反映。比较普遍的有这么几种：县政府、县商会（我说的近代）、有影响的工商部门，这是比较普及的。再加上什么钱庄啊票号啊银号啊，这是比较多的。比较珍贵的，像基督教的教堂，湖北的和尚、道士、庙；再小的，馒头铺、修自行车铺、瓷器庄都有类似的。像这个，这是一个乡，浙江的一个乡流通的。你像这些都是江苏的各个镇发行的铜币、打制的铜币，五分的，鸣凤镇临时流通五分。像这是"汇源号"，可能是一个企业，或是一个商号发行的。这是山东的莱芜城东桑园社汇源号两毛五。像这个，这是苏州一代，叫"竹筹"，实际上也是当制钱使用的。你像这些都是晚清的时候湖南的地方使用的，它是非政府系列。你像这些是新疆的地方势力发行的布币、用布做的。像湖南啊、陕西等它是用布做纸币，然后在上边刷上一层桐油来使它的使用寿命更长。这些是一个非常非常大、非常庞杂的一个部类，很有意思的一个部类。这些就构成了咱们中国货币比较宏观的、大的部类。流通领域里边真正能当钱花的大的部类里面就有这么多。但是除了这些以外，现在的钱币学的研究或者是收藏的时候有时候还有这么一个种类——花钱。就是它有钱币的外形，但是它实际上是不流通的，按照学术的角度给它定名，应该叫"民俗钱币"，也就是说所有的民俗行为，不管是婚礼啊、生孩子、有人去世啊、盖房子用在这个层面上一些钱的形状的，管它叫"民俗钱"。从学理上来说，为什么会出现这些东西，就是马克思所说的那个"货币拜物教"，人的异化所导致的，认为钱能通神、吉祥、辟邪、能够带来好运气等，然后再作用于人的社会生活中构筑出来的一个大的系列。从文化的这个角度来说，它是很有研究意味的，包含了中国人生活的方方面面，有非常雅致的梅、兰、竹、菊，也有非常世俗的什么日进斗金、五男二女、上上上吉，也有什么压箱子底的，风花雪月，什么盖房子、上梁的、易经，元亨利贞，想当官的。就是把整个中国的那个时代的人们的美好的愿望，全部反映在"钱"的形状物里。它跟货币拜物教、跟民俗有非常密切的联系。这个从汉代以来一直延续到民国。所以说也是一个很有意思的，从民俗学的这个角度审视这个现象。现在民俗学很少关注这个事项。包括"私票"，私票里边有很多反映中国印刷水平的，不管是木刻还是石印，从版画的角度来说，那时一大部类，很有代表特色的。其实，那个行当的人也很少关注这些。这个里边都是宝库，都是有很深邃的东西在里边。只不过现在学术界对它还不是特别关注，所以说研究也不是很深入。

还有一个刚才没有给大家说的是什么呢？就是从中国古代到近代，因为货币是交流的，货币本身是流通的，都存在文化交流和货币自身运动的这么一个过程。从货币本身来说，中国从古代就使用外国的钱，你比如说像"宽永通宝"，有时候你会发现它混在乾隆通宝里边。当然中国的钱也在外国流通，你像外国的银圆、墨西哥的鹰洋有的家里可能也有。以后，殖民主义者入侵中国，然后它在中国建立了很多金融机构，比如"德华银行"，山东德国人建立的一家银行，发行纸币。包括现在的汇丰银行、花旗银行的前身，都曾经作为对中国进行经济侵略的先行者，晚清的时候在中国发行大量的纸币，在中国流通。还有一些，像俄国，由于中东铁路的建设，硬把俄国的票子（叫羌帖）也在中国东北流通。就是说这个也是另外的一个大的部类，也是纳入中国货币视野里边的一个大的部类。

这是一个层面。

另外一个是货币文化。随着货币之间的流通，它本身会形成交流。当然，这种交流是和不同的货币文化有非常密切的关系的。在人类历史上，在人类历史发展长河中，现在看起来有两支非常有影响的货币文化。一支就是以中国为代表的货币文化，另外一支就是以古代希腊为代表的货币文化。当然希腊的货币文化和西亚以及以后的罗马有非常密切的关系。这两个货币文化，构成了现在人类文明发展的两个非常明显的源头。为什么能说它是两个源头呢？它从一开始就有很多的不同。而且这些不同后来各自影响了不同的地域或者是经济体。说到不同，首先从希腊的货币文化的一支，它在形制上就和中国不一样。古代希腊的货币文化，从文饰上来说，它都是用图案来装饰这个钱币的。上边或者是人物的头像，或者是神像。或者是动、植物，或者是各种其他的物象形的一些东西。在这个钱币上边，中国非常简单，就是文字。除了民俗钱币以外，正常的流通货币就是文字。而且中国的货币史就是一部中国的书法史。从最早的金文，一直到唐朝的开元通宝，欧阳询，大书法家，率更体写的。然后到唐宋以来各种书体，非常完美地反映在钱币上。像宋代行书的"大观通宝"，这是宋徽宗创立的瘦金体，就是铁划银钩的瘦金体大观通宝。包括各个当时的书法名家都为中国的钱币书写文字。因为书法界有几难，写钱文是最难的。因为你只能在这么小的一个天地里边完成它的布局，所以说这是一个很难的艺术活动。现在咱们看到的是瘦金体的崇宁通宝。中国是用书法来反映钱币的美感，在这方面跟西方是不太一样的。再有一个就是从铸造上，就是生产的工艺来说也不一样。中国是铸造的，它是把铜熔化成液体，倒进钱范里去，最后生产出来钱币。西方的钱币全部都是打制的。它先用金属雕刻一副模具，然后将金属制成片状，放进模具中间用铁锤砸压，最后生产出一枚钱币。它是打制的，和中国的铸造法是不一样的。再有中国一般使用贱金属——铜，西方相对来说贵金属多一些。这些不同，各自影响了不同的区域。像从希腊货币文化引申出阿拉伯的货币，阿拉伯的货币文化，罗马的，包括咱们后来打制的银圆，都有它很深厚的希腊货币文化的传统和渊源。中国也有，像受中国影响的朝鲜的、日本的、安南的、整个东南亚地区的。包括在盛唐时期中国对中亚地区的影响，使那些地区出现了很多圆形方孔的带有中亚各个民族文字的钱币，这些都有所反映。像这些是"突骑施"，就是一个跟唐政权保持非常良好关系的一个中亚民族部落的钱币，非常明显地受中国货币文化影响，它也是铸造的，只不过文字是本民族的文字。也就是说两个货币文化都有着很大的影响的范围。同时，他们在发展的过程中也进行过很好的交流。比如说像比较珍贵的"和田马钱"，这是新疆和田地区出土的一种钱币，是非常明显的中西货币文化的结合物。它是打制的，这一面有图案，有佉卢文。另一面是汉字，十二铢。这是当年亚历山大大帝东征的时候，在中亚建立了一些小的方国。这些国家后来在中亚有过一次希腊化的运动，就把文化带到了这些地区，和中国的文化在新疆发生碰撞、交流。因为中国汉代的时候使用五铢钱，最后就在和田地区出现了这种货币。这是两个货币文化的结晶体。现在大家在学术界上仍然争论不休的，比如像"白金三品"，如果大家对中国历史比较熟悉的话，就会知道汉武帝的时候，铸造过"白金三品"，用银铸造的，上边有龙、有马、有龟，这个在《史记》《汉书》里边都有记载。后来很快引发了老百姓的盗铸，盗铸得非常厉害，街上经常走着被官府逮捕的盗铸的人。可是在考古界反映什么情况呢？"白金三品"再加上盗铸，量会非常非常大，但是在考古界却从来没有发现过一枚被大家认可的"白金三品"。五铢钱铺天盖地，现在的一枚五铢钱在市场上普通的也就是几毛钱，尽管它历史价值很高，但是因为它数量很大，所以市场的价值不是很高。可是大量的"白金三品"在哪儿呢？找不着。可是考古学界却经常发现一种铅饼，这种铅饼只在中国发现。背面有龙纹，正面是改写的希腊文，而且有汉字的戳记。这是所谓的"白金三品"吗——龙、马、龟，是龙形的铅饼，从西北到安徽都有大量的发现。有的学者就认为，这就是"白金三品"，但是史书上没有很好的记载，因为上面是转写的希腊文，很难释读它上面的文字，又只在咱们中国境内出土。到底是怎么回事仍旧是个谜，但是它肯定是和货币文化的交流有着非常密切的关系的，当然类似这样的例子还有很多很多。

不同的货币文化它会出现不同的理念，这个理念在现在仍然有学术和思考的价值。比如说过去我们中学学历史，大家都知道纸币是中国发明的，大家很骄傲，中国人很聪明，马可波罗游记里面有记载。包括很多著名的世界银行的博物馆，都会把中国的元代或者是明代、清代的纸币当作宝贝似的放在非常显眼的位置。有的时候还会调侃说，你们用纸币的时候，我们还什么都不知道呢。虽然瑞典国家银行最早印出来的银行券，比咱们落后了很长的一段时间，可是它的观念是不一样的。最后形成了一个什么样的客观事实呢？从发明纸币以来，中国历代王朝政权的更迭都是和通货膨胀密切相关的。宋、金、元、明、清一直到国民政府，最后政权垮掉，在经济上的表现就是通货膨胀。而这个通货膨胀是跟纸币后边的国家信用的理念、也就是说跟金属货币不挂钩、不兑现密切相关的。而西方的银行券后边是信用货币的理念。它导发出自己的一套银行、信用货币、中央银行的货币政策等这种理念。所以说尽管它的载体都一样，都是纸上印点东西，但是后边所折射的那个经济和金融学理的方方面面都是不太一致的。如果要从政治学上下个定义的话，纸币是个人与国家或是那个经济体的行政部门发生经济关系的媒介。因此，通货膨胀与一个政权或者是社会的稳定有着非常密切的关系。如果理念不同，在经济行为上不同，会对一个经济体产生很大的影响，咱们中国历代王朝的更迭就是一个很好的证明。

再有很多学理上的不同。

中国的货币文化因为非常奇特，它跟现在比较流行的西方的经济学可以作很好的辩证。真理越辩越明，为什么这么说呢？我在大学里边教货币银行学。你看咱们任何人编的货币银行学的教材，或是每一个学金融学的学生，他们所学的都是货币本位，什么是货币本位？金本位、金银复本位，再具体的讲什么金汇兑，等等。然后一下就过来什么布雷顿森林体系，然后美元出现。里边有一个很大的一个文化背景的缺失，你问他金本位中国有吗？没有。金汇兑中国有吗？没有。金银复本位中国有吗？没有。整个的一个金融学的教育，中国的五千年的文明史，中国的货币本位是什么？你去问任何一个学金融学的学生，包括学经济学的学生，就是在学理上非常重要的，或者是在现在（大家都知道金融是现代经济的核心、货币是金融之根）在经济学理念里边都非常重要的东西，在整个教育体系里边咱们是缺失的。尽管咱们给大家讲了这么多货币种类，你的货币本位是什么？为什么你不能进入到金融学的教材？当然说得更远一些，随着整个中国的经济的发展，中国必要产生中国自己的经济学。因为现在的经济学不管是马克思的还是凯恩斯的，更多的还都是西方的经济学。必会有中国经济学的出现，中国经济学的出现必得从中国自己经济发展涌动的规律中去抽取。而我们刚才所说的这些，实际上也是对咱们现行的这个经济学教育，包括经济学的一些学理的辩证。当然这是非常宏观的层面，非常具体的层面也有，你比如说，金属货币是不是能够有通货膨胀等，这些呢，因为时间的关系也就不再给大家说了。

然后还有一个交流的时间，各位要有什么问题我可以解答一下。如果没有的话，那今天就到这。谢谢大家，耽误大家时间，谢谢大家！

（国家图书馆"文津讲坛"，2005 年 5 月 21 日）

话说钱票

最近出版的新书研究什么

最近写的一本书是中华书局出版的《中国钱票》。

钱票是指各种经营性或行政部门发行的小区域流通的货币，多在县或县以下的乡村流通。

这种小区域流通的货币名称是千奇百怪的，诸如钱票、银票、私票、花票、流通券、私帖、街帖、商帖、银帖、屯帖、代价券、土票、土钞、凭票、抵借券、工资条……，代表的硬币有银两、铜钱、铜圆、银圆、银角等。由于他们的初始形式在清代前、中期时被人称为钱票，我们也就将其泛称为钱票。

这些钱票具有一般货币的职能，如价值尺度、流通手段等。

过去人们对于中国社会经济中的这种货币形式了解不多，在对中国经济或货币问题研究时一般采取忽略的态度，但是我们发现，钱票在近代经济生活中的数量十分巨大，种类极多。从宏观上我们忽视的这种货币，在近代经济中却起着十分重要的作用。单一的一种钱票我们可以忽略，但从整体而论在当时整个社会经济生活中，钱票的发行及其流通量占有极大的比重。

从民国元年到民国九年（1912—1920）间，农商部通过对各地钱业，即官钱局、银号、钱庄和其他发行钱票的部门进行的调查中显示，在此期间的一些年份，中国钱票的发行量曾达到过 1 亿元以上。

而在同一时期，中国其他金融机构纸币发行情况并不乐观。一个国家银行或几个商业银行的纸币发行远远比不上各地钱票发行的总和。

我们在对中国钱票的研究中，发现近代全国除西藏以外的省区基本上都有钱票的发行，而且在东北、华北、华中、华南基本上每县都曾经有过不同种类的钱票的发行。西北、西南省份的很多县也都发行钱票，而且每一个县都不是仅仅在某一年、某几个部门发行，基本上都是在很长的时间，极多的部门发行数不胜数的钱票。

钱票的出现是世界性的

在世界各国，近代经济创立初期都出现过私人发行纸币的阶段，如在澳大利亚，19 世纪初就出现了大量的私人期票，在流通领域里占据了十分重要的地位。发行期票的单位和个人来自各行各业，上有殖民地的总督，下有平民百姓，由于私人期票发行太滥，而使期票在低于面额的情况下流通。

以日本为例：在日本也有和中国私帖相类似的藩札。藩札当初称为"金札"、"银札"、"米札"、"钱札"或"楮币"，这种藩札包括江户时代发行的纸币和明治时各个藩发行的纸币。藩札的形状，粗略来分，可以分成三种：即印刷体、手写体、两者并用体。印刷体的藩札大多印有图画，票面正面一般分为三四个部分，即面额、发行地、发行的年份、铭文及发行人兑换人的姓名，背面分成两三个部分，也标有面额、铭文和发行及兑换者的姓名。手写体的藩札，大多是在印刷好的票面上用手写上面额、发行和兑换者的姓名，并加盖黑或朱红色的印章，第三种则为两种的混合。藩札的大小，一般而言，长 150—160mm，宽 30—40mm，但也有比这个尺寸或大或小的。藩札上的面额一般都基于幕府发行的金、银、铜三种货币，故而藩札又叫金札、银札、钱札，通常以银札为最多。

钱票的研究扩大了中国纸币研究的范围，从而使钱币学深入文化研究层面

清末民初，我国传统的金融业发行各种各样的钱票和银票，这些钱票和银票不仅在研究中国经济史上有重要的史料价值，而且那些无法计数的中国钱票本身就是一座中国传统文化的宝库。

清末民初的钱庄、票号、银号都有一个极为传统的名字，有人曾将人们常用于店铺名称的一些字组成了一首诗：

顺裕兴隆瑞永昌，元亨贞利复丰祥。
泰和茂盛同乾德，谦吉公仁协鼎光。
聚益中通全信义，久恒大美庆安康。
新春升合生成广，润发洪源厚福长。

在这首诗里，你随意拿出两三个字，就构成了一个中国传统店铺的名字，如元谦久、信成、福厚长……

从这些名字里，我们可以看出那个时期中国商人的价值观和价值取向。

首先，这里有着中国传统商人的贾德，如信、义、谦。

其次，这里面更多的是中国商人对于自己事业美好的追求，当然这也反映了那个时代中国的心理状况，如顺裕兴隆瑞永昌，泰和茂盛同乾德，新春升合生成广，润发洪源厚福长，久恒大美庆安康。

再次，这里面有许多中国古老的信仰，如已经转化成了民间的吉祥字——元、亨、贞，等等。

随着时代的变化，这种以吉祥字命名字号的习惯也不停地发生着变化，民国以后，一些商号银号钱庄的名称则变换了内容。但就是在半封建半殖民地时代，中国的传统在店名中的生命力也是十分强大的，除了一些殖民地化较深的大城市，没有多少人接受洋名。

钱票上面的图案大多是中国民俗文化的写照。

从清代光绪朝盛京宝泉兴发行的一枚钱票的票版上，我们就可以看到一幅精美的雕刻艺术品，整个版面上有很多中国历史故事的图像，如耻与贪功者为伍隐于山中的介子推；力主以秦粟赈晋饥民的公孙支；楚国的神射手百步穿杨的养由基；春秋的齐桓公和贤相管仲；伍子胥过韶关；专诸刺吴王；西施浣纱；西施进吴宫；吴王和伍子胥议政等，都是让人赏心悦目的版画。

在下面这张钱票上，还刻有诸葛亮的《前出师表》全文。

中国钱票从文化内容和历史发展上看经历了四个时期。

第一个时期是清中叶至民初。这一时期的钱票多为竖式的，票面上有文字、图案，多为石印。

文字大部分是千字文、古诗或其他格言等，印在钱票的上部或环绕着钱票的主图。

图案一般由下面这几类文化内容构成。

一是古戏文，比如宣统年间四川自流井公所富厂发行的钱票背面，就是一张精美的《白蛇传》的图画。

二是传统小说中故事。一些钱票特别是背面的图案有时就是中国传统小说中的故事，比如武松打虎等。

三是传统或宗教故事，如四川光绪二十九年（1903）濯河坝烟房发行的钱票上就有完整的十孝图。

四是吉祥图案，这些吉祥图案在钱票图案中比比皆是，是研究中国民俗学的一座宝库。

在制作上，一开始的时候，钱票是由牛角或其他硬木制成的类似于现在的印章之类的图章，在纸上固定的位置进行加盖，如钱庄的名章、防伪的各种图章、地址章等，最后再用手将面额写入钱票的正中位置。后来人们又进一步使用了固定的面额章，如凭票付八五钱文，只留钱数最后书写。由于伪票的大量出现，使人们不得不在防伪上下功夫，这样，到了清末民初，钱票一般就由多种印章拼成一块整版，而且形式也有了统一的趋势，一般由这样几个主图案构成：在钱票的最上端有一个图案或文字章，上有人物、风景或诗文，下面以面额空框为中心，四周绕以一周文字，多为古代名文，再绕以一周图案，多为民间传说及古典故事，中间留有空白写面额。最后人们干脆将其制成一块整版，甚至面额也已经固定了。

民国初年到1927年开始出现了受新式钞票或新的思想影响的钱票图案。

首先是钱票上绘有大量有近代气息的图案，比如反映革命的铁血十八星的旗帜、国民党的旗帜，象征中国人醒来的狮子图案，反映中国人对工业追求的近代样式的高大建筑、飞驰的火车……竖版的钱票开始减少，而且图案也尽量简化，原来钱票中存在的大量的中国古代诗文逐渐看不见了。后期的钱票，图案开始仿当时流通的大银行钞票上的图案，如交通银行、中央银行、中国银行钞票的图案，尽管没有水印，但是也出现了一些近代钞票上才有的连线。还仿一些近代钞票上的图案,如孙中山头像、房屋、近代的交通工具……

这一时期钱票开始了从竖版向横式钞票的演变,而且时间越晚,横式的就越多,以至于竖版钞票基本上消亡。

1927年到1945年是第三个时期,这一时期的中国钱票,越来越向小的方向发展,那种竖版大型的钱票已经看不到了,代之以小而横式的钞票。在图案上也有了一个十分明显的特征,即地域性的标记越来越多地出现在各地的钱票上,使人们一看就知道这是一些流通范围很小的钱票,而且流通范围内的使用者更是一看便知其票面上的图案。印制的水平再也没有过去的那种工艺水平了,多是单色印刷,如果是政府部门或商会发行的话,都有一个条例类的东西印在钱票背面。

第四个时期是金圆券崩溃时期,这是中国钱票最不堪入目的一个时期,一般仅随便在纸上印刷上一些文字,盖上个章就可以了。从纸张到印刷都简单到了不能再简单的地步,毫无艺术性可言,但却是最能反映纸币实质的印刷品。

中国钱票上的图案是我国美术史特别是版画史研究的极佳的研究题材。不仅如此,由于钱票上多有一些戏文和古小说故事等文化内容,其整体构成了一座反映中国传统文化的宝库。

纸币收藏、投资将成为热点

纸币是钱币收藏中的一种,近年来,纸币在钱币收藏中的地位日益突出,这主要是由于纸币的收藏有着比别的收藏品种更多的优点。

一是纸币有冠字和号码,因而有着别的收藏品无法比拟的好处,那就是它具有独一性,失窃了很难出手,因为有号码,被窃出售后可以追回。

二是其保真程度高。政府和发行者为了避免伪造,在纸币的印制过程中花费了巨大的财力和物力对防伪进行研究,并将最好的防伪技术运用于每一张纸币上,因而纸币本身很难伪造,特别是一些珍贵的纸币,再加上号码,就使一张纸币有了双保险。

三是其珍稀性,纸币流通过程中和废弃时,一般其发行者均要进行收

回，收回后再进行销毁，因而其存世量是逐年减少的，从而有利于其
升值。

纸币收藏和研究的种类

纸币的收藏可以分成下面几个大的种类。

从宏观上划分可有两种分法，一是外国纸币，一是中国纸币；另一种
分法就是流通中的纸币和已退出流通领域的纸币。

而具体到已退出流通领域中的中国纸币，可以再详分成下面几个大
类：古钞，宋至清光绪年间以前发行纸币；国家银行纸币，诸如大清银
行、中央银行、中国银行、交通银行、中国农民银行发行的纸币；商业银
行纸币，如浙江兴业银行、四明银行、中国实业银行等旧中国大商业银行
纸币；省地方银行纸币，旧中国基本一省一行，如天津官银号、江苏农民
银行、河北省银行、海南银行等发行的纸币；军用钞票，是指战争时期军
用的纸币，如镇威军兵站券，中国人民解放军代金券，等等；私票，是指
清至民国年间旧金融机构或政府、个人、团体发行的纸币，种类极为复
杂。外国银行在中国发行的纸币，主要是清末民国年间诸如美国花旗银
行、英国汇丰银行、日本横滨正金银行等发行的纸币；伪政权纸币是指抗
日战争中东北伪满洲国、伪蒙疆政府、华北和华南等伪银行发行的纸币；
根据地纸币，是指革命战争时期各级人民政权发行的纸币。再有一类就是
我们前面介绍的钱票。

再有就是人民币。人民币有这么几个大的种类：

一是第一套人民币；二是第二套人民币，三是第三套人民币；四是第
四套人民币；五是流通纪念币；六是流通硬币。

其中前三套人民币现在是纸币收藏的热点，特别是第一套人民币，许
多品种已经达到了天价。

除了这些大的人民币的种类外，有人还将人民币的收藏分得更细，比
如，一些人特别喜爱收藏无号码纸人民币分币。无号码纸分币就是第二套
人民币1953年版，只有罗马冠字，但是没有号码的一分、二分、五分纸
币。这是我国纸币流通量最大、流通时间最长、而且品种也特别多的一种
纸币，现在已经发现了505种。而且这500多种分币发行和流通的地区极

为广泛，收藏齐全十分不易，一个时期时有的地方全套纸分币的价格已经卖到了数千元一本。一些地区还曾出现了这种分纸币的收藏热。

纸币投资应注意的问题

对于纸币的投资而言，总体而论，由于人们对于纸币的认识还远不如对邮票的收藏及投资理念成熟，再加上现在邮币卡市场较为低迷，因而是人们逢时吸纳的良机。但是从具体操作上，要注意以下事项。

第一，认真分析纸币总体市场中的热市和冷市。一些纸币品种现在在市场上十分火爆，如第一版人民币，在大陆和台湾的钞市均十分抢手；而旧台币在台湾也是藏界争抢的目标。1997 年香港回归后，一个时期里，老版的港币也升值极速，因而收藏与投资纸币品种，特别是从投资的角度而言，要选准币种和时机，要下一定的决心。

第二，物以稀为贵。纸币的市场远远还没有形成，而且其存世量也在日益减少，因而增加钞识，吸纳一些珍罕纸币，如一些军用票，其升值空间还是极大的。

第三，注意一些趣味品的收藏。由于钞票有冠字和号码，因而可以形成一些趣味钞票，如冠字和号码为 A0000001、B8888888 等，由于其在一组纸币中仅有一张，因而受到钞界的重视。

第四，避免进入误区，即避免对残次钞的收藏。由于邮票中一些倒印或其它错印会引起邮票的升值，从而使得前一时期人们对人民币的残次钞如水印倒印等券热炒，实际上这些钞券只是纸币中的残次品，真正的钞家对此并不感兴趣，因而基本上没有收藏和投资的必要。

（《金融时报》2004 年 12 月 17 日）

在"正定教堂惨案暨宗教在战时的人道主义救助"学术研讨会开幕式上的致辞

尊敬的各位专家学者、尊敬的各位来宾：

大家上午好！

今天，由河北师范大学历史文化学院、信德文化研究所、复旦大学宗教与国际关系研究中心联合举办的"正定教堂惨案暨宗教在战时的人道主义救助"学术研讨会，在畿辅要地石家庄隆重召开了！这次会议的召开，是学术界与宗教界的一件盛事！我谨代表河北师范大学，向大会的如期召开致以热烈的祝贺。各位代表在百忙之中，怀抱繁荣学术的美好愿望汇聚一堂，并将在这次学术盛会上呈献研究所得。对此，我谨向各位与会代表表示崇高的敬意！明年将是世界反法西斯战争暨中国抗日战争胜利70周年。河北师范大学历史文化学院与信德文化研究所、复旦大学宗教与国际关系研究中心联合举办的"正定教堂惨案暨宗教在战时的人道主义救助"学术研讨会具有重要的学术价值和现实意义。

第一，这次研讨会可以充分发挥高等院校联合办会模式的优势，搭建对话桥梁和沟通平台，通过跨学科、跨宗教的对话、交流、合作，推动宗教在战时的人道主义救助研究工作进一步深入。

第二，这次研讨会非常适合当今社会现实，它以正定教堂惨案为切入点，探讨天主教、基督教、佛教、道教、伊斯兰教等宗教在抗日战争中人道主义救助的历史和价值，在彰显宗教界人士国际人道主义精神的同时，揭露日军在中国的暴行，引发人们对侵略史、战争责任、道德与人性的思考。正如许嘉璐先生讲话中提到的：侵略者的人性"恶疾"，并没有随着战争的结束而消失，完全有可能"故态复萌"，甚至变本加厉。为此，我们通过此次研讨会向国际社会呼吁：正视历史，面对现实，反对战争，倡导和平。

第三，这次研讨会通过挖掘宗教在战时的人道主义救助的作用和贡献，引起宗教界、学术界乃至全社会对人道主义救助的重视和认同，使全社会参与和投身各种人道主义救助公益事业中。目前，世界各地与自然灾害有关的灾难相继出现，武装冲突升级。在这种背景下，国际人道主义救助在全球治理中的地位上升。我们要弘扬文致和主教人道主义牺牲精神，为践行人道主义救助而努力。

我相信，经过充分、自由的学术讨论，本次会议一定能取得成功。衷心希望大家在围绕会议主题进行交流和研讨的同时，对我校历史学科的建设与发展多提宝贵意见，帮助我们把历史学科建设得更好。

祝大家在会议期间生活愉快，身体健康！

谢谢大家！

（河北师范大学，2014 年 10 月 29 日）

在第四届"基督教在当代中国的社会作用及其影响"研讨会的致辞

各位学者、先贤、同人：

非常高兴代表河北师范大学和学界致辞。

历史上，唐朝的"景教"和元朝的"也里可温"，明末清初的天主教多次传入中国。基督教在中国真正大规模传播，是在鸦片战争后才开始的。正如民国时期著名学者蒋廷黻所说，"佛教是骑着白马来到中国的，基督教是坐着炮弹来到中国的"。这是一个不可回避的事实。但是，正如马克思评价大英帝国在印度统治时所指出的，殖民主义在印度执行了"破坏"和"重建"的双重使命，基督教伴随近代殖民主义而展开的在华传教，一方面冲击了中国的传统礼俗，瓦解着传统社会结构，与中国文化产生了激烈的碰撞和冲突；另一方面，基督教近代在华的传播也对中国近代社会的革新，产生了积极影响。无论是天主教还是基督新教，创办了大量的新式学校和数以百计的报纸杂志，包括数千所的中小学和十几所大学。在中国传播了西方的近代思想观念，为中国培养了大量的现代人才。

基督教对河北的历史、社会都产生过重要影响，元朝的也里可温庄圣皇太后，正是由于正定是其汤沐地，从而依此资源使忽必烈建立了元朝。近代，天主教会在保定所办的法文学校，虽然只是一个规模较小的学校，但在中国历史上却产生了很大影响，当时许多赴法国勤工俭学的人士都曾在此学习法语。教会还创办了西式医院，如著名的邢台眼科医院就是当地的传教士创办的。教会还开办孤儿院、孤老院等慈善事业，救济灾民，在战争中护佑难民，这些都促进了中国近代社会慈善事业的开展。即使在晚清社会极度动荡的日子里，本地正定教会都和当地政府、乡里保持了和谐的关系。无可否认，基督教是一个晚近才在华传播的宗教，在中国的传播过程中还是与中国传统礼俗不时发生一些纠葛，但是，近代以来基督教在华传播对中国社会方方面面的影响，无论是冲击抑或瓦解，还是积极的重建以及与社会的互动，都是需要我们深入广泛地研究探讨的。

再一次对各位表示欢迎并预祝研讨会圆满成功。

谢谢。

（河北石家庄，2014 年 11 月 18 日）

在颜元诞辰公祭典礼上的致辞

（2015 年 4 月 27 日）

尊敬的各位领导、各位专家、朋友们：

大家下午好！

今天是伟大的思想家、教育家、哲学家、"颜李学派"创始人——颜元诞辰 380 周年纪念日，我们在这里隆重举行纪念活动，深切缅怀先贤的卓越成就和崇高风范。我谨代表河北省历史学会，对活动的举办表示热烈的祝贺。

冀中大地，人文灿烂。广袤的地域，灵秀的山水，悠久的历史，造就了一批又一批在各个领域具有奠基性、开拓性的著名历史人物，对中国乃至世界产生了深刻影响，颜元就是其中杰出的代表。2006 年，颜元被评为影响中国历史进程的河北名人。

颜元亲历明朝的土崩瓦解，目睹社会的凋敝，学风的空虚无用，广泛而冷静地从历史文化精髓中汲取养分，经过长期的社会实践和潜心研究，形成了特色鲜明的思想体系，并广为传布，数十年间便呈现"海内之士靡然成风"的盛况，后经 300 余年的传承和发扬而彪炳史册。特别是近 100 多年来，颜元思想因其精深的内涵和独特的平民性、务实性、批判性、创新性引起海内外学者的广泛关注，国际影响力日益彰显。

颜元及颜李学派的学者，高举"实学"旗帜，力倡"实文、实行、实体、实用"的务实作风，以毫无保留的态度，对当时社会流行的"空疏尚虚"的学说及思想观念，进行了深刻揭露和严厉批判，学者称赞颜元"开二千年不能开之口，下两千年不敢下之笔"。颜元思想，表现出浓厚的近代启蒙特色，被胡适先生极力推崇，撰写了《颜习斋哲学及其与程朱陆王之异同》等著作。毛泽东同志在《体育之研究》一文中，对颜元"文而兼武"给予高度评价。从社会思想史角度看，颜元思想集中而鲜明地反映了清初进步的社会思潮。

无古不成今，观今宜鉴古。今天的公祭活动，既是对古人的追思，又是发掘颜元文化现实意义的重要契机。颜元是一位平凡的伟人，平凡之处在于他没有轰轰烈烈的社会活动可资我们撰述，但是，他在艰苦中不放弃自己的理想，孜孜不倦地追求，给我们留下了丰富的精神财富，其远见卓识对于正在转型中的当今社会具有极其重要的意义。虽然他的个别主张，已于当代社会有诸多不符，但他坚持真理的勇气、实实在在的学风、心怀天下的胸襟，值得我们当代人去学习和借鉴。我们历史学会，对颜元文化的深入挖掘和整理责无旁贷。在此，也号召社会各界人士广泛关注、积极参与，让颜元文化绽放出新的光彩。

最后，预祝本次活动取得圆满成功！

谢谢大家！

定州文化产业发展中的历史文化继承因素

文化产业的表现之一是旅游产业，一个地方如无自然资源就得有历史文化资源，而且有真正历史文化资源之地必定要超越那些以传说取胜的新景点，并由此衍生出相应的系列产业，而定州就是这样的城市。

我只就定州历史文化资源中可以直接转化为文化产品并带动形成产业的几个边边角角谈几点自己的看法。

定州历史文化太过悠久，我只谈晚近时期的几个因素。

一，充分利用定州的书法资源，整理定州书法三绝，打造定州文化的三希堂。

定州书法遗留极多，但个人认为具有书法、金石、文化意义与才情的计有三种，定武碑、苏轼行香子词刻石及雪浪石记。三种碑刻即有书法界的名碑，也有东坡的才情，更有十全老人皇帝对自然及前贤的感悟，三者合一，"北方三希"。可成为定州的另一张文化品牌。

二，可在南城门外复建陋室。

刘禹锡为定州人，清民国时有好事者在南门外建陋室，20 世纪 30 年代后湮灭。重新复建，以纪念前贤，应不为过。

三，应将考棚前影壁墙平教会题字恢复。

考棚前影壁墙平教会题字为"除文盲，做新民"六个大字，前三字可让我们牢记历史，而后三字仍有瞻望未来之意。

四，应当以马应龙与白敬宇眼药为抓手，依冀商为主线，宣传并建立相关产业。

明代定州眼药就名扬天下，至晚清民国，马应龙与白敬宇两家事业兴盛，开始时均在定州创业，发达后开始到各地建立分号。白敬宇眼药在美国、东南亚一带有影响，两家在全国各地多有分号，一直到今天，马应龙在武汉、白敬宇在南京的企业仍在。当时两家药品与美国大学眼药竞争，抗日战争中支持抗战，是全国名牌。广告遍及全国。

两家是冀商近代最杰出的代表，可沿冀商博物馆、眼药产业等思路广泛开拓。

五，应当注重平教会时期到定州参观人士的资料收集，发现契机。

平教会在定州时，定州是全中国和全世界关注之地，当时不仅国内名人大多到定州参观，多数到中国北方来的国外名人也多到定州参访，随手几例：美国教育学家孟禄博士、当时国内经济界达人章元善、徐铸成对定州有长篇报道……举不胜举。此外，当时国家专门为定州制作了纪录片，应当认真发掘，从中找出商机。

六，应当在新农村建设过程中，注重定州农村建设的宣传。

在新农村建设过程中，应当认真研究定州近代史中的农村建设成功经验，并非仅仅是晏阳初的平教会。一是民国初年定州就是全国的模范县，民国三年五月孙发绪为县长，兴业安民，做了很多为当地人称道的事情，也为时政所称道。二是乡村自治，翟城村米监三、米迪刚父子在村中进行的乡村自治，是日后山西乡村自治的渊源。因而定州在农村经济发展及社会治理中确有理论与实践的历史经验，值得总结。

七，定州是近现代物种演进之地。

晚清前中国猪本地种基本为黑猪，而现在多为白猪。这与平教会在定州进行物种改良有十分密切的关系。美国平脱棉、美国来杭鸡、意大利蜜蜂、美国大仁花生……均与定州有或多或少的关系，人们都说：现在我们处在信息经济的大潮中，马上我们会步入生物经济时代，沿着这个思路，或许定州可以做出不同于其他地方的新型产业来。

八，应当恢复冯玉祥在定州为其老师修建的图书馆。

（《第二届定州中山文化及旅游文化产业发展研讨会论文集》，
中共定州市委宣传部）

由河北的水谈起

非常高兴参加母校的学术会议。

弗洛伊德在《梦的解析》中说，成年人的思维意识很多都能在儿时的梦境中找到。

我的故乡在唐山陡河边上，河上有英国人建立的站着雅典娜神像的白水泥老桥墩，河边是高大的柳树，河里是飘摇的水草，河蟹、河虾、水鸟也曾相伴。实际上我们这代人都经历过"波光粼粼，小河淌淌，芦花飘荡，野鸭翻飞，呱呱鸡鸣叫，青蛙合声传唱，河边密密匝匝的蒿草，渠边叶绿冠黄的蒲公英，路边蓝紫花朵的马兰"的时代……幸好我们还经历过自然的美好时代，这确实是一个值得解析的梦。

今天我们已经很难想象古代河北的水。当年大禹治水止于隆尧，大陆泽、宁晋泊浩渺千里，渔鸥翔集；河北县名多有鹿，巨鹿、获鹿、束鹿，定是水草丰美之地。明朝时天津还是水世界，北京城里还进去过老虎，明成祖在真定战役时也曾在滹沱河边遇见过老虎，而康熙帝从真定去五台山礼佛的路上也打死过老虎，而今天华北虎早已消亡，水是构架高端动物生存基础。

占海河流域面积60%的河北原本有几百条河流，子牙河系、大清河系、永定河系、漳卫南运河系等六大水系的几十条河流穿境而过。20世纪50年代京津冀地区所有的河流都有水，河北竟然还有3100公里的河道通航运，以天津为中心码头沟通河南、山东、北京及境内保定、邯郸、邢台、石家庄、唐山等城市，坐船从天津沿子牙河、运河一直可到河南安阳。一年有180—300天的通航时间。到70年代，河道少水而且经常断流，到1980年通航仅剩29公里。20世纪50年代每年流入河北的水量为 335 亿立方米，而河北用水只有 40 亿立方米，人称河北是水银行。20 世纪 50 年代河北省面积 6.67 平方公里以上的洼淀共 1.108 万平方公里，60 年代河北仅平原湿地就有 30 多处，洼淀皆水，占全省土地总面积的 5.9%。今天除白洋淀等几处需要引黄河等处补水的湿地外，余均干涸。

从 1965 年至今，90 多万眼机井凿入河北大地，1984 年后由于地表水资源减少，人们开始超量开采地下水。每年超采地下水 50 亿吨，累计超采 1000 多亿吨！超采形成海河流域 9 万平方公里世界罕见、全国最大的地下水位降落漏斗沉降区！平原地下水埋深已几十米，衡水一带 300—400 米，沧州、邯郸一些地区 500—600 米！由此造成地面沉降、地裂、海水倒灌入侵等一系列环境地质问题。

21 世纪之初，河北省已属典型的资源型缺水省份，多年平均水资源总量 205 亿立方米，人均只有 304 立方米，亩均只有 210 立方米，仅为全国平均值的 1/7 和 1/9。

水并不仅仅是没了，关键是剩下的还被污染了。河北省 42 条河流 130 多个监测断面有 75% 为五类或劣五类水质，无水体使用功能，保定府河、石家庄洨河、邢台牛尾河、邯郸滏阳河均为排污河道。

水污染不仅从城市向农村漫延，全省 14 座大中型水库近 80% 总氮超标，呈富营养化趋势，而且还从地面向地下渗透，工业废水不处理或处理不达标就排入河体，剧毒工业废水直接向地下排污，固体有害废弃物长期堆置自地面渗透，均污及地下原始水资源，逐年扩散、深化。几年前河北就已是 2/3 机井不符合饮用水标准，全省长期饮用含氟量超过国家饮用水标准 3—5 倍人口高达 940 万人，570 万人患上与氟相关的疾病。

所有这一切除了自然的变迁、亚洲季风的定期变化外，近现代大多是我们经济活动的结果。我们要解决我们的生产问题、吃饭喝水的问题。最早我们利用地表水生产和生活，当由于季风等原因长期干旱时，我们开始利用泉水进入农业生产领域，而水井多还是解决我们的生活问题。到了近代，当凿泉解决不了农业生产的需求时，井水开始被我们利用于生产领域。抗日战争时，日本在华北推行十万眼井计划，而 1942 年日本人在石家庄打下了华北大地的第一口机井后，更是让河北的地下水从此进入了万劫不复的时代。

实际上我们真得看一看我们经济社会的发展，从水的生态来看，我们又发展了什么呢？

我们一直是在向有限的水资源进行无限的索取。小时候课本还教我们水不是商品，今天她早已是稀缺资源。

京津冀地区由于气候变迁导致整个生态系统恶化，这固然是大自然规律作用的结果，但人类因自身欲望而以发展经济为名的活动造成的温室效应与气候演化的关系密不可分；人口快速增长以及人类自身生存对自然资源的滥加开发利用甚至人为的破坏污染，正在形成了生态系统的恶性循环。

如果我们是水，我们怎样看水的历史？又怎样看人类的发展史呢?!

人类是异常自恋的动物，他们常说，水是生命之源。

日本所欠旧债该不该算，该不该还？

在中国人民抗日战争暨世界反法西斯战争胜利 70 周年大阅兵前夕，中国收藏家协会书刊委员会副主任杨翔飞，向《期货日报》独家提供一套 39 份日本侵华期间日本政府发行的公债及株式会社发行的股票。别小看只有 39 份，其来历和分量非同一般。

20 多年来，杨翔飞倾其所有从事抗日战争史料收藏，他收藏的很多资料就连国家档案馆都没有，中央文献出版社出版的大型画册《罪证》等，绝大多数图片资料都是由其提供的。

在杨翔飞郑州的家中，他向《期货日报》记者拿出了陕西省图书馆革命委员会于 1975 年 11 月 21 日手写的文字，文字介绍了这批债券的来历。

手抄的原国家文物事业管理局《关于送存日寇侵华期间发行的股票、公债券样的通知》[（75）文物字第 323 号] 写道："寄去日寇侵华期间滥发的各种股票、公债样 37 种 74 份，请按我局（74）文物字第 203 号通知转述的周总理关于日寇军用钞票'可留些票样，以便分存各图书馆，装订成册，教育后代'的指示，分别交省级以上公共图书馆和博物馆留存，以供进行阶级教育之用。"

《通知》下面一段文字还记载，这批 39 份日本债券票样，由陕西省图书馆从陕西省文化局领回留存，供教育后代之用。

不知何因，这批票样流入民间，被杨翔飞发现并收藏。

经河南省博物院研究人员辨认，这批票样分为两大类。一类是企业发行的株券（股票），分别由日产自动车、日立制作所、日本石油、中央土木、日本矿业、日本炭素化学、日产农林工业、日本海洋渔业、泰东日报、东亚兴产等株式会社发行，所有的股票都盖有株式会社章、法定代表人签名或私章。

另一类是由日本政府发行的各种国库债券（公债）。"支那事变割引国库债券"（从 1931 年"九·一八"至 1942 年太平洋战争爆发，日本一直称此期间对中国的侵略行动为"事变"）、"大东亚战争割引国库债券"（"大东亚战争"乃日本对第二次世界大战时参战远东和太平洋战场的战争总称，涵括东亚、南洋的日中战争和太平洋战争）、"大东亚战争特别国库债券"等，上面印有军舰、飞机、坦克、大炮、枪、剑、战马等图案，并标有"大日本帝国政府"发行，印有当时大藏大臣字样及图章。即使不认字的人，不用看这些公债上面写的发行的目的、用途，也可知日本政府发行这些公债的目的就是筹集入侵这些国家的军费，制造各种武器。

还有一些公债，如"战时报国债券"、"贮蓄债券"、"支那事变贮蓄债券"等，是日本大藏省（财政部）以政府的名义，委托日本劝业银行（1971 年和第一银行合并，改名为第一劝业银行）等发行的。债券上有关借款的用途，不用看文字，通过债券上的军舰、战机、大炮等图案一目了然，即为侵华和大东亚战争筹集军费，由大藏省调用。

在国内，日本对华发动的经济战一直被忽视，研究日本侵略者在中国发行的公债、股票的人数极其有限。记者拿着这套日本债券，请教一些大学教授、博物院研究员、钱币博物馆研究员、期货交易所研究员、中国社会科学院研究员、银行研究员和金融学会、钱币公司等，均不能解答记者的疑惑和提出的问题。

经推荐，记者辗转找到了河北师范大学副校长、中国钱币学会学术委员戴建兵博士。戴建兵承担着中国社会科学院中日历史研究中心课题，对"罪恶的战争之债——抗战时期日伪公债"政策研究、"金钱与战争——抗战时期的货币"等研究，颇有建树。在中国人民抗日战争暨世界反法西斯战争胜利 70 周年大阅兵前夕，戴建兵接受了《期货日报》记者的专访。

戴建兵看到杨翔飞收藏的这批日本债券，对记者大发感慨：希望《期货日报》把日本狡猾、狡诈的一面报道出来，从根子上揭露。这些公债、株券（股票），是通过当时的上海期货交易所、大连期货交易所、日伪银行等渠道发行的。日本对于浩大战争经费的筹措，80%依赖公债。日本政府在中国沦陷区大发公债、日企在华大发股票，其祸心昭然若揭。

第一，将庞大的军费转嫁给中国，实现用中国人的钱打中国人的阴谋。"九·一八事变"后，中国东北沦陷，日本刻意将东北经营成为一个重要的军事供给和日本经济及物资的战略补给基地，疯狂扩军备战，为发动全面侵华战争做准备，形成国债、公司债的发行体系。

第二，开发、掠夺中国的国防战略资源。日本国小地窄，资源贫乏，无法满足和支撑持久的对外侵略战争所必需的资源和物资，因此依靠疯狂掠夺被占领国的战略物资和资源，实现侵华日军军需物资的完全自给。"以战养战"成为日本发动侵华战争的既定国策。从各种债券说明看，日本占领东北伊始，最急需的就是迅速开发与战争相关的各种资源。随着战争的扩大化、持久化，实现侵华日军的"现地取给"，强化"以战养战"方针，日本采取多种形式最大限度地"开发"掠取中国的资源。

1941年1月25日，日本制定"对华长期战争策略要领"，规定日军生活必需品及埋藏资源，要全部在中国沦陷区取得。1942年12月21日，日本御前会议制定的《为完成大东亚战争对华处理根本方针》规定："当前对华经济施策，以增加获取完成战争所必需的物资为着眼点，以图重点开发取得占领区内紧急物资，并积极获取敌方物资。"特别是到了1944年至1945年，日本战时经济濒临枯竭，日本和日伪政权在华大量发行公债，日企大量发行股票，开发掠夺各种资源。

日本债券发行有什么特点呢？戴建兵研究发现，日本债券的发行，具有欺诈性和隐性掠夺两大特点。

先说欺诈性。这些日本政府发行的公债、株式会社发行的股票，还款期限一般为5至10年，有些时间更长，且许多采用抽签法分期偿还；多以高利率对购买者进行诱骗，年利率一般为4%—7%，有的甚至高达两位数。此外，就是利用人们的投机心理，用抽签给奖、公债与彩票结合等方式欺骗购买者，以达到加速其债券发行、延期兑付或不付利息的目的。由于众多债券的发行多集中在战争后期，因此绝大多数未待偿还就因战争结束变成了废纸。

　　隐性掠夺是日本发行债券的最大特点。很多由企业发行的债券，明确写着收益由日本大藏省运用调配，尽管隐性，但大藏省还是将日本政府推到前台。如，"战时报国债券"、"贮蓄债券"、"支那事变贮蓄债券"等，是劝业银行等发行的。然而，其兑付说明，赤裸裸地将日本政府侵华行径，以最直白、最便捷、最节省的掠夺手段展现出来：此债券是根据《临时资金调整法》规定发行，债券卖出的收入金额，归"大藏省预金部运用"。日本发行的类似债券，都具有强制购买性质，本质上与明火执仗的抢劫毫无二致。

　　那么，日本侵华战争期间在中国到底发行了多少公债？企业发行了多少股票？这些债券究竟给中国带来了什么后果？杨翔飞说，由于我国对日侵华期间所采用的经济侵略手段研究薄弱，迄今我们还不知道日本政府和企业在侵华战争中到底发行了多少债券，从中国掠走了多少财富。

　　据日本浅田乔二所著的《1937—1945日本在中国沦陷区的经济掠夺》一书披露，1939年至1945年，仅日本兴业银行经营的"在华日本事业债"就高达23.5亿元。据戴建兵组成的课题组对伪国民政府、伪中央储备银行、伪财政部等汪伪各部门及战后国民政府、中央银行对日本和伪政权在中国发行公债进行的档案查阅统计，日本战后残留在中国的公债约471亿日元。抗战胜利后，国民政府收缴过26亿日伪公债，准备向日本索赔，由于历史原因而未能实现。

　　戴建兵还做过"一笔尚未清算的战债"课题研究。研究表明，中日之间的经济战自始至终贯穿于整个战争过程，其惨烈程度绝不亚于你死我活的政治、军事斗争。日本对华经济战的总目标是"以战养战"，为达到这一目的，日本在侵华战争中不仅对中国的经济资源进行了赤裸裸的野蛮劫掠，而且利用经济手段和各种经济杠杆，隐性地搜刮中国人民的资财，公债政策就是其得力的工具之一。

　　日本通过发行债券搜刮来的钱，都用到了什么地方？戴建兵说，政府公债资金回收工作，由大藏省管理，收来的钱基本上用于"国家特别财政"贷款上，"国家特别财政"指的是战争准备基金。大藏省通过搜刮被占领国百姓的钱财，再用于奴役这些被占领国百姓。日本企业在中国沦陷区发行股票筹集到的资金，用于在中国沦陷区的产业"开发"，掠走了多少资源是无法计算的。

戴建兵强调，日本通过对沦陷区人民敲骨吸髓的搜刮，从根本上损害了中国的国力与民力，并间接破坏了中国抗战后方与敌后抗日根据地的经济，增强了日本在战争中的经济实力，延迟了中国人民抗日战争及世界反法西斯战争胜利的时间。同时巨额日伪公债的发行不仅在战时就引发了极其严重的通货膨胀，而且极大地影响了日后中国经济的发展。日本战败后，中国人拿出巨款购买的日本债券，不仅没有获利，反而变得一无所有，给本已灾难深重的中国人民带来了更为沉重的打击。

那么，这批债券，事隔七八十年，能不能一笔勾销，这笔账该不该算、该不该还成为人们关注的焦点。

"这是一笔尚未清算的战债"，戴建兵说，这些日本政府和企业、银行等发行的债券，以铁的事实再次证明，无论从良心上、道义上还是责任上，日本政府、企业和银行，至今仍然欠中国人民一笔债。这些债券当年由日本政府、大藏省担保，如今日本国号未变，众多企业还在，现在应该由日本政府、大藏省和相关企业承担责任，承诺兑付。尤其是上面印着"支那事变"、"战时报国债券"、"战争"等字样的债券，说明这是政府行为用于侵略战争的。按照国际法，因侵略战争引起的所有法律后果都应由侵略者承担，而其产生的后果不受任何保护。对于戴建兵博士的说法，也有人持不同看法。

中国人民银行一位研究员指出，日本投降后，日本及日企在华各类财产等被没收了，况且这些企业不存在了，所以不存在清偿的问题。还有学者表示，这些债券早过了偿还时效，不可能再给兑换。还有专家认为，持有者杨翔飞不是原始债券购买人，发行额面值大的债券，均是记名式的，大多为日本株式会董事长和军官盖章、签名，日本企业和政府不可能兑换钱给杨翔飞。

而随着采访面的扩大，更多人在支持戴建兵的观点。

河南千业律师事务所律师姚家峰认为，日本政府或相关公司仍负有还本付息的义务。凡是由政府发行或担保发行的债券，只要国家还存在就必须承担兑付的责任。由企业发行的债券，企业已经破产的话就不存在偿还的问题；如果企业仍然存在就应该偿还；如果该企业和其他企业合并或被收购，存续后的企业负有偿还义务。不记名的债券，现在持有人可以主张权利；记名债券，原持有人或其继承人可以主张权利。如果没有记载过期时间的，就没有超过诉讼时效的问题；如果发生诉讼，可以向日本当地法院起诉。如果是在中国境内销售的，也可以向中国相关法院起诉。

国家抗战损失调查项目辽宁课题组成员王天平撰文指出，虽然《中日联合声明》中，中国政府承诺放弃对日本的战争索赔，但民间的损失和赔偿从来也没放弃。日本在中国占领区发行的政府债券，均不包括在中国政府放弃的战争赔偿范围之内。正是没有受到战争的惩罚，日本战后经济才会发展如此之快，其没有吸取教训反而尝到了发动侵略战争的甜头，以至于军国主义重新抬头，对亚洲及周边国家构成威胁。可见，承担战争责任、赔偿受害者损失、接受战争惩罚对日本是非常有必要的。日本政府应该拿出诚意处理好战争遗留问题，这是对日本政府能否承担战争责任、国际义务和人类道义的检验，是对日本是否真正抛弃军国主义，走和平发展道路的检验！（在采写这篇报道中，戴建兵先生在百忙之中提供了无私的帮助与指导，囿于知识所限，记者引用了中国第二历史档案馆和中央银行档案资料汇编等研究数据，在此一并致谢）

（《期货日报》2015 年 9 月 2 日，作者：孙斌）

河马名校有约:河北师大

【主持人】一砖一瓦皆是故事，一草一木均是文化。河马名校有约，遍览名校风采。大家好，欢迎收看《河马名校有约》，我是主持人欣桐。在这里，我们将与您共同领略各大高校的老师同学们展示各方风采。今天就让我们一起走进河北师范大学，探索河北这所百年名校的文化内涵。我们非常荣幸地邀请到了河北师范大学的几位领导。首先，由我为大家介绍河北师范大学副校长戴建兵教授。戴校长您好！

【戴建兵】主持人好，各位网友好！

【主持人】学博为师，德高为范，即为师范。历经百年，河北师范大学用"怀天下，求真知"的博大胸怀书写了不朽传奇，越发底蕴深厚，越发生机蓬勃。谈及河北师范大学，相信大家都会想到老师这个职业，没错，河北师范大学就是一个培养师范类专业人才的摇篮，新中国成立以来，河北师范大学共为国家培养了19余万名专业人才。那戴校长，在您心中"教师"这两个字意味着什么呢？

【戴建兵】教师在我个人的心目当中，意味着明天，意味着未来，它意味着学生的明天，也意味着学生家庭的明天，这个家庭的明天，意味着国家和民族的明天和未来，所以说这是一个非常崇高的职业。所以政府和社会应该更多地关注河北师范大学，所有的有志青年应该更积极踊跃地报考河北师范大学。

【主持人】河北师范大学是一所身具百年历史和光荣传统的省属重点大学，也是石家庄市第一所高等院校。在一个世纪历史进程中，数代前贤谱写着师大各个时期的人生赞歌。河北师大创校之初，白雅雨烈士等志士仁人，追随孙中山先生，投身民主革命。"五四"运动时期，邓颖超等一批学生运动领袖，为新民主主义革命呐喊。抗美援朝时期，又有全班赴朝鲜战场的优秀群体。"文革"期间，有追求真理、与"四人帮"邪恶势力作殊死斗争的张志新烈士。改革开放时期，又涌现了一批批赴西部开发的教育新军。正是这一代代人血脉相成，汇成师大的精神源流。相信很多网友对师大的发展历史非常感兴趣，戴校长能给我们介绍一下吗？

【戴建兵】好。河北师范大学的源头有两支。一支呢，是 1902 年的北京顺天府学堂。一支是 1906 年天津北洋女师范学堂。这两个学校会聚成了现在的河北师范大学，今年是河北师范大学 110 周年的校庆。在 110 年的长河当中，河北师范大学体现了两个传统。一个传统是革命的传统，就像刚才主持人说的我们有非常杰出的校友，邓颖超、刘清扬这些革命家，邓颖超在我们校庆的时候曾经回到母校向母校献花，表示对这个学校的敬意。我们另外一个传统呢，就是学术传统，像学界的名人梁漱溟、张申府，像近现代非常有名的杰出的女词人吕碧城，杰出的教育家齐国樑、王非曼，包括戏剧家曹禺等都与河北师范大学有着非常深厚的渊源。也正是这两个传统会聚成了河北师范大学的校训，就是"怀天下，求真知"，所有这些人都是目前河北师范大学学子的楷模，也是我们把这所大学办好的丰厚的精神动力。

【主持人】听了戴校长的介绍，我们更深刻地理解了"百年铸师魂"这五个字的含义，那戴校长，河北师范大学发展至今，已创建了科学完整的教师教育体系，其中最典型成功的案例应该说是我们学校首创的顶岗教育实习了，记者通过走访了解到，很多师大的学子对顶岗实习非常认同。你能介绍一下师大的顶岗实习工作吗？

【戴建兵】我们的顶岗实习是基于这几个目标所做的提高我们师范院校学生从业技能的一项教学活动。这项活动得到了国家教育部、省教育厅、各个地市的教育局以及所有接纳我们顶岗实习学生的学校的普遍的欢迎。也深获在校生或者是参加过顶岗实习学生的好评。因为这项活动体现了河北师范大学对学生"怀天下、求真知"的要求，作为一个老师，从教技能体现了他的专业特色。一个老师没有从教的能力就像过去人说的"茶壶里煮饺子你倒不出来"。因此从教技能的养成是非常重要。河北师范大学通过顶岗实习活动不仅使学生的从教技能有了很大的提高，使我们的学生能够直接走向职场，成为一个称职的教师。在这个活动当中不同学科的学生彼此交流，在自己角色转换能力、认识国情、自我生存能力等各个方面都有极大的提高。所以有的地方教育局的领导就说，河北师范大学的这项活动是利国利民利生的好活动。这项活动提出的第一人就是河北师范大学的党委书记李建强。

（河北新闻网，2012 年 7 月 3 日）

大学教育应有社会责任感、有特色

　　组成西北联大的诸院校中，除了北平大学、北平师范大学、北洋工学院之外，还有一所别具特色的学校——河北省立女子师范学院，就是今天河北师范大学的前身，这所学校的家政系是西北联大师范学院中最有特色的专业，对西北地区的妇女教育有开创性的影响。但遗憾的是，在西北联大的校史资料中，对河北女子师范学院的介绍甚少，为此，我们特意采访了河北师范大学副校长戴建兵教授。

　　记者（以下简称记）：在组成西北联大的诸学校中，目前关于河北省立女子师范学院的资料相对来说非常少，为什么？后来，1945年抗战结束后，国民政府命令西北师范学院留在兰州，但北平师大一部分教师不愿意，多次请愿要返回北京"复校"，遭到国民政府的拒绝后，有300多人强行返回北京，重建了北平师范大学。可是，河北女子师范学院1946年夏天复校，复校的过程很顺利，得到了政府的批准，这是为什么？

　　戴建兵（以下简称戴）：首先感谢各位不远千里来河北师范大学采访。关于这段时期的历史，说实在的，也是我们学校校史研究中最薄弱的一个环节。所以，我们非常支持西北大学发起的纪念西北联大的学术研究活动，我觉得通过相关高校的共同努力，共同挖掘史料，会把问题搞得更清楚。为了接受你们的这次采访，我事先也做了些"功课"，重读了我们的校史资料，并请教了我们原来搞校史（现已退休在外地）的邱士刚老师。根据我们目前掌握的史料来看，我校与北平师范大学、北平大学这些整建制地迁往西北的学校不一样，河北省立女子师范学院不是整建制地迁过去的，而是零零散散地过去的。校史上记载，日本占领天津后，被困在租界里的河北女子师范学院院长齐璧亭先生，丢下一家老小，和几个同事从租界逃了出去，带着少数师生，辗转到西北，加入西北联大。这从西北联大领导机构的人事安排上也可以看出来，西北联大不设校长，而由内迁各院校的校长们组成校务委员会，行使领导职权。当时北师大校长李蒸、北平大学校长徐诵明、北洋工学院院长李书田都是校务委员会委员，可是原省立河北女子师范学院院长齐璧亭却不是校务委员会委员，只是西北联大师范学院家政系的主任，这是因为河北女子师范学院不是作为一个完整的学院整建制迁过去的，过去的人数较少，可能就家政系最为完整。我这有一份资料，也可以说明些问题，是齐璧亭（齐国樑）写给西北联大师范学院注册组的一份证明信，内容是"敬启者：家政系二年级学生崔东亚，业于二十六年修习普通化学一年，业考试成绩及格，本学期普通化学请酌予以免修为荷，此上注册组。齐国樑敬启，十一月六日"。是说家政系一名二年级的学生崔东亚，在民国二十六年（也就是 1937 年）已经修完普通化学这门课的课程，并且考试及格，身为院长的齐璧亭证明此事属实，并请注册组酌情考虑，让这个学生不用再修普通化学这门课了，落款时间是十一月六日，这个时间应是这个学期已经过去了一半的时间。从这封证明信来推测，这个学生也可能是后来才跑到西北去的，由此推测，当时河北女子师范学院的学生可能就是这样零零星星过去的。这份材料是我们学校博物馆花了不少功夫征集来的，是很珍贵的史料，可以送你们一份复印件。

记：谢谢！就是说，河北女子师范学院只有一部分人到西北去了，那么，是否还有一部分人留在天津，继续办学呢？

戴：这个也有可能，很可能有一部分师生没去，留在天津继续办学，但还没有这方面的史料。但校址校产是肯定存在的，校史上记载战争结束后："河北省教育厅曾派河北女师前庶务主任李荫珂为接收员，接收该院校产。1946 年 1 月，教育厅又任命李荫珂为筹备主任，筹备复校事宜。同年暑期后，正式在天津河北区天津路原址复校，校名仍叫河北省立女子师范学院，院长仍为齐璧亭。"

现在可以回答您提出的两个问题了，因为河北省立女子师范学院不是整建制地并入西北联大的，所以，留下的史料较少，也没有在西北留下独立的女子师范学院；同样是由于这个原因，它的复校过程也就比较顺利，可以理解为由于国民政府没有正式命令过这个学院整建制地迁到西北，并留在那里，在政府的行政程序中，这个学校只是在日伪占领时"停办"了，而不是迁出，所以，战后复校也就是比较自然的事情。

记：原来如此。关于省立河北女子师范学院，我们也很少了解，请您介绍一下这个学校的发展情况。

戴：现在的河北师范大学来源为两支，一为 1902 年成立的顺天府学堂，一为 1906 年成立的北洋女师范学堂。北洋女师范学堂的历史最早可追溯到 1904 年在天津创办的北洋女子公学，1911 年与 1906 年创办的北洋女子师范学堂合并，改名为北洋女师范学校，1916 年改名为直隶第一女子师范学校，1928 年改名为河北省立第一女子师范学院，1929 年改名为河北省立女子师范学院。解放后，1949 年暑假，把国立国术体育专科学校合并到女师，从此，学院开始有了男生。同年，经上级批准，把校名中的"女子"二字去掉，改名为"河北师范学院"。1956 年 9 月，迁到石家庄市，建立石家庄师范学院。1962 年 6 月 9 日，改名为河北师范大学。

我们这个学校有着两个传统，一个是革命传统，另一个是学术传统。中国共产党最早的一批女革命家郭隆真、邓颖超、刘清扬等，都是这个学校的学生，学校的学生积极参加了五四运动、"一二·九"运动等进步爱国运动。之所以能有这种进步的、革命的传统，可能和学校的首任总教习吕碧城奠定的风格有关。吕碧城这个人很了不起，她是清末民初著名的女词人，被人誉为在中国文学史上是继李清照以后最优秀的女词人。她是《大公报》第一位女编辑，只用优雅的文言文写作，但同时，又是著名翻译家严复的忘年交，精通英文，曾任袁世凯的英文秘书，还曾把佛经翻译成英文，她思想非常开放前卫。1904 年担任北洋女子公学的总教习，当时只有 21 岁。1906 年，担任北洋女子师范学堂的监督。当时，傅增湘是名义上的监督（即为校长），但实际上是吕碧城在管事。她是革命女杰秋瑾的好朋友，她的办学理念非常超前，主张妇女解放，我这里有两张明信片送给你们，是河北省为纪念中国女子师范教育 110 周年，在 2012 年印制发行的。画面上的形象就是当时北洋女子师范学校学生的形象，女生们短衣襟，紧打扮，扛着步枪在出操，英姿飒爽，和传统中国妇女低眉顺眼的形象截然不同。军训、体操都是吕碧城提倡的，意在让中国妇女突破三从四德、才艺双绝的封建传统束缚，成为解放的、独立的、能为国家做出贡献的新女性。北洋女子师范学校的教育在当时社会上引起了非常大的轰动。咱们现在看到的明信片上的画面，就是当时的河北武强年画。女学生的形象上了年画，可见对当时社会风气的冲击之大。不仅武强年画反映了北洋女师的形象，山东杨家埠、天津杨柳青的年画都有所反映。有的年画上还直接写明了"天津女子高等学堂"（就是北洋女师范）。最近我们还要出几张这方面的年画，比这个还漂亮。现在我们学校动漫专业正在把这些人像做成动漫人偶，很时尚，很漂亮，能反映出那个时代前卫的风潮。正是由于吕碧城的提倡，学校充满了进步的气息。

记：吕碧城后来去哪里了？

戴：吕碧城 1904—1912 年间当北洋女师的校长。1912 年以后，袁世凯当了总统，她进总统府给袁世凯做过秘书。1914 年后，袁世凯称帝的野心暴露出来后，吕碧城不满，便辞了职，到上海经商，积累了一笔财富。1918 年，她到美国哥伦比亚大学留学。此后，游历欧美八九年之久，做《时报》的记者，写了大批关于欧美的报道。1928 年，她参加了世界动物保护组织的大会，是中国动物保护运动第一人。1939 年，二战全面爆发，她从瑞士回到香港，抗战中的 1943 年，在香港忧愤而亡，年仅60 岁。

记：您讲到贵校的另一个光荣传统是学术方面的。

戴：对，学界名人梁漱溟、张申府、汤用彤等都是我们的校友。说到家政学，这就涉及到我们校史上另一位著名的人物齐璧亭了。这个人物你们应该有所了解，他在西北联大时期一直在西北工作，是家政系的主任，还担任过西北师范学院兰州分院的院长。他 1907 年毕业于保定高等师范学堂，后入北洋大学堂师范科学习，1908 年到日本广岛师范学校学习，1916 年到直隶女子第一师范学校当校长。1922—1926 年，又曾到美国斯坦福大学和哥伦比亚大学留学。回国后，继续担任河北女子师范学院的院长，他是我们学校历史上任期最长的校长，在他的领导下，学校的学术水平提高得很快，聘请了一批知名教授来学校任教，比如李霁野、冯沅君、曹禺、肖乾等。这个学校当时最强的系是教育系和家政系，教授多是海外留学回来的，水平很高。以家政系为例，它来自美国、日本的妇女教育经验，齐璧亭当年就指出，鉴于美、日妇女有发达的家事教育，所以做事能力强，也促进了国家的强大。所以，他才要创办中国的家政系。也出于这种动机，河北女子师范的家政系和金陵女大培养官太太、名媛淑女的理念是不一样的，是以培养能通过家庭这个最基本的社会单位，教育下一代有国家责任感的妇女为使命的。

记：是的，在阅读西北联大的校刊时，我们看到了这个家政系的课表和教学实践活动的记载，深受震撼，觉得对现在都很有启发。

戴：是的，我们学校的家政专业是有历史传统的，早在 1906 年 2 月《大公报》（天津版）上，吕碧城发表《兴女学议》，在谈实践问题时，她说："道德者能在实行而不徒取其理论也，夫行之维艰。古有明训：任教育者，苟不著意于实践，终难收其效果。吾女子素无与外事，则以对待家族为道德，实践之始如孝父母和昆弟、养舅姑、助良人、御婢仆、睦乡邻，当皆尽其情理，守其秩序，俾家族之间日益昌盛，此女子之专职也。然而女学不兴，则乏家庭之教育，养于深闺习于骄惰，此家政学所宜急讲也。"不仅如此，在大公报刊出的《北洋女子师范招考广告》，说明早在 1906 年我们就开设了家政课。"本学堂现开简易科两班，每班招取女生四十名外，收选课生二十名。课程系修身、教育、国文、家政、历史、地理、算学、理科、图书、音乐、手工、体操诸门，一年六个月毕业。无论本省客籍，年在二十岁以上，四十岁以下，文理通顺，身家清白，并无嗜好疾病者为合格，愿来肄业者希至天津姚潫北洋高等女学堂取阅章程，就近报名，听候择期考验入学，此启。"同年的《北洋女子师范学堂章程》也明确规定："第一部科目修身、教育、国文、历史、地理、家政、体操为必修课，习字、图画、手工、乐歌为随意课。"

这个家政系的理念是十分超前的，在实践上取得的成果也十分丰硕，培养出了不少的幼教专家和营养学的专门人才。直到 20 世纪 80 年代，国家机关和华北各地区各大单位的幼儿园和幼教专家，还有不少人就是河北女师家政系毕业的，这个系新中国成立后被取消了，很可惜。

记：我们知道，您既是历史学家，也是经济学家，对民国的经济史有独到的研究。同时，我们还注意到西北联大时，有不少经济学教授对当时国际、国内经济问题都有所研究。您对这些教授的研究水平有何评价？您的研究中是否参考过这些经济学家的研究成果？

戴：我本科读历史，硕士和博士读经济史，曾经教过 11 年的党史、中国革命史，又教过 8 年货币银行学。我觉得，只有透彻地理解了经济学原理，并且透彻地理解了中国经济史后，才能抽象出反映中国经济运行本质的规律来，才能形成中国人自己的经济学。1996 年我出版过一本书《金钱与战争：抗战时期的货币》，是研究抗战时期的货币经济的。当时，西北联大有很多教授研究过战时经济的问题，范围较广，涉及到中国方面的，也涉及到日本方面的，那时西北联大还专门设有一个边政系，专门研究边疆问题，包括史地和经济，出版有《西北学术》、《西北丛刊》等，我在做这段时期的研究时，广泛参考了当时很多学者的研究资料。对于民国时期的经济研究，我认为那绝对是个宝库，非常值得深入研究。那时的学者研究水平很高，很多学者是留学英、法、美再回来的，与国外的学术界是直接对接的，回国后，面对中国的经济实际做了很多有针对性的研究。我目前收集了当年的一些著名经济学家写的文章，也包括西北联大学者的文章，将来想编一套《民国范儿谈经济学》，一定很有意思。

记：今天我们纪念西北联大，不仅可以追忆其深远的学术传统，更可以通过对历史经验的分析总结，为当前中国的高等教育改革提供借鉴，在这些方面，您有什么心得？

戴：首先，我觉得民国时期的很多教育家都有一个共同的特点，就是充满社会责任感，他是怀着强烈的改造社会，报效祖国的使命感来办学的。希望学校培养出的每一个学生，都能自觉地肩负改造社会，推动文明进步的使命。比如齐璧亭先生当年办家政系，他的培养目标不是一个会吟诗作画、会做西餐、做衣服的家庭主妇，他提出的原则是："女性、家政、民族、国家"八个字，核心是培养出有社会责任感的女性，再通过女性把这种责任感传递到下一代。这种传统仍然值得我们继承，大学不能仅仅是培养个人谋生的技能，我们要培养全面发展而又为社会需要的人才，要培养有社会责任感的知识分子。

其次，我觉得民国时期的高校有这样或那样的问题，但有一个好处，就是各个学校都有各自的特点。比如河北省立女子师范学院，它就是一个纯粹培养女生的学校，这种传统的影响力很大，直到现在，我们河北师范大学的女生也比男生多，占了约 70% 左右。有些人可能会认为，男、女生分校是封建意识，其实不完全是这样，针对女生的教育是有不同特点的。

记：您认为，目前我国高等教育存在的主要问题是什么？

戴：这个问题每个人可能会有自己不同的看法，我还是从特色教育这个角度谈点感想。现在，我们国家的大学有一种同质化的倾向，因为国家"985 工程"、"211 工程"之类的标准，国家对具备了这样标准的大学重点扶持，这就产生了导向效应，其他学校也就自觉地朝这个方向努力，比如都要搞国家重点实验室，都要在国际学术刊物上发文章，都要有多少国家级重点课题等。不是说这些标准不对，而当所有的学校都朝一个共同的标准努力时，学校间的特色就没有了。比如师范大学，它的物理系和北京大学、清华大学的物理系肩负的使命就不一样，那些大学的目标是往高深发展，追踪国际上最前沿的问题进行研究。以培养未来的物理学家为目标，可师范大学的物理系是以培养中、小学物理老师为目标，重点是要让学生掌握更宽的知识面，如何更生动、更有启发性地传播物理学知识，如何让孩子们从小就对物理学产生兴趣，并从兴趣中产生创造力。这实际上是两种不同的标准，从某个角度来看，培养出一个有自我创造能力的学生并不比把一个学生推进某个研究平台上难度低，可能需要更高的水平。如果用北大、清华物理系的标准来要求师范大学的物理系，那师范大学的水平就"低"了，可是一旦师范大学的物理系都以北大、清华物理系为标准，那么就会影响到师范教育的质量。再比如师范大学的中文系，它和综合性大学的中文系也不一样，综合性大学的中文系可能会更偏重文学史、文学理论的研究，可师范大学的中文系就还得教学生写板书，老师得写出正规、漂亮的粉笔字儿才行，还得教学生教学的方法，毕竟毕业后大部分同学要去当教师，综合性大学的中文系就不一定开这些课，说来说去，我觉得可能是单一的评价标准导致了我们现在的大学越来越趋向同质化，没有特色。解决这个问题，恐怕得从建立多元化的评价标准开始。其实，从国际范围来看，特色化的教育也是建设国际一流大学的前提条件，我们都知道应该建设国际一流大学。可是国际一流大学的标准是什么？美国一流的大学和德国一流的大学、法国一流的大学不同，各有各的特点，没有特点的大学不会成为国际一流的大学。所以，我们得思考中国的大学以什么样的学术特色才能成为公认的国际一流大学的问题。

记：你们学校目前在校学生有多少？比北京师范大学多还是少？经费和北京师范大学相比怎样？

戴：我们学校目前本科生加上硕士、博士研究生一共 35000 人左右，是国内人数最多的师范大学之一。至于经费，肯定比北京师范大学少多了。河北省的学校比较多，有近百所，财政负担重，我们学校的经费状况可能还不如你们陕西的高校。

记：培养学生多的学校经费少于培养学生少的学校，这是为什么？这样合理吗？我总觉得花那么多的钱搞"211 工程"、"985 工程"，有些"形象工程"的意思。现在衡量大学水平的最直接的标准就是钱多少，钱多的学校就是好大学，钱少的大学就是差学校。好大学的校长忙着花钱，所以就常有花不对地方的时候，一般大学的校长拼命去找钱，这种状态正常吗？

　　戴：您说的这个情况可能有一定的存在，但我们国家正处于改革的过程中，相信这些问题都会在改革中逐渐解决的。作为一线的教师和大学管理工作者，我们能做的首先把自己的本职工作做好，在现有的条件下，努力培养出有社会责任感、有特色的人才，这是我们的使命。

（《休闲读品·天下》2012 年第 2 辑）

后　　记

　　所谓兵瓦泉斋，上大学时好古而念之。古燕地得过战国戟、箭镞无数，中山旧地、燕下都寻觅过瓦当，而与同学在废金属仓库辨检古钱以百吨计。

　　小书中下列文章是与同好合作的。

　　周扬：《中国近代注册会计师行业研究的一部力作》；王翠改：《两宋纸币研究综述》；张志永：《齐国樑与民国时期的家政教育》；陈晓荣：《"传教士与翻译：近现代的中西文化交流"国际学术研讨会综述》《中国钱币大辞典》后记；王锋：《滹沱河史料集》前言；史红霞：《滏阳河史料集》前言；郭坤：《滦河史料集》序言；许可：《民国小区域流通货币研讨会综述》《吕碧城及其佛学》；武吉庆：《府县历史文化丛书》序言，《在颜元诞辰公祭典礼上的致辞》；王西强：《顶岗实习支教在蔚县》。顾雪静：《明清以来土地房屋契约文书文献及研究综述》；马斌、陈晓荣：《中外货币文化交流研究成果百年回顾》；吴占权：《韩国学者对中国近、现代史的研究》《韩国研究中国史的机构》。

　　在本书出版之际，笔者特向所有帮助过我的同人、编辑致以感谢！

戴建兵

2017 年 4 月